W0351080

JUDITH RICH HARRIS

Judith Rich Harris, diplômée de psychologie de l'université de Harvard, a écrit pendant de nombreuses années des manuels universitaires de psychologie de l'éducation.

Son ouvrage P*ourquoi nos enfants deviennent ce qu'ils sont* est le développement d'un important article théorique publié en 1995 dans la plus prestigieuse revue de psychologie américaine, la *Psychological Review*, et primé par l'Association américaine de psychologie deux ans plus tard. Il a suscité une vive polémique aux États-Unis.

Pourquoi nos enfants deviennent ce qu'ils sont

POCKET Évolution

Des livres pour vous faciliter la vie !

Allen CARR
La méthode simple pour en finir avec la cigarette
La méthode simple pour perdre du poids
La méthode simple pour les femmes qui veulent arrêter de fumer
Marie-Josèphe CHALLAMEL
Mon enfant dort mal
Stéphane CLERGET
Nos enfants aussi ont un sexe
Marie-Hélène COLSON
Réaliser sa sexualité
Jocelyne DAHAN
Se séparer sans se déchirer
Luce JANIN-DEVILLARS
Changer sa vie
Françoise DOLTO
La cause des adolescents
La cause des enfants
Thérèse ELLUL-FERRARI
130 recettes minceur en 5 à 10 minutes
Rachel FRÉLY et Josette LYON
Bien nourrir les enfants de la génération soda
Frédérique GRUYER
Du bonheur sexuel
Hugues LAGRANGE
Les adolescents, le sexe et l'amour
Gérard LOPEZ et Arianne CASANOVA
Cesser d'être une victime
Lee LOZOWICK
Le courage d'éduquer
Pierre PALLARDY
Et si ça venait du ventre ?
Marie-Danielle PIERRELÉE et Agnès BAUMIER
Pourquoi vos enfants s'ennuient en classe
Gérard POUSSIN
Rompre ces liens qui nous étouffent
Stéphane SZERMAN
Le guide du bien-être
Sami-Paul TAWIL
Le miroir de Janus
Maryse VAILLANT
L'adolescence au quotidien
Judith VIORST
Les renoncements nécessaires
Renoncez à tout contrôler !

Judith Rich Harris

Pourquoi nos enfants deviennent ce qu'ils sont

De la véritable influence des parents sur la personnalité de leurs enfants

ROBERT LAFFONT

Titre original :
THE NURTURE ASSUMPTION

traduit de l'américain par
Odile Demange, Claude-Christine Farny
et Bella Arman

ISBN 2-266-13458-2
(édition originale : ISBN 0-684-84409-5
The Free Press/Simon & Schuster Inc., New York)

Pour Charlie, Nomi et Elaine

Avant-propos

Cet ouvrage a deux objectifs : le premier est de vous faire renoncer à l'idée que la personnalité d'un enfant — ce qu'on appelait autrefois son « caractère » — est façonnée ou modifiée par ses parents ; le deuxième est de vous proposer une nouvelle vision de la manière dont elle se forge. J'ai présenté pour la première fois ma réfutation de la théorie en cours et mes arguments en faveur d'une nouvelle thèse dans un article rédigé en 1995 pour la *Psychological Review*. En voici les premiers mots :

> Les parents ont-ils d'importants effets à long terme sur le développement de la personnalité d'un enfant ? Après examen des faits, cet article conclut par la négative.

Ce défi insolent à la psychologie traditionnelle aurait dû, selon moi, provoquer des réactions d'étonnement, voire de colère. En réalité, un grand nombre de mes lecteurs se sont focalisés sur tout autre chose : l'étrange absence de références universitaires — de toutes références, même — suivant le nom de l'auteur et, dans la note de remerciements, l'absence tout aussi surprenante d'organismes ayant accepté de subventionner ces recherches. Je n'étais pas professeur, ni même étudiante de troisième cycle. Personne, ou presque, n'avait jamais entendu parler de moi. Et je me permettais de publier un article dans la plus éminente revue de psychologie américaine — une revue qui accepte à peine quinze pour cent des manuscrits qui lui sont soumis.

Je m'attendais à exaspérer mes lecteurs. En fait, j'avais éveillé leur curiosité. Ils m'ont envoyé des e-mails. Des universitaires m'ont écrit, me demandant plus ou moins courtoisement qui j'étais et qui étaient mes maîtres. Toutes ces lettres pouvaient se résumer dans cette formule : « Mais qui diable êtes-vous ? » En voici un exemple que j'aime tout particulièrement, signé d'un professeur de Cornell University :

> Votre article représente une contribution majeure à la psychologie de la personnalité et du développement — ce qui ne fait qu'exacerber ma curiosité. Êtes-vous une universitaire ? Une psychothérapeute ? Une ouvrière métallurgiste au chômage qui profite de son temps libre pour écrire des articles scientifiques passionnants ?

Parmi ces catégories, lui ai-je répondu, je choisis la troisième : une ouvrière métallurgiste au chômage. Ou plus exactement un auteur de manuels universitaires au chômage. Je lui ai avoué que je n'avais pas passé mon doctorat — j'avais été mise à la porte de l'Institut de psychologie de Harvard avec une maîtrise pour tout bagage. Des problèmes de santé chroniques m'avaient clouée chez moi pendant plusieurs années. Je n'avais ni maîtres ni disciples. J'avais commencé à écrire des manuels universitaires, car c'est une activité à laquelle on peut se livrer sans sortir de chez soi. Et si j'étais un auteur de manuels *au chômage*, c'est parce que j'avais délibérément abandonné ce métier.

Je n'ai plus jamais entendu parler de ce professeur. D'autres universitaires à qui j'ai donné la même explication m'ont répondu et certains sont devenus mes amis et mes collègues. Mais je n'en ai rencontré aucun personnellement ; mes relations avec le milieu universitaire ont été purement épistolaires.

En 1997, l'article que j'avais écrit pour la *Psychological Review* a obtenu une récompense que l'American Psychological Association décerne chaque année à « un remarquable article récent de psychologie ». Il s'agit du prix George A. Miller, du nom d'un éminent psychologue, ancien président de cette association. Décidément, les dieux ne manquent pas d'humour. Trente-sept ans plus tôt, j'avais reçu une lettre de l'Institut de psychologie de l'université de Harvard me notifiant le refus du corps enseignant de me laisser soutenir mon doctorat. Le motif avancé était que je ne ferais probablement jamais grand-chose de bon. Cette lettre portait la signature du directeur par intérim, George A. Miller...

Au cours des années qui se sont écoulées entre mes deux rencontres avec George A. Miller, j'ai épousé un de mes camarades d'université (nous sommes toujours mariés) et nous avons élevé deux filles ; elles feront quelques apparitions au fil des pages à venir. J'étais en bonne santé quand je me suis mariée, et je le suis restée pendant une quinzaine d'années. Mais je n'ai pas essayé de repasser mon doctorat. Je n'ai rien fait pour prouver que mes professeurs de Harvard s'étaient trompés : j'estimais qu'ils avaient raison.

La maladie a changé ma conception des choses. Peut-être faut-il imputer cette évolution aux pressentiments de mort (vous n'imaginez pas la concentration dont votre cerveau est capable quand vous vous dites que vous risquez de mourir dans les quinze jours à venir) ; ou peut-être n'était-ce que l'ennui. Durablement alitée, j'ai entrepris le type même de recherches qui m'auraient valu l'approbation de mes professeurs. Certains de mes travaux ont même été publiés.

Par bonheur, cette métamorphose a été trop tardive pour m'inciter à revenir sur les bancs de l'université, ce qui m'a permis d'échapper à tout endoctrinement. J'ai appris seule tout ce que je sais aujourd'hui de la psychologie du développement et de la psychologie sociale. Or ce regard extérieur a été un remarquable atout. Je n'ai pas eu à ingurgiter toutes les hypothèses de l'establishment universitaire. N'ayant reçu aucune subvention, je ne devais rien à personne. Après que j'ai arrêté d'écrire des manuels, personne ne m'a demandé de perpétuer le statu quo en transmettant la parole reçue à un amphithéâtre d'étudiants crédules. Et si j'ai arrêté d'écrire ces manuels, c'est parce que, un beau jour, je me suis dit qu'un grand nombre des informations que je livrais à ces mêmes étudiants crédules étaient fausses.

« Lorsque c'est possible, conseillait un médecin dans les pages du *Journal of the American Medical Association*, l'efficacité d'un effort devrait être évaluée par une personne extérieure à cet effort et qui n'a rien à gagner à sa perpétuation. » En d'autres termes, si vous voulez savoir la vérité sur les habits de l'empereur, n'interrogez pas les tailleurs.

Sans faire partie du cénacle, je lui dois beaucoup ; en effet, la théorie du développement de l'enfant présentée dans les pages qui suivent repose largement sur les recherches réalisées par des universitaires. Je remercie du fond du cœur tous les membres de ce milieu qui, au fil des ans, ont répondu généreusement à mes demandes de tirés à part.

Il n'est pas indispensable d'avoir accès à une bibliothèque universitaire. Les bibliothèques publiques m'ont rendu d'inestimables services en me fournissant plusieurs dizaines d'ouvrages empruntés aux universités. Je tiens à remercier Mary Balk de la bibliothèque de Middletown (New Jersey) et Jane Eigenrauch de la Red Bank Library pour les nombreux livres qu'elles m'ont procurés grâce aux prêts interbibliothèques. Merci également à toutes les personnes obligeantes — notamment à Joan Friebely, Sabina Harris et David G.

Myers — qui m'ont adressé des documents complémentaires.

Bien des gens m'ont évité le poids de la solitude. Les premiers amis que je me suis faits par courrier électronique dans le monde universitaire, Neil Salkind et Judith Gibbons, m'ont fait comprendre que « réclusion » ne veut pas dire « exclusion ». Daniel Wegner a veillé à ce que le manuscrit que j'ai adressé à la *Psychological Review* fasse l'objet de toute l'attention requise. Ses commentaires m'ont incitée à approfondir mes réflexions sur certaines hypothèses avancées dans la première version de cet article, ce qui m'a permis d'affiner non seulement mon texte mais l'ensemble de ma théorie. Les conseils et les encouragements que m'ont prodigués Steven Pinker, mon agent littéraire Katinka Matson de Brockman, Inc., mon premier éditeur de Free Press, Susan Arellano, et mon deuxième éditeur, Liz Maguire, m'ont été fort précieux. Je les remercie tous infiniment. Et je remercie aussi Florence Metzger, qui a tenu ma maison pendant tout ce temps, m'offrant en prime sa gaieté et sa gentillesse.

Mes collègues, mes amis et les membres de ma famille n'ont épargné ni leur temps ni leurs compétences pour lire et commenter les premières versions de cet ouvrage. Leurs commentaires m'ont remonté le moral et m'ont permis d'éviter quelques erreurs embarrassantes. Qu'ils en soient remerciés. Susan Arellano, Joan Friebely, Charles S. Harris, Nomi Harris, David Lykken, David G. Myers, Steven Pinker et Richard G. Rich ont lu l'intégralité du manuscrit, qui leur a inspiré de nombreuses remarques judicieuses. Anne-Marie Ambert, William Corsaro, Carolyn Edwards, Thomas Kindermann et John Modell en ont fait autant pour les chapitres concernant leurs sphères d'intérêt.

Mes filles, mon gendre, mon frère et — surtout — mon mari m'ont apporté tout le soutien dont un auteur a besoin. Ils m'ont soutenue ; ils ont cru en moi. Je leur voue une gratitude et un amour éternels.

1

« ÉDUCATION PARENTALE » ET « ENVIRONNEMENT » : DEUX NOTIONS DISTINCTES

Hérédité et environnement. Ce sont le yin et le yang, l'Adam et Ève, l'alpha et l'oméga de la psychologie populaire. J'étais encore au lycée que j'en savais déjà suffisamment pour rétorquer à mes parents qu'ils ne devaient s'en prendre qu'à eux-mêmes s'ils estimaient que je tournais mal : après tout, ils étaient responsables aussi bien de mon hérédité que de mon environnement.

« Hérédité et environnement » — c'étaient les termes qu'on employait alors. Aujourd'hui, on parlerait plutôt d'« inné » et d'« acquis », de « nature » et d'« éducation ». Déjà influentes sous leurs appellations d'origine, ces notions sont devenues omnipotentes sous ces nouveaux pseudonymes. Nous vivons sous le règne de l'inné et de l'acquis. C'est une certitude que personne ne conteste : la nature et l'éducation créent et façonnent le monde. Ce sont elles qui ont fait de nous ce que nous sommes aujourd'hui, ce sont elles qui détermineront ce que nos enfants seront demain.

Dans un article du numéro de la revue *Wired* de janvier 1998, un journaliste scientifique envisage le jour — dans vingt ans, cinquante ans, un siècle ? — où les parents pourront choisir les gènes de leurs enfants aussi facilement qu'ils font leurs courses au supermarché. C'est ce que le journaliste appelle : « Le choix du génotype ». Préférez-vous une fille ou un garçon ? Des cheveux bouclés ou raides ? Un génie des maths ou un champion d'orthographe ? « Les parents auront vraiment leur mot à dire sur le genre d'êtres humains que deviendront leurs enfants », affirme-t-il avant d'ajouter : « À vrai dire, ils l'ont déjà, dans une large mesure. »

Si, dans l'esprit de ce journaliste, les parents ont déjà leur mot à dire sur ce que deviendront leurs enfants, c'est parce qu'ils sont responsables de leur environnement. De leur éducation, en d'autres termes.

Personne n'en doute, tant cela paraît évident. Les deux éléments qui déterminent le type d'adultes que vos enfants deviendront sont la nature — leurs gènes — et l'éducation parentale. Vous en êtes convaincus. Et les professeurs de psychologie pensent comme vous. Cette heureuse coïncidence ne va pas de soi ; en effet, dans la plupart des disciplines scientifiques, l'opinion du spécialiste et celle du citoyen lambda — de « l'homme de la rue », comme on disait autrefois — divergent. Or, sur ce point, les membres de la faculté et votre voisin de palier sont d'accord : ce qui compte, c'est la nature et l'éducation parentale. La nature donne un bébé aux parents ; le résultat final dépend de l'éducation qu'ils lui offriront. Une bonne éducation parentale peut compenser de nombreuses erreurs de la nature ; l'absence d'éducation peut réduire à néant tous les efforts de celle-ci.

Voilà ce que je pensais, moi aussi, avant de changer d'avis.

Ce revirement ne concerne pas l'environnement, mais l'éducation parentale. Rassurez-vous. Vous ne venez pas d'ouvrir un des nombreux ouvrages qui prétendent que tout vient des gènes. L'environnement, j'en suis convaincue, est tout aussi important. Les expériences que les enfants accumulent au cours de leur croissance ne sont pas moins essentielles que le bagage qu'ils possédaient à la naissance. Ce que je ne crois plus aujourd'hui, c'est qu'« éducation parentale » et « environnement » se recouvrent. En faire des synonymes revient à éluder la question.

Cette thèse repose en effet sur l'idée que le développement des enfants doit tout à leurs gènes et à la manière dont leurs parents les élèvent. C'est ce que j'appelle *l'hypothèse du primat de l'éducation parentale*. J'ai dû attendre d'avoir élevé mes deux enfants et d'avoir participé à la rédaction de trois éditions d'un manuel universitaire sur le développement de l'enfant pour commencer à mettre cette hypothèse en doute. Et ce n'est que tout récemment que j'en suis arrivée à la conclusion que cette hypothèse est fausse.

Il est difficile de démontrer la fausseté d'une hypothèse car, par définition, une hypothèse se passe de preuve. Ma première tâche sera donc de vous démontrer que l'hypothèse du primat de l'éducation parentale n'est qu'une hypothèse. J'essaierai ensuite de vous convaincre qu'elle est gratuite. Enfin, j'essaierai de vous proposer autre chose à la place, un point de vue aussi solide que le précédent — une nouvelle manière d'expliquer pourquoi les enfants deviennent ce qu'ils sont, une nouvelle réponse à cette question fondamentale : pourquoi sommes-nous ce que nous sommes ? Ma réponse repose sur l'examen du cerveau dont est pourvu l'enfant, ce qui nous conduira à nous pencher sur l'histoire de l'évolution de notre espèce. Je vous demanderai de m'accompagner en d'autres temps et dans d'autres sociétés. Et même, si vous le voulez bien, dans des sociétés de chimpanzés.

Un doute raisonnable ?

Comment puis-je contester un fait aussi solidement attesté ? Vous pouvez vérifier de vos propres yeux l'influence du comportement des parents sur leurs enfants. Un enfant battu est apeuré en présence de ses parents. Un enfant dont les parents sont outrageusement faibles fait preuve d'agressivité à leur égard. L'enfant à qui ses parents n'ont inculqué aucune morale agira de façon immorale. L'enfant dont les parents sont convaincus qu'il ne fera jamais rien de bon ne fait effectivement rien de bon.

Pour tous les saint Thomas qui ne croient que ce qu'ils voient, il existe des livres, des milliers de livres, bourrés de témoignages. Des ouvrages écrits par des psychothérapeutes comme Susan Forward, qui décrit les effets ravageurs et durables des « parents toxiques » — trop critiques, autoritaires, imprévisibles ou peu affectueux, qui empêchent leurs enfants d'avoir de l'estime pour eux-mêmes, brident leur autonomie ou leur en accordent trop, et trop tôt. Le docteur Forward a observé les dégâts commis par ce genre de parents. Les enfants qu'elle soigne sont dans un état psychologique épouvantable, et leurs parents en sont entièrement responsables. Ils n'iront pas mieux tant qu'ils n'auront pas admis cette évidence, devant le docteur Forward et en leur for intérieur : tout est la faute de leurs parents.

Mais peut-être faites-vous partie de ces esprits encore plus sceptiques, qui refusent de tenir pour une preuve l'opinion que des psychothérapeutes se sont faite au cours d'entretiens avec un échantillon de patients en difficulté, échantillon qu'ils ont, de surcroît, choisi eux-mêmes. Dans ce cas, je vous proposerai des preuves plus scientifiques : les résultats d'études préparées avec le plus grand sérieux portant sur des parents ordinaires et sur leurs enfants — des parents et des enfants dont l'état psychologique présente plus de diversité que celui des personnes que vous êtes susceptibles de rencontrer dans la salle d'attente du docteur Forward.

Dans son ouvrage intitulé *It Takes a Village* [*Il faut tout un village pour élever un enfant*], Hillary Rodham Clinton, épouse du président des États-Unis, a résumé un certain nombre de conclusions de ces études extrêmement consciencieuses menées par des spécialistes de la psychologie du développement. Les parents qui s'occupent de leur bébé avec amour et affection ont tendance à avoir des bébés dont l'attachement à leurs parents se développe dans un climat de sécurité et qui se transforment en enfants pleins de gentillesse et d'assurance. Les parents qui parlent à leurs enfants, qui les écoutent et leur lisent des histoires ont tendance à avoir des enfants intelligents, qui réussissent bien en classe. Les parents qui imposent à leurs enfants des limites claires — je n'ai pas dit rigides — ont des enfants qui risquent moins que d'autres de s'attirer des ennuis. Les parents sévères ont tendance à avoir des enfants agressifs et/ou angoissés. Les parents qui se comportent avec leurs enfants d'une manière honnête, gentille et consciencieuse ont de bonnes chances d'avoir des enfants qui se conduiront honnêtement, gentiment et consciencieusement. Quant aux parents incapables de fournir à leurs enfants un foyer abritant une mère et un père, leurs enfants courent plus de risques que les autres de connaître un échec quelconque dans leur vie d'adulte.

Ces affirmations, que je pourrais poursuivre, ne sont pas de vaines conjectures. Elles sont étayées par une masse impressionnante de recherches. Les manuels que je rédigeais pour des étudiants de premier cycle qui suivaient des cours sur le développement de l'enfant reposaient sur les preuves apportées par ces recherches, et dont l'exactitude paraît évidente aux professeurs chargés de cet enseignement. Tout comme aux journalistes qui commentent occasionnellement les résultats d'une étude dans un article de journal ou de revue. Dans leurs recommandations aux parents, les pédiatres s'en inspirent, eux aussi, largement. D'autres auteurs d'ouvrages ou d'articles donnant des conseils aux parents ne les contestent pas davantage. En un mot, les études réalisées par les spécialistes de la psychologie du développement exercent une influence considérable, qui imprègne toute notre culture.

À l'époque où j'écrivais des manuels, j'y croyais dur comme fer, moi aussi. Mais, en étudiant ces résultats de plus près, j'ai constaté, à ma grande surprise, qu'ils ne tenaient pas la route. Les « preuves » que les psychologues avancent pour étayer l'hypothèse du primat de l'éducation parentale n'en sont pas : elles ne prouvent pas ce qu'elles prétendent prouver. Et j'ai vu s'accumuler les preuves qui vont *à l'encontre* de ce fameux postulat.

Celui-ci n'est pas un truisme ; ce n'est même pas une vérité universellement admise. C'est le produit de notre culture — un mythe culturel soigneusement entretenu. Dans la suite de ce chapitre, je vais vous dire d'où il vient, et comment j'en suis venue à le contester.

L'hypothèse du primat de l'éducation parentale : son hérédité et son environnement

« Nature et éducation » : cette formule est généralement attribuée à Francis Galton — le cousin de Charles Darwin. En fait, Galton en emprunta sans doute l'idée à Shakespeare, lequel ne saurait pourtant pas non plus en revendiquer la paternité : trente ans avant que Shakespeare n'ait juxtaposé ces deux termes dans *La Tempête*[1], un pédagogue anglais du nom de Richard Mulcaster écrivait : « La nature met le garçon dans la bonne voie, l'éducation l'y maintient. » Trois siècles plus tard, Galton a transformé ce binôme en lieu commun. Promu au rang de véritable slogan, il est passé dans le langage courant.

1. « *A devil, a born devil, on whose nature/ Nurture can never stick* » — « C'est un diable, un diable-né ; sur sa nature, l'éducation n'aura jamais de prise », dit Prospero à propos de Caliban (acte IV, scène I), trad. P. Leyris et E. Holland.

Mais le vrai père de l'hypothèse du primat de l'éducation parentale est Sigmund Freud. C'est Freud qui a élaboré, plus ou moins de toutes pièces, un scénario complexe, dans lequel tous les maux psychologiques des adultes peuvent être rattachés à des événements qui leur sont arrivés quand ils étaient petits, et dans lesquels leurs parents ont joué un rôle majeur. Selon la théorie freudienne, le parent du sexe opposé provoque une angoisse chez le jeune enfant, de par sa simple présence. Cette angoisse est inévitable et universelle ; même les plus consciencieux des parents ne peuvent l'empêcher, mais ils peuvent facilement l'aggraver. *Tous* les petits garçons doivent traverser la crise de l'Œdipe ; *toutes* les petites filles doivent surmonter sa version féminine au rabais. La mère (mais non le père) est également tenue pour responsable de deux crises antérieures : le sevrage et l'apprentissage de la propreté.

La théorie freudienne a été très en vogue dans la première moitié du XXe siècle. Les personnes les plus influencées par les écrits de Freud ont évidemment été les psychiatres et les psychothérapeutes (ceux qui voient des patients et essaient de les aider à résoudre leurs problèmes affectifs). Mais la théorie freudienne a également eu des effets sur la psychologie expérimentale, dont les résultats sont publiés dans les revues spécialisées. Quelques-uns de ces chercheurs ont essayé de prouver scientifiquement certains points de la théorie freudienne : pour l'essentiel, leurs efforts ont été vains. D'autres, et ils ont été bien plus nombreux, se sont contentés d'émailler leurs conférences et leurs articles de termes freudiens à la mode.

D'autres encore ont adopté la position adverse, n'hésitant pas à jeter le bébé avec l'eau du bain. Le behaviorisme, un courant de psychologie populaire dans les universités américaines dans les années quarante et cinquante, a été en partie une réaction contre la théorie freudienne. Les béhavioristes ont rejeté l'intégralité de la philosophie freudienne, ou presque : le sexe et la violence, le ça et le sur-moi, et même le conscient. Mais, curieusement, ils ont admis la prémisse fondamentale de la théorie freudienne : ce qui se passe au cours de la prime enfance — une période où les parents sont forcément impliqués de manière générale — est capital. Autrement dit, ils ont rejeté le scénario du psychodrame de Freud, tout en conservant sa distribution. Les parents jouent toujours les rôles principaux, mais n'incarnent plus des objets sexuels et des êtres castrateurs. Dans le scénario des béhavioristes, leur rôle est de conditionner des réactions et de distribuer récompenses et sanctions.

John B. Watson, le premier grand béhavioriste, a remarqué que, dans la réalité, les parents ne font pas preuve d'une cohérence irréprochable dans leur manière de conditionner les réponses de leurs enfants. Il s'est donc proposé de leur montrer comment s'y prendre. Il convenait pour ce faire d'élever douze jeunes humains dans des conditions de recherche soigneusement contrôlées :

> Donnez-moi une douzaine de jeunes enfants en bonne santé, bien conformés, et tout ce qu'il me faut pour assurer leur éducation. Je me fais fort d'en choisir un au hasard et de le former pour devenir, à mon gré, n'importe quel type de spécialiste — médecin, avocat, artiste, gros négociant, voire mendiant et voleur, quels que soient ses talents, ses penchants, ses tendances, ses compétences, sa vocation, et la race de ses ancêtres.

Heureusement pour ces douze bébés, personne n'a pris Watson au mot. En cherchant bien, on trouverait sans doute encore quelques behavioristes vieillissants persuadés qu'il aurait pu remporter son pari si on lui avait accordé les fonds nécessaires. Ce n'était évidemment qu'une fanfaronnade — Watson aurait été fort en peine de tenir son engagement. Dans *Psychological Care of Infant and Child*, il accumule les recommandations, expliquant aux parents comment éviter de « gâter » leurs enfants, comment les rendre courageux et indépendants (il faut les laisser seuls et éviter toute démonstration de tendresse) ; mais il se garde bien de suggérer la moindre méthode susceptible de faire grimper leur QI de vingt points. Ce serait pourtant, me semble-t-il, une mesure fort utile pour leur assurer l'accès à une faculté de médecine ou de droit, qui les préparerait aux deux premiers métiers figurant sur sa liste. John Watson ne donne pas non plus de précisions sur la manière de leur faire choisir la médecine plutôt que le droit, ou vice versa. À bien y regarder, le seul succès dont il puisse se targuer a été d'inspirer à un petit garçon nommé Albert une peur panique des animaux à poil, en faisant un bruit effroyable chaque fois que le petit Albert s'approchait d'un lapin. Si ce conditionnement a certainement dissuadé Albert de devenir vétérinaire, il lui restait encore un vaste choix de carrières disponibles.

B.F. Skinner, un autre behavioriste, a proposé une approche plus prometteuse, en parlant de renforcement plutôt que de conditionnement. Cette méthode présentait l'avantage de n'avoir pas à tenir compte des réactions innées de l'enfant — elle pouvait susciter de nouvelles réponses en renforçant (par des récompenses telles que de la nourriture ou des félicitations) des comportements de plus en plus proches du comportement souhaité. En théorie, on pourrait donc obtenir un médecin en récompensant l'enfant qui panse les plaies d'un camarade, et un avocat en récompensant celui qui menace de poursuivre en justice le fabricant du vélo qui a provoqué la chute de son ami. Mais que faire du troisième métier figurant sur la liste de Watson : artiste ? Des recherches menées dans les années soixante-dix ont montré qu'il est très facile d'inciter des enfants à réaliser une masse de dessins en leur offrant des bonbons ou des médailles quand ils dessinent. Mais ces récompenses ont eu un curieux effet : en leur absence, les enfants cessaient de dessiner. Dès qu'on ne les récompensait plus, ils faisaient *moins* de dessins que des enfants qui n'avaient jamais obtenu la moindre récompense lorsqu'ils posaient leur feutre sur une feuille de papier. Bien que des études ultérieures aient montré qu'il est possible d'éviter les effets négatifs des récompenses, les résultats sont difficiles à prévoir, car ils dépendent de variations subtiles touchant la nature et l'instant de la récompense, ainsi que de la personnalité de l'enfant récompensé.

On dit que le génie est fait de quatre-vingt-dix-neuf pour cent de transpiration et d'un pour cent d'inspiration. Or le béhaviorisme se concentre sur la transpiration et oublie l'inspiration. Tom Sawyer, le célèbre personnage de Mark Twain, n'était-il pas meilleur psychologue que B. F. Skinner ? En persuadant ses amis de *le* récompenser en échange du privilège de chauler sa clôture, il se débrouillait pour que le travail soit fait et — en plus — il les incitait à *aimer* ce travail.

Je doute fort que Watson ait vraiment souhaité qu'on lui prête une douzaine d'enfants pour faire des expériences. Ce n'était, selon moi, qu'une boutade prétentieuse exprimant le credo du béhaviorisme : les enfants sont malléables ; c'est leur environnement qui détermine leur destinée, et non leurs qualités innées comme le talent ou le tempérament. Ce type d'énoncé provocateur devait avoir une valeur publicitaire : Watson se posait en Grand Défenseur de l'Environnement.

L'art et la manière scientifique d'étudier les enfants

En tant que discipline universitaire, l'étude de la transformation d'êtres humains immatures en adultes est apparue assez tardivement — vers 1890. Les premiers chercheurs s'intéressaient alors bien davantage aux enfants qu'à leurs parents. Si vous ouvrez un traité de psychologie du développement antérieur à la mode de la théorie freudienne et à celle du behaviorisme, vous ne trouverez rien, ou pas grand-chose, concernant l'influence parentale sur le développement de la personnalité de l'enfant. Le célèbre manuel de Florence Goodenough, *Developmental Psychology*, dont la première édition remonte à 1934, ne consacre aucun chapitre aux relations parents-enfant. Analysant les causes de la délinquance juvénile, Florence Goodenough évoque les effets d'un « mauvais environnement » ; mais elle entend par là les quartiers urbains où les logements sont « insalubres et délabrés » et où l'on trouve « de nombreux bars, salles de billard et tripots ».

Vers la même époque, Winthrop et Luella Kellogg ont publié les résultats de leur expérience sur les primates. Ils ont élevé chez eux une femelle chimpanzé du nom de Gua en même temps que leur propre petit garçon, Donald, en les traitant d'une manière aussi identique que possible. Le mot d'*environnement* apparaît fréquemment dans le livre des Kellogg, mais ils ne l'utilisent que pour distinguer « un environnement civilisé » ou un « environnement humain » de la jungle ou du zoo où Gua aurait été élevée s'ils ne l'avaient pas prise en charge. Le terme d'*environnement* n'avait pas encore fait l'objet de distinctions subtiles entre tel ou tel foyer civilisé.

Le plus influent des premiers psychologues du développement a peut-être été Arnold Gesell. Pour Gesell comme pour Goodenough, les parents sont un élément évident, anonyme et interchangeable de l'environnement de l'enfant. À leurs yeux, les enfants d'un âge donné sont du reste plus ou moins interchangeables, eux aussi. Gesell parle des « quatre ans » ou des « sept ans », et donne des conseils sur la manière de s'en occuper, un peu comme un manuel de mécanique vous indiquera comment vous occuper de « votre Ford » ou de « votre Studebaker ». Le foyer familial se résume à une sorte de garage où les enfants rentrent le soir et où des gardiens anonymes les lavent, les lustrent et font le plein.

Une forme nouvelle de psychologie du développement a fait son apparition dans les années cinquante. Délaissant les similitudes entre les « quatre ans », les chercheurs se sont passionnés pour leurs différences. Cette étude les a incités — et l'idée était vraiment inédite à l'époque — à essayer de rattacher les différences entre enfants aux différences d'éducation que leur donnaient leurs parents. Ce courant a été amorcé par une étude dont la double ascendance freudienne et behavioriste était patente. Elle avait pour objet de vérifier comment les récompenses et les sanctions distribuées par les parents, ainsi que leurs méthodes de sevrage et d'apprentissage de la propreté, affectaient la personnalité de leur enfant. Ces chercheurs s'intéressaient plus particulièrement aux aspects de la personnalité enfantine liés aux concepts freudiens tels que le développement du sur-moi. Eleanor Maccoby, qui a pris aujourd'hui sa retraite de l'université de Stanford après une longue et brillante carrière, faisait partie de cette première équipe de recherche. Dans un article récent, elle a présenté les conclusions de cette étude déjà ancienne :

> Les résultats de ces travaux ont été décevants à maints égards. L'étude, qui a porté sur près de quatre cents familles, a révélé peu de liens entre les pratiques d'éducation parentale (décrites par les parents au cours d'entretiens approfondis) et les évaluations indépendantes des caractéristiques de la personnalité des enfants. Ces liens étaient si peu nombreux, en fait, que l'on n'a presque rien publié qui mette en relation les deux séries de données. La principale retombée de cette étude a été un ouvrage sur les pratiques d'éducation, vues par les mères. Il s'agit d'un ouvrage essentiellement descriptif, qui ne comprend que très peu d'analyses des théories ayant initialement inspiré cette étude.

Ces débuts fort décevants n'ont pourtant pas découragé d'autres chercheurs de s'engager dans cette voie — au contraire, ils ont même provoqué un véritable déferlement de travaux, qui se poursuit encore aujourd'hui. Malgré l'abandon rapide de tous liens explicites avec la théorie freudienne et le béhaviorisme, deux idées se sont maintenues : la conviction béhavioriste que les parents influencent le développement de leurs enfants en distribuant des récompenses et des sanctions, et la conviction freudienne que les parents peuvent causer de terribles dégâts à leurs enfants, et que cela arrive fréquemment.

Il était désormais admis que les parents exercent une influence sur le développement de leurs enfants. Les générations suivantes de chercheurs ne se sont pas efforcées d'établir *si* les parents influent sur le développement des enfants, mais *comment* ils influent sur lui. La méthode a été parfaitement codifiée : vous observez comment le parent élève l'enfant, vous observez ce que devient l'enfant, vous opérez de la même manière avec un nombre significatif de parents et d'enfants. En rassemblant toutes les données et en essayant de dégager des tendances générales, vous cherchez à montrer que tel aspect de la méthode d'éducation parentale a des conséquences sur telle caractéristique de l'enfant. L'espoir ultime étant, bien sûr, de mettre en évidence un lien entre le comportement des parents et les caractéristiques de l'enfant qui soit « statistiquement significatif » — autrement dit, publiable.

Nous avons vu que l'étude mentionnée par Eleanor Maccoby n'avait pas livré de résultats statistiquement significatifs. En revanche, sur les milliers d'études ultérieures conduites sur le même modèle, certaines ont eu plus de chance. Elles ont effectivement fourni des résultats significatifs et ont fait l'objet de publications dans des revues spécialisées telles que *Child Development* et *Developmental Psychology* : elles ont été intégrées dans la masse de preuves avancées pour étayer l'hypothèse du primat de l'éducation parentale. Quant aux autres — celles qui n'ont pas livré de résultats significatifs —, nous n'en savons pas grand-chose ; la plupart ont probablement fini à la poubelle. Si nous savons que la première étude de ce genre n'a établi que « peu de liens » entre les méthodes éducatives des parents et les personnalités des enfants, c'est uniquement parce que le docteur Maccoby l'a admis par écrit — trente-cinq ans plus tard.

Transformer un bébé brouillon en bon citoyen

Les psychologues du développement qui se spécialisent dans le type de recherches que je viens de décrire s'appellent des spécialistes de la socialisation. La socialisation est le processus qui transforme un bébé sauvage en créature domestiquée, prête à prendre sa place dans la société au sein de laquelle elle a été élevée. Des êtres socialisés savent parler le langage que parlent les autres membres de leur société ; ils se conduisent correctement, possèdent les aptitudes requises et admettent les idées dominantes. Dans l'hypothèse du primat de l'éducation parentale, la socialisation des enfants est le fait des parents. Les spécialistes de la question étudient comment les parents s'en acquittent et évaluent la qualité de leur action, en observant ce que deviennent les enfants.

Les spécialistes de la socialisation croient au postulat du primat de l'éducation parentale. Comme je l'ai dit plus haut, j'y ai cru, moi aussi. Et, forte de cette conviction, j'ai participé à la rédaction de trois éditions d'un manuel sur le développement de l'enfant. J'avais commencé à travailler (toute seule, cette fois) à un nouveau manuel sur le sujet, quand une prise de conscience soudaine m'a fait renoncer à ce projet. Depuis plusieurs années, la qualité des données obtenues par les chercheurs me laissait sur ma faim. Depuis des années, j'évitais de m'attarder sur certaines observations qui ne cadraient pas avec l'histoire que mes éditeurs me demandaient de raconter à mes lecteurs. Et, un beau jour, j'ai découvert que je ne croyais plus à cette histoire.

Voici trois des observations qui me tracassaient.

Première observation. Quand j'étais étudiante en troisième cycle, je logeais dans un immeuble de Cambridge, dans le Massachusetts. J'avais pour propriétaires un couple de Russes qui occupaient le rez-de-chaussée avec leurs trois enfants. Les parents parlaient russe entre eux et avec leurs enfants ; leur anglais était médiocre et ils le prononçaient avec un fort accent. Mais les enfants, dont l'âge s'échelonnait entre cinq et neuf ans, parlaient un anglais parfaitement acceptable, sans la moindre trace d'accent — ou plus exactement avec le même accent que les autres gamins du quartier. Qui plus est, ils *ressemblaient* aux autres enfants du quartier. En revanche, il suffisait de croiser leurs parents pour savoir qu'ils étaient étrangers — cela se voyait à leurs vêtements, leurs gestes, aux expressions de leur visage ou je ne sais quoi. Leurs enfants, en revanche, avaient l'air de petits Américains comme les autres.

Cela m'intriguait. Les bébés n'apprennent évidemment pas à parler tout seuls ; ils apprennent leur langue par l'intermédiaire de leurs parents. Or la langue que parlaient ces enfants n'était pas celle qu'ils avaient apprise de leurs parents. Le petit de cinq ans lui-même parlait mieux anglais que sa mère.

Ma deuxième observation porte sur des enfants élevés en Angleterre. Mon faible pour les romans à suspense anglais m'a fait prendre conscience que de nombreuses générations d'Anglais, de sexe masculin et appartenant à la classe supérieure, recevaient une éducation qui ne s'accordait absolument pas avec l'hypothèse du primat de l'éducation parentale. Le fils d'une famille britannique aisée passait l'essentiel des huit premières années de sa vie en compagnie d'une nurse, d'une gouvernante et éventuellement d'un ou deux frères et sœurs. Il rencontrait peu sa mère et encore moins son père, dont l'attitude habituelle à l'égard des enfants était qu'ils ne devaient pas se faire entendre et, si possible, pas voir non plus. À huit ans, le petit garçon était envoyé en pension pour les dix années suivantes, ne rentrant chez lui que pour les vacances. Et pourtant, quand il sortait d'Eton ou d'Harrow, il était prêt à prendre dignement sa place dans le monde des gentlemen britanniques. Sa manière de s'exprimer et son comportement n'étaient pas ceux de sa nurse ou de sa gouvernante, ni même ceux de ses professeurs d'Eton ou d'Harrow. Par la distinction de son accent et de son maintien, il ressemblait à s'y méprendre à son père — un père qui n'avait, pour ainsi dire, joué aucun rôle dans son éducation.

Troisième observation. Un certain nombre de spécialistes supposent que les enfants apprennent à se conduire conformément à ce qu'on attend d'eux, en observant et en imitant leurs parents, et plus particulièrement le parent du même sexe qu'eux. Cette hypothèse est, elle aussi, un héritage de la théorie freudienne. Pour Freud, la résolution du complexe d'Œdipe ou d'Électre conduit à l'identification avec le parent du même sexe et, par conséquent, à la formation du sur-moi. On ne peut pas demander à des petits enfants qui n'ont pas encore franchi le cap de la terrible période œdipienne de se conduire correctement, parce que leur sur-moi n'est pas encore constitué.

Selma Fraiberg, une psychologue spécialisée dans les questions de l'enfance et dont les ouvrages ont été très populaires dans les années cinquante, admettait sans discussion la chronologie freudienne de la socialisation. Elle proposait l'anecdote suivante pour illustrer le comportement des enfants pendant la période difficile où ils ont déjà appris ce qu'ils ne sont pas censés faire, mais où ils n'arrivent pas encore à s'empêcher de le faire.

> Julia, trente mois, est seule à la cuisine pendant que sa mère est au téléphone. Une jatte d'œufs est posée sur la table. Julia a terriblement envie de faire une omelette... Quand la mère de Julia revient à la cuisine, elle trouve sa fille en train de jeter joyeusement les œufs sur le lino, tout en se grondant sévèrement à chaque « platch » : « Non, non ! Il ne faut pas faire ça. Non, non, non. Il ne faut pas ! »

Pour Selma Fraiberg, la bêtise de Julia s'expliquait par le fait qu'elle n'avait pas encore constitué son surmoi, probablement parce que son identification à sa mère n'était pas encore achevée. Mais regardez de plus près ce que faisait Julia au moment où sa mère est revenue et l'a prise sur le fait : elle faisait une omelette tout en criant : « Non, non ! » Julia imitait sa mère ! Et pourtant, Maman n'a pas été contente...

Le fait est que les enfants ne peuvent pas apprendre à se comporter correctement en imitant leurs parents. En effet, la plupart des choses qu'ils leur voient faire — fourrer leur nez partout, mener les autres à la baguette, conduire une voiture, se servir d'allumettes, aller et venir à leur guise, et tout un tas d'activités formidablement attrayantes à leurs yeux — leur sont précisément interdites. Du point de vue de l'enfant, la socialisation des premières années consiste essentiellement à apprendre ceci : *tu ne dois pas faire ce que font tes parents*.

Mais peut-être vous demanderez-vous si cette imitation du parent du même sexe ne fonctionne pas mieux dans des sociétés moins complexes que la nôtre. Sachez que la réponse est non. Dans les sociétés préindustrielles, la distinction entre un comportement d'adulte acceptable et un comportement d'enfant acceptable tend à être encore plus importante que chez nous. Dans les sociétés villageoises de Polynésie, par exemple, les enfants sont censés faire preuve de réserve et de docilité à l'égard des adultes et ne parler que lorsqu'on leur adresse la parole. Les adultes ne se conduisent évidemment pas de cette manière, que ce soit dans leurs relations avec leurs enfants ou avec d'autres adultes. Les enfants polynésiens apprennent peut-être l'art du tissage ou de la pêche en observant leurs parents, mais ce n'est pas ainsi qu'ils apprennent les règles du comportement social. Dans la plupart des sociétés, les enfants qui se conduisent comme des adultes se font traiter d'impertinents.

Selon notre fameuse hypothèse du primat de l'éducation parentale, ce sont les parents qui transmettent le savoir culturel (y compris la langue) à leurs enfants et les préparent à devenir des membres à part entière de la société dans laquelle ils passeront leur vie d'adultes. Mais la fille d'immigrés n'apprend pas de ses parents la langue et les coutumes locales, le fils de riches Britanniques voit ses parents trop rarement pour que cette théorie soit plausible, et les enfants de nombreuses civilisations risquent fort de s'attirer des ennuis s'ils imitent trop bien leurs parents. Pourtant, tous ces enfants apprennent, d'une manière ou d'une autre, à se comporter conformément à ce que leur société attend d'eux.

Il faut bien comprendre que cette hypothèse repose sur un modèle précis de vie familiale : celle d'une famille typique des classes moyennes occidentales. Les spécialistes de la socialisation ne s'intéressent généralement pas aux familles où les parents ne parlent pas la langue dominante ; ils n'étudient pas les enfants envoyés en pension ou élevés par des gouvernantes et des nurses. Bien que les anthropologues et les psychologues qui s'intéressent aux interactions culturelles aient réalisé de nombreuses études sur les méthodes d'éducation en vigueur dans d'autres sociétés, les spécialistes de la socialisation vérifient rarement si leurs théories s'appliquent aux enfants élevés dans ces sociétés.

Bien sûr, certaines vérités sont communes à toutes les sociétés. Tous les nouveau-nés sont impuissants et ignorants, et ils ont tous besoin que des personnes plus âgées s'occupent d'eux. Dans toutes les sociétés, les jeunes enfants doivent apprendre la langue et les coutumes locales, et nouer des relations efficaces avec les autres membres de leur foyer. Ils doivent apprendre que le monde a des règles, et qu'ils ne peuvent pas faire tout ce qu'ils ont envie de faire. Cet apprentissage doit commencer précocement, à un âge où ils sont encore entièrement dépendants des adultes qui s'occupent d'eux.

Il est indéniable que les adultes jouent un rôle important dans la vie du bébé. C'est par l'intermédiaire de ces personnes plus âgées que les bébés apprennent leurs premiers mots, font leurs premières expériences de constitution et de maintien de relations sociales, et qu'ils prennent leurs premières leçons d'obéissance à des règles. Mais les spécialistes de la socialisation vont plus loin et en tirent d'autres conclusions : ils affirment en effet que l'apprentissage des relations et des règles que font les enfants au cours de leurs premières années définit le modèle de leurs relations ultérieures et de leur obéissance aux règles, déterminant ainsi le cours de leur existence tout entière.

J'ai partagé cette opinion. Je crois encore que les enfants doivent apprendre un certain nombre de choses sur les relations et les règles au cours de leurs premières années ; et qu'il est important qu'ils acquièrent un langage. Mais je ne crois plus que cet apprentissage qui, dans notre société, se fait généralement au sein du foyer familial, définisse tout leur avenir. Si l'apprentissage lui-même a une utilité évidente, le *contenu* de cet apprentissage précoce peut être inadapté au monde extrafamilial. Et les enfants peuvent le rejeter dès qu'ils mettent le pied dehors, aussi facilement qu'ils retirent le pull démodé que leur mère les oblige à porter.

2

LES PREUVES À L'ÉPREUVE

La psychologie en tant que discipline s'est scindée en deux dès l'origine : d'un côté, les universitaires qui croient à la nature ou s'intéressent principalement au legs génétique ; de l'autre, ceux qui croient à l'éducation ou s'intéressent surtout aux acquis de l'expérience. Et c'est certainement dans le domaine de la psychologie du développement que cette fracture est la plus nette. Les spécialistes de la socialisation insistent sur l'aspect éducatif, alors que le versant « nature » est le terrain de prédilection des spécialistes de génétique du comportement.

Les uns comme les autres gagnent leur vie en donnant des cours et en faisant de la recherche. Leur prestige dépend du succès de leurs travaux ainsi que du volume et de la qualité de leurs publications. Ce sont des spécialistes : les membres d'un camp ne prennent généralement pas la peine de lire les écrits de l'autre camp, faute de temps d'abord, mais aussi parce qu'ils savent qu'ils ne seront pas d'accord avec eux. Les universitaires lisent essentiellement les publications relatives à leur propre sphère d'intérêt, avec quelques brèves incursions dans des domaines proches.

Ma situation est différente. Je n'ai pas de poste d'enseignement, et personne ne me demande de mener un travail de recherches dans un domaine précis. On attend d'un manuel universitaire des informations objectives et pondérées. Au cours des années que j'ai consacrées à la rédaction de ce genre d'ouvrages, j'ai donc été amenée à lire des livres et des articles de tous genres, qui m'ont donné un point de vue différent de celui de la plupart des psychologues universitaires — une vue d'ensemble. Or il arrive qu'à une certaine distance on distingue des choses invisibles de près.

Dans ce chapitre et dans le suivant, je vous exposerai ce que m'a appris ce survol des travaux concernant la socialisation et la génétique du comportement. Je vous dirai ce que les chercheurs ont découvert, comment ils ont analysé leurs résultats, et ce qui me chiffonne dans les conclusions qu'ils en tirent.

Si vous ne faites pas partie du milieu universitaire, vous vous demanderez peut-être pourquoi je me soucie des propos d'une poignée de professeurs. Le fait est que leurs recherches et l'interprétation qu'ils en donnent inspirent toutes les recommandations sur l'éducation des enfants dont vous abreuvent les pédiatres et les journaux ou revues destinées aux parents. Les conseils qu'Hillary Rodham Clinton donne dans *Il faut tout un village* reposent presque tous sur les recherches effectuées par ces universitaires. Mme Clinton a bien appris ses leçons.

L'hypothèse du primat de l'éducation parentale — l'idée que les parents constituent l'élément le plus important de l'environnement d'un enfant et qu'ils peuvent déterminer, dans une large mesure, l'avenir de celui-ci — est un produit de la psychologie universitaire. Bien que cette théorie soit répandue dans notre culture, elle n'a rien d'universel. Autrefois, du reste, (comme vous le verrez au chapitre 5), les gens n'y croyaient pas.

La recherche sur la socialisation est l'étude scientifique des effets de l'environnement sur le développement psychologique des enfants — et notamment des effets que peuvent avoir les méthodes d'éducation ou le comportement des parents. C'est une science, parce qu'elle utilise des méthodes scientifiques, mais ce n'est pas à proprement parler une science expérimentale. Pour réaliser une expérience, il est nécessaire de faire varier une donnée et d'observer les effets de cette variation sur une autre donnée. Or les spécialistes de la socialisation n'exercent généralement aucun contrôle sur la manière dont les parents élèvent leurs enfants. Toute expérience leur est donc impossible. En revanche, ils exploitent les variations existantes du comportement parental. En observant ces variations naturelles et en recueillant systématiquement des données, ils essaient d'établir quelles variations vont de pair. En d'autres termes, ils font des études de corrélation.

Vous connaissez probablement un autre genre d'études de corrélation, celles qui concernent le domaine de l'épidémiologie. Les épidémiologistes étudient les facteurs de l'environnement qui influent sur l'état de santé de la population. Les méthodes qu'ils emploient pour recueillir et analyser des données sont les mêmes que celles des spécialistes de la socialisation, et elles souffrent des mêmes défauts. Je vous propose donc une brève digression dans le domaine de l'épidémiologie. Vous verrez que les parallèles entre ces deux disciplines sont tout à fait instructifs.

Imaginons que nous sommes des épidémiologistes et que nous avons décidé d'étudier les effets de la consommation des brocolis sur la santé. Notre méthode sera simple : nous allons demander à un nombre important de personnes d'âge moyen quelle quantité de brocolis elles consomment. Cinq ans plus tard, nous vérifierons combien de ces personnes sont encore en vie. Le fait d'*être en vie* nous servira de critère de bonne santé : dans l'ensemble, les vivants sont en meilleure santé que les morts.

Cinq ans plus tard, nous établirons le lien entre la consommation de brocolis et le taux de survie, indiqué dans le tableau ci-dessous. (Ces résultats sont parfaitement imaginaires, rassurez-vous.)

Taux de survie après cinq ans (en %)

	Ensemble des sujets	*Femmes*	*Hommes*
Grands amateurs de brocolis (en mangent au moins 1 fois/semaine)	99	99	99
Amateurs moyens de brocolis (en mangent environ 1 fois/mois)	98	99	97
Adversaires déclarés des brocolis (n'y toucheraient pas pour tout l'or du monde)	97	99	95

Nous entrons à présent ces résultats dans notre ordinateur. Celui-ci nous indique que la consommation de brocolis n'a pas eu d'effets significatifs sur la longévité de l'ensemble de nos sujets (la différence entre 99 %, 98 % et 97 % n'est pas très importante), ni sur la longévité de la population féminine. Mais, si nous considérons uniquement la population masculine, la relation entre la consommation de brocolis et la longévité apparaît comme « statistiquement significative ». En d'autres termes, il est peu probable — sans que cela soit impossible — que la différence observée soit imputable au hasard, ou à une heureuse coïncidence. Cela signifie également que nous allons pouvoir rédiger les résultats de nos recherches, les publier et demander une bourse afin d'étudier cette fois les relations entre la consommation de *chou-fleur* et l'état de santé.

Notre étude a été publiée dans une revue d'épidémiologie. Un journaliste de presse tombe dessus par hasard. Le lendemain, son journal titre : MANGER DES BROCOLIS ACCROÎT L'ESPÉRANCE DE VIE MASCULINE : UNE ÉTUDE SCIENTIFIQUE VIENT DE LE MONTRER.

Mais qu'en est-il en vérité ? Notre étude montre-t-elle vraiment que la consommation de brocolis est responsable de la longévité supérieure de nos sujets masculins ? Les hommes qui mangent des brocolis sont peut-être aussi de gros consommateurs de carottes et de choux de Bruxelles. Peut-être mangent-ils moins de viande ou de glaces que ceux qui détestent les brocolis. Peut-être font-ils du sport, bouclent-ils plus souvent leur ceinture, ou ont-ils arrêté de fumer. N'importe lequel de ces éléments — ou leur association — peut être responsable de cette longévité accrue des consommateurs de brocolis. Les brocolis n'y sont peut-être pour rien. Il n'est même pas exclu que la consommation de brocolis ait pu *abréger* la vie de nos sujets, mais que cet effet ait été contrebalancé par les conséquences bénéfiques de toutes les autres particularités du mode de vie de nos amateurs de brocolis.

Pour compliquer encore les choses, la consommation de brocolis peut être liée au statut matrimonial : les hommes mariés mangent peut-être plus de brocolis que les célibataires. Or il est établi qu'en moyenne les hommes mariés vivent plus longtemps que les célibataires. Peut-être est-ce leur statut d'hommes mariés — et non les brocolis eux-mêmes — qui a permis aux consommateurs de brocolis de vivre plus longtemps. Mais si les hommes mariés vivent plus longtemps que les autres, c'est peut-être parce qu'ils mangent plus de brocolis.

En un mot, nous ne pouvons rien conclure de la corrélation entre la consommation de brocolis et l'accroissement de l'espérance de vie. Pourtant, certaines personnes passent leur temps à tirer des conclusions de ce genre. Même si nous précisons scrupuleusement dans notre article que nos résultats peuvent prêter à d'autres interprétations, ces mises en garde ne retiendront certainement pas l'attention du journaliste — ni, probablement, celle de nos collègues épidémiologistes qui liront notre article.

Ne croyez pas que les épidémiologistes fassent de la recherche dans le seul but d'obtenir une subvention de l'Association des producteurs de choux-fleurs. Leur ambition va bien au-delà. Il s'agit de montrer que le mode de vie que les gens choisissent aujourd'hui déterminera s'ils seront encore en vie demain. Ces chercheurs ont du mal à rester parfaitement objectifs, parce qu'ils ont une idée préconçue : celle qu'il existe de « bons » et de « mauvais » modes de vie. Tout le monde connaît les règles d'un bon mode de vie : manger un tas de légumes, éviter les graisses, faire du sport tous les jours, ne pas fumer, etc. Les épidémiologistes mesurent la qualité du mode de vie de leurs sujets et la qualité de leur santé ; leur objectif est de montrer qu'un meilleur mode de vie est un gage de meilleure santé.

Les spécialistes de la socialisation ont eux aussi une idée préconçue : celle qu'il existe de bons et de mauvais modes d'éducation, et que les parents qui appliquent un bon mode d'éducation auront de meilleurs enfants que les autres. Là encore, tout le monde connaît les règles d'une bonne éducation : entourer les enfants de beaucoup d'amour, manifester abondamment son approbation, fixer des limites et les faire respecter fermement mais avec justice, ne pas infliger de châtiments corporels, éviter les remarques humiliantes, être cohérent, etc. Tout le monde a, par ailleurs, une idée relativement claire de ce qu'on peut attendre d'un enfant : un « bon » enfant est joyeux et coopératif, raisonnablement obéissant sans être mécanisé, il n'est ni trop imprudent ni trop timoré, il a de bons résultats scolaires, se fait un tas d'amis et ne frappe pas les autres sans raison.

Dans ces deux types d'études, les chercheurs réunissent des données sur la qualité du mode de vie ou de l'éducation et sur la qualité du résultat présumé (santé ou enfant). L'objectif étant, dans les deux cas, de montrer que, si vous faites ce qu'il faut, vous obtiendrez le résultat désiré. Ces résultats sont présentés sous forme de corrélations. Or les corrélations sont intrinsèquement ambiguës.

Avec toutes mes excuses aux épidémiologistes — ma critique méthodologique ne cherchait pas à vous convaincre que vous pouviez arrêter de manger des brocolis et reprendre une vie de patachon —, j'en reviens à la socialisation. Imaginons que nous décidions d'étudier la corrélation entre certains facteurs environnementaux et l'intelligence des enfants. Partons de l'hypothèse que les parents qui offrent à leurs enfants un environnement intellectuellement stimulant ont des enfants plus intelligents, et commençons à rassembler des données pour « tester » notre hypothèse (c'est-à-dire pour « essayer de la prouver »). Nous aurons besoin de deux mesures : celle de la stimulation due à l'environnement familial et celle de l'intelligence des enfants. Pour la première, nous utiliserons tout simplement le nombre de livres que contient le foyer où vivent ces enfants, et, pour la seconde, leurs QI. (Ces mesures ne sont évidemment que des estimations grossières des qualités qui nous intéressent, mais elles sont d'un emploi pratique parce qu'il est inutile de les convertir en chiffres — ce sont déjà des chiffres.)

Notre objectif est d'expliquer les variations de QI des enfants — le fait que certains enfants ont des QI élevés, d'autres des QI bas, et d'autres encore des QI moyens — en fonction d'une autre variable, le nombre de livres qu'il y a chez eux. Si notre hypothèse est exacte, nous allons découvrir que les enfants qui vivent dans des foyers contenant beaucoup de livres ont des QI élevés, les enfants chez qui il n'y a pas un seul livre des QI bas, et les enfants vivant dans des foyers contenant un nombre moyen de livres des QI moyens. En d'autres termes, nous espérons établir une corrélation concrète entre le QI et le nombre de livres.

Si cette corrélation était parfaite (+ 1), nous serions en mesure de prédire très exactement le QI de chaque enfant simplement en sachant combien de livres il a chez lui. Mais, dans la réalité, les corrélations ne sont jamais parfaites. Nous nous contenterons d'un taux de 0,70, 0,50, ou même de 0,30. Plus le coefficient de corrélation est élevé, plus nous serons en mesure de prédire avec précision le QI des enfants en fonction du nombre de livres contenus dans la bibliothèque de leurs parents. Toutefois, une faible corrélation peut tout de même être statistiquement significative, pourvu que le nombre de sujets soit suffisant. Un article que j'ai lu récemment faisait état d'une corrélation significative de 0,19, reposant sur 374 sujets. Il s'agissait de la corrélation entre la fréquence des comportements hostiles ou peu coopératifs d'enfants avec leurs parents et la fréquence du même comportement de ces enfants à l'égard de leurs pairs. Même si elle est significative au sens statistique du terme, un coefficient de corrélation de 0,19 n'a strictement aucune valeur. Avec une corrélation aussi faible, la connaissance d'une variable ne vous apprend presque rien sur l'autre. Savoir à quel point tel ou tel enfant est détestable avec ses parents ne vous apprendra pas grand-chose sur le comportement qu'il peut avoir en compagnie de ses camarades.

Il est rare qu'une étude de socialisation porte sur un nombre de sujets aussi important que 374. Par ailleurs, la plupart de ces études s'attachent à recueillir un nombre de variables beaucoup plus important que nous ne l'avons fait dans notre recherche sur le QI et les livres : elles comprennent généralement plusieurs éléments de mesure touchant l'environnement parental et plusieurs éléments de mesure touchant chaque enfant. Cela représente plus de travail, mais cela vaut la peine. Si nous rassemblons, mettons, cinq données chiffrées différentes sur chaque foyer et cinq sur l'intelligence de l'enfant, nous pourrons les associer de vingt-cinq manières différentes, ce qui nous fournira vingt-cinq corrélations possibles. En ne comptant que sur le hasard, nous pouvons nous attendre à trouver une ou deux corrélations statistiquement significatives. Et si nous n'en trouvons aucune ? Ne craignez rien, tout n'est pas perdu : nous pouvons subdiviser nos données et recommencer, comme nous l'avons fait dans notre étude sur les brocolis. Il suffira d'analyser séparément les garçons et les filles pour doubler notre nombre de corrélations, qui passera ainsi à cinquante. Il ne sera peut-être pas inutile non plus d'observer séparément les pères et les mères [1]. « Diviser pour mieux régner » — voilà comment j'appelle cette méthode. C'est comme avec les billets de tombola : si vous en achetez deux fois plus, vous aurez deux fois plus de chances de gagner.

Bien que cette méthode fournisse souvent des résultats publiables, les présenter sous une forme rédigée relève parfois du défi. Voici un authentique compte rendu d'une étude de socialisation, tel qu'il a été publié.

> Nous avons pu établir une corrélation positive entre l'expressivité totale des *mères*, leur expressivité positive et leur expressivité négative, et le fait d'être accepté par ses pairs pour les *filles*, mais non pour les *garçons*. Inversement, l'expressivité totale des *pères* et leur expressivité négative ont été mises en corrélation positive avec le fait d'être accepté pour les *garçons* mais non pour les filles. L'expressivité positive

1. Les corrélations significatives se repèrent facilement, car les logiciels de statistiques les mettent en évidence par des astérisques. On appelle cette technique la « psychoastronomie » : l'observation des étoiles.

des pères n'a pas été mise en relation avec le fait d'être accepté pour les garçons, mais elle a été mise en relation avec le fait d'être accepté pour les filles.
L'expressivité affective des parents a également été mise en corrélation significative avec certaines mesures du comportement des pairs et des professeurs. Une expressivité maternelle totale plus grande a été associée, chez les garçons, à un comportement prosocial plus marqué et à un comportement moins perturbateur. Un schéma de résultats congruent a été mis en évidence en relation avec une expressivité maternelle positive et négative. Un schéma différent a été mis en évidence en relation avec l'expressivité affective paternelle. Une expressivité paternelle totale plus grande a été associée chez les garçons à moins d'agressivité, moins de timidité et à un comportement prosocial plus marqué. Chez les filles, une expressivité paternelle totale plus grande a été associée à moins d'agressivité, à un comportement prosocial plus marqué et à un comportement moins perturbateur. Un schéma de résultats congruent est apparu en relation avec l'expressivité paternelle positive et négative, à une exception près : une corrélation positive entre l'expressivité négative des pères et la timidité des filles.
Ces résultats révèlent des liens entre l'expressivité affective parentale au sein du contexte familial et les compétences sociales de l'enfant.

La prolifération de ce genre de rapports a incité deux éminents spécialistes du développement à se demander, au terme d'une longue et minutieuse analyse des recherches sur la socialisation, « si le nombre de corrélations significatives dépasse celui que l'on pourrait imputer au hasard ». Si, dans une étude, une corrélation n'est significative que par hasard, elle a peu de chances d'être encore significative dans la suivante. Des résultats aussi compliqués que ceux que je viens de citer ne résistent généralement pas d'une étude à l'autre.

Néanmoins, je ne pense pas que les résultats des études sur la socialisation soient tous imputables au hasard, à la chance, à des analyses de données astucieuses et à l'absence de publication des résultats négatifs. Deux types de corrélations se dégagent assez fréquemment pour me persuader de leur réalité. Il ne s'agit pas de corrélations très fortes — celles-ci sont fort rares dans ce type de recherches — mais elles apparaissent comme des tendances constantes, étude après étude. Voici comment je les résume :

> *Généralisation 1 :* Les parents qui se débrouillent bien dans la vie, et qui s'entendent bien avec les autres, ont tendance à avoir des enfants qui se débrouillent bien dans la vie et s'entendent bien avec les autres. Les parents qui ont du mal à gérer leur vie, leur foyer ou leurs relations personnelles ont des enfants qui souffrent, eux aussi, de problèmes.
> *Généralisation 2 :* Les enfants traités avec affection et respect ont tendance à mieux se débrouiller dans la vie et dans leurs relations personnelles que les enfants traités avec sévérité.

Les spécialistes en socialisation m'applaudissent à tout rompre. Ils adorent ces généralisations qu'ils considèrent comme une preuve de la justesse de leurs convictions. Dans leur esprit, il est évident que les enfants de personnes agréables et compétentes deviendront des personnes agréables et compétentes *à cause de* ce qu'ils ont appris chez eux et de la manière dont leurs parents les ont traités. Il va de soi, selon eux, que les enfants s'en sortent mieux s'ils sont mieux traités, et qu'ils s'en sortent mieux *parce qu'*ils sont mieux traités.

Les spécialistes en socialisation ne sont pas les seuls à le croire — tout le monde, ou presque, est de leur avis. Mais je vais vous demander maintenant de vous débarrasser de toutes vos préventions et de poursuivre avec moi notre examen des preuves.

Les effets des gènes

Un saint-hubert ne se comporte pas comme un caniche ; les deux races ont des personnalités différentes. Un tenant de la théorie de l'éducation vous fera peut-être remarquer que le saint-hubert a été élevé dans un chenil avec plusieurs dizaines d'autres chiens alors que le caniche a été élevé en ville, dans un appartement, et dort sur le lit de son maître. Un partisan convaincu de la théorie de la nature pouffera de rire et vous dira : « On ne transforme pas un saint-hubert en caniche, même en l'élevant en appartement et en le pourrissant. » On pourrait tenter l'expérience : élever une meute de caniches dans un chenil, attribuer à chaque chien courant un maître gâteux et un appartement, et observer les résultats. Ce qu'on découvrira, c'est que les défenseurs de la nature et ceux de l'éducation ont raison les uns comme les autres : on ne peut *pas* transformer un chien courant en caniche, mais un chien courant élevé en appartement ne se comportera pas comme son congénère élevé en chenil.

Cette expérience revient à séparer les effets de l'hérédité (les gènes qui déterminent si un chiot naît saint-hubert ou caniche) des effets de l'environnement. Le problème des études de socialisation que j'ai décrites est qu'elles ne séparent pas les effets de l'hérédité et ceux de l'environnement ; d'ailleurs, ils ne sont pas séparables. Tous (ou presque tous) les couples parents-enfant qui participent à une expérience de ce genre sont biologiquement apparentés ; leur ADN est aussi proche que celui de deux caniches de la même portée. Or les parents ne fournissent pas seulement les gènes de l'enfant ; ils lui fournissent aussi son environnement. Le type d'environnement qu'ils offrent — le genre de parents qu'ils sont — dépend en partie de leurs gènes. Il n'y a aucun moyen dans ce cas de distinguer les effets des gènes des effets de l'environnement. Autrement dit, les spécialistes de la socialisation voudraient comprendre la différence entre des saint-hubert et des caniches sans intervertir les chiots.

Nous ne pouvons évidemment pas changer des bébés de milieu pour les beaux yeux de la science. Mais cela peut arriver pour d'autres raisons. Un enfant adopté possède deux groupes de parents : l'un lui fournit ses gènes, l'autre son environnement. L'étude d'enfants adoptés est l'une des méthodes employées par les spécialistes de la génétique du comportement. L'objectif déclaré de leur recherche est de séparer les effets de l'hérédité de ceux de l'environnement. À l'instar des spécialistes de la socialisation, ces psychologues ont un objectif secret : prouver l'importance de l'hérédité. Montrer que John Watson avait tort et que les jeunes enfants ne sont pas de la cire molle susceptible de prendre n'importe quelle forme en fonction de leur environnement.

Les premières études sur des enfants adoptés ont cherché à déterminer si ceux-ci ressemblaient davantage à leurs parents biologiques (responsables de leurs gènes) ou à leurs parents adoptifs (responsables de leur environnement). On s'est tout particulièrement intéressé à leur QI. Dans les familles biologiques, en effet, le QI des enfants tend à être en corrélation avec celui des parents — des parents ayant l'un comme l'autre un QI supérieur à la moyenne ont tendance à avoir des enfants dont le QI est supérieur à la moyenne. L'objectif de ces premières études était donc de déterminer si cette corrélation était essentiellement due à l'hérédité ou à l'environnement stimulant que des parents intelligents étaient censés assurer. Si les QI d'enfants adoptés étaient plus proches de ceux de leurs parents biologiques, la victoire irait à l'hérédité. S'ils étaient plus proches de ceux de leurs parents adoptifs, l'environnement aurait gagné.

Cette technique est loin d'être absurde lorsqu'il s'agit d'étudier le QI, mais elle n'a aucun sens dès que l'on s'intéresse, comme moi, aux caractéristiques de la personnalité. Il est raisonnable de supposer qu'un enfant élevé par des parents intelligents présentera un QI plus élevé, mais il n'est pas raisonnable de penser, par exemple, qu'un enfant élevé par des parents autoritaires sera forcément plus autoritaire que la moyenne. La présence de parents autoritaires pourrait très bien rendre un enfant doux et passif. Mais ce n'est pas le seul problème : appartenant à des générations différentes, les parents et les enfants grandissent à des époques différentes. L'évolution culturelle de la société s'ajoute aux différences entre parents et enfants ; les similitudes en sont d'autant plus difficiles à déceler.

Pour contourner la difficulté, les spécialistes actuels de la génétique du comportement recherchent des corrélations entre membres d'une même génération. Au lieu de comparer des enfants à leurs *parents* adoptifs ou biologiques, ils les comparent à leur *fratrie* adoptive ou biologique. Ils choisissent pour sujets deux frères ou sœurs adoptés (deux enfants non apparentés élevés dans le même foyer) et deux frères ou sœurs biologiques, si possible des vrais et des faux jumeaux. Les chercheurs disposent ainsi de trois niveaux de similitude génétique : les enfants adoptés élevés ensemble n'ont aucun lien biologique, les faux jumeaux (comme des frères ou sœurs ordinaires) partagent environ 50 % de leur patrimoine génétique, alors que les vrais jumeaux possèdent un génotype absolument identique. La similitude génétique varie, alors que la similitude de l'environnement reste plus ou moins constante ; en effet, chaque fratrie a été élevée dans le même foyer, par les mêmes parents. On peut également faire l'expérience inverse — varier la similitude de l'environnement tout en conservant une similitude génétique constante. Mais cette expérience oblige à trouver des vrais jumeaux élevés séparément, ce qui est encore plus difficile que de dénicher des caniches dans une chasse à courre.

Il n'est pas aisé de rassembler les sujets d'une étude de génétique du comportement. Si n'importe qui, ou presque, peut se présenter pour participer à une étude de socialisation, seuls les enfants adoptés et les jumeaux peuvent prétendre figurer dans une étude typique de génétique du comportement. Par ailleurs, les chercheurs doivent examiner au moins deux enfants d'une même famille, alors que les spécialistes de la socialisation se contentent d'un seul. Mais le jeu en vaut la chandelle. Cet effort procure en effet aux chercheurs l'outil qui leur permettra de démêler l'écheveau des effets de l'hérédité et de l'environnement. Les similitudes plus importantes que l'on relèvera chez les vrais jumeaux que chez les faux jumeaux, et chez les faux jumeaux que chez les frères et sœurs adoptifs seront imputables à l'hérédité. On peut ainsi évaluer les effets de l'hérédité en mesurant le degré supérieur de similitude entre des sujets qui ont des gènes communs, par rapport à des sujets qui n'en ont pas. À l'inverse, on peut évaluer les effets de l'environnement familial en mesurant le degré supérieur de similitude entre des sujets élevés dans le même foyer par rapport à des sujets élevés dans des foyers différents.

Un grand nombre de caractéristiques humaines ont désormais été étudiées de cette manière. Les résultats sont clairs et constants : 50 % environ de la variation observée dans les échantillons de personnes ayant servi de sujets d'expérience sont imputables à l'hérédité, les 50 % restants incombant aux influences environnementales[1]. Les gens diffèrent les uns des autres sur bien

1. Plus précisément, l'hérédité est responsable d'environ 50 % de la variation *fiable* des traits de personnalité mesurés. La variation fiable est ce qui reste après déduction des erreurs de mesure (qui s'élèvent à environ 20 % pour les tests de personnalité). L'héritabilité estimée des traits de personnalité est souvent plus proche de 40 % que de 50 % ; en effet, dans les analyses de génétique du comportement, l'ensemble de la variation due aux erreurs de mesure est imputée à l'autre côté — mise dans le même sac que l'estimation des influences de l'environnement. Les erreurs de mesure sont plus faibles pour les tests de QI (10 % environ), raison

des points : certains sont plus impulsifs, d'autres plus prudents ; certains sont plus conciliants, d'autres plus chicaniers. Environ la moitié de la variation observée en matière d'impulsivité peut être attribuée aux gènes du sujet, l'autre moitié à ses expériences. La même observation vaut pour le caractère conciliant. Comme, du reste, pour la plupart des traits psychologiques.

Vous me direz peut-être que cette découverte n'a rien de sensationnel et qu'elle était prévisible. Mais dans les années soixante-dix, au moment où ces résultats ont commencé à être publiés dans les revues spécialisées, la psychologie américaine était encore sous l'influence pesante du béhaviorisme et de ses préjugés contre l'hérédité. Le climat politique du pays était, lui aussi, hostile à l'importance de l'hérédité : l'existence de différences innées paraissait incompatible avec l'idéal d'égalité entre les hommes. Toute cette affaire d'hérédité et d'environnement s'est trouvée entraînée dans des débats politiques, et les esprits se sont échauffés. À cette époque, la génétique du comportement était une discipline impopulaire. Pourtant, l'intérêt pour les effets de l'hérédité n'est pas la marque d'une position politique particulière — il peut s'emparer même du plus fervent des libéraux. Avec le temps, en partie grâce aux progrès de la biologie moléculaire, l'étude des effets des gènes a commencé à être mieux considérée dans les milieux universitaires. Et les spécialistes de génétique du comportement sont devenus plus nombreux.

Néanmoins, leurs effectifs sont encore largement inférieurs à ceux des spécialistes de socialisation. Peut-être est-ce pour cette raison que ces derniers tendent généralement à ignorer les résultats des études de leurs confrères généticiens. Lesquels, en revanche, lisent consciencieusement les travaux des spécialistes de la

pour laquelle l'héritabilité calculée du QI est plus élevée que celle des traits de personnalité.

socialisation. Ce qui les a conduits à souligner à maintes et maintes reprises que l'absence de prise en compte des effets de l'hérédité rend impossible toute interprétation des résultats de ces travaux. Et ils ont raison.

Notre généralisation numéro 1 affirmait que des parents agréables et compétents tendent à avoir des enfants agréables et compétents. On pourrait également dire que les enfants ont tendance à ressembler à leurs parents. Les parents qui se débrouillent bien dans la vie et qui entretiennent des relations cordiales avec autrui (y compris avec leurs enfants) ont tendance à avoir des enfants qui présentent les mêmes caractéristiques. Est-ce à cause de l'éducation qu'ont reçue ces enfants ou des gènes de compétence et de cordialité qu'ils ont hérités de leurs parents compétents et cordiaux ? Voilà qui est impossible à déterminer. Le résultat 50-50 (50 % d'hérédité, 50 % d'environnement) qu'ont obtenu les spécialistes de génétique du comportement ne signifie pas que la moitié de la corrélation entre parents et enfants est due à leurs gènes et l'autre moitié aux influences de l'environnement. Ce résultat veut simplement dire que 50 % de la *variation* observée entre les enfants, à propos d'une caractéristique donnée telle que la cordialité, peuvent être attribués à des différences génétiques. Il ne nous apprend rien sur la part de la corrélation entre la cordialité des enfants et la cordialité des parents — leur ressemblance — imputable à l'hérédité. En fait, le coefficient de corrélation entre enfants et parents est, dans l'ensemble, largement inférieur à 0,50. Il est généralement assez faible pour que leurs gènes communs puisse l'expliquer *intégralement*.

Vous me suivez ? Je vais reprendre, avec un exemple emprunté à une autre espèce — une espèce végétale cette fois. Plantez du maïs, cueillez un épi de chaque plant, goûtez-le et jugez de sa douceur. Vous remarquerez que certains plants produisent du maïs plus sucré que d'autres. Gardez un épi de chaque plant comme semence, et semez-les l'année suivante. Vous verrez que les graines des plants qui avaient produit un maïs plus doux donnent des plants qui produisent aussi, en moyenne, un maïs plus doux — en d'autres termes, vous établirez une corrélation entre la douceur du maïs-parent et la douceur du maïs-enfant. Cette corrélation est entièrement due à l'hérédité : les gènes que la deuxième génération a reçus de ses parents justifient 100 % de leur ressemblance. Mais les gènes n'expliquent que 50 % de la variation de douceur du maïs de la deuxième génération, car d'autres facteurs — des facteurs environnementaux comme la qualité du sol, l'eau et le soleil — jouent également un rôle. Voilà comment l'hérédité peut justifier 100 % de la ressemblance entre parent et progéniture, bien qu'elle n'explique que 50 % de la variation au sein de la progéniture.

L'environnement a des effets indéniables, sur les enfants comme sur le maïs. Dans notre propre espèce, les différences d'environnement expliquent approximativement la moitié des variations touchant les traits de la personnalité. Les spécialistes de socialisation ont raison de penser que les facteurs environnementaux ont des effets sur les enfants. Mais ils ont tort de croire qu'ils peuvent identifier ces facteurs grâce à leurs recherches. Ces dernières ne démontrent pas ce qu'elles prétendent prouver, parce qu'elles n'ont pas pris en compte les effets de l'hérédité. Les chercheurs n'ont pas tenu compte du fait que les enfants et leurs parents se ressemblent pour des raisons génétiques.

Notre généralisation numéro 1 est exacte. En moyenne, les parents agréables et compétents ont tendance à avoir des enfants agréables et compétents. Mais cela ne prouve pas que les parents exercent la moindre influence — autre que génétique — sur ce que deviennent leurs enfants.

Une rue à double sens

Dans une étude de socialisation type, les chercheurs commencent par rassembler un groupe de sujets : un certain nombre d'enfants ayant approximativement le même âge (souvent recrutés dans une maternelle ou dans une classe d'école primaire) et leurs parents. Ils entreprennent alors de recueillir des données sur les méthodes d'éducation des parents — en interrogeant ces derniers ou en leur faisant remplir un questionnaire, ou encore en observant leur comportement dans leurs interactions avec leur enfant. Quel que soit l'outil de mesure employé, la méthode d'éducation n'est évaluée que sur un enfant par parent. En effet, il n'y a qu'un enfant par famille qui participe à l'étude. Il n'y aurait rien à redire à cette procédure si les parents possédaient un mode d'éducation constant — si le « mode d'éducation » était une caractéristique personnelle relativement stable, comme la couleur des yeux ou le QI. Or les parents n'ont pas un mode d'éducation unique et définitif. La manière dont un parent agit à l'égard de tel ou tel enfant dépend de l'âge de celui-ci, de son aspect physique, de son comportement actuel, de son comportement passé, de son intelligence et de son état de santé. Les parents adaptent leur style d'éducation à chaque enfant. L'éducation d'un enfant ne se fait pas à sens unique, de parent à enfant : elle s'élabore conjointement par le parent et l'enfant.

Il n'y a pas très longtemps, je me trouvais devant chez moi, dans le jardin, avec mon chien. Une mère est passée dans la rue avec ses deux enfants — une petite fille de cinq ans environ et un petit garçon qui devait en avoir sept. Mon chien, qui est dressé à ne pas aller dans la rue, a couru jusqu'au trottoir et s'est mis à aboyer dans leur direction. Les deux enfants ont réagi de manière extrêmement différente. Malgré l'attitude fort peu amicale du chien, la petite fille a foncé sur lui en demandant : « Je peux le caresser ? » Sa mère a répondu promptement : « Non, Audrey, je ne crois pas qu'il en ait très envie. » Pendant ce temps, le petit garçon s'était réfugié de l'autre côté de la rue. Figé, visiblement terrifié, il refusait d'avancer. Il était pourtant séparé du chien — qui aboyait toujours — par toute la largeur de la rue. « Viens Marc, a dit sa mère, il ne te fera rien. » (J'avais eu le temps de l'attraper par le collier.) Il a fallu une bonne minute à Marc pour avoir le courage de rejoindre sa mère qui l'attendait, partagée entre impatience et compassion. Au moment où ils ont enfin poursuivi leur chemin tous les trois, j'ai entendu Audrey se moquer de Marc. Je n'ai pas compris ce qu'elle disait, mais son ton était éloquent.

J'étais navrée pour Marc, et je me suis sentie très proche de sa mère : j'avais, moi aussi, élevé deux enfants extrêmement différents. Ma fille aînée n'a pour ainsi dire jamais essayé d'enfreindre une interdiction quelconque. Ma fille cadette était une récidiviste acharnée. L'éducation de la première a été facile ; celle de la seconde a été, comment dire... intéressante.

Mon oncle Ben, qui n'avait pas d'enfant, adorait ses petites-nièces et n'hésitait pas à me prodiguer des conseils éducatifs. Je me souviens d'une conversation que j'ai eue avec lui quand mes filles avaient huit et douze ans. Je me plaignais de la conduite de la plus jeune et mon oncle Ben (qui savait que je n'avais pas connu ce problème avec l'aînée) m'a demandé : « Mais est-ce que tu les traites de la même manière ? »

Je n'ai pas su quoi répondre. Comment pourrait-on traiter deux enfants de manière identique alors qu'ils ne sont pas identiques — alors qu'ils font et disent des choses différentes, qu'ils ont des compétences et des personnalités différentes ? La mère de Marc et Audrey aurait-elle pu les traiter de la même manière ? Pourquoi aurait-elle dit à Audrey : « Il ne va rien te faire » (ce qu'elle avait dit à Marc), au lieu de : « Je ne crois pas qu'il ait très envie que tu le caresses » ?

Si Marc et sa mère participaient à une étude de socialisation, les chercheurs jugeraient probablement la mère de Marc surprotectrice. Si Audrey et sa mère participaient à une autre étude, les chercheurs estimeraient que cette mère sait fixer des limites raisonnables. Chaque équipe de chercheurs ne la verrait qu'avec l'un de ses enfants ; chacune se ferait une idée différente de son comportement parental. J'aurais été jugée permissive avec mon aînée, autoritaire avec la cadette.

La relation entre un parent et un enfant, comme toute autre relation entre deux individus, est une sorte de rue à double sens — une transaction, dans laquelle chaque partie joue un rôle. Quand il y a interaction, ce que chacun dit ou fait est, en partie, une réaction à ce que l'autre vient de dire ou de faire, et à ce qui a été dit ou fait par le passé.

Même tout petits, les bébés peuvent participer activement aux relations parents-enfant. À deux mois, la plupart des bébés regardent leurs parents dans les yeux et leur sourient. Un sourire de bébé, quelle chose gratifiante ! Un bébé normal remercie ses parents de tous les ennuis qu'il leur cause en leur montrant qu'il est vraiment content de les voir.

Certains bébés — notamment ceux qui souffrent d'un trouble appelé « autisme » — n'agissent pas ainsi. Les bébés autistes ne regardent pas leurs parents dans les yeux, ne leur sourient pas, n'ont pas l'air contents de les voir. Il est difficile de s'enthousiasmer pour un bébé que vous n'enthousiasmez pas. Il est difficile d'établir une interaction avec un enfant qui refuse de vous regarder. Bruno Bettelheim, qui a dirigé pendant des années un établissement pour enfants autistes, prétendait que l'autisme était dû à l'indifférence de la mère, à son manque de chaleur à l'égard de son enfant. Plus tard, une de ces mères s'en est prise violemment à lui dans une publication, le traitant d'« individu ignoble » qui avait « provoqué l'ostracisme et la douleur de familles entières ». Non content d'être cruel, Bettelheim avait tort. L'autisme est dû à une anomalie cérébrale ; les enfants autistes naissent comme ça. La froideur apparente des mères n'était pas la cause des anomalies comportementales de leurs enfants ; elle était la *réaction* à ces anomalies.

John Watson supposait que, si deux enfants sont différents, c'est forcément parce que leurs parents les traitent différemment — un avis partagé par mon oncle Ben. Mais, comme la plupart des parents s'en rendent compte à la naissance de leur deuxième enfant, les enfants sont différents dès qu'ils viennent au monde. Les parents les traitent autrement *à cause de* ces différences. Ils rassurent un enfant craintif ; ils mettent en garde un enfant téméraire. Un bébé souriant appelle les baisers et les jeux ; un bébé indifférent sera nourri, changé et fourré dans son berceau. Les effets qui intéressent les spécialistes de la socialisation sont les effets parents-enfant : le parent a un effet sur l'enfant. Mais il existe aussi des effets inverses : l'enfant a un effet sur le parent. J'appelle cela les effets enfant-parents.

Notre généralisation numéro 2 prétendait que les enfants que l'on câline ont plus de chances d'être gentils, que les enfants que l'on bat ont plus de chances d'être désagréables. Inversez l'énoncé et vous obtiendrez un résultat tout aussi plausible : les enfants gentils ont plus de chances d'être câlinés, les enfants désagréables ont plus de chances d'être battus. La gentillesse des enfants est-elle due aux câlins ou est-elle la cause de ces câlins ? Les deux solutions sont-elles exactes ? Les mauvais traitements rendent-ils les enfants désagréables ? Les parents risquent-ils davantage de se mettre en colère en présence d'enfants désagréables, ou les deux termes de l'alternative sont-ils justes ? Dans une étude de socialisation type, il n'y a aucun moyen de définir ces alternatives, aucun moyen de distinguer les causes des effets. En d'autres termes, notre deuxième généralisation ne prouve pas ce qu'elle prétend prouver.

Des univers parallèles

Castor et Pollux, Romulus et Remus : cela fait longtemps que les jumeaux captivent le public. Ils constituent par ailleurs un sujet de recherches essentiel des spécialistes en génétique du comportement. Il n'est même pas indispensable de trouver des jumeaux élevés séparément : la grande majorité des jumeaux qui participent à ce type de recherches ont été élevés dans le même foyer, par leurs propres parents. La méthode employée repose sur le contraste entre les deux types de jumeaux, homozygotes et hétérozygotes. En comparant la similitude de paires de vrais jumeaux avec celle de paires de faux jumeaux, les chercheurs peuvent établir si (et à quel degré) telle ou telle caractéristique dépend des gènes. Disons par exemple que le trait étudié soit la tendance à l'activité ou à l'inactivité physiques. Si les vrais jumeaux ont un niveau d'activité relativement identique (ils n'arrêtent pas de gigoter l'un comme l'autre, ou bien ils sont tous les deux des mollassons invétérés) et si les faux jumeaux présentent sur ce point une ressemblance *moindre*, on considérera qu'on a établi la preuve d'une influence génétique sur ce trait de caractère.

Les spécialistes de la socialisation ont trouvé à redire à cette méthode, qu'ils accusent de reposer sur une hypothèse bancale : à savoir que l'environnement de vrais jumeaux élevés ensemble est similaire à celui de faux jumeaux élevés ensemble. Si l'environnement de vrais jumeaux se ressemble davantage que celui de faux jumeaux du même sexe, la plus grande similitude entre les vrais jumeaux pourrait être due à la plus grande similitude de leurs environnements, et non à (ou en plus de) leur plus grande ressemblance génétique.

Les vrais jumeaux vivent-ils dans des environnements plus proches que les faux jumeaux ? Il ne s'agit pas ici de vêtements ni de jouets assortis : la question est de savoir si les parents de jumeaux homozygotes leur accordent un traitement plus semblable en termes d'affection et de discipline. Reçoivent-ils le même nombre de câlins ? Le même nombre de fessées ?

Les témoignages suggèrent qu'en présence de vrais jumeaux le comportement des parents tend à être plus uniforme qu'en présence de faux jumeaux. Quand on demande à des jumeaux adolescents de définir l'affection ou le rejet dont ils ont fait l'objet de la part de leurs parents, les vrais jumeaux sont plus nombreux à donner des réponses concordantes. Si un jumeau homozygote affirme que ses parents lui ont donné l'impression d'être aimé, l'autre — comme on a pu l'établir — a de bonnes chances de répondre la même chose. Mais si un jumeau hétérozygote dit que ses parents lui ont donné l'impression d'être aimé, son jumeau peut répondre la même chose ou bien affirmer qu'il s'est senti rejeté. Les parents peuvent habiller leurs vrais jumeaux différemment et leur donner des jouets distincts, il n'en demeure pas moins qu'ils paraissent les aimer (ou ne pas les aimer) de manière identique. Alors qu'en présence de faux jumeaux — dont l'apparence et le comportement sont souvent extrêmement différents —, les parents peuvent fort bien trouver l'un beaucoup plus charmant que l'autre. Ce qui tend à confirmer que les vrais jumeaux vivent sans doute dans des environnements plus proches que les faux jumeaux.

En fait, les vrais jumeaux vivent peut-être dans des environnements plus semblables que ceux de faux jumeaux même s'ils grandissent dans des foyers différents. Des jumeaux homozygotes adultes, séparés à une date précoce et élevés séparément, donnent des descriptions de leur enfance qui se ressemblent singulièrement ; leur jugement sur l'affection prodiguée par leurs parents adoptifs se recoupe largement. On peut évidemment attribuer l'analogie de leurs récits à la similitude du fonctionnement de leur mémoire — les jumeaux gais ont des souvenirs d'enfance heureux alors que les jumeaux mélancoliques ont tendance à n'évoquer que leurs malheurs. Mais je ne pense pas que l'affaire s'arrête là. À mon avis, les vrais jumeaux élevés séparément reçoivent effectivement des marques d'affection très comparables de leurs parents adoptifs. Cela tient pour une part à leur ressemblance physique. Si un des jumeaux est mignon, l'autre l'est aussi. Si le premier est laid, le second l'est forcément. Les chercheurs ont établi que la beauté ou la laideur des enfants a des effets mesurables sur l'attitude des parents à leur égard. Une étude a montré qu'une mère est, en moyenne, plus attentive à son bébé si celui-ci est mignon que s'il est laid. (Le physique des bébés a été évalué par des juges indépendants — un jury d'étudiants de l'université du Texas.) Bien que tous les bébés de cette étude aient été correctement traités, les bébés mignons attiraient davantage de regards, leurs parents jouaient plus avec eux et leur accordaient plus d'affection qu'aux bébés disgracieux. Dans leur rapport, les chercheurs citaient une lettre que la reine Victoria avait adressée à l'une de ses filles mariées. Selon la reine, qui s'y connaissait en bébés (elle en avait eu neuf), « un bébé laid est un objet fort déplaisant ».

La plupart des bébés vilains s'arrangent avec le temps, mais songez un instant à ceux qui restent laids. Les gens ne sont pas aussi gentils avec des enfants laids qu'avec de beaux enfants. S'ils font une bêtise, on les punit plus sévèrement que les autres. Les enfants vilains et les enfants mignons font des expériences différentes. Ils grandissent dans des environnements différents.

Les expériences des enfants ne sont évidemment pas seulement déterminées par leur physique. D'autres qualités influencent les réactions des gens à leur égard. Un enfant timide comme le petit Marc ne sera pas traité de la même manière qu'une enfant aussi téméraire qu'Audrey. Mais la timidité d'un enfant possède une importante composante génétique ; ainsi, si Marc avait un jumeau homozygote de l'autre côté de la planète, ce jumeau aurait de bonnes chances d'être timide, lui aussi. Ils seraient élevés par des mères différentes, mais il y a tout lieu de penser qu'elles auraient réagi de la même manière : avec une compassion mêlée d'un soupçon d'impatience. Leurs pères éprouveraient sans doute un peu moins de compassion et un peu plus d'impatience. À l'extérieur de chez eux, Marc et son jumeau séparé connaîtraient sans doute un traitement identique de la part de leurs camarades : taquineries et brimades. Les récréations ne sont pas une partie de plaisir pour les petits garçons timides.

Dans la mesure où les expériences des enfants dépendent de caractéristiques innées comme la timidité ou une bonne tête, les vrais jumeaux ont plus de chances que les faux de connaître des expériences similaires. Les chercheurs en socialisation ont raison sur ce point. Le problème, comme nous le verrons au prochain chapitre, est qu'il ne s'agit pas d'expliquer pourquoi les vrais jumeaux se ressemblent autant — en raison de leur patrimoine génétique identique ou de leurs expériences similaires. Il s'agit d'expliquer pourquoi ils ne sont pas *plus* semblables. Car même les vrais jumeaux élevés sous le même toit sont loin d'avoir une personnalité identique.

Les effets des effets des gènes

Les gènes contiennent les instructions nécessaires à la production d'un corps et d'un cerveau physiques. Ils déterminent la forme des traits du visage, ainsi que la structure et la chimie du cerveau. Ces conséquences physiques de l'hérédité sont directement liées à l'application des instructions contenues dans les gènes ; je les appelle les effets génétiques directs. La timidité peut être un effet génétique direct ; certains bébés naissent avec un système nerveux hypersensible. La beauté à la naissance est un effet génétique direct.

Les effets génétiques directs ont leurs propres conséquences, que j'appelle des effets génétiques *indirects* — les effets des effets des gènes. La timidité d'un enfant incitera sa mère à le rassurer, sa sœur à le taquiner et ses camarades à le harceler. La beauté d'une petite fille incitera ses parents à l'aduler et lui vaudra un large cercle d'admirateurs. Ce sont des effets génétiques indirects. Les vrais jumeaux mènent des existences qui se ressemblent à cause de ces effets génétiques indirects.

Les spécialistes de la socialisation reprochent avec raison aux spécialistes de la génétique du comportement de mettre dans le même sac les effets des similitudes environnementales et génétiques lorsqu'ils étudient les jumeaux. En fait, les méthodes employées ne peuvent pas faire la différence entre les effets génétiques directs et indirects. Ce que ces chercheurs appellent « héritabilité » est en fait une combinaison d'effets génétiques directs et indirects.

Pouvoir les distinguer serait une bonne chose ; mais dans la mesure où cela nous est impossible avec les méthodes actuelles, j'accepte que l'on attribue les effets génétiques indirects à l'« hérédité » et non à l'« environnement ». Bien qu'en théorie ils relèvent de l'environnement de l'enfant, ils sont la conséquence de ses gènes. Je rejoins cependant les spécialistes de la socialisation pour penser que les spécialistes de la génétique du comportement n'ont pas bien abordé ce problème. On ne peut pas leur reprocher d'avoir considéré en bloc les effets directs et indirects, mais on peut leur reprocher de ne pas l'avoir dit clairement.

Quant à moi, je vais dire les choses clairement et tout de suite. Les études de génétique du comportement cherchent à distinguer les effets génétiques des effets environnementaux. Les chercheurs examinent une caractéristique à la fois ; ils divisent la variation de cette caractéristique — les différences entre leurs sujets — en deux parties, l'une étant due aux gènes, l'autre à l'environnement. Pour la majorité des caractéristiques psychologiques étudiées, le résultat obtenu est que, grosso modo, la moitié de la variation est imputable aux gènes des sujets et l'autre moitié à leur environnement. Mais la moitié attribuée à l'hérédité *inclut les effets indirects*, les conséquences environnementales des effets génétiques. En d'autres termes, l'autre moitié de la variation doit être due à des influences environnementales « pures » — des influences qui ne sont, ni directement ni indirectement, liées aux gènes.

Les spécialistes de la socialisation ont largement de quoi faire avec cette moitié. Mais leur seul objectif n'est pas de prouver que l'environnement, dans son ensemble, a des effets sur les enfants. Il est de prouver les effets de certains aspects précis de l'environnement, qui les intéressent tout particulièrement : les méthodes d'éducation des parents. À mon sens, ils ne l'ont pas prouvé. Des parents compétents ont tendance à avoir des enfants compétents, nous sommes d'accord ; mais cela peut être dû à l'hérédité. Des enfants bien traités ont tendance à être plus gentils que des enfants maltraités, c'est encore vrai. Mais cela tient peut-être à des effets enfant-parents.

Les spécialistes de la socialisation répugnent à penser que certains des effets qu'ils consignent puissent être dus à des similitudes génétiques entre les enfants et leurs parents biologiques ; ils font rarement état de cette éventualité dans leurs publications. En revanche, l'idée que les enfants exercent des effets sur leurs parents — qu'il s'agit d'une relation à double sens — commence peu à peu à s'imposer. Presque tous les articles qui font état d'une corrélation entre le comportement des parents et le comportement des enfants contiennent désormais, vers la fin, une note admettant que le sens du lien de cause à effet n'est pas parfaitement élucidé, que la corrélation établie pourrait être due à l'effet de l'enfant sur les parents plutôt qu'à (ou en plus de) l'effet des parents sur l'enfant. Cette note a la même fonction que l'avertissement qui figure sur les paquets de cigarettes : les règles veulent que cette mention soit présente, mais personne n'y prend garde.

J'ai vaguement l'impression que les spécialistes de la socialisation sont convaincus de l'existence d'effets enfant-parents mais que, dans leur esprit, ces effets concernent surtout les données des autres. Ils interprètent leurs propres résultats ambigus en fonction de notre bon vieux postulat du primat de l'éducation parentale, parce que celui-ci n'est jamais remis en question. Ils ne cherchent pas à vérifier l'hypothèse selon laquelle l'environnement parental a des effets durables sur le comportement et la personnalité de l'enfant, parce qu'ils considèrent cette hypothèse comme un fait établi, qui se passe de toute vérification.

J'ai décidé de réfuter cette hypothèse. Dans ce chapitre, je vous ai indiqué un certain nombre de choses qui ne tiennent pas la route dans les preuves qui sont censées l'étayer. Je vais maintenant vous parler des preuves contraires.

3

NATURE, ÉDUCATION ET TOUT AUTRE CHOSE

La ressemblance troublante entre des jumeaux homozygotes séparés dès leur plus tendre enfance et élevés dans des foyers distincts a fait les gros titres d'une certaine presse et a embrasé les imaginations. On connaît l'histoire des deux Jim — qui rongeaient tous les deux leurs ongles, aimaient la menuiserie, conduisaient le même modèle de Chevrolet, fumaient les mêmes cigarettes et buvaient la même marque de bière ; ils avaient baptisé leurs fils respectivement James Alan et James Allan. Mon quotidien local a publié un article accompagné d'une photographie de deux hommes au visage absolument identique, coiffés de casques de pompiers — ils s'étaient retrouvés parce qu'ils faisaient partie, l'un comme l'autre, d'une brigade de pompiers volontaires. Et que penser de l'histoire de Jack Yufe et d'Oskar Stöhr, élevés l'un à Trinidad par son père juif, l'autre en Allemagne par sa grand-mère catholique ? Le jour de leurs retrouvailles, ils portaient l'un comme l'autre des lunettes à monture métallique rectangulaire, une petite moustache et une chemise bleue à poches de poitrine et à épaulettes ; ils avaient tous les deux l'habitude de lire les revues de la dernière à la première page et de tirer la chasse d'eau avant d'utiliser les toilettes. Ils s'amusaient tous les deux à faire sursauter les gens en éternuant dans les ascenseurs. Vous avez peut-être aussi entendu parler d'Amy et de Beth, adoptées par des familles différentes — Amy ayant été plutôt mal acceptée, tandis que Beth était terriblement choyée. Or elles souffraient l'une comme l'autre de la même association inhabituelle de troubles de la cognition et de la personnalité.

Ces histoires véridiques de jumeaux homozygotes élevés séparément témoignent de la puissance des gènes. Elles donnent à penser que, malgré d'importantes différences d'environnement éducatif, les gènes peuvent être responsables de ressemblances frappantes touchant les caractéristiques de la personnalité. Elles laissent supposer que les gènes peuvent peser sur le comportement par des voies subtiles et complexes, que nos connaissances actuelles sur les mécanismes génétiques et sur la neurophysiologie cérébrale sont impuissantes à expliquer.

Mais on fait rarement état de l'autre versant de l'affaire : les vrais jumeaux élevés dans le *même* foyer se ressemblent beaucoup moins que l'on ne pourrait s'y attendre. En constatant l'incroyable ressemblance entre des jumeaux élevés séparément, vous vous imaginez sans doute que les jumeaux élevés ensemble sont aussi identiques que les textes de deux de vos cartes de vœux annuelles. En fait, ils ne sont pas plus semblables que les vrais jumeaux séparés dans leur petite enfance et élevés dans des foyers différents. S'ils partagent de nombreuses petites manies, ils se distinguent aussi par de nombreuses différences mineures.

Ils ne se ressemblent pas plus que les jumeaux élevés dans des foyers différents ! Nous avons là deux êtres qui, non contents de posséder exactement le même patrimoine génétique, ont été élevés dans le même foyer, en même temps, et par les mêmes parents ; et pourtant, ils possèdent des personnalités différentes. L'un pourra être aimable (ou timide), et l'autre davantage (ou moins). L'un pourra hésiter avant de sauter, l'autre ne pas sauter du tout. L'un pourra ne pas être d'accord avec vous mais préférer se taire, alors que l'autre vous reprochera de ne débiter que des idioties. Je vous parle de *vrais jumeaux*. Ces êtres se ressemblent tellement que vous avez du mal à les distinguer physiquement, mais faites-leur passer un test de personnalité et ils cocheront des réponses différentes. Le coefficient de corrélation des traits de personnalité (estimés par les résultats obtenus à des tests de personnalité et par de nombreuses autres méthodes) n'est que de 0,5 environ pour de vrais jumeaux, élevés sous le même toit.

Les enfants ne se ressemblent pas plus quand ils grandissent dans le même foyer

À l'université du Minnesota, un groupe de spécialistes en génétique du comportement s'est engagé dans un programme de recherches sur les jumeaux élevés séparément. Dès que l'on découvre des jumeaux adultes élevés séparément, on leur offre un voyage tous frais compris à Minneapolis, assorti d'une bonne semaine de tests psychologiques. Très peu d'entre eux déclinent l'invitation. Comment résister à l'envie de retrouver leur camarade utérin, pour la première fois peut-être depuis que leurs cordons ombilicaux ont été coupés ?

Parmi les jumeaux accueillis à Minneapolis, figuraient deux femmes que l'on a surnommées les « Giggle Twins », les « jumelles glousseuses ». Elles avaient été élevées dans des foyers distincts et s'accordaient à juger leurs parents adoptifs austères et peu démonstratifs. Pourtant, elles avaient l'une et l'autre tendance à rire à tout bout de champ. En fait, aucune des deux n'avait jamais rencontré quelqu'un qui riait autant qu'elle jusqu'au jour de leurs retrouvailles.

À observer les Giggle Twins, on conclura aisément que le rire est génétique. Mais il ne s'agit là que d'un groupe de jumeaux, et ce que je vous ai dit d'elles relève de l'anecdote, et non de l'étude scientifique. Par ailleurs, les foyers adoptifs dans lesquels ces jumelles avaient été élevées se ressemblaient beaucoup, selon leurs dires. Peut-être ces deux jumelles adultes riaient-elles de bon cœur parce qu'elles avaient, l'une comme l'autre, manqué de rires pendant leur enfance. En vérité, rien ne permet d'indiquer si ces jumelles rient à cause de leur similitude génétique ou parce qu'elles ont vécu des expériences similaires qui ont produit le même effet. Si toutes les *différences* qui les séparent doivent être attribuées à l'environnement — elles ne peuvent être génétiques, puisqu'elles possèdent la même combinaison de gènes —, leurs *ressemblances* peuvent être génétiques, environnementales, ou tenir un peu des deux.

Ce qu'on ne peut pas déterminer pour les Giggle Twins peut l'être pour le trait qui les rend remarquables. Confiez à des spécialistes de génétique du comportement plusieurs dizaines de paires de jumeaux ou de membres d'une même fratrie (biologiques ou adoptifs, élevés ensemble ou séparément) et ils pourront vous dire si la tendance à rire davantage que la moyenne — ce que j'appelle l'« hilaribilité » — est génétique, environnementale, ou un peu des deux. La méthodologie de la génétique du comportement repose sur une variante de cette bonne vieille question : les enfants adoptés ressemblent-ils davantage à leurs parents adoptifs ou à leurs parents biologiques ? Remplacez « parents » par frères ou sœurs et vous éviterez les complications inhérentes à une comparaison entre sujets d'âge très différent ; mais, pour le reste, l'idée reste la même. Cette méthode s'appuie sur deux prémisses fondamentales : la première considère que des êtres qui ont des gènes communs devraient se ressembler davantage que des êtres qui n'en ont pas, la seconde que des êtres qui ont vécu, enfants, dans le même environnement devraient se ressembler davantage que les autres.

Ces deux prémisses nous permettent de faire quelques prédictions. Si l'« hilaribilité » est intégralement génétique, nous devrions pouvoir établir que les vrais jumeaux se ressemblent beaucoup sur ce point (sans être exactement identiques car, même chez un seul être, l'envie de rire varie selon les jours) et que le fait qu'ils aient été élevés ensemble ou séparément n'y change rien. Si l'environnement est entièrement responsable de l'« hilaribilité », nous devrions découvrir que les vrais jumeaux, les faux jumeaux et les frères ou sœurs adoptifs élevés ensemble possèdent la même « hilaribilité », alors que les enfants, jumeaux ou autres, élevés dans des foyers différents ne se ressemblent absolument pas sur ce point. Enfin, si l'« hilaribilité » est due à une combinaison entre hérédité et environnement — la supposition la plus raisonnable, à n'en pas douter —, nous devrions pouvoir établir que les êtres qui possèdent des gènes communs se ressemblent un peu, que des êtres élevés dans le même foyer se ressemblent un peu, et que les êtres qui ont *à la fois* des gènes et un environnement éducatif communs se ressemblent encore plus que les autres.

Vous êtes d'accord ? Cela paraît logique ? En réalité, si l'« hilaribilité » suit le modèle des autres caractéristiques étudiées jusqu'à présent, c'est **tout autre chose** que nous allons établir.

Ces résultats inattendus ont commencé à émerger au milieu des années soixante-dix. À la fin de la décennie, on avait rassemblé suffisamment de données pour se dire qu'il y avait quelque chose qui clochait dans les prémisses fondamentales de la génétique du comportement. Il ne s'agissait pas de la prémisse génétique — de ce côté-là, tout était en règle. Les personnalités d'êtres qui ont des gènes communs se ressemblent effectivement davantage que celles des êtres qui n'en ont pas. La prémisse qui posait problème était celle de l'environnement commun. Les études successives montraient que la personnalité de deux individus élevés dans un même foyer ne présentait guère plus de similitudes que celle d'individus élevés dans des foyers différents. Pourtant, les résultats ne cadraient pas non plus avec l'hypothèse du « tout-génétique », parce que la ressemblance entre les fratries génétiques était insuffisante — le taux de corrélation était trop faible. Les gènes n'étaient pas seuls à exercer des effets sur la personnalité des sujets. Il y avait autre chose, qui n'était apparemment pas le foyer dans lequel les sujets avaient grandi. Ou si le foyer des sujets jouait tout de même un rôle, c'était à n'y plus rien comprendre. Vivre sous le même toit ne conduisait pas les membres d'une fratrie à se ressembler *davantage*, mais *moins*.

Peut-être vous demandez-vous en quoi ces résultats sont inattendus. Pourquoi des enfants élevés sous le même toit *devraient*-ils se ressembler ? Si vous avez des parents austères et peu démonstratifs, ne pensez-vous pas que vous pouvez réagir de deux manières opposées — vous comporter comme eux, ou faire juste le contraire ? Ne peut-on imaginer une famille formée de parents grincheux et de deux enfants ayant choisi des solutions opposées : l'un étant grincheux comme ses parents, l'autre se comportant en véritable boute-en-train ?

Le problème est que les chercheurs qui étudient le développement de l'enfant — y compris les spécialistes de génétique du comportement — aimeraient croire que l'attitude, la personnalité, et les pratiques éducatives des parents exercent des effets prévisibles sur leurs enfants. Les épidémiologistes essaient de prédire les effets que certaines habitudes alimentaires et certains modes de vie exercent sur la santé physique et sur la longévité d'un individu ; les spécialistes du développement de l'enfant essaient de prédire les effets que le comportement et le mode d'éducation des parents auront sur la santé mentale et la personnalité de leur enfant.

Tous les parents n'ont ni la même attitude à l'égard des enfants, ni les mêmes idées sur la vie de famille. Dans certaines familles, l'humour est considéré comme une qualité, récompensée par les rires qu'il suscite ; les enfants ont le droit d'interrompre les adultes et de faire des remarques impertinentes, pourvu qu'elles soient suffisamment drôles. Cela se passait comme cela chez moi. J'avais une amie de lycée qui s'appelait Eleanor et dont les parents étaient beaucoup plus intellectuels que les miens (ce n'était pas très difficile...). Un soir, Eleanor est venue dîner à la maison. Elle m'a avoué ensuite qu'elle aurait préféré naître dans ma famille. Chez nous, les dîners étaient vivants, tout le monde parlait en même temps, les blagues fusaient et on riait beaucoup. Les parents d'Eleanor étaient collet monté et très comme il faut ; chez elle, disait-elle, les dîners étaient assommants. Ne croyez-vous pas qu'un enfant qui a grandi dans ma famille devrait obtenir de meilleurs résultats à un test d'« hilaribilité » qu'un enfant élevé dans celle d'Eleanor ? Ne pensez-vous pas que deux personnes élevées dans ma famille devraient se ressembler davantage en matière d'« hilaribilité » qu'une personne élevée dans ma famille et une personne élevée chez Eleanor ?

Si vous estimez que les enfants peuvent opter pour l'une ou l'autre des solutions — qu'ils peuvent devenir comme leurs parents ou, tout aussi facilement, prendre la direction opposée — alors, vous affirmez que les parents n'exercent pas d'effets prévisibles sur leurs enfants. Si vous adoptez une version un peu plus tempérée de ce point de vue — la *plupart* des enfants sont influencés par leurs parents mais, occasionnellement, on en trouve un qui se rebelle et qui prend l'autre direction —, vous devriez pouvoir établir une tendance générale à la ressemblance à l'intérieur d'une fratrie, puisque la majorité des enfants ne se rebellent pas.

Sachant que les enfants d'une même famille sont différents dès le départ — il peut y avoir un Laurel et un Hardy —, vous ne vous attendez pas à ce qu'ils réagissent exactement de la même manière aux attitudes et aux comportements de leurs parents. Pourtant, en moyenne, des individus élevés dans une famille qui encourage les bons mots et le rire devraient obtenir de meilleurs résultats en « hilaribilité » que des individus élevés dans une famille de pisse-vinaigre.

Or ce n'est pas ce qu'ont découvert les chercheurs. Leurs études ont porté sur un très grand nombre de traits de personnalité (mais pas, à ma connaissance, sur l'« hilaribilité ») et les résultats ont été approximativement identiques pour tous. Ils ont montré que le fait de grandir dans le même foyer et d'être élevé par les mêmes parents n'a que peu, voire pas du tout d'effets sur la personnalité adulte des membres d'une fratrie. La ressemblance entre les personnalités des membres d'une fratrie élevés ensemble est due à leur ressemblance génétique. Leur patrimoine génétique commun suffit à expliquer l'intégralité de ces ressemblances de personnalité ; il ne reste aucune similitude que l'on serait obligé d'imputer à leur environnement commun. Pour certaines caractéristiques psychologiques, notamment l'intelligence, on a pu mettre en évidence un effet passager de l'environnement familial au cours de l'enfance — les QI de frères ou de sœurs adoptifs préadolescents révèlent une corrélation modeste. Mais, à la fin de l'adolescence, toutes les ressemblances non génétiques ont disparu. Pour le QI comme pour la personnalité, le coefficient de corrélation entre des enfants adoptifs adultes élevés dans le même foyer est proche de zéro.

En psychologie, les résultats des recherches sont souvent fugaces. Des effets intéressants mis en évidence par une étude ne se retrouvent pas toujours dans la suivante. Pourtant, les résultats de génétique du comportement sont stables. Les études successives aboutissent au même résultat : presque toutes les similitudes entre des membres adultes d'une même fratrie peuvent être attribuées à leurs gènes communs. Les similitudes imputables au foyer commun dans lequel ils ont grandi sont extrêmement rares.

Grandir sous le même toit ne crée donc pas de ressemblance entre les membres d'une fratrie. S'il existe vraiment des « parents toxiques », ils ne sont pas toxiques pour tous leurs enfants. Ou pas de la même manière. Ou, s'ils sont toxiques de la même manière, chaque enfant réagira différemment à cette toxicité, même s'il s'agit de vrais jumeaux. Et si les effets présumés de parents toxiques ne sont perceptibles que chez un de leurs enfants — celui qui finit dans le cabinet du psychothérapeute — et que les autres vont parfaitement bien, quelles conclusions faut-il en tirer ?

Charybde ou Scylla

Dans l'ensemble, les spécialistes de la socialisation ont ignoré les résultats troublants de leurs collègues de génétique du comportement. Quelques-uns en ont toutefois pris note ; c'est le cas d'Eleanor Maccoby, le professeur de Stanford dont j'ai parlé au premier chapitre (celle qui avait reconnu, après bien des années, que la première étude de socialisation n'avait pas abouti aux résultats escomptés).

En 1983, Maccoby et son collègue John Martin ont publié un long compte rendu d'une grande clairvoyance sur les recherches en socialisation. Ils ont parlé méthodes de recherche, résultats et théories. Ils ont évoqué les effets des parents sur les enfants et les effets des enfants sur les parents. Au terme de quatre-vingts pages bien tassées, ils ont résumé leurs impressions en quelques paragraphes vigoureux. Ils ont souligné que les corrélations établies entre le comportement des parents et les caractéristiques des enfants n'étaient ni fortes ni constantes. Devant le grand nombre de mesures effectuées, ils se sont demandé si les corrélations établies ne pourraient pas être le fruit du hasard. Et ils ont attiré l'attention de leurs lecteurs sur les découvertes déconcertantes faites par les spécialistes de génétique du comportement : sur le fait que les personnalités d'enfants adoptés élevés dans le même foyer ne se ressemblent absolument pas et que, même dans des fratries biologiques, les corrélations sont très faibles.

La fragilité des tendances établies par les études de socialisation et les résultats troublants des études de génétique du comportement ont alors incité Maccoby et Martin à tirer les conclusions suivantes :

> Ces découvertes donnent sérieusement à penser que l'environnement matériel que les parents offrent aux enfants a très peu d'influence et que les caractéristiques parentales qui doivent être, par essence, les mêmes pour tous les enfants d'une famille ont très peu d'influence aussi : par exemple l'éducation ou la qualité des relations entre conjoints. Il en résulte que le comportement parental est sans effet, ou bien que les seuls aspects de l'éducation parentale qui ont des effets varient considérablement d'un enfant à l'autre au sein d'une seule et même famille.

Les parents n'exercent pas d'effet ou, s'ils en exercent, ces effets ne sont pas les mêmes selon les enfants — c'était là la seule alternative que proposaient Maccoby et Martin. Aucune de ces propositions n'était très au goût des spécialistes de la socialisation. C'est un peu comme si on disait aux épidémiologistes que les brocolis et le sport n'ont aucun effet sur la santé, ou qu'ils améliorent l'état de certaines personnes et en rendent d'autres plus malades. Il est vrai que les brocolis et le sport exercent probablement des effets différents selon les individus, mais l'épidémiologie peut au moins tabler sur des tendances générales — manger des légumes et faire du sport régulièrement est apparemment bon pour la *plupart* des gens. En matière de socialisation, à en croire Maccoby et Martin, on ne pouvait même pas affirmer l'existence de tendances générales.

Je voudrais analyser leur conclusion d'un peu plus près, car elle possède une importance capitale. « Ces découvertes, disent-ils — c'est-à-dire les tendances, faibles et fugaces, constatées par les spécialistes de socialisation, ajoutées aux corrélations plus faibles que prévu entre membres d'une même fratrie élevés ensemble, établies par les spécialistes de génétique du comportement —, donnent sérieusement à penser que l'environnement matériel que les parents offrent aux enfants a très peu d'influence et que les caractéristiques parentales qui doivent être, par essence, les mêmes pour tous les enfants d'une famille ont très peu d'influence aussi. » En d'autres termes, la plupart des facteurs auxquels on attribuait des effets majeurs sur les enfants n'auraient que fort peu d'importance. Que les parents travaillent ou non, lisent ou non, boivent ou non, se disputent ou non, restent mariés ou divorcent — tous ces éléments « doivent être, par essence, les mêmes pour tous les enfants d'une famille » et n'auraient que « très peu d'influence » sur ces derniers. De même, que l'« environnement matériel » du foyer soit un appartement ou une ferme, qu'il soit spacieux ou exigu, en ordre ou en désordre, plein d'œuvres d'art et de légumes bio ou rempli de pièces détachées de voitures et de paquets de chips — tous ces éléments doivent eux aussi « être, par essence, les mêmes pour tous les enfants d'une famille » et n'auraient donc, là encore, que « très peu d'influence ».

D'un coup de plume, Maccoby et Martin rayaient l'essentiel de ce qui avait fait les beaux jours des chercheurs en socialisation depuis plusieurs dizaines d'années. Et ils menaçaient de biffer le reste d'un second coup de plume. À vous de choisir, disaient-ils : soit le foyer et les parents n'ont *aucun* effet, soit les seuls aspects qui ont des effets sont ceux qui diffèrent pour chaque enfant de la famille. La première solution récuse l'hypothèse du primat de l'éducation parentale ; la seconde lui tend sa dernière planche de salut.

Personne n'a choisi la première solution. Personne. Les spécialistes du développement attentifs à ce qui se passait dans l'ensemble de la discipline et non à leur seul petit domaine d'intérêt se sont tous ralliés à la deuxième solution. Les autres ont préféré ignorer la mise en garde de Maccoby et Martin, oublier que le ciel était en train de leur tomber sur la tête et poursuivre obstinément leurs recherches laborieuses.

La deuxième solution affirme que « les seuls aspects de l'éducation parentale qui ont des effets varient considérablement d'un enfant à l'autre au sein d'une seule et même famille ». En d'autres termes, les parents et le foyer comptent encore, mais chaque enfant habite, en réalité, un environnement distinct au sein de ce foyer. Les spécialistes du développement qui adoptent cette solution parlent de « différences environnementales intrafamiliales » pour désigner les expériences que des enfants élevés dans la même famille ne partagent pas. Ainsi, les parents peuvent préférer un enfant à un autre, ce qui conduira le favori à grandir en présence de parents affectueux alors que l'autre grandira en compagnie de parents indifférents ou hostiles. Les parents peuvent se montrer stricts avec un enfant, indulgents avec l'autre. Ils peuvent en surnommer un « l'athlète », l'autre « le génie ». Les différences environnementales intrafamiliales peuvent également être dues aux interactions des enfants eux-mêmes. L'un grandira avec une grande sœur tyrannique, l'autre avec un petit frère enquiquinant. Le foyer n'apparaît plus comme un environnement unique et homogène, mais comme un faisceau de microenvironnements, dont chacun est habité par un seul enfant.

C'est une idée parfaitement raisonnable. Il ne fait

pas de doute que ce genre de microenvironnements existe, pas de doute que chaque enfant d'une famille fait des expériences différentes au sein du même foyer et noue des relations différentes avec les autres personnes qui y vivent. Tout le monde sait que les parents ne traitent pas leurs enfants exactement à l'identique, même s'ils s'efforcent de le faire. Vous avez toujours été le chouchou de maman, bien sûr, et c'est pour ça que vous avez mieux réussi que les autres.

Mais nous nous heurtons immédiatement à des obstacles, parce que cette voie nous conduit directement vers un inextricable imbroglio de causes et d'effets. Comment savoir si vous n'avez pas été le chouchou de maman parce que vous étiez meilleur dès le départ ? Êtes-vous intelligent parce qu'on vous a surnommé « le génie » ou vous a-t-on surnommé « le génie » parce que vous étiez intelligent ? Si les parents traitent chacun de leurs enfants autrement, *réagissent*-ils aux différences entre leurs enfants ou en sont-ils la *cause* ?

Pour sortir de ce cercle vicieux, il va falloir montrer que les parents ne se contentent pas de réagir à des caractéristiques que leurs enfants possédaient déjà — des caractéristiques innées. Il faut que nous dénichions une raison qui pourrait inciter un parent à se comporter différemment envers deux enfants, et qui ne puisse pas être attribuée à des différences génétiques entre ces enfants. Ensuite — et c'est là que les choses se corsent — nous devrons prouver que ces différences de traitement parental *ont vraiment des effets sur les enfants*. Il faudra que nous trouvions une preuve de l'existence d'effets parents-enfant. En effet, si tout ce que nous avons en main sont des effets enfant-parents, nous n'aurons pas prouvé que les parents exercent la moindre influence sur le devenir de leurs enfants.

L'ordre de naissance

Il y a un facteur qui pourrait, selon moi, inciter les parents à agir différemment à l'égard de tel ou tel de leurs enfants et qui ne s'explique pas par les caractéristiques innées de ces derniers : il s'agit de l'ordre de naissance. L'aîné et le cadet ont des chances équivalentes à la loterie génétique, mais, une fois nés, ils se trouvent dans des microenvironnements extrêmement différents. Ils font des expériences différentes au sein de leur foyer, et il est possible de prédire ces expériences avec une certaine exactitude en fonction de leur ordre de naissance. L'aîné jouit de l'attention intégrale de ses parents pendant au moins un an, avant d'être brutalement « détrôné » et de devoir faire face à un rival. Le cadet connaît d'emblée la rivalité. L'aîné est élevé par des parents anxieux, inexpérimentés ; le deuxième par des parents qui savent (ou croient savoir) ce qu'ils font. Les parents accordent plus de responsabilité aux aînés, ils leur adressent plus de reproches et leur laissent moins d'indépendance.

Si la personnalité des enfants est affectée par la manière dont leurs parents les traitent et si les parents traitent les aînés différemment des suivants, dans ce cas l'ordre de naissance devrait laisser des traces sur la personnalité des enfants — des traces encore perceptibles à l'âge adulte. Ces traces s'appellent les effets de l'ordre de naissance. C'est un sujet de prédilection des auteurs d'ouvrages de psychologie populaire. Écoutons John Bradshaw, le gourou des « familles dysfonctionnelles », nous exposer les traits de personnalité spécifiques des aînés, des cadets et des benjamins :

> L'aîné prendra des décisions et affirmera des valeurs conformes à celles de son père ou en complète opposition... Ce sont des enfants tournés vers les autres, ouverts sur la société... Les aînés ont souvent du mal

> à avoir une image positive d'eux-mêmes... Les cadets se positionnent naturellement par rapport aux besoins d'entretien affectif du système... Ils percevront immédiatement les « programmes cachés » mais ne sauront pas exprimer clairement leurs sentiments. Pour cette raison, les cadets ont souvent l'air naïfs et déconcertés... Le benjamin s'accroche aux nécessités relationnelles du système... Semble très détaché mais est en fait profondément impliqué. Il se sent très ambivalent et a du mal à faire des choix.

Le problème des psychologues universitaires est qu'ils ne peuvent pas s'amuser à faire des déclarations de ce genre sans preuves à l'appui. Il faudrait qu'ils puissent prouver qu'en moyenne les aînés ont vraiment plus de mal que les suivants à avoir une image positive d'eux-mêmes et que les enfants nés en troisième position se sentent vraiment plus ambivalents que leurs aînés. Les résultats d'un test de personnalité pourraient répondre à cet objectif s'ils montraient que les enfants donnent des réponses systématiquement différentes en fonction de leur ordre de naissance.

Les psychologues universitaires de toutes confessions ont passé plus de cinquante ans à rechercher ces différences systématiques — à chercher des preuves convaincantes que l'ordre de naissance exerce des effets sur la personnalité. Qu'ils soient spécialistes de génétique du comportement ou de socialisation, ils seraient tous enchantés de trouver ces preuves. Elles offriraient aux premiers le moyen d'accorder leurs résultats troublants avec leurs hypothèses (oui, ils croient eux aussi au pouvoir de l'éducation parentale). Pour les seconds, l'avantage est flagrant : on aurait enfin prouvé que ce qui se passe à l'intérieur du foyer a des effets importants et durables.

Au fil des ans, on a rassemblé des masses de données sur l'ordre de naissance sous forme de résultats de tests de personnalité. Plusieurs milliers de sujets ont noté en haut d'une feuille leur position au sein de leur famille. Dans les cases suivantes, ils ont indiqué s'ils avaient confiance en eux, s'il leur était difficile d'exprimer leurs sentiments ou s'ils détestaient faire des choix. Des centaines de chercheurs ont compilé ces documents et analysé les données qu'ils contiennent. Malheureusement, toute cette entreprise n'a été qu'un gaspillage de temps et de papier. En 1990, Judy Dunn et Robert Plomin — Judy Dunn est la meilleure spécialiste mondiale des relations de fratrie, Robert Plomin est le meilleur spécialiste mondial de génétique du comportement — ont examiné avec attention et (je suppose) convoitise ces données sur l'ordre de naissance. Voici leurs conclusions :

> Dans les débats sur le comportement des parents à l'égard de leurs différents enfants, la première question qui vient souvent à l'esprit concerne l'ordre de naissance des enfants. On suppose fréquemment que les parents traitent systématiquement leur premier-né autrement que les suivants. Or ces différences ne sont pas significatives dans une mesure importante. En effet, les différences individuelles de personnalité et de psychopathologie au sein de l'ensemble de la population — les différences de résultat que nous essayons d'expliquer — ne sont *pas* clairement liées à l'ordre de naissance des individus. Bien que ce fait aille à l'encontre de bien des convictions largement répandues et entretenues, le jugement de ceux qui ont examiné soigneusement un grand nombre d'études est que l'ordre de naissance ne joue qu'un rôle infime dans les différences entre frères et sœurs... Si l'ordre de naissance n'entraîne pas de différences systématiques de personnalité, toutes les différences de comportement parental associées à l'ordre de naissance ne peuvent être très significatives pour le résultat du développement ultérieur de l'enfant.

Dunn et Plomin parlent de « ceux qui ont examiné soigneusement un grand nombre d'études ». Au premier rang de ces examinateurs consciencieux figurent les infatigables chercheurs suisses Cécile Ernst et Jules Angst — c'est vrai, ils s'appellent vraiment Ernst et Angst [1], je n'invente rien.

Au cours de leur analyse titanesque des travaux réalisés sur l'ordre de naissance, Ernst et Angst ont épluché toutes les études qu'ils ont pu trouver sur la personnalité et l'ordre de naissance — des études publiées dans le monde entier, entre 1946 et 1980. Les données étaient multiples : observations directes du comportement des sujets, évaluations effectuées par leurs parents, les membres de leur fratrie ou leurs professeurs, points obtenus à différents tests de personnalité. En rassemblant tous ces résultats, Ernst et Angst pensaient confirmer l'hypothèse selon laquelle « la personnalité varie en fonction de l'ordre de naissance : nous sommes en présence d'une "personnalité d'aîné" ».

Ils ne l'ont pas confirmée. La première chose qu'Ernst et Angst ont établie, c'est que la majorité des travaux qui prétendaient démontrer les effets de l'ordre de naissance présentaient des failles irrémédiables. Dans la plupart des cas, les chercheurs n'avaient pas pris en compte les différences de taille et de statut socioéconomique des familles, des variables qui sont elles-mêmes liées entre elles, et sont susceptibles de fausser les résultats [2]. Ernst et Angst ont commencé par éliminer les études fautives, et ont réexaminé les

1. *Ernst* : sérieux, *Angst* : peur.

2. Les dimensions de la famille et son statut socioéconomique peuvent fausser les résultats ; ainsi, les aînés réussissent souvent mieux, non parce qu'ils sont les premiers-nés, mais parce qu'ils ont plus de chances d'être issus de petites familles, appartenant aux classes supérieures. Les petites familles ont moins de cadets, de sorte qu'un cadet choisi au hasard dans la population a plus de chances d'être issu d'une famille nombreuse. Inversement, un aîné a plus de chances d'être issu d'une petite famille. En moyenne, les petites familles ont un statut socioéconomique plus élevé que les familles nombreuses. Un aîné a donc plus de chances qu'un cadet d'être issu d'une famille ayant un statut socioéconomique élevé.

autres. Et qu'ont-ils découvert ? Ils n'ont découvert aucun effet cohérent de l'ordre de naissance sur la personnalité. La majorité des études n'ont livré aucun résultat significatif. Lorsque effets il y avait, ceux-ci se limitaient souvent à un sous-ensemble de sujets — les filles, mais pas les garçons, les petites familles, mais pas les grandes — sans queue ni tête par rapport aux modèles.

Pour être absolument sûrs de ne rien négliger, Ernst et Angst ont entrepris leur propre enquête, d'une ampleur considérable par rapport aux normes de la sociologie : ils ont fait passer des tests de personnalité à 7 582 Zurichois d'une vingtaine d'années. Ils ont mesuré douze aspects différents de leur personnalité : sociabilité, extraversion, agressivité, excitabilité, nervosité, tendance à la névrose, dépression, inhibition, calme, virilité, caractère dominant et ouverture d'esprit. (Décidément, je n'ai pas de chance — ils n'ont pas mesuré l'hilaribilité.)

Leurs résultats n'apportent aucun soutien à tous ceux qui croient à l'efficacité de l'environnement familial. Parmi les sujets issus de familles de deux enfants, on n'a pu mettre en évidence aucune différence significative entre l'aîné et le cadet pour aucun des traits de personnalité mesurés. Parmi les sujets issus de familles de trois enfants ou plus, on a observé une petite différence, probablement due au hasard : le dernier-né obtenait un peu moins de points en virilité. (Quand on mesure un nombre aussi important de variables, il y a de bonnes chances pour qu'une différence significative apparaisse par le simple fait du hasard.)

Ernst et Angst ont résumé en ces termes le résultat de leurs travaux : « Une variable environnementale [l'ordre de naissance] que l'on considère comme tout à fait significative et dont on pensait qu'elle permettait de prédire la personnalité et le comportement se trouve ainsi réfutée. Cela pourrait nous obliger à réviser la majorité de nos opinions en matière de psychologie dynamique. »

Mais les fausses vérités ont la vie dure. La certitude que l'ordre de naissance joue un rôle important est comme l'hydre de Lerne. Coupez-lui la tête, elle resurgira éternellement. Le dernier spécialiste en date à avoir cherché à ressusciter cette idée est un historien de la science, Frank Sulloway. Dans son ouvrage intitulé *Born to Rebel*, il affirme que les innovations en matière de pensée scientifique, religieuse et politique sont généralement soutenues par les benjamins et combattues par les aînés. Les benjamins posséderaient en effet une plus grande « ouverture à l'expérience ». Les idées novatrices, j'en prends note, ne sont pas forcément l'œuvre de benjamins : Galilée, Newton, Einstein, Luther, Freud et Mao Zedong étaient tous des aînés. Mais lorsqu'il s'agit d'accepter les idées d'autrui, il semblerait (d'après les données présentées par Sulloway) que les premiers-nés aient tendance à se faire tirer l'oreille. Dès leur plus tendre enfance, nous dit Sulloway, c'est le statu quo qui leur importe le plus. À moins qu'ils ne s'entendent mal avec leurs parents, ou qu'ils n'aient d'autres motifs que Sulloway énumère, les aînés n'ont pas de raison de se rebeller. Pourquoi voudraient-ils renverser une situation dont ils sont déjà les principaux bénéficiaires ? Ils sont toujours les premiers servis en tout, surtout en attention parentale. Tout ce qu'ils ont à faire pour préserver leur rang de favori est de dire : « Oui, maman », « Oui, papa ». La place de chouchou étant déjà prise, les plus jeunes doivent s'inventer un autre rôle dans la famille. Voilà pourquoi les rebelles se recrutent avec prédilection dans les rangs des benjamins. À l'âge adulte, ils ont plus de chances que les aînés d'épouser ce que Sulloway appelle des vues « hétérodoxes » (par opposition à « orthodoxes »).

Peut-être suis-je prévenue contre la théorie de Frank Sulloway parce que je suis moi-même une aînée professant des vues hétérodoxes. Sulloway, lui-même un cadet, est très dur pour les aînés : il les décrit comme des enfants égoïstes, intolérants, jaloux, bornés, agressifs et dominateurs. Caïn, souligne-t-il plus d'une fois, était l'aîné. Sulloway s'identifie manifestement à Abel.

Affublée du rôle d'agresseur dominateur, j'ai cherché à en tirer le maximum. Ma critique de *Born to Rebel* figure à la fin du présent ouvrage, dans l'appendice 1. Sulloway a repris les travaux analysés par Ernst et Angst et a obtenu des résultats différents, à l'appui de sa théorie. J'ai trouvé cette révision peu convaincante. Par ailleurs, Sulloway n'indique pas qu'Ernst et Angst ont mené une étude personnelle — un travail de recherche très consciencieux et de plus grande envergure que ceux qu'ils avaient examinés — et qu'ils n'ont pas relevé d'effets intéressants dus à l'ordre de naissance. Ils n'ont observé en particulier aucune différence d'ouverture d'esprit entre aînés et cadets.

Les effets de l'ordre de naissance me font penser à ces formes que vous avez l'impression d'apercevoir du coin de l'œil et qui disparaissent dès que vous regardez plus attentivement. S'ils ne cessent de réapparaître, c'est uniquement parce qu'il y a des gens qui continuent à les chercher, à analyser et réanalyser leurs données jusqu'à ce qu'ils les aient enfin trouvés. Ils surgissent avec une plus grande fréquence dans les études anciennes ou restreintes que dans les études récentes et vastes. Leur apparition est encore plus fréquente quand on demande aux parents ou à la fratrie des sujets de juger leur personnalité — une découverte sur laquelle je reviendrai au prochain chapitre.

Les parents ne distribuent pas équitablement leur amour et leur attention ; je suis d'accord avec Sulloway sur ce point. Il rappelle dans son livre que les deux tiers des mères de deux enfants ont reconnu devant les chercheurs qu'elles avaient tendance à en favoriser un par rapport à l'autre. Ce qu'il n'indique pas, c'est qu'une majorité de ces mères partiales ont déclaré accorder plus d'attention et plus d'affection au *plus jeune* de leurs enfants. Ce résultat a été étayé par une enquête ultérieure au cours de laquelle on a interrogé des mères et des pères. Près de la moitié a reconnu manifester plus de tendresse à un de leurs deux enfants. Sur ce chiffre, 87 % des mères et 85 % des pères ont admis favoriser le plus jeune.

Contrairement aux idées de Sulloway et contrairement, peut-être, à ses souvenirs d'enfance, c'est le plus jeune, et non l'aîné, qui obtient généralement la plus grande part d'affection et d'attention des parents. Cette donnée est valable dans le monde entier. Dans les régions où les méthodes d'éducation traditionnelles sont toujours en usage (je les décrirai au chapitre 5), on câline les bébés, et les enfants de trois ans sont détrônés sans avertissement ni excuse à la naissance d'un petit frère ou d'une petite sœur. Votre frère aîné héritera peut-être du royaume, du château ou de la ferme familiale, cela ne veut pas dire qu'il a toujours été le préféré de maman. Enfin, peut-être que si, mais son statut de premier-né n'y est pour rien.

Je reviendrai sur la théorie de Sulloway au prochain chapitre. Notre sujet actuel est l'ordre de naissance et je laisserai à Ernst et Angst le dernier mot — en italique.

> Les recherches sur l'ordre de naissance ont l'air très simples, car la position au sein d'une fratrie et les dimensions de cette dernière sont faciles à définir. On introduit dans l'ordinateur quelques chiffres ordinaux. Il est facile ensuite de trouver une explication a posteriori plausible pour toute différence significative des variables connexes. Ainsi, si les derniers-nés se montrent plus anxieux que les autres enfants, on affirmera que c'est à cause des nombreuses années durant lesquelles ils ont été le membre le plus faible de la famille. Si les aînés se révèlent les plus timides, ce sera en raison du traitement incohérent que leur a fait subir une mère inexpérimentée. Si, en revanche, les

enfants du milieu sont les plus anxieux, c'est parce qu'ils auront été négligés par leurs parents, n'étant ni l'aîné ni le benjamin. Avec un peu d'imagination, on peut même trouver des explications à l'anxiété plus importante de la deuxième fille d'une famille de quatre enfants, etc., à l'infini. *Ce genre de recherches n'est que perte de temps et d'argent.*

Les styles de comportement parental

Les spécialistes de génétique du comportement ont écouté les conseils d'Ernst et Angst et ont laissé tomber cette affaire d'ordre de naissance. À contrecœur, il est vrai, parce qu'ils avaient là une issue idéale à leur dilemme. Ils savaient déjà que le comportement des parents peut varier — que les parents se conduisent différemment à l'égard de leurs différents enfants. Ce qui leur manquait, c'était un moyen de montrer que ces variations du comportement parental ne sont pas une simple réaction aux caractéristiques préexistantes des enfants (effets enfant-parents), mais qu'elles exercent des effets mesurables (effets parents-enfant) sur la personnalité des enfants. Les effets d'ordre de naissance auraient pu en apporter la preuve. Si tel ou tel comportement parental, comme la propension à favoriser un enfant par rapport à un autre, exerçait vraiment une influence sur la personnalité des enfants, les conséquences auraient dû apparaître dans les études sur l'ordre de naissance, puisque, le plus souvent, les parents favorisent le plus jeune. Mais la plupart des travaux — et notamment les plus vastes, les plus récents et les plus consciencieux — ne révèlent aucune différence entre la personnalité adulte des aînés et des cadets. La seule conclusion logique que l'on puisse tirer de ces résultats est que les différences de microenvironnements, comme le favoritisme parental, n'ont pas d'effets durables sur la personnalité des enfants. Pas d'effets qui soient encore perceptibles à l'âge adulte.

La première solution présentée par Maccoby et Martin était que les parents n'exercent aucun effet sur leurs enfants. La deuxième était que les aspects de l'éducation parentale qui ont des effets varient d'un enfant à l'autre au sein de la famille. S'ils avaient été prouvés, les effets d'ordre de naissance auraient magnifiquement étayé la deuxième proposition. L'absence de preuves convaincantes laisse l'alternative en suspens.

Depuis que Maccoby et Martin ont offert le choix entre Charybde ou Scylla, aucune autre solution n'a vu le jour. Les études de génétique du comportement continuent à montrer que le foyer familial n'a que peu d'effets durables — voire aucun — sur les êtres qui y grandissent. S'il existe des effets à long terme, ils doivent être différents pour chaque enfant. Ils sont également imprévisibles, car ils n'apparaissent pas dans les études qui rassemblent des données concernant de nombreux sujets. Bien sûr, si nous prenons une personne en particulier, nous n'aurons pas de mal à imaginer une histoire expliquant comment l'environnement familial (une mère critique et exigeante, un père effacé) a forgé la personnalité de l'enfant pour produire l'adulte ravagé que nous avons aujourd'hui en face de nous. Ce genre de spéculation a postériori — impossible à prouver comme à réfuter — est le pain quotidien des biographes.

Comme les spécialistes de génétique du comportement (et contrairement aux biographes), les spécialistes de la socialisation ont continué à fournir des données. Ils sont nombreux à poursuivre le même genre de travaux qu'avant la mise au point de Maccoby et Martin — des études cherchant à établir des différences de méthodes d'éducation parentale et à rattacher ces différences au fonctionnement social, affectif et intellectuel des enfants. Ces psychologues recherchent toujours les effets des différences *entre* les familles, et non les différences de microenvironnements *à l'intérieur* des familles. Il me paraît indispensable d'examiner leurs travaux d'un peu plus près, car ils sont repris dans tous les manuels de psychologie du développement, dont, malheureusement, les miens.

En 1967, Diana Baumrind, spécialiste du développement des enfants, a défini trois styles de comportements parentaux opposés. Elle les a qualifiés d'« Autoritaire », « Permissif » et « Autorisé ». J'ai toujours trouvé que ces termes étaient facteurs de confusion. Je parlerai donc de « Trop Dur », « Trop Mou » et de « Juste Bien ».

Les parents « Trop Durs » sont tyranniques et inflexibles : ils édictent des règles qu'ils appliquent strictement, à l'aide de châtiments au besoin. Leur devise : « Tais-toi et fais ce qu'on te dit. » Les parents « Trop Mous » sont à l'opposé : ils ne *disent* pas à leurs enfants de faire quelque chose, ils le leur *demandent*. Des règles ? Quelles règles ? L'important, pour eux, est de prodiguer beaucoup d'amour aux enfants.

Les troisièmes parents sont « Juste Bien ». Vous savez déjà à quoi ils ressemblent — je les ai décrits au chapitre précédent à propos des mangeurs de brocolis. Les parents « Juste Bien » entourent leurs enfants d'amour et d'approbation, mais ils fixent des limites et les appliquent. Ils persuadent leurs enfants de se comporter correctement en les raisonnant, au lieu d'employer des châtiments corporels. Chez eux, les règles ne sont pas gravées dans la pierre ; ces parents tiennent compte de l'avis et des désirs de leurs enfants. En un mot, les parents « Juste Bien » sont exactement conformes à l'image que les classes moyennes occidentales de la fin du XXe siècle se font de ce que *devraient* être des parents.

Baumrind et ses partisans ont publié plusieurs dizaines d'études servant le même objectif : montrer que les enfants de parents « Juste Bien » s'en sortent mieux que les autres. Mais les mots sont plus convaincants que les chiffres. Si vous examinez de près leurs données et leurs statistiques, vous découvrirez un grand nombre d'analyses du genre de celles que j'ai décrites au chapitre précédent. Soumettez les parents à une multitude de mesures, soumettez les enfants à une multitude de mesures, et vous aurez de bonnes chances d'obtenir quelques corrélations significatives. Si le sort est contre vous, il vous reste la méthode du diviser-pour-mieux-régner. Séparez les garçons et les filles. Séparez les pères et les mères. Observez séparément les familles blanches et les familles de couleur. Les effets bénéfiques d'un comportement parental « Juste Bien » sont souvent différents chez les filles et chez les garçons, chez les pères et chez les mères. Dans bien des cas, ces effets ne sont établis que pour les petits Blancs.

Mais je pinaille. Dans leur ensemble, ces études révèlent effectivement une tendance, faible mais relativement constante, des bons parents à avoir de bons enfants. Les enfants de parents « Juste Bien » ont tendance à mieux s'entendre avec les autres enfants et les autres adultes, et à obtenir de meilleures notes à l'école. Ils ont moins de problèmes à l'adolescence. En général, ils se débrouillent bien dans la vie — un peu mieux, en moyenne, que les enfants de parents « Trop Durs » ou « Trop Mous ».

Le problème de ces découvertes est qu'elles sont en conflit avec les données de la génétique du comportement. Rappelez-vous que les psychologues qui s'intéressent au style de comportement parental recherchent les différences *entre* familles — en quoi la famille Smith diffère de la famille Jones. En général, ils observent un seul enfant par famille — un petit Smith, un petit Jones. Les spécialistes de génétique du comportement, en revanche, observent *deux* enfants par famille, et que trouvent-ils ? Que cela ne change pas grand-chose qu'un enfant grandisse chez les Smith ou chez les Jones. La personnalité des deux petits Smith ne se ressemble que s'ils sont frères ou sœurs biologiques. Si ce sont des enfants adoptés, peu importe qu'ils habitent tous les deux chez les Smith ou que l'un des deux vive chez les Jones — quel que soit le cas de figure, ils ne se ressemblent pas du tout.

Les conséquences des découvertes de la génétique du comportement sont incontournables. Il y a trois solutions : le style d'éducation parentale n'a pas d'effets sur la personnalité des enfants (première solution de Maccoby et Martin) ; les parents n'ont pas *un* style d'éducation (j'appelle cela la solution 2a) ; ils ont *un* style d'éducation, mais celui-ci a des effets différents sur chaque enfant (solution 2b). Aucune de ces solutions, pas même la solution 2b, n'est compatible avec les idées des chercheurs évoqués plus haut. Si le fait d'être un parent « Juste Bien » rend certains enfants meilleurs et en rend d'autres pires, à quoi bon étudier les styles d'éducation ?

Je ne crois pas que les parents aient *un* style d'éducation, à moins d'avoir des enfants identiques. J'ai eu deux enfants extrêmement différents — l'une d'elles est adoptée, mais cela peut très bien arriver dans une fratrie biologique — et j'ai employé deux styles d'éducation très différents. Avec notre première fille, nous n'avons pas eu tendance, son père et moi, à établir de règles absolues ; c'était généralement inutile. Avec la seconde, nous avons fixé une multitude de règles et aucune n'a marché. Essayer de la raisonner ? Impossible. En désespoir de cause, il nous est souvent arrivé d'adopter la méthode du « tais-toi et fais ce qu'on te dit ». Ça n'a pas marché non plus. Finalement, nous avons plus ou moins démissionné. Mais nous sommes arrivés, tant bien que mal, à franchir avec elle le cap de l'adolescence.

Si les parents adaptent leur style d'éducation aux caractéristiques de l'enfant, les effets mesurés par Baumrind et ses collègues seraient sans doute des effets enfant-parents davantage que des effets parents-enfant. Les enfants ne seraient pas le produit d'un bon comportement parental ; mais ce dernier serait le produit de bons enfants. Si les parents n'adaptent *pas* leur méthode d'éducation à leur enfant, Baumrind et ses collègues mesurent peut-être des effets génétiques au lieu d'effets environnementaux. Le cas échéant, les bons enfants ne seraient pas le produit d'un bon *comportement parental* mais le produit de bons *parents*.

Pour ma part, je suis convaincue que les membres des classes moyennes occidentales essaient d'appliquer une méthode d'éducation « Juste Bien », parce que c'est celle que privilégie leur culture. S'ils ne l'appliquent pas, c'est parce qu'ils ont des problèmes ou que leur enfant en a. Et s'ils ont des problèmes, c'est peut-être parce qu'ils possèdent des traits de personnalité préjudiciables qu'ils peuvent transmettre génétiquement à leur enfant. Si l'enfant a des problèmes — un caractère difficile, par exemple — la méthode d'éducation « Juste Bien » risque de ne pas marcher, et les parents tendront à recourir à la méthode « Trop Dure ». C'est ainsi que, parmi les Américains de souche européenne, les parents qui appliquent un style d'éducation « Trop Dur » ont de bonnes chances d'être également ceux qui ont des enfants à problèmes. Nous rejoignons très exactement les conclusions des psychologues qui s'intéressent au style de comportement parental.

Les normes culturelles ne sont pas les mêmes dans d'autres groupes ethniques — notamment chez les Américains d'origine asiatique ou africaine. Les Américains d'origine chinoise, par exemple, ont tendance à adopter un style « Trop Dur » — celui que Baumrind appelait « Autoritaire ». Ils n'agissent pas ainsi parce qu'ils ont des enfants difficiles, mais parce que c'est le style en faveur dans leur culture. Ainsi, parmi les Américains d'origine asiatique et africaine, les parents qui appliquent un style d'éducation « Trop Dur » ne devraient *pas* avoir plus de risques que les autres d'avoir des enfants à problèmes. Et, là encore, c'est exactement ce que ces chercheurs ont découvert.

Ils ont établi que, de tous les parents américains,

ceux qui sont d'origine asiatique sont les plus enclins à appliquer une méthode « Trop Dure », et les moins enclins à s'en tenir au « Juste Bien ». Pourtant, à maints égards, leurs enfants sont les plus compétents de tous les petits Américains, et ceux qui réussissent le mieux. Bien que cette découverte soit en complète contradiction avec leur théorie, elle laisse ces chercheurs impassibles.

Ils ne sont pas seuls en cause — d'autres spécialistes du développement en font autant. Ils ignorent les données qui s'opposent au postulat du primat de l'éducation parentale et interprètent les données ambiguës comme une confirmation de ce même postulat.

Autres différences interfamiliales

Les différences entre les familles tiennent souvent à des caractéristiques parentales partiellement génétiques ; en d'autres termes, la transmission génétique de certains traits de parents à enfants peut être responsable d'un grand nombre des résultats consignés par les spécialistes de la socialisation. Quand les parents ont du mal à gérer leur propre vie ou à s'entendre avec autrui, leurs enfants sont soumis à un double péril : ils risquent d'hériter des gènes défavorables et, par ailleurs, de mener une vie familiale épouvantable. Si ces enfants ont du mal à s'en sortir, on attribue généralement leurs problèmes à cette vie familiale épouvantable, alors que leur véritable cause pourrait être leurs gènes malheureux. Dans la plupart des cas, il est évidemment impossible de faire la part des choses.

Observons donc quelques différences interfamiliales qui ne sont pas liées à des caractéristiques génétiques favorables ou défavorables des parents. Ceux-ci prennent certaines décisions touchant leur mode de vie, qui n'ont rien à voir avec le succès ou l'échec de la manière dont ils gèrent leur existence.

Ainsi, un thème classique de la psychologie du développement porte sur la différence éventuelle de personnalité ou de comportement des enfants dont les mères exercent un emploi rémunéré, par rapport à ceux dont les mères restent à la maison. Les mères de la génération qui nous précède restaient généralement à la maison, sauf si leur mari était incapable de gagner sa vie correctement. À cette époque, la plupart des spécialistes du développement estimaient que les enfants dont les mères travaillaient couraient un risque de dysfonctionnement psychologique. Aujourd'hui, les mères travaillent quelle que soit leur condition sociale, et on a établi qu'il est à peu près impossible de distinguer les enfants dont les mères travaillent de la minorité dont les mères restent à la maison. Un spécialiste du développement chargé de rédiger un rapport sur les effets de l'emploi des mères sur les enfants a déclaré ne pouvoir mettre en évidence que « peu de différences constantes » et a consacré en fait l'essentiel de son texte aux effets de cet emploi maternel sur les parents.

Dans le même ordre d'idées, on peut évoquer les effets des garderies. À l'époque où seules les familles à problèmes faisaient garder leurs enfants, on considérait ce type d'établissement comme préjudiciable aux jeunes enfants. Aujourd'hui, les garderies sont fréquentées par les familles aisées aussi bien que par les plus modestes, et l'on s'accorde à attacher fort peu d'importance au fait que les bébés ou les enfants d'âge préscolaire passent l'essentiel de leurs journées dans ce genre d'établissement. Dans un article de 1997, une spécialiste du développement posait la question suivante : « Des soins non maternels précoces font-ils courir aux jeunes enfants des risques de préjudices à long terme ? » Des études récentes, concluait-elle, « ont prouvé que ce n'est pas le cas ». Même les différences de qualité des crèches importent moins que vous ne pourriez le penser : « L'étonnante conclusion que l'on tire de la littérature spécialisée est que la variation de la qualité des soins, mesurée par des experts, se révèle n'avoir que peu d'effets, sinon aucun, sur le développement de la plupart des enfants. »

Les chercheurs ont également observé les effets que pouvait avoir un foyer dont la composition ou le mode de vie s'écartent du schéma traditionnel. Il existe encore de nombreuses familles formées d'un père, d'une mère et d'un ou plusieurs enfants, mais un nombre croissant de foyers présente aujourd'hui une structure moins conventionnelle. Lorsque celle-ci n'est pas volontaire — conséquence de l'échec d'un mariage ou de l'incapacité à se marier —, les enfants courent plus de risques de connaître des échecs dans leur propre vie (j'examinerai la situation difficile des enfants de parents divorcés ou célibataires au chapitre 13). Mais quand cette structure non conventionnelle résulte d'une décision prise en toute connaissance de cause, elle n'exerce apparemment aucune conséquence particulière sur l'enfant. Des chercheurs californiens ont étudié un échantillon de familles non conventionnelles depuis le milieu des années soixante-dix. Certains des parents sont des hippies et vivent en communautés ; d'autres sont mariés mais s'accordent réciproquement une entière liberté sexuelle ; il y a aussi des mères célibataires et heureuses de l'être. Leurs enfants sont aussi intelligents, en aussi bonne santé, et aussi bien adaptés que ceux qui vivent dans des familles plus traditionnelles.

Les couples homosexuels, masculins ou féminins, qui élèvent des enfants constituent un autre type de structure non conventionnelle. Là encore, on n'a pas relevé de différences majeures : les enfants de deux parents du même sexe sont aussi adaptés que les enfants de couples hétérosexuels. Apparemment, le développement de leur sexualité n'a rien de singulier : les filles sont aussi féminines que les autres filles, les garçons aussi masculins que les autres garçons. Jusqu'à présent, les chercheurs n'ont pas établi de tendance plus marquée à l'homosexualité parmi les enfants de parents homosexuels, mais il est encore trop tôt pour faire des prévisions à long terme. Les études de génétique semblent toutefois indiquer que les gènes pourraient jouer un rôle dans les préférences sexuelles. Si tel était le cas, l'homosexualité pourrait être plus fréquente chez les enfants biologiques d'homosexuels que dans le reste de la population. Par ailleurs, les psychologues ne considèrent plus l'homosexualité comme un signe d'inadaptation.

De nombreux enfants de familles conventionnelles sont des « accidents » : aux États-Unis, plus de 50 % des grossesses ne sont pas désirées. Mais dans d'autres familles — dont le nombre est en constante augmentation —, les enfants ont été conçus à grands frais et au prix de terribles difficultés. Ces enfants doivent la vie à des techniques de procréation médicalement assistée, telles que la fécondation in vitro. Selon une étude récente, ils bénéficient d'un comportement parental de qualité supérieure. Pourtant, ces enfants ne sont pas différents des autres : « Les mesures d'émotion, de comportement, ou de relations avec les parents n'ont révélé chez ces enfants aucune différence de groupe. »

Des chercheurs se sont livrés récemment à une observation simultanée de trois types de familles non conventionnelles — des familles sans père, des familles dont les mères sont homosexuelles et des familles créées grâce à la procréation assistée, c'est-à-dire dont les enfants sont conçus par insémination artificielle avec don de sperme. Certaines des mères étaient lesbiennes, d'autres hétérosexuelles ; certaines vivaient seules, d'autres avaient un partenaire. Les enfants de ces mères étaient tout aussi bien adaptés et aussi bien élevés que les autres — en fait, leur adaptation et leur comportement étaient même supérieurs à la moyenne — et les chercheurs n'ont relevé parmi eux aucune différence reposant sur la composition familiale. Ceux qui n'avaient pas de père s'en sortaient aussi bien que ceux qui en avaient un.

Parmi les nombreux éléments qui ont un effet sur la vie d'un enfant dans sa famille, l'un des plus importants est certainement la présence ou l'absence de fratrie. L'enfant unique mène une existence très différente de celle de l'enfant d'une famille nombreuse. Il devrait pouvoir entretenir des relations beaucoup plus intenses avec ses parents. Tout le poids d'inquiétude, de responsabilité et de reproches que subit généralement l'aîné retombe sur lui, et il bénéficie en même temps de toute l'attention et de toute l'affection réservées au plus jeune. Autrefois, à l'époque où la majorité des familles avaient au moins deux enfants et où les déviations par rapport à cette norme indiquaient généralement que quelque chose clochait, l'enfant unique avait mauvaise réputation. Aujourd'hui, les gens se marient plus tard et ils ont moins d'enfants. Des études effectuées au cours des quinze dernières années n'ont établi aucune différence significative entre les enfants uniques et les enfants ayant un ou deux frères ou sœurs. On observe quelques différences mineures, mais celles-ci privilégient tantôt l'enfant unique, tantôt l'enfant ayant une fratrie.

À la recherche de la clé

Les enfants élevés dans des familles différentes ont de bonnes chances de connaître des environnements très différents. Certains ont des frères et sœurs ; d'autres non. Certains ont deux parents mariés, de sexe opposé ; d'autres non. Certains sont élevés exclusivement par leur mère et leur père dans leur prime enfance ; d'autres sont confiés à des tiers. Ces différences majeures n'ont pas d'effets prévisibles sur les enfants — une découverte qui coïncide avec les données de la génétique du comportement. On prétend que certaines différences moins évidentes entre les familles — c'est-à-dire le style d'éducation parentale — exercent des effets prévisibles. Pourtant, comme l'ont fait remarquer Maccoby et Martin, les effets consignés sont faibles et peuvent s'expliquer de bien d'autres manières.

Cela nous ramène à la deuxième solution de Maccoby et Martin : les seuls aspects de l'éducation parentale qui ont des effets sont ceux qui diffèrent pour chaque enfant de la famille. Mais si des différences majeures *entre* les familles n'ont pas d'effets prévisibles, comment imaginer que des différences mineures *au sein* de la famille puissent en avoir ? Est-il raisonnable de penser que le plus important est de savoir si vous étiez le petit chéri de maman, alors que le fait que maman soit restée à la maison ou ait exercé un emploi, ait été mariée ou célibataire, homo ou hétéro, n'a aucune importance ?

L'idée que chaque enfant grandit dans un microenvironnement unique à l'intérieur même du foyer aurait dû sortir les spécialistes de génétique du comportement du pétrin dans lequel ils se trouvaient. L'hérédité ne peut pas tout expliquer : leurs travaux montraient que l'on ne peut imputer à des différences génétiques entre les individus que la moitié de la variation des traits de personnalité. L'autre moitié devait être due à l'environnement — c'est-à-dire, de leur avis et de l'avis général, à « l'éducation parentale ». Un seul de ces spécialistes, David Rowe, de l'université de l'Arizona, a fait remarquer que les parents n'étaient pas l'alpha et l'oméga de la vie d'un enfant et que la maison n'est pas son seul environnement — il en existait d'autres, qui pourraient être plus importants. Mais tous ses collègues ont continué à fouiller la maison de fond en comble, comme des gens qui cherchent une clé égarée : « Elle est forcément *quelque part* ! »

Peut-être pensez-vous comme eux. Tout le monde *sait* que le rôle des parents est important ! Cinquante mille psychologues ne peuvent tout de même pas se tromper ! Et toutes les données prouvant que des familles dysfonctionnelles produisent des enfants dysfonctionnels ? Je vous rappelle que les gènes comptent, eux aussi, et que les enfants peuvent hériter de leurs parents les traits qui ont provoqué ou contribué à provoquer la dysfonction familiale. (Je reviendrai plus en détail sur les familles dysfonctionnelles au chapitre 13. En effet, les gènes ne sont pas seuls en cause.)

Mais les gènes ne sont pas tout-puissants. Vous croyez au pouvoir de l'environnement, parce que vous en avez observé les effets de vos propres yeux. Combien d'exemples connaissez-vous de parents totalement dépassés par les questions d'éducation et dont les enfants sont insupportables ? Et d'enfants au caractère explosif auxquels on cède dès qu'ils piquent une colère ? Et cet enfant qui manque de confiance en lui et que ses parents passent leur temps à déprécier ? Que dire de la nervosité de l'enfant dont les parents manquent de cohérence éducative ? Pour faire bonne mesure, vous pouvez encore m'objecter les importantes différences de personnalité entre des individus qui ont grandi dans des civilisations différentes. Ma tâche n'est pas facile, j'en conviens. Il va falloir que je trouve d'autres explications à toutes les observations que vous avez faites et qui vous incitent à croire que les parents exercent une influence durable sur leurs enfants.

Thomas Bouchard, spécialiste de génétique comportementale à l'université du Minnesota, fait partie de l'équipe qui travaille sur les jumeaux élevés séparément. En 1994, il a admis dans la revue *Science* que l'influence sur la personnalité adulte de l'environnement dans lequel on a grandi « reste très mystérieuse ». Pour ma part, je trouve encore plus mystérieuses les raisons qui ont incité les psychologues à rester cramponnés si longtemps à l'idée que la personnalité des êtres est formée d'une combinaison quelconque de nature et d'éducation parentale. On a pu démontrer que la nature — l'ADN transmis par nos parents — a des effets, mais qu'elle n'explique pas tout. Mais on n'a jamais pu démontrer que l'éducation parentale — tout ce que nos parents nous transmettent en plus de nos gènes — a le moindre effet, malgré tous les efforts héroïques qu'on a entrepris à cette fin.

Il est grand temps de chercher une autre solution : de passer à Tout Autre Chose.

4

DES MONDES DISTINCTS

Les contes du temps passé mettent fréquemment en scène un héros ou une héroïne mal traités dans leur foyer mais qui finissent par le quitter pour s'imposer dans le monde. Vous connaissez tous l'histoire de Cendrillon. Dans le livre que j'avais quand j'étais petite, elle commençait ainsi :

> Il était une fois un Gentilhomme qui épousa en secondes noces une femme, la plus hautaine et la plus fière qu'on eût jamais vue. Elle avait deux filles de son humeur, et qui lui ressemblaient en toutes choses. Le Mari avait de son côté une jeune fille, mais d'une douceur et d'une bonté sans exemple.

La fille d'une douceur et d'une bonté sans exemple est évidemment Cendrillon. À la différence du dessin animé de Walt Disney, cette version décrit les deux sœurs (anonymes) comme de jolies filles. Seules leurs personnalités sont laides. À cet égard, elles ressemblaient beaucoup à leur mère. Cendrillon avait probablement hérité sa douceur de *sa* défunte mère. Le décès d'une mère n'était pas rare autrefois ; les familles brisées par la mort étaient aussi nombreuses que le sont aujourd'hui les familles brisées par le divorce.

Les contes de fées ont tendance à condenser les faits.

Cendrillon a probablement subi de longues années de mauvais traitements de la part de sa belle-mère et des filles de celle-ci. Elle n'avait aucun recours : son père ne voulait pas ou ne pouvait pas la défendre, et il n'existait à l'époque ni lois, ni associations pour protéger les enfants victimes de sévices. Cendrillon a probablement appris de bonne heure à se faire aussi discrète que possible, à obéir aux ordres et à accepter les brimades sans protester. Jusqu'au jour où... jusqu'au jour où le prince donna un grand bal.

Les personnes qui nous ont transmis ce conte nous demandent d'accepter les prémisses suivantes : Cendrillon a pu se rendre au bal sans se faire reconnaître des deux sœurs ; malgré des années de vexations, elle a été capable d'attirer l'attention d'un jeune homme aussi raffiné que le prince et de le séduire ; le prince ne l'a pas reconnue quand il l'a revue chez elle, vêtue de ses habits de tous les jours ; il n'a jamais douté que Cendrillon était capable de s'acquitter des devoirs d'une princesse, puis d'une reine.

Ridicule ? Peut-être pas. Tout se tient à condition que vous acceptiez une idée très simple : à savoir que les enfants construisent des moi différents, des « *persona* » différentes en fonction de l'environnement où ils se trouvent. Cendrillon a appris toute petite qu'il valait mieux raser les murs quand sa belle-mère était dans les parages, et se faire aussi laide que possible pour éviter d'éveiller sa jalousie. Mais de temps en temps, comme tous les enfants qui ne sont pas enfermés à clé, elle se glissait à l'extérieur de la chaumière à la recherche de camarades de jeu. (Ils ne *pouvaient* pas la laisser enfermée toute la journée, les toilettes étaient au fond du jardin...)

Dehors, tout était différent. Dehors, personne n'insultait Cendrillon, personne ne la traitait comme une esclave, et elle a découvert que, grâce à son joli minois, elle pouvait se faire des amis (y compris la gentille voisine qu'elle allait surnommer « ma fée marraine »).

Si les méchantes sœurs ne l'ont pas reconnue au bal, ce n'est pas simplement parce qu'elle avait changé d'habits : tout son comportement était différent — les expressions de son visage, son maintien, sa démarche, son élocution. Elles n'avaient jamais vu sa *persona* extérieure. Et le prince, bien sûr, n'avait jamais vu sa *persona* intérieure. Voilà pourquoi il ne l'a pas reconnue lorsqu'il s'est présenté à la chaumière à la recherche de la jeune fille qui avait perdu son soulier. Au bal, c'était une jeune fille charmante, qui manquait sans doute un peu d'entregent. Mais, pensa-t-il, il serait facile d'y remédier[1].

Les deux visages de Cendrillon ?

On pourrait croire que je décris une personne souffrant d'un « dédoublement de la personnalité », comme l'héroïne de *The Three Faces of Eve* décrite par Thigpen et Checkley. Mais Eve n'était pas anormale parce qu'elle avait plusieurs personnalités, ni même parce que toutes ses personnalités étaient extrêmement différentes. Le problème d'Eve était que ses personnalités se manifestaient et disparaissaient de manière imprévisible et n'avaient pas accès à leurs souvenirs respectifs.

Il n'est pas anormal d'avoir plusieurs personnalités. William James, le frère du romancier Henry James, a été le premier psychologue à le faire remarquer. Il y a plus d'un siècle, il a décrit des personnalités multiples chez des adolescents et des adultes normaux — et plus précisément chez des adolescents et des adultes normaux de sexe *masculin*.

> À proprement parler, *un homme a autant de « moi » sociaux qu'il existe d'individus qui le reconnaissent* et

1. Je n'ai aucun commentaire à faire sur la conclusion de l'histoire « et ils vécurent heureux ». Après tout, c'est un conte de fées.

> qui se font une image mentale de lui... Mais dans la mesure où ces individus se rangent naturellement en plusieurs catégories, nous pouvons dire, pour simplifier les choses, qu'il a autant de « moi » sociaux qu'il existe de *groupes* distincts de personnes dont l'opinion lui importe. Il présente généralement un aspect différent de lui-même à chacun de ces groupes. Combien de jeunes gens, bien sages devant leurs parents et leurs maîtres, jurent et plastronnent comme des flibustiers en compagnie de leurs jeunes amis « durs à cuire » ? Nous ne nous montrons pas à nos enfants sous le même jour qu'à nos compagnons de cercle, à nos clients sous le même jour qu'à nos employés, à nos propres patrons et employeurs qu'à nos amis intimes. Il en résulte une sorte de division de l'homme en plusieurs moi ; il peut s'agir d'un clivage discordant. C'est le cas, par exemple, lorsque quelqu'un redoute qu'une série de ses relations le connaisse tel qu'il est ailleurs. Il peut s'agir également d'une division du travail parfaitement harmonieuse, comme on l'observe chez quelqu'un qui se montre tendre avec ses enfants, mais sévère avec les soldats ou les prisonniers placés sous son commandement.

En d'autres termes, et pour traduire les propos de James dans une terminologie courante, les gens se comportent différemment dans des contextes sociaux différents. Les théoriciens actuels de la personnalité ne le contestent pas. L'objet du débat est de déterminer s'il existe une personnalité « réelle » derrière tous ces masques. Si un homme peut effectivement se montrer tendre dans un contexte et sévère dans un autre, qui est-il *réellement* ? Si trois hommes différents sont tous tendres avec leurs enfants et sévères avec leurs prisonniers, ne peut-on dire que c'est la situation qui fait la personnalité, et non l'homme ?

Le texte de William James est extrait de son ouvrage intitulé *The Principles of Psychology* [*Précis de psychologie*] — le premier manuel américain de psychologie, publié en 1890. (J'en possède un exemplaire, trop abîmé pour avoir de la valeur.) À cette époque, la psychologie était encore au berceau, et James en profita largement. Il y picora à sa guise, abordant une foule de sujets : personnalité, cognition, langage, sensation et perception, ainsi que le développement de l'enfant. C'est lui qui a affirmé — à tort, comme on allait le découvrir — que l'univers du nouveau-né est « une unique et grande confusion d'images et de sons ».

Aujourd'hui, ces domaines de la psychologie sont séparés par des cloisons étanches, et chacun d'eux est présidé par des spécialistes qui, une fois qu'ils ont quitté les bancs de l'université, lisent rarement les articles qui ne concernent pas leur domaine propre. Les discussions subtiles sur la personnalité des adultes risquent peu d'attirer l'intérêt des spécialistes de la socialisation. Le terme de « moi » ne figure pas au vocabulaire de la plupart des spécialistes de génétique comportementale.

C'est regrettable, parce qu'il y trouverait certainement sa place. En fait, je pense que l'observation de James — les gens se comportent différemment selon le contexte social —, les débats consécutifs sur les raisons de ce fait ainsi que les interrogations sur l'existence d'une personnalité « réelle » sous-jacente, contiennent des indices permettant d'élucider l'une des grandes énigmes du développement de la personnalité.

Voici l'énigme. Il a été établi (je vous en ai parlé aux chapitres 2 et 3) que les parents ne peuvent pas modifier la personnalité innée de leur enfant, du moins pas de manière perceptible une fois que l'enfant est devenu adulte. Si ce point est exact, pourquoi diable tout le monde est-il convaincu que les parents exercent des effets majeurs sur la personnalité de l'enfant ?

Contrairement à Eve, la plupart des gens ne possèdent pas des personnalités multiples qui n'auraient pas accès à leurs souvenirs respectifs. Les gens normaux peuvent se comporter différemment dans différents contextes sociaux, ils emportent toujours leurs souvenirs d'un contexte à l'autre. Néanmoins, s'ils apprennent quelque chose dans une situation donnée, ils ne s'en serviront pas forcément dans une autre.

On observe même une nette tendance à l'*absence* de transfert des connaissances ou des apprentissages à de nouvelles situations. Selon Douglas Dettermann, spécialiste des mécanismes d'apprentissage, rien ne prouve que l'on transfère spontanément ce que l'on a appris dans une situation donnée à une nouvelle situation, à moins que cette nouvelle situation ne ressemble beaucoup à l'ancienne. Dettermann remarque qu'il est peut-être plus judicieux, d'un point de vue adaptatif, de sous-généraliser que de sur-généraliser. Il est moins risqué de supposer qu'une nouvelle situation est régie par de nouvelles règles qu'il va falloir déterminer, que d'avancer gaiement en supposant que les anciennes règles sont toujours valables.

En tout état de cause, les bébés semblent construits sur ce modèle. Carolyn Rovee-Collier, spécialiste du développement de l'enfant, et ses collègues ont mené une série d'expériences sur les facultés d'apprentissage de jeunes bébés. Les bébés sont couchés dans un berceau et regardent un mobile suspendu au-dessus d'eux. On a attaché un ruban à l'une de leurs chevilles. Lorsqu'ils remuent le pied, les bébés font bouger le mobile. Des bébés de six mois comprennent très vite le truc : ils sont ravis de découvrir qu'ils peuvent contrôler les mouvements du mobile d'un coup de pied. Qui plus est, ils s'en souviendront deux semaines plus tard. Mais il suffit de modifier un détail de l'expérience —

si on remplace deux des petites babioles accrochées au mobile par des babioles un peu différentes, si l'on change le tissu qui entoure le berceau, si on déplace le berceau dans une autre pièce —, les bébés fixeront le mobile d'un air perplexe, comme s'ils n'avaient jamais vu une chose pareille. Manifestement, les bébés sont équipés d'un mécanisme d'apprentissage accompagné d'une mise en garde : ce que tu apprends dans un contexte ne s'applique pas forcément à un autre.

C'est parfaitement exact : ce que vous apprenez dans un contexte ne s'applique pas nécessairement à un autre. Un enfant qui pleure à la maison obtient — avec un peu de chance — de l'attention et de la compassion. À la maternelle, un enfant qui pleure trop est évité par ses camarades ; à l'école primaire, on se moquera de lui. Une petite fille qui fait le bébé pour le plus grand plaisir de son père s'attirera une réaction bien différente de la part de ses camarades de classe. Les enfants qui font rire leur famille en faisant les malins ont de bonnes chances de se retrouver dans le bureau du directeur s'ils n'apprennent pas à tenir leur langue à l'école. À la maison, un rouage qui grince sera huilé ; à l'extérieur, le clou qui sort se verra remettre en place d'un bon coup de marteau. Ou vice versa, comme dans le cas de Cendrillon.

À l'instar de Cendrillon, la plupart des enfants ont au moins deux environnements distincts : la maison et le monde extérieur. Chacun possède ses propres règles de comportement, ses propres sanctions et récompenses. Le caractère insolite de la situation de Cendrillon tenait simplement à la divergence inhabituelle entre ses deux environnements — et donc entre ses deux personnalités. Mais les enfants des familles occidentales courantes ne se comportent pas non plus de la même manière chez eux et à l'extérieur. Quand mes filles étaient à l'école primaire, les instituteurs organisaient des réunions avec les parents. Chaque année, nous voyions des parents discuter avec la maîtresse et repartir en secouant la tête d'un air incrédule. « Tu es sûr que c'est bien du nôtre qu'elle parlait ? » disaient-ils, mi-figue, mi-raisin. Dans certains cas, l'enfant dont leur parlait l'institutrice leur faisait l'effet d'un parfait étranger. Et, généralement, il était mieux élevé que celui qu'ils connaissaient. « Il est tellement têtu à la maison ! » « À la maison, c'est un vrai moulin à paroles ! »

Les enfants — même d'âge préscolaire — passent d'une personnalité à une autre avec une aisance remarquable. Ils le font sans doute plus facilement que les personnes plus âgées. Avez-vous déjà écouté deux petites filles de quatre ans qui jouent à la maman ?

> *Stephie (de sa voix normale, à Cathy)* : Je serais la maman.
> *Stephie (de sa voix mielleuse de maman) :* C'est bien, bébé, bois ton biberon. Sois un gentil petit bébé.
> *Stephie (à voix basse) :* On dirait que tu n'aimerais pas ça.
> *Cathy (de sa voix de bébé) :* Veux pas bibon !
> *Stephie (de sa voix onctueuse de maman) :* Bois, ma chérie. C'est bon pour toi.

Stephie joue trois personnages : l'auteur/producteur, le metteur en scène et le rôle vedette de maman. Chaque fois qu'elle passe de l'un à l'autre, elle change de voix.

Contexte et comportement

Le « biberon » que Stephie faisait semblant de donner à Cathy était un cylindre de bois d'un jeu de construction. Les spécialistes du développement s'intéressent à ce genre de « faire semblant » parce qu'il s'agit apparemment d'une forme de comportement avancée, symbolique, qui apparaît pourtant à un âge remarquablement précoce — avant deux ans. On a écrit beaucoup de choses sur les influences environnementales qui favorisent l'apparition plus ou moins précoce de ce comportement de simulation ; l'attention s'est évidemment concentrée sur le rôle de la mère. Les chercheurs ont découvert qu'un petit enfant invente des histoires plus riches quand sa mère participe à ces jeux d'imagination avec lui.

Mais ce n'est pas si simple. Greta Fein et Mary Fryers, spécialistes du jeu des enfants, ont passé en revue ces travaux et en ont conclu que, s'il est vrai que les jeunes enfants ont des jeux plus évolués quand ils jouent avec leur mère, « l'hypothèse selon laquelle les mères contribuent à une complexité de jeu ultérieure est sans fondement ». Quand la mère encourage l'enfant à imaginer des histoires compliquées, il le fait ; mais plus tard, quand l'enfant joue seul ou avec un camarade, le genre de jeux auxquels il a joué avec sa mère importe peu.

D'autres spécialistes du développement ont critiqué cette conclusion. Fein et Freyer ont répondu qu'elles n'avaient pas « l'intention de dénigrer l'importance que les adultes chargés de s'occuper de jeunes enfants pouvaient avoir dans la vie de ceux-ci » et qu'elles ne s'étaient pas rendu compte jusqu'alors que la foi dans l'omnipotence des parents était aussi profonde. Mais elles ont tenu bon. Tout semble indiquer que les mères n'influencent leurs enfants que pendant que ces derniers jouent avec elles. « Quand des théories ne marchent pas, ont conseillé Fein et Fryers, abandonnez-les ou changez-en. » Je suis parfaitement d'accord avec elles.

C'est très bien d'apprendre à faire des choses avec Maman ; mais le bébé ne transfère pas automatiquement cet apprentissage à d'autres contextes. C'est une politique parfaitement raisonnable, car ce qu'on apprend avec Maman peut fort bien être inutile dans d'autres situations — ou pire qu'inutile. Prenez l'exemple d'un bébé que j'appellerai Andrew. La mère d'Andrew souffrait de dépression post-partum, un trouble assez fréquent dans les premiers mois qui suivent une naissance. Elle arrivait à nourrir Andrew et à le changer, mais elle ne jouait pas avec lui et ne lui souriait pas beaucoup. Quand il a eu trois mois, Andrew a manifesté, lui aussi, des signes de dépression. Quand il était avec sa mère, il souriait rarement et était moins actif que la plupart des bébés de cet âge — son visage était sérieux, ses mouvements contenus. Par bonheur, Andrew ne passait pas tout son temps avec sa mère : il était à la crèche une partie de la journée, et la puéricultrice qui s'occupait de lui n'était pas déprimée. À la crèche, Andrew était un tout autre bébé qu'à la maison, souriant et actif. Les visages graves et les mouvements contenus, fréquents chez les bébés de mères déprimées, sont « spécifiques à leurs interactions avec leurs mères déprimées », affirment les chercheurs qui ont étudié des bébés comme Andrew.

Des jeunes enfants un peu plus âgés, qui marchent déjà, manifestent eux aussi des comportements différents en fonction du contexte social. Les chercheurs ont étudié le comportement de ces enfants à la maison (en demandant aux mères de remplir des questionnaires) et à la garderie (en les observant ou en interrogeant les puéricultrices), et ils ont découvert que les descriptions obtenues ne coïncident pas. « Il n'est pas impossible, a admis un chercheur, que le comportement réel de l'enfant soit systématiquement différent dans le cadre du foyer et dans celui de la crèche. »

Frères et sœurs

Admettons que ce que les enfants apprennent de leurs interactions avec leur mère soit inutile dans leurs relations avec leurs camarades de maternelle. Mais ce qu'ils apprennent de leurs interactions avec leur *fratrie* est certainement utilisable dans d'autres contextes ! Cela paraît évident — et c'est ce que j'aurais eu tendance à penser, moi aussi. Mais, à y bien réfléchir, il vaut sans doute mieux que les enfants repartent de zéro. Une fillette qui domine son petit frère à la maison sera peut-être la plus petite de sa classe de maternelle ; le petit frère dominé sera peut-être le plus grand et le plus costaud de la sienne. Voici le commentaire d'une équipe de chercheurs à ce sujet :

> On n'a établi aucune preuve de transmission des différences individuelles d'interactions fraternelles aux interactions entre pairs... Même le deuxième enfant, qui a assumé plusieurs années un rôle subalterne en compagnie d'un frère ou d'une sœur aînés, peut endosser un rôle dominant [avec un pair].

Ou encore :

> On a établi peu d'associations significatives entre les mesures de relations fraternelles des enfants et les caractéristiques de leurs relations avec leurs camarades... Des enfants dont on avait relevé la rivalité et l'autorité par rapport aux membres de leur fratrie avaient noué, aux dires de leurs mères, des amitiés positives. Des enfants auxquels leurs mères attribuaient des relations hostiles avec leur fratrie ont obtenu d'excellents résultats aux tests d'amitié... De fait, il ne faut pas penser qu'un comportement de rivalité et d'autorité à l'égard d'un frère ou d'une sœur plus jeune est forcément lié à un comportement négatif ou difficile avec des amis.

À moins qu'ils n'aient un jumeau, les enfants entretiennent des relations forcément inégales avec leurs frères et sœurs. Dans la plupart des cas, l'aîné est le chef, et le plus jeune suit. L'aîné essaie de dominer, le cadet d'échapper à cette domination. Les relations entre camarades sont différentes. L'égalité et la compatibilité sont plus grandes entre camarades qu'au sein d'une fratrie. Chez les petits Américains, les conflits et les manifestations d'hostilité éclatent plus fréquemment entre frères et sœurs qu'entre camarades.

Les conflits de fratrie constituent le thème de *Born to Rebel*, l'ouvrage de Frank Sulloway dont j'ai parlé au précédent chapitre. Selon Sulloway, les membres d'une fratrie sont rivaux dès la naissance, ils se battent pour obtenir leur part — ou, dans le cas des aînés, plus que la part qui leur revient — des ressources familiales et de l'amour parental. Pour ce faire, dit-il, les enfants choisissent des spécialités différentes : si une niche est occupée, l'enfant suivant devra trouver une autre manière d'attirer l'attention et l'approbation de ses parents.

Je ne suis pas hostile à ce point de vue. Et je sais que certaines rivalités fraternelles peuvent durer jusqu'à l'âge adulte, et parfois même jusqu'à la tombe. Ma tante Gladys et mon oncle Ben se sont détestés toute leur vie. Ce dont je doute, c'est que les sentiments et les comportements que ces relations fraternelles ont inspirés aux gens déteignent sur leurs autres relations. Dès qu'il ne s'agissait pas de son frère Ben, ma tante Gladys était aussi douce et bonne que la Cendrillon de mon livre d'enfant.

Les modèles de comportement acquis dans des relations de fratrie ne nous aident ni ne nous entravent dans nos relations avec d'autres personnes. Ils ne laissent pas d'empreinte profonde sur notre caractère. Dans le cas contraire, les chercheurs pourraient relever leurs effets dans les tests de personnalité qu'ils font subir aux adultes : les aînés et les cadets auraient des personnalités un peu différentes à l'âge adulte. Comme je l'ai consigné dans le précédent chapitre (voir aussi annexe 1), la majorité des études sur la personnalité adulte ne mette pas en évidence d'effets dus à l'ordre de naissance. Ces effets apparaissent cependant dans la majorité des études d'un type bien particulier : celles où les personnalités des sujets sont évaluées par leurs parents ou par leur fratrie. Quand on demande à des parents de décrire leurs enfants, ils ont tendance à dire que l'aîné est plus sérieux, plus méthodique, plus responsable et plus anxieux que le second. Quand on demande à un petit frère ou à une petite sœur de décrire leur aîné, un mot qui revient souvent est « autoritaire ». Ce que nous obtenons, c'est une image de la manière dont le sujet se comporte à la maison.

À la maison, les effets d'ordre de naissance existent, cela ne fait aucun doute — sans doute est-ce pour cela qu'il est si difficile de réfuter leur importance. Si vous voyez des personnes en compagnie de leurs parents ou de leur fratrie, vous observez effectivement les différences que vous vous attendez à trouver. L'aîné a l'air plus sérieux, plus responsable et plus autoritaire. Le plus jeune manifeste un comportement plus insouciant. Mais il s'agit là de la manière dont ils agissent quand ils sont ensemble. Ces modèles de comportement ne sont pas des fardeaux que nous sommes condamnés à traîner avec nous où que nous allions, toute notre vie. Nous ne les traînons même pas jusqu'à l'école maternelle.

Ce qu'on emporte partout

Pour illustrer l'absence de transfert des comportements d'un contexte à un autre, je donne souvent l'exemple du chipotage alimentaire — un sujet de plainte récurrent des parents de jeunes enfants. Vous avez sans doute tendance à penser qu'un enfant qui chipote dans un cadre chipote aussi ailleurs. Le sujet a été étudié, effectivement, et ce n'est pas le résultat qu'ont obtenu les chercheurs. Dans une enquête menée par des Suédois sur un échantillon d'enfants, le tiers chipotait à table *soit* à la maison *soit* à la cantine, mais 8 % seulement chipotaient chez eux *et* à l'école.

Ah ! mais. Et ces 8 % ? Il est temps que j'avoue que je vous ai induits en erreur : le taux de corrélation entre le comportement à la maison et le comportement à l'extérieur est faible, mais il n'est pas nul. J'ai évoqué un autre exemple au chapitre 2 : les enfants insupportables avec leurs parents mais charmants avec leurs camarades ou vice versa. La corrélation entre un comportement insupportable dans les deux contextes n'était que de 19 %. En d'autres termes, il vous serait impossible en voyant comment un enfant se comporte avec ses parents de prédire comment il se comporte avec ses camarades. Néanmoins, le taux de corrélation n'est pas nul ; il est même statistiquement significatif.

Significatif, mais étonnamment faible. Étonnamment parce que, après tout, il s'agit du *même enfant*, dans les deux contextes — du même enfant, avec les *mêmes gènes*. La génétique du comportement nous a appris que le taux d'héritabilité de traits de caractère comme l'agressivité ou la maussaderie se situe autour de 50 %. En d'autres termes, une part non négligeable de la personnalité de l'enfant (le pourcentage exact n'a pas d'importance) est ancrée, innée, non acquise par l'expérience. Les enfants qui ont une tendance innée à se montrer désagréables emportent cette tendance avec eux où qu'ils aillent, d'un contexte social à un autre. Ce qu'ils ont appris peut être lié au contexte dans lequel ils l'ont appris, mais ils ne peuvent pas laisser derrière eux ce qu'ils possèdent dès la naissance. L'enfant qui chipote à la maison *et* à l'école a peut-être un système digestif fragile ou souffre d'allergies alimentaires. Le fait que certains enfants chipotent aussi bien à la maison qu'à la cantine, et que certains enfants se montrent aussi désagréables avec leurs camarades qu'avec leurs parents pourrait être dû à des effets génétiques directs.

Les effets génétiques *indirects* — les effets des effets des gènes — peuvent également entraîner un transfert de comportement d'un contexte à un autre. Le cas de Cendrillon était inhabituel : sa beauté la mettait en danger dès qu'elle était à portée de coups de sa belle-mère. Son physique ne devenait un atout que dans le monde extérieur à la chaumière. La plupart des enfants qui ont une bonne bouille découvrent que c'est un atout en toutes circonstances. La plupart des enfants laids apprennent que la laideur est un inconvénient dans tous les contextes sociaux. Peut-être certains des enfants insupportables avec leurs parents et avec leurs pairs étaient-ils des enfants au physique ingrat, qui avaient renoncé à séduire les autres en étant agréables car toutes leurs tentatives avaient échoué. Ou peut-être étaient-ils nés avec des dispositions désagréables qui rendaient leurs relations difficiles avec toutes sortes de gens. Un caractère désagréable peut être une source d'ennuis directs et indirects : directs parce qu'il conduit l'enfant à mal réagir aux autres, indirects parce que cela incite les autres à mal réagir à son égard.

Permutation de code

Le transfert de comportement dû aux effets génétiques m'ennuie — il fait obstacle à ce que j'essaie de démontrer. Je m'efforce de vous convaincre que les enfants apprennent séparément, dans chaque contexte social, comment se comporter dans ce contexte précis. Mais le comportement social est une chose complexe. Il est déterminé en partie par les caractéristiques innées des individus et en partie par les expériences qu'ils ont faites après leur naissance. La partie innée les accompagne où qu'ils aillent et tend ainsi à estomper les distinctions entre les contextes sociaux. Pour résoudre ce problème, je vais choisir un comportement social qui doit tout à l'expérience : le langage.

Peut-être ferais-je bien de préciser un peu cet énoncé. Le langage est acquis par l'expérience ; mais il est également inné. Il fait partie du legs transmis par nos ancêtres et qui ne varie pas parmi les membres normaux de notre espèce, comme le fait d'avoir des poumons et des yeux, ou comme la bipédie. Tous les bébés humains qui naissent avec un cerveau normal sont équipés de la faculté et du désir d'apprendre à parler. L'environnement ne fait que déterminer *quel* langage ils apprendront.

En Amérique du Nord et en Europe, il est admis que nous devons apprendre à nos bébés à communiquer à l'aide du langage ; nous estimons même qu'il s'agit de l'une des tâches essentielles des parents. Nous commençons précocement nos leçons de langage en parlant à nos bébés dès qu'ils viennent au monde, voire avant. Nous encourageons leurs gazouillis et leurs babils et faisons grand cas de leurs « maman » et « papa ». Nous leur posons des questions et attendons leurs réponses. S'ils ne répondent pas, nous le faisons à leur place. S'ils commettent une erreur grammaticale, nous reformulons leur phrase mal construite. Nous leur parlons en locutions courtes et simples de sujets qui les intéressent.

Ainsi encouragés, pour ne pas dire poussés en avant, nos bébés commencent à parler vers un an et élaborent des phrases vers deux ans. À quatre ans, ils parlent correctement leur langue.

Je vais vous demander d'imaginer un enfant qui met pour la première fois le pied hors de chez lui à quatre ans et qui découvre — comme Cendrillon — qu'à l'extérieur tout est différent. En l'occurrence, la différence est que tout le monde parle un langage qu'il ne comprend pas et que personne ne comprend *son* langage. Cet enfant sera-t-il surpris ? Probablement pas, à en juger par la réaction des bébés qui ont appris à faire bouger le mobile en donnant un coup de pied. Changez le tour de lit, et ils se trouvent dans un univers différent. Ils supposent que ce nouveau monde est régi par de nouvelles règles qu'il va falloir apprendre.

Les enfants de parents immigrés, comme ceux du

couple de Russes qui louaient des chambres à Cambridge (j'en ai parlé au premier chapitre), se trouvent exactement dans cette situation. Ils font chez eux un certain nombre d'apprentissages — dont le langage est le plus évident, mais il y en a bien d'autres — qui se révèlent inutiles dans le monde extérieur. Sans se laisser démonter, ils assimilent les règles de cet autre univers et apprennent, s'il le faut, un nouveau langage.

Les enfants éprouvent en effet un vif désir de communiquer avec d'autres enfants, et ce désir est une puissante incitation à apprendre un nouveau langage. Un psycholinguiste raconte l'histoire d'un petit garçon de quatre ans, venu des États-Unis et hospitalisé à Montréal, qui essayait de parler à la petite fille occupant le lit voisin. Devant la vanité de ses tentatives réitérées pour lui parler anglais, il essaya les seuls mots de français qu'il connaissait, complétés par quelques syllabes sans queue ni tête : « Aga doudou boubou petit garçon ? » Un Italien installé en Finlande avec sa femme de langue suédoise raconte qu'il a accompagné un jour son petit garçon de trois ans au parc. Le petit a eu envie de jouer avec des enfants qui parlaient finnois. Il a couru vers eux en criant les seuls mots de finnois qu'il avait appris : *« Yksi, kaksi, kolme... yksi, kaksi, kolme »* — ce qui veut dire « Un, deux, trois. »

Cette approche « bille en tête » est essentiellement le fait de très jeunes enfants ; les plus âgés ont plutôt tendance à privilégier la stratégie du « moins on en dit, mieux ça vaut ». Les chercheurs ont étudié un petit garçon de sept ans et demi — je l'appellerai Joseph — qui avait quitté la Pologne avec ses parents pour s'installer dans le Missouri. À l'école, Joseph passa plusieurs mois à écouter tranquillement et à observer les autres enfants pour essayer de deviner ce que l'instituteur disait. Il se risquait plus volontiers à parler avec ses petits voisins et commença presque immédiatement à baragouiner un peu d'anglais avec eux. Au début, les propos de Joseph ressemblaient à ceux d'un bébé — « Moi aujourd'hui école » — mais, au bout de quelques mois, il se débrouillait correctement. Deux ans plus tard, il parlait comme un enfant du coin, presque sans accent. Il a fini par perdre toute trace d'accent[1], alors même qu'il continuait à parler polonais chez lui.

Il est courant que les enfants immigrés parlent leur première langue chez eux, et la deuxième à l'extérieur. Dès qu'ils auront vécu un an dans leur nouveau pays, ils passeront de l'une à l'autre aussi facilement que je change de logiciel sur mon ordinateur. Tu sors de la maison — clique sur anglais. Tu rentres — clique sur polonais. Les psycholinguistes appellent cela la « permutation de codes ».

Les différentes *persona* de Cendrillon illustrent un autre type de permutation de codes. Tu sors de la chaumière — sois jolie et charmante. Tu rentres — sois moche et fais-toi oublier. Si de surcroît, Cendrillon avait parlé une langue chez elle et une autre à l'extérieur, comme Joseph, cela n'aurait fait qu'une différence supplémentaire entre son existence domestique et sa vie sociale. Il est sans doute plus facile pour un enfant de devenir bilingue que d'être alternativement joli ou laid.

C'est un peu comme si notre cerveau possédait deux réservoirs distincts, chacun contenant ce qui a été appris dans un contexte social défini. Selon Paul Kolers, un psycholinguiste qui a étudié les adultes bilingues, l'accès à un réservoir donné peut, dans cer-

1. Les psycholinguistes affirment parfois que les bébés perdent avant un an la faculté d'entendre la différence entre des phonèmes que leur propre langue ne différencie pas. C'est impossible. Si les bébés perdaient effectivement cette faculté, des enfants comme Joseph ne pourraient pas apprendre à parler une seconde langue sans accent. Une hypothèse plus vraisemblable serait que les bébés apprennent à ne pas faire attention à des différences qui n'ont pas cours dans leur langue. Si, par la suite, ces différences reprennent de l'importance, ils peuvent fort bien en tenir compte de nouveau.

tains cas, être impossible si l'on ne passe pas par le langage utilisé dans ce contexte. Il donne en exemple un de ses collègues qui avait quitté la France pour les États-Unis à douze ans. Cet homme se sert du français pour l'arithmétique, de l'anglais pour l'algèbre. « Les activités mentales et les informations apprises dans un contexte ne sont pas forcément disponibles dans un autre, explique Kolers. Il faut souvent les réapprendre dans le deuxième contexte, ce qui nécessite probablement tout de même moins de temps et d'efforts. »

Les connaissances livresques ne sont pas les seules à être stockées dans différents réservoirs. « De nombreuses personnes bilingues, rapporte Kolers, reconnaissent penser différemment dans leurs deux langues et éprouver des émotions différentes face à une même expérience. » Si une langue est réservée à la maison et l'autre à l'extérieur, la première sera liée aux pensées et aux émotions conçues et éprouvées à la maison, l'autre aux pensées et aux émotions conçues et éprouvées à l'extérieur. Au fond de sa chaumière, Cendrillon se considérait comme bonne à rien ; dès qu'elle a mis le pied dehors, elle a découvert qu'elle pouvait se faire des amis et exercer un certain pouvoir sur autrui. Une Cendrillon bilingue serait peut-être encore en train d'astiquer le plancher si le prince s'était adressé à elle dans la langue qu'elle parlait à la maison.

Les théoriciens de la personnalité ne prêtent pas grande attention au langage. Pourtant, le langage, l'accent et le vocabulaire sont des éléments du comportement social qui relèvent tout autant des « traits de la personnalité » que la gentillesse ou l'agressivité. Comme d'autres traits du comportement social, le langage qu'emploie un individu dépend du contexte où il se trouve. Cette observation vaut aussi bien pour les gens qui ne parlent qu'une langue que pour les bilingues. William James nous dit qu'un individu « présente un aspect différent de lui-même » selon le contexte social et en donne pour premier exemple ce jeune garçon qui jure comme un charretier avec ses amis, mais qui est « bien sage devant ses parents et ses maîtres ». Une lycéenne raconte cette anecdote à propos d'une de ses condisciples :

> Une fille du lycée traversait le hall quand elle s'est rendu compte qu'elle avait oublié quelque chose.
> Elle s'est écriée :
> — Oh, mince !
> Voyant que ses amis étaient autour d'elle, elle s'est reprise :
> — Je veux dire « merde ».

Les parents et les professeurs de cette jeune fille procèdent à la même adaptation de leur comportement verbal. Ils n'emploient pas le même vocabulaire ni la même syntaxe quand ils s'adressent à un adolescent ou à un enfant de deux ans, quand ils parlent à leur garagiste ou à leur médecin.

Bien qu'il s'agisse d'un comportement social, le langage a pour avantage d'être dégagé de toutes les complications génétiques qui pèsent sur les autres types de comportements sociaux. La tendance à être agréable ou agressif est partiellement génétique, mais la tendance à parler polonais plutôt qu'anglais ou à employer des gros mots avec certaines personnes et à les éviter avec d'autres dépend entièrement de l'environnement.

Langage et contexte social

La permutation de codes est un exemple extrême ; la plupart des réservoirs mentaux des enfants présentent quelques fuites. Après tout, leurs souvenirs les accompagnent partout, d'un contexte à l'autre. Un enfant qui sort de chez lui à quatre ans et découvre qu'à l'extérieur les gens *parlent effectivement* le langage qu'il a appris chez lui n'a pas besoin de le réapprendre intégralement ; il peut, toutefois, faire preuve d'une certaine prudence initiale dans son utilisation. Pour la plupart des enfants, l'environnement familial et le monde extérieur ne sont pas séparés par des cloisons étanches. Les parents viennent à l'école pour assister à des spectacles où jouent leurs enfants, ou pour discuter avec la maîtresse. Les enfants révèlent quelques bribes de leur vie familiale dans les exercices de conversation libre et quand on leur demande de raconter « Ce que j'ai fait pendant les grandes vacances ». Ils invitent leurs camarades chez eux pour leur anniversaire.

Parlant de la « division de l'homme en plusieurs moi », William James définissait deux situations : harmonieuse, comme chez l'homme qui est tendre avec ses enfants mais sévère avec ses prisonniers, et discordante, comme « c'est le cas lorsque quelqu'un redoute qu'une série de ses connaissances le connaisse tel qu'il est ailleurs ». La division de la personnalité de Cendrillon était discordante : elle ne voulait pas que sa belle-mère la voie telle qu'elle était ailleurs. Certains psychologues et psychiatres pensent que des sévices graves pendant l'enfance peuvent provoquer une division pathologique de la personnalité, le phénomène des trois visages d'Eve. Les communications entre les réservoirs mentaux sont rompues ou ne se sont jamais constituées, et chaque partie de la personnalité amasse des souvenirs sans les partager avec les autres.

La plupart des enfants ne risquent pas de prendre une raclée s'ils révèlent à leurs parents quelques bribes de leur comportement à l'extérieur. Mais il est courant que les enfants agissent comme si une sanction terrible les attendait si le monde extérieur découvrait la moindre parcelle de leur comportement à la maison. Dans *Portnoy et son complexe*, le romancier Philip Roth raconte une anecdote qui est très certainement autobiographique. Alexandre Portnoy — fils d'une première génération d'Américains juifs qui parlent un anglais approximatif, émaillé de mots yiddish — relate un incident de son enfance :

> J'étais déjà le chouchou de la classe enfantine et, à chaque interrogation, présumé gagner haut la main quand un jour la maîtresse me demanda d'identifier l'image d'un objet que ma mère, je le savais parfaitement, désignait du nom de « spatule ». Mais la tête sur le billot, j'étais incapable de retrouver ce mot en anglais. Bafouillant, rougissant, je m'effondrai vaincu sur mon banc, pas aussi abasourdi que la maîtresse, certes, mais tout de même durement secoué [...] dans un état similaire à l'angoisse — dans ce cas particulier à propos d'un objet aussi mémorable qu'un ustensile de cuisine[1].

Alexander était persuadé que « spatule » était un mot yiddish — un mot de la maison, un mot familial — et il aurait préféré être foudroyé sur place plutôt que de l'utiliser en public. Il m'est arrivé une aventure comparable au cours élémentaire, quand j'ai utilisé le mot *pinky* pour parler de mon petit doigt. La fille à qui je m'adressais (ce n'était pas une amie intime) m'a demandé : « Qu'est-ce que tu as dit ? » et j'ai été prise de panique. J'étais convaincue d'avoir commis une erreur fatale : *pinky* était certainement un mot réservé à la maison ! La fille a redemandé : « Qu'est-ce que tu dis ? » et j'ai bredouillé : « Rien. » Elle a insisté longuement, à mon grand embarras, mais j'ai refusé de répéter ce que j'avais dit. Bien des années plus tard, je me suis dit qu'elle devait avoir, elle aussi, des doutes sur le statut du mot *pinky* et qu'elle essayait de savoir si on pouvait légitimement l'employer « à l'extérieur ».

Joseph parlait polonais avec ses parents, anglais avec ses professeurs, ses camarades de classe et ses amis. Mais il arrivait que ses amis viennent jouer chez lui et il leur parlait évidemment anglais. Voilà sans doute com-

1. Trad. H. Robillot, Paris, 1970. (*NdT.*)

ment l'anglais s'est introduit subrepticement dans sa maison. Ou peut-être, comme Alexander Portnoy, était-il gêné de parler sa langue « de maison » à l'extérieur ; il préférait donc parler anglais à ses parents quand ils allaient faire des courses ensemble. Quelle que soit la manière dont le phénomène s'amorce, les enfants d'immigrés finissent généralement par introduire la langue de leur nouveau pays chez eux, et à parler à leurs parents dans cette langue. Un fils d'immigrés coréens dit de ses conversations avec sa mère : « Elle me parlait généralement coréen, et je lui répondais en anglais. » Et voici comment un anthropologue explique que les immigrants juifs d'Europe de l'Est n'aient pas transmis leur langue à leurs enfants : « Ils parlaient yiddish à leurs enfants et les enfants leur répondaient en anglais. » Il se passe la même chose, dans une moindre mesure, dans les familles où tout le monde parle la même langue : combien de parents n'ai-je pas entendus se plaindre des gros mots que leurs enfants apprennent à l'école !

Si les parents immigrés insistent pour que leurs enfants continuent à s'adresser à eux dans leur langue maternelle — c'est-à-dire la langue maternelle des parents —, les enfants obéiront probablement ; mais leur mode de communication dans cette langue restera enfantin, alors que leur maîtrise du langage du monde extérieur continuera à évoluer. Voici ce que raconte une jeune femme sino-américaine, fille d'immigrés, qui a fait ses études à Harvard :

> Je n'avais jamais parlé littérature ni philosophie avec mes parents. Nous parlions de notre santé, du temps, du dîner — tout cela en cantonais, puisqu'ils ne parlent pas anglais. Quand je suis entrée à Harvard, j'ai commencé à manquer de mots pour communiquer avec mes parents. En fait, je ne possédais pas le vocabulaire cantonais nécessaire pour leur expliquer les cours que je suivais ou les sujets qui m'intéressaient.

De nombreux parents immigrés voient leurs enfants

oublier le langage et la culture de leur pays d'origine et tentent d'y remédier. Mon journal local a raconté l'histoire d'une femme originaire du Bengale occidental, en Inde, qui a monté une école où l'on parle bengali pour ses enfants et pour ceux des autres immigrants de langue bengali.

> Comme beaucoup d'immigrés, Bagchi veut que ses enfants restent attachés à leur patrimoine culturel. Pour ce faire, pense-t-elle, ils doivent parler couramment bengali, la langue maternelle de leurs parents, l'une des quinze langues parlées en Inde... Mais il n'est pas facile d'apprendre une langue si on ne l'étudie que quelques heures par semaine. L'école, la télévision et les camarades immergent les enfants dans un bain d'anglais et, malgré tous les efforts des parents et des enfants eux-mêmes, ils ont souvent beaucoup de mal à apprendre à parler couramment la langue de leurs parents. « Ils rêvent en anglais. Ils ne rêvent pas en bengali », dit Bagchi en parlant des enfants bengalis nés aux États-Unis.

Ils rêvent en anglais... Quelle que soit la première langue qu'ils aient apprise de leurs parents, l'anglais est devenu leur « langue maternelle ». Joseph n'a parlé que polonais pendant les sept premières années et demie de sa vie, mais, s'il reste aux États-Unis, sa « langue maternelle » ne sera pas le polonais. Lorsqu'il sera adulte, il pensera en anglais, rêvera en anglais, fera son arithmétique *et* son algèbre en anglais. Il risque même d'oublier complètement le polonais.

Les parents n'ont pas besoin d'enseigner à leurs enfants le langage de leur communauté ; en fait — même si cela paraît difficile à admettre —, ils n'ont pas besoin d'apprendre le moindre langage à leurs enfants. Les leçons de langage que nous donnons à nos bébés et à nos tout petits enfants sont une spécificité de notre culture. Dans les régions du monde où les gens vivent encore de manière traditionnelle, les parents parlent généralement très peu à leurs bébés et à leurs jeunes enfants — ils estiment qu'apprendre à parler est l'affaire de l'enfant, pas celle des parents. Le psycholinguiste Steven Pinker nous dit que, dans de nombreuses sociétés, les mères « ne parlent pas du tout à leurs enfants d'âge prélinguistique, sinon de temps à autre pour leur demander quelque chose ou les gronder. Ce n'est pas déraisonnable. Après tout, les petits enfants ne comprennent visiblement pas un mot de ce que vous dites. À quoi bon gaspiller sa salive en monologues ? » Comparés aux petits Américains, les enfants de deux ans qui vivent dans ces sociétés ont l'air de souffrir d'un retard d'acquisition du langage ; en fait, le résultat final est exactement le même : tous les enfants finissent par maîtriser parfaitement leur langue.

« D'accord, me direz-vous, mais même si les mères ne parlent pas à leurs bébés, les bébés les entendent parler à des tiers. » C'est vrai. Mais ce n'est même pas indispensable. Je vais vous raconter une vieille histoire que nous a transmise Hérodote, l'historien grec. Un roi voulait découvrir quelle langue les enfants parleraient s'ils étaient livrés à eux-mêmes. Il fit élever plusieurs bébés par un berger dans une hutte isolée et donna ordre que nul ne leur parle ni ne prononce un seul mot en leur présence. Deux ans plus tard, il rendit visite aux enfants et, nous dit Hérodote, ceux-ci coururent à sa rencontre en prononçant quelque chose qui ressemblait à « *bekos* », ce qui veut dire *pain* dans une langue ancienne qu'on appelle le phrygien. Le roi en conclut que le phrygien était probablement la langue la plus ancienne du monde.

Serez-vous choqués d'apprendre qu'aux États-Unis des milliers de bébés sont élevés dans ces conditions ? Rassurez-vous, ce n'est pas une expérience scientifique. Il s'agit des bébés de couples totalement sourds. La plupart des sourds se marient entre eux, mais plus de 90 % des bébés qui naissent de ces unions ont une audition parfaitement normale. Ces bébés sont privés de certaines expériences que nous jugeons essentielles à un développement normal. Personne ne se précipite vers eux quand ils hurlent de peur ou de douleur. Personne ne les encourage à babiller, personne ne s'extasie devant leurs « maman » et « papa ». Aujourd'hui, la plupart des parents sourds utilisent le langage par signes pour communiquer avec leurs enfants normaux, mais, à une certaine époque, cette méthode était désapprouvée et certains parents sourds ne communiquaient pas du tout avec leurs jeunes enfants, sinon de manière extrêmement rudimentaire. Pourtant, ces enfants n'en ont gardé aucune séquelle. Bien que leurs parents ne leur aient appris aucun langage, ils ont fini par parler anglais tout à fait couramment. Ne leur demandez pas comment ils l'ont appris ; ils ne s'en souviennent pas et certains risquent de trouver cette question blessante. J'imagine qu'ils l'ont appris comme Joseph.

Les spécialistes de la socialisation ont peu de chances d'étudier des familles dont les parents parlent polonais ou bengali, sans parler de celles où ils ne communiquent que par signes. Ils ne s'inquiètent pas de savoir comment et où les enfants font l'acquisition du langage, parce que c'est une constante : tous les parents qui participent à leurs enquêtes parlent anglais, et tous les enfants aussi. Les chercheurs supposent donc que les enfants apprennent leur langue par l'intermédiaire de leurs parents. Ils font la même hypothèse pour d'autres aspects de la socialisation. Ils se trompent au sujet du langage, et je pense qu'ils se trompent au sujet du reste. Le bilinguisme est simplement l'indicateur le plus manifeste d'une socialisation spécifique au contexte — d'une socialisation liée à un contexte social particulier.

Un lieu pour tout et chaque chose à sa place

Comme en témoigne l'histoire de la spatule, les enfants sont incités, semble-t-il, à séparer clairement leurs deux vies. Les problèmes de mauvais traitements passent souvent inaperçus, parce que les enfants n'aiment pas en parler en dehors de chez eux. Ils n'ont pas envie que l'on sache que les choses ne se passent pas chez eux comme chez les autres — que leur belle-mère les bat et leur fait astiquer le plancher. À l'inverse, les enfants d'âge scolaire évitent souvent de dire à leurs parents qu'ils se font persécuter dans la cour. J'ai été une paria pendant quatre années de mon enfance — aucun de mes camarades de classe ne m'adressait la parole — et mes parents n'en ont jamais rien su.

Mais la volonté des enfants d'éviter les fuites d'informations concernant la vie familiale est plus forte que celle d'empêcher le monde extérieur de pénétrer chez eux. Elle est particulièrement puissante chez les enfants qui soupçonnent que leur foyer présente une anomalie quelconque. Si leur mère boit, si leurs parents s'envoient des assiettes à la tête, ou que leur père est infirme, les enfants ne veulent pas que les autres le sachent. L'enfant d'immigrés évitera peut-être d'inviter ses amis à venir jouer chez lui. L'enfant dont les parents sont plus aisés que leurs voisins peut être tout aussi soucieux de discrétion que l'enfant dont les parents sont plus pauvres : ce qu'ils détestent, c'est ne pas être comme les autres.

Pour définir ce qu'il convient de dissimuler, il faut d'abord que les enfants sachent si leur famille est normale ou anormale. Regarder la télévision est une des méthodes possibles ; mais elle ne marche que si les familles que l'on voit à la télévision ne sont pas trop manifestement différentes de celles qu'ils voient dans leur voisinage. Si les différences sont trop grandes, les enfants devront recourir à leurs amis et à leurs camarades de classe pour se faire une idée de ce qu'est une vie de famille normale.

Il n'est pas toujours facile d'amener des camarades à vous livrer ce genre d'informations. Les efforts réciproques de deux enfants pour découvrir leurs secrets de famille échouent souvent, parce qu'ils redoutent l'un comme l'autre d'avoir quelque chose à cacher. C'est ce qui m'est arrivé en prononçant le mot *pinky* devant ma camarade. Mais les enfants ont une manière astucieuse de contourner le problème : ils jouent au papa et à la maman. Dans ce jeu, les enfants peuvent élaborer collectivement une image de la famille « normale », tout en limitant les risques. Après tout, ce n'est qu'un jeu.

Avez-vous déjà entendu des enfants jouer au papa et à la maman et à des jeux de simulation du même genre ? Les familles qu'ils décrivent ont l'air de sortir des pires sit-coms. Parlez-moi de stéréotypes ! Un spécialiste du développement a relevé les propos d'un petit garçon qui jouait le rôle du papa : « Voilà, ma chérie, j'ai fini mon travail. J'ai rapporté mille francs à la maison. » La petite fille qui jouait le rôle de la maman s'est montrée tout à fait satisfaite. Mais un autre petit garçon qui prétendait vouloir préparer le dîner s'est entendu rétorquer fermement par sa camarade que « les papas ne font pas à manger ». On a entendu un autre enfant, une fille, affirmer avec insistance que les filles devaient être infirmières — seuls les garçons pouvaient devenir médecins — alors que sa propre mère était médecin !

À part cet aspect sexiste, les parents mis en scène dans ces jeux font preuve d'une douceur étonnante. Il leur arrive de se disputer et de gronder leur « bébé », mais cela va rarement plus loin. Cela ne veut pas dire que les enfants évitent les descriptions de violence — au contraire, comme l'ont observé Iona et Peter Opie, « dans ces saynètes, les enfants se font enlever pour être dévorés [et] la mutilation est acceptée presque comme une chose courante ». Mais, dans ces jeux de violence simulée, les méchants sont des sorcières, des monstres ou des voleurs, et les enfants eux-mêmes font souvent semblant d'être des orphelins, ce qui suffit à expliquer que ces bons vieux papa et maman ne soient pas là pour les protéger. Si leurs vrais parents les négligent ou les maltraitent, c'est certainement la dernière chose qu'ils ont envie de faire savoir à leurs amis[1].

Les enfants veulent à tout prix être normaux et, pour être normal, il faut avoir des parents normaux. Si leurs parents sont différents, d'une manière ou d'une autre — et ils le sont forcément —, ils cherchent à dissimuler ces différences embarrassantes à leurs camarades. L'auteur humoristique Dave Barry a fort bien traduit ce sentiment :

> Après la cantine, on se tenait devant l'école, entourés de nos camarades, en attendant que nos parents viennent nous chercher ; quand mon père s'arrêtait, coiffé de son chapeau en poil de caniche, au volant de sa Nash Metropolitan — une voiture ridiculement minuscule qui ressemblait à ces autos qui montent et descendent quand vous glissez un franc devant les supermarchés, à cette différence près que la Metropolitan avait l'air encore plus stupide et avait un encore plus petit moteur —, j'étais mortifié. J'aurais aussi bien pu me faire chercher par une soucoupe volante pilotée par un extraterrestre bizarre, plein de tentacules, aux yeux pédonculés et à la bouche baveuse, qui avait mis la main, Dieu sait comment, sur un couvre-chef russe. J'étais consterné à l'idée de ce que mes copains pouvaient penser de mon père ; il ne m'est jamais venu à l'esprit que mes copains ne remarquaient même pas mon père, trop occupés qu'ils étaient à être mortifiés par *leurs* parents.

La place des parents est à la maison ; dès qu'ils sor-

1. Cela change plus tard. Les adolescents adorent se plaindre l'un à l'autre de la manière dont leurs parents les traitent.

tent, leurs enfants sont inquiets. Outre la gêne qu'ils éprouvent, les enfants ont plus de mal à situer le contexte dans lequel ils se trouvent, à savoir quelles règles ils sont censés appliquer. Ils n'en sont pas conscients, bien sûr ; le contexte affecte presque toujours le comportement à un niveau qui n'est pas normalement accessible à la conscience. Ce n'est qu'à l'adolescence ou à l'âge adulte que les gens se rendent compte, de temps en temps, que leur comportement change en fonction du contexte social. Peut-être y a-t-il des gens avec qui vous n'aimez pas vous trouver parce que vous n'aimez pas la manière dont vous vous comportez en leur présence.

Le jeune garçon décrit par William James était « bien sage en présence de ses parents et de ses maîtres », mais se comportait tout autrement avec ses amis. Il agissait comme ses parents et ses maîtres le lui avaient appris, mais uniquement dans les contextes sociaux qui incluaient ses parents ou maîtres. Il est difficile d'apprendre à votre chien à ne pas se coucher sur le canapé quand vous n'êtes pas là, parce que vous lui apprenez, en réalité, à ne pas le faire quand vous *êtes* là. Quand vous n'êtes pas là, il ne se fait jamais taper s'il monte sur le canapé.

Il y a soixante-dix ans, deux spécialistes du développement très en avance sur leur temps ont vérifié la capacité des enfants à résister à la tentation. Ils ont donné aux enfants des possibilités de tricher ou de voler dans des cadres divers : à la maison, en classe, dans des compétitions athlétiques, seuls ou en présence de camarades. Ils ont découvert que des enfants honnêtes dans un contexte ne l'étaient pas forcément dans d'autres. Un enfant honnête à la maison pouvait très bien mentir ou tricher en classe ou au stade.

Quand des enfants ou des adolescents se conduisent mal à l'extérieur de leur foyer, on dit souvent qu'ils sont « mal socialisés » et on en impute la responsabilité à leurs parents. Selon le fameux postulat du primat de l'éducation parentale, c'est aux parents de socialiser leurs enfants. Mais si des enfants n'arrivent pas à transférer dans d'autres contextes sociaux ce que leurs parents leur ont appris, comment peut-on le reprocher à ces derniers ?

La vraie personnalité aurait-elle l'obligeance de se présenter au guichet ?

À leur naissance, les bébés possèdent certaines caractéristiques, certaines tendances à se comporter d'une manière ou d'une autre. Ils peuvent avoir une propension supérieure à la moyenne à l'activité physique, à la colère ou au plaisir à se trouver en compagnie d'autrui. L'environnement — c'est-à-dire chacun des environnements de l'enfant, pris séparément — vient s'appuyer sur ces tendances innées et les modifie.

La personnalité a deux composantes : une composante innée et une composante environnementale. La partie innée vous accompagne en tout lieu et en toute circonstance ; elle influence, dans une certaine mesure, votre comportement, quel que soit le contexte. La composante environnementale est spécifique au contexte dans lequel vous l'avez acquise. Elle comprend non seulement la manière dont vous avez appris à vous comporter dans ce contexte, mais également les sentiments que vous lui associez. Si vos parents vous ont convaincu que vous n'êtes qu'un bon à rien, ce sentiment de dévalorisation restera associé au contexte social dans lequel vos parents sont intervenus. Ce sentiment ne sera associé à un contexte extérieur au foyer parental que si les personnes que vous avez rencontrées à l'extérieur vous ont, elles aussi, convaincu de votre absence de valeur.

La stabilité de la personnalité d'un contexte social à un autre dépend en partie de l'importance des différences ou des similitudes entre ces contextes. Les deux contextes sociaux de Cendrillon étaient plus divergents que la moyenne, ce qui explique que sa personnalité ait manifesté un taux de variation supérieur à la moyenne. Mais une personne qui n'aurait fait la connaissance de Cendrillon qu'après son installation définitive au château du prince n'aurait pas perçu cette divergence. Elle n'aurait vu que sa personnalité « extérieure à la chaumière ».

Les psychologues qui étudient la personnalité des adultes soumettent généralement leurs sujets à un test de personnalité par autoévaluation : ils leur proposent une liste normalisée d'énoncés autodescriptifs, que le sujet doit approuver ou désapprouver. Dans la plupart des cas, les sujets sont des étudiants, et le test a lieu dans une salle de cours ou dans un laboratoire universitaire. Le test évalue donc la « personnalité étudiante » du sujet, en même temps que toutes les pensées et émotions associées à cette salle de cours ou à ce laboratoire particuliers. Si l'on recommence le test quelques mois plus tard, pour mesurer l'uniformité des résultats sur la durée, l'épreuve se tient à nouveau dans une salle de cours ou un laboratoire — généralement les mêmes. Le sujet peut être de meilleure ou de plus mauvaise humeur ce jour-là, mais fondamentalement, il s'agira de la même personnalité, possédant les mêmes pensées et émotions associées. Les résultats présentent donc une constance raisonnable.

James Council, un spécialiste de la personnalité, a fait passer à des étudiants un test d'autoévaluation destiné à appécier leur capacité à s'absorber dans des activités imaginaires. Il a ensuite cherché à les hypnotiser. Les sujets qui avaient obtenu les meilleurs résultats au premier test ont été les plus faciles à hypnotiser, mais *uniquement si la séance d'hypnose avait lieu dans la pièce où ils avaient subi le test d'autoévaluation.* Quand ils passaient le test dans une pièce et que la séance d'hypnose se déroulait dans une autre, il était impossible d'établir la moindre corrélation significative entre les deux. Au cours d'une deuxième expérience, Council a demandé aux sujets de remplir un questionnaire à propos d'éventuelles expériences traumatisantes de leur enfance, mauvais traitements physiques et abus sexuels, par exemple. Immédiatement après, il les a soumis à un test de personnalité destiné à mettre en évidence certains symptômes de troubles affectifs. La corrélation entre les comptes rendus de traumatismes enfantins et les symptômes de problèmes affectifs était significative. Mais lorsque Council a recommencé l'expérience avec un nouveau groupe de sujets, auxquels il a fait passer *d'abord* le test de personnalité, toute corrélation a disparu. Manifestement, le questionnaire sur les traumatismes avait évoqué des idées et des émotions déplaisantes, qui étaient restées associées au cadre dans lequel le test s'était déroulé. Les effets de ces idées et émotions déplaisantes pouvaient déteindre sur les résultats d'un test de personnalité subi après ce test de traumatismes, et dans le même cadre. Council juge que ces « effets de contexte » remettent en question « la validité d'un grand nombre de recherches sur la personnalité ».

Admettons que vous vouliez démontrer qu'un traumatisme subi au cours de l'enfance provoque des problèmes affectifs à l'âge adulte. Vous pourriez reprendre la méthode de Council : rappeler leur traumatisme à vos sujets et, immédiatement après et dans la même pièce, leur faire passer un test de personnalité. Une méthode encore plus satisfaisante consisterait à les ramener sur le lieu où ils ont subi le traumatisme et à leur faire passer *sur place* le test de personnalité. Le résultat que vous obtiendrez, cependant, ne sera pas la preuve que les traumatismes enfantins peuvent semer la pagaïe dans l'esprit des gens. Ce que vous aurez démontré, c'est le pouvoir du contexte.

Quand les spécialistes de génétique du comportement étudient la personnalité d'adultes, ils font passer à leurs sujets des tests de personnalité dans des salles de cours ou des laboratoires. Ils découvrent que les foyers dans lesquels ces sujets ont grandi n'ont que peu d'effets, voire aucun, sur leurs personnalités adultes. Si ces chercheurs veulent vraiment découvrir les effets de l'environnement familial, ils feraient bien de ramener leurs sujets dans les foyers où ils ont grandi et de leur faire passer leurs tests sur place. Mais là encore, ils n'auront pas démontré que le foyer où un individu a vécu, enfant, peut influencer sa personnalité adulte. Ils auront démontré le pouvoir du contexte.

Si vous ne retournez jamais dans la maison de vos parents, la personnalité que vous y avez acquise disparaîtra peut-être à jamais. Après avoir épousé le prince, Cendrillon n'a jamais remis les pieds dans la chaumière de sa marâtre. Sa *persona* effacée est restée là-bas pour toujours, avec son balai et ses haillons.

La plupart des gens reviennent de temps en temps dans le foyer où ils ont grandi. Et dès l'instant où ils passent la porte et où ils entendent la voix de leur mère crier depuis la cuisine — « C'est toi, mon chéri ? » —, la vieille personnalité dont ils pensaient s'être débarrassés reprend possession d'eux. Dans le monde extérieur, ce sont des hommes et des femmes pleins de dignité, qui ont bien réussi. Remettez-les autour de la table de la salle à manger familiale et vous les verrez bientôt se chamailler et pleurnicher comme au bon vieux temps. Pas étonnant que tant de gens détestent rentrer chez eux pour les vacances...

L'étoffe dont les mythes sont faits

Si vous ne m'avez pas crue quand je vous ai dit que l'hypothèse du primat de l'éducation parentale est un mythe, c'est en grande partie à cause de la multitude de preuves qui l'étayent. N'importe qui *voit* que les parents exercent une influence durable sur leurs enfants ! Et les spécialistes de la socialisation ont recueilli des *masses* de données qui le prouvent !

D'accord... Mais où avez-vous observé ces effets, et où les spécialistes ont-ils recueilli leurs données ? Vous avez parfaitement raison : les parents ont des effets sur leurs enfants. Mais quelle preuve avez-vous que ces effets persistent en l'absence des parents ? L'enfant insupportable en présence de ses parents peut parfaitement être un ange avec ses camarades et ses professeurs.

Parmi les preuves avancées par les spécialistes de la socialisation pour étayer leur postulat, on trouve un grand nombre d'observations du comportement de l'enfant en présence de ses parents, ou de questionnaires sur le comportement de l'enfant remplis par la mère. Les chercheurs veulent démontrer les effets de l'environnement familial — à la suite d'un divorce, par exemple. Ils observent donc les enfants dans leur foyer, un foyer où il vient de se passer un tas de choses désagréables. Pis encore, ils demandent aux parents — qui ne sont pas à proprement parler ce qu'on pourrait appeler des observateurs neutres, surtout après le bouleversement que représente un divorce — de remplir un questionnaire sur le comportement de leur enfant. Le résultat de ces méthodes est bien souvent — faut-il s'en étonner ? — que les enfants du divorce sont en bien plus piteux état que ceux dont les parents sont toujours mariés. Si les observations sont faites à l'extérieur du foyer, loin des parents, les différences entre enfants de parents divorcés ou non divorcés s'estompent ou disparaissent entièrement. (Certaines différences persistent tout de même — jusqu'à l'âge adulte. Je reparlerai des enfants du divorce au chapitre 13.)

Les effets du contexte posent un problème très ennuyeux à la psychologie du développement. Ils engendrent des corrélations qui ne signifient pas ce que les chercheurs pensent ou voudraient qu'elles signifient. Les corrélations peuvent apparaître en laboratoire aussi bien qu'à la maison. Les préadolescents et les adolescents sont souvent interrogés ou amenés à remplir des questionnaires dans une salle de classe ou dans un laboratoire. Voici une méthode fréquente des chercheurs qui s'intéressent au style d'éducation parentale : ils font passer aux enfants un test de personnalité en autoévaluation ou leur remettent un questionnaire concernant les difficultés qu'ils ont pu connaître récemment, assorti d'un deuxième questionnaire portant sur la manière dont leurs parents les traitent. En l'occurrence, nous avons là, non seulement un effet de contexte (l'enfant remplit en effet les deux questionnaires dans le même cadre), mais également ce que nous pourrions appeler un « effet de personne » — la personne qui vous dit qu'elle a fumé quatre joints cette semaine et raté son contrôle de maths est la même que celle qui vous raconte que ses parents sont complètement tarés. Une équipe de chercheurs a soumis à vérification les réponses données par leurs sujets. Ils ont remis à des adolescents un questionnaire à propos des méthodes d'éducation de leurs parents et ont demandé à leurs parents de remplir le même questionnaire. Le taux de corrélation entre les réponses des parents et celles des enfants n'était que de 7 % — autrement dit, ils n'étaient pas du tout d'accord. Pourtant, les chercheurs prennent les descriptions des enfants (et celles des parents) pour argent comptant et utilisent ce genre de données pour étayer leurs théories.

Ces recherches ont cependant eu un résultat clair et irréfutable : le comportement d'un parent à l'égard d'un enfant affecte le comportement de cet enfant en présence du parent, ou dans des contextes associés à ce dernier. Jusque-là, je suis parfaitement d'accord. De même, il est évident que le comportement du parent affecte les *sentiments* de l'enfant à propos de celui-ci. Quand un parent favorise un enfant par rapport à un autre, cela suscite d'une part des sentiments d'animosité entre les enfants, mais aussi des sentiments d'animosité de l'enfant défavorisé à l'égard du parent. Ces sentiments peuvent persister toute la vie.

Il existe plusieurs centaines d'ouvrages de conseils aux parents — des livres qui vous expliquent les points sur lesquels vous faites fausse route et prétendent vous apprendre à mieux élever vos enfants. S'il est bon, un tel ouvrage pourra peut-être contribuer à vous expliquer pourquoi vos enfants se comportent comme ils le font quand ils sont à la maison. Mon objectif est de vous faire comprendre ce qui les incite à se comporter comme ils le font dans le monde extérieur — le monde où ils vont passer le reste de leur vie.

5

AUTRES TEMPS, AUTRES LIEUX

Au milieu des années cinquante, un couple de chercheurs américains s'est intéressé aux méthodes d'éducation des habitants de Khalapur, un village rural d'une région reculée au nord de l'Inde. Ils ont demandé un jour à une mère quel genre d'homme elle espérait que son fils deviendrait quand il serait grand. La femme a haussé les épaules. « Ça dépend de son destin, a-t-elle répondu, ce que je veux est sans importance. »

À cette époque — et il en était ainsi depuis de longs siècles —, l'avenir d'un bébé né dans une famille paysanne de l'Inde rurale était presque entièrement déterminé par son état de santé et par son sexe : s'il survivait, un garçon devenait paysan, une fille femme de paysan. Les chercheurs ont observé qu'à Khalapur les bébés n'étaient pas les « objets d'anxiété » qu'ils sont aux États-Unis ou en Europe occidentale. En effet, les parents de Khalapur ne se disaient pas que la moindre erreur éducative risquait de compromettre les chances de réussite de leurs enfants.

Les idées que l'on se fait de l'importance (ou de l'existence) de l'influence parentale sur le développement des enfants, ainsi que les conceptions de ce qu'est un enfant et de la manière dont il convient de le traiter, varient selon le temps et le lieu.

L'attitude fataliste de la mère de Khalapur, qui nous

semble étrangement passive, était courante dans le monde occidental d'autrefois. Selon le sociologue danois Lars Dencik, l'idée que les expériences de l'enfance jouent un rôle important dans le « destin » de l'individu est relativement récente :

> L'importance de l'enfance dans le « destin » d'une personne est devenue une sorte de dogme idéologique des temps modernes. Il y a quelques générations de cela, on pensait plutôt l'inverse : les gens devenaient ce qu'ils étaient précisément à cause de leur « destin ». La vie d'adulte était prédéfinie par des facteurs hérités et d'autres facteurs irréversibles. L'enfance n'était pas une étape de la vie à laquelle on prêtait beaucoup d'attention, et elle ne suscitait pas l'angoisse taraudante que nous observons aujourd'hui autour de nous. Au contraire, les enfants risquaient fort d'être négligés, malmenés et maltraités ; personne n'estimait qu'il y avait là matière à objection et cela ne suscitait aucune mauvaise conscience. La mauvaise conscience, due à la crainte de ne pas veiller suffisamment aux intérêts de l'enfant et qui tourmente aujourd'hui les parents et autres responsables des enfants, est en fait un sentiment très nouveau, typique de notre époque et plutôt exceptionnel.

Nous nous sentons obligés de veiller aux intérêts de l'enfant pour deux raisons : parce qu'on considère aujourd'hui les enfants comme des individus dotés de droits propres, dont celui d'être bien traité ; et à cause du « dogme idéologique » auquel Dencik fait allusion, affirmant que la vie d'adulte des individus est largement déterminée par les expériences qu'ils auront faites pendant leur enfance. Or les tenants de ce dogme ont de bonnes chances de penser qu'une certaine catégorie d'expériences — en l'occurrence celles qui impliquent les parents — a une importance toute particulière pour l'avenir d'un enfant. Et revoilà notre hypothèse du primat de l'éducation parentale.

Cette hypothèse est liée à un modèle bien précis de vie familiale et d'éducation des enfants, un modèle qui, pour être courant dans les sociétés occidentales d'aujourd'hui, n'est cependant pas universel. Ce modèle exige que l'enfant soit élevé dans une famille nucléaire formée d'un père, d'une mère et d'un ou plusieurs frères et sœurs. Les parents sont les premières personnes à s'occuper des enfants et ils sont censés les combler d'amour et d'attention en ajoutant, en fonction des besoins, une pincée de discipline. Tout cela se fait dans l'intimité du foyer — un foyer qui peut recevoir la visite d'amis et de parents mais qui est habité exclusivement par les membres de la famille nucléaire, la seule exception tolérée étant un ou deux grands-parents. Bref, comme le dit Tamara Hareven, historienne de la famille, « la famille moderne est intime, nucléaire, domestique et l'enfant en est le centre ».

Une petite histoire de l'intimité

L'enfant qui vit à la fin du XXe siècle en Amérique du Nord ou en Europe mène deux existences distinctes, qui se chevauchent rarement : l'une au sein de sa famille, l'autre à l'extérieur. La première est privée, l'autre est publique, et chacune exige des comportements différents. Les manifestations d'émotion acceptables à la maison sont mal vues à l'extérieur. Les enfants qui fréquentent l'école primaire ne sont pas censés pleurer en public, ni piquer des colères, ni exprimer leur affection. Ce qui serait considéré à la maison comme un incident mineur — vomir par terre, ou faire pipi dans sa culotte — devient une véritable catastrophe à l'école. Porter des vêtements décents, être correctement coiffé, se conduire comme il faut, tout cela est beaucoup plus important à l'extérieur de la maison qu'à l'intérieur.

Au sein du foyer, les membres de la famille ont le

droit d'exprimer leurs émotions avec plus de naturel et plus de liberté qu'à l'extérieur — cela paraît même souhaitable. Mais la vie familiale se mène derrière des portes closes, et personne ne sait vraiment ce qui se passe chez les autres. Les enfants ne savent pas comment les parents et les frères et sœurs de leurs amis se comportent en l'absence de visiteurs. Ils ne connaissent même pas toujours les détails les plus intimes de la vie de leurs propres frères et sœurs. Les familles modernes ne sont pas très nombreuses, et les maisons modernes sont grandes. Par ailleurs, les parents aiment que chaque enfant ait sa chambre. La vie privée est considérée comme un de nos droits fondamentaux, inaliénables ; elle est même protégée par la constitution.

Mais l'intimité est une notion moderne. La distinction entre « vie privée » et « vie publique » n'est pas très ancienne. L'idée de « foyer » elle-même est un concept moderne. Il y a trois ou quatre siècles, les maisons étaient très différentes de celles où nous vivons aujourd'hui. Chaque activité ne se déroulait pas dans un endroit distinct : la maison servait tout à la fois d'atelier et de lieu où les gens mangeaient, dormaient, parlaient, se disputaient et faisaient l'amour.

Il y a trois cents ans, Frederik et Marthe Brun, un couple norvégien, vivaient dans une petite ville aux environs d'Oslo. L'historien Witold Rybczynski, qui a décrit leur foyer, nous livre ainsi une image de la vie familiale que l'on menait alors en Europe. Frederik Brun était relieur ; il était plutôt aisé et sa maison était relativement grande pour l'époque et pour l'endroit où il vivait — à peu près les dimensions d'un petit pavillon moderne. Cette maison servait d'atelier et de boutique ainsi que de logement à une quinzaine de personnes : Frederik, Marthe, leurs huit enfants, trois employés et deux servantes. D'autres gens — parents, voisins, clients — allaient et venaient. Frederik et Marthe n'avaient pas de lit à eux : ils partageaient un grand lit à baldaquin avec leurs trois plus jeunes enfants. Ce lit trônait dans la pièce principale de la maison, une grande salle du rez-de-chaussée, qui servait également de salle à manger et de salon. Les aînés, deux garçons et trois filles, se partageaient deux lits, dans une petite chambre à l'étage.

Les Brun ne regrettaient pas cette absence d'intimité, parce qu'ils n'en avaient jamais joui. Pour nos ancêtres, il n'était pas normal d'être seul. Aujourd'hui, nous couchons les bébés dans leur berceau et nous quittons la pièce, puis nous nous étonnons que certains protestent en hurlant. Nous ferions mieux de nous demander pourquoi les autres supportent cette situation. Le fait que la plupart des bébés acceptent de rester seuls témoigne de l'adaptabilité de notre espèce. Jusqu'à une date très récente dans l'histoire de l'évolution, nos ancêtres vivaient de chasse et de cueillette. Un bébé de chasseur-cueilleur ne restait probablement jamais seul, à moins d'avoir été abandonné. Les bébés pouvaient être victimes de prédateurs, ils risquaient de tomber dans le feu ou de ramasser n'importe quelle cochonnerie pour la mettre à la bouche [1]. On portait donc les bébés jusqu'à ce qu'ils soient capables de marcher convenablement et qu'ils soient assez raisonnables pour éviter les dangers les plus flagrants. La nuit, ils dormaient avec leur mère.

Aujourd'hui encore, dans la plupart des régions du monde, les bébés dorment dans la même chambre que leur mère, voire dans le même lit qu'elle. Des chercheurs qui ont étudié les pratiques éducatives d'une communauté maya du Guatemala ont raconté à ces mères qu'aux États-Unis la plupart des bébés couchaient dans des chambres séparées. Ces femmes se sont montrées absolument consternées.

1. L'ethnologue Irenäus Eibl-Eibesfeldt a décrit un incident dont il a été témoin pendant qu'il étudiait une société de chasseurs-cueilleurs d'Afrique. Un bébé de dix-neuf mois, confié à la garde de sa sœur, « se remplit la bouche de fèces pendant que sa sœur ne le surveillait pas ». La sœur s'est fait gronder.

> « Mais il y a bien quelqu'un d'autre avec eux, tout de même ? » a demandé une mère. Quand on leur a dit qu'il leur arrivait d'être seuls dans leur chambre, les mères ont été suffoquées et ont exprimé une profonde compassion pour les bébés américains. Une autre mère, bouleversée et incrédule, a demandé si cela n'ennuyait pas les bébés et a ajouté avec émotion qu'il lui serait extrêmement pénible de devoir agir ainsi. À en juger par leurs réactions, les parents mayas considéraient comme une sorte de négligence coupable de faire dormir les bébés et les très jeunes enfants dans des chambres à part.

Quand un enfant maya est chassé du lit de sa mère pour faire place à un petit frère ou à une petite sœur, il dort avec son père, sa grand-mère ou un aîné de sa fratrie. Pour les Mayas, dormir seul est une souffrance.

Pour des individus élevés dans des cultures traditionnelles, l'éducation que nous donnons à nos enfants est « antinaturelle ». Nous justifions nos méthodes en prétendant vouloir rendre nos enfants indépendants et, effectivement, ils ont l'air bigrement indépendants. Mais rien ne prouve que cette indépendance soit liée au fait de dormir seuls. Nous les faisons dormir seuls *parce que* nous pensons qu'ils doivent être indépendants. Les pratiques éducatives sont le produit d'une culture, elles ne sont pas forcément le témoin par lequel la culture passe de génération en génération (je reviendrai sur la question au chapitre 9).

Dire aux gens comment élever leurs enfants

Nous aimons que nos enfants soient indépendants, tout en tenant à ce qu'ils nous soient très attachés affectivement. L'amour entre parents et enfants est devenu une valeur sacro-sainte, exaltée par d'innombrables films et spots publicitaires montrant des enfants qui se précipitent dans les bras grands ouverts de leurs parents, ou des parents qui contemplent leurs enfants, les yeux embués de tendresse (des enfants généralement endormis ou en train de manger, lorsqu'il s'agit d'une pub). L'amour maternel, l'amour paternel — comment imaginer que de tels sentiments puissent être les produits d'une culture ! Ils ne peuvent être qu'universels !

Effectivement, la plupart des parents éprouvent de l'affection pour leur progéniture. Mais le sentimentalisme actuel de notre société à l'égard des enfants est un phénomène relativement récent. Pendant une grande partie de l'histoire de l'humanité, dans de nombreuses régions du monde, l'enfance a été bien davantage une période de souffrance et de danger que de bien-être et d'amusements. Les enfants étaient considérés comme la possession de leurs parents (ou beaux-parents), qui étaient libres d'en faire ce qu'ils voulaient. On pouvait négliger, maltraiter, vendre ou abandonner bébés et enfants, et on ne s'en privait pas.

Le lieu et l'époque ont été déterminants dans cette affaire. L'histoire de l'enfance ne dessine pas une courbe ascendante régulière : elle a connu des hauts et des bas. Pour les petits Européens, la période la plus difficile a probablement été celle qui s'est écoulée entre le Moyen Âge et le XVIIIe siècle. Juliet Schor, professeur d'économie à Harvard, a décrit les pratiques parentales de l'époque.

> En règle générale, les parents ne s'« occupaient » pas des enfants. Les riches avaient peu de relations avec leurs enfants avant l'âge adulte. On confiait les bébés à des nourrices, malgré les nombreuses preuves de négligence et bien que cela diminuât considérablement leurs chances de survie... Dans toutes les classes sociales, les bébés et les enfants étaient couramment laissés à l'abandon pendant de longues périodes. Pour les rendre moins gênants, on emmaillotait les bébés dans des langes qui immobilisaient totalement leurs membres pendant les premiers mois de leur vie.

La situation des petits Européens et des petits Américains a commencé à s'améliorer au cours du XIXe siècle. Quand les pères de famille se sont mis à exercer des emplois qui les éloignaient de la maison pendant la plus grande partie de la journée, le foyer n'a plus été un lieu de travail. Il est devenu un lieu d'intimité — un refuge à l'écart du monde. On s'est pris alors à considérer la famille comme une entité dont la cohésion était assurée par l'affection mutuelle plus que par des considérations économiques. Vers la même époque, l'hygiène générale s'est améliorée et un nombre plus important d'enfants a atteint l'âge adulte. Ces changements, plus précoces dans les maisons riches que dans les pauvres, se sont accompagnés d'un intérêt accru pour les enfants, que l'on a commencé à estimer pour eux-mêmes et non plus pour la main-d'œuvre gratuite qu'ils pouvaient représenter.

Les hommes travaillant à l'extérieur, les femmes ont été chargées, de plus en plus, de veiller aux besoins de la famille. On leur a confié notamment l'entière responsabilité du bien-être de leurs enfants. C'était une sacrée évolution, là encore : pendant la plus grande partie de l'histoire européenne, en effet, les hommes avaient fait la loi dans ce domaine, comme dans tant d'autres. La sociologue allemande Yvonne Schütze nous apprend qu'en 1794 le droit coutumier allemand accordait encore au père le droit de fixer pendant combien de temps sa femme allaiterait leur enfant.

Mais les hommes n'ont pas baissé les bras, même quand l'éducation fut passée entre les mains des femmes. Je pourrais vous citer toute une liste d'hommes fort estimables qui se sont chargés de dire aux gens comment élever leurs enfants. Cette liste commence à une date fort ancienne ; elle comprend un pasteur puritain du XVIIe siècle qui informait ses paroissiens américains que tous les enfants possèdent « une obstination et une robustesse d'esprit résultant d'un orgueil naturel » qu'il convient de « briser et de rabaisser ». On pourrait également aussi citer, pour le XVIIIe siècle, Jean-Jacques Rousseau, qui délivrait à ses contemporains un message fort différent : tous les enfants naissent bons et ils le resteront pourvu qu'on ne s'en mêle pas trop. Faut-il vous rappeler que Rousseau n'avait pas d'enfants — ou plus exactement, qu'il n'en a *élevé* aucun ? Les bébés qu'il a eus de sa maîtresse ont été déposés un par un, avec son accord, à la porte d'un orphelinat. Ils étaient peut-être bons, mais ils n'étaient pas chanceux.

Selon Yvonne Schütze, c'est Rousseau qui a éveillé l'intérêt des Européens pour l'enfant, en tant que sujet de spéculation philosophique. Il leur a inspiré l'idée qu'une éducation rationnelle devait tenir compte de la nature fondamentale de l'enfant, déterminable par la pensée abstraite. Les philosophes et les médecins, les enseignants et les prédicateurs s'en sont ensuite donné à cœur joie pour traduire leurs pensées abstraites en suggestions concrètes. Pendant un certain temps, ces conseils ont fait preuve d'un relatif libéralisme, qui, cependant, n'était déjà plus de mise lorsque vint la mode d'éditer des brochures et des manuels pratiques à l'usage des mères. Les conseils donnés à la fin du XIXe siècle et au début du XXe ont tendance à être sévères. Et les femmes — surtout celles qui faisaient partie des classes instruites — lisaient ces opuscules et ces manuels, et suivaient les conseils qu'elles y trouvaient.

À cette époque, les médecins déconseillaient par exemple de trop nourrir les enfants, et les mères ont pris ces mises en garde à cœur. Évoquant l'existence que menaient en Angleterre sa génération et celle qui l'avait précédée, sir Anthony Glyn mentionne les repas spartiates servis aux enfants britanniques au début des années 1900. Aux États-Unis, *On the Care and Feeding of Children* [« Comment soigner et nourrir les enfants »] de Luther Emmet Holt a fait des ravages à la charnière des deux siècles. Il recommandait, lui aussi, de restreindre les enfants. La mère d'un spécialiste plus récent, le docteur Spock, adhérait aux idées du docteur Holt. Certains aliments, dont les bananes, étaient strictement défendus au petit Benjamin Spock. Il paraît que celui-ci était « squelettique » quand il quitta sa maison pour se rendre à Andover, à l'âge de seize ans.

Une autre idée colportée par les médecins était que les enfants grandissent de travers si on ne maintient pas leur corps parfaitement droit à l'aide de toute sorte d'instruments ou de traitements. Une Allemande du début du XIXe siècle parle de cette « crainte épidémique » de l'infirmité, qui n'avait épargné ni les mères de ses amies ni sa propre mère.

> Nous nous tenions parfaitement droites et notre apparence n'avait rien de suspect. Mais cela ne rassurait pas du tout nos mères... Plusieurs de mes amies furent affligées de machines incroyables qu'elles devaient porter chez elles et, la nuit, elles étaient sanglées dans des lits orthopédiques... On découvrit finalement que bien que mon squelette fût irréprochable, mon épaule droite était plus forte que la gauche. Chaque jour, je devais rester suspendue pendant un certain temps à une barre horizontale, m'étendre sur le dos une heure par jour sur le sol dur et, tous les quinze jours, me faire appliquer entre quatre et six sangsues sur l'épaule suspecte.

Mais ce que l'on redoutait le plus était de « gâter » ses enfants. Les mères étaient censées les aimer mais surtout ne pas le leur montrer. On estimait en effet que trop d'affection et trop d'attention leur étaient préjudiciables. À cette époque, nous explique Yvonne Schütze, l'amour maternel doit s'exprimer « par la réserve que la mère manifeste en dépit de toute son envie de témoigner sa tendresse — personne ne suppose que l'enfant ait besoin de tendresse ». On conseillait aux mères allemandes de ne pas prendre leur bébé dans leurs bras quand il pleurait, de crainte d'en faire « le tyran de la maisonnée ».

Cette école de rigueur a été particulièrement florissante non pas en Allemagne mais en Amérique, où elle a connu son apogée grâce à un ouvrage de John B. Watson — mais oui, vous l'avez reconnu, c'est notre bon vieux Watson qui demandait qu'on lui confiât une douzaine d'enfants bien portants. Comme personne n'avait répondu à son appel, il entreprit d'expliquer à autrui comment élever les enfants.

> Il y a une manière raisonnable de traiter les enfants. Traitez-les comme de jeunes adultes. Habillez-les, lavez-les, avec soin et circonspection. Que votre conduite soit toujours impartiale et d'une aimable fermeté. Ne les serrez jamais contre vous, ne les embrassez pas, ne les laissez jamais s'asseoir sur vos genoux. S'il le faut, déposez un baiser sur leur front pour leur dire bonsoir. Le matin, serrez-leur la main. Donnez-leur une petite tape sur la tête s'ils ont extraordinairement bien réussi une tâche difficile. Essayez. Au bout d'une semaine, vous verrez comme il est facile de vous montrer parfaitement impartial avec votre enfant tout en étant gentil. Vous aurez honte de la manière douceâtre et sentimentale dont vous l'avez traité jusque-là.

Selon Schütze, Watson s'est livré à « la première tentative de surveillance scientifique de la relation *psychologique* entre mère et enfant ». Jusque-là, les conseils avaient essentiellement porté sur le bien-être physique de l'enfant ou sur la manière de lui inculquer les bonnes manières et de lui inspirer la foi.

Désormais, les mères n'étaient plus seulement chargées de mettre leurs enfants à l'abri de toute infirmité, de tout dérangement gastrique, de la grossièreté et de l'athéisme ; elles devaient aussi les protéger de la pusillanimité, de l'autoritarisme, de la paresse et du malheur. Et, pour couronner ce surcroît de responsabilité, on s'est mis, vers la même époque, à reprocher aux mères non seulement ce qu'elles faisaient et ne faisaient pas pour leurs enfants, mais également — merci beaucoup, docteur Freud — leurs motivations et leurs sentiments inconscients. « La mère de la seconde moitié du XXe siècle, écrit Schütze, peut accomplir ses devoirs jusqu'à tomber d'épuisement ; elle n'en sera pas moins coupable si elle n'éprouve pas un sentiment d'enrichissement personnel, ou si elle éprouve, fût-ce inconsciemment, des sentiments négatifs. »

Contrairement à la mère de la première moitié du XXe siècle, celle de la seconde moitié est censée aimer son enfant de tout son cœur et le lui manifester sans la moindre retenue. Si elle ne le fait pas, ou si son amour est entaché d'une once de « sentiments inconsciemment négatifs », l'enfant risque de sérieux problèmes. Le corollaire étant que si l'enfant a effectivement de graves problèmes, c'est forcément la faute de sa mère.

Les conseillers en éducation actuels, dont certains sont des femmes [1], affirment aux parents que l'enfant a besoin d'un « amour inconditionnel ». Marianne Neifert, qui s'est affublée du surnom de « docteur maman », impose un virage à cent quatre-vingts degrés aux recommandations de John Watson.

> *Veillez à transmettre quotidiennement des messages non verbaux d'amour et d'approbation, par le contact visuel, le toucher, les étreintes.* Tous les enfants ont besoin d'expressions physiques de votre amour, quel que soit leur âge.

1. Si les conseillères ont tendance à donner des conseils plus tendres que les conseillers, la tendance est minime. Les conseils donnés en 1937 par Hildegarde Hetzer, professeur de pychologie en Allemagne, n'avaient pas grand-chose à envier à ceux de Watson. Elle invectivait les mères « déréglées » qui « sont excessivement sentimentales à l'égard de leurs enfants, les comblent d'affection, les dorlotent et les gâtent, et leur attachent trop d'importance ».

Il faut être clair. Le docteur Watson et le docteur Neifert ne peuvent pas avoir raison tous les deux. Les enfants ont-ils besoin d'affection physique, oui ou non ? Existe-t-il, comme le prétendait Watson, des réponses scientifiques à ce genre de questions ?

Le problème est que les chercheurs sont des produits de la même culture que celle qui a engendré le docteur Neifert. Rassurez-vous, loin de moi l'idée de vous dire que la science est « une construction sociale » et qu'il est impossible de définir la réalité ou de l'examiner sans préjugés induits par la vision du monde chère à notre culture ! Je crois, personnellement, que la réalité est réelle et que la science est un excellent moyen d'arriver à comprendre comment elle marche. Mais la physique et l'éducation ne sont pas la même chose. Les recherches que l'on mène et les interprétations qu'on en donne sont indéniablement le fruit de nos idées sur l'enfance et sur le rôle des parents. Or ces idées sont le produit d'une culture et peuvent évoluer, parfois radicalement et parfois en moins d'une génération. L'enfance et le rôle parental étant des sujets intrinsèquement chargés d'émotion, il est peut-être impossible de vérifier les théories dont ils font l'objet avec autant d'impartialité que lorsqu'il s'agit de vérifier les théories sur les neutrons et les quarks.

Prenons par exemple les recherches menées sur « l'attachement mère-enfant ». À partir de 1970, Marschall Kalus et John Kennel, deux médecins, ont publié une série d'articles et d'ouvrages sur les effets d'un contact physique étroit entre les mères et les nouveau-nés au cours de la première ou des deux premières heures qui suivent la naissance. Ils ont affirmé que les mères à qui l'on permettait un contact peau contre peau avec leur bébé pendant une courte période suivant immédiatement l'accouchement se trouvaient ainsi « attachées » à leur enfant — en d'autres termes, qu'elles en tombaient éperdument amoureuses. Au contraire, les mères dont on emmenait tout de suite le bébé à la pouponnière et qui se trouvaient ainsi privées de l'expérience affective créée par ce contact physique immédiat étaient moins susceptibles d'accorder à leurs bébés l'amour inconditionnel dont ils ont besoin et risquaient davantage de les négliger ou de les maltraiter.

Cette notion d'attachement s'est répandue comme une traînée de poudre. Elle a révolutionné les méthodes hospitalières. Des autorités qui, une génération plus tôt, auraient attribué les problèmes des enfants au fait qu'on les avait « gâtés », les imputaient désormais à l'insuffisance du contact entre mère et bébé dans les premières heures suivant la naissance. Cette idée s'est rapidement propagée aux autres pays. Yvonne Schütze a ainsi rencontré une mère allemande persuadée que toutes les difficultés qu'elle rencontrait avec sa fille étaient dues au fait qu'on ne l'avait pas autorisée à « s'attacher » à l'enfant immédiatement après l'accouchement — neuf ans plus tôt. Un pédiatre britannique lançait l'avertissement suivant :

> Un bébé normal devrait être déposé immédiatement dans les bras de sa mère... Le nouveau-né doit être couché nu, sans avoir été lavé au préalable, en contact avec les seins de sa mère... Il faut laisser les parents et le nouveau-né seuls pendant la première heure... Les études effectuées sur des animaux à propos des effets de brèves périodes de séparation entre mère et progéniture ont mis en évidence des conséquences désastreuses — le rejet, et même parfois la mise à mort du bébé.

L'histoire de la recherche sur l'attachement a été étudiée en détail par la psychologue Diane Eyer, et je n'ai pas l'intention de refaire son travail. Selon elle,

> Au début des années quatre-vingt, les recherches sur l'attachement des mères et des nouveau-nés ont été rejetées par une grande partie de la communauté scientifique qui leur a reproché la médiocrité de leur con-

ception et de leur exécution. Pourtant, de nombreux pédiatres et travailleurs sociaux continuent de considérer que l'attachement maternel post-partum est un moyen d'éviter la maltraitance des enfants. Alors que l'insistance sur l'attachement immédiatement après l'accouchement semble être un peu retombée, le concept a continué à faire florès idéologiquement ; on considère toujours que la proximité des mères avec leurs nouveau-nés (qu'elles la désirent ou non) est une formule de prévention contre les problèmes ultérieurs de l'enfant.

Eyer pèche par optimisme en affirmant que l'insistance sur l'attachement immédiatement après l'accouchement s'est apaisée. Ma fille cadette (celle qui nous en a tant fait baver...) a donné naissance à son premier enfant — ma première petite-fille — en mars 1996. Elle a refusé toute anesthésie pendant la dernière partie du travail, parce qu'elle tenait à ce que son bébé et elle soient parfaitement éveillés juste après l'accouchement — elle refusait tout obstacle potentiel à leur attachement.

La naissance de ma petite-fille m'a fait comprendre combien les temps avaient changé. Quand je m'occupais de mes propres bébés, dans les années soixante, je me sentais coupable de les prendre dans mes bras quand ils pleuraient ; j'avais appris à la fac, de la bouche même de B. F. Skinner, qu'en agissant ainsi je ne faisais que « renforcer » son comportement et l'inciter à pleurer davantage. Je n'y crois plus, et j'étais donc toute prête à affirmer à ma fille qu'elle ne risquait pas de gâter Jennifer en la prenant dans ses bras chaque fois qu'elle pleurait. Or tous mes bons conseils ont été superflus. Au contraire, j'ai dû rassurer ma fille en lui disant que ce n'était pas grave si, de temps en temps, elle laissait pleurer son bébé quelques minutes.

L'accouchement « naturel »

Si les théories sur l'attachement mère-enfant ont eu un tel succès, c'est qu'elles arrivaient au bon moment : à une époque où l'idéologie réclamait que la vie familiale devienne plus « naturelle » — une époque, paradoxalement, où les femmes se sont révoltées contre la dictature des scientifiques et des médecins hommes. Klaus et Kennell sont, me semble-t-il, des médecins de sexe masculin. Mais leurs idées sur l'attachement étaient « naturelles », dans la mesure où elles s'inspiraient d'un modèle animal — des chèvres, plus précisément. Si on sépare une maman chèvre de son chevreau nouveau-né pendant une courte période, immédiatement après la mise bas, elle le repoussera lorsqu'on le lui rendra. Si on lui permet de passer un certain temps avec son chevreau et qu'*ensuite* on le lui enlève pendant une heure ou deux elle ne fera aucune difficulté pour l'accepter quand on le lui rendra. Cette observation a incité Klaus et Kennell à avancer l'hypothèse de l'existence d'une « période sensible » à fondement hormonal juste après la naissance.

Le problème est que tous les mammifères ne se comportent pas comme les chèvres. Même des espèces étroitement apparentées diffèrent quant à la présence ou l'absence d'une période post-partum sensible. Certaines espèces de cervidés accepteront un faon inconnu ; d'autres non. Mais je ne crois pas que les chèvres aient grand-chose à voir avec la popularité du concept d'attachement. Celle-ci doit probablement bien davantage à une image idéale de la mère « naturelle » des sociétés « primitives » — la bonne sauvage, la chasseuse-cueilleuse qui s'accroupit et accouche sans faire d'histoires au fond de la forêt ou dans un champ, qui coupe le cordon ombilical avec ses dents, essuie le visage de l'enfant avec une poignée de feuilles, le met au sein et retourne ramasser ses racines et ses baies.

Balivernes. L'accouchement ne ressemble jamais à cela. Il est douloureux et difficile pour les femmes de toutes les sociétés, et même franchement risqué pour les femmes des sociétés préindustrielles. Dans l'Afrique subsaharienne d'aujourd'hui, une femme sur treize meurt encore des suites de la grossesse ou de l'accouchement.

Par ailleurs, dans la mesure même où il s'agit d'une expérience difficile et risquée, il est rare que les femmes accouchent seules. (Les seules exceptions sont une ou deux sociétés dans lesquelles il arrive que des mères expérimentées partent accoucher seules, s'attirant ainsi l'admiration de tous pour leur courage ; mais ce n'est jamais le cas pour une première naissance.) Traditionnellement, une femme en travail est assistée par une femme plus âgée, ou plus fréquemment plusieurs, qui l'encouragent et s'occupent du bébé dès qu'il est né. En temps normal, l'accouchement n'est pas une activité solitaire pour les femelles humaines, et il ne l'a probablement jamais été. Il n'est pas courant non plus qu'on laisse la mère seule avec son nouveau-né juste après la naissance.

Quant à la mise au sein immédiate du bébé, on l'observe dans certaines sociétés traditionnelles mais ce n'est pas une constante. Voici la description d'un accouchement chez les Efes, une peuplade de petite taille (qu'on appelait autrefois les Pygmées). Ils vivent dans la forêt d'Ituri en République du Congo (ex-Zaïre) :

> La première sage-femme s'accroupit devant la femme [au travail], prête à mettre l'enfant au monde... Une fois né, le bébé est placé sur le matelas de feuilles de bananier et de palmier... On baigne ensuite l'enfant dans de l'eau froide pour le faire pleurer. (...) Une fois le cordon ombilical coupé [généralement par la première sage-femme], on emmène brièvement l'enfant dehors pour le montrer aux hommes du camp. Quand il est de retour dans la case, les femmes se

passent le nouveau-né et peuvent le mettre au sein, même si elles n'allaitent pas. Les mères ne prennent pas leurs bébés immédiatement après la naissance, parce qu'on pense qu'il arrivera du mal à l'enfant si sa mère est la première personne à le tenir. Aussi est-il courant que le nouveau-né passe plusieurs heures en présence des membres féminins du camp avant d'être donné à sa mère.

S'il y a quelque chose de « contraire à la nature » dans nos propres pratiques d'accouchement, ce n'est pas le traitement accordé au bébé, traitement qui varie beaucoup selon les époques et les lieux, mais la présence du père au moment de la délivrance. Traditionnellement, l'accouchement est l'affaire exclusive des femmes. Dans nos sociétés, le père est là, parce qu'on estime qu'il doit assister — qu'il doit *vouloir* assister — au « miracle de la naissance ».

L'éducation « naturelle »

Depuis plus de trois cents ans, des soi-disant experts européens et américains expliquent aux femmes comment élever leurs enfants. Leurs conseils ne sont pas tombés dans l'oreille d'un sourd. De toute évidence, les femmes — et notamment les plus instruites — les ont pris très à cœur. Quand les médecins les ont mises en garde contre les mauvaises postures, les mères ont accepté que leurs enfants soient sanglés jour et nuit dans des machines infernales. Quand les médecins les ont mises en garde contre la suralimentation, elles ont affamé leurs enfants, alors même que l'abondance régnait. On peut évidemment se demander si les femmes auraient agi ainsi sans ces avertissements d'éminents membres du corps médical. S'il n'existait ni livres ni brochures pour leur dire comment s'occuper de leurs enfants, les auraient-elles élevés selon les lois de la nature ?

Mais quelles sont les lois de la nature en matière d'éducation ? On observe dans les civilisations qui n'ont pas d'écriture une grande diversité de pratiques éducatives, très douces pour certaines et mon Dieu... nettement moins douces pour d'autres. Voici, par exemple, comment on avait coutume de nourrir les bébés chez les Nyansongos, au Kenya :

> Traditionnellement, les bébés nyansongos étaient nourris à la bouillie [de millet], dès la naissance ou quelques jours plus tard, en complément du lait maternel. La bouillie leur était administrée de force : appliquant sa main contre la lèvre inférieure de l'enfant, la mère lui versait de la bouillie dans la bouche et lui bouchait le nez ; il était obligé d'avaler la bouillie pour pouvoir respirer.

Bien que ces pratiques varient d'une civilisation à l'autre et d'une génération à l'autre au sein d'une même civilisation — on ne nourrit plus les bébés nyansongos de cette manière —, on peut cependant déceler certains points communs. Je vais vous dire comment je conçois l'enfance dans les sociétés tribales et villageoises traditionnelles, impressions que je tire de la lecture d'un certain nombre d'ouvrages d'anthropologie.

L'enfance dans une société traditionnelle

Si la naissance est en tout lieu un événement entouré d'émotion, elle n'est pas toujours la bienvenue. Dans certains cas, la première décision à prendre n'est pas de choisir le nom du bébé mais de déterminer s'il faut le garder. Si l'enfant précédent n'est pas encore sevré, si les temps sont durs ou si le bébé a l'air un peu bizarre, la mère peut décider d'abandonner son nouveau-né. Le plus souvent, cette décision est prise immédiatement, avant que quiconque ait pu s'attacher à l'enfant. Elle n'est pas prise dans l'indifférence, mais avec tristesse et regret.

Une fois qu'on a décidé de garder le bébé, on s'en occupe généralement bien. Il est mis au sein dès qu'il pleurniche, plusieurs fois par heure au besoin, et on ne le laisse jamais seul. Dans la journée, sa mère l'emporte avec elle dans une écharpe nouée sur sa hanche ou dans son dos ; la nuit, il dort à côté d'elle. Le père dort parfois avec eux, mais ce n'est pas toujours le cas. Dans certaines sociétés, les hommes ont des dortoirs séparés et, dans de nombreuses sociétés, ils ont le droit d'avoir plusieurs femmes. (Mais la plupart des hommes n'ont pas de quoi en avoir plus d'une.)

Quand il est réveillé, le bébé est au centre de l'attention. Les filles — ses sœurs, ses cousines, ses tantes — se disputent le droit de le porter. Les hommes adultes, son père surtout, s'arrêtent pour lui faire un petit coucou. Dans le monde entier, tout le monde aime les bébés. Enfin, tout le monde, sauf le frère ou la sœur dont il a usurpé la place dans les bras de leur mère.

Quant à lui, il est tranquille pour deux ans au moins. En effet, la mise au sein fréquente et un régime à basses calories empêchent généralement sa mère de concevoir avant ce délai. Dans ces sociétés, les enfants sont couramment allaités pendant deux ans et demi ou trois ans. Lorsqu'ils ont des dents, on commence à leur donner également des aliments solides, prémâchés par la mère au besoin.

L'allaitement s'arrête, brutalement le plus souvent, quand la mère découvre qu'elle est de nouveau enceinte. Si l'enfant n'est pas d'accord — et il l'est rarement —, il sera cajolé, ignoré, ridiculisé ou frappé quand il proteste, en fonction du lieu et de l'époque où le hasard l'a fait naître.

À l'arrivée du nouveau bébé, l'aîné, qui a alors à peu près trois ans, perd définitivement sa place dans les bras de sa mère. Le nouveau bébé devient alors le centre de l'attention générale. Dans nos sociétés, on prépare soigneusement les enfants à cette « déposition » et, bourrelés de remords, les parents font semblant d'éprouver plus d'intérêt pour l'aîné que ce n'est le cas. Nous ne voulons pas que la présence du plus jeune contrarie l'aîné. Les sociétés traditionnelles réservent rarement à l'aîné une introduction aussi douce aux charmes de la fratrie. La déposition est concrète et se fait d'ordinaire sans avertissement : l'enfant est mis devant le fait accompli et il ne lui reste qu'à en prendre son parti. Il en veut évidemment au bébé — il peut même essayer de le frapper ou de le griffer. Certaines sociétés réagissent avec douceur à ces démonstrations de rivalité fraternelle : la mère se contente de repousser la main de l'aîné. Dans d'autres, l'aîné risque de prendre des coups simplement parce qu'il regarde le bébé de travers ; on pense en effet que les désirs homicides de l'enfant, même sans passage à l'acte, peuvent causer du tort au bébé.

Quand l'enfant de deux ans et demi, trois ans quitte brutalement les bras de sa mère, il est généralement confié à une grande sœur. Il peut s'agir de son aînée immédiate, l'enfant même que sa propre naissance a détrôné — un enfant qui n'aura probablement pas plus de cinq ou six ans. L'aînée traîne le petit avec elle quand elle va jouer avec les enfants du voisinage. Les enfants avec qui elle joue — les membres du groupe de jeu de l'endroit — sont ses frères et sœurs, ses demi-frères et sœurs, des cousins, ou de jeunes oncles et tantes. Dans la plupart des sociétés traditionnelles, les maisons sont disposées en petits groupes, et tous les habitants d'un groupe de maisons sont apparentés.

Bien qu'il sache marcher, le petit frère ainsi introduit dans le groupe de jeu des enfants est encore, en fait, un bébé. Pendant qu'il était dans les bras de sa mère, il a mené une vie sociale active et ses besoins physiques ont fait l'objet de tous les soins nécessaires. Mais on ne lui a pour ainsi dire rien appris. Dans les sociétés traditionnelles, les parents n'attribuent pas d'intelligence aux bébés et ne pensent pas qu'ils comprennent ce qu'on leur dit ; aussi ne leur parlent-ils généralement pas. Ils n'essayent pas non plus de leur apprendre à parler. L'enfant n'acquiert donc que très peu de mots avant deux ans et demi ou trois ans — beaucoup moins qu'un petit Occidental du même âge. James Youniss, spécialiste du développement de l'enfant, a souligné combien il est étrange, à nos yeux, que les parents de nombreuses sociétés semblent se désintéresser de leurs enfants au moment même où ils entreprennent l'acquisition du langage.

Au début, le petit de deux ans et demi est incapable de participer pleinement aux activités des autres enfants. Selon le jeu qui occupe les plus grands, on l'autorisera à jouer le rôle d'une sorte de poupée vivante, ou bien on le laissera regarder et pleurnicher à l'écart. Il devient un membre du groupe à part entière vers trois ans, trois ans et demi. Selon l'éthologiste allemand Irenäus Eibl-Eibesfeldt :

> Les enfants de trois ans sont capables de participer à un groupe de jeu, et c'est au sein de ces groupes de jeu que se fait véritablement leur éducation. Les plus grands expliquent les règles du jeu et réprimandent ceux qui n'y adhèrent pas, qui prennent les affaires des autres, par exemple, ou qui manifestent une quelconque agressivité. [...] Au départ, les plus grands font preuve d'une grande tolérance avec les plus petits, avant de fixer des limites bien précises à leur comportement. En jouant ensemble dans le groupe d'enfants, les membres apprennent ce qui agace les autres et à quelles règles ils doivent obéir. Cela se passe ainsi dans la plupart des civilisations où les gens vivent en petites communautés.

Les garçons, notamment, restent très peu à la maison et passent l'essentiel de leur temps avec leurs camarades. Dans un petit village rural de l'île d'Okinawa, une mère s'est plainte aux chercheurs que son petit garçon de cinq ans ne rentrait à la maison dans la journée que pour s'empiffrer de riz avant d'aller rejoindre ses amis. Dans les villages africains où les grands garçons sont chargés de garder le bétail, les petits suivent le mouvement et une tâche rébarbative se transforme en une bonne occasion de jouer, hors de vue des adultes.

Je parle ici de sociétés qui disposent d'une alimentation à peu près régulière grâce à la pratique de l'agriculture ou de l'élevage, et dont la densité de population est donc supérieure à celle des chasseurs-cueilleurs. Dans ces sociétés, les enfants sont toujours suffisamment nombreux pour constituer un groupe de jeu, et même, le plus souvent, pour en former deux — un groupe de garçons et un groupe de filles — sinon trois — les grands garçons, les grandes filles, et un groupe mixte composé de jeunes enfants et des enfants encore plus petits confiés à leur garde. Cette division en groupes d'âge et de sexe distincts se produit spontanément, dès qu'il y a suffisamment d'enfants pour qu'elle soit possible.

Les filles ont tendance à jouer plus près de la maison que les garçons. Par ailleurs, on leur confiera plus volontiers la garde des plus jeunes parce que les mères, dans la plupart des sociétés — dans toutes, probablement — choisissent de préférence des filles comme baby-sitters. Mais s'il n'y a pas de filles disponibles, on enrôlera les garçons, qui prennent leur mission très au sérieux. Un des ouvrages que Jane Goodall a écrits sur les chimpanzés contient la photo d'un Africain au visage affreusement mutilé depuis l'enfance. Il gardait son petit frère quand un grand chimpanzé mâle était sorti de la forêt et s'était emparé du bébé [1]. Le garçon n'avait pas plus de six ans, mais il a pourchassé le redoutable animal. Le chimpanzé a lâché le bébé pour

1. Les chimpanzés sauvages chassent et tuent les bébés singes et, en de rares occasions, les bébés humains.

attaquer le grand frère. Le bébé a survécu, mais le grand frère a été grièvement blessé.

Les enfants responsables du bien-être de frères et sœurs cadets jouissent, en contrepartie, du droit de les dominer. Les aînés possèdent un droit de contrôle et de discipline absolu sur les plus jeunes, et il ne sert à rien qu'un enfant aille se plaindre auprès de ses parents des mauvais traitements infligés par son grand frère ou sa grande sœur. À moins qu'il ne présente des blessures impressionnantes, on ignorera ses jérémiades. Dans les sociétés traditionnelles, on juge normal que les aînés dominent les plus petits — cela se produit tout naturellement, dans le monde entier, dès que les adultes ne s'interposent pas. Dans ces sociétés, les adultes n'interviennent que si les choses semblent vraiment échapper à tout contrôle, ce qui est étonnamment rare. Il arrive que l'aîné fasse enrager le plus jeune, ou fasse preuve d'une sévérité excessive, mais, en général, les frères et sœurs s'entendent remarquablement bien. Les aînés partagent leur nourriture avec les plus petits sans qu'on ait besoin de le leur dire, et ils empêchent les autres de les taquiner.

Dans notre société, les parents essaient désespérément d'inciter leurs enfants à s'aimer les uns les autres avec pour résultat qu'ils passent leur temps à se chamailler. Dans les sociétés traditionnelles, les parents ne font aucun effort en ce sens, et les choses se font toutes seules. Je vois deux raisons à cette différence.

La première est que, dans les sociétés traditionnelles, les enfants ont moins de sujets de querelles. L'habitude qui veut que l'on consacre une attention sans partage au nouveau bébé est dure pour l'enfant évincé des bras de sa mère, mais tous les enfants de la famille — tous, sauf le bébé — sont dans le même bateau. Ils ne rivalisent pas pour attirer l'attention de leurs parents, parce que cela ne sert à rien. Ils ne s'arrachent pas leurs jouets, parce qu'il n'y a pas de jouets à proprement parler. Dans ces sociétés, les enfants jouent avec des bâtons, des cailloux et des feuilles, des objets que l'on trouve partout. Nos enfants se disputent beaucoup pour des objets qui n'existent pas dans les sociétés traditionnelles.

Par ailleurs, les parents américains ou européens ne comprennent pas, ou n'admettent pas, qu'il est naturel que les aînés dominent les plus petits. Persuadés que leurs enfants devraient être égaux, ils essaient d'empêcher l'aîné de dominer le plus petit. Le résultat est que l'aîné finit par en vouloir au petit. Ce n'est qu'en mettant tout leur pouvoir du côté du plus jeune que les parents empêchent la domination de l'aîné, qui a ainsi l'impression que ses parents favorisent le petit. De fait, comme je l'ai évoqué au chapitre 3, les parents le favorisent effectivement dans la plupart des cas, mais curieusement ils s'attendent à ce que l'aîné ne le remarque pas.

Dans les sociétés développées, la rivalité fraternelle est considérée comme un élément inévitable de la vie familiale. Mais le type de rivalité que nous avons l'habitude d'observer — qui dure au moins jusqu'à ce que les enfants partent faire leurs études et parfois bien plus longtemps que cela — n'est pas universel. Dans les sociétés traditionnelles, les rivalités fraternelles tendent à être de courte durée ; elles s'apaisent dès que les deux membres de la fratrie ont dépassé la toute petite enfance et qu'ils ne rivalisent plus pour attirer l'attention de leur mère. Les relations entre frères ont tendance à être étroites et durables. Un frère est le plus proche allié que l'on puisse avoir. C'est lui qui se tiendra à vos côtés pour défendre votre village.

Discipline et apprentissage

Dans les sociétés traditionnelles, les parents ne s'inquiètent pas des théories des experts ni des effets à long terme de leurs pratiques éducatives. N'ayant jamais lu B. F. Skinner ni personne d'autre, ils appliquent la méthode des sanctions, plutôt que celle du renforcement positif, pour inciter leurs enfants à se tenir correctement. Dans ces sociétés, les parents ne font pas beaucoup de compliments, voire aucun. Quand un enfant se conduit mal, ils le frappent (les châtiments corporels sont répandus dans toutes les sociétés, y compris la nôtre), se moquent de lui ou lui font peur en le menaçant de le livrer aux fantômes, à de méchants étrangers ou aux animaux sauvages. Souvent, la punition n'est accompagnée d'aucune explication et la sanction porte sur le résultat de la conduite de l'enfant — un bol cassé, par exemple — plutôt que sur ses intentions, bonnes ou mauvaises.

Dans notre société, les enfants se voient infliger tout un tas d'explications alambiquées sur la manière dont il faut agir ou sur leurs écarts de conduite. Les explications et les réactions verbales sont beaucoup moins courantes dans les sociétés traditionnelles. Chez les Zinacantecos du Mexique, les filles apprennent à tisser en regardant faire les femmes plus âgées. Cette méthode d'apprentissage n'est pas très efficace pour nous. Une étudiante américaine a raconté les expériences qu'elle a faites avec un « professeur » zinacanteco.

> J'ai commencé à apprendre le tissage sur métier horizontal avec Tonik, une vieille Zinacanteco. Au bout de deux mois de ce que j'appelais observation et de ce qu'elle appelait apprentissage, je n'avais même pas encore touché le métier et je bouillais d'impatience. À plusieurs reprises, elle avait attiré mon attention oralement sur un point technique obscur et, à la fin d'une étape, elle me disait : « Tu m'as vue faire. Maintenant tu as appris. » J'avais envie de répliquer : « Mais non, je n'ai pas appris. Parce que je n'ai pas essayé moi-même. » C'est elle qui a décidé quand j'étais prête à toucher le métier, et ma maladresse initiale a été accueillie par ce genre de commentaires : « *Cabeza de pollo* [tête de poulet] ! Tu ne m'as pas regardée ! Tu n'as pas appris ! »

L'essentiel de ce que les enfants doivent apprendre pour vivre dans une société traditionnelle s'acquiert par l'imitation. Ils regardent leurs parents ou leurs aînés accomplir une tâche et essayent de les imiter. S'ils se trompent, on se moque d'eux quand ils sont petits, on les réprimande ou on les punit quand ils sont plus grands. S'ils réussissent, on les récompense en leur confiant la tâche en question.

L'éducation avec et sans culpabilité

L'éducation est plus facile quand elle n'est pas entachée de culpabilité, et qu'elle se fait sans réflexion sur les effets à long terme que le moindre de vos gestes pourrait avoir sur la fragile petite psyché des enfants. Enfin, elle est plus facile pour le *parent*. Pour l'enfant, c'est blanc bonnet et bonnet blanc. Les membres des sociétés traditionnelles infligent à leurs enfants des choses horribles, les membres des sociétés instruites également. Dans les deux cas, les parents pensent élever leurs enfants selon les lois de la nature ; dans les deux cas, ils élèvent leurs enfants selon les règles fixées par la culture ou la subculture à laquelle ils appartiennent. Et l'une des règles intangibles de notre culture est la suivante : « Écoutez les experts. »

Un de mes souvenirs de mère les plus douloureux concerne ma fille aînée. Elle avait alors trois ans. C'était sa première journée de maternelle. C'était une enfant calme, un peu timide, qui n'avait jamais quitté la maison sans l'un de ses parents. Je l'ai accompagnée dans sa salle de classe et, au bout d'un moment, elle a commencé à s'intéresser à ce que faisaient les autres enfants et s'est éloignée de moi. Immédiatement, ou presque, une institutrice s'est approchée de moi et m'a demandé de partir. « Tout va bien se passer », m'a-t-elle affirmé. Je suis partie et la porte s'est refermée derrière moi. À ce moment-là, j'ai entendu ma fille se jeter contre la porte et hurler en tambourinant contre le bois de toutes ses forces. J'ai entendu l'institutrice s'approcher, mais le vacarme n'a pas cessé. Je mourais d'envie de me précipiter dans la classe, mais la maîtresse m'avait dit de ne pas le faire, et je ne l'ai pas fait. Je suis restée là à écouter les cris de désespoir de mon enfant, en proie à une souffrance égale à la sienne.

Tout s'est bien passé pour ma fille à la maternelle, mais je n'ai jamais oublié que j'avais écouté la maîtresse — une femme à peine plus âgée que moi — au lieu d'obéir à mon instinct, de retourner dans la classe, de prendre mon enfant dans mes bras et de la tenir contre moi jusqu'à ce qu'elle ait cessé de pleurer, jusqu'à ce qu'elle soit prête à me laisser partir. J'ai écouté la maîtresse parce que c'était une professionnelle, et qu'elle m'a donné l'impression de mieux savoir que moi ce qui était bon pour mon enfant.

Dans notre société, nous faisons confiance aux spécialistes. Et, aujourd'hui, ils nous disent que les enfants ont besoin de beaucoup d'attention et de beaucoup d'amour. Quand nos enfants font une bêtise, nous sommes censés les raisonner au lieu de leur flanquer une fessée. Nous sommes censés les mettre en garde contre des dangers tels que la drogue et les relations sexuelles, et, dans l'éventualité où nos avertissements leur seraient sortis de l'esprit, nous sommes censés vérifier où ils sont et ce qu'ils font. S'ils agissent mal en dépit de tous nos efforts, cela voudra dire que nous n'avons pas su appliquer une ou plusieurs de ces directives, ou que nous les avons appliquées de manière insuffisamment consciencieuse.

Les parents occidentaux — et surtout les parents instruits et aisés — lisent les conseils des spécialistes et font de leur mieux pour les suivre. Ces mêmes parents participent également, ou permettent à leurs enfants de participer, aux recherches destinées à prouver que ces conseils sont judicieux. Et toute cette structure circulaire et précaire repose sur une série d'hypothèses concernant les enfants et les parents spécifiques à notre culture et à notre temps. Une série d'hypothèses écrites sur le sable.

6

LA NATURE HUMAINE

Opposé au terme d'*éducation*, le mot de *nature* possède deux acceptions distinctes. La première apparaît dans la question : « Pourquoi les gens sont-ils différents ? » Devant un enfant qui possède un vocabulaire plus vaste que d'autres enfants de son âge et qui, en général, s'exprime mieux qu'eux, on peut ainsi se demander si la supériorité de ses compétences verbales est due à la « nature » ou à l'« éducation » : l'a-t-il héritée de son père, auteur de mots croisés, ou de sa mère, professeur de lettres, ou est-ce la conséquence de son éducation dans un environnement verbalement stimulant ?

La deuxième acception concerne les *similitudes* : « Pourquoi tous les hommes se ressemblent-ils ? » Ainsi, tous les enfants humains qui naissent avec un cerveau normal — et un grand nombre des autres également — apprennent à communiquer par le langage. On peut se demander si cette propension à acquérir un langage est due à la « nature » ou à l'« éducation » : est-ce une caractéristique innée de notre espèce, ou est-ce le résultat d'expériences que les enfants normaux font immanquablement en grandissant ?

Aujourd'hui, on emploie surtout « nature et éducation » pour expliquer les différences qui nous séparent. Mais au début de la psychologie du développement, on s'intéressait davantage à nos similitudes. Dans les années trente, les spécialistes du développement n'établissaient guère de distinctions subtiles entre l'environnement de tel enfant et celui de tel autre. Le cas échéant, ils s'en servaient pour expliquer en quoi le premier enfant différait du second. Ils s'intéressaient surtout aux universaux du développement humain, tels que l'acquisition du langage. Si les jeunes humains acquièrent un langage contrairement aux jeunes anthropoïdes (à cette époque, personne n'avait encore eu l'idée d'apprendre à un singe à parler par signes), est-ce parce que le langage relève de la nature humaine et non de la nature simienne ? Ou est-ce parce que les humains grandissent dans un environnement humain et les singes dans un environnement simien ?

Les premiers spécialistes du développement cherchaient surtout à établir si les enfants pourraient acquérir les facultés que nous considérons comme intrinsèquement humaines s'ils n'étaient pas élevés dans un environnement humain. Mais même en un temps où les chercheurs pouvaient se permettre de mener des expériences qui leur vaudraient aujourd'hui de se faire mettre à la porte sans avoir le temps de dire ouf, il n'était pas facile de trouver une dizaine de jeunes enfants en bonne santé prêts à servir de cobayes [1]. C'est ainsi que Winthrop Kellogg, professeur de psychologie à l'université d'Indiana, a imaginé une

1. Il n'était pas possible de disposer *à long terme* d'une dizaine de bébés en bonne santé, mais il était souvent possible d'en *emprunter* à des fins expérimentales. À la fin des années trente, Myrtle McGraw a réussi à emprunter un total de quarante-deux bébés pour déterminer si la natation est une faculté innée de l'homme. Sa méthode était simple : lâchez un bébé dans un baquet d'eau et attendez. Elle a découvert que les nouveau-nés possèdent un réflexe qui les empêche d'inhaler de l'eau dans leurs poumons, mais qu'ils perdent rapidement cette faculté. Les bébés un peu plus âgés à qui elle a fait subir l'expérience se débattaient pour maintenir la tête au-dessus de l'eau, n'y arrivaient pas et sortaient, toussant et crachant.

expérience plus modeste : il s'est proposé d'élever un singe dans un environnement humain. Avec la coopération de sa femme Luella, il a décidé d'élever ensemble un enfant et un chimpanzé, de les traiter tous les deux comme de petits humains afin d'établir si des facultés humaines pouvaient apparaître chez un chimpanzé élevé dans de telles conditions.

L'expérience et ses résultats ont été décrits dans un ouvrage publié en 1933, *The Ape and the Child*. Le nom de Luella figure sur la page de titre, juste au-dessous de celui de son mari. Mais le professeur de psychologie était Winthrop, et c'est à sa carrière que cette expérience a profité. Je me suis toujours demandé comment il était arrivé à persuader Luella d'accepter et si elle savait à quoi elle s'engageait. Avait-elle vraiment compris que Gua, le chimpanzé, n'allait pas être le seul sujet de l'expérience, et que l'autre cobaye serait son petit garçon, Donald ?

Donald au pays des singes

Donald avait dix mois, et Gua sept quand elle est venue vivre chez les Kellogg en 1931. Dès le début, ils l'ont traitée comme un bébé humain — enfin, comme on traitait les bébés humains dans les années trente. Les Kellogg l'ont habillée et lui ont fait enfiler les chaussures à tige raide que les bébés portaient à l'époque. Elle n'était ni enfermée ni attachée : il fallait donc la surveiller constamment, sauf quand elle dormait (exactement comme Donald, d'ailleurs). On lui a appris à se servir du pot. On lui brossait les dents. On lui servait les mêmes aliments qu'à Donald. Elle faisait la sieste et prenait des bains exactement comme lui. Le livre des Kellogg contient une photographie où l'on voit Gua et Donald assis côte à côte, vêtus du même pyjama à pieds. Donald fronce les sourcils ; les lèvres de Gua sont relevées, esquissant un sourire timide. Ils se tiennent par la main.

À part la différence de tempérament que révèle cette illustration, le petit garçon et la jeune guenon étaient remarquablement bien assortis. Dans la petite enfance, les chimpanzés se développent plus rapidement que les humains, mais Donald avait deux mois et demi de plus, ce qui équilibrait un peu les choses. Ils s'amusaient ensemble comme frère et sœur, jouaient à se poursuivre autour des meubles, se bagarraient et gloussaient. Donald avait un trotteur, un gros engin pesant, et un de ses divertissements favoris, selon ses parents, était de « foncer sur le singe dans son mastodonte roulant, en riant aux éclats quand elle se sauvait pour éviter de se faire écraser, souvent sans succès ». Mais Gua n'était pas rancunière et elle aimait les jeux brutaux. En réalité, ils s'entendaient mieux que la plupart des frères et sœurs. Si l'un d'eux pleurait, l'autre le consolait en lui donnant des petites tapes ou en le serrant dans ses bras. Si Gua avait fini sa sieste avant Donald, on avait « le plus grand mal à l'éloigner de la porte de sa chambre ».

En fait, Gua était infiniment plus sympa que Donald. Quand les Kellogg la chatouillaient ou la balançaient, elle riait exactement comme un bébé humain. S'ils essayaient de balancer Donald, il pleurait. Gua était plus affectueuse (elle exprimait sa tendresse par des étreintes et des baisers) et plus coopérative. Quand on l'habillait, le singe — contrairement au petit garçon — enfilait ses bras dans les emmanchures et baissait la tête pour qu'on puisse nouer son bavoir. Si on la grondait parce qu'elle avait fait une bêtise, elle émettait des « ouh-ouh » plaintifs et se jetait dans les bras de celui qui l'avait réprimandée, offrant un « baiser de réconciliation » ; elle poussait un gros soupir de soulagement quand on lui permettait de l'accorder.

Gua était souvent plus prompte à relever les défis de la vie civilisée que le flegmatique petit Donald. Elle apprit avant lui à obéir à des ordres parlés, à se nourrir à la cuiller et à émettre un signal d'avertissement quand elle avait besoin du pot (malheureusement, cet apprentissage de la propreté ne fut jamais à toute épreuve). La guenon égalait ou surpassait l'enfant dans la plupart des tests mis au point par le docteur Kellogg : elle se montrait aussi habile que Donald à utiliser une sorte de crochet pour attirer un morceau de pomme à elle et apprit plus rapidement que lui à monter sur une chaise pour atteindre un biscuit accroché au plafond. Si on déplaçait la chaise vers un nouveau point de départ pour obliger Donald et Gua à la pousser dans une autre direction pour atteindre le biscuit, Donald persistait à pousser dans le même sens, alors que Gua gardait l'œil sur le biscuit et arrivait à ses fins.

Dans un domaine pourtant, le petit garçon l'emportait haut la main : Donald était un meilleur imitateur que Gua. Cela vous étonne ? Selon Frans De Waal, spécialiste hollandais de primatologie, qui a passé de longues années à observer les chimpanzés et leurs visiteurs humains dans un zoo des Pays-Bas, « contrairement aux idées reçues, les humains imitent davantage les singes que l'inverse ».

C'était manifestement le cas avec Donald et Gua. « Gua, en fait, était presque toujours l'agresseur ou la première à inventer de nouveaux jouets et de nouvelles règles du jeu ; alors que l'humain avait tendance à assumer le rôle d'imitateur ou de suiveur. » Donald adopta ainsi la fâcheuse habitude qu'avait Gua de mordre les murs. Il apprit également de nombreux éléments de langage chimpanzé — l'aboiement de quémande alimentaire, par exemple. Je me suis souvent demandé ce que pouvait éprouver Luella Kellogg quand son petit garçon de quatorze mois courait vers elle, une orange à la main, en grognant : « Ouhouh, ouhouh, ouhouh. »

À dix-neuf mois, le petit Américain moyen est capable de prononcer une bonne cinquantaine de mots et commence à les assembler pour former des phrases. À dix-neuf mois, Donald ne savait dire que trois mots d'anglais[1]. À ce moment-là, les Kellogg ont mis fin à l'expérience et Gua retourna au zoo.

Les Kellogg avaient essayé d'apprendre à un singe à être un humain. En fait, il semble bien que ce soit Gua qui ait appris à leur fils à faire le singe. Leur expérience nous en révèle davantage sur la nature humaine que sur celle du chimpanzé, mais elle indique également qu'il y a remarquablement peu de différences entre eux — au cours des dix-neuf premiers mois du moins. Dans ce chapitre, je vais examiner certaines différences entre la nature du chimpanzé et la nature de l'homme qui apparaissent après l'âge de dix-neuf mois, ainsi que certaines similitudes persistantes.

J'ai dit, tout au début de cet ouvrage, que la théorie que je vous propose pour remplacer l'hypothèse du primat de l'éducation parentale — mon analyse des raisons pour lesquelles les enfants deviennent ce qu'ils sont — repose sur l'étude du cerveau dont l'enfant est équipé. Or cette étude exige que nous nous arrêtions un instant sur l'histoire de l'évolution de notre espèce. Le moment est venu d'entreprendre un voyage d'affaires et d'agrément à travers l'évolution. En chemin, je vais avancer un certain nombre de points tout à fait hypothétiques — beaucoup plus hypothétiques que tout ce que j'affirme dans les autres chapitres de cet ouvrage. Après tout, si d'autres auteurs se permettent de spéculer sur l'évolution de notre espèce, pourquoi devrais-je m'en priver ? Mais rassurez-vous : ma théorie ne repose pas sur ces spéculations.

1. Si vous vous dites, comme je l'ai fait à la lecture de ce livre, que Donald avait peut-être simplement la malchance d'être un peu limité de naissance, détrompez-vous. Selon Ludy T. Benjamin, spécialiste de l'histoire de la psychologie, Donald a fait ensuite de brillantes études à Harvard.

Lire dans les pensées

Donald aurait-il appris à parler anglais si Gua n'était pas retournée au zoo ? Évidemment ! Au chapitre 4, j'ai évoqué le cas des enfants de parents sourds ou immigrés de fraîche date. Ces enfants ne parlent pas anglais chez eux : ils l'apprennent à l'extérieur. Donald aurait fait comme eux. S'il n'avait pas appris l'anglais pour communiquer avec ses parents, il l'aurait appris pour communiquer avec les autres gosses du quartier. Quand son univers social se serait élargi à d'autres camarades de jeu que Gua, il aurait découvert qu'à l'extérieur de son foyer personne ne parlait chimpanzé.

Mais le langage n'est qu'un des éléments qui distinguent les humains des singes. Il existe d'autres différences, tout aussi importantes et intéressantes, qui commencent tout juste à se mettre en place à dix-neuf mois. Depuis quelques années, les psychologues qui étudient les facultés cognitives des enfants se sont passionnés pour ce qu'ils appellent la « théorie de l'esprit ».

Selon ces chercheurs, les enfants de quatre ans environ possèdent une théorie de l'esprit. En d'autres termes, ils savent qu'ils ont un esprit et ils supposent que les autres aussi. Leur propre esprit est meublé de pensées et d'opinions, et ils supposent que les autres ont, eux aussi, des pensées et des opinions. Ils savent également que les pensées et les opinions ne sont pas forcément justes — qu'il est possible de nourrir des opinions erronées. Ils comprennent, en fait, qu'il est en leur pouvoir de transmettre des informations incorrectes à autrui et d'amener ainsi cette personne à avoir une opinion erronée. Cette compréhension est ce qui leur permet de mentir délibérément pour la première fois.

Cette théorie de l'esprit gagne en subtilité au fur et à mesure que les enfants grandissent. Les adultes savent que le comportement d'autrui dépend davantage de leurs idées et de leurs sentiments sur les choses que des choses elles-mêmes, et que, pour prévoir ce que quelqu'un va faire, il faut savoir ce qu'il pense et ce qu'il éprouve. Certaines personnes sont expertes à imaginer ce que les autres pensent et éprouvent, mais des amateurs eux-mêmes s'en sortent remarquablement bien ; en effet, la plupart des gens ne cherchent pas à dissimuler le contenu de leur esprit. En fait, ils parlent tout le temps de leurs pensées et de leurs sentiments. Un des bénéfices du langage est de nous faire disposer d'une sorte de ligne directe reliée au cerveau d'autrui, ce qui nous permet d'imaginer beaucoup plus facilement ce qu'il pense. Par ailleurs, si quelqu'un veut nous induire en erreur, le langage lui permet de le faire beaucoup plus facilement.

Mais la théorie de l'esprit ne commence pas par des lignes téléphoniques. Elle commence par des fenêtres — les fenêtres de l'âme, les yeux. Notre faculté de lire dans les pensées commence à se développer dans la toute petite enfance, au moment où nous regardons nos parents dans les yeux pour la première fois. Les bébés commencent à établir un contact visuel avec leurs parents vers six semaines. Un bébé normal sait à un âge très précoce — si précoce qu'il doit s'agir d'une faculté innée — quand quelqu'un le regarde. Il le montre en souriant quand sa mère le regarde et en détournant le visage si elle le fixe trop longtemps. Un contact visuel prolongé met les bébés mal à l'aise.

À la fin de la première année, le bébé sait également que quelqu'un regarde, même si ce n'est pas *lui* qu'on regarde. En observant le visage de sa mère quand elle regarde un objet qui ne lui est pas familier, le bébé choisira de s'approcher de cet objet ou de l'éviter. Si sa mère a l'air inquiète, il l'évitera probablement. De même, le bébé décidera si une personne qu'il ne connaît pas est un ami ou un ennemi en observant le visage de sa mère pendant qu'elle parle à cet étranger. Si l'étranger regarde trop fixement le bébé avant que celui-ci ait eu la possibilité de s'en faire une idée, le bébé détournera probablement le visage. Si, à ce moment-là, l'étranger fait mine de le prendre dans ses bras, le bébé risque fort de résister et de hurler de peur.

Vers le milieu de la deuxième année, l'enfant observe sa mère pour vérifier ce qu'elle regarde quand elle prononce un mot ; il suppose que le mot s'applique à l'objet qu'elle regarde. Quand il désigne quelque chose du doigt, il essaie de voir si sa mère regarde cet objet. Montrer du doigt pour attirer l'attention d'autrui sur quelque chose est un comportement typiquement humain. Les chimpanzés élevés dans un environnement simien ne le font pas, et ce geste est rare même parmi ceux qui ont été élevés dans un environnement humain. Selon Herbert Terrace, un psychologue qui a étudié la faculté des jeunes chimpanzés à communiquer grâce au langage des signes :

> Un élément remarquablement absent de la réaction d'un bébé singe à un objet est le simple ravissement qu'un enfant humain exprime en contemplant l'objet et en le partageant par la perception avec le parent... Rien ne suggère que le bébé singe cherche à communiquer, ni à un autre singe, ni à son substitut humain de parent, le fait qu'il a tout simplement remarqué un objet.

Les enfants de trois ou quatre ans peuvent se faire une idée de ce qui se passe dans l'esprit de quelqu'un en observant à la fois la direction de son regard et l'expression de son visage. Ainsi, si quelqu'un regarde une sucette avec convoitise, un enfant de quatre ans en déduira que cette personne envisage de la manger. Un air absent et un regard vague inciteront un enfant de quatre ans à dire que quelqu'un réfléchit. Cette faculté de lire dans les pensées nous paraît tellement évidente que les spécialistes du développement n'ont commencé à s'y intéresser que récemment. Et, plus récemment encore, ils ont remarqué que certains enfants en sont dépourvus. Les enfants autistes ne se rendent apparemment pas compte que les yeux sont les fenêtres de l'âme — en fait, ils ne se rendent apparemment pas compte que les autres gens *ont* une âme. En un mot, les enfants autistes n'ont pas de théorie de l'esprit. Simon Baron-Cohen, psychologue britannique, parle de « cécité de l'esprit » pour définir ce déficit. C'est ce qui fait des autistes des infirmes sociaux.

Annette Karmiloff-Smith, une autre spécialiste britannique du développement, oppose l'autisme à un trouble mental rare appelé le *syndrome de Williams*. Les enfants qui souffrent à la naissance du syndrome de Williams présentent un faciès particulier lié à des déficits intellectuels caractéristiques. Leur nez en trompette et leurs grosses joues leur donnent un petit air de lutin tout à fait charmant. Mais leur volume cérébral est de 20 % inférieur à celui d'enfants normaux du même âge, et leur QI les situe dans la catégorie des arriérés. Ces enfants sont incapables de nouer leurs lacets, de faire des dessins ou des calculs simples. En revanche, nous disent Karmiloff-Smith et ses collègues, ils se servent remarquablement bien du langage, se montrent très amicaux et s'entendent bien avec les autres. Bien que retardés, ces enfants ne souffrent pas d'une absence de théorie de l'esprit. Ils réagissent aux émotions d'autrui et peuvent jauger les intentions de quelqu'un en regardant son visage et ses yeux. Contrairement aux petits autistes, ces enfants-là sont capables de dire si quelqu'un plaisante ou se montre sarcastique.

Contrairement aux petits autistes, les enfants qui souffrent du syndrome de Williams possèdent ce qu'Annette Karmiloff-Smith appelle un « module social », un compartiment du cerveau spécialisé dans le traitement des stimuli sociaux et du comportement social. Si les autistes ont tant de difficultés à manier le langage (même s'ils apprennent à parler, ils restent de piètres communicateurs), c'est qu'ils ne comprennent pas que son objectif est d'introduire des pensées dans l'esprit d'autrui et d'en extraire d'autres pensées.

Vivre dans un environnement simien

Les chimpanzés ne sont pas comme les enfants autistes — ils ressembleraient plutôt aux enfants atteints du syndrome de Williams. Gua réagissait avec beaucoup de sensibilité aux expressions faciales de ses parents humains et à la direction de leur regard — elle vérifiait s'ils la regardaient avant de faire une bêtise et interrompait son geste au moindre froncement de sourcils. Tout animal que l'évolution a adapté à vivre en compagnie de congénères ne peut se passer d'une forme ou d'une autre de module social. La vie sociale des chimpanzés est presque aussi complexe que la nôtre.

Si vous observez des chimpanzés dans leur milieu naturel, comme l'a fait l'admirable Jane Goodall, vous aurez l'impression de vous trouver — à première vue du moins — devant une bande de bons bougres, sympas comme tout. Les petits s'amusent ensemble comme des fous, les adultes se toilettent mutuellement et bavardent entre eux. Des petits groupes vont et viennent, se constituant et se reconstituant moyennant de fréquents échanges de membres. Deux individus qui ne se sont pas vus depuis un moment se salueront en se serrant dans leurs bras et en s'embrassant. Quand ils sont inquiets, les chimpanzés se prennent par la main ou se donnent mutuellement de petites tapes rassurantes. Si l'un d'eux arrive à tuer une jeune antilope ou un bébé babouin, les autres se rassemblent autour du chasseur, mains tendues, et chacun a de bonnes chances d'obtenir une part du butin.

Bien sûr, il y a des luttes de domination, mais elles sont rarement fatales. En général, le vaincu finit par demander pardon au vainqueur, qui le lui accorde miséricordieusement. Même les questions sexuelles engendrent étonnamment peu d'animosité. Les femelles disent oui à presque tous leurs prétendants. Il peut arriver bien sûr qu'un mâle dominant essaie de se réserver l'accès à telle ou telle femelle, mais il n'y parvient pas toujours : la plupart du temps, le mieux qu'il puisse espérer est d'être au premier rang des postulants. Jane Goodall a décrit ce qui s'est passé dans la communauté de chimpanzés qu'elle observait quand une femelle populaire, nommée Flo, a été en chaleur : les mâles ont fait la queue, sans se bousculer davantage que des banlieusards sur un quai de métro.

Dans ces circonstances, personne ne sait qui est le père de qui. Les chimpanzés mâles ne jouent aucun rôle dans l'éducation de leur progéniture, mais ils manifestent généralement une attitude bienveillante, quoique détachée, à l'égard des jeunes membres de leur communauté. Les mères, en revanche, entretiennent des relations très étroites avec leur progéniture, et ces relations peuvent durer toute leur vie. Les chimpanzés femelles, comme les mères humaines (et les pères), peuvent se montrer plus ou moins maternelles, mais ce sont généralement des mères indulgentes. Les relations fraternelles tendent également à être étroites et durables, et si un jeune chimpanzé perd sa mère, il sera éventuellement adopté par une sœur aînée — voire, dans certains cas, par un frère.

Mais il y a une limite à cette attitude de « bons bougres sympas comme tout » : elle ne s'applique qu'aux membres de leur propre communauté. On appelle « communauté de chimpanzés » la population d'animaux, généralement entre trente et cinquante, qui occupe un territoire défini. Bien que toute la communauté ne se rassemble jamais en même temps dans un même lieu, tous ses membres se connaissent (beaucoup sont de proches parents) et un étranger est immédiatement identifié comme tel.

Or les chimpanzés n'aiment pas les étrangers. Un

animal non apparenté ou venu d'une autre communauté qui a la mauvaise idée de s'aventurer dans leur territoire risque fort de se faire attaquer, sauf s'il s'agit d'une femelle en chaleur. Une femelle portant un bébé et qui n'est pas en chaleur se fera très certainement attaquer ; son bébé sera tué et peut-être même dévoré.

Les chimpanzés n'aiment pas non plus ce qui est étrange. Une épidémie de polio avait frappé la communauté de chimpanzés de Jane Goodall et un vieux mâle du nom de McGregor a été partiellement paralysé par la maladie. Quand il a rejoint son groupe en traînant la patte (après un séjour solitaire en forêt), ses anciens copains n'ont pas été particulièrement contents de le voir. D'abord, ils ont eu peur de lui. Puis cette crainte s'est muée en hostilité, et un des mâles valides est passé à l'attaque ; il a cogné comme une brute sur le dos du pauvre animal qui s'est recroquevillé, impuissant. Au moment où un autre mâle s'est jeté sur McGregor en brandissant une grosse branche, Jane Goodall n'a plus supporté ce spectacle et s'est interposée. Les autres chimpanzés ont fini par s'habituer au comportement étrange de McGregor, mais ils ne l'ont plus jamais reconnu comme un membre de haut rang et il n'a plus été le bienvenu à cette activité sociale si importante des chimpanzés qu'est le toilettage mutuel.

Socialement, les chimpanzés nous ressemblent beaucoup : ils ont nos défauts et nos qualités. Comme les humains, ils divisent le monde en « nous » et « eux ». Même un animal connu peut être attaqué s'il n'est plus l'un de « nous » et qu'il est devenu l'un d'« eux ». Les agressions les plus violentes dont Goodall a été témoin étaient « perpétrées contre des individus qui n'étaient pas totalement étrangers aux agresseurs ». Les victimes étaient les membres d'un nouveau groupe, la communauté kahama, qui s'était séparée du groupe plus important, la communauté kasakela, après plusieurs années d'association étroite. Pendant un moment, les membres des deux communautés ont continué à entretenir occasionnellement des relations amicales, mais elles ont fini par se distendre et ils ont commencé à s'éviter. S'ils se rencontraient par hasard (ils occupaient des territoires contigus qui se chevauchaient légèrement), ils manifestaient un comportement belliqueux.

Un an environ après la fin des relations amicales entre les deux groupes, la communauté kasakela a lancé une première série d'offensives contre les Kahamiens dissidents. Tout a commencé le jour où un groupe de huit chimpanzés kasakeliens se sont dirigés vers le sud, vers le territoire des Kahamiens, se déplaçant rapidement et silencieusement à travers les arbres. (Les chimpanzés sont d'ordinaire très bruyants.)

> Soudain, ils ont surpris Godi [un Kahamien], qui se nourrissait dans un arbre. Il est descendu d'un bond et a pris la fuite. Humphrey, Jomeo et Figan [tous des Kasakeliens] étaient sur ses talons, courant de front tous les trois ; les autres suivaient. Humphrey a attrapé Godi par la jambe, l'a fait tomber par terre, puis s'est assis sur sa tête en lui maintenant les jambes de ses deux mains, le clouant au sol. Humphrey est resté dans cette position pendant que les autres mâles attaquaient. Godi n'avait aucune chance de s'échapper ni de se défendre.

Après avoir balancé une grosse pierre sur le chimpanzé grièvement blessé, les Kasakeliens sont rentrés chez eux. On n'a plus jamais revu Godi, qui est probablement mort de ses blessures.

Les chimpanzés de Kasakela se sont débarrassés un par un des autres Kahamiens de la même manière, donnant la même impression de préméditation. Ils n'ont épargné aucune femelle juvénile ou adulte. Seules de jeunes femelles nubiles ont eu la vie sauve et ont été intégrées dans la communauté kasakela. Cela me rappelle irrésistiblement l'histoire de Josué dans l'Ancien Testament. Quand il s'est emparé avec ses troupes de la ville de Jéricho, ils ont massacré tous les hommes, toutes les femmes et tous les enfants, n'épargnant que Rahab, la prostituée.

Amour et guerre

« Faire la guerre n'a rien d'un instinct », écrivait Ashley Montagu en 1976. À cette époque, le mot de *guerre* était tombé en discrédit — il était mieux vu de faire l'amour, comme si ces deux activités étaient incompatibles. Mais, en réalité, le mot que Montagu exécrait vraiment était celui d'*instinct*. Et voilà qu'après un long purgatoire ce vocable fait sa rentrée. Le psycholinguiste Steven Pinker l'a même pris pour titre de son excellent ouvrage, *The Language Instinct*. Peut-être pourrions-nous aujourd'hui reconsidérer l'hypothèse selon laquelle les humains posséderaient un instinct guerrier, hérité de nos ancêtres primates.

Jane Goodall envisage très sérieusement cette hypothèse et, sans dire les choses exactement en ces termes — elle utilise le terme de « préadaptation » au lieu d'« instinct » —, elle considère de toute évidence que cette idée est défendable. Elle souligne que les chimpanzés possèdent toutes les « préadaptations » nécessaires à l'émergence de la guerre, notamment la vie en groupe, la territorialité, les talents de chasseurs et l'aversion à l'égard des étrangers. De plus, nous dit-elle, les chimpanzés mâles sont fortement attirés par les scènes de violence entre groupes — ils semblent « fondamentalement disposés à trouver attrayante l'agression, tout particulièrement lorsqu'elle est dirigée contre des voisins ». Goodall pense que ces traits constituent le fondement biologique sous-jacent des formes de guerre plus sophistiquées que pratique notre propre espèce. Ce qu'Hiroshima est à Jéricho, Jéricho l'est à Kahama.

La contradiction apparente entre les deux images de

l'être humain — singe tueur ou animal social — ennuie certains théoriciens. Elle ne troublait pas beaucoup Charles Darwin :

> Tout le monde admettra que l'homme est un être social. Cela apparaît dans son aversion pour la solitude et dans son désir d'une compagnie plus large que celle de sa propre famille. L'isolement pénitentiaire est l'une des plus sévères punitions qui puissent être infligées... Le fait que les tribus occupant des territoires voisins soient presque toujours en guerre les unes contre les autres n'infirme pas l'idée que l'homme sauvage est un animal social ; en effet, les instincts sociaux ne s'étendent jamais à tous les individus de la même espèce.

Non, ils ne s'étendent jamais à *tous* les individus d'une même espèce — mais uniquement aux membres des troupe, tribu, communauté, nation ou groupe ethnique auxquels on appartient. Le commandement « Tu ne tueras point » en provenance directe du mont Sinaï n'a pas empêché Josué de massacrer les habitants de Jéricho, Aï, Makkedah, Libnah, Lakich et Eglôn. L'idée que Dieu pourrait lui interdire de *les* tuer ne l'a même pas effleuré.

L'histoire regorge de guerres de ce genre, de Jéricho et de Troie à la Bosnie et au Rwanda, et les témoignages archéologiques prouvent que nous savions déjà faire la guerre et massacrer nos ennemis bien avant de savoir écrire le récit de nos victoires. À en croire Jared Diamond, biologiste spécialiste de l'évolution, la guerre entre groupes « fait partie de notre héritage humain et préhumain depuis des millions d'années ».

Richard Wrangham, spécialiste de primatologie, est du même avis. Il pense que notre espèce descend d'un ancêtre primate, qui ressemblait beaucoup au chimpanzé moderne et se comportait de manière assez semblable (le chimpanzé descendrait du même ancêtre). Le chimpanzé et l'être humain ont hérité leurs modes de vie similaires de cet ancêtre commun. Les deux espèces vivent (ou vivaient) dans des communautés défendues par des coalitions de mâles nés au sein du groupe ; les femelles passent traditionnellement dans une autre communauté au moment où elles atteignent l'âge de la reproduction. Et, dans les deux espèces, les coalitions de mâles ne se contentent pas de défendre leur territoire ; elles lancent des offensives contre les communautés voisines. Ce comportement était peut-être dicté à l'origine par la nécessité d'agrandir le territoire du groupe ou d'obtenir plus de femelles, mais, une fois instauré, il se perpétua de lui-même et le mobile initial perdit de son importance. On avait désormais une nouvelle et meilleure raison de massacrer ses voisins : tuons-les avant qu'ils ne nous tuent.

Six millions d'années d'évolution nous séparent de cet ancêtre proche du chimpanzé, et, pendant ces six millions d'années — à l'exception de leur infime extrémité — nous avons vécu plus ou moins de la même manière. Nous formions de petites communautés composées de nos proches parents (dans le cas des mâles) ou des parents de notre compagnon (dans le cas des femelles). Notre sécurité dépendait de la protection des autres membres du groupe ; nous n'étions pas faits pour vivre seuls. Quand il y avait de la viande — et notre appétit pour la viande a rapidement supplanté notre goût pour les végétaux —, elle était probablement partagée entre les membres du groupe. Et pendant ces six millions d'années, nous nous sommes battus contre nos voisins. Les communautés qui s'en sortaient bien devenaient plus nombreuses, elles se divisaient en deux et, tôt ou tard, les deux moitiés se faisaient la guerre. Parfois, l'une réussissait à anéantir l'autre. « De toutes nos caractéristiques humaines, dit Jared Diamond, le génocide est celle qui trouve son origine la plus directe chez des précurseurs animaux. »

Mais nous ne sommes pas seulement des singes tueurs ; nous sommes aussi de chic types. Darwin a fait remarquer qu'« un sauvage risquera sa vie pour sauver celle d'un membre de sa communauté ». Si le sauvage risque sa vie — et la perd —, il est soudain devenu, en termes darwiniens, inapte. Sa conduite exige donc une explication. L'homme qui sacrifie sa vie pour sauver son groupe sauve peut-être ainsi la vie de ses frères, de ses sœurs et de ses enfants — des individus avec lesquels il partage 50 % de son génotype[1]. Si nous définissons l'aptitude d'un individu par sa faculté d'assurer la transmission de son patrimoine génétique et non par sa faculté d'atteindre un âge vénérable, l'altruisme à l'égard de ses proches parents est parfaitement raisonnable.

Vous avez peut-être entendu parler de cette théorie sous le nom d'« égoïsme génétique », et cela vous a peut-être incités à penser que les produits de l'évolution sont condamnés à être égoïstes. Certains promoteurs de cette théorie sont eux-mêmes tombés dans le panneau. « Comprenez bien, a déclaré le biologiste Richard Dawkins, que si vous désirez, comme moi, bâtir une société dans laquelle les individus collaborent généreusement et avec désintéressement en vue du bien commun, il ne faut pas trop compter sur la nature biologique. Essayons d'*enseigner* la générosité et l'altruisme, parce que nous sommes nés égoïstes. » Or l'égoïsme génétique n'a rien à voir avec l'égoïsme individuel : un gène peut parfaitement être égoïste, mais contenir les instructions nécessaires à la constitution d'un parfait altruiste, si cela a pu l'aider à s'imposer au cours de l'évolution.

Il est clair que nous ne sommes ni de parfaits altruistes ni de parfaits singes tueurs. En réalité, nous tenons

1. Selon la théorie de la parenté, il peut être judicieux pour un homme de sacrifier sa vie si cela lui permet de sauver plus de deux de ses enfants ou de ses frères et sœurs (avec qui il partage 50 % de ses gènes) et plus de huit de ses cousins (avec lesquels il en partage 12,5 %).

un peu des deux, ce qui permet à des auteurs comme Ashley Montagu de nous décrire comme de doux pacifistes tandis que d'autres, comme Richard Wrangham, considèrent que nous sommes nés pour tuer. Tout dépend du point de vue où l'on se place : considérez-vous notre conduite à l'égard des membres de notre propre groupe ou à l'égard des membres d'autres groupes ? Nous sommes nés pour être gentils avec nos camarades de groupe parce que pendant des millions d'années, notre survie et celle de nos enfants ont dépendu d'eux. Et nous sommes nés pour être hostiles à l'égard des membres d'autres groupes, parce que six millions d'années nous ont appris à nous méfier d'eux [1].

Au plus fort des combats, les membres de notre groupe étaient nos alliés, nos compagnons d'armes. Entre les combats, nous rivalisions avec eux pour obtenir de la nourriture et des conjoints désirables. Mais, pour le meilleur et pour le pire, nous coopérions avec eux — vous pouvez appeler cela de l'altruisme si vous voulez —, parce que la coopération présentait des avantages à long terme. Je t'aiderai aujourd'hui si tu m'aides demain. Ce système tend à donner naissance à des tricheurs — ceux qui prennent et ne donnent rien en échange. Mais les cerveaux ne servent pas seulement à fabriquer des outils et des armes. Au fil des millénaires, nous avons appris à nous méfier des tricheurs. Et nous avons même appris à mettre nos amis en garde contre eux. Pendant ce temps, les tricheurs sont, eux aussi, devenus plus malins. Pendant que nous mettions au point des stratégies pour les démasquer, ces derniers imaginaient des moyens de déjouer nos

1. La chronologie que j'indique n'est qu'une approximation, inspirée par la lecture d'ouvrages de paléoanthropologie. Quand je dis « six millions d'années », je veux dire « six millions d'années plus ou moins un ou deux millions ». La théorie de l'évolution hominidée que j'expose ici est celle qui, à mon sens, correspond le mieux aux données dont nous disposons.

pièges. Ce qui nous a conduits finalement à inventer des moyens de déceler les moyens de déjouer nos pièges. Certains ont appelé cela la « course aux armes cognitives ».

Mais la menace des tricheurs était minime : un danger plus grave rôdait de l'autre côté de la colline, là où l'ennemi rassemblait ses troupes. Comme l'écrit Jane Goodall :

> La pratique précoce de la guerre a dû soumettre à une pression sélective considérable le développement de l'intelligence et d'une coopération de plus en plus poussée entre les membres d'un groupe. Ce processus ne pouvait que s'intensifier, car plus l'intelligence, la coopération et le courage d'un groupe étaient grands, plus les exigences imposées à ses ennemis l'étaient également.

Quand la fumée s'est dissipée au-dessus de Jéricho, les tricheurs et les altruistes avaient connu le même sort. Ils étaient tous morts. Morts aussi les lâches et les valeureux combattants. L'évolution accorde le gros lot aux vainqueurs de ce genre de guerres. Nous aurons beau condamner leur tactique, il faut nous faire une raison : ce sont eux qui sont devenus nos ancêtres.

L'évolution hominidée

Nos ancêtres ont faussé compagnie à ceux du chimpanzé moderne il y a environ six millions d'années. Une bagatelle par rapport à l'histoire de l'évolution ; nous partageons 98,4 % de notre ADN avec le chimpanzé commun, *Pan troglodytes*. La différence entre l'ADN des humains et celui des chimpanzés est inférieure à celle de deux espèces d'oiseaux étroitement apparentées, le viréon à œil rouge et le viréon à œil blanc.

Mais il ne faut pas beaucoup de gènes pour produire une nouvelle espèce ; il suffit de modifier quelques détails de la recette pour obtenir des résultats très différents. Notre absence de pilosité, par exemple, résulte probablement de la modification de quelques gènes seulement et elle s'est peut-être produite sur une période relativement courte du point de vue de l'évolution. Les follicules pileux des humains sont aussi nombreux que ceux des anthropoïdes, mais la plupart ne produisent que des poils atrophiés. On connaît une famille mexicaine donc certains membres ont le visage et même les paupières couverts de poils. Cette anomalie est manifestement liée à la mutation d'un seul gène.

La bipédie est une autre caractéristique humaine dont l'évolution a peut-être été relativement rapide. Le cerveau d'*Australopithecus afarensis* — Lucy et sa famille — était à peine plus gros que celui d'un chimpanzé, mais cet australopithèque marchait déjà parfaitement droit. Cela se passait en Afrique, il y a trois millions et demi d'années.

Les choses ont commencé à devenir intéressantes avec *Homo habilis*, il y a deux millions et demi d'années. *Homo habilis* avait un cerveau bien plus gros que celui de tous les primates qui l'avaient précédé. Cette espèce doit son nom à son habileté à fabriquer et à utiliser des outils, mais (comme nous le savons aujourd'hui) ses membres n'étaient pas les premiers à se servir d'outils. Le chimpanzé se sert de pierres comme armes et comme casse-noix, et de bâtons préparés dans l'intention d'extraire des insectes de termitières.

Le suivant, par ordre d'apparition, a été *Homo erectus*, il y a à peu près un million et demi d'années. Certains ouvrages présentent *erectus* comme un descendant d'*habilis*, mais la situation est bien plus compliquée. En effet, de nombreuses espèces d'hominidés et de préhominidés se sont promenées à travers l'Afrique au cours des six derniers millions d'années. Il n'est pas facile de déterminer, sur la foi de quelques ossements, quelle espèce descend de quelle autre et quelles espèces ont été des impasses. La plupart, en fait, n'ont mené à rien.

Cela n'a pas été le cas d'*Homo erectus* : cet hominidé a connu un succès prodigieux et s'est répandu hors d'Afrique jusqu'au Proche-Orient, en Europe et en Asie. Il a survécu, au nord comme au sud du Sahara, pendant plus d'un million d'années. Il a fini par être remplacé, en Afrique, par une forme archaïque d'*Homo sapiens* puis, il y a cent mille à cent cinquante mille ans, par la forme moderne d'*Homo sapiens*, que l'on appelle parfois *Homo sapiens sapiens*. Personnellement, je situe ce changement il y a cent trente mille ans, pendant une brève période de réchauffement — la dernière période interglaciaire avant celle dont nous bénéficions aujourd'hui.

Peu de temps après avoir acquis l'étiquette de double *sapiens*, les ancêtres des Européens et des Asiatiques modernes ont quitté l'Afrique pour se diriger vers le nord, vers le Proche-Orient. À leur arrivée, ils ont trouvé le terrain occupé par un autre hominidé : les Néandertaliens, descendants de la branche septentrionale d'*Homo erectus* et qui s'étaient alors répandus dans une grande partie de l'Europe et au Proche-Orient. À cette date, une nouvelle ère glaciaire avait commencé, et nous sommes donc restés longtemps dans la relative chaleur du Proche-Orient, cohabitant ainsi — sans grande amitié, j'en suis sûre — avec les Néandertaliens. Puis il s'est passé quelque chose de mystérieux : Jared Diamond parle d'un « grand bond en avant » et l'anthropologue Marvin Harris d'un « décollage culturel ». Quelle qu'en ait été l'origine, ses résultats ont été manifestes : grâce à un remarquable développement technologique, notre espèce s'est répandue à travers l'Europe et l'Asie. Vers la même époque, les hommes de Neandertal ont disparu. Cela faisait soixante-quinze mille ans qu'ils étaient là, ils avaient traversé toute l'ère glaciaire et, au moment même où le temps commençait à s'arranger, ils ont disparu. Passons...

Nous avons été, en définitive, les seuls hominidés à franchir la ligne d'arrivée. Nos seuls proches parents à avoir survécu sont le gorille, le chimpanzé et le bonobo (ou « chimpanzé pygmée ») — tous cantonnés sur de petites superficies, dans des coins perdus d'Afrique —, et l'orang-outan, qui ne vit que dans les îles de Bornéo et de Sumatra. Tous les autres ont disparu. Au cours d'une période de temps relativement brève — environ six millions d'années —, nous avons cessé d'être des singes pour devenir des humains, laissant derrière nous une traînée de cendres. Nous n'étions pas du genre à faire des prisonniers.

Selon moi, tout a commencé le jour où une communauté de singes est devenue trop nombreuse et s'est scindée en deux. Les deux communautés filles (comme disent les biologistes) occupaient désormais des territoires voisins. Tôt ou tard, les hostilités ont éclaté. En réalité, cette animosité était peut-être antérieure à la rupture et il n'est pas exclu qu'elle l'ait provoquée.

Lorsque des groupes humains se divisent, il y a de bonnes chances pour que les communautés filles deviennent ennemies, si elles ne le sont pas déjà. Comme l'a observé un anthropologue, « l'ennemi mortel d'un village est le groupe dont il s'est séparé récemment ». On peut observer quelques trêves occasionnelles à des fins commerciales ou nuptiales, mais le moindre malentendu les mettra en pièces et tout le monde se reprendra à la gorge. Les groupes n'ont pas besoin d'avoir une bonne raison de détester les autres groupes : ils sont *eux* et nous sommes *nous* ; c'est largement suffisant. Et si par extraordinaire ce n'était pas le cas, on peut toujours trouver un bout de territoire à se disputer. Josué a balayé de la carte une multitude de villes sous prétexte que Dieu avait promis cette terre à son peuple. Mais ce n'était pas une simple opération de nettoyage : la haine était au rendez-vous, elle aussi.

Le roi de chaque ville fut fait prisonnier et pendu à un arbre, après s'être fait (dans certains cas au moins) passer à tabac.

Mais l'histoire de Josué est relativement récente — elle s'est passée il y a environ trois mille cinq cents ans, bien après que les humains de cette région du monde ont commencé à s'adonner à l'agriculture. Pendant la majeure partie des six millions d'années au cours desquelles notre lignée s'est séparée de celle des chimpanzés, nous avons été des chasseurs-cueilleurs, menant une existence de lutte quotidienne. Les sociétés de chasseurs-cueilleurs ont la réputation d'être pacifiques et nomades, sans territoire à se disputer et sans désir de se battre. Or selon l'éthologiste Irenäus Eibl-Eibesfeldt, il s'agit là d'une nouvelle version du mythe du bon sauvage. Il rapporte que la grande majorité des groupes de chasseurs-cueilleurs qui vivent encore aujourd'hui ne sont pas pacifiques et possèdent un sens marqué du territoire. Il est vrai que quelques groupes ont renoncé à la guerre (peut-être parce qu'ils n'ont plus de territoire qui vaille la peine de se battre) ; mais sur les quatre-vingt-quinze groupes de chasseurs-cueilleurs étudiés « aucun ne pouvait prétendre n'avoir jamais connu la guerre ».

Nous haïssons ce que nous redoutons, parce que nous n'aimons pas avoir peur. Comme le souligne Eibl-Eibesfeldt, dans toutes les sociétés humaines, les bébés de six mois environ commencent à avoir peur des étrangers. À cet âge-là, dans une société de chasseurs-cueilleurs ou dans une petite communauté villageoise, ils ont généralement eu l'occasion de rencontrer tous les membres de leur communauté. Aussi la présence d'un étranger est-elle un motif d'inquiétude recevable. Pourquoi est-il là ? A-t-il l'intention de me voler ? De me réduire en esclavage ? De me manger peut-être ? Le bébé observe sa mère en quête d'indices ; si l'étranger ne semble pas l'inquiéter, le bébé est rassuré. Eibl-Eibesfeldt appelle cette réaction des bébés « xénophobie infantile » et la considère comme le premier signe d'une prédisposition innée à considérer le monde en termes d'opposition entre *nous* et *eux*.

Beaucoup de gens pensent que les enfants doivent apprendre à haïr. Eibl-Eibesfeldt n'est pas de cet avis, et moi non plus. Haïr les membres d'autres groupes relève de la nature de l'homme (et du chimpanzé) — la partie la plus repoussante. Ce qu'il faut apprendre aux enfants, c'est à ne *pas* haïr. Nous ne sommes pas nés égoïstes, comme le pensait Darwin, mais nous sommes nés xénophobes.

Spéciation et pseudospéciation

Selon le biologiste Stephen Jay Gould, l'évolution ne se fait pas par une accumulation lente et progressive de changements infimes. Les espèces sont stables, et le demeurent parfois pendant des millions d'années, avant de disparaître et d'être remplacées, assez brutalement (à l'échelle de l'évolution) par une autre espèce. La spéciation est due à la scission d'une petite sous-population d'une espèce qui cesse de se croiser avec l'espèce parente, généralement en raison d'un isolement géographique. Ce petit groupe manifeste peu à peu des caractéristiques différentes de celles de l'espèce parente ; si ces changements lui permettent de mieux réussir que cette dernière, il finira par remporter le prix de la survie du plus apte, et par l'évincer.

L'isolement géographique n'est pas une condition sine qua non. D'autres facteurs peuvent empêcher des groupes de se croiser. Il existe ainsi deux espèces de sauterelles qui coexistent en Europe ; elles se ressemblent et peuvent se croiser en laboratoire. On les considère comme des espèces différentes parce que, dans la nature, elles ne se croisent *pas*, pour la bonne raison qu'elles ont des chants différents. Cette différence comportementale mineure suffit à les éloigner.

Quand un groupe d'anthropoïdes ou d'humains se scinde, cette division se fait généralement en fonction d'associations antérieures, les individus ayant tendance à rejoindre le camp où se trouvent le plus grand nombre de leurs parents et amis. Mais, inévitablement, certains auront des amis et des parents dans les deux camps et pourraient aussi bien choisir l'un que l'autre. Lorsque la communauté de chimpanzés de Jane Goodall s'est séparée, Jane Goodall s'est demandé pour quelle raison un vieux mâle du nom de Goliath avait tenté sa chance avec les Kahamiens — une décision qui lui a coûté la vie.

Je ne sais pas pourquoi Goliath a fait ce choix, mais lorsque des groupes humains se divisent, les individus ont tendance à choisir le camp avec lequel ils sont le plus compatibles : qui se ressemble s'assemble. Dans le cas de groupes formés de familles, comme les communautés humaines, la plupart des individus n'ont pas le choix ; mais ceux qui le peuvent choisiront le camp avec lequel ils partagent le plus de points communs. Le résultat sera, dans bien des cas, une différence statistique entre les deux communautés filles. Les membres des deux groupes peuvent se distinguer par une différence mineure de comportement ou d'aspect physique. Mais il peut aussi ne pas y avoir de différences entre eux.

Chez les humains, l'hostilité entre groupes entraîne l'exacerbation de toutes les différences préexistantes entre les groupes, ou la création de différences s'il n'y en avait pas au départ. Peut-être auriez-vous eu tendance à voir les choses autrement — à imaginer que les différences nourrissent l'hostilité —, mais je pense que c'est plutôt l'hostilité qui nourrit les différences. Chaque groupe veut se distinguer de l'autre ; quand vous n'aimez pas quelqu'un, ne cherchez-vous pas à être aussi différent de lui que possible ? Les deux groupes vont donc élaborer des coutumes différentes et des critères de beauté masculine et féminine distincts. Ils adopteront d'autres formes de vêtements et d'ornements, afin de mieux distinguer amis et ennemis en cas d'urgence. Ils peuvent même élaborer des langages différents. Voici ce qu'a observé Eibl-Eibesfeldt :

> Les humains présentent une forte inclination à former des sous-groupes qui finissent par se distinguer des autres par le dialecte et d'autres caractéristiques et par donner finalement naissance à de nouvelles cultures... La vie dans des groupes qui se démarquent les uns des autres est un trait fondamental de la nature humaine.

Ce processus s'appelle la *pseudospéciation*. Si la pseudospéciation était déjà un trait fondamental de la nature *pré*humaine, elle aurait pu conduire à une accélération spectaculaire de l'évolution. Les groupes se divisent, se démarquent les uns des autres et se font la guerre. Les guerres mettent fin aux croisements (ou les limitent radicalement). Nous avons là toutes les conditions préalables à une spéciation en bonne et due forme. Si le sort des armes favorise l'une des communautés filles, elle peut anéantir l'autre. Bien sûr, elle peut aussi l'évincer par la compétition, mais le processus est beaucoup plus lent.

La Nouvelle-Guinée nous offre un modèle de la manière dont les choses ont pu se passer. Quand les explorateurs européens ont pénétré pour la première fois au cœur de la Nouvelle-Guinée, ils ont découvert une véritable tour de Babel. Sur une superficie inférieure à celle de la France, ils ont relevé près d'un millier de langues différentes, la plupart incompréhensibles les unes pour les autres. Jared Diamond nous décrit à quoi ressemblait l'île avant l'arrivée des Blancs :

> S'aventurer à l'extérieur de son territoire pour rencon-

trer des [autres] humains, même si ceux-ci ne vivaient qu'à quelques kilomètres de distance, était suicidaire... Un tel isolement avait engendré une grande diversité génétique. Chaque vallée de Nouvelle-Guinée possédait non seulement son langage et sa culture propres, mais aussi ses propres anomalies génétiques et ses propres maladies locales.

C'est ainsi qu'une tribu de Nouvelle-Guinée présente le plus fort taux de cas de lèpre, d'autres se caractérisent respectivement par une fréquence élevée de sourds-muets, d'hermaphrodites masculins, de vieillissement prématuré ou de puberté tardive. Ces phénomènes s'expliquent par des différences génétiques intertribales, probablement dues à la mutation d'un gène ou deux. Ces variations ne sont pas très importantes, mais il faut bien voir que les groupes n'ont pas été séparés très longtemps.

Au fil du temps, les groupes séparés deviennent de plus en plus dissemblables. Chez certains animaux, les différences s'accumulent lentement et au hasard — les biologistes parlent de dérive génétique —, mais, dans le genre *Homo*, ce processus ne doit peut-être rien au hasard et a pu être accéléré par la pseudospéciation. Les différences visibles entre les populations européennes — par exemple la blondeur des Scandinaves par opposition aux cheveux noirs des Italiens — se sont manifestées si rapidement qu'il est difficile de les attribuer aux avantages que le fait d'être blond ou brun pourrait présenter pour la santé. Elles ont très certainement été accentuées par des préférences sexuelles : les premiers membres blonds d'une population sont peut-être apparus par hasard, mais s'ils sont devenus des partenaires appréciés, leurs descendants auront proliféré. Ce genre de traits peut, en définitive, servir à *nous* distinguer d'*eux*.

Voilà à quoi est due, selon moi, notre absence de pilosité. Je pense qu'il s'est agi d'une manifestation évolutive tardive et relativement rapide : il a fallu, pour qu'elle apparaisse, que la branche nord d'*Homo erectus* (celle qui a donné naissance à l'homme de Neandertal) ait cessé de se croiser avec la branche sud (nos ancêtres). Peut-être cela ne s'est-il produit que vers l'époque où nous avons acquis notre *sapiens* supplémentaire, il y a seulement cent trente mille ans. Ce changement aurait pu commencer par une pseudospéciation — une division entre un groupe d'hominidés moins velus, qui sont devenus de plus en plus glabres au fur et à mesure que la pilosité corporelle devenait impopulaire parmi eux, et un groupe qui est resté aussi velu que les autres singes. L'absence de pilosité ne présentait aucun avantage, sinon celui de servir à *nous* distinguer d'*eux*. Une fois cette distinction clairement établie, on pouvait passer à l'étape suivante : faire la guerre aux velus et les éliminer.

La mystérieuse disparition des Néandertaliens

Ne croyez pas que je fasse allusion à la disparition des Néandertaliens. Je vous parle d'événements qui se sont produits (ou qui auraient pu se produire) exclusivement en Afrique et qui ont conduit à l'apparition d'humains anatomiquement modernes et à la disparition des autres groupes étroitement apparentés. Ce qui s'est passé en Europe, au moment de l'arrivée d'*Homo sapiens sapiens*, est une autre histoire. Les deux espèces — les humains modernes et l'homme de Neandertal — avaient évolué séparément, dans des conditions très différentes. Les Néandertaliens étaient adaptés à un climat froid, les humains à la chaleur. Leurs points communs étaient la possession d'un gros cerveau et un goût prononcé pour la viande. Mais ils se distinguaient par deux aspects majeurs au moins. Les Néandertaliens ne disposaient probablement pas de nos compétences verbales (apparemment, leur bouche et leur larynx se prêtaient mal à la parole), et ils étaient couverts d'une épaisse toison.

Oui, vous avez bien lu : une épaisse toison. Il y a un petit jeu qu'affectionnent les paléontologues et les biologistes spécialistes de l'évolution : imaginer un homme de Neandertal vêtu d'un costume trois-pièces, déambulant dans une rue de Londres ou de Manhattan sans se faire remarquer. Le problème est qu'ils oublient de le raser, ce qui risque fort de l'empêcher de passer inaperçu — il se trouvera certainement quelqu'un pour l'expédier au zoo manu militari ! Les biologistes et les paléontologues se sont trop laissé impressionner par ces beaux tableaux présentant tous nos ancêtres hominidés soigneusement alignés et de moins en moins velus.

Les Néandertaliens n'auraient jamais pu survivre dans l'Europe de l'ère glaciaire sans une épaisse toison : ils ne savaient pas coudre. Pas de costumes trois-pièces, pas d'anoraks à doublure de fourrure. On a suggéré qu'ils se protégeaient du froid avec des peaux de bêtes. Avez-vous déjà essayé d'aller à la chasse en pleine tempête de neige avec une peau de cerf nouée autour des épaules ? Et ils *devaient* aller à la chasse presque tous les jours, parce que rien n'indique qu'ils aient fait des provisions. Quant aux fruits et légumes, ils ne devaient pas être très courants dans l'Europe de l'ère glaciaire. Notre propre espèce n'était certainement pas plus bête que les Néandertaliens, mais nous n'avons pas pu nous installer en Europe avant d'avoir inventé l'aiguille.

Au moment où nous sommes arrivés au Proche-Orient et où nous avons aperçu des Néandertaliens, nous avions oublié notre aversion pour les hominidés poilus. Nous ne les avons pas considérés comme des êtres humains d'aspect répugnant : nous avons cru que c'étaient des animaux. Nous n'avons pas pensé « bêêrk », nous nous sommes dit « miam-miam ». Et ils ont très certainement pensé la même chose de nous.

Les Néandertaliens ont disparu en même temps que la plupart des autres grands mammifères délicieux qui peuplaient l'Europe et le Nouveau Monde avant notre arrivée, parce que nous étions de meilleurs prédateurs qu'eux.

Le cerveau que l'évolution a fabriqué

Six millions d'années se sont écoulées depuis que nos ancêtres ont faussé compagnie à ceux du chimpanzé. Nous avons passé la plus grande partie de ce temps à terre, et non dans les arbres. Nous l'avons passée à nous entendre avec les membres de notre propre groupe et à nous battre contre les membres des autres groupes, à affûter notre faculté de déceler les tricheurs et celle de nous montrer plus malins que les détecteurs de tricheurs.

Nous avons vécu pendant l'essentiel de cette période au sein de petits groupes de chasseurs et de cueilleurs. Quand un groupe s'en sortait particulièrement bien, il devenait de plus en plus nombreux et finissait par se scinder en deux. Ensuite, le sous-groupe qui réussissait le mieux éliminait l'autre par combat ou par compétition. Ce schéma s'est reproduit maintes et maintes fois.

Ce que ces six millions d'années d'évolution nous ont valu est un cerveau géant — un avantage relatif. Un gros cerveau est un consommateur d'énergie redoutable, il rend l'accouchement périlleux et immobilise nos bébés pendant presque une année aussi efficacement qu'un boulet. Sa fragilité et son volume en font une cible de choix dès qu'il y a de la bagarre dans l'air.

Mais ce gros cerveau présente aussi quelques avantages. Les chimpanzés de Jane Goodall ont été obligés d'éliminer un par un les membres de la communauté voisine, alors que Josué a pu massacrer d'un seul coup la population de villes tout entières. La tâche n'avait rien d'aisé, car la plupart des villes étaient entourées de murailles. Le coup des trompettes n'a marché qu'une fois, à Jéricho. Josué a dû ouvrir une brèche dans les enceintes des autres villes sans intervention divine. À Aï, il a employé la ruse. Il a envoyé un petit détachement attaquer la ville, alors que le gros de ses troupes se tenait en embuscade un peu plus loin. Le détachement s'est lancé à l'attaque et a immédiatement fait retraite. Les habitants d'Aï se sont mis à sa poursuite, persuadés d'avoir vaincu l'ennemi et de n'avoir plus qu'à lui porter le coup de grâce. Ils ont laissé la ville ouverte, sans défense, et se sont jetés tête baissée dans le piège que leur tendait Josué.

La ruse est une de nos spécialités, ce qui nous ramène à la théorie de l'esprit. Josué a pu deviner ce qu'allaient faire les habitants d'Aï, parce qu'il était capable d'imaginer leur mode de réflexion. Il savait qu'ils pouvaient se faire abuser et il a inventé un plan complexe pour les tromper. Un autre de ses atouts était d'être capable de communiquer son plan à ses généraux.

Bien sûr, il était à la tête d'une très grosse armée, ce qui ne pouvait nuire à sa cause. Mais il s'agissait là encore d'une sorte de réussite cognitive. Pour les membres d'une communauté de chimpanzés, *nous* ne comprend que les individus qui sont reconnus. Un individu que l'on ne reconnaît pas est automatiquement considéré comme l'un d'*eux*. À l'époque de Josué, les groupes humains étaient devenus si importants que leurs membres ne pouvaient pas tous se connaître — le groupe était devenu un concept, une idée. Quand Josué a rencontré un étranger devant les murailles de Jéricho, il a dû lui *demander* : « Es-tu pour nous, ou pour nos ennemis ? » — es-tu l'un de *nous* ou l'un d'*eux* ? Pouvoir former des groupes plus importants que ceux de vos ennemis est un progrès cognitif dont les avantages sont évidents. On se demande ce qui se serait passé si Jéricho, Aï, Makkedah, Libnah, Lakich et Eglôn avaient pu s'allier contre Josué. Mais si ces cités s'étaient entourées de murailles, c'était pour une bonne raison : pour protéger leur population respective des autres.

Bien que les chimpanzés soient incapables d'accomplir le bond cognitif nécessaire pour pouvoir considérer un étranger comme l'un de *nous*, cette espèce possède, sous forme embryonnaire, un grand nombre de nos autres compétences. Même la ruse. Jane Goodall cite un certain nombre d'exemples où des chimpanzés ont fait preuve de duplicité pour parvenir à leurs fins. Voici, par exemple, l'histoire de Figan et de la banane. Pendant les premières années que Jane Goodall a passées en Tanzanie, elle avait l'habitude d'attirer les chimpanzés avec des caisses de bananes. Habituellement, les mâles dominants en mangeaient la plus grande partie. Pour permettre aux femelles et aux jeunes mâles d'obtenir leur dû, elle cachait quelques bananes dans les arbres. Un jour, un jeune chimpanzé nommé Figan a aperçu une banane suspendue dans un arbre juste au-dessus d'un mâle dominant. Si Figan avait tendu le bras pour l'atteindre, le grand mâle l'aurait interceptée. Figan s'est alors déplacé jusqu'à un endroit d'où il ne pouvait pas voir la banane et il a attendu. Dès que le grand mâle s'est éloigné, Figan est allé chercher la banane. En s'asseyant à un endroit d'où il ne pouvait pas voir l'objet qu'il convoitait, il s'assurait que son regard ne le trahirait pas.

Les chimpanzés ne sont pas comme les enfants autistes ; ils sont conscients de l'importance du regard. Après une bagarre entre compagnons d'un même groupe, à en croire Frans De Waal, spécialiste de primatologie, les deux animaux doivent établir un contact visuel avant de pouvoir s'embrasser et se réconcilier. « Comme si les chimpanzés ne se fiaient pas aux intentions de l'autre sans le regarder dans les yeux. »

Les chimpanzés possèdent-ils une théorie de l'esprit ? Il n'est pas facile de répondre à cette question, parce que la théorie de l'esprit n'est pas une entité finie. Les enfants humains l'élaborent progressivement, au cours des premières années de leur vie. Les chercheurs s'interrogent aujourd'hui sur son existence chez les chimpanzés et, le cas échéant, sur ses limites. Mais on peut dire sans trop de risque que, dans ce domaine, les chimpanzés doivent s'incliner devant des enfants de quatre ans. Quant à savoir s'ils ressemblent plus, à cet égard, à des enfants de trois ans ou de deux ans, c'est sans doute moins important que l'existence de différences indéniables entre les espèces. Ces différences sont innées, dictées par la nature. Même élevé dans un environnement humain, un chimpanzé ne saura jamais aussi bien lire dans les pensées qu'un petit humain de quatre ans.

Nous n'avons pas acquis notre module social au cours de nos six millions d'années d'évolution distincte — nous le possédions dès l'origine. Mais ces six millions d'années nous ont appris à mieux l'utiliser. Presque toutes nos acquisitions ont été le fruit de notre adaptation à la vie en groupe. Prenez le langage, par exemple. À quoi sert-il si vous n'avez personne à qui parler ? La faculté de communiquer est si précieuse pour les animaux qui vivent en groupes sociaux que les abeilles elles-mêmes ont mis au point une méthode pour se transmettre des informations. Peut-être les Kahamiens auraient-ils connu un autre sort si Godi avait pu se traîner vers les membres de son groupe en hurlant : « Les Kasakeliens arrivent ! Les Kasakeliens arrivent ! » Cette information n'aurait pas sauvé Godi, mais elle aurait peut-être sauvé son groupe.

Le cerveau humain est un outil dont la fonction majeure est de nous permettre de composer avec notre environnement social. Arriver à composer avec notre environnement physique est un bienfait secondaire. Linda Caporael, psychologue spécialiste de l'évolution, remarque que, face à des objets ambigus ou ennuyeux, nous essayons d'établir des relations sociales avec eux. Nous les personnalisons. Nous disons : « Tu vas démarrer, tête de mule ! », à nos voitures. Nous demandons à nos ordinateurs d'être sympas. Et nous attribuons les phénomènes que nous ne comprenons pas ou que nous sommes incapables de maîtriser à des entités que nous appelons Dieu ou Nature, et auxquelles nous imputons des intentions sociales humaines telles que la soif de vengeance, la jalousie et la compassion.

Parents, enfants et évolution

L'un des objectifs reconnus du langage est la transmission de la culture — vraisemblablement de parent à enfant, selon l'hypothèse du primat de l'éducation parentale. Pourtant, comme nous l'avons vu au chapitre précédent, dans la plupart des civilisations, les parents n'apprennent pas à parler à leurs enfants. Le langage n'est pas indispensable à l'éducation. Les enfants de couples sourds n'apprennent pas tous le langage des signes. Ils ne peuvent donc communiquer avec leurs parents que d'une manière très rudimentaire, mais cela ne leur pose pas de problème. Les mammifères se débrouillent depuis des millions d'années pour élever leurs petits sans l'aide du langage.

L'hypothèse du primat parental sous-entend que les enfants naissent avec un cerveau vide que leurs parents seraient chargés de remplir. Il est évident que les enfants apprennent certaines choses par l'intermédiaire de leurs parents, mais ceux-ci ne sont pas leur *seule* source d'informations. Si les enfants humains acquièrent après leur naissance une large part de ce qu'ils ont besoin de savoir, il ne serait pas raisonnable, du point de vue de l'évolution, de confier aux parents le monopole de cet apprentissage. À long terme, il n'est pas dans l'intérêt d'une progéniture de trop dépendre de l'influence de ses parents. Je vais vous en donner quatre raisons.

D'abord, comme l'a fait observer David Rowe, spécialiste de génétique du comportement, la prédisposition à n'apprendre que par l'intermédiaire des parents empêcherait la progéniture d'adopter les innovations utiles introduites par d'autres membres de la communauté. Or la capacité de découvrir des innovations utiles est plus prononcée chez les jeunes animaux (j'y reviendrai au chapitre 9). Aussi a-t-on tout intérêt à s'informer auprès de ses pairs aussi bien qu'auprès de ses aînés. Ce que l'on apprend de ses pairs a de surcroît de meilleures chances d'être plus opportun, mieux adapté aux conditions du moment.

La deuxième raison est liée à la variété. La meilleure manière de produire des petits qui sont l'exacte réplique de leurs parents consiste à les cloner. Certaines espèces de plantes et d'animaux utilisent cette méthode. Le clonage est d'une admirable efficacité. Noé aurait pu remplir son Arche en moitié moins de temps s'il s'était spécialisé dans des espèces qui se reproduisent par clonage : il ne lui aurait fallu qu'un exemplaire de chaque animal. Mais chaque clone est absolument identique à ses frères et sœurs, si bien que la présence du moindre élément susceptible de tuer l'un deux — un micro-organisme mortel par exemple — peut les tuer tous. L'avantage de la reproduction sexuée est d'introduire de la diversité dans la descendance (chaque rencontre d'un ovule et d'un spermatozoïde produit une combinaison unique de gènes). Elle a permis à des organismes plus grands de conserver une marge d'avance sur les plus petits qui les importunaient. La diversité de la progéniture présente d'autres avantages encore. En des temps qui changent, elle augmente la probabilité qu'un des petits soit mieux adapté aux conditions nouvelles et parvienne ainsi à survivre. En des temps difficiles, elle augmente le nombre de niches écologiques que peuvent occuper les membres de la famille. Et que les temps soient bons ou mauvais, la diversité au sein d'une famille permet de disposer d'un plus vaste éventail de talents et d'une base de connaissances plus large, qui profiteront à la famille dans son ensemble.

Comme les autres animaux que Noé invita à monter dans l'Arche, les humains héritent de leurs parents un grand nombre de leurs caractéristiques comportementales. Si les parents avaient de surcroît le pouvoir d'influencer leurs enfants par des moyens environnementaux, les enfants ressembleraient trop à leurs parents et ils se ressembleraient trop entre eux, tels de petits clones.

Nous en arrivons à la troisième raison pour laquelle il ne serait pas raisonnable du point de vue de l'évolution de confier aux parents la programmation des enfants : ces derniers ne peuvent pas être assurés d'avoir des parents. Nous nous inquiétons aujourd'hui pour les enfants élevés dans des familles monoparentales et comparons la situation actuelle aux temps bénis d'il y a cinquante ans, où les parents allaient toujours par paire, prêts à monter dans l'Arche. Mais les enfants des temps ancestraux ne pouvaient pas compter sur la présence de deux parents, un de chaque sexe. Napoleon Chagnon, un anthropologue, raconte que chez les Yanomamös — les Indiens d'Amazonie qui habitent les forêts pluviales du Brésil et du Venezuela —, un enfant n'a qu'une chance sur trois de vivre encore avec ses parents biologiques à dix ans. Si le taux de divorce est relativement faible chez les Yanomamös — selon les estimations de Chagnon, 20 % des mariages se terminent par une rupture — le taux de mortalité est, en revanche, très élevé. Dans une société tribale ou ancestrale, les chances de survie d'un enfant diminuent s'il perd l'un de ses parents, mais elles ne sont pas nulles. Si les enfants avaient besoin de leurs parents pour apprendre ce qu'ils doivent absolument savoir, la perte d'un parent les condamnerait à mort.

La dernière raison est liée au conflit d'intérêts entre parents et enfants. Comme l'a souligné Robert Trivers, biologiste spécialiste de l'évolution, ce qui est le plus avantageux pour les parents ne l'est pas forcément pour les enfants. Prenez le sevrage par exemple. Une mère peut avoir envie de sevrer son enfant pour être disponible pour un nouveau bébé, mais l'enfant, lui, désire être allaité le plus longtemps possible. Quant au nouveau bébé, qu'il aille au diable ! Trivers s'appuie sur ce conflit d'intérêts pour expliquer que les enfants humains recommencent souvent à se conduire en bébés après la naissance d'un nouvel enfant. On a d'ailleurs observé le même comportement chez les jeunes anthropoïdes et autres singes. Les parents ayant tendance à s'occuper en priorité des plus jeunes et des plus vulnérables de leurs petits, celui qui se conduit puérilement pourrait inciter les parents à lui donner plus que son dû. Le petit qui se montre le plus convaincant à manifester son besoin sera toujours nourri le premier.

Il y a d'autres domaines où les intérêts des parents peuvent ne pas coïncider avec ceux de l'enfant. Les parents peuvent, par exemple, souhaiter que leur fille reste à la maison pour s'occuper d'eux quand ils seront vieux, qu'elle serve de bonne aux enfants de son frère, ou épouse un vieux riche qui leur en proposera un bon prix, alors qu'elle a d'autres projets. Trivers en conclut que, pour la progéniture, la meilleure politique est de veiller sur ses propres intérêts tout en essayant de rester en bons termes avec ses parents :

> La progéniture ne doit pas attendre de ses parents des conseils désintéressés. Elle est censée être préprogrammée pour résister à certaines manipulations parentales tout en se montrant réceptive à d'autres formes. Quand le parent impose un système de renforcement arbitraire (sanction ou récompense) pour manipuler sa progéniture et l'inciter à agir dans son intérêt à lui, la sélection [naturelle] favorisera la progéniture qui résiste à de tels programmes de renforce-

ment. Elle peut commencer par s'y plier, tout en cherchant d'autres solutions pour faire prévaloir son intérêt personnel.

Dans bien des cas, comme l'indique Frank Sulloway, spécialiste d'histoire de la science, le conflit entre parent et progéniture se résume à un conflit entre frères et sœurs : chaque enfant veut plus que sa part des ressources familiales, alors que le parent cherche à distribuer les ressources là où elles seront le plus utiles. Aussi, selon Sulloway, les frères sont-ils des rivaux naturels, enfermés dans une lutte darwinienne pour la survie. Il prend pour modèle des relations familiales le fou à pied bleu, une espèce dans laquelle le plus gros oisillon de la nichée limite la compétition pour attirer l'attention parentale en mettant le plus petit à mort à coups de bec.

Mais nous avons fait un sacré bout de chemin depuis le fou à pied bleu. Notre proche parent, le chimpanzé, nous offre un modèle plus instructif. Selon Jane Goodall, deux chimpanzés mâles nés de la même mère à cinq ou six ans d'écart (l'intervalle habituel entre deux naissances dans cette espèce) seront des camarades de jeu pendant leur enfance et des alliés à l'âge adulte. Quand le plus jeune est encore petit, son frère aîné se montre doux et protecteur à son égard ; les jeux se font plus brutaux lorsqu'ils grandissent. À un moment ou à un autre, il peut arriver que le plus jeune conteste la domination de son grand frère, mais, une fois cette question réglée, leurs relations ont de bonnes chances de redevenir amicales. Ces amitiés ont une grande importance pour les chimpanzés mâles, parce que les frères se soutiennent habituellement dans les conflits de domination avec d'autres mâles. « Je vais le dire à mon grand frère, et il va te casser la figure » n'est pas une vaine menace chez les primates.

Quand les Kellogg ont entrepris d'élever un chimpanzé dans un « environnement civilisé », ils savaient qu'ils imposaient à Gua un environnement auquel l'évolution ne l'avait pas destinée. Cette idée ne leur a sans doute jamais traversé l'esprit, mais Donald n'y avait pas été destiné non plus. Donald et Gua étaient voués, l'un comme l'autre, à vivre dans les forêts et les savanes africaines, et non dans une maison de l'Indiana avec du papier peint au mur et des sanitaires au fond du couloir. Nous avons tort d'imaginer avoir un aperçu de la nature humaine primitive en voyant nos enfants se disputer la télécommande.

Au cours des six derniers millions d'années — à l'exception de leur ultime frange —, nos ancêtres ont vécu dans de petits groupes nomades de chasseurs-cueilleurs. Ils ont survécu à un environnement rempli de dangers, dont le plus grave était celui que faisait peser sur eux le groupe ennemi. La vie des enfants chasseurs-cueilleurs dépendait davantage de la survie de leur groupe que de celle de leurs parents ; en effet, même si leurs parents mouraient, ils avaient une chance de survivre si leur groupe survivait. Leur meilleur espoir de réussite était de devenir un membre précieux du groupe le plus vite possible et de la manière la plus convaincante possible. Une fois passé l'âge du sevrage, ils n'appartenaient plus seulement à leurs parents, mais au groupe. Leurs perspectives d'avenir ne dépendaient pas de l'amour qu'ils pourraient inspirer à leurs parents, mais de leur faculté de s'entendre avec les autres membres du groupe — et plus particulièrement avec les membres de leur propre génération, les gens avec lesquels ils allaient passer le restant de leur vie.

L'esprit de l'enfant — l'esprit de l'enfant moderne — est le produit de ces six millions d'années d'évolution. Dans le chapitre qui suit, vous verrez comment cela se manifeste dans le comportement social de l'enfant.

7

EUX ET *NOUS*

Sa Majesté des mouches, roman paru en 1954 et qui valut à son auteur William Golding le prix Nobel de littérature, raconte l'histoire d'une vingtaine d'écoliers anglais échoués sur une île tropicale et livrés à eux-mêmes pendant plusieurs mois. Le climat est agréable, la nourriture abondante, il n'y a ni adultes ni devoirs à faire, et pourtant la vie n'est pas rose. À peine leurs cheveux sont-ils assez longs pour être attachés en queue de cheval que les garçons commencent à s'entre-tuer.

Après le tableau sanglant de l'histoire humaine et préhumaine que je viens de vous brosser, vous pourriez penser que je souscris à la vision de la Vie à l'Écart de la Civilisation proposée par Golding. Eh bien non. Golding n'a rien compris.

Il a commis un certain nombre d'erreurs, qui ne relèvent pas toutes de la psychologie. Les enfants se servent ainsi de lunettes pour focaliser les rayons du soleil et allumer un feu, mais ces lunettes appartiennent à un certain Piggy, qui est myope. Or seuls les verres grossissants utilisés pour corriger la presbytie permettent de faire du feu. Les plus jeunes — les « p'tits », comme les appelle Golding — passent leur temps à jouer entre eux, sans se mêler aux plus grands. Pourtant, tous les jeunes garçons sont fascinés par leurs aînés et recherchent leur compagnie, fût-ce au risque de se faire rabrouer. Piggy conserve son accent populaire — il est le seul enfant issu d'un milieu modeste — après avoir passé plusieurs mois sur l'île. Dans la vie réelle, il aurait rapidement adopté la façon de parler de ses camarades.

Mais la plus grave erreur de Golding concerne la manière dont les garçons commencent à s'entre-tuer. Je ne parle pas du *fait* qu'ils s'entre-tuent, mais de la façon dont cela se passe. Il y a deux chefs, Ralph et Jack. Dans le symbolisme un peu primaire de Golding, Ralph représente la loi et l'ordre, tandis que Jack incarne la sauvagerie et le chaos. Un par un, les garçons passent dans le camp de Jack, à l'exception de Ralph, de Piggy et d'un curieux garçon nommé Simon. Simon se fait tuer, Piggy se fait tuer, et Ralph, poursuivi par la meute déchaînée, ne doit son salut qu'à l'arrivée providentielle d'un adulte.

Je ne suis pas la première à trouver à redire à cette histoire. Ashley Montagu, dont j'ai mentionné l'opposition à la guerre et à l'instinct au chapitre précédent, affirmait, il y a plus de vingt ans, que *Sa Majesté des mouches* n'était pas réaliste. Il citait un cas réel, celui de six ou sept enfants mélanésiens. Échoués sur une île déserte pendant plusieurs mois, ils s'étaient parfaitement bien débrouillés. Dans la version du roman revue et corrigée par Montagu, au moment où un adulte arrive enfin pour tirer la morale de l'histoire, il ne dirait pas : « J'aurais imaginé qu'une bande de jeunes Britanniques — vous êtes tous sujets de Sa Majesté, n'est-ce pas ? — donnerait un spectacle de meilleure qualité. » Il dirait : « Bien joué, les gars ! »

Mais Montagu se trompait, lui aussi. Le cas des enfants mélanésiens est très différent : ils se connaissaient depuis toujours — ils appartenaient probablement à la même famille élargie — et ils n'étaient que six ou sept. D'après moi, les garçons de Golding devaient être une bonne vingtaine sur leur île, et la plupart d'entre eux ne s'étaient jamais rencontrés auparavant.

Si vous vous trouviez sur une île déserte avec des gens que vous connaissez depuis longtemps et d'autres que vous n'avez jamais vus, vous auriez certainement tendance à rechercher la compagnie des premiers. Mais, dans le roman de Golding, les garçons qui se connaissent — avant leur arrivée dans l'île, ils faisaient partie d'une chorale dirigée par Jack — se dispersent immédiatement et certains suivent Ralph.

Dans la réalité, les choses ne se seraient pas passées ainsi. Les membres de la chorale seraient restés avec Jack et les autres auraient rejoint Ralph, ou encore les élèves fréquentant une école privée se seraient séparés des élèves du public, formant ainsi deux groupes, condition sine qua non pour se faire la guerre. Ils en seraient peut-être venus aux mains, le sang aurait peut-être coulé, mais l'antagonisme ne se serait pas manifesté entre un groupe et un individu. L'hostilité aurait opposé deux groupes.

À l'instar du philosophe anglais Thomas Hobbes, Golding pensait que sans civilisation le monde serait une jungle : chacun pour soi et le diable pour tous. Montagu rejoignait Jean-Jacques Rousseau pour imaginer qu'un monde sans civilisation ressemblerait à une communauté hippie bien gérée : tout le monde fait sa part de travail, on partage la nourriture et on a tout le temps qu'on veut pour s'enivrer du parfum des fleurs. Selon moi, ils ont tort tous les quatre.

C'est Darwin qui a raison. « Les tribus occupant des territoires voisins sont presque toujours en guerre les unes contre les autres », écrit-il, et pourtant « un sauvage risquera sa vie pour sauver celle d'un membre de sa communauté ». « Les instincts sociaux ne s'étendent jamais à *tous* les individus de la même espèce. » On considérera que les hommes sont belliqueux ou indulgents, égoïstes ou altruistes selon que l'on observera leur comportement vis-à-vis des membres de leur propre groupe ou par rapport à ceux d'un autre groupe.

L'expérience de Robbers Cave

Que se passerait-il *réellement* si on lâchait une vingtaine d'écoliers dans la nature et si on les laissait se débrouiller tout seuls ? En 1954 — l'année même où paraissait *Sa Majesté des mouches* —, une équipe de chercheurs de l'université de l'Oklahoma s'est donné pour tâche de l'établir. L'expérience — une étude scientifique sur les relations de groupe — a été soigneusement préparée.

Les sujets — au nombre de vingt-deux exactement — ont été sélectionnés en fonction de leurs ressemblances. Ils étaient tous de sexe masculin, blancs et protestants. Ils avaient tous onze ans. Leur QI était moyen, ou légèrement supérieur à la moyenne et leur niveau scolaire également. Aucun ne portait de lunettes. Aucun n'était particulièrement gros. Aucun n'avait jamais eu le moindre problème. Aucun n'étant originaire d'un autre État, ils avaient tous le même accent, celui de l'Oklahoma. Et ils venaient tous d'écoles publiques différentes, si bien qu'ils ne se connaissaient pas entre eux avant l'expérience.

On a divisé ce groupe homogène de vingt-deux garçons en deux sous-groupes de onze. Chaque groupe a été acheminé séparément vers un camp scout situé dans le parc national de Robbers Cave, une région montagneuse, très boisée, du sud-est de l'Oklahoma.

Les garçons croyaient participer à un camp de trois semaines, et ils n'avaient pas entièrement tort. Leur vie ne différait guère de celle d'un camp de vacances ordinaire. Les « moniteurs » leur avaient évidemment soigneusement caché qu'ils étaient des chercheurs chargés d'observer et de noter discrètement tous leurs faits et gestes.

Au début, chacun des deux groupes, les « Crotales » et les « Aigles » (noms qu'ils avaient choisis eux-mêmes), ignorait la présence de l'autre. Arrivés dans des cars différents, ils prenaient leurs repas dans le même réfectoire mais à d'autres heures. On les avait installés dans des parties du camp très éloignées. L'idée des chercheurs était de laisser croire à chaque groupe qu'il était seul sur les lieux, pendant environ une semaine. Ils avaient ensuite l'intention de révéler à chaque groupe la présence de l'autre, de mettre les deux groupes en compétition et d'observer les résultats. La compétition devait, selon eux, entraîner l'hostilité. Mais les garçons ont pris les devants. L'hostilité s'est manifestée avant même la première rencontre. La première fois que les « Crotales » ont entendu les « Aigles » jouer au loin, ils ont décidé de les « virer ». Les garçons ont proposé eux-mêmes de se mesurer les uns aux autres, sans suggestion des adultes. Et leur envie d'en découdre était telle que les chercheurs ont eu du mal à s'en tenir au programme prévu. La « phase 1 » devait leur permettre d'étudier le comportement à *l'intérieur* du groupe. La compétition intergroupe n'était pas censée se manifester avant la « phase 2 ».

Le programme prévu pour cette deuxième phase comportait les activités habituelles des camps de vacances : base-ball, lutte à la corde, chasse au trésor, avec prix à l'appui. Les chercheurs se conduisaient comme des moniteurs ordinaires. Ils étaient simplement un peu plus discrets, n'intervenant qu'en cas de nécessité. Mais la situation s'est rapidement dégradée. Les insultes ont fusé dès la première rencontre officielle entre Aigles et Crotales, un match de base-ball. Avant le début de la partie, les Crotales avaient hissé leur drapeau sur la cage du batteur — ils considéraient que le terrain leur appartenait. À la fin, les Aigles, qui avaient perdu, ont déchiré ce drapeau et l'ont brûlé. Les Crotales y ont vu une offense. Les moniteurs ont dû intervenir pour séparer les garçons qui s'étaient pris au collet.

Et les hostilités ont continué. Les Aigles ayant remporté un tournoi de lutte à la corde, les Crotales ont organisé une descente de nuit dans leur bungalow. Ils ont retourné les matelas, arraché les moustiquaires et volé — entre autres objets — un blue-jean dont ils ont fait leur nouveau drapeau. Les Aigles ont riposté par une audacieuse incursion en plein jour chez les Crotales, dont ils ont mis le bungalow sens dessus dessous. Ils ne s'attendaient pas à trouver les Crotales chez eux mais, à tout hasard, ils s'étaient armés de bâtons et de battes de base-ball. De retour dans leur camp, ils ont préparé leur défense en prévision d'une contre-attaque : chaussettes remplies de cailloux et provision de pierres pouvant servir de projectiles. Ces enfants ne se contentaient pas de *jouer* à la guerre. En très peu de temps, ils étaient passés des insultes aux coups de bâton et aux jets de pierres.

J'imagine le soulagement des chercheurs quand ils ont pu passer à la phase 3, qui consistait à mettre fin aux hostilités et à rassembler les deux groupes belligérants en un seul groupe pacifique. Mais il est beaucoup plus facile de monter les gens les uns contre les autres que de les réconcilier. Les premières tentatives des chercheurs pour apaiser les tensions en faisant participer les deux groupes à des activités communes n'impliquant aucune rivalité se sont soldées par un échec. Les repas en commun n'ont pas tardé à transformer le réfectoire en champ de bataille. Il a fallu inventer un « objectif extraordinaire » — un ennemi commun trop important pour qu'un groupe puisse le combattre à lui seul.

Les chercheurs ont inventé plusieurs situations de ce genre. Ils ont annoncé que le système d'adduction d'eau du camp ne fonctionnait plus normalement et qu'ils soupçonnaient des vandales — extérieurs au camp — de l'avoir saboté. Il fallait inspecter l'ensemble des canalisations et tous les garçons des deux groupes devaient s'y mettre. Un camion de ravitaillement tomba, comme par hasard, en panne dans une côte, et les forces conjuguées des Aigles et des Crotales furent nécessaires pour le faire redémarrer. Les chercheurs éloignèrent aussi les garçons du camp — territoire que les deux groupes s'étaient disputé — pour leur faire planter leurs tentes au bord d'un lac. À la fin de l'expérience, une trêve précaire avait remplacé l'état de guerre ouverte de la phase 2. Mais, à mon avis, il aurait suffi qu'un Crotale écrase par mégarde le pied d'un Aigle, ou qu'un Aigle renverse malencontreusement la limonade d'un Crotale pour que les hostilités reprennent.

L'esprit de groupe

Muzafer Sherif, le psychologue qui a dirigé l'équipe de recherche de Robbers Cave, n'a pas été récompensé par un prix Nobel ; il n'y a pas de prix Nobel de psychologie, ni de sociologie du reste. Mais les manuels de psychologie et de sociologie citent encore cette expérience. Personne ne l'a jamais reproduite, parce que ce serait à la fois trop dangereux et inutile. Les conclusions du travail de Sherif sont parfaitement convaincantes : prenez un groupe de garçons, laissez-leur le temps de se forger une identité de groupe, faites-leur savoir qu'un autre groupe revendique des droits sur un territoire qu'ils considèrent comme le leur ; il en résultera fatalement une hostilité entre les deux groupes.

Mais l'expérience de Robbers Cave n'a pas épuisé le sujet. Que se passerait-il si les garçons n'avaient pas le temps de se forger une identité de groupe ? Et s'ils n'avaient pas de territoire à défendre ? Dans la nature sauvage du sud-est de l'Oklahoma, Sherif et son équipe avaient dû affronter serpents, moustiques et plantes toxiques, sans parler des chaussettes bourrées de cailloux. Mais c'est dans le calme et le confort d'un laboratoire que les recherches suivantes se sont faites.

Les garçons choisis comme cobayes par le psychologue Henri Tajfel étaient des Anglais de quatorze à quinze ans, élèves d'une école de Bristol. Ils se connaissaient tous avant d'être réunis, par groupes de huit, dans le laboratoire de Tajfel. On a commencé par leur faire passer un test de « discrimination visuelle » : on a projeté sur un écran des taches faites de plusieurs points et on leur a demandé d'estimer le nombre de points que comportait chaque tache. Après ce test, on leur a expliqué que certaines personnes avaient tendance à surestimer le nombre de points, et d'autres à le sous-estimer. Puis, après avoir ostensiblement « noté » leurs résultats, on les a emmenés un par un dans une autre pièce pour leur annoncer personnellement à quel groupe ils appartenaient, les « surestimateurs » ou les « sous-estimateurs ». En réalité, cette répartition était parfaitement arbitraire et ne tenait absolument pas compte des résultats des tests : on a simplement rangé une moitié des sujets dans le groupe des surestimateurs, et l'autre moitié dans celui des sous-estimateurs.

C'est ensuite que commençait la *véritable* expérience. Installé dans un isoloir, chaque garçon devait remplir une « fiche de salaire ». On lui demandait d'estimer combien il fallait verser à plusieurs de ses camarades de classe pour leur participation à l'expérience. Les sujets n'étaient identifiés que par un numéro et par leur groupe. Un garçon classé parmi les « surestimateurs » devait ainsi cocher sur une liste de montants possibles combien il fallait remettre au « sujet numéro 61 du groupe des surestimateurs » et combien toucherait le « sujet numéro 74 du groupe des sous-estimateurs ». Quelle que fût sa décision — ce point était bien précisé dans les instructions —, elle n'affecterait pas sa propre rémunération.

Les garçons ignoraient qui se trouvait dans tel ou tel groupe. Ils ne connaissaient pas l'identité des camarades auxquels ils attribuaient un salaire. Et pourtant ils ont mieux payé les membres de leur groupe que ceux de l'autre groupe. Leur motivation était apparemment de *sous-payer* les membres de l'autre groupe autant que de *surpayer* les membres de leur propre groupe.

Cette expérience montre qu'il ne faut pas grand-chose pour susciter ce que Tajfel appelle l'« esprit de groupe ». Il est inutile d'éprouver une amitié de longue date pour les membres de son groupe et de l'hostilité pour les autres. Il est inutile d'avoir un territoire à se disputer, ou de se distinguer par des caractéristiques physiques ou comportementales. Il est même inutile de connaître l'identité des membres de son groupe. « Il semble, conclut Tajfel, que la simple division en groupes suffise à déclencher des comportements discriminatoires. »

Cette division en groupes peut se produire en un rien de temps et sans l'aide d'un chercheur. L'autocar qui conduisait les Crotales au camp de Robbers Cave arriva un peu en retard à l'un des points de ramassage. Les quatre garçons qui attendaient là depuis une bonne demi-heure avaient déjà élaboré un certain esprit de groupe. Ils se sont installés l'un à côté de l'autre dans le car et, arrivés au camp, ont demandé s'ils pouvaient rester ensemble, se désignant comme « nous, ceux du quartier sud ». Il a fallu plusieurs jours de vie commune — et des expériences comme la rencontre d'un vrai crotale ou la nécessité de participer tous au montage d'une tente — pour que « ceux du quartier sud » s'intègrent au reste du groupe.

Dans *Sa Majesté des mouches*, la chorale fait sa première apparition en défilant en bon ordre sous la conduite de Jack. Chaque choriste porte « un chapeau noir carré avec un insigne argenté ». Avant l'accident d'avion qui explique leur arrivée dans l'île, ces garçons fréquentaient probablement une école privée très chic.

À cette époque (les années cinquante), les garçons qui fréquentaient ce genre d'établissement étaient épouvantablement snobs. Ils se reconnaissaient entre eux à leur accent, à la cravate ou à la casquette de leur école, et n'éprouvaient que mépris pour les élèves « du public ». Pourtant, dans le roman de Golding, le clivage ne se fait pas en fonction des classes sociales. Les élèves de la même école ne restent pas ensemble. Ils abandonnent sur-le-champ le moindre vestige de leur vie passée : les petits choristes ne chanteront plus une seule note ensemble.

Les Crotales et les Aigles n'ont pas renoncé à tout vestige de leur vie passée. Ils étaient tous issus de familles protestantes pratiquantes et, dès leur arrivée au camp, les deux groupes ont décidé, indépendamment l'un de l'autre, de dire une prière avant les repas. Malgré l'animosité qui régnait entre les deux groupes, les Crotales ont salué les Aigles d'un « Hip-hip-hip-hourrah » retentissant après les avoir battus au base-ball. Féliciter les perdants était probablement une tradition des écoles de l'Oklahoma. Lorsque de nouveaux groupes se forment, leurs membres recherchent, et conservent généralement, ce qui les réunit.

On ne demande pas aux romanciers d'être des psychologues professionnels, mais on aimerait qu'ils soient de bons observateurs des comportements humains. Or Golding se trompe sur toute la ligne. Je ne veux pas dire que la violence de groupe n'existe pas ; il arrive qu'une foule se jette sur un individu pour le tuer. Mais l'individu en question est généralement perçu comme un étranger. En cas de dissensions et de luttes de pouvoir à l'intérieur d'un groupe, ces différends internes sont généralement oubliés dès qu'un autre groupe — un ennemi potentiel — se profile à l'horizon. Selon moi, les garçons de Golding auraient dû se diviser en deux groupes. Au sein de chaque groupe, les enfants se seraient probablement comportés comme les jeunes Mélanésiens, tandis qu'entre les deux groupes, les choses se seraient sans doute passées comme entre les Aigles et les Crotales, à cette différence près qu'il n'y avait pas de moniteurs pour éviter que les conflits ne dégénèrent.

Diviser le monde

« Nommer quelque chose, dit le linguiste S. I. Hayakawa, c'est déjà classifier. » Nommer, classifier, étiqueter, ranger, diviser les gens et les objets en groupes est une activité constante de l'esprit humain. Notre cerveau est construit comme cela. Il serait inefficace d'apprendre à appréhender individuellement chaque objet, chaque animal, chaque personne. Voilà pourquoi nous créons des catégories — « voitures », « vaches », « hommes politiques », par exemple —, ce qui nous permet d'appliquer ce que nous savons d'un élément d'une catégorie à tous les éléments de cette catégorie. Américain d'origine japonaise et linguiste entré en politique, Hayakawa a insisté sur les dangers de la catégorisation. « La vache 1 n'est pas la vache 2, rappelle-t-il à ses lecteurs. Et l'homme politique A n'est pas l'homme politique B. »

Hayakawa croyait à la théorie — dite « hypothèse de Whorf » — selon laquelle notre manière de disséquer la réalité en catégories serait entièrement arbitraire. Pour lui, c'est parce que nous attribuons un nom à une catégorie que notre cerveau catalogue les choses d'une manière spécifique. Il y a du vrai dans cette théorie. Quand Henri Tajfel apprend à un écolier de Bristol qu'il est un surestimateur, il inscrit dans le cerveau du jeune garçon une nouvelle catégorie, qui ne s'y trouvait pas auparavant.

Mais comme beaucoup de « lois » de psychologie, l'hypothèse de Whorf ne s'applique ni à tout le monde ni tout le temps. Elle ne s'applique même pas à la plupart des gens la plupart du temps. La façon dont nous divisons le monde en catégories n'est généralement pas du tout arbitraire, qu'il s'agisse d'ensembles flous ou nettement délimités. *Le jour* et *la nuit*, par exemple, sont aussi différents que, disons, le jour et la nuit, bien qu'il soit difficile de déterminer quand finit l'un et quand l'autre commence. Les enfants apprennent rapidement à distinguer *le jour* de *la nuit* et à utiliser ces mots à bon escient. Mais il faut plusieurs années à un enfant américain pour apprendre que le cycle de vingt-quatre heures peut être divisé en deux moitiés de douze heures chacune, appelées respectivement *a.m.* et *p.m.* Cette distinction entre matin et après-midi est artificielle et peu convaincante, alors que nous serons conscients de la distinction jour-nuit même si nous n'avions pas de mots pour en rendre compte.

Selon l'hypothèse de Whorf, les bébés et les animaux seraient incapables de catégoriser, parce qu'ils ne disposent pas de mots pour désigner les catégories. Or cette thèse a été largement infirmée. Il est si facile de classifier, semble-t-il, que même les pigeons en sont capables. On a effectivement étudié les facultés de discrimination des pigeons, et ils s'en sont fort bien tirés. Un pigeon dressé à taper du bec sur un bouton quand on lui présente l'image d'une vache et sur un autre bouton quand on lui montre l'image d'une voiture réagira de la même manière devant des images de vaches et de voitures qu'il n'a jamais vues [1].

Ce n'est pas un mot qui fait la catégorie, c'est un concept. Pour pouvoir frapper sur le bon bouton, le pigeon doit posséder une sorte de concept de l'objet voiture puisqu'il est capable de classer une image qu'il n'a jamais vue dans la catégorie des voitures. Le pigeon n'a pas besoin de connaître le mot *voiture* pour se forger un concept de la voiture. Les bébés de trois

1. Je ne crois pas qu'on ait présenté aux pigeons des portraits d'hommes politiques. Pourtant, en matière de *statues* d'hommes politiques, ce sont de fins connaisseurs.

mois sont capables de catégoriser, eux aussi ; ils doivent donc être capables d'élaborer des concepts. Jean Piaget, célèbre spécialiste suisse du développement de l'enfant, les en jugeait incapables, mais il se trompait. En ce qui concerne les capacités conceptuelles des tout-petits, Piaget était donc un sous-estimateur.

Comment savons-nous aujourd'hui que les bébés sont capables d'élaborer des concepts ? Non, on ne leur demande pas de taper sur des boutons avec le bout de leur nez. On les ennuie. Les bébés se lassent facilement, et si on leur montre une série d'images de vaches, par exemple, ils s'en désintéressent rapidement. Mais si on les fait réagir en intercalant une image de cheval au milieu des images de vaches, on peut en déduire qu'ils font la différence entre une vache et un cheval.

Cette technique a permis de démontrer que des bébés, trop petits pour comprendre des mots, sont parfaitement capables de distinguer un chat d'un lion, un avion d'une voiture, un homme d'une femme. Ils font même très bien la différence entre un adulte et un enfant : à partir de six mois, ils se méfient des grandes personnes qu'ils ne connaissent pas, mais accordent aux enfants inconnus le bénéfice du doute. Ils réagissent aux différences faciales entre adultes et enfants et à leur différence de taille. Si vous montrez à un bébé le visage d'un adulte sur un corps d'enfant, il est étonné et amusé.

Sur les trois grandes catégories qui nous permettent de classer les individus, les bébés en connaissent donc deux, le sexe et l'âge, avant d'avoir atteint un an. La troisième, la race, est un concept assez flou, aux frontières arbitraires, qu'ils mettent plus de temps à appréhender. Les enfants sont incapables de dire au premier coup d'œil à quelle race appartiennent leurs camarades de classe (les adultes aussi, d'ailleurs) et la seule façon de le savoir avec certitude consiste à le demander. Il est vrai qu'ils procèdent souvent ainsi pour le sexe également.

Arbitraire ou non, la catégorisation a des effets prévisibles, et c'est ce qui inquiétait S. I. Hayakawa. Parlant de lui à la troisième personne, il exprime ainsi son aversion pour les catégories :

> L'auteur a passé toute sa vie au Canada et aux États-Unis, à part quelques voyages à l'étranger. Il parle assez mal japonais, avec un vocabulaire enfantin et un fort accent américain ; il ne sait ni le lire ni l'écrire. Et pourtant la classification exerçant, semble-t-il, un effet hypnotique sur certaines personnes, on lui attribue (ou on lui reproche) régulièrement « sa mentalité orientale ».

Contraste et assimilation

Si Hayakawa était exaspéré, c'était moins parce qu'on le désignait comme un « Oriental » (le terme n'avait rien d'insultant, à l'époque) que parce que les gens s'attendaient à ce qu'il présente toutes les caractéristiques attribuées aux membres de cette catégorie. C'est l'une des conséquences de la catégorisation : la tendance à considérer que les objets appartenant à une *même* catégorie sont plus semblables qu'ils ne le sont en réalité — et, réciproquement, la tendance à considérer que les objets appartenant à des catégories *différentes* sont plus différents qu'ils ne le sont vraiment.

Il ne s'agit pas nécessairement de personnes. Si l'on considère par exemple les deux grandes catégories d'animaux familiers, les *chiens* et les *chats*, le terme de « chien » évoque les caractéristiques communes à tous les chiens et que les chats ne possèdent pas. Nous imaginons l'archétype du chien — langue pendante, queue frétillante, impatient de jouer avec sa balle — et celui du chat — somnolent, lustré et suffisant. Dans une exposition canine, en voyant côte à côte épagneuls, caniches, lévriers, bouledogues et chihuahuas, nous serions frappés par les différences de physionomie et de tempérament de tous ces chiens. Mais face aux catégories *chiens* et *chats*, nous considérons que tous les chiens sont fondamentalement identiques, et notre esprit s'attache précisément aux caractéristiques qui les distinguent des chats. Cette tendance à exagérer les différences entre deux catégories juxtaposées est la source de ce que la psychologie sociale appelle les effets de contraste de groupes.

Pour provoquer un effet de contraste de groupes, il suffit de diviser les gens en deux groupes. Chaque groupe se considérera inévitablement comme différent de l'autre et, par voie de conséquence, la moindre différence initiale entre les deux groupes aura tendance à s'accentuer. Un cas particulièrement intéressant est celui où les deux groupes sont exactement identiques au départ ; en effet, s'il n'existe pas de différences entre eux, ils vont en créer. Dans l'expérience de Robbers Cave, les chercheurs avaient choisi des garçons aussi semblables que possible, obligeant les Crotales et les Aigles à trouver des manières de se distinguer. Pour ce faire, ils ont accentué différents aspects de certaines de leurs caractéristiques communes : une même formation religieuse et la tendance, habituelle dans tous les groupes de garçons, à parler grossièrement. Voici ce qui s'est passé après la deuxième partie de base-ball gagnée par les Aigles :

> Tout en marchant, les Aigles s'interrogent sur les raisons de leur victoire. Mason l'attribue à leurs prières. Myers renchérit et ajoute que, si les Crotales ont perdu, c'est parce qu'ils passent leur temps à dire des gros mots. Puis il s'écrie : « Hé, les gars, nous on va arrêter de dire des gros mots. Pour de vrai ! » Tous les garçons approuvent cette décision.

C'est ainsi que les Aigles devinrent le groupe des

bons protestants pour se distinguer du groupe des malpolis, les Crotales. Les « blanches colombes » s'opposaient ainsi aux « vilains garçons ». Et pourtant aucun de ces enfants ne se distinguait particulièrement dans un sens ou dans l'autre avant le début de l'expérience. Les chercheurs s'étaient donné beaucoup de mal pour trouver vingt-deux garçons parfaitement normaux.

La catégorisation accentue les différences entre groupes humains tout en atténuant les différences *à l'intérieur* des groupes. On appelle assimilation la tendance des membres d'un groupe à se ressembler de plus en plus au fil du temps. La vie en groupe exige un certain conformisme. C'est particulièrement vrai lorsqu'un groupe différent se trouve à proximité et encore plus vrai des caractéristiques qui distinguent (véritablement ou prétendument) les deux groupes. Au camp de Robbers Cave, les Crotales jouaient les durs de durs — ils n'étaient pas des poules mouillées. Un Aigle avait le droit (conféré par les autres Aigles) de pleurer s'il se foulait la cheville ou s'écorchait le genou, mais chez les Crotales il fallait serrer les dents. Les groupes d'enfants emploient différentes méthodes, parfois cruelles, pour faire respecter leurs règles de conduite tacites. Ceux qui ne veulent pas ou ne peuvent pas obéir à ces règles, ceux qui sont différents d'une manière ou d'une autre, risquent l'exclusion, les critiques, les moqueries. « Le clou qui dépasse doit être enfoncé à coups de marteau », dit-on au Japon. Quand on parle de « pression du groupe », on pense souvent à l'adolescence, mais c'est au cours de l'enfance que cette pression se manifeste avec le plus de force. À treize-quatorze ans, il n'est généralement plus nécessaire de sanctionner le non-conformisme. Les adolescents n'ont pas besoin d'être poussés au conformisme — leur désir de se fondre dans le groupe suffit.

Au début des années cinquante, le psychologue Solomon Asch, spécialiste des questions de société, a mené une série d'expériences sur le conformisme de groupe. Ses sujets étaient des étudiants. Lors d'une expérience typique, il rassemblait par exemple huit jeunes gens dans son laboratoire, leur annonçant qu'ils allaient participer à une étude sur les jugements perceptifs. En fait, un seul étudiant servait vraiment de cobaye, les autres étant des complices des chercheurs. Leur rôle consistait à s'asseoir autour d'une table avec le dindon — pardon, le sujet — et d'émettre, le plus sérieusement du monde, des jugements perceptifs incorrects. Ils ne devaient manifester ni surprise ni amusement lorsque les jugements émis par le sujet contredisaient ce qu'on leur avait demandé de dire.

Les cobayes n'ont pas tous cédé à la tentation du conformisme ; en grande majorité, ils ont continué à donner des réponses correctes même devant sept avis contraires. L'objectif de ces expériences n'était pas de révéler que l'individu cède nécessairement à la menace d'une humiliation publique, mais de montrer qu'il préférera mettre en doute ce qu'il voit de ses propres yeux plutôt que de contester l'opinion unanime de ses pairs. Le sujet n'accusait pas les autres de mentir ni de se liguer contre lui (c'était pourtant ce qu'ils faisaient). Il mettait en doute sa propre perception. « Je me suis demandé si j'y voyais clair », ont déclaré plusieurs cobayes.

Au sein du groupe

Insister sur la notion de conformisme de groupe ne revient pas à réduire le groupe à une bande de clones. Je l'ai dit au chapitre précédent, une famille de clones n'aurait guère de chances de remporter le prix de la survie du plus apte. Un groupe de clones non plus. Comme les familles, les groupes ont de meilleures chances de survie si leurs membres sont capables d'occuper une grande diversité de niches. Dans certaines circonstances, ils doivent se serrer les coudes, mais, en l'absence de menace extérieure, chacun doit contribuer à sa manière à la vie du groupe. Tout le monde ne peut pas être chef. La présence de deux chefs peut même provoquer la scission du groupe, ce qui le mettra en fâcheuse posture si le groupe voisin est plus nombreux et dirigé par un seul chef puissant. Il est donc dans la nature des groupes humains, sauf en période d'hostilités, d'opérer une sorte de *différenciation* interne. La première phase de l'expérience de Robbers Cave avait pour objectif d'étudier deux phénomènes, dont la différenciation — le second étant l'assimilation.

L'un des modes de différenciation pratiqués au sein des groupes est la lutte de pouvoir ou de domination. Les hiérarchies de dominance, ou hiérarchies sociales, existent aussi dans les sociétés de singes et d'anthropoïdes ; j'aurai l'occasion d'y revenir au chapitre suivant. L'autre mode de différenciation est spécifiquement humain. Il est bien décrit dans cet extrait d'un manuel de psychologie du développement publié en 1957 :

> Le groupe a tôt fait de s'emparer d'une idiosyncrasie d'apparence, de langage, de comportement ou autre, et de traiter ensuite l'enfant en fonction de cette particularité. Le stéréotype par lequel le groupe identifie l'enfant s'exprime souvent dans son surnom : « Demi-portion », « Bouboule », « Bigleux », « Duchnock », « l'Intello », « le Boiteux ».

Il n'y avait ni bouboule, ni bigleux, ni boiteux parmi les garçons de Robbers Cave, mais, pendant la semaine où les deux groupes sont restés séparés, certains enfants avaient déjà commencé à se ménager des niches. L'une des niches généralement occupées, disponible dans n'importe quel groupe de garçons, est celle du clown. Chez les Crotales, le clown s'appelait Mills :

> Pendant le match d'entraînement qui a suivi, tout le monde a accepté les décisions du groupe sur les points marqués, sauf Mills qui a changé un point en sa faveur. Pendant la pause, Mills a commencé à jeter des pommes de pin et a fini au sommet d'un arbre bombardé par tous les autres. Il s'est mis à crier « À moi ! à moi ! où sont mes partisans ? » Un garçon a répondu : « Regardez notre chef ! » (Le rôle du « clown » faisait souvent de lui la cible de l'attention générale.)

Un autre Crotale, Myers, est devenu l'exhibitionniste du groupe après s'être mis à l'eau tout nu le premier — exploit qui lui valut le surnom de « Nudiste ».

Qu'est-ce qu'un groupe ?

Vous aurez peut-être remarqué que je parle beaucoup de groupes mais que je n'ai pas encore défini ce qu'est un groupe. En effet, cette définition dépend de la perspective théorique que l'on adopte. Je vais donc me rallier à une théorie en définissant le *groupe* comme une catégorie sociale, un casier qui contient des gens. Une catégorie sociale est souvent assortie d'une étiquette — Américain d'origine japonaise, Crotale, femme, enfant, démocrate, diplômé, médecin —, mais ce n'est pas nécessairement le cas. En effet, une catégorie est définie par un concept, et un concept n'a pas besoin de nom pour exister. Cette définition peut également s'appliquer aux groupes d'animaux. Si un pigeon est capable d'élaborer le concept de vache, il peut aussi se faire un concept de son propre groupe.

Les groupes peuvent être grands ou petits, mais ils comportent généralement plus de deux personnes. Deux personnes ne forment pas un groupe mais une *dyade* — on parlera ainsi de « relation dyadique ». Pour dire les choses plus simplement, à deux on est en compagnie, à trois on est une foule.

Les groupes humains peuvent naître de différentes façons. Il suffit qu'un chercheur dise à un jeune homme qu'il est un surestimateur, et ce jeune homme va immédiatement s'identifier à un groupe anonyme, celui des « surestimateurs ». Cinq personnes sont bloquées dans un ascenseur ; si la panne ne dure que quelques minutes, elles resteront cinq individus distincts, mais s'il faut une demi-heure pour les sortir de là, elles seront devenues un groupe. Il n'y a rien de tel qu'un destin partagé — l'impression d'être tous « dans le même bateau » — pour susciter l'esprit de groupe. Remarquez qu'un groupe comme celui de l'ascenseur n'a pas de nom et que ses membres ne se comportent pas tous de la même façon. Même dans les ascenseurs, quelqu'un peut assumer le rôle de clown.

La famille constitue l'un des types fondamentaux et durables de groupe. Dans les sociétés tribales, lorsqu'un village se divise et que les deux groupes se font la guerre, les familles restent presque toujours unies. Les gens qui ont des parents dans les deux camps sont déchirés et sont réticents à se battre. Pour fondre plusieurs petits groupes comme des villages en groupes plus importants, on peut nouer des alliances matrimoniales. Si le chef d'un village donne sa fille en mariage au chef du village voisin, les enfants qui naîtront de cette union auront des grands-parents dans les deux camps. Cela suffit parfois à empêcher une guerre. Imaginez que Roméo et Juliette aient vécu et eu un enfant ; les familles Montagu et Capulet se seraient peut-être réconciliées autour du berceau. Ou peut-être pas.

Quand un groupe se désagrège, il se divise fréquemment en familles. En novembre 1846, un convoi de chariots conduit par un fermier nommé George Donner est resté bloqué par la neige dans un col de Californie. Les provisions ont rapidement été épuisées. Sur les quatre-vingt-sept personnes qui faisaient partie du convoi, quarante sont mortes ou ont été tuées au cours de l'hiver. Mais chez les femmes, la proportion de décès a été inférieure de moitié à celle des hommes. Ne croyez pas que les hommes se soient montrés chevaleresques et aient appliqué la devise « les femmes et les enfants d'abord ». Ce qui a sauvé les femmes a été leur appartenance à des groupes familiaux, alors que beaucoup d'hommes étaient seuls. Sur les seize célibataires du groupe — des hommes jeunes et vigoureux pour la plupart —, trois seulement ont survécu. Selon le biologiste Jared Diamond, « les récits des survivants montrent bien que les familles sont restées groupées et ont défendu les intérêts de leurs membres au détriment des autres ». Si certains ont survécu grâce au cannibalisme, personne n'a mangé la chair de sa sœur ou de son frère, de ses parents ou de ses enfants, de son mari ou de sa femme[1].

Tout est dans la tête

Les principales caractéristiques des relations de groupe dont j'ai parlé dans ce chapitre — préférence pour son propre groupe, hostilité envers les autres groupes, effets de contrastes de groupe, assimilation et différenciation au sein d'un même groupe — sont si tangibles, si faciles à démontrer en laboratoire et à observer in situ que les chercheurs se sont rapidement trouvés à court de travail. C'est la réussite de leur discipline, non son échec, qui a entraîné son déclin après les brillantes expériences des années cinquante.

Vous avez raison, elle n'a pas été la seule raison de son déclin. L'essor du béhaviorisme skinnerien lui a également porté un coup. Quand je préparais mon doc-

1. Si cette histoire vous paraît le comble de l'horreur, dites-vous que cela pourrait être pire. Dans *Les Simpson*, le dessin animé qui passe à la télé, le père Simpson, enlevé par des extraterrestres s'écrie : « Non, ne me mangez pas ! J'ai une femme et trois gosses ! Mangez-les, eux ! »

torat, avant qu'on ne me mette à la porte en 1961 (voir l'avant-propos), B. F. Skinner était le professeur le plus apprécié de notre département, et la plupart des étudiants étaient ses disciples. Nous ne faisions pas du tout de psychologie sociale. Cette discipline était réservée à un autre département, celui des « relations sociales ». Persuadés d'étudier la vraie psychologie, nous considérions avec un mépris souverain les étudiants de « Rel Soc ».

Il m'a fallu trente-trois ans pour comprendre que nous avions tort de ricaner. Skinner prétendait pouvoir expliquer le comportement en examinant les renforcements — les récompenses reçues ou non — auxquels un organisme individuel avait été soumis au cours de son développement. Il parlait d'« organismes » parce qu'il ne voyait aucune différence essentielle entre les espèces : elles fonctionnent toutes selon le même modèle. Le problème (l'*un* des problèmes, devrais-je dire) de cette théorie est qu'il est impossible d'expliquer le comportement d'un individu en l'isolant, s'il appartient à une espèce faite pour vivre en groupe. Les étudiants de Skinner étudiaient comment se comportent des pigeons enfermés dans des boîtes, si vous leur donnez un bouton sur lequel donner du bec et que vous leur distribuez quelques grains de maïs quand ils tapent sur le bouton. Or les pigeons ne sont pas faits pour vivre seuls dans des boîtes. L'évolution les a destinés à vivre en compagnie d'autres pigeons.

Des ornithologues ont commis la même erreur en Arizona. Après avoir élevé et nourri à la main quatre-vingt-huit perroquets à gros bec, appartenant à une espèce menacée, ils les ont relâchés dans les forêts où ils prospéraient jadis. Ces oiseaux ont tous péri ou disparu. À l'état sauvage, ces perroquets vivent en groupes, mais les sujets élevés par les hommes ne recherchaient pas la compagnie de leurs congénères. Isolé, un oiseau constitue une proie facile pour les rapaces, comme l'ont manifestement appris à leurs dépens les perroquets élevés en captivité.

Aujourd'hui, les skinneriens sont en voie d'extinction, comme ces perroquets, alors que les spécialistes de psychologie sociale prolifèrent comme des pigeons. Mais la psychologie sociale a changé ; elle s'intéresse moins aux comportements et davantage à ce qui se passe dans la tête des gens. Les principales données ont déjà été recueillies : il faut à présent trouver un cadre théorique pour les accueillir. Élaborer des théories sur les relations de groupe et comparer leurs mérites respectifs constitue donc l'une des principales occupations des psychologues sociaux actuels.

Voici quelques-unes des questions auxquelles ils s'efforcent de répondre : comment expliquer la préférence des gens pour leur groupe et l'hostilité qu'ils manifestent parfois envers les autres groupes ? Qu'est-ce qui les incite à ressembler aux membres de leur groupe même s'ils n'y sont pas contraints et à se démarquer des membres d'autres groupes ? Qu'est-ce qui les pousse à se différencier de leurs compagnons de groupe — à creuser leur propre niche, à briguer le succès personnel et la reconnaissance individuelle ? En fonction de quel facteur le processus d'assimilation l'emportera-t-il sur le processus de différenciation, ou inversement ? Comment les gens choisissent-ils d'appartenir à tel ou tel groupe lorsque plusieurs possibilités s'offrent à eux ? Qu'est-ce qui a poussé Mary Breen, l'une des survivantes du col californien, à se considérer comme un membre de la famille Breen plutôt que comme un membre du convoi de George Donner ?

Chez les humains, les comportements de groupe sont très complexes. Dans notre société, les gens peuvent s'identifier à plusieurs groupes différents — ce que le psychologue australien John Turner appelle l'*autocatégorisation*. Selon les circonstances, l'arrière-arrière-arrière-petite-fille de Mary Breen peut ainsi se ranger dans plusieurs catégories : « femme », « Californienne », « démocrate », « étudiante à Berkeley », ou « membre de la famille Breen ». Elle n'a pas besoin d'entretenir de relations directes avec les autres membres de ces groupes, elle n'a même pas besoin de les connaître. Elle peut passer d'un groupe à l'autre et changer d'allégeance mentalement, sans avoir à bouger — inutile d'aller à Kahama pour devenir kahamien. Pour toutes ces raisons, le comportement de groupe des humains est très différent du comportement de groupe des autres animaux. L'expérience n'a probablement jamais été tentée, mais je doute qu'on arrive à susciter l'esprit de groupe chez un chimpanzé en lui glissant à l'oreille : « Tu es un surestimateur. »

Pour autant, notre comportement de groupe est de toute évidence un héritage de nos ancêtres primates. Comme les perroquets à gros bec, nous ne sommes pas faits pour vivre seuls.

Les théories des relations de groupe élaborées par les spécialistes de psychologie sociale s'interrogent sur ce qui se passe dans l'esprit humain. Skinner se trompait en supposant que le comportement humain obéit lui aussi aux mécanismes très simples qui lui permettaient d'expliquer le comportement des rats et des pigeons. Mais je crois que les spécialistes de psychologie sociale commettent l'erreur inverse : ils construisent des théories du comportement de groupe qui ne s'appliquent pas aux animaux, alors même que l'on observe chez les animaux des comportements très similaires. John Turner prétend par exemple que le fait de préférer son groupe et de dénigrer les autres s'explique par notre volonté de valorisation. Il serait valorisant de penser que l'on appartient au meilleur groupe. Mais même si vous êtes prêts à accorder aux chimpanzés l'envie de se valoriser, le motif me semble bien faible pour expliquer l'immense pouvoir des comportements de groupe. Les gens tuent, les gens meurent pour leur groupe ! Je ne peux pas croire que les violentes émotions et le comportement belliqueux d'enfants de onze ans (dans l'expérience de Robbers Cave) aient été déclenchés par un désir de valorisation. À cet âge, cette motivation ne suffit même pas à leur faire faire leurs devoirs.

Les motivations les plus puissantes se rapportent à la survie ou à la reproduction. Les primates vivent en groupe depuis plusieurs millions d'années (bien avant que notre espèce n'entre en scène). Et pendant tous ces millions d'années — à l'exception de leur ultime frange —, la survie de l'individu a dépendu de la survie du groupe, et les membres du groupe étaient tous apparentés. Il peut être judicieux, du point de vue de l'évolution, de sacrifier sa vie pour sauver d'autres porteurs de vos gènes. De nombreux animaux manifestent des comportements qui vont dans ce sens — l'oiseau qui crie pour alerter les siens, alors que son cri le désigne à l'attention du prédateur — parce que, en se sacrifiant, ils ont une chance de sauver leur fratrie, leurs parents et leurs enfants. L'individu sera peut-être perdu, mais les gènes qu'il partage avec ses congénères seront préservés et transmis.

Dans les groupes de chasseurs-cueilleurs, chaque individu était apparenté à tous les autres, biologiquement ou par alliance. Aujourd'hui, les groupes humains ne sont plus exclusivement composés de parents, mais, apparemment, le moteur qui déclenche les comportements de groupe n'en tient pas compte. Sous le vernis de progrès que nous devons à nos capacités cognitives récemment acquises, nous restons profondément enracinés dans notre passé ancestral. L'esprit de groupe tire son pouvoir émotionnel d'une très longue histoire, d'une longue évolution, au cours de laquelle le groupe a été notre seul espoir de survie, et ce groupe était composé de nos parents, de nos enfants, de nos frères et sœurs, de nos femmes et de nos maris.

Reconnaître sa famille

De nombreuses espèces animales possèdent une faculté que les biologistes appellent la *reconnaissance de la parentèle*. Elle leur permet de déterminer avec quels membres de leur espèce il convient d'être particulièrement gentil, et avec qui il est inutile de s'embarrasser de précautions. Quand une guêpe cartonnière essaie de rentrer dans un nid, par exemple, elle est soumise à un examen olfactif préalable. Si son odeur est celle de la famille, on lui permet d'entrer. Chez les salamandres-tigres aussi, les membres d'une fratrie se reconnaissent à l'odeur, et si on les élève avec une autre fratrie, il leur arrive de devenir cannibales. Se nourrir de leurs congénères ne dérange pas les salamandres, mais elles préfèrent ne pas manger leurs frères et sœurs. La reconnaissance de la parentèle par l'odorat repose sur un mécanisme biochimique similaire à celui qui permet à notre système immunitaire de distinguer les corps étrangers.

Chez les humains, cette reconnaissance ne se fait pas par l'odorat, mais par la familiarité. Une sœur ou un frère est quelqu'un avec qui on a grandi. Si on ne se marie pas entre frères et sœurs, ce n'est pas en vertu d'une interdiction légale, mais parce qu'on n'en a pas envie. En Israël, les enfants élevés collectivement dans un kibboutz ne se marient jamais entre eux.

Il n'en demeure pas moins que nous sommes attirés par les gens qui nous ressemblent. Maris et femmes sont, en moyenne, plus similaires qu'ils ne le seraient si Cupidon décochait ses flèches au hasard. Ils ont de nombreux points communs dans des domaines aussi divers que la race, la religion, la classe sociale, le QI, l'éducation, les traits de caractère, la taille, la largeur du nez et l'écartement des yeux. Les couples mariés ne finissent pas par se ressembler à force de vivre ensemble, ils se ressemblent d'emblée.

La similitude sert aussi de fondement à l'amitié. Dès la maternelle, un enfant est attiré par ceux qui sont « comme moi ». Dans les classes primaires, l'amitié tend à rapprocher des enfants de même âge, de même sexe et de même race, qui partagent les mêmes intérêts et les mêmes valeurs.

Pour moi, cette attirance trouve de lointaines origines dans la reconnaissance de la parentèle. Si vous êtes un chasseur-cueilleur, un individu dont l'apparence et le langage vous sont familiers aura plus de chance d'appartenir à votre groupe, et même à votre famille, qu'un individu qui ne vous ressemble pas et qui parle une langue que vous ne comprenez pas. En tant qu'Occidental civilisé, vous faites plus facilement confiance à ceux dont l'apparence, le langage et la pensée ressemblent aux vôtres.

L'étranger éveille instinctivement la méfiance, chez les guêpes cartonnières comme chez les bébés humains, parce qu'il n'est pas forcément animé de bonnes intentions. Si c'est un cannibale — et le cannibalisme existe dans de nombreuses espèces, y compris la nôtre —, il risque de vous manger parce que vous n'êtes pas de sa famille. La première réaction devant l'étranger, ou devant quelqu'un qui se conduit de façon étrange, est la peur. Et la peur se mue en hostilité parce qu'il est désagréable d'avoir peur. Vous vous souvenez du chimpanzé qui avait attrapé la polio et était revenu dans son groupe en traînant la patte ? Les siens ont d'abord réagi par la peur, puis par la colère — et ils l'ont attaqué. Tiens, prends ça ! Ça t'apprendra à nous faire peur !

Nous n'avons pas besoin d'explication cognitive complexe pour comprendre l'hostilité envers les autres groupes — l'évolution en fournit une excellente, tant pour les animaux que pour les humains. Les effets de contraste de groupe, qui accentuent les différences entre groupes ou créent des différences là où il n'y en avait pas, n'existent pas (à ma connaissance) chez les animaux ; mais ils sont une conséquence directe de la tendance animale et humaine à éprouver de l'hostilité envers les autres groupes. Si on a peur de quelqu'un ou si on ne l'aime pas, on a envie d'être aussi différent de lui que possible. Les hommes — espèce éminemment adaptable — font preuve de trésors d'imagination pour se différencier des membres d'autres groupes.

Le comment et le pourquoi des catégorisations

Dans le monde moderne, l'affiliation à un groupe implique toujours l'idée qu'« ils sont comme moi, je suis comme eux » — le sentiment que l'on ressemble aux autres membres du groupe, que l'on a quelque chose en commun avec eux. Cc quelque chose peut être n'importe quoi, ou presque : habiter le même pays, voter pour le même parti politique, avoir le même âge, être arrivé au camp d'été par le même autocar, être resté bloqué dans le même ascenseur.

Les catégories sociales se recouvrent comme des pelures d'oignon ou se chevauchent partiellement comme des rondelles d'oignons frits. Dans nos sociétés modernes complexes, le nombre de choix offerts aux individus est proprement ahurissant. J'ai déjà dit que l'arrière-arrière-arrière-petite-fille de Mary Breen pouvait se ranger dans différentes catégories : « Californienne », « Américaine », « démocrate », « femme », « étudiante à Berkeley » ou « membre de la famille Breen ». Mais elle peut aussi, tout simplement, se définir comme « *moi*, individu unique ». Parmi les différentes catégories dans lesquelles Mary IV peut se ranger, laquelle va-t-elle choisir ? Quelle est celle qui dirigera ses pensées, ses sentiments et ses actions ? Je crains bien que nous ne devions faire appel ici aux spécialistes de psychologie sociale et à leurs théories cognitives.

L'approche qui a le plus influencé ma propre pensée est celle de John Turner, que j'ai déjà mentionné dans ce chapitre. Turner a eu pour professeur Henri Tajfel, l'inventeur des « surestimateurs » et des « sous-estimateurs », et sa théorie découle des travaux de Tajfel.

Cette théorie me séduit surtout pour ce qui a trait à l'autocatégorisation. Turner affirme que nous pouvons nous identifier à de nombreuses catégories et à plusieurs niveaux. Cela peut aller du « moi, individu unique » jusqu'à la catégorie de « citoyen de tel ou tel pays » ou même d'« être humain ». L'autocatégorisation peut varier selon les moments, en fonction du contexte social — du lieu où nous sommes et des gens avec qui nous nous trouvons. Et nous adopterons une catégorisation plutôt qu'une autre, en raison du caractère saillant relatif des différentes catégories sociales, à un moment donné.

Mais ce caractère saillant est une notion fuyante, difficile à cerner sans tomber dans un cercle vicieux — danger qui guette en permanence les théoriciens de la psychologie. Pourquoi avez-vous adopté telle ou telle autocatégorisation ? Parce qu'elle est saillante. Pourquoi est-elle saillante ? Parce que c'est celle que vous avez adoptée.

Turner échappe à ce cercle vicieux en proposant une condition qui donne son caractère saillant à une catégorie sociale : le fait qu'une catégorie comparable ou contrastée soit simultanément présente. C'est ainsi que la catégorie sociale *adultes* n'est pas saillante dans une pièce pleine d'adultes, mais il suffit de quelques enfants pour qu'elle le devienne. Et la catégorie *Crotales* est devenue saillante dès l'instant où les Crotales ont découvert qu'un autre groupe de garçons de onze ans partageait le camp avec eux. S'ils avaient découvert un groupe de filles à la place des Aigles, la catégorie sociale saillante aurait été *garçons* [1].

1. Turner n'a pas entièrement résolu le problème, puisqu'il n'explique pas pourquoi nous répartissons les gens selon les catégories sociales qui sont saillantes pour nous. Pourquoi ne pas établir de distinction entre les gens qui ont des taches de rousseur et ceux qui n'en ont pas ? Ceux qui ont des noms courts et ceux qui ont des noms à rallonge ? Théoriquement, le nombre des catégories dans lesquelles nous classons les autres et nous nous classons nous-mêmes est infini. Pinker s'est posé le même problème pour la « si-

Quand une catégorie sociale est saillante et que vous vous identifiez à ses membres, le groupe exerce sur vous une influence maximale. C'est alors que les similitudes entre membres du groupe tendent à s'accroître, tandis que les différences avec l'autre groupe tendent à s'accentuer.

John Turner appelle cela le *groupe psychologique*, que l'on appelait autrefois *groupe de référence.* C'est le groupe avec lequel, à un moment donné, vous vous identifiez. Voici la définition qu'en donne Turner :

> Un groupe psychologique se définit comme une catégorie psychologiquement signifiante pour ses membres, dont ils se réclament subjectivement lorsqu'ils se livrent à des comparaisons sociales et à l'acquisition de normes et de valeurs [...] dont ils adoptent les lois, les références et les croyances concernant les conduites à tenir [...] et qui influence leurs attitudes et leur comportement.

Acquisition de normes et de valeurs ; lois, références et croyances concernant les conduites à tenir ; influence sur les attitudes et le comportement. N'est-ce pas précisément ce que la famille est censée apporter aux enfants ? N'est-ce pas la définition exacte de la socialisation ?

Il arrive que les familles socialisent effectivement leurs enfants, mais c'est très rare. Je vais vous montrer pourquoi.

militude » et il a conclu que notre sens de la similitude devait être inné. Il en va sans doute de même des catégories : nous sommes prédisposés à catégoriser les gens selon certains critères, l'âge et le sexe notamment.

Dans les groupes d'anthropoïdes ou d'autres singes, les querelles sont fréquentes, mais généralement brèves, chaque individu essayant de défendre ou d'améliorer sa position dans la hiérarchie de dominance. Les membres d'un groupe, observe Frans De Waal, « sont en même temps amis et rivaux : tout en se disputant nourriture ou partenaires sexuels, ils sont dépendants les uns des autres ».

Les querelles internes cessent immédiatement lorsque le groupe est menacé par un prédateur ou par un autre groupe de singes. En termes humains, on dirait que la menace extérieure accroît le caractère saillant du groupe. Et, par conséquent — comme dans les groupes humains —, la différenciation (querelles de dominance, en l'occurrence) est reléguée au second plan ; la troupe tout entière se serre les coudes pour affronter l'ennemi commun.

Les singes, anthropoïdes ou autres, sont assez malins eux aussi pour brandir la menace d'un ennemi commun afin de réduire leurs tensions internes. Frans De Waal a vu des babouins en liberté résoudre un conflit en allant ensemble menacer les membres d'une autre bande de babouins, et les chimpanzés d'un zoo vociférer agressivement en direction de l'enclos d'un guépard, qui n'était pourtant pas visible. « Le besoin d'un ennemi commun peut être assez fort pour entraîner la création d'un substitut, affirme De Waal. J'ai vu une dizaine de macaques se ruer vers leur point d'eau pour menacer leur propre image, soudés dans leur hostilité envers l'"autre" groupe qui les narguait du fond de l'eau. »

En l'absence d'ennemi commun ou d'objectif exigeant les forces conjuguées de tous, les groupes tendent à se décomposer en individus ou en petits groupes. Coincés dans un ascenseur, les gens ne se comportent pas tous de la même façon, ils rivalisent pour prendre la tête du groupe et adoptent des rôles comme celui du pessimiste ou du clown.

Hormis les pionniers bloqués par la neige, il n'y avait personne, cet hiver-là, au col de George Donner. En présence d'un autre groupe de pionniers ou d'Indiens hostiles, les compagnons de Donner se seraient unis. Mais leur catégorie sociale de « groupe de Donner » était peu saillante parce qu'elle était unique : il faut un *eux* pour faire un *nous*. Le groupe s'est donc divisé en familles. Si l'hiver avait été moins rude et la faim moins cruelle, il se serait décomposé autrement : en *adultes* et en *enfants*.

Si les enfants ne se sont pas constitués en groupe de jeu, à ce fameux col, c'est parce que les circonstances étaient exceptionnelles. En temps normal, dès que des groupes de familles se forment, les enfants cherchent à se rassembler. Il arrive que les familles se séparent de nouveau — dans les sociétés de chasseurs-cueilleurs notamment, lorsque les tensions montent entre groupes ou que la rareté des ressources alimentaires oblige les groupes à se diviser — et cette situation est très dure pour les enfants. Ce ne sont pas les enfants mais les adultes qui décident de se séparer. L'éthologiste Irenäus Eibl-Eibesfeldt raconte que deux frères Kung San n'arrêtaient pas de se battre depuis que leur groupe « s'était scindé en familles distinctes ». « L'aîné des garçons, explique-t-il, ne pouvait plus se dépenser en jouant avec d'autres enfants comme il l'aurait fait en temps ordinaire. »

Les pionniers américains ne voyageaient pas toujours en grand nombre. La famille de Laura Ingalls Wilder, l'auteur de *La Petite Maison dans la prairie*, était partie seule : maman, papa et les trois filles, Mary, Laura et Carrie. Cela faisait-il de « la famille Wilder » une catégorie saillante pour Laura ? Non, parce que c'était la seule famille aux alentours. Pour Laura, les catégories saillantes étaient celle des *parents* et celle des *enfants*. Par la force des choses, Laura a été socialisée par sa famille, mais « la famille Wilder » n'est devenue une catégorie saillante qu'une fois installée dans un endroit où vivaient d'autres familles.

Dans sa famille, Laura n'a pas appris à se comporter comme ses parents. Ces derniers lui ont appris à faire toutes sortes de choses, et ils lui ont aussi appris qu'elle ne devait pas se conduire comme eux, mais comme une enfant. À l'époque, les règles régissant la conduite des enfants étaient d'ailleurs très différentes de celles qui réglaient la conduite des parents. Les livres de Laura Wilder montrent bien à quel point les comportements parentaux évoluent avec le temps et comment des styles d'éducation différents peuvent donner des résultats tout aussi satisfaisants.

Le monde dans lequel a grandi l'auteur de *La Petite Maison dans la prairie* — celui que décrivent ses livres, pas la série télévisée qu'on en a tirée — était différent à maints égards de l'Amérique actuelle. Mais les maisons dans lesquelles nous vivons aujourd'hui ont un point commun avec celle de la prairie : elles sont individuelles. Et, dans l'intimité de nos villas ou de nos pavillons, la famille n'est pas une catégorie saillante parce que c'est *la seule famille aux alentours*.

Quand on se considère comme membre d'une catégorie, on se range dans un casier avec d'autres êtres qui vous ressemblent — ou du moins que l'on perçoit comme tels. Pour peu qu'il y ait d'autres enfants à proximité, les enfants ne perçoivent pas les adultes comme des êtres qui leur ressemblent. Aux yeux d'un enfant, les grandes personnes pourraient parfaitement appartenir à une autre espèce. Les adultes savent tout et peuvent faire tout ce qu'ils veulent. Ils sont grands, forts, poilus et rembourrés à des endroits bizarres. Bien qu'ils sachent courir, ils sont le plus souvent assis ou debout. Bien qu'ils puissent pleurer, ils ne le font presque jamais. Rien à voir avec les enfants.

Grâce à la scolarité obligatoire, les enfants d'aujourd'hui disposent de groupes tout faits d'êtres « qui leur ressemblent » : leurs camarades de classe. Ils n'ont de relations avec leur famille que lorsqu'ils rentrent chez eux et, chez eux, la famille ne constitue pas un groupe saillant puisqu'il n'y en a pas d'autre. Si la famille est grande, elle se divise en adultes et en enfants, si elle est petite, elle se décompose en individus isolés, qui cherchent tous à se faire reconnaître et à s'aménager une niche personnelle.

Comme les enfants des villages ou des sociétés de chasseurs-cueilleurs, les enfants des sociétés développées se socialisent au sein d'un groupe d'enfants. Il s'agit du groupe qu'ils considèrent comme « psychologiquement signifiant » pour eux, celui dont « ils se réclament subjectivement », « dont ils adoptent les lois, les références et les croyances concernant les conduites à tenir », comme le dit Turner.

Faute de mieux, j'ai appelé ma théorie « théorie de la socialisation par le groupe ». Mais elle ne concerne pas uniquement la socialisation ; elle concerne également la manière dont la personnalité des enfants est modelée et transformée par les expériences vécues tout au long de leur enfance. C'est cette théorie que je vous propose pour remplacer l'hypothèse du primat de l'éducation parentale. Je vous en parlerai au chapitre suivant.

D'après Einstein, l'une des motivations qui président à l'élaboration de théories nouvelles serait « la volonté d'unification et de simplification ». Il existe des théories simples et unifiées en psychologie — celle de Skinner en est un exemple. Je crains que la mienne ne soit pas du même ordre. L'esprit de l'enfant est trop complexe pour qu'on puisse le faire entrer de force dans le moule d'une théorie très simple. J'espère que vous ne jugerez pas ma théorie sur sa simplicité mais sur son aptitude à expliquer des choses que notre bonne vieille hypothèse du primat de l'éducation parentale est incapable d'expliquer.

8

EN COMPAGNIE D'ENFANTS

Petite, j'étais de l'avis général une enfant turbulente. On dirait aujourd'hui « hyperactive » — terme qui s'applique quelquefois, quoique rarement, aux petites filles. Je n'avais peur de rien, je fonçais, je m'exprimais haut et fort. S'il y avait un trou dans lequel tomber, je ne le ratais pas. J'étais *persona non grata* dans les restaurants parce que j'étais incapable de rester en place.

Mes parents devenaient fous. Une petite fille de l'époque était censée être une « jeune demoiselle », et j'en étais loin. Ma mère m'habillait de jolies robes à fanfreluches que je m'ingéniais à salir et à déchirer ; j'avais toujours une bretelle détachée qui me battait les mollets et des pansements aux genoux. J'aurais dû porter des jeans, bien sûr, mais, à l'époque, on n'en faisait pas pour les filles ; du reste, jamais ma mère n'aurait songé à m'habiller en garçon. Elle espérait peut-être que, par la magie de ses jolies robes, je finirais par me transformer en petite fille modèle.

Peine perdue. Garçon manqué j'étais, garçon manqué je restai, au grand désespoir de mes parents. Après la maternelle, je suis entrée à l'école primaire. Cours préparatoire, cours élémentaire, cours moyen... Nous déménagions souvent et, chaque fois, je changeais d'école. Il m'est arrivé à plusieurs reprises de me retrouver dans une nouvelle classe en cours d'année, mais je n'avais aucun mal à me faire des amis. Ma bonne humeur et mon caractère extraverti me faisaient apprécier de mes camarades, filles ou garçons.

Et puis nous avons déménagé une nouvelle fois, et tout a changé. À dix ans, je me suis retrouvée dans une banlieue snob, dans une classe où j'étais la plus petite, la plus jeune et la seule à porter des lunettes, au milieu de petites demoiselles raffinées, préoccupées de leur coiffure et fières de leurs beaux vêtements. Je n'étais pas comme elles, et elles eurent tôt fait de me rejeter.

Nous sommes restés quatre ans dans cette banlieue du Nord-Est, et ces années ont été les pires de ma vie. Tous les matins, je partais à l'école avec les enfants du quartier, mais aucun ne jouait avec moi ni ne m'adressait la parole. Quand j'osais dire quelque chose, ils faisaient semblant de ne pas entendre. Je renonçai donc, assez rapidement. En un an ou deux, la petite fille active et ouverte que j'étais est devenue timide et renfermée. Mes parents ne s'en sont pas rendu compte, car à la maison je n'avais guère changé. La seule différence notable dans mon comportement était que je lisais beaucoup. Trop, aux yeux de mes parents.

Quelques mois après mon entrée en troisième, nous sommes retournés en Arizona, le pays de ma petite enfance. Mon calvaire a pris fin. Là, les enfants n'étaient ni snobs ni raffinés. Je me suis rapidement fait des amis, quelques-uns seulement. Et ces années de solitude où j'avais cherché un réconfort dans la lecture se sont révélées payantes : mes camarades de classe me considéraient comme « une tête », j'avais de meilleures notes, et je fréquentais désormais les bons élèves. Mais j'étais toujours renfermée et peu sûre de moi. Les enfants d'une banlieue snob avaient réussi à faire ce dont mes parents avaient été incapables : ils avaient transformé ma personnalité.

Les enfants naissent avec certaines caractéristiques. Leurs gènes les prédisposent à constituer un certain type de personnalité. Mais l'environnement peut les transformer. Non pas l'environnement familial, parental, mais l'environnement extérieur, celui qu'ils partagent avec d'autres enfants. Dans ce chapitre, je vais vous montrer comment cela se passe.

Sortir des jupes de maman

L'autre jour, je suis allée à la poste où j'ai dû faire la queue. C'était pendant les heures de classe et il n'y avait pas d'enfants d'âge scolaire. Mais deux femmes, devant moi, étaient accompagnées de leurs petits derniers, un garçon et une fille, de deux ans environ. Debout à côté de leur mère comme des écureuils au pied d'un arbre, à l'insu des grandes personnes, ils se regardaient. Le petit garçon a fini par lâcher la main de sa mère et par trottiner jusqu'à la petite fille. Il s'est planté devant elle. « De toutes les personnes qu'il y a ici, c'est toi la plus intéressante », aurait-il dit s'il avait disposé du vocabulaire nécessaire. Muet, il se contentait de la contempler d'un air extasié. Mais la file avançant, sa mère l'a repris par la main et l'a éloigné de la petite fille.

Les enfants humains sont attirés par leurs « semblables », une catégorie qui se définit avant tout par l'âge. Il en va de même des primates. Dès qu'il a acquis un minimum d'indépendance, un bébé singe s'éloigne de sa mère pour aller jouer avec ses pairs. Un jeune chimpanzé qui entend d'autres jeunes chimpanzés jouer au loin va essayer d'entraîner sa mère dans leur direction, gémissant et la harcelant jusqu'à ce qu'elle cède. Le désir impérieux des jeunes primates de jouer avec d'autres jeunes primates peut surmonter les clivages entre groupes et même entre espèces. Un petit babouin ou un petit singe rhésus se joindra momentanément à une autre bande s'il ne trouve aucun camarade de jeu dans la sienne. Jane Goodall a vu de jeunes babouins jouer avec de jeunes chimpanzés en Tanzanie, et nous avons vu un bébé chimpanzé jouer avec un enfant humain au chapitre 6. Le goût du jeu est une caractéristique essentielle des jeunes primates et, bien qu'il ne disparaisse pas entièrement chez les adultes, les petits trouvent toujours plus amusant de jouer entre eux qu'avec un adulte de leur espèce.

Deux spécialistes du développement, Carol Eckerman et Sharon Didow, ont décrit ce qui se passe lorsqu'on introduit deux bébés qui ne se connaissent pas dans une pièce remplie de jouets, en compagnie de leurs mères. À un an — âge où ils se méfient d'un adulte inconnu —, les bébés se sourient et babillent. L'un offre un jouet à l'autre ou accepte celui que l'autre lui tend. Ils s'assoient par terre côte à côte ; il arrive que l'un touche l'autre avec douceur. Certains gestes sont moins doux, et l'on peut assister à des disputes à propos d'un jouet ; mais, dans l'ensemble, les interactions entre les deux bébés sont amicales — dans l'intention, du moins. Les premiers gestes d'amitié sont souvent absurdes : un bébé peut ainsi tendre un jouet à l'autre quand il a le dos tourné. Par ailleurs, l'intérêt réciproque est souvent fluctuant et n'est pas toujours synchrone ; peut-être le contact avec l'autre enfant est-il tellement stimulant qu'il faut le consommer à petites doses. Quoi qu'il en soit, de tout ce qui se trouve dans la pièce — les jouets, les mères et le chercheur avec son petit carnet et son crayon —, ce que les bébés regardent le plus est indéniablement l'autre bébé.

Ils regardent aussi leur mère, bien sûr, surtout pour s'assurer qu'elle est toujours là. Tous les bébés primates aiment avoir leur mère auprès d'eux quand ils jouent ; les spécialistes disent que la mère offre « une base de sécurité à partir de laquelle les explorations sont possibles ». Chez les chimpanzés et les autres singes, la mère peut s'interposer lorsque les jeux deviennent trop violents, ce qui arrive fréquemment. Ces groupes comportant d'ordinaire des sujets d'âges différents, et les plus grands étant quelquefois brutaux, il vaut mieux avoir maman à côté de soi. Tous les bébés primates crient quand on leur fait mal, et maman se précipite à leur secours.

La relation entre un bébé primate et sa mère est extrêmement intime et, chez les humains comme chez les chimpanzés, elle peut durer toute la vie. Jane Goodall raconte qu'un chimpanzé adulte est resté cinq jours auprès de sa mère mortellement blessée (une Kahamienne), éloignant les mouches de ses plaies jusqu'à ce qu'elle expire ; elle évoque aussi un chimpanzé adolescent qui sombra dans une profonde dépression à la mort (naturelle) de sa mère. Elle a également observé des guenons qui risquent leur vie pour tenter, vainement, de reprendre leur bébé à des chimpanzés qui le leur ont enlevé : « L'une d'elles essayait encore désespérément d'attraper son petit (à moitié dévoré, déjà) pendant que les chimpanzés étaient en train de la tuer. » La vie dans la jungle est peut-être cruelle, mais elle n'est dénuée ni d'amour ni de loyauté.

L'éthologiste Irenäus Eibl-Eibesfeldt pense que la relation mère-enfant constitue, sur le plan évolutif, la base de toutes les relations dyadiques (les relations impliquant deux individus). Les poissons et les reptiles peuvent vivre en groupe, ils ne nouent aucun lien d'amour ou d'amitié avec d'autres membres du groupe. Ce n'est qu'à partir du moment où les créatures à sang chaud ont commencé à s'occuper de leurs petits, estime Eibl-Eibesfeldt, que des relations d'affection durables entre individus sont devenues possibles. L'évolution des soins maternels a permis aux animaux de reconnaître individuellement les membres de leur espèce et de se souvenir d'eux. L'envie d'être gentils avec eux est apparue en même temps.

La manière dont une mère oiseau ou mammifère reconnaît sa progéniture diffère selon les espèces. La reconnaissance peut être innée ou acquise, rapide ou lente, fondée sur la vue, l'ouïe ou l'odorat. L'aptitude des petits à reconnaître leur mère obéit également à des mécanismes différents selon les espèces. On sait que les oisons et les canetons se laissent « imprégner » par le premier objet mouvant qu'ils aperçoivent au sortir de l'œuf. Si cet objet est leur mère, tout va bien ; si c'est le type qui tond la pelouse, la situation est déjà moins évidente ; mais les choses se corsent vraiment s'il s'agit de la tondeuse à gazon.

L'imprégnation est un procédé rudimentaire et hasardeux. Les primates ont une méthode beaucoup plus élaborée que l'on appelle l'*attachement*. Il faut un certain temps à un primate nouveau-né pour connaître sa mère : quelques semaines (pour un singe), ou quelques mois (pour un chimpanzé ou un bébé humain). Mais à l'âge où le petit singe s'aventure seul dans les arbres, à l'âge où le bébé humain commence à ramper, il est attaché à sa mère. Quand un bébé singe a peur ou qu'il se fait mal, il saute dans les bras de sa mère et se blottit contre elle. Dans la même situation, un bébé humain se blottit contre sa mère à peu près de la même manière. La jungle étant un lieu dangereux pour les petites créatures savoureuses, l'évolution leur a offert un moyen — une sorte de laisse psychologique — qui les empêche d'aller vadrouiller trop loin.

Plus la petite créature grandit, plus la laisse s'allonge, et elle finit par se rompre. Chez les chimpanzés, la rupture se fait relativement tard : à huit ou neuf ans — le chimpanzé est alors presque adolescent —, il commence tout juste à supporter de rester un certain temps hors de portée de voix de sa mère. Les enfants humains atteignent ce seuil d'indépendance beaucoup plus tôt, vers trois ans en moyenne. Après une courte période d'adaptation, la plupart des enfants de trois ans acceptent sans trop protester de quitter leur mère et de rester à la crèche ou à l'école maternelle. Ma fille aînée, dont j'ai raconté le premier contact douloureux avec la maternelle au chapitre 5, s'est très bien adaptée dès le deuxième jour, bien qu'elle soit restée un peu craintive pendant plusieurs années en présence d'autres enfants — surtout les plus remuants et les plus bruyants. (En tant qu'adulte, elle n'est plus craintive du tout.)

Vous remarquerez peut-être que j'étais une enfant intrépide et que ma fille biologique a été une enfant timide. Les parents transmettent leurs gènes à leurs enfants, certes, mais ils ne leur transmettent pas nécessairement toutes leurs caractéristiques. Nous avons tendance à penser que l'hérédité crée des ressemblances entre membres d'une même famille, mais elle peut également créer des différences. Dans une fratrie, un enfant aura les yeux bleus, l'autre les yeux noirs ; il s'agit d'une différence génétique. Si ma fille et moi ne nous ressemblions pas à trois ans, c'est, en partie du moins, en raison de différences génétiques entre nos tempéraments.

Les différences génétiques de tempéraments peuvent contribuer à expliquer pourquoi certains enfants quittent plus facilement leur mère à la porte de l'école maternelle, et pourquoi certains sont plus désireux que d'autres de nouer des liens avec leurs semblables. Mais les gènes n'expliquent pas tout — les expériences vécues par les enfants jouent certainement un rôle, elles aussi. Quelles expériences ? Voilà la grande question. Pour les tenants de l'hypothèse du primat de l'éducation parentale, la réponse est claire : il s'agit des expériences faites avec les parents. Les spécialistes de la socialisation se sont longtemps acharnés à prouver que les relations d'un enfant avec ses pairs dépendent des relations qu'il aura eues précédemment avec son père et sa mère. L'une de leurs méthodes favorites repose sur les travaux de Mary Ainsworth.

L'objectif de Mary Ainsworth, spécialiste du développement, était de dégager des variantes dans l'attachement des jeunes enfants à leur mère, pour rattacher ces variantes — autrement dit établir des corrélations — aux performances des enfants dans d'autres domaines de la vie. Le problème est qu'il ne suffit pas d'essayer de vérifier si un enfant est attaché à sa mère ou non, dans la mesure où *tous* les enfants normaux sont attachés à leur mère (à condition qu'ils en aient une). Même les enfants qui ont été négligés ou maltraités par leur mère lui sont attachés. Triste paradoxe, les sévices ont même tendance à accentuer les manifestations d'attachement, car un enfant qui souffre ou qui a peur se raccroche encore plus à sa mère. Les enfants battus vont souvent chercher du réconfort auprès de la personne même qui les a battus[1].

Les expériences sur la présence ou l'absence d'attachement s'étant révélées inutiles, il fallait trouver un autre instrument de mesure. Mary Ainsworth a alors imaginé un sujet d'expérience qu'elle a appelé la *sécurité* de l'attachement. On prend généralement pour cobayes des bébés de douze à dix-huit mois, période où l'attachement à la mère est le plus fort. Voici comment on procède. On introduit l'enfant et sa mère dans une pièce pleine de jouets — il n'y a pas d'autre bébé, cette fois — et, au bout d'un moment, la mère s'en va. En fait, elle s'en va deux fois : la première fois, il y a une autre femme (une psychologue) dans la pièce ; la deuxième, l'enfant reste seul un court instant. La plupart des bébés pleurent quand leur mère disparaît. Mais l'heure de vérité se situe à son retour. Comment l'enfant réagit-il en la voyant revenir ? Est-il content ? Certains — ceux qui manifestent une bonne « sécurité d'attachement » — rampent ou trottinent vers leur mère, dont la présence suffit à les consoler. Les autres — dont la « sécurité d'attachement » est insuffisante — restent indifférents, continuent à pleurer, ou repoussent leur mère à plusieurs reprises après s'être cramponnés à elle.

1. Les jeunes animaux font la même chose. Un chercheur qui étudiait l'imprégnation chez les canetons a noté que si, par mégarde, il écrasait la patte d'un caneton qui le prenait pour sa mère, celui-ci le suivait de plus près encore.

Je suis d'accord avec ces chercheurs pour penser que ces différences de comportement révèlent sans doute quelque chose d'important sur la relation mère-enfant. Elles révèlent le degré de réconfort que l'enfant a pu trouver chez sa mère en d'autres occasions quand il était effrayé ou malheureux. Si sa mère a su le rassurer, il s'attend à trouver en elle une source permanente de réconfort. Mais, à partir de là, mes conclusions divergent de celles des chercheurs : contrairement à eux, je ne crois pas que cette attitude va déteindre sur les autres relations de l'enfant. Certes, l'enfant a appris à attendre certaines choses de sa mère, mais il aurait grand tort d'étendre cette attente aux autres personnes qu'il rencontrera plus tard. Jamais Cendrillon ne serait allée au bal si elle avait pensé que tout le monde la traiterait comme sa marâtre.

Nous devons à John Bowlby, psychiatre britannique, l'idée que la relation mère-enfant constitue une sorte de gabarit de toutes les relations à venir. Étayée par l'hypothèse du primat de l'éducation parentale, cette idée a prospéré. Le bébé, nous dit Bowlby, élabore un « modèle de fonctionnement » (une sorte de concept) de sa relation avec sa mère et s'attend à ce que ses autres relations — avec son père, ses frères et sœurs, ses camarades, sa baby-sitter, etc. — suivent le même schéma. Théorie séduisante certes, mais, disons-le tout net, fausse. Il est fort probable qu'un modèle des relations maman-bébé existe dans l'esprit des tout-petits, mais le cas échéant il n'apparaît qu'en présence de la mère. Ce modèle n'est d'aucune utilité pour prédire comment vont se comporter d'autres personnes, et si l'enfant peut leur faire confiance. Savoir ce qu'on peut attendre de sa maman ne sert absolument à rien en présence d'une grande sœur jalouse, d'une baby-sitter indifférente ou d'un petit camarade de jeu. Mais c'est fort utile quand on a affaire à maman.

En vingt ans, depuis que Mary Ainsworth a mis au point sa méthode d'évaluation du degré de sécurité de l'attachement, plusieurs milliers de bambins ont été soumis au test : « Où est maman ? Ah ! la voilà ! », et les résultats ont été publiés dans plusieurs centaines d'articles. Il s'agissait d'établir un lien entre la sécurité de l'attachement et quelque chose — n'importe quoi — d'autre. La plupart des chercheurs ont évidemment mis en évidence des corrélations signifiantes. Certains affirment que les enfants dont l'attachement à la mère s'est fait de manière sécurisante à un âge préscolaire entretiennent de meilleures relations avec leurs pairs et ont moins de mal à franchir certaines étapes de leur développement — apprendre à résoudre des problèmes, notamment. D'autres chercheurs ont obtenu des résultats inverses. Après avoir considéré l'ensemble des données fournies par ces expériences, Michael Lamb et Alison Nash, spécialistes du développement, concluent :

> Malgré les nombreuses assertions selon lesquelles la qualité de la compétence sociale avec des pairs serait déterminée par la qualité des relations d'attachement mère-enfant préexistantes, on trouve très peu de données expérimentales pour étayer cette hypothèse.

Le seul élément convaincant qui ressorte de ces recherches sur l'attachement est que les relations des enfants sont, dans une large mesure, indépendantes les unes des autres. Les bébés sécurisés par leur attachement à leur mère n'éprouvent pas forcément un attachement sécurisant à leur père, et inversement. Les enfants qui nouent un attachement sécurisant avec la puéricultrice de la crèche ne le font pas forcément avec leur mère, et vice versa. La sécurité de l'attachement ne réside pas dans l'enfant lui-même, mais dans les relations qu'il entretient. L'esprit de l'enfant ne contient pas un unique modèle de fonctionnement mais plusieurs — un pour chacune de ses relations.

Bien que ces relations soient largement indépendantes les unes des autres, elles ne le sont pas entièrement ; en effet l'enfant apporte sa part à chacune d'elles. Les caractéristiques innées de l'enfant — sa sociabilité, sa gentillesse, sa beauté... — vont affecter ses relations avec sa mère, son père, ses maîtresses d'école et ses petits camarades. C'est le même enfant, doté des mêmes gènes, qui participe à toutes ces relations. Aussi n'est-il pas surprenant que les chercheurs aient pu dégager des corrélations entre elles.

Quand l'enfant lâche la main de sa maman pour aller rejoindre ses pairs, il emporte son patrimoine génétique avec lui.

Grandir sans mère/grandir sans pairs

Comprenez-moi bien. Je ne sous-estime pas l'importance du lien mère-enfant. Je pense au contraire que ces relations précoces sont essentielles non seulement à un développement social normal, mais aussi à un développement cérébral normal. Si gros que soit le cerveau humain à la naissance, il n'a encore atteint que le quart de son volume définitif. Pour parfaire son développement, il a besoin d'apports extérieurs, fournis par l'environnement. Le système visuel, par exemple, a besoin de stimuli équilibrés entre les deux yeux ; faute de quoi, l'enfant (ou le singe, ou le chaton) n'aura pas, plus tard, de vision tridimensionnelle. Le problème ne provient pas des yeux, mais du cerveau. On pourrait dire que le cerveau en développement « s'attend à trouver » certains stimuli dans le monde extra-utérin, parce qu'il en a besoin pour pouvoir fournir un produit fini. Dans la mesure où cette attente est satisfaite, le système visuel se développe normalement.

De la même manière, je crois que le cerveau en développement « s'attend à trouver » une ou plusieurs personnes qui prendront soin du bébé, lui procureront nourriture, réconfort et présence. Si cette attente n'est pas satisfaite, la partie du cerveau qui se spécialise dans l'élaboration de modèles relationnels fonctionnels ne pourra pas se développer normalement. Harry et Margaret Harlow, spécialistes de primatologie, ont élevé des petits singes rhésus seuls dans des cages avec une poupée en chiffon et un biberon de lait pour toute compagnie. Devenus adultes, ces singes sans mère présentaient des comportements sociaux complètement anormaux — extrêmement craintifs, ils se montraient indifférents ou agressifs envers leurs congénères.

Mais nous sommes, nous, les primates, des créatures éminemment adaptables. Les singes rhésus privés de mère depuis leur naissance mais élevés en cage avec trois ou quatre autres petits singes deviennent des adultes relativement normaux. Ils sont très malheureux pendant les premiers mois — ils en ont l'air, en tout cas, étroitement blottis les uns contre les autres —, mais, dès l'âge de un an, ils se comportent normalement. Aucune loi naturelle ne dit que le malheur doit laisser des séquelles. Ce qui rend les bébés (ou les adultes) malheureux n'a pas nécessairement de conséquences à long terme.

Et le bien-être d'aujourd'hui ne nous préserve pas non plus des vicissitudes de demain. Les singes élevés *avec* leur mère mais *sans* pairs ont une petite enfance assez heureuse, mais les choses se gâtent plus tard, quand on les met en présence de congénères. Ils ne manifestent, écrivent les Harlow, « aucune disposition à jouer ensemble » et leur comportement social est anormal — en fait, seuls les singes élevés dans un isolement complet présentent un comportement encore plus anormal.

Si une mère ne peut pas remplacer des pairs, il arrive que des pairs puissent remplacer une mère. Le fait a été démontré il y a une cinquantaine d'années, dans notre propre espèce, par l'histoire poignante que relate Anna Freud (la fille de Sigmund). Il s'agit de six enfants — trois filles et trois garçons — âgés de trois à quatre ans, rescapés d'un camp de concentration. À la fin de la guerre, ils ont été recueillis dans une garderie anglaise, où Anna Freud a eu l'occasion de les étudier. Ils avaient perdu leurs parents peu après leur naissance ; au camp, plusieurs adultes s'étaient occupés d'eux, mais aucun n'avait survécu. En revanche, ils étaient toujours restés ensemble — seul élément de stabilité dans le chaos de leur courte existence.

Quand Anna Freud les a vus pour la première fois, on aurait dit des petits sauvages :

> Au cours des premiers jours qui ont suivi leur arrivée, ils ont cassé tous les jouets et abîmé une bonne partie du mobilier. À l'égard du personnel, ils manifestaient une froide indifférence ou une vive hostilité. [...] Quand ils étaient en colère, ils frappaient les adultes, les mordaient ou leur crachaient dessus. [...] Ils criaient, hurlaient et parlaient grossièrement.

Mais ce comportement était réservé aux adultes. Entre eux, ils agissaient tout différemment :

> De toute évidence, ils éprouvaient une grande tendresse les uns pour les autres, tendresse dont le reste du monde, humains ou objets, étaient exclus. Leur unique désir était de rester ensemble et ils ne supportaient pas d'être séparés, même brièvement. [...] La dépendance affective inhabituelle des enfants les uns envers les autres était encore accentuée par leur absence presque totale de jalousie, de rivalité et de compétition. [...] Il n'était jamais nécessaire de les inciter à « attendre leur tour », ils le faisaient spontanément car ils tenaient à ce que chacun ait son dû. [...] Ils ne se dénonçaient pas mutuellement et prenaient systématiquement la défense de celui d'entre eux qu'ils estimaient injustement traité ou menacé d'une manière ou d'une autre par un tiers extérieur à leur groupe. Ils faisaient grand cas des sentiments de chacun. Ils ne se disputaient pas leurs possessions, au contraire, ils se les prêtaient avec plaisir. [...] En promenade, chacun

> veillait à la sécurité des autres en traversant les rues, attendait ceux qui restaient à la traîne, ils s'aidaient mutuellement à franchir les fossés, écartaient les branches qui barraient le passage dans les bois et portaient le manteau qu'un autre avait enlevé. [...] Pendant les repas, il était plus important pour eux de donner de la nourriture à leur voisin que de manger.

Cette dernière phrase me déchire le cœur chaque fois que je la lis. Comment imaginer qu'avant de manger des enfants rescapés d'un camp de concentration pensent à nourrir leurs camarades ! En fait, chacun réagissait aux besoins qu'il percevait chez les autres. Comme s'ils jouaient en permanence au papa et à la maman, chaque enfant jouait le rôle de Papa ou de Maman pour les autres, tout en conservant son identité réelle, celle de Bébé.

En 1982, un spécialiste américain du développement a écrit à Sophie Dann, collaboratrice d'Anna Freud, pour lui demander ce qu'étaient devenus ces enfants — qui devaient avoir une quarantaine d'années, à l'époque. Manifestement, ils s'en étaient bien sortis. Sophie Dann lui a répondu qu'ils « menaient des vies efficaces ».

Ils s'en sont sortis parce que, en dépit de tout, ils ont réussi à nouer des liens affectifs durables avant l'âge de quatre ans. Les enfants qui passent les quatre premières années de leur vie dans des orphelinats à l'ancienne mode ne s'en sortent généralement pas très bien. C'est curieux, car il y a beaucoup d'enfants auxquels il est possible de s'attacher, dans un orphelinat. Mais, apparemment, la politique des orphelinats traditionnels décourage ces attachements. Cette attitude part d'une intention louable, dans la mesure où les enfants quittent un par un l'institution pour rejoindre une famille adoptive. Pour éviter qu'ils ne vivent ces départs comme des arrachements, on pense qu'il vaut mieux qu'ils ne nouent pas de liens trop intimes. Des chercheurs américains ont rapporté que, dans un orphelinat roumain qu'ils ont visité récemment, les enfants étaient répartis en cinq groupes ayant chacun leur chambre et leur personnel soignant attitrés. Mais chaque enfant passait régulièrement d'un groupe à un autre, empêchant ainsi tout attachement durable.

Les enfants qui ont passé leurs premières années à l'orphelinat ne manquent pas de compétences sociales, au contraire. Ils ont beaucoup de copains mais n'arrivent pas à se faire des amis intimes. Ils semblent incapables d'éprouver des sentiments profonds. La partie de leur cerveau où s'élaborent les modèles de fonctionnement n'a peut-être jamais appris à les élaborer ou y a vite renoncé, considérant que cela ne servait à rien. « Un organe qui ne sert pas s'atrophie » : cette formule est sans doute plus adaptée au cerveau en développement qu'au processus de vieillissement cérébral.

Les enfants qui entrent à l'orphelinat *après* quatre ans semblent arriver sans encombre à l'âge adulte, même s'ils passent toute la fin de leur enfance en institution. En Érythrée, pays d'Afrique déchiré par la guerre, beaucoup d'enfants ont perdu leurs parents et vivent dans des institutions ; d'autres ont traversé toutes sortes d'épreuves mais sont restés avec leurs parents. Récemment, des chercheurs américains ont effectué des comparaisons entre un groupe de ces jeunes Érythréens recueillis dans un orphelinat et un groupe équivalent d'enfants vivant avec leurs parents. Ils ont découvert « relativement peu de différences cliniquement significatives » entre les deux groupes. La seule différence importante est que les orphelins étaient plus malheureux.

Il ne fait aucun doute que les enfants privés de parents sont malheureux. Un chercheur australien nommé David Maunders a interrogé des adultes ayant passé presque toute leur enfance (sauf les quatre premières années) dans des orphelinats australiens, américains et canadiens. Ce que lui ont raconté ces personnes me fait songer aux premiers chapitres de *Jane Eyre* :

> Le premier contact avec l'institution était déroutant et traumatisant ; rien n'était fait pour faciliter la transition. La vie quotidienne était marquée par la discipline et les châtiments corporels, bien que les règlements aient été assouplis au cours des dernières années. Les tâches domestiques formaient l'essentiel des activités quotidiennes. Il y avait peu de place pour l'amour ou l'affection.

Ayant démarré dans la vie avec leurs parents, ces enfants étaient parfaitement conscients de ce qui leur manquait. L'un des informateurs de Maunders, placé en institution à l'âge de cinq ans, lui a dit :

> Je me souviens encore que le soir, avant de m'endormir, je me disais : « Quand je me réveillerai, ce cauchemar sera terminé. » Je me réveillais, et le rêve continuait. Mais cela ne m'a pas empêché de me répéter la même chose, absolument tous les soirs, tout le temps que j'ai vécu là-bas.

Le plus remarquable est que, devenus adultes, ces enfants élevés en orphelinat mènent ce que Sophie Dann appelle une « vie efficace ». Ils se marient. Ils ont des enfants et un métier. Ils n'ont pas eu de parents pendant presque toute leur enfance, mais cela ne les a pas empêchés de devenir des êtres socialisés.

Il est plus difficile de trouver des témoignages de personnes ayant eu des parents pour s'occuper d'eux mais ayant été privés d'autres enfants avec qui jouer. Dans les fermes isolées, les familles comprennent généralement plusieurs enfants. Les gens élevés dans ces fermes manifestent pourtant des signes ténus d'inadaptation sociale. Pensez aussi aux conditions pour le moins particulières dans lesquelles vivaient les jeunes princes et princesses au temps de la royauté, et demandez-vous si les adultes qu'ils devenaient étaient parfaitement normaux. Les enfants qui restent à la maison en raison de maladies chroniques forment un autre groupe défavorisé. Une fois adultes, ces enfants risquent fort, ai-je lu dans un rapport, de « présenter des troubles psychologiques ».

Enfin, il y a les enfants prodiges. On les dit souvent « bizarres » et cette réputation n'est peut-être pas usurpée. Je ne parle pas des enfants très doués, qui s'en tirent fort bien. Mais parmi les enfants hors norme, qui n'ont rien de commun avec les camarades de leur âge, beaucoup ont de gros problèmes sociaux et affectifs.

Laissez-moi vous conter la triste histoire de William James Sidis que ses parents considéraient comme tellement remarquable qu'ils ont consacré toute leur vie à son éducation. Enfant unique, William est né en 1898, époque où l'enthousiasme pour l'éducation était à son comble et où les spécialistes affirmaient qu'avec une pédagogie appropriée on pouvait transformer n'importe quel enfant en génie. William apprend donc à lire à dix-huit mois ; à six ans, il lit couramment plusieurs langues. La loi de l'État du Massachusetts étant la même pour tous, ses parents sont obligés de l'envoyer à l'école. En six mois, il accomplit tout le cursus de l'école primaire, et ses parents le reprennent à la maison. Il y reste deux ans, passe trois mois au collège et encore deux ans chez ses parents.

À l'âge de onze ans, William James Sidis entre à l'université de Harvard. Quelques mois plus tard, il prononce une conférence sur « les corps à quatre dimensions » devant les membres du club de mathématiques de Harvard. Ceux qui assistent à cet exposé sont stupéfiés par la brillante intelligence du garçon.

C'est l'apogée de la carrière de William — à partir de là, c'est la dégringolade. Licencié de Harvard à l'âge de seize ans, il ne fera jamais rien de son diplôme. Il commence un troisième cycle, puis s'inscrit à la fac de droit sans réussir ses examens. Il obtient un poste de professeur de mathématiques dans une université, mais le quitte rapidement. Les journalistes en mal d'articles sur le thème « tôt fleuri, vite fané » sont perpétuellement à ses trousses. Ils l'importunent, c'est certain, mais on ne peut pas leur reprocher les excentricités de sa personnalité.

À l'âge adulte, William en a voulu à ses parents — il a même refusé d'assister à l'enterrement de son père — et au monde universitaire en général. Jusqu'à la fin de sa vie, il a occupé des emplois de bureau sans intérêt et mal payés, changeant très souvent d'employeur. Il n'avait qu'une passion, sa collection de tickets de tramway. Il lui a consacré un ouvrage qu'un de ses lecteurs a décrit comme « le livre le plus ennuyeux jamais publié ». Les gens qui l'ont rencontré vers la fin de sa vie ont décrit un personnage « empreint de cette amertume chronique si fréquente chez les solitaires », certains percevant tout de même « une sorte de charme enfantin sous son aspect tendu, fantasque ». William James Sidis est mort d'une attaque à l'âge de quarante-six ans, seul, obscur, sans un sou et inadapté à l'extrême.

La situation de William est comparable à celle des petits singes élevés avec une mère mais sans pairs. À l'âge adulte, ces singes étaient plus anormaux que ceux qui avaient eu des pairs et pas de mère. Heureusement, ces cas sont rarissimes dans l'espèce humaine. Les deux exemples qui viennent spontanément à l'esprit sont ceux de Victor, l'enfant sauvage de l'Aveyron, et de Genie, une petite Californienne qui a passé les treize premières années de sa vie seule, attachée sur son pot.

Victor et Genie sont devenus des adultes complètement anormaux. Mais nous ne saurons jamais si leur handicap profond était dû à l'absence de mère ou à l'absence de pairs ; peut-être souffraient-ils aussi d'un problème génétique. Un cas étudié en Tchécoslovaquie permet d'entrevoir une réponse. Deux jumeaux ayant perdu leur mère à la naissance ont été placés dans un orphelinat. Un an plus tard, le père s'est remarié et a repris ses fils. Mais leur belle-mère était pire que la pire marâtre des contes de fées. Pendant les six années suivantes, les jumeaux ont été enfermés dans un placard mal chauffé, sous-alimentés et battus quotidiennement. Quand on les a découverts, à l'âge de sept ans, ils savaient à peine marcher et possédaient moins de vocabulaire que des enfants de deux ans. Pourtant, ils s'en sont bien tirés. Adoptés par une famille normale, ils ont rattrapé leur retard en quelques années et se sont retrouvés, à quatorze ans, au même niveau que leurs camarades de classe. Ils ne manifestent aujourd'hui « ni symptôme pathologique ni bizarrerie d'aucune sorte », aux dires du chercheur qui rapporte leur cas. Pendant leurs sept premières années, ils n'ont pas joui d'amour maternel — ni paternel, apparemment —, mais ils étaient ensemble.

Camarades de jeu

Les jumeaux se trouvent dans une situation particulière : ils ont un camarade de jeu de leur âge dès leur naissance. Mais ils ne commencent pas à jouer dès leur naissance. Jouer avec un camarade du même âge exige un apprentissage. Les bébés qui ne se connaissent pas et qu'on met ensemble dans la même pièce, expérience que j'ai évoquée plus haut dans ce chapitre, sont attirés l'un vers l'autre, mais leurs gestes d'amitié sont maladroits et ont souvent des effets contraires à ce qu'ils en attendent. On ne se fait pas des amis en leur fourrant le doigt dans l'œil dès la première rencontre.

Il est plus facile pour un bébé de jouer avec un enfant plus âgé ou avec un parent qui structure le jeu et qui, par la répétition, lui apprend à réagir de façon appropriée. Dès l'âge de un an, un bébé occidental moyen sait jouer à « coucou-me-voilà » et sait faire des pâtés, avec ses parents. Les enfants de son âge sont des partenaires nettement moins obligeants et compréhensifs. Même avec les meilleures intentions du monde, un bébé de un an est incapable de jouer avec un autre bébé de un an.

À deux ans, c'est possible. Carol Eckerman et ses collègues ont étudié le développement des jeux entre enfants du même âge, en employant la même méthode que précédemment mais avec des enfants d'âge croissant. Ils ont constaté une augmentation régulière du recours à l'imitation. Deux bébés coordonnent leurs activités et manifestent l'intérêt qu'ils portent à l'autre en l'imitant. L'imitation est une spécialité humaine ; aucune espèce ne la pratique aussi bien que nous. C'est ce qui a fait échouer l'expérience du docteur Kellogg (décrite au chapitre 6) : son fils imitait mieux le chimpanzé que le chimpanzé n'imitait son fils.

Pour les bébés étudiés en laboratoire, et qui ne se connaissent pas, l'imitation commence vers l'âge où ils commencent à marcher. Au début, ils se contentent de rester l'un près de l'autre et de faire la même chose. Si tu prends une balle, je prends une autre balle. S'il n'y a qu'une balle, j'essaierai éventuellement de te la prendre.

À deux ans, l'imitation est déjà plus élaborée et beaucoup plus amusante. Je cours en rond autour de la pièce, je frappe deux jouets l'un contre l'autre ou je fais un truc idiot comme tomber par terre ou lécher la table, et tu fais comme moi. Ensuite, je recommence le même jeu ou j'en invente un autre ; je deviens le chef de jeu, comme dans « Jacques a dit ». Ces jeux d'imitation ne se répètent pas plus de deux ou trois fois, mais ils mettent les deux partenaires au comble de la joie.

À deux ans et demi, les enfants peuvent se servir de mots, en plus des actes, pour coordonner leurs jeux, et à trois ans ils inventent des jeux complexes, comme « papa et maman ». Il ne s'agit plus alors de s'imiter réciproquement mais de jouer un rôle différent dans un scénario commun.

Entre un an et trois ans, on observe une autre évolution : les enfants commencent à nouer de vraies amitiés — ils ont élaboré des modèles fonctionnels de leurs relations avec un certain nombre d'autres enfants et décidé qu'ils s'entendaient mieux avec certains. Dans les maternelles et dans les garderies, on voit des enfants jouer jour après jour avec les mêmes camarades. Dans les situations où les âges sont mélangés, ces petits groupes sont généralement formés d'enfants approximativement du même âge ; en effet, s'ils ont le choix, les plus grands préfèrent ne pas jouer avec les plus petits. Très souvent, les groupes sont également constitués d'enfants du même sexe. Dès cinq ans, les enfants jouent presque exclusivement entre filles ou entre garçons.

Ce que je décris ici, c'est le développement du jeu entre camarades, parmi des enfants qui vivent dans des sociétés industrialisées, urbanisées comme la nôtre. Dans ces sociétés, les parents jugent évident que leurs enfants doivent fréquenter d'autres enfants, et ils essaient de leur en donner l'occasion. S'ils ne les envoient pas à la crèche ou à la garderie, ils organisent des groupes de jeu ou se lient avec des parents d'enfants du même âge. Quels que soient leur niveau d'éducation ou leurs idées sur l'éducation des enfants, les parents sont presque tous convaincus qu'il est important pour leurs enfants de faire des expériences avec d'autres enfants.

À la différence de l'hypothèse du primat de l'éducation parentale, l'importance des camarades de jeu est reconnue dans le monde entier. Dans les sociétés rurales préindustrielles, les petits enfants trouvaient difficilement des camarades de jeu du même âge, et c'est encore le cas dans certaines régions du monde. Dans les sociétés tribales et villageoises, un enfant passe directement du sein de sa mère à un groupe de jeu formé d'enfants d'âges divers parmi lesquels il est le plus jeune. Les âges peuvent s'échelonner entre deux ans et demi et six ans ou deux ans et demi et douze ans selon la densité de la population. S'il y a suffisamment d'enfants, les plus grands forment des groupes distincts.

J'ai déjà décrit, dans un chapitre précédent, les groupes de jeu d'âge mixte dans les sociétés traditionnelles. Les familles élargies ayant tendance à se rapprocher, tous les enfants d'un même groupe sont généralement apparentés. Ils jouent entre frères et sœurs, cousins et cousines, jeunes oncles et tantes. Les aînés sont responsables des plus jeunes — ce sont eux qui leur apprennent à se conduire comme il faut et les initient aux jeux du groupe. Leur méthode n'est pas tendre — ils se moquent des petits, les font enrager et n'hésitent pas à employer la force — et ne fait aucune place au raisonnement. Pour dire à sa petite sœur de ne pas jeter du sable à Bisi, une fillette de cinq ans n'ira pas expliquer : « Tu aimerais, toi, que Bisi te fasse la même chose ? » Pourtant, les bagarres et les agressions graves sont très rares. Dans les sociétés occidentales elles-mêmes, les enfants se montrent généralement moins agressifs quand ils jouent entre eux qu'en présence d'adultes. Peut-être se sentent-ils plus libres de se battre quand ils savent qu'une grande personne est là pour les empêcher d'aller trop loin.

Les enfants des sociétés traditionnelles apprennent également à parler au sein du groupe de jeu — à deux ans et demi, ils ne connaissent que quelques mots, car leurs parents leur parlent très peu. Leurs interlocuteurs sont les autres enfants. Les aînés simplifient légèrement leur discours quand ils s'adressent aux petits, mais ils n'utilisent aucune des méthodes d'apprentissage dont bénéficient les bébés de nos sociétés — répétition des questions, reformulation patiente des approximations du débutant, sourires et encouragements à chaque progrès. Dans les sociétés traditionnelles, il faut plus de temps aux enfants pour apprendre à parler. Mais ils apprennent. Ils deviennent tous des utilisateurs compétents de la langue en usage dans leur communauté. Et ils sont tous socialisés.

Même après avoir quitté leur mère et intégré le groupe de jeu, les enfants de la plupart des sociétés traditionnelles restent attachés à leurs parents, exactement comme chez nous. Ils comptent sur leurs parents pour les nourrir, les protéger, les réconforter et les conseiller. Le lien parents-enfant — l'amour qui les unit — dure toute la vie. Dans la plupart des sociétés traditionnelles, le garçon reste au village et construit son habitation à côté de celle de ses parents et de ses frères. La fille quitte généralement le village pour se marier, mais elle revient régulièrement voir ses parents, ou les reçoit chez elle.

Pourtant, au moment où ils quittent le sein de leur mère pour être admis dans un groupe de jeu, les enfants de ces sociétés cessent d'être les enfants de leurs parents pour devenir ceux de la communauté tout entière. Tout adulte peut les réprimander quand ils font une bêtise. Il faut *tout un village* pour élever un enfant.

Mais s'il faut tout un village, ce n'est pas parce qu'il est nécessaire que plusieurs adultes surveillent les moindres faits et gestes des enfants et les remettent constamment dans le droit chemin. S'il faut tout un village, c'est parce que, dans un village, il y a assez d'enfants pour former un groupe de jeu. « C'est dans ces groupes de jeu que les enfants sont véritablement élevés, observe Irenaüs Eibl-Eibesfeldt. La socialisation de l'enfant s'effectue essentiellement au sein du groupe de jeu. » Eibl-Eibesfeldt parle là des sociétés traditionnelles qu'il a étudiées — au Sahel et en Nouvelle-Guinée — mais je crois qu'on peut dire la même chose des enfants de sociétés complexes et urbanisées comme la nôtre.

Les sociétés occidentales insistent énormément sur l'importance du lien parents-enfants. On s'inquiète de la « qualité » du temps consacré aux enfants ; les enfants de divorcés font la navette entre deux foyers pour que chaque parent puisse leur offrir des moments privilégiés. Mais s'il est si important pour les enfants de passer du temps avec leurs parents, pourquoi avons-nous tant de mal à les faire rentrer à la maison ? Pourquoi sommes-nous obligés de leur imposer des horaires ?

Au chapitre 5, j'ai cité le cas d'un petit Japonais qui ne rentrait chez lui que pour manger, sous prétexte que ses copains l'attendaient. Chez les Chewongs, qui vivent dans les forêts tropicales de la péninsule malaise, les enfants se détachent volontairement de leurs parents bien avant l'adolescence. « Vers l'âge de sept ans, rapporte un anthropologue qui a étudié cette peuplade, les enfants quittent progressivement leurs parents pour rejoindre des groupes d'enfants plus âgés du même sexe. » Une fois cette transition achevée — l'anthropologue ne précise pas en combien de temps elle s'opère, mais j'imagine qu'elle ne dure pas plus d'un an ou deux —, les adultes de la communauté « ne se préoccupent plus activement d'apprendre quoi que ce soit » à leur progéniture. « L'enfant est libre d'accomplir certaines tâches quand il le désire et de s'adresser à un adulte si et quand il a besoin de conseils particuliers. »

Comme l'observe l'éthologiste britannique John Archer, « beaucoup de traits observés chez les jeunes animaux ne se retrouvent pas à l'âge d'adulte mais contribuent à leur survie à cette étape précise de leur développement ». Ce n'est pas parce que l'attachement à un parent (ou à un substitut parental) est nécessaire aux bébés et aux très jeunes enfants qu'il est nécessaire aux enfants plus âgés.

La socialisation par procuration

Chez les primates non humains, une grande partie des comportements sociaux sont innés. Un chimpanzé des montagnes Mahale de Tanzanie se comporte à peu près de la même façon — mais pas tout à fait, et la nuance est intéressante — qu'un chimpanzé du Parc national de Gombé. Mais chez les humains, les effets de contraste de groupes (décrits au chapitre précédent) peuvent engendrer des différences de comportement social notables entre des groupes, même voisins. Un anthropologue a étudié deux villages zapotèques peu distants l'un de l'autre dans le sud du Mexique. Leurs habitants parlent la même langue, se livrent aux mêmes cultures. Mais, à La Paz, les conduites agressives sont rares et mal vues, alors qu'à San Andres elles sont générales et acceptées comme une composante normale de l'existence. Le taux d'homicide est cinq fois plus élevé à San Andres qu'à La Paz. L'anthropologue a vu deux garçons de San Andres se battre à coups de pierres. Leur mère, écrit-il avec une réprobation mal dissimulée, « n'a rien fait pour mettre fin à cette activité pour le moins dangereuse, elle a simplement fait remarquer que ses fils n'arrêtaient pas de se battre ».

On sait que, chez l'homme, le comportement social n'est pas inné, car il diffère considérablement d'un groupe à l'autre. Il doit être appris. On sait que les enfants l'apprennent car la plupart d'entre eux finissent par se comporter plus ou moins comme les autres membres de la société dans laquelle ils ont grandi. Pas forcément celle dans laquelle ils sont nés — celle dans laquelle ils ont grandi.

Comment font-ils ? À l'époque où la théorie freudienne exerçait une forte influence en psychologie, c'était facile : l'enfant apprenait à se comporter en s'identifiant à son père ou à sa mère. L'identification conduisait à la constitution du sur-moi, et ce dernier maintenait l'enfant sur le droit chemin.

Les théories freudiennes sont un peu passées de mode, mais la plupart des psychologues continuent à croire que les enfants modèlent leur comportement sur celui du parent du même sexe. On trouve dans tous les manuels de psychologie — y compris les miens, je l'avoue, — des images de petits garçons faisant mine de se raser à côté de papas qui se rasent.

Certes, les enfants imitent leurs parents. Je vous l'ai dit, il n'y a pas de meilleurs imitateurs, dans tout le règne animal, que les membres de l'espèce humaine : il le faut bien, puisque nous devons apprendre l'essentiel de notre comportement social. Et les parents occidentaux sont enchantés de voir les petits garçons faire semblant de se raser. C'est si mignon... Ils sont moins enchantés toutefois de les voir jouer avec des allumettes, couper les branches du cerisier, frapper leur petite sœur ou conduire la voiture familiale, même si ces comportements sont, eux aussi, des imitations. Nous voulons que nos enfants se conduisent comme de gentils petits garçons et de gentilles petites filles, et non comme des adultes.

Comme méthode de socialisation, l'imitation ne marche pas mieux dans d'autres sociétés que la nôtre. Si vous croyez que les petits Occidentaux n'ont pas la tâche facile, comparez leur sort avec celui des enfants des sociétés villageoises polynésiennes, par exemple. Chez les Polynésiens, les enfants doivent se montrer discrets et effacés. Ils doivent se plier entièrement à la discipline imposée par les adultes, qui sont les seuls à pouvoir engager et contrôler toutes les interactions. Entre eux, les enfants peuvent se comporter plus librement et s'affirmer d'avantage. Au chapitre 1, j'ai dit que les enfants ne pouvaient pas apprendre ces règles en observant leurs parents. Les parents polynésiens ne sont ni discrets ni effacés, que ce soit avec d'autres adultes ou avec leurs enfants. Les enfants qui imiteraient le comportement social de leurs parents feraient entièrement fausse route.

Il peut également être dangereux d'imiter ses parents lorsque ces derniers sont des membres atypiques de leur société : excentriques, alcooliques, criminels ou tout simplement immigrants peu rodés aux règles locales du comportement social. On a tendance à considérer l'immigration comme un phénomène moderne, mais elle est probablement vieille comme le monde. Imaginez une petite fille née dans une société tribale constamment en guerre contre ses voisins — un mode de vie traditionnel, plus ancien que notre espèce. La mère de cette petite fille imaginaire n'est pas originaire du village où elle vit, elle a été enlevée au cours d'un raid contre un village ennemi. Après le partage du butin, elle a été attribuée à l'un des guerriers qui en a fait sa femme — ou l'une de ses femmes. Mais elle ignore la plupart des coutumes de sa nouvelle tribu et parle un autre dialecte. Sa fille serait donc mal avisée de reproduire le comportement social et le langage de sa mère.

Quand un enfant imite ses parents, il ne le fait pas aveuglément ; il y met beaucoup de discernement. Il le fait uniquement quand il juge que le parent en question se comporte normalement, conformément au modèle dominant pratiqué par les adultes de sa société. Et les enfants sont conscients de ces nuances à un âge étonnamment précoce. Un collègue d'origine allemande m'a dit que sa fille de quatre ans refusait de parler allemand avec lui quand ils étaient aux États-Unis, alors qu'elle le faisait volontiers quand ils allaient en Allemagne. Les enfants se font aussi, très tôt, une idée très précise de ce que les hommes et les femmes sont censés faire. L'une de mes filles n'avait pas cinq ans lorsqu'elle m'annonça que les pères ne devaient pas faire la cuisine.

— Et les mères ne doivent pas bricoler ni scier du bois ? lui ai-je demandé.

— Parfaitement, m'a-t-elle répondu, d'un air légèrement embarrassé tout de même.

Chez elle, son père faisait la cuisine au moins une fois sur deux, et j'étais la seule à bricoler.

Les enfants doivent probablement ces idées en partie à la télévision et aux livres. Mais ils en vérifient l'exactitude au cours des jeux qu'ils pratiquent entre eux à la maternelle ou à la garderie. Quand les enfants jouent au papa et à la maman ou aux pompiers, ils ne font pas semblant d'être leurs parents (même si, justement, leur papa est pompier). Ces rôles sont des stéréotypes brossés à grands traits et adoptés par un comité d'enfants. Ce genre de jeu est moins courant dans les sociétés traditionnelles [1] où la notion d'intimité n'existe pas et où chacun sait ce que fait l'autre. Si toutes les femmes font à peu près la même chose et tous les hommes aussi, les enfants n'ont pas besoin de se réunir en comités pour discuter des caractéristiques d'une profession.

Les enfants sont des créatures éminemment adaptables. Un enfant unique qui vivrait avec ses parents dans un endroit où il n'y aurait pas d'autres enfants calquerait, par la force des choses, ses comportements sur ceux de son père et de sa mère. Un enfant élevé par des chimpanzés comme Tarzan [2], ou par des loups comme les deux petites Indiennes découvertes dans la tanière d'une louve, se comporterait, dans la mesure de

1. Dans toutes les sociétés, les petites filles préparent des gâteaux de boue et font comme s'ils étaient comestibles. Jouer au papa et à la maman implique bien d'autres choses : changer de personnalité, transformer sa voix, jouer un rôle dans un jeu d'imagination collectif. Les gâteaux de boue sont universels ; jouer au papa et à la maman ne l'est pas.

2. Si Tarzan avait vraiment été élevé par des chimpanzés jusqu'à l'âge adulte, il aurait probablement ressemblé à Victor de l'Aveyron ou à Genie. Son vocabulaire n'aurait jamais dépassé le stade du célèbre « Moi Tarzan, toi Jane » et il n'aurait jamais appris la propreté. Quand on vit dans les arbres, on peut se soulager sans gêner personne, sauf le malheureux qui a choisi de s'asseoir sur la branche située directement sous la vôtre.

ses possibilités, comme un chimpanzé ou comme un loup. Mais la plupart du temps, les enfants ont le choix. Ils ont à leur disposition un certain nombre de modèles possibles, de personnes de référence qui ne se comportent pas toutes de la même manière. Dans ce cas, quel comportement imitent-ils ?

Donald Kellogg, dont j'ai parlé au chapitre 6, n'a pas été élevé par mais *avec* un chimpanzé pendant presque un an. Gua a repris le chemin du zoo quand les parents de Donald se sont aperçus que l'animal influençait davantage l'enfant que celui-ci n'influençait l'animal. À dix-neuf mois, Donald n'avait que quelques mots d'anglais à son vocabulaire mais il se débrouillait très bien en chimpanzé. Pourquoi Donald imitait-il le langage de Gua plutôt que celui de ses parents ?

Selon moi, Donald avait déjà un sens rudimentaire des catégories sociales. Il percevait — fort justement — que Gua et lui appartenaient à la même catégorie sociale, celle qui est déterminée par l'âge. Les bébés sont capables d'établir des catégories, comme je vous le disais au chapitre précédent. Avant l'âge de un an, ils savent déjà reconnaître le sexe et l'âge des personnes. Ils ont peut-être une vague idée de la catégorie à laquelle ils appartiennent eux-mêmes. Si des singes en sont capables, pourquoi un bébé humain de un an n'y arriverait-il pas ?

Donald et Gua étaient comme frère et sœur. Les Kellogg les traitaient exactement de la même manière — mêmes vêtements, même nourriture, même discipline. Quand ils ont le choix, les jeunes enfants imitent de préférence certains modèles, et un frère ou une sœur aînés font partie de leurs modèles favoris. Gua avait quelques mois de moins que Donald, mais les chimpanzés grandissent plus vite, et Donald la considérait comme sa grande sœur.

Rappelez-vous les enfants polynésiens qui doivent apprendre deux modèles différents de comportement social. Comment apprennent-ils à se comporter avec les adultes ? Leurs parents ne leur font pas de longs discours sur le savoir-vivre en milieu polynésien. Ils ne leur expliquent presque rien et donnent très peu de conseils. Les enfants apprennent donc en se faisant réprimander ou frapper quand ils ont mal agi. Ils sont censés apprendre par l'observation, et c'est ce qu'ils font. B. F. Skinner disait que, pour apprendre, tout « organisme » doit être récompensé, mais les enfants sont capables d'apprendre sans recevoir de récompense — ni de sanction, d'ailleurs. Ils apprennent en observant les autres enfants et en voyant ce qui leur arrive. Un enfant n'a pas besoin de se brûler pour apprendre à ne pas toucher au fourneau : il suffit qu'il ait vu ce qui s'est passé le jour où son frère y a touché. Un enfant polynésien apprendra à se comporter avec les adultes en observant d'autres enfants, un peu plus âgés que lui. Et ces enfants apprennent eux aussi en observant des enfants plus âgés qu'eux.

L'autre jour, ma belle-sœur coupait des poivrons et elle en a donné un morceau à son fils. Il l'a mis en bouche. Aussitôt sa petite sœur a dit : « J'en veux aussi ! » Sur ce, mon neveu a décrété qu'il n'aimait pas le poivron et a demandé la permission de le recracher. Ma nièce a immédiatement changé d'avis. Elle a déclaré qu'elle n'aimait pas les poivrons, sans y avoir goûté.

Ses parents aiment les poivrons. Et alors ? Ce qui compte, c'est que son frère n'aime pas ça. Un spécialiste de psychologie du développement nommé Leann Birch a constaté qu'en dépit de tous leurs efforts les parents n'arrivaient jamais à convaincre un enfant d'âge préscolaire — âge où les enfants sont particulièrement difficiles en matière de nourriture — de manger quelque chose qu'il n'aime pas — ou croit ne pas aimer. Raisonnement, menaces, cajoleries, rien n'y fait. Il n'y a qu'une méthode qui marche : mettre l'enfant à table avec d'autres enfants qui aiment l'aliment en question, et remplir toutes les assiettes.

Les modèles préférés des enfants d'âge préscolaire sont les autres enfants. Dès l'âge de trois ou quatre ans, ils commencent à calquer leur comportement sur celui de leurs camarades de jeu à la maternelle et, qui plus est, à introduire ce comportement chez eux. Il suffit de les entendre parler pour s'en rendre compte : ils prennent très vite l'accent de leurs pairs. Après quatre mois d'école maternelle en Californie, la fille d'un psycholinguiste anglais parlait déjà couramment l'« anglais des Noirs ». Tous les enfants de sa classe n'étaient pas noirs, mais ceux avec lesquels elle jouait l'étaient. Cette petite fille passait sans doute plus de temps avec sa maman anglaise qu'avec ses copines afro-américaines, mais c'était leur accent qu'elle avait adopté, et non celui de sa mère.

L'opposition « nous »/« toi et moi »

Dans le chapitre précédent, j'ai décrit l'expérience menée par Henri Tajfel qui, après avoir séparé des jeunes gens en « sous-estimateurs » et « surestimateurs », a montré qu'il n'en fallait pas davantage pour qu'un garçon favorise ceux de son groupe, pour qu'il élabore un « esprit de groupe ».

John Turner, un étudiant de Tajfel, s'est attaché à dégager certains aspects spécifiques de cet esprit de groupe. Il n'est pas nécessaire d'apprécier tous les membres de son groupe. Il n'est même pas nécessaire de les *connaître* tous. Ni même d'en connaître *un seul*. Il suffit de savoir qu'on appartient à la même catégorie sociale qu'eux. C'est une question d'autocatégorisation :

Je suis un X.

Je ne suis pas un Y.

L'évolution nous a prédisposés à dégager de ces prémisses élémentaires un corollaire non moins élémentaire : nous préférons les X aux Y. Et, du même coup, nous concluons que nous sommes semblables aux autres X et différents des Y. Ces mécanismes mentaux, qui se produisent à un niveau généralement inaccessible à la conscience, ont néanmoins des conséquences visibles. En vertu du processus d'assimilation, nous avons tendance à ressembler davantage aux membres de notre groupe. Les différences entre notre groupe et l'autre s'accentuent en raison des effets de contraste de groupes. Et, dans certaines circonstances, cela débouche sur l'hostilité envers l'autre groupe — effet du partage du monde entre « nous » et « eux ».

Ce que je décris ici n'a rien à voir avec les relations entre individus. L'aptitude à former des relations dyadiques est présente dès la naissance. L'esprit de groupe met en revanche un certain temps à se constituer. Les relations dyadiques se fondent sur des éléments tels que la dépendance, l'amour et la haine, le plaisir que l'on éprouve à se trouver en compagnie d'autrui. L'esprit de groupe se fonde sur la reconnaissance de similitudes fondamentales — nous nous ressemblons par certains traits — ou d'une communauté de destin — nous sommes tous dans le même bateau. Dans une relation dyadique, on est deux. Dans un groupe, on est presque toujours plus de deux, et il n'y a pas de limite supérieure aux effectifs. Si cette description vous donne l'impression que l'esprit de groupe est quelque chose de purement intellectuel, détrompez-vous : les émotions qu'il implique sont profondes et puissantes. Depuis que l'homme est sur terre, beaucoup plus d'individus sont morts pour leur groupe que pour leurs relations personnelles.

Au chapitre 6, je vous ai parlé du « module social » — cette partie du cerveau qui ne fonctionne pas correctement chez les enfants autistiques. On pourrait, de la même manière, parler du « système visuel » et dire qu'il ne fonctionne pas bien chez les enfants aveugles.

Mais le système visuel est constitué de différents éléments, et quelque chose peut se détraquer dans l'un de ces éléments sans que les autres soient touchés. À la suite de certaines lésions cérébrales, on peut voir où se trouve un objet sans voir *ce* que c'est, ou le contraire. D'autres lésions permettent d'identifier visuellement un objet mais pas un visage, ou de voir parfaitement des deux yeux en étant incapable de superposer les deux images pour avoir la vision du relief. Ce que nous appelons le système visuel se compose en fait de plusieurs sous-systèmes plus ou moins indépendants qui exigent des informations de départ différentes et produisent des informations différentes, et qui s'assemblent à des moments différents et de façon différente au cours du développement précoce.

Je crois qu'il en va de même du module social. Il se compose de deux sous-systèmes au moins : l'un se spécialise dans les relations dyadiques — il est prêt à fonctionner dès la naissance — et l'autre dans les relations de groupe — ce dernier met un certain temps à se structurer.

L'esprit de groupe et les relations personnelles ne fonctionnent pas seulement indépendamment ; ils peuvent également s'opposer. Je me suis longtemps demandé ce qu'il y avait d'insultant à dire : « Certains de mes meilleurs amis sont juifs. » Et j'ai compris que cette phrase introduisait une distinction entre l'amitié — relation personnelle — et l'attitude à l'égard d'un groupe. On peut aimer ses amis sans aimer le groupe auquel ils appartiennent, et c'est précisément ce que suggère cette phrase.

L'esprit de groupe et les relations personnelles sont parfois en conflit. En temps de guerre, par exemple, il peut être difficile de trancher entre le désir de rester avec ceux qu'on aime et celui d'aller défendre son groupe. Chacun doit résoudre ce genre de dilemmes à sa façon.

Selon ma théorie, c'est le sous-système mental « esprit de groupe » qui permet à l'enfant de se socialiser et à sa personnalité d'être modifiée par l'environnement. Chaque fois que des changements durables affectent le comportement de l'enfant, c'est l'esprit de groupe qui est en jeu. Le sous-système « relations personnelles » peut donner naissance à de puissantes émotions, mais il ne produit que des modifications temporaires du comportement.

La théorie de la socialisation par le groupe

La question centrale de cet ouvrage est la suivante : Comment les enfants sont-ils socialisés — comment apprennent-ils à se comporter en membres normaux, acceptables, de leur communauté ? Qu'est-ce qui façonne la matière première du tempérament d'un bébé pour aboutir au produit fini de sa personnalité d'adulte ? À première vue, ces deux questions sont bien distinctes et peuvent paraître sans aucun rapport — elles constituent effectivement la matière de deux écoles de psychologie — mais à mes yeux, elles ne sont que les deux faces d'une même médaille. Pour les enfants, la socialisation consiste essentiellement à apprendre comment se comporter en présence d'autrui. Or dans la personnalité d'un adulte, la manière dont il doit se comporter en présence d'autrui occupe une large place. Dans une espèce sociale comme la nôtre, la plupart des comportements sont des comportements sociaux. Je suis seule devant mon ordinateur, ce qui ne m'empêche pas d'être engagée dans un comportement social. En effet, à quoi bon aligner des mots sur le papier si vous ne deviez pas les lire ?

Les enfants doivent apprendre à se comporter « comme il faut » dans la société où ils vivent. Mais tous les membres de cette société ne se comportent pas de la même manière. Dans toute société, les individus se comportent différemment selon qu'ils sont adultes ou enfants, hommes ou femmes, célibataires ou mariés, princes ou manants. La première tâche de l'enfant consiste donc à déterminer quelle sorte de personne il est — à quelle catégorie il appartient. Ensuite, il devra apprendre à se comporter comme les autres membres de sa catégorie sociale.

Il est facile de déterminer à quelle catégorie sociale on appartient. N'importe quel enfant de trois ans vous dira, si par hasard son prénom et ses vêtements vous ont abusés : « Je ne suis pas un garçon, je suis une fille ! » Une petite fille sait aussi qu'elle est un enfant — elle rira si vous faites semblant de la prendre pour une grande personne et se vexera si vous la traitez de bébé. L'âge et le sexe sont les deux seules catégories qui comptent, à ce stade. La race n'a aucune importance pour un enfant de trois ans. La fille du psycholinguiste anglais n'avait pas conscience que ses camarades de maternelle avaient la peau bien plus foncée que la sienne.

Si la fille du psycholinguiste s'est mise à parler comme ses copines afro-américaines, c'est que, dès leur plus jeune âge, les enfants adaptent leur comportement à celui des membres de leur groupe, ces *autres* qui, du point de vue de l'enfant, sont « comme moi ». Dans ce cas, me direz-vous, comment les *autres* apprennent-ils à se comporter ? La réponse est simple. Dans les groupes d'enfants, on se plie à la loi de la majorité : c'est le nouveau venu qui doit changer, si son comportement est différent de celui de la majorité. Les petits Afro-Américains apprennent à parler chez eux et dans leur quartier. En arrivant à la maternelle, ils rencontrent d'autres enfants qui s'expriment comme eux. La fille du psycholinguiste était seule de sa catégorie : personne ne parlait anglais comme elle. C'est donc elle qui a changé, et non ses petites amies. Ensuite, elle a introduit ce nouveau langage chez elle. Voilà, a-t-elle dit, comment les gens « comme moi » doivent s'exprimer. Bien sûr elle ne l'a pas *dit*. Chez les enfants, la socialisation est un processus largement inconscient.

Ma théorie de la socialisation des enfants et de la transformation de leur personnalité s'appelle la « théorie de la socialisation par le groupe ». C'est du moins le nom que je lui ai donné dans mon article de *Psychological Review*. Mais je ne suis pas entièrement satisfaite de ce nom, pour deux raisons. Premièrement, ma théorie concerne le développement de la personnalité, et pas uniquement la socialisation. Deuxièmement, le terme de « socialisation » est ambigu car il donne l'impression de désigner quelque chose qui est fait *aux* enfants. En fait, je parle de quelque chose que les enfants se font largement à eux-mêmes.

Les enfants se font une idée de la manière dont ils doivent se comporter en s'identifiant avec un groupe, dont ils adoptent les attitudes, les comportements, le langage, l'habillement et la parure. Presque tous les enfants le font automatiquement et volontairement : ils *veulent* ressembler à leurs pairs. Et si, par hasard, il leur venait l'idée de se distinguer, les autres auraient vite fait de leur rappeler ce qu'il en coûte d'être différent. Les enfants d'âge scolaire, en particulier, peuvent se montrer impitoyables : le clou qui dépasse doit être enfoncé à coups de marteau. Les coups de marteau font parfois comprendre à l'enfant où est son erreur et le déterminent presque toujours à changer. Le psycholinguiste Peter Reich garde le souvenir cuisant d'une expérience vécue quand il était petit au cours d'un grand rassemblement de scouts. Il avait grandi à Chicago où le mot *Washington* se prononce *Warshington*. Des scouts de tous les coins du pays venaient le voir, lui demandaient de prononcer le nom de la capitale des États-Unis et « se tordaient de rire » quand il s'exécutait. « Je me souviens encore, dit Reich, des efforts acharnés que j'ai faits pour changer ma prononciation de ce mot et de quelques autres. »

Le rire est l'arme favorite du groupe : dans le monde

entier, il est utilisé pour remettre les dissidents dans le rang. Ceux avec qui le rire ne suffit pas — ceux qui ne savent pas ce qu'ils font de mal, ceux qui ne veulent ou ne peuvent pas s'adapter — subissent un sort plus cruel encore, l'expulsion du groupe. C'est ce qui m'est arrivé pendant quatre ans.

Vous vous demanderez peut-être comment j'ai pu être exclue d'un groupe, alors que les filles ne constituent généralement pas de groupes. Pendant toute leur scolarité, les filles ont généralement des amies — elles vont par deux ou par trois. J'ai effectivement introduit une confusion en employant le terme de *groupe* dans deux sens distincts : groupe de jeu — un groupe de vrais enfants qui jouent ensemble — et catégorie sociale. C'est cette dernière acception qui nous intéresse ici — ce que John Turner appelle le « groupe psychologique » et que d'autres théoriciens appellent « groupe de référence ». Même si, en septième, je n'entretenais pas de relations avec les autres filles de ma classe, je m'identifiais à elles. Les élèves de septième étaient mon groupe psychologique et elles me rejetaient. En ce sens, j'étais exclue du groupe.

Cette exclusion m'empêchait d'avoir la moindre influence sur mes camarades. Mais elles pouvaient m'influencer. Il n'est pas nécessaire d'avoir des interactions avec les membres de son groupe psychologique pour subir leur influence. J'étais, moi aussi, une élève de septième et, même si les autres ne m'adressaient pas la parole, je les observais attentivement. J'aurais préféré participer, bien sûr, mais c'était mieux que rien.

Le fait que son groupe de pairs n'admette pas un enfant n'empêche pas celui-ci de s'identifier à lui. À six ans, un petit garçon américain nommé Daja Meston a été abandonné dans un monastère tibétain par ses parents, un couple de hippies qui parcourait l'Europe et l'Asie depuis sa naissance. Il est resté dans ce monastère jusqu'à quinze ans — intégré dans un groupe de garçons destinés à devenir moines bouddhistes. Tous les autres étaient tibétains, et Daja se détachait du groupe comme le nez au milieu de la figure : il était trop grand, trop blanc. Il n'avait pas d'amis ; les autres se moquaient de lui parce qu'il était différent. Mais ces garçons constituaient son groupe psychologique, et Daja a été socialisé. Il vit aujourd'hui aux États-Unis ; il a épousé une Tibétaine, et son apparence est trompeuse. Il a dit à un journaliste : « Je suis un Tibétain caché dans un corps de Blanc. »

Daja s'est identifié à ses pairs, au monastère, parce qu'il n'avait pas le choix. Il était évident pour lui, même si cela ne l'était pas pour les jeunes Tibétains, qu'ils appartenaient tous à la même catégorie sociale. Il est donc devenu tibétain, comme eux — il a appris à se comporter, à parler et à penser en tibétain. S'il avait été accepté par ses pairs, il serait sans doute devenu un autre genre de Tibétain (je reviendrai sur ce point plus tard) mais, accepté ou rejeté, il ne pouvait que devenir tibétain.

Je ne crois pas que Daja aurait été très différent s'il avait eu un ami intime au monastère. Son séjour aurait été plus heureux, mais l'amitié (ou l'absence d'amitié) ne laisse pas de traces permanentes sur la personnalité. L'identification à un groupe, en revanche, le fait d'être accepté ou rejeté par un groupe, laisse des traces indélébiles. Des chercheurs ont étudié les effets à long terme de l'amitié et de l'appartenance à un groupe pendant les années d'école primaire. Ils ont établi que l'acceptation ou le rejet par leurs pairs avait eu une incidence sur « l'adaptation globale [des adultes] à la situation vécue », mais ils n'ont découvert aucun lien significatif avec le fait d'avoir eu ou non un ami.

L'amitié est une relation à deux. On peut être doué pour l'amitié, même si on est incapable de forcer l'attention ou le respect de son groupe. Les enfants qui n'ont pas de statut dans le groupe, ou qui n'ont qu'un statut inférieur, forment souvent des amitiés solides. Pendant mon séjour dans cette banlieue snob, j'avais une amie. De deux ans ma cadette, trois classes au-dessous de moi, elle habitait la maison voisine. À ma connaissance, notre amitié inégale n'a eu d'effets à long terme ni sur elle ni sur moi. Les enfants adaptent leur comportement à leurs amis comme aux membres de leur groupe, mais, dans le cas des amis, l'adaptation est de courte durée et spécifique à la relation, gérée par le système mental spécialisé dans les modèles fonctionnels — le secteur « relations », et non le secteur « esprit de groupe ». Si certaines amitiés *paraissent* avoir des effets durables, c'est parce que la plupart des amitiés se nouent entre enfants appartenant au même groupe psychologique.

L'opposition filles/garçons

Au cours de l'enfance, le groupe psychologique le plus important est celui du sexe. Dès trois ans, on s'identifie comme fille ou garçon et on préfère jouer « entre filles » ou « entre garçons ». À cinq ans, les enfants jouent en petits groupes où règne une ségrégation sexuelle presque totale. Cette division est possible parce que nos sociétés urbanisées offrent aux enfants de nombreux camarades du même âge, ce qui leur permet de faire les difficiles. À la maison ou dans le quartier, où il y a moins d'enfants, ils sont prêts à jouer avec n'importe qui. Même avec un chimpanzé.

Si les garçons et les filles préfèrent jouer entre eux, c'est que, dès la maternelle, ils ont tendance à avoir des styles de jeux différents. Et ils sont naturellement attirés vers ceux qui partagent leurs intérêts. Mais je ne pense pas que ce soit la seule raison. Pour moi, l'autocatégorisation — le fait de se considérer comme membre d'un groupe bien défini — joue un rôle déterminant. Les enfants préfèrent tout naturellement le groupe dont ils font partie.

Et parce qu'ils en font partie, ils veulent ressembler aux autres membres de leur groupe et se démarquer de ceux de l'autre groupe. Les petites filles veulent être comme les autres filles (et pas comme les garçons), les petits garçons veulent être comme les autres garçons (et pas comme les filles). La fille d'un de mes collègues, âgée de quatre ans, refuse de mettre ses baskets préférées depuis le jour où une de ses amies lui a dit que c'étaient « des chaussures de garçon ». Un autre père a entendu sa fille affirmer à son stégosaure en plastique que seuls les garçons pouvaient jouer avec des fusils — idée qu'elle tenait de la garderie, assure-t-il. Étant à la fois hostile au sexisme et aux armes à feu, ce père s'est trouvé fort embarrassé.

> J'ai essayé d'expliquer à ma fille que : 1) les filles pouvaient jouer avec des fusils comme les garçons ; 2) je n'aimais pas les armes de toute façon ; et 3) être une fille ne l'empêchait pas d'avoir un fusil, même si je ne voulais pas qu'elle joue avec des armes.

Bien joué, papa. Mais ne vous en faites pas : ce n'est pas votre avis qui compte. La fille de mon collègue se moque pas mal de ce que ses parents pensent de ses baskets. Ses idées sur ce genre de sujets ne tiennent pas compte de ce qu'elle entend dire par ses parents. Ils ne lui ont jamais dit : « Les garçons sont dégoûtants », ou : « Sammy ne peut pas jouer avec nous ; c'est un garçon. » Un comportement typiquement lié au sexe, comme les jeux guerriers, ne se transmet pas par contagion entre père et fils. Même aux États-Unis, les pères de la plupart des petits garçons ne jouent pas avec des armes à feu. Et je ne connais pas beaucoup de mères qui jouent à la marelle ou à l'élastique.

Quand les enfants sont un peu plus grands, les règles de comportement les plus rigoureuses concernent l'attitude à avoir à l'égard de l'autre sexe. Une fillette de onze ans explique à un chercheur ce qui se passerait si elle violait le tabou de son groupe en s'asseyant à côté d'un garçon en classe : « Les autres ne voudraient plus être mes amies, dit-elle. Je serais mise à l'écart. » Ce serait, insiste-t-elle, comme de « faire pipi dans sa culotte ». « Tout le monde se moquerait de moi pendant *des mois*. Mais, si je mettais mes chaussures à l'envers, on se moquerait de moi pendant quelques jours seulement. »

À cet âge-là, d'autres facteurs prennent de l'importance — la couleur de la peau par exemple — mais aucun n'est jamais aussi capital que la distinction entre filles et garçons. Une sociologue qui a passé beaucoup de temps à observer des élèves de sixième dans un collège multiracial a remarqué que, s'il était rare qu'un enfant prenne place pour déjeuner à côté d'un enfant d'une autre race, il était inimaginable qu'il s'installe à côté d'un enfant de l'autre sexe. Les élèves, affirme-t-elle, préféreront encourir la colère de leurs professeurs plutôt que de s'associer à un groupe du « mauvais » sexe.

> En cours de sciences, Mr. Little demande aux élèves de constituer des groupes de trois pour faire une expérience. Aucun des groupes qui se forment n'est mixte. Mr. Little constate la présence d'un groupe de quatre garçons et dit à l'un d'eux, Juan (qui est noir) : « Mets-toi dans le groupe de Diane » (qui comporte deux filles noires). Secouant la tête, Juan dit : « Non, je n'irai pas ! » Calmement, mais d'un ton sans réplique, Mr. Little reprend : « Alors, retire ta blouse et quitte le labo. Retourne dans ta classe. » Juan ne fait pas mine de bouger. Il ne dit rien. Après plusieurs minutes d'un lourd silence, Mr. Little dit : « Très bien, je vais le faire à ta place. » Il enlève à Juan sa blouse et met le garçon à la porte.

Mr. Little aurait peut-être été moins sévère avec

Juan s'il avait su qu'à son âge s'asseoir à côté d'un représentant de l'autre sexe est aussi mal vu que faire pipi dans sa culotte.

Garçons et filles constituant des groupes distincts pendant l'enfance, le processus de socialisation est spécifique à chaque sexe. Avant d'apprendre à se comporter en Américains, les enfants apprennent à se comporter en *filles* et en *garçons* américains. Les normes de comportement diffèrent d'un groupe à l'autre. Quand on est une fille, il peut être acceptable d'être timide ou craintif, mais c'est inadmissible pour un garçon. En revanche, ni les filles ni les garçons n'apprécient les comportements bruyants et exagérément exubérants.

Aujourd'hui, l'idéal des sociétés occidentales est d'être « cool ».

En Suède, des chercheurs ont suivi un groupe d'enfants de l'âge de dix-huit mois jusqu'à seize ans. Au départ, quelques-uns étaient timorés et timides ; d'autres turbulents et extravertis. Ces caractéristiques n'ont pas beaucoup changé entre dix-huit mois et six ans ; mais, entre six et seize ans, on a pu observer deux choses : les enfants turbulents des deux sexes se sont calmés, ont adopté un comportement plus modéré, tandis que les garçons timorés et timides se sont mis à ressembler aux autres garçons. Les filles timorées et timides n'ont pas beaucoup changé, mais les garçons timorés et timides se sont transformés. En effet, il est inacceptable pour un garçon d'être timoré, et les peureux, ceux qui manquent d'audace, seront tournés en ridicule par leurs pairs — rappelez-vous le petit Marc, au chapitre 2 — jusqu'à ce qu'il apprenne à maîtriser son anxiété.

C'est ce qui s'est passé dans ma famille. Mon frère était du type Marc et moi du type Audrey. Nous étions frère et sœur, nés de la même mère et du même père, mais nous étions très différents. Tout petit, mon frère avait peur de tout, surtout des étrangers et des bruits violents. Pendant les orages, il était terrorisé (moi, je jubilais). Ma mère le dorlotait, mon père s'énervait contre lui, mais rien n'y faisait. À son entrée au cours préparatoire, c'était encore un enfant peureux. Mais, à l'âge de douze ans, il faisait des expériences avec ses copains, manipulant de la poudre sans précaution. Il a bien failli y passer, d'ailleurs. Aujourd'hui, mon frère est un homme courageux, calme et pondéré.

Quant à moi, mes pairs m'ont infligé la leçon inverse. Mon frère a pris de l'audace, je suis devenue beaucoup plus inhibée. Au sortir de l'enfance, nous nous ressemblions beaucoup plus que lorsque nous étions petits.

L'opposition « nous »/« eux »

L'effet le plus négatif de l'autocatégorisation est qu'elle nous pousse à ne pas aimer la catégorie à laquelle nous n'appartenons pas. L'hostilité entre groupes opposés n'est pas inévitable, mais elle est fréquente.

Un garçon jouera avec sa petite voisine quand il n'y a personne d'autre avec qui jouer, mais il mettra un écriteau « Interdit aux filles ! » sur la cabane qu'il construit avec ses copains. Dans les moments et les circonstances où les catégories sociales saillantes sont *garçons* et *filles*, l'hostilité entre représentants des deux sexes est manifeste dès la maternelle et elle augmente pendant toute la scolarité primaire. Entre trois et huit ans, on constate que les filles apprécient de moins en moins les garçons et inversement. Un chercheur a demandé à des garçons d'une école primaire de nommer (en privé) les filles de leur classe qu'ils n'aimaient pas. Certains ont refusé de répondre, rapporte le chercheur, affirmant qu'ils « détestaient toutes les filles de leur classe ».

En réalité, la plupart des garçons ne détestent pas

toutes les filles, et la plupart des filles ne détestent pas *tous* les garçons. Parallèlement aux simulacres d'affrontements qui se jouent dans les cours de récréation et aux crises comme celle de Juan en cours de science, les enfants des deux sexes sont attirés, individuellement, par certains membres du sexe opposé. Certains garçons ont même des petites amies ! Oui, mais il s'agit de relations, et c'est tout autre chose. Juan et Diane sont peut-être bons amis en dehors de l'école, mais ils ne le sont pas en classe. En sixième, les catégories sexuelles sont trop prépondérantes.

Mais les catégories sexuelles ne sont pas les seules à être importantes au cours de l'enfance. Il faut y ajouter les catégories d'âge : enfants et grandes personnes. À moins d'avoir mené une existence très protégée, vous êtes certainement conscients de l'animosité qui oppose adultes et *adolescents*. Mais nous n'en sommes pas là. Pour le moment, je parle d'enfants, et même de petits enfants.

Les enfants sont dépendants des adultes. Ils en aiment un certain nombre ; ils peuvent même aimer leur institutrice. Mais une fois encore, il s'agit là de relations. Lorsqu'ils se trouvent dans un contexte social qui éveille leur esprit de groupe, lorsque les catégories saillantes sont *grandes personnes* et *enfants*, on peut déjà déceler avec un peu d'attention des signes d'opposition « nous »/« eux » chez des enfants de quatre ans. Voici comment le sociologue William Corsaro décrit les enfants d'une *scuola materna* italienne :

> En résistant aux règles imposées par les adultes, les enfants acquièrent un sens de la communauté et forgent une identité de groupe.

(Personnellement, j'aurais dit l'inverse.)

> La résistance des enfants aux règles imposées par les adultes peut être considérée comme habituelle, car elle

> se manifeste quotidiennement à la maternelle et sous des formes aisément reconnaissables pour leurs pairs. Ce sont des actes souvent très exagérés (faire des grimaces derrière le dos de la maîtresse ou courir dans la classe) ou précédés d'« appels à l'attention » des autres enfants (« regarde ce que j'ai » avant de montrer un objet interdit ou « regarde ce que je fais » pour attirer l'attention sur une activité défendue).

Dans cette description, je remarque non seulement les effets de l'opposition nous/eux mais également des effets de contraste de groupes. Les enfants considèrent les adultes comme des êtres sérieux et peu mobiles. Aussi, quand les catégories saillantes sont *adultes* et *enfants* — quand la maîtresse se montre un peu trop sévère, par exemple —, ils font plus de bêtises et sont plus agités. Ils manifestent leur allégeance à leur groupe d'âge en faisant des grimaces et en courant dans tous les sens.

Plus les enfants grandissent, plus il leur paraît important de manifester leur allégeance à leur groupe d'âge. Le spectacle de préadolescents qui se promènent en famille, dans un centre commercial par exemple, me fait toujours sourire. Ils marchent dix mètres devant ou derrière leurs parents. Dans l'éventualité où ils croiseraient un de leurs copains, ils veulent que la situation soit parfaitement claire : je ne suis pas avec ces gens-là. Je ne suis pas comme *eux*. Ce qui ne les empêche pas d'aimer leurs parents. Certains de leurs meilleurs amis sont des adultes....

Suivez le chef

Bien que l'esprit de groupe s'ébauche dès la maternelle et bien qu'une fillette de quatre ans puisse se considérer alternativement comme un « enfant » et une « fille » (selon que la catégorie saillante est celle de l'âge ou celle du sexe), les aspects les plus élaborés de l'esprit de groupe n'apparaissent chez l'être humain qu'au milieu de l'enfance, entre sept et onze ans. À mon sens, c'est au cours de ces années — celles de l'école primaire — que se passent les choses les plus importantes. C'est l'âge où l'enfant se socialise pour de bon et où sa personnalité subit des changements définitifs. C'est pourtant la période la plus négligée des psychologues. Sigmund Freud l'appelait la « période de latence » — celle où il ne se passe pas grand-chose. C'est vous dire s'il s'y connaissait !

Les progrès intellectuels et sociaux qui se produisent vers la septième année sont reconnus dans le monde entier. De nombreuses sociétés considèrent que c'est l'« âge de raison ». Les petits Chewongs ne sont pas les seuls à se séparer de leurs parents à cet âge-là. Au Moyen Âge, les enfants étaient souvent envoyés loin de chez eux, à sept ou huit ans. Les fils de riches servaient comme pages chez les nobles, les enfants de pauvres travaillaient comme apprentis ou comme domestiques. Et cette tradition n'a pas complètement disparu, puisqu'en Angleterre certains parents envoient encore leurs enfants en pension à huit ans.

Entre sept et onze ans, les enfants ressemblent de plus en plus à leurs pairs du même sexe. Ils apprennent à se comporter en société — à ne pas frapper les autres (pour les filles), à ne pas pleurer (pour les garçons), à être polis avec les adultes (pour les filles), mais pas *trop* polis (pour les garçons). Ils arrondissent certains angles de leur personnalité, remplaçant les comportements sociaux que leurs pairs jugent inacceptables par des comportements approuvés. Ces comportements nouveaux deviennent habituels — ils sont intégrés — et finissent par faire partie de la personnalité publique. La personnalité publique est celle qu'adopte l'enfant quand il n'est pas chez lui. C'est celle qui va donner naissance à sa personnalité d'adulte.

Mais l'assimilation — l'adoption des normes du

groupe — n'est qu'un aspect de ce processus. La différenciation en constitue un autre. Tout en s'efforçant de ressembler à ses pairs par certains traits, l'enfant s'en différencie par d'autres. Au lieu de s'atténuer, certains des traits de caractère qu'il possède vers sept ans vont s'exacerber à la suite des expériences vécues au sein du groupe de pairs.

Comment ces deux phénomènes contradictoires peuvent-ils se produire parallèlement ? Pour répondre à cette question, je ferai appel, une nouvelle fois, à la théorie de John Turner. Elle concerne les adultes, certes, mais j'estime qu'à partir de huit ans la plupart des êtres humains sont capables d'effectuer le type de gymnastique mentale qu'il évoque.

Pour Turner, donc, les gens se rangent tantôt dans la catégorie « nous », tantôt dans la catégorie « moi », en fonction du contexte social. Quand la notion de groupe est saillante, ils se considèrent comme membres du groupe, quand elle ne l'est pas, ils se voient comme des individus uniques, *sui generis*. Mais la plupart du temps, ils ne se situent à aucun de ces extrêmes — ils flottent (mentalement) dans la zone intermédiaire entre « nous » et « moi ». Ils sont donc sensibles, la plupart du temps, aussi bien à la nécessité de s'intégrer qu'au besoin de s'individualiser. La solution qu'ils adoptent le plus couramment consiste à se conformer sur la plupart des points, tout en affirmant quelques différences.

La plus sûre manière d'affirmer sa différence est évidemment d'être meilleur que les autres. Ce qui ne signifie pas la même chose pour tous les groupes. Dans les groupes de garçons, presque partout au monde, être meilleur veut dire être plus grand, plus fort, capable de faire faire aux autres ce qu'on veut. Dans les groupes de filles, presque partout au monde, être meilleure veut dire être plus jolie, plus gentille, capable de se faire aimer des autres.

J'ai parlé jusqu'à présent comme si chaque enfant du groupe possédait le même pouvoir d'influencer les autres — la loi de la majorité donnant une voix égale à chacun. Mais, dans un groupe, certains sont plus égaux que d'autres. L'un des sujets qui intéressaient les chercheurs dans l'expérience de Robbers Cave (décrite au chapitre précédent) était la manière dont les groupes — les groupes de garçons, en l'occurrence — se choisissent un chef. Chez les Crotales, un certain Brown était le plus grand, le plus fort et, pendant les premiers jours de camp, les autres l'ont considéré comme leur chef. Dans un groupe de garçons comme dans une bande de chimpanzés, la position de chef se ramène souvent à la domination exercée sur les autres. Mais, après tout, les garçons ne sont pas des chimpanzés. Brown a perdu son statut à cause de son agressivité et de son autoritarisme. « On en a marre de faire tout ce qu'il n'a pas envie de faire », s'est plaint un de ses camarades. Brown a donc été destitué au profit de Mills qui menait le groupe avec plus de finesse.

Le chef n'est pas nécessairement le plus costaud, même dans un groupe de garçons. Force de caractère, imagination, intelligence, souplesse, sens de l'humour et physique sympathique peuvent également recueillir des suffrages. Les enfants agressifs sont souvent mal acceptés et peuvent être rejetés par leurs pairs. Mais tous les garçons agressifs ne sont pas impopulaires, et certains sont même très aimés. Il me semble que l'agressivité ne constitue pas un handicap, tant qu'elle est maniée avec discernement. Seuls ceux qui ne respectent pas les règles — qui se mettent en colère sans raison ou qui s'en prennent à des cibles impropres — sont rejetés.

Les chercheurs de Robbers Cave parlaient de « hiérarchie de dominance », un terme cher à l'éthologie. Il est moins employé aujourd'hui, d'abord parce que les choses sont rarement aussi claires que le terme de *hiérarchie* semble l'indiquer, mais aussi que le mot de *dominance* implique un mouvement unilatéral, quelque chose que le supérieur fait à un inférieur. Or les chercheurs de Robbers Cave reconnaissaient eux-mêmes que chez les humains, un chef doit avant tout être choisi, même s'il a une vocation de chef. Ils ont donc observé à qui s'adressaient les garçons lorsqu'ils avaient des propositions à faire.

Aujourd'hui, on emploie un nouveau terme qui me paraît meilleur : « structure d'attention ». À quels enfants les autres prêtent-ils attention ? Vers lesquels se tournent-ils quand ils ne savent pas quelle décision prendre ? Celui qui occupe un rang élevé dans la structure d'attention jouit d'immenses privilèges par rapport aux autres. Il peut innover au lieu de suivre. On ne lui reprochera pas d'être différent, comme on le reproche à ceux qui occupent les échelons médians ou inférieurs de la structure. Ceux qui sont au sommet ne sont obligés d'imiter personne ; au contraire, ce sont eux que les autres imitent.

Contrairement à la hiérarchie de dominance, les structures d'attention sont aussi manifestes dans les groupes de filles que dans ceux de garçons — peut-être parce que les filles n'imitent pas seulement le comportement, mais aussi la coiffure et l'habillement. Les filles qui sont au sommet de la structure décideront par exemple du moment où il convient de reléguer les vêtements d'hiver pour adopter des tenues de printemps. Si les filles moins bien placées dans la structure d'attention — moins populaires — arrivent au lycée avec un gros pull alors que les mieux placées sont déjà en manches courtes, elles commettent une terrible bévue. Il serait tout aussi gênant de changer de tenue *avant* les filles les plus influentes. La seule solution consiste à changer exactement le même jour. Ce qui exige probablement de longues conversations téléphoniques.

Quand les groupes sont composés d'enfants du même âge, comme c'est le cas dans notre société, le statut d'un enfant dépend souvent de sa maturité. Cela nous ramène à nos ancêtres chasseurs-cueilleurs qui vivaient en groupes où les enfants les plus âgés étaient responsables des plus jeunes, et où les plus jeunes apprenaient en regardant faire leurs aînés. Pour les garçons, cela remonte peut-être même encore plus loin, à nos ancêtres primates. Chez les chimpanzés, en effet, un jeune mâle ne peut pas apprendre les règles de comportement de sa communauté en observant son père. En effet, à leur connaissance, il n'en a pas. Et il n'apprendra pas non plus à se comporter comme un chimpanzé *mâle* doit le faire en prenant modèle sur sa mère. Sans doute est-ce la raison pour laquelle les jeunes chimpanzés mâles sont si attachés à leurs aînés et recherchent ardemment leur compagnie, au risque de se faire rabrouer. C'est la même chose chez les jeunes humains mâles. Les petits garçons recherchent la compagnie des grands, même si les grands leur en font voir de toutes les couleurs.

Les grands ont un statut plus élevé que les petits. Aussi les enfants particulièrement mûrs pour leur âge tendent-ils à avoir un statut plus élevé que les autres, au sein de leur groupe d'âge. Les enfants qui sont des amis intimes ont généralement un statut plus ou moins équivalent, de sorte que les mieux placés au sein de leur groupe d'âge ont souvent des amis plus âgés qu'eux, alors que ceux qui ont un statut inférieur ont souvent des amis plus jeunes. Pendant les années où j'ai été rejetée par mes camarades, mon unique amie avait deux ans de moins que moi. Et mes camarades me rejetaient, parce que j'étais jeune pour ma classe et petite pour mon âge. Mon aspect physique et mon comportement, sans doute, étaient ceux d'une gamine, ce qui m'a privée de tout statut parmi mes pairs. La maturité, chez les enfants, est un peu l'équivalent de l'argent chez les adultes : plus on en a, plus on plaît, en dehors de toute autre considération. Même s'il est laid, un homme riche épousera une aussi jolie femme qu'un Apollon sans le sou.

Je pense que le statut plus ou moins élevé que l'on

occupe dans son groupe de pairs exerce des effets durables sur la personnalité. Les enfants mal acceptés par leurs pairs ont tendance à se sous-estimer, et je crois que ce sentiment d'insécurité ne disparaît jamais entièrement, qu'il dure toute la vie. Mis à l'épreuve par ses pairs, on ne s'est pas montré à la hauteur. C'est une chose dont on ne se remet jamais. En tout cas, je ne m'en suis jamais remise.

Mais il n'est pas facile de prouver que les sentiments d'insécurité d'un adulte (ou d'autres problèmes psychologiques) remontent aux expériences qu'il a faites, enfant, dans son groupe de pairs. S'agit-il d'une cause ou d'un effet ? Prenons l'exemple d'un petit garçon, que nous appellerons Ralphie, et qui est mal accepté par son groupe. En grandissant, il devient un adulte perturbé, mal dans sa peau. Ses problèmes sont-ils dus au rejet de ses pairs ou avait-il déjà des problèmes à ce moment-là ? Peut-être les autres ne l'aimaient-ils pas en raison d'un travers de sa personnalité. Et, remarquant eux aussi cette faille, ses parents n'ont peut-être pas été très gentils avec lui. En d'autres termes, si Ralphie s'en sort mal à l'âge adulte, est-ce parce que ses pairs l'ont rejeté, parce que ses parents l'ont rejeté ou parce que les problèmes qu'il avait déjà quand il était petit ne se sont pas arrangés ?

J'ai trouvé une preuve de la responsabilité des expériences faites au sein du groupe de pairs dans les difficultés ultérieures. Il s'agit des enfants petits pour leur âge, parce qu'ils grandissent moins vite que les autres, ou parce qu'ils sont destinés à rester petits. Une petite taille, surtout pour les garçons, entraîne souvent un statut inférieur dans le groupe. À part leur taille, il n'y a aucune raison pour que ces enfants soient rejetés par leurs pairs, et il n'y a absolument aucune raison pour que leurs parents les rejettent — les parents ayant plutôt tendance à surprotéger les enfants de petite taille. Et, pourtant, les enfants petits risquent beaucoup plus que les grands de souffrir de complexes d'infériorité et d'autres problèmes psychologiques.

Même s'ils se mettent à grandir un peu plus tard, cela ne suffira pas à les résoudre. Un chercheur a suivi deux groupes de garçons — les uns précoces, les autres présentant un certain retard de croissance — jusqu'à l'âge adulte. Ceux qui étaient petits pendant l'enfance et l'adolescence ont rattrapé leur retard : à l'âge adulte, ils n'avaient que quelques centimètres de moins, en moyenne, que ceux qui avaient grandi plus vite. Mais les différences de personnalité restaient sensibles. Les plus précoces étaient dans l'ensemble plus sûrs d'eux, plus équilibrés ; plusieurs d'entre eux étaient devenus des cadres dynamiques. Les plus lents étaient dans l'ensemble moins sûrs d'eux, plus susceptibles, plus enclins à rechercher l'attention des autres.

Dans les régions du monde où il existe encore des groupes de jeu réunissant des enfants de divers âges, les questions de taille et de statut ont moins d'importance. Chaque enfant commence par être le plus petit du groupe et s'élève progressivement dans la hiérarchie. Il fait l'expérience des bousculades des grands et celle de l'admiration des plus petits et des plus jeunes. Les enfants des sociétés urbanisées n'ont pas l'occasion de passer par toute cette gamme d'expériences. Chez eux, qu'ils soient l'aîné ou le cadet, ils le restent. À l'école, ils ont toutes les chances de rester sur le même barreau de l'échelle, en haut s'ils ont de la chance, en bas s'ils n'en ont pas.

Connais-toi toi-même

Vers sept ou huit ans, les enfants commencent à se comparer à leurs pairs d'une manière inédite. Demandez à un groupe de petits garçons de maternelle : « Qui est le plus fort de la classe ? » Ils se lèveront tous en criant : « Moi ! Moi ! » À huit ans, ils sont plus raisonnables. Ils désigneront le plus costaud d'entre eux ou le plus agressif et diront : « C'est lui. »

Ces petits garçons ont réussi un exploit absolument impossible pour un chimpanzé : ils ont élaboré un modèle fonctionnel des autres mais également d'eux-mêmes. Ils peuvent comparer ce modèle — cette image de soi — à quelque chose de tout à fait abstrait : le groupe en tant qu'ensemble. Un chimpanzé sait quels membres de sa bande il peut battre, et quels membres il a intérêt à traiter avec déférence. Un enfant de maternelle le sait aussi. Mais je doute que le mâle dominant sache qu'il est dominant. Tout ce qu'il sait, c'est que vous avez intérêt à ne pas vous trouver sur son chemin si vous ne voulez pas avoir d'ennuis.

C'est au cours de cette période entre sept et onze ans que les enfants prennent conscience d'eux-mêmes. Qu'ils évaluent leur force. Leur pouvoir de séduction. Leur rapidité. Leur intelligence. Et ils le font en se comparant aux autres enfants de leur catégorie sociale — aux autres membres du groupe de gens qui sont « comme moi ».

Se découvrir en se comparant aux autres : les psychologues appellent cela la « comparaison sociale ». Et si les autres nous considèrent comme un abruti, une folle ou un minus ? Il n'est pas toujours agréable de se voir tel que les autres nous voient.

Heureusement, c'est *nous* qui choisissons le groupe auquel nous nous comparons. Le petit garçon de huit ans peut se considérer comme un dur s'il est plus costaud que la majorité des garçons de son âge. Il n'est pas obligé de se comparer aux dix-onze ans.

Et, s'il découvre qu'il n'est pas le plus costaud de la classe, il reste un grand nombre de niches possibles. Celle du clown par exemple. Cette période est celle où les enfants adoptent le rôle qu'ils ont de bonnes chances de conserver toute leur vie. Qu'ils le choisissent eux-mêmes ou que les autres le leur imposent, ce rôle va souligner, en les exagérant, leurs tendances naturelles : l'enfant drôle se transforme en comique, le bon élève devient un crack. À chacun sa spécialité.

Pour les enfants qui sont différents délibérément ou sur des points acceptables pour leur groupe, tout va bien. Mais pour les autres, ceux qui sont différents et qui n'y peuvent rien ? La fillette qui porte un appareil acoustique ? Le garçon trop grand et trop blanc ? Le chimpanzé diminué par la polio s'est fait attaquer par les membres de son clan. L'aversion à l'égard de l'étranger se mue très aisément en aversion à l'égard de l'étrangeté. Si tu es différent, tu n'es plus l'un de « nous ».

En grandissant, les enfants prennent conscience des différences qui existent entre les individus. Les raisons de se séparer en petits groupes se multiplient. L'amitié entre enfants de races ou de milieux socioéconomiques différents devient de moins en moins fréquente au cours des années d'école primaire. Les bons élèves se lient à d'autres bons élèves, les chahuteurs à d'autres chahuteurs. En septième, les enfants constituent des petites bandes comptant entre trois et neuf membres, bien différenciées d'autres bandes. Et, à l'intérieur de chacune de ces bandes, les enfants se ressemblent de plus en plus.

Une étude réalisée par Thomas Kinderman en dernière année d'école primaire révèle que les enfants d'une même bande manifestent la même attitude à l'égard du travail scolaire. En fait, cela n'a rien d'étonnant : ces enfants se sont probablement regroupés *à cause de* leur attitude similaire. Mais, à cet âge-là, on peut encore changer de bande, ce qui a permis à Kinderman d'observer ce qui se passe quand un enfant passe d'une bande à l'autre en cours d'année. S'il entre dans une bande de bons élèves, son attitude à l'égard du travail scolaire va s'améliorer ; s'il quitte une bande de bons élèves, elle va se détériorer. Ces découvertes de Kinderman démontrent que l'appartenance à un groupe influence l'attitude des enfants par rapport à la réussite. En effet, les modifications qu'il a notées ne peuvent être attribuées ni à l'intelligence des enfants ni à l'attitude de leurs parents, qui ne pourraient ni l'une ni l'autre changer radicalement au cours d'une seule année scolaire.

En grandissant, les enfants sont de plus en plus libres de choisir les camarades dont ils s'entourent. C'est un facteur supplémentaire d'exacerbation de leurs caractéristiques de départ. Un enfant intelligent intégrera la bande des forts en thème, tandis qu'un enfant moins intelligent s'associera à une autre bande. L'influence de ses camarades va motiver l'enfant intelligent à bien travailler en classe, ce qui peut le faire devenir de plus en plus intelligent. C'est un cercle vicieux qui, en l'occurrence, n'est pas du tout vicieux. Le développement humain affectionne ce genre de boucles, que les psychologues ont baptisé l'effet Matthieu. « Car à celui qui possède il sera donné plus encore, et il connaîtra l'abondance », dit l'évangile selon saint Matthieu. Qui a prétendu que la vie était juste ?

Elle l'est parfois, pourtant. J'ai été rejetée par mes pairs pendant quatre ans, mais j'en bénis le ciel. Car si les « petites demoiselles » de cette banlieue snob m'avaient acceptée, je serais probablement devenue comme elles.

9

LA TRANSMISSION DE LA CULTURE

Qu'est-ce qu'une culture ? Selon Margaret Mead, il s'agit du « corpus méthodique de comportements acquis, transmis de parents à enfants ». Dans cette définition, le concept de « comportements acquis » recouvre un champ très large. Il englobe le comportement social — impérieux ou effacé, indifférent ou sensible, agressif ou tendre. Il englobe des savoir-faire, tels que tailler une pointe de flèche dans un silex ou se servir d'un four à micro-ondes. Il englobe la connaissance de la langue locale et celle du vocabulaire à utiliser en fonction des circonstances. Enfin — et là nous élargissons vraiment le sens du mot « comportement », mais je suis sûre que Margaret Mead n'avait pas l'intention d'exclure ce genre de choses —, il englobe des croyances, concernant par exemple l'origine de nos lointains ancêtres et ce qui (divinité ou non) a été responsable de leur existence.

Mead supposait que les comportements acquis sont « transmis de parents à enfants ». En effet, elle avait pu constater que les enfants de différentes sociétés acquièrent des comportements différents — certains apprennent à parler italien, d'autres japonais ; certains apprennent à faire des flèches, d'autres à se servir d'un four à micro-ondes — et ces comportements étaient, à première vue, semblables à ceux de leurs parents.

Comment une culture pourrait-elle passer d'une génération à l'autre autrement ? Comment une culture pourrait-elle se maintenir, pendant plusieurs centaines d'années parfois, si elle n'était pas « transmise de parents à enfants » ?

Margaret Mead n'était pas psychologue mais anthropologue. Apparemment, cela ne la mettait pas à l'abri de l'hypothèse du primat de l'éducation parentale. Quant à son hypothèse selon laquelle les parents transmettent la culture aux enfants, elle n'est rien d'autre qu'une hypothèse. Dans ce chapitre, je vais vous proposer une autre approche de la transmission culturelle d'une génération à l'autre.

Prends cette culture et passe-la au suivant

Dans le chapitre précédent, j'ai évoqué deux villages mexicains peu distants géographiquement, mais dont le climat culturel était aux antipodes l'un de l'autre. Les habitants de « La Paz » et de « San Andres », comme un anthropologue a surnommé ces villages, parlent la même langue — le zapotèque — et cultivent les mêmes produits, mais ils se comportent très différemment. À La Paz, les gens sont pacifiques et coopératifs ; à San Andres, ils sont agressifs et enclins à la violence.

Margaret Mead a décrit, elle aussi, deux civilisations très contrastées, dans l'un de ses premiers ouvrages, publié en 1935. Elle a étudié deux tribus de Nouvelle-Guinée distantes d'une centaine de kilomètres : les Arapeshs, qui vivaient dans la montagne, et les Mundugumors installés au bord d'une rivière. Les Arapeshs, dit-elle, sont gentils et pacifiques, alors que les Mundugumors sont hostiles et belliqueux. J'aimerais pouvoir vous dire que Mead s'est interrogée sur les origines de cette différence de comportement et qu'elle a étudié la civilisation de ces deux peuplades pour tenter de les découvrir. Mais je crains bien que son opinion n'ait été faite bien avant qu'elle ne pose le pied en Nouvelle-Guinée [1]. La psychologie freudienne commençait à s'imposer, et Mead s'était préparée à étudier des pratiques éducatives telles que le sevrage et l'apprentissage de la propreté. Elle pose des questions de pure forme sur les Arapeshs et s'empresse d'y répondre :

> Comment le bébé arapesh est-il modelé et façonné pour acquérir la personnalité tranquille, douce et émotive qui caractérise l'Arapesh adulte ? Quels sont les facteurs déterminants de l'apprentissage initial de l'enfant, qui assurent qu'il sera placide et satisfait, dénué d'agressivité comme d'initiative, ouvert et sans esprit de rivalité, chaleureux, docile et confiant ? Il est vrai que dans toute société simple et homogène, les enfants manifesteront les traits de personnalité généraux que leurs parents ont manifestés avant eux. Mais ce n'est pas une affaire de simple imitation. Une relation plus délicate et plus précise est à l'œuvre, entre la manière dont l'enfant est nourri, couché, discipliné, éduqué à se contrôler, câliné, puni et encouragé, et l'adaptation finale de l'adulte. De plus, la manière dont les hommes et les femmes traitent leurs enfants est un des éléments les plus significatifs de la personnalité adulte, dans tous les peuples.

Les Arapeshs, nous dit Mead, sont tendres et indulgents avec leurs bébés. Le sevrage se fait en douceur, l'apprentissage de la propreté aussi. Au contraire, les Mundugumors — « un groupe de cannibales et de chasseurs de têtes » selon sa description — traitent leurs tout-petits en s'inspirant d'une recette empruntée à *Alice au pays des merveilles* : « Parlez durement à votre petit garçon et frappez-le chaque fois qu'il éter-

1. De toute évidence, elle a procédé de la même manière à Samoa. Cf. le livre de Derek Freeman cité dans la bibliographie.

nue. » Les bons Arapeshs contre les vilains Mundugumors. J'ai l'impression d'avoir déjà vu ce film.

Si le scénario est intéressant, il ne résiste pas à un examen plus approfondi. En fait, les Arapeshs font la guerre, eux aussi, et la plupart des peuples belliqueux — même ceux qui sont franchement méchants avec tout le monde — sont très gentils avec leurs bébés.

L'anthropologue Napoleon Chagnon a vécu plusieurs années chez les Yanomamös, « peuple féroce » — c'est ainsi qu'ils se désignent eux-mêmes — qui vit dans la forêt amazonienne du Venezuela et du Brésil. Ces gens sont perpétuellement en guerre avec leurs voisins, ou presque. Les hommes frappent leur femme à coups de bâton quand elles tardent à leur apporter le dîner et leur décochent des flèches dans les parties non vitales de leur anatomie en cas de délit plus grave. Mais leurs bébés sont allaités à la demande, et traités avec indulgence tant par leur père que par leur mère.

Et ces bébés deviennent des enfants féroces, puis des adultes féroces. Comme le signale Mead, les enfants manifestent généralement « les mêmes traits de personnalité » que leurs parents. Adoptons cette idée pour point de départ et, sans parti pris, tâchons d'examiner quelques explications possibles.

La première, et la plus simple, est que ces traits de caractère sont héréditaires : tel père tel fils. Dans notre société, des études ont montré que l'agressivité présentait le même degré d'héritabilité que les autres éléments de la personnalité — environ la moitié de la variation en matière d'agressivité peut être imputée aux gènes. Bien qu'ils ne nous permettent pas de tirer de conclusions sur les différences entre groupes, ces résultats suggèrent que les gènes peuvent jouer un rôle dans les comportements agressifs.

Chagnon rapporte que les Yanomamös qui ont tué des hommes au combat ont deux fois plus de femmes et deux fois plus d'enfants que les hommes du même âge qui n'en ont pas tué. C'est un peuple qui s'enorgueillit de sa férocité, et les hommes qui incarnent cet idéal ont un statut plus élevé dans la tribu. Pour les récompenser, on leur donne des femmes — la plupart des peuples tribaux admettent la polygamie. Ils ont donc beaucoup d'enfants. Depuis on ne sait combien de générations, les Yanomamös ont systématiquement élevé des guerriers. Les hommes qui partent joyeusement au combat ont plus d'enfants que ceux qui, ce jour-là, restent couchés avec des crampes d'estomac — oui, il y en a aussi, chez les Yanomamös. En effet, si certains ont de nombreuses femmes, d'autres sont bien obligés de s'en passer. Il n'est pas invraisemblable qu'un tel système puisse produire une race de guerriers remarquablement féroces.

Ce n'est pas invraisemblable mais, pour moi, c'est sans intérêt. En effet, si l'hérédité peut expliquer des différences d'agressivité, elle ne justifie pour ainsi dire aucune des autres différences culturelles. Elle n'explique pas pourquoi, en grandissant, certains enfants parlent italien, d'autres parlent japonais, elle n'explique pas pourquoi certains apprennent à faire des flèches et d'autres à se servir d'un four à micro-ondes. Elle n'explique pas pourquoi les garçons yanomamös (comme leurs pères) attachent leur prépuce à une cordelette nouée autour de la taille — mode que Chagnon affirme être diablement inconfortable[1] — ou pourquoi les parents (et les grands-parents) attribuent la mort des nourrissons à des pratiques de sorcellerie perpétrées par leurs ennemis.

Si la personnalité est en partie héritée, la culture ne l'est pas. Les attitudes, croyances, connaissances et savoir-faire qui composent une culture ne se transmettent pas d'une génération à la suivante par voie génétique. Je suis d'accord avec Margaret Mead pour

1. Quel que soit leur salaire, les anthropologues ne sont décidément pas assez payés.

affirmer que la culture est apprise. Mais comment ? Et qui sont les professeurs ?

Dans le village mexicain de San Andres comme chez les Yanomamös de la forêt amazonienne, les adultes sont agressifs et les enfants aussi. En dehors de l'hérédité, je vois quatre explications possibles — quatre mécanismes liés à l'environnement — à cette similitude entre le comportement des enfants et celui des adultes.

La première est que les parents encouragent les conduites agressives, ou du moins ne les sanctionnent pas. Chez les Yanomamös, si un enfant se plaint d'avoir été battu par un autre à coups de bâton, on lui donne un bâton avec cette recommandation : « Venge-toi. » En revanche, dans le paisible village de La Paz, on dissuade les enfants de se battre, même pour jouer.

L'acquisition des comportements approuvés par sa culture « n'est pas une affaire de simple imitation », disait Margaret Mead. Mais peut-être avait-elle tort, là encore. La deuxième explication possible est, en effet, que les enfants imitent le comportement de leurs parents. La troisième — celle qui a la faveur de Douglas Fry, l'anthropologue qui a étudié La Paz et San Andres — est que les enfants imitent *tous* les adultes de leur communauté. Quant à la dernière, c'est celle que je vous ai proposée au chapitre précédent : les enfants imitent d'autres enfants, de préférence ceux qui sont un peu plus âgés qu'eux ou qui ont un statut plus élevé. Dans ce cas, l'influence de la communauté adulte ne serait qu'indirecte.

Comment choisir entre ces quatre possibilités ? Ma réponse risque de vous surprendre : dans la plupart des cas, c'est impossible. Dans les circonstances habituelles, il n'y a aucun moyen de dissocier ces quatre solutions. N'importe lequel de ces mécanismes, deux, trois, ou les quatre à la fois, sont susceptibles de produire les effets observés. Dans le type de sociétés qu'étudient les anthropologues, tous les parents appliquent plus ou moins les mêmes méthodes éducatives, car celles-ci font partie de leur culture. Et les parents se comportant presque tous de la même manière dans d'autres domaines également (ils se conforment aux normes de leur culture), comment savoir si les enfants imitent leurs parents ou l'ensemble des adultes ? On observe, certes, de légères variations de comportement au sein d'une même culture — tous les guerriers yanomamös ne se battent pas avec le même enthousiasme — mais elles pourraient être dues à des différences génétiques. Si le fils d'un guerrier qui se bat à contrecœur devient lui-même un pleutre selon les critères yanomamös, on peut y voir aussi bien un phénomène d'imitation qu'un héritage génétique. Les variations de comportement ne peuvent donc pas nous aider à différencier les quatre types d'influences liées à l'environnement.

Le problème vient de ce que, dans des conditions ordinaires, tous les aspects de l'environnement d'un enfant sont interdépendants. On ne peut pas savoir si les enfants de San Andres sont plus agressifs que ceux de La Paz à cause des méthodes éducatives de leurs parents, parce qu'ils imitent leurs parents, parce qu'ils imitent l'ensemble des adultes ou parce qu'ils imitent les autres enfants — ou encore à cause des différences génétiques entre les deux communautés. En effet, toutes ces influences vont dans le même sens : plus d'agressivité à San Andres, plus de douceur à La Paz.

On observe le même mélange d'influences dans nos sociétés multiculturelles. Imaginons un couple : il est avocat, elle est informaticienne ; ils se sont rencontrés dans la même université privée très cotée qu'avaient déjà fréquentée leurs pères. Ils ont deux enfants. Ils vivent dans une banlieue où tous les loyers sont élevés, tous les parents instruits, et tous les enfants au-dessus de la moyenne. Ces derniers vont au musée, au zoo, à la bibliothèque. Leur maison est pleine de livres, et, quand ils étaient petits, leurs parents étaient toujours prêts à leur faire la lecture. Leurs parents passent, eux aussi, beaucoup de temps à lire des livres ou des revues. Les autres enfants du quartier vivent dans des conditions similaires, comme la plupart des élèves de l'école qu'ils fréquentent.

Si ces enfants deviennent d'excellents élèves et sont admis dans la même université très cotée que leurs parents et leurs grands-parents, à quoi attribuerons-nous leur réussite ? À leurs gènes ? Au fait que leurs parents leur aient fait la lecture et donné les moyens de se développer intellectuellement ? Au fait que leurs parents aient eu eux-mêmes une vie intellectuelle riche ? Au fait que les autres adultes de leur communauté aient eu une vie intellectuelle riche ? Ou au fait que les enfants du voisinage et de l'école aient eu le même goût pour l'étude et la culture ?

Quand tous ces facteurs vont dans le même sens, comme ils le font ici, cela revient à se demander pourquoi les caniches et les saint-hubert se comportent différemment, tout en continuant à élever les caniches en appartement et les saint-hubert en chenil. Pour déterminer ce qui se passe vraiment, il faut trouver des cas où les influences diverses vont en sens contraire. Nous l'avons fait au chapitre 2 à propos de l'hérédité et de l'environnement : nous avons élevé des caniches en chenil et des saint-hubert en appartement. Nous avons étudié le cas d'enfants adoptés dont les gènes avaient été fournis par un couple de parents, et l'environnement par un autre.

Je vais encore plus loin maintenant. Il ne suffit pas de séparer les influences génétiques de celles de l'environnement, il faut également faire la distinction entre les diverses influences de l'environnement. À l'instar de l'hérédité et de l'environnement, les types d'environnement ont tendance à varier ensemble. Les enfants élevés dans une culture où les conduites agressives sont la norme vont être approuvés ou récompensés pour leurs conduites agressives. Ils voient que leurs parents sont agressifs, que les autres adultes de leur communauté sont agressifs et que les autres enfants sont agressifs. Tant que toutes ces forces tirent dans le même sens, il est impossible de dire laquelle fait avancer le chariot. Il faut que nous recherchions des cas où les forces tirent dans des directions différentes.

Les psychologues et les anthropologues ne l'ont pas fait. Ils n'ont pas compris que c'était indispensable. Ils affirment que tel ou tel facteur de l'environnement est important en se fondant sur leur intuition — c'est-à-dire sur la version de l'hypothèse du primat de l'éducation parentale en vogue à ce moment-là. Les preuves qu'ils avancent à l'appui de leur position n'ont aucune valeur, puisqu'elles ne permettent pas d'établir de distinction entre les différentes solutions.

Pour savoir quels facteurs environnementaux sont déterminants, le seul moyen est d'étudier des cas où ils ne se renforcent pas. Voilà pourquoi j'en reviens, une fois de plus, aux familles immigrées. Lorsque les parents appartiennent à une culture et le reste de la communauté à une autre, on peut au moins distinguer les effets exercés par les parents des effets d'influences extérieures à la famille.

L'opposition environnement/environnement

Tim Parks est un écrivain anglais qui vit en Italie depuis de nombreuses années et qui y élève ses trois enfants. Dans *An Italian Education*, il relate son expérience de père immigré. Il l'a écrit, dit-il, dans l'espoir que :

> en arrivant à la dernière page de ce livre, le lecteur et — surtout — moi-même aurons commencé à comprendre comment un Italien devient italien et comment il se fait (puisque c'est bien ce qui s'est passé) que mes propres enfants soient des étrangers.

Selon moi, Parks n'a pas trouvé comment un Italien devient italien. Mais il a très bien décrit les sentiments d'un père qui voit ses enfants devenir des membres à part entière d'une culture différente.

> Puis Michele entre et me dit, en anglais : « Oh, ne sois pas si fiscal, papa. Ne sois pas si fiscal. » Il se plaint que je les envoie se coucher à l'heure, et ce qu'il veut dire c'est *fiscale. Non essere fiscale, papà.*

Le mot italien *fiscale*, explique Tim Parks, est un terme péjoratif qui veut dire « trop sévère », « intransigeant ». Ne sois pas si rigide, papa. Laisse-nous respirer.

> « Ne sois pas fiscal, papa, dit Michele qui sait que j'apprécie qu'il parle anglais. On sera sages si tu nous permets de traîner un peu. » Il veut dire la chose suivante : ces règles (typiquement anglaises, mais il ne le sait pas) ne doivent pas être appliquées à la lettre (souplesse typiquement italienne).

Avec un mélange de regret et de fierté, Parks voit son fils s'intégrer parfaitement à une société dans laquelle lui-même restera toujours un étranger. Il s'attendait certainement à ce que Michele devienne italien — sinon, pourquoi lui aurait-il donné un prénom italien ? Et pourtant, il est malheureux. Il perd son enfant, plus profondément encore que la plupart des parents.

Je crois que tous les parents immigrés éprouvent le même sentiment de fierté mêlée de regret en voyant leurs enfants appartenir à une nouvelle culture. Pour certains, c'est la fierté qui l'emporte, pour d'autres, le regret. Je connais une Japonaise mariée à un Américain et vivant aux États-Unis, qui n'a jamais parlé japonais à ses enfants parce qu'elle craignait que cela n'entrave leur apprentissage de l'anglais (ce qui ne serait pas arrivé). Mais je connais aussi une femme juive dont les grands-parents, juifs orthodoxes, ont quitté la Pologne pour émigrer aux États-Unis et sont retournés en Pologne quand ils ont vu leurs enfants se transformer en Américains athées. Les grands-parents et tous les enfants, sauf un, ont été massacrés par les nazis.

Il est possible d'élever des enfants aux États-Unis sans qu'ils deviennent des Américains athées. À Brooklyn, un quartier de New York, certains juifs hassidim ont conservé la religion, les coutumes et jusqu'à la façon de s'habiller de leurs ancêtres, venus d'Europe de l'Est il y a plusieurs générations. Pour ce faire, ils éduquent eux-mêmes leurs enfants. Les enfants vont dans des écoles religieuses, les yeshivas, où ils ne risquent pas de rencontrer des enfants issus d'une autre culture (tous les élèves viennent de familles hassidim). Ils n'en rencontreront pas non plus dans le voisinage (presque tout le quartier étant habité par des hassidim).

Au Canada, un autre groupe, les hutterites, a empêché ses enfants de s'intégrer à la culture dominante. Ils vivent en communauté, pratiquent le baptême des adultes, s'habillent à l'ancienne mode et ont des règles de conduite extrêmement strictes. Chaque village a sa propre école où les enfants apprennent « la crainte de Dieu, l'autodiscipline, l'assiduité et la peur du fouet », comme l'écrit un journaliste anglais. Ce journaliste, qui a passé quelque temps dans un village hutterite, explique :

> L'enjeu, dans cette question de l'éducation hutterite, n'est autre que la survie des hutterites en tant qu'entité sociale indépendante au Canada. Et le maintien de la vie communautaire des hutterites ne dépend ni de Dieu ni de leurs croyances religieuses, mais du contrôle qu'ils continueront à exercer sur l'éducation des enfants. « On ne pourrait pas les tenir s'ils allaient à l'école là-bas », avoue un ancien.

Mais la plupart des enfants dont les parents n'appartiennent pas à la culture dominante vont à l'école « là-bas ». Ils deviennent, pendant un certain temps au moins, biculturels, puisqu'ils sont citoyens de deux pays différents, celui de leur famille et celui des gens de « là-bas ». Les enfants biculturels peuvent mélanger leurs deux cultures ou passer de l'une à l'autre. Cette deuxième solution s'appelle la « permutation de codes ». J'en ai parlé au chapitre 4.

Pourquoi certains enfants choisissent-ils la permutation de codes et d'autres la fusion ? Pourquoi suffit-il parfois d'une génération pour que la culture des immigrés se perde et pourquoi en faut-il parfois trois ? En dépit de tout ce qui a été écrit sur le « melting pot », les sociologues et les psychologues ne se sont jamais vraiment penchés sur ces différences. Aussi les preuves dont je dispose pour étayer ma théorie sont-elles essentiellement anecdotiques.

Lorsque des immigrés viennent vivre aux États-Unis, ils s'installent souvent dans des quartiers où habitent déjà des ressortissants de leur pays. Il y a des Chinatowns, des Koreantowns ; dans d'autres quartiers, la plupart des adultes sont originaires de Porto Rico ou du Mexique. Il y avait autrefois des quartiers à prédominance italienne, irlandaise ou juive, et certaines régions du Middle West étaient essentiellement peuplées de Suédois, de Norvégiens ou d'Allemands. Les enfants d'immigrés qui grandissent dans ce type d'environnement sont entourés de pairs qui vivent dans des foyers similaires — chez eux, on ne parle pas toujours anglais, et on se sert peut-être de baguettes au lieu de fourchettes.

Dans ces quartiers, les enfants mélangent leurs deux cultures. Ils s'américanisent, tout en conservant un petit parfum étranger. Ils apprennent l'anglais mais ils le parlent souvent avec un accent. Dans un journal publié par les étudiants de Princeton, une étudiante de première année se plaignait que ses condisciples lui demandent sans arrêt de quel pays elle venait. D'origine mexicaine mais née et élevée au Texas, elle jugeait la question blessante. Elle n'avait pas compris que ses camarades la lui posaient à cause de son accent espagnol. Quand j'étais au lycée, en Arizona, il y avait beaucoup d'enfants d'origine mexicaine. Ils formaient un groupe à part et parlaient anglais avec l'accent espagnol.

La culture des immigrés se perd généralement au bout d'une ou deux générations, trois tout au plus. Les sociologues considèrent cette disparition comme un phénomène progressif, mais il n'est progressif qu'en apparence. Il l'est effectivement pour l'ensemble du groupe, mais non pour les différentes familles qui le composent. Dès qu'une famille quitte Chinatown ou le quartier mexicain pour aller s'installer dans un quartier où elle n'est plus entourée d'autres familles appartenant à la même culture, il ne faut qu'une génération pour que sa culture d'origine disparaisse. Le phénomène ne paraît progressif que parce que toutes les familles ne déménagent pas au même moment. Certaines le font dès qu'elles en ont les moyens, d'autres attendent une génération ou deux.

Quand un enfant d'immigrés se joint à un groupe de petits Américains ordinaires, il perd rapidement la culture de ses ancêtres[1]. Un Chinois de Hong Kong, immigré en Californie, regrette que sa fille ait perdu son identité chinoise :

> « Toutes ses camarades de classe étaient d'origine occidentale, dit-il en parlant de sa plus jeune fille. C'est parfait tant qu'on est enfant. Mais les filles blanches épousent des hommes blancs et observent les coutumes occidentales. C'est alors qu'on commence à se sentir différent, mais il est trop tard. Quand on s'intéresse trop à ses amies américaines, quand on

1. Les derniers aspects de cette culture qui disparaissent sont les choses qui ne se font qu'à la maison. La manière de faire la cuisine peut ainsi se maintenir pendant plusieurs générations. Les enfants n'apprennent généralement pas à faire la cuisine en présence de leurs pairs.

passe trop de temps avec elles, on a tendance à ignorer son propre groupe. »

Ses amies américaines étant d'origine occidentale, et non chinoise, la fille de cet immigré pratiquait probablement la permutation de codes et non la fusion culturelle. Chez elle, elle parlait chinois et mangeait avec des baguettes, mais avec ses amies elle parlait anglais et se servait d'une fourchette. Pour ces enfants-là, passer la porte, c'est changer de culture.

Mais, bien que distinctes, les deux cultures de ces enfants ne sont pas égales. Immigrés de la deuxième génération, ils introduisent la culture de leurs pairs chez eux, mais ils n'apportent pas celle de leurs parents à leurs pairs. La fille du psycholinguiste britannique (mentionnée dans le chapitre précédent) a commencé à s'exprimer à la maison dans la langue des Noirs américains, elle n'a pas transmis l'accent britannique à ses amies de la garderie. Une psychologue élevée au Canada par des parents portugais raconte que, pendant presque toute son enfance, elle a refusé de parler portugais. Quand ses parents s'adressaient à elle dans cette langue, elle leur répondait en anglais. Il a fallu qu'elle aille passer des vacances dans le pays de ses ancêtres pour avoir envie de réapprendre le portugais.

Tim Parks ne mesure pas sa chance lorsqu'il reconnaît que son fils, né en Italie, accepte de lui parler anglais. Michele est le type même de l'enfant qui pratique la permutation de codes ; il ne mélange pas ses deux langues. Il ne dit pas à son père : « Ne sois pas *fiscale*, papa. » Ne connaissant pas le mot anglais dont il a besoin, il utilise un mot italien, mais il le traduit par le mot anglais le plus proche qu'il puisse trouver — et qui n'a malheureusement pas le même sens. Bien que Michele fasse des efforts louables pour s'exprimer en anglais, son vocabulaire dans cette langue n'est pas aussi riche qu'en italien. C'est du reste une caractéristique des adeptes de la permutation de codes. Parlant une langue en famille et une autre à l'extérieur, ils font des progrès dans la langue du « dehors », tandis que, dans l'autre, ils conservent un niveau à peine suffisant pour leur permettre de dialoguer avec leurs parents. Le linguiste S.I. Hayakawa, élevé au Canada par des parents japonais, avoue qu'il « parle assez mal japonais, avec un vocabulaire enfantin ».

Quand l'enfant change de code chaque fois qu'il franchit le seuil de la maison, il se trouve dans une situation instable qui finit par se résoudre en faveur du code extérieur. Mais il existe un autre cas de figure, où les deux codes peuvent s'équilibrer : il s'agit du cas où les enfants ont *deux* codes extérieurs différents. Un anthropologue qui a étudié une communauté d'Indiens mesquakies dans l'Iowa rapporte que les garçons ne se comportent pas de la même manière quand ils sont dans la ville anglo-américaine voisine et quand ils sont dans leur communauté. Les groupes — les bandes, selon l'anthropologue — de garçons mesquakies adoptent alternativement les normes de comportement anglo-américaines et les normes de comportement de leur communauté en fonction du lieu où ils se trouvent. La différence entre ces jeunes gens et un garçon comme Michele est que les Mesquakie ont des camarades avec lesquels ils partagent *les deux* cultures.

Quand tu es à Rome, dit le proverbe, fais comme les Romains. Mais les enfants vont plus loin : quand ils sont à Rome, ils deviennent romains. Même si leurs parents sont anglais, français, chinois ou mesquakies. Si la culture familiale est différente de la culture du monde extérieur, c'est cette dernière qui l'emporte.

J'en conclus que la transmission culturelle d'une génération à l'autre ne se fait ni par l'éducation parentale ni par l'imitation des parents par les enfants. Ce qui nous laisse encore deux possibilités : les enfants imitent tous les adultes de leur communauté, ou ils imitent les autres enfants. Pour établir une distinction entre ces deux solutions, nous allons devoir trouver des cas où les enfants ont une culture différente de celle des adultes de leur communauté. Il en existe.

La culture des Sourds[1]

« Le langage, je m'en suis rendu compte, est la carte de membre qui vous donne accès à une certaine tribu. » Cette constatation a été faite par Susan Schaller, professeur et interprète d'American Sign Language. L'ASL est le langage utilisé par les Sourds aux États-Unis — la carte de membre qui donne accès à leur culture. Il a fallu un certain temps à Susan Schaller pour comprendre l'esprit de groupe de la culture des Sourds, son aspect « *nous* contre *eux* ».

> Pour quelqu'un qui s'identifie à la culture des Sourds, il est à la fois étrange et ridicule de vouloir entendre. Lors de mes premiers contacts avec les Sourds, j'étais parfaitement incapable de le comprendre. Mon ignorance de cette culture m'empêchait de saisir le sens des blagues en langage des signes. Les traduire de l'ASL en anglais ne servait à rien, parce que je considérais encore les Sourds comme des gens incapables d'entendre, et la chute de ces blagues faisait toujours allusion à des différences culturelles. J'ai fini par comprendre le jour où quelqu'un a fait une blague à propos d'un mariage mixte entre une femme entendante et un Sourd.

Cette attitude n'a rien d'insolite ; elle est caractéristique de tous les groupes minoritaires — de tous les groupes, en fait, lorsque l'esprit de groupe est saillant. Ce qui rend la culture des Sourds unique, c'est qu'elle ne *peut pas* être transmise de parents à enfants. En

1. J'écrirai Sourd avec une majuscule quand le mot se réfère à une culture ou à l'appartenance à un groupe et sans majuscule quand il se réfère simplement à l'incapacité d'entendre.

grande majorité, les enfants sourds naissent de parents entendants qui ne connaissent rien au monde des Sourds. Et, en grande majorité, les enfants nés de parents sourds entendent et deviennent membres du monde des entendants.

La culture des Sourds est pourtant une réalité, aussi solide et durable que celle des entendants. Elle s'en distingue cependant par de nombreux aspects. Les Sourds ont leurs propres règles de comportement, leurs propres croyances et attitudes.

Les enfants sourds dont les parents entendent normalement acquièrent leurs croyances et leur comportement là où ils acquièrent leur langage : à l'école pour sourds. Où pourraient-ils l'apprendre ? Ce n'est pas possible chez eux puisque, dans l'ensemble, il y a (il y avait, du moins) peu de communication entre enfants sourds et parents entendants. Cette communication se limitait à des gestes rudimentaires, proches de la pantomime. Ces signes ressemblent fort peu au langage abstrait, fluide, grammaticalement complexe qu'est l'ASL.

Les chercheurs qui étudient les enfants bilingues (entendants) et qui constatent que la langue parlée à la maison finit par être abandonnée au profit de la langue du « dehors » l'expliquent souvent par le prestige relatif des deux langues. Si les enfants d'origine hispanique vivant aux États-Unis cessent de parler espagnol, c'est, disent-ils, parce que l'espagnol manque de prestige — qu'il n'est pas valorisé par la culture dominante. « Ainsi, prétend une équipe de ces chercheurs, la langue du groupe économiquement et culturellement le plus prestigieux tend à remplacer la langue minoritaire. »

Pendant de nombreuses années, des éducateurs malavisés appartenant à la culture des entendants se sont acharnés à inculquer aux enfants sourds une langue prestigieuse : l'anglais parlé. Mais, allez savoir pourquoi, ces petits bons à rien n'ont pas apprécié l'honneur qui leur était fait. Ils ont persisté à s'exprimer en langage des signes, au risque de se faire punir. Dans ces écoles particulièrement strictes, ils ne pratiquaient le langage des signes qu'en cachette, dans les dortoirs et dans la cour de récréation. Malgré les efforts déployés par leurs professeurs pour leur apprendre à parler à haute voix et à lire sur les lèvres, le langage des signes est devenu leur langue maternelle — celle dans laquelle ils pensaient et rêvaient. Celle aussi qu'ils ont utilisée, adultes, pour communiquer avec leurs amis de la communauté des Sourds. Celle, enfin, que la plupart d'entre eux ont utilisée pour communiquer avec leurs enfants entendants.

Comment ont-ils réussi à apprendre le langage des signes alors que leurs professeurs refusaient de le leur enseigner ? Dans la plupart des cas, ils l'ont appris du petit nombre d'entre eux issus de familles de Sourds. Ces enfants-là jouissent d'un statut très élevé parmi les Sourds, car leur apprentissage précoce d'un langage leur prête une aisance qu'ils ne perdront jamais. Ce sont les orateurs, les champions de la communication de leur communauté. Bien qu'ils soient peu nombreux — 10 % en moyenne —, le langage qu'ils apportent à l'école a beaucoup plus de prestige aux yeux de leurs camarades que la langue du « dehors », celle que leurs professeurs veulent à tout prix leur inculquer.

Même dans les écoles où aucun enfant ne parle d'emblée le langage des signes, tous finissent par l'apprendre. Susan Schaller raconte une histoire qui s'est passée dans une école pour sourds de la Jamaïque. Les signes et les gestes étaient interdits dans cette école, et pourtant les enfants avaient appris le langage des signes. Comment avaient-ils fait ? a demandé Susan Schaller à un collègue qui avait visité cette école et discuté avec d'anciens élèves.

> « Par la blanchisseuse », a-t-il répondu. Plusieurs générations d'enfants sourds sont passées par cette école, et quelques membres de chaque génération ont

ensuite été employés comme concierges, cuisiniers ou assistants. Les enfants ont appris leur vocabulaire et leur grammaire en observant ces adultes qui parlaient par signes, et ils y ont ajouté des mots et des idiomes nouveaux à chaque génération. Pour le groupe qu'il avait rencontré, le principal professeur de langage des signes avait été la blanchisseuse.

« La langue du groupe économiquement et culturellement le plus prestigieux tend à remplacer la langue minoritaire », ont prétendu les chercheurs. Mais, pour les élèves de l'école jamaïcaine, la langue la plus prestigieuse était celle de la blanchisseuse. Ils ne l'ont pas apprise pour pouvoir communiquer avec elle, mais pour pouvoir communiquer entre eux. Certes, le langage des signes était plus facile à apprendre pour eux que la laborieuse lecture sur les lèvres ou que la reproduction de sons qu'ils ne pouvaient pas entendre. Mais s'ils avaient vraiment voulu se comporter comme la majorité des adultes de leur communauté, ils se seraient abstenus de parler par signes et se seraient concentrés sur l'acquisition de l'anglais parlé.

Dans certains lieux, il n'y a personne, pas même une blanchisseuse, pour apprendre le langage des signes aux enfants sourds. Dans certains pays, il n'existait même pas, jusqu'à une date récente, de langage des signes car il n'y avait pas d'écoles pour sourds. Les petits enfants restaient isolés au sein de leur famille, incapables de communiquer avec quiconque autrement que par des mimiques rudimentaires. Les autres enfants ne voulaient pas jouer avec eux. Certains finissaient dans des institutions pour handicapés mentaux.

Lorsque des enfants qui n'ont pas de langage commun se trouvent réunis pour la première fois, il se produit une sorte de miracle. La psycholinguiste Ann Senghas et ses collègues étudient la naissance d'un langage dans un pays d'Amérique centrale, le Nicaragua, où l'éducation des enfants sourds ne date que du début des années quatre-vingt. Voici ce que relate Ann Senghas :

> Il y a seize ans seulement que le Nicaragua a ouvert des écoles publiques spécialisées. Ces écoles préconisaient une approche orale de l'éducation des sourds ; l'enseignement était donc centré sur l'espagnol parlé et sur la lecture sur les lèvres. Néanmoins, l'ouverture de ces écoles a conduit directement à la création d'un nouveau langage de signes. Des enfants qui n'avaient jamais eu de contact ont soudain été rassemblés en communauté et ils se sont immédiatement mis à communiquer par signes. Les premiers élèves de ces écoles avaient entre quatre et quatorze ans. Ils arrivaient tous avec des modes de communication différents, dont ils s'étaient servis avec leur famille. Certains utilisaient beaucoup le mime et les gestes, d'autres utilisaient des systèmes un peu plus élaborés, mais aucun ne possédait de véritable langage des signes.
>
> Très rapidement, les enfants ont inventé un langage interne pour communiquer entre eux, une sorte de sabir de signes, qui n'était pas une langue à part entière mais qui, fondée sur des conventions communes, répondait parfaitement à leurs besoins de communication. Depuis, les enfants ont continué à élaborer leur propre langage des signes indigène. Ce n'est plus simplement un code ou un système gestuel, c'est maintenant une langue naturelle à part entière. Elle est indépendante de l'espagnol, langue parlée dans le pays, et n'a aucun rapport avec l'ASL, le langage des signes utilisé presque partout, en Amérique du Nord.

Un phénomène analogue s'est produit il y a un certain temps déjà à Hawaii. Mais le résultat a été l'élaboration d'une langue parlée et non un langage de signes, et aucun psycholinguiste n'a eu la chance de se trouver sur les lieux au bon moment. Derek Bickerton, le psycholinguiste qui a étudié la création de ce langage par des enfants hawaïens, a dû reconstituer l'histoire à partir de témoignages recueillis de nombreuses années après les faits. Les fondateurs de cette langue étaient devenus de vieilles personnes.

Ces gens étaient les enfants d'immigrés arrivés à Hawaii à la fin du XIXe siècle pour travailler dans les plantations de canne à sucre. Tous ces immigrés venaient de pays différents, Chine, Japon, Philippines, Portugal et Porto Rico notamment. Ils n'avaient pas de langue commune [1].

Dans l'histoire de la tour de Babel que raconte la Bible, les ouvriers jettent leurs outils et quittent le chantier parce qu'ils parlent tous des langues différentes et ne se comprennent plus. Mais quand on a besoin de communiquer, on trouve le moyen de le faire. On assiste généralement — c'est ce qui s'est passé à Hawaii, par exemple — à la naissance d'un sabir, élaboré dans un laps de temps relativement court par ses divers locuteurs. Le sabir est une langue de fortune, qui n'a ni prépositions, ni articles, ni formes verbales, ni syntaxe. Chacun le parle à sa façon ; la langue d'origine de chacun transparaît derrière le maigre bagage de mots communs à tous les locuteurs.

La génération qui était arrivée à Hawaii parlait en sabir ou dans sa langue d'origine. Mais leurs enfants parlaient ce que les linguistes appellent un *créole*. Le créole naît à partir d'un sabir, mais il s'agit d'une vraie langue, qui comporte une syntaxe et tous les éléments qui manquent au sabir. Contrairement à celui-ci, le créole permet d'exprimer des idées complexes, abstraites.

Les enfants qui parlaient créole ne l'avaient pas appris chez eux. Ils ne le tenaient pas de leurs parents, puisque ces derniers ne le parlaient pas. D'après Bickerton, ils avaient créé cette langue eux-mêmes.

1. Ce n'était probablement pas un hasard. Ces ouvriers qui travaillaient beaucoup et durement pour des salaires de misère auraient pu se grouper et organiser une grève s'ils avaient eu les moyens d'échanger leurs points de vue.

Bickerton a pu retracer son évolution sur deux décennies, entre 1900 et 1920 en interrogeant — dans les années soixante-dix — des adultes nés à cette époque. Ceux qui étaient arrivés, adultes, à Hawaii parlaient encore le sabir, ceux qui étaient nés à Hawaii parlaient créole. Cette langue n'existait pas avant 1905. Mais les enfants qui l'ont inventée l'ont conservée à l'âge adulte. Ils ont, écrit Bickerton, « adopté la langue commune des enfants comme langue maternelle, en dépit des efforts considérables déployés par leurs parents pour conserver la langue de leurs ancêtres. »

Bickerton n'a étudié que leur langage, mais ces enfants avaient probablement créé par ailleurs une culture commune. Au Nicaragua, Richard Senghas (le frère de la psycholinguiste Ann Senghas) suit le développement d'une culture de Sourds, créée par la première génération d'utilisateurs d'un langage de signes. Capables de communiquer entre eux, ils restent en contact après avoir quitté l'école, et leur esprit de groupe se renforce progressivement. Bien que leur culture soit dérivée de celle des entendants, on relève déjà des effets de contraste de groupe. Les Nicaraguayens sourds sont fiers de leur ponctualité alors que les Nicaraguayens entendants (comme la plupart des Latino-américains) ont un rapport au temps assez décontracté. Aux États-Unis, c'est exactement le contraire, les entendants sont généralement ponctuels et les Sourds le sont beaucoup moins.

Au début de ce chapitre, je vous ai annoncé quatre modes possibles de transmission des comportements culturels d'une génération à l'autre (en dehors de l'hérédité). J'en ai désormais éliminé trois. La culture n'est pas transmise par les parents, puisque les enfants d'immigrés adoptent celle de leurs pairs. Cela élimine les deux premières solutions, celle de l'éducation parentale et celle de l'imitation des parents par l'enfant. La troisième explication — les enfants imitent les adultes de leur communauté — ne fonctionne pas lorsque la culture des enfants diffère de celle des adultes. J'en conclus — et nous touchons là à l'un des principes de la théorie de la socialisation par le groupe — que la culture se transmet par l'intermédiaire du groupe de pairs des enfants.

Ma théorie associe trois domaines de recherche théorique : la socialisation, le développement de la personnalité et la transmission culturelle. Tous ces phénomènes se produisent de la même manière et dans le même contexte : le groupe de pairs. L'univers que l'enfant partage avec ses pairs modèle son comportement et modifie ses traits de caractère innés ; en d'autres termes, il détermine sa personnalité d'adulte.

Les cultures enfantines

Les preuves existent mais, pendant longtemps, les psychologues et les anthropologues n'en ont pas tenu compte. Pourquoi ? Selon moi, la première raison est qu'ils ont mal défini l'objectif de l'enfance. L'objectif d'un enfant n'est pas de devenir un adulte épanoui, pas plus que l'objectif d'un prisonnier n'est de devenir un bon gardien. L'objectif d'un enfant est de réussir en tant qu'enfant.

Au risque de pousser trop loin l'analogie, j'aimerais examiner plus en détail les parallèles qui existent entre l'enfance et la prison. Dans une prison, il y a deux catégories sociales : les prisonniers et les gardiens. Les gardiens ont le pouvoir. Ils peuvent ainsi transférer arbitrairement et sans avertissement un détenu dans une autre prison, comme j'ai moi-même été trimballée aux quatre coins du pays contre mon gré, quand j'étais petite. En raison de ce pouvoir, les prisonniers s'efforcent de rester en assez bons termes avec leurs gardiens. Mais ce qui compte le plus pour la plupart d'entre eux, c'est le regard que portent sur eux les autres détenus.

Les prisonniers savent que, tôt ou tard, ils seront

probablement libres, comme les gardiens. Mais c'est une perspective assez floue. Leur préoccupation première est de s'en sortir le mieux possible, au jour le jour, en tant que détenus. Ce qu'ils ont été dans le passé et ce qu'ils seront dans l'avenir n'a aucune importance ; ce qui compte, c'est que maintenant, à leurs propres yeux et à ceux d'autrui, ils font partie d'une catégorie sociale, ils sont membres du groupe des *prisonniers*.

Comme d'autres groupes, les prisonniers ont une culture bien à eux — une culture qui perdure, même si certains individus s'en vont tandis que d'autres arrivent. Ils ont leur argot et leurs critères de moralité propres. Ils éprouvent le plus grand mépris pour ceux qui lèchent les bottes aux gardiens et pour ceux qui dénoncent leurs camarades. Ils doivent obéir aux ordres des gardiens ou ils en subiront les conséquences, mais ils n'ont pas envie de céder sur tout — ils tiennent à conserver un minimum d'autonomie. C'est pourquoi ils adorent jouer au plus malin avec eux, transgresser les règles subtilement sans se faire prendre. Cette attitude fait partie de la culture des prisonniers, et ceux qui réussissent à tromper la vigilance des gardiens s'empressent de raconter avec délectation leurs petits exploits à leurs codétenus.

Comment les prisonniers apprennent-ils à devenir des prisonniers ? Comment acquièrent-ils cette culture, qui varie sans doute d'une prison à l'autre ? Une des méthodes consiste à faire des erreurs : ils seront sanctionnés par les gardiens s'ils enfreignent les règles des gardiens, et par leurs codétenus qui se moqueront d'eux, les éviteront ou les attaqueront s'ils violent les lois des prisonniers. Mais pour les individus observateurs et vigilants, il existe un autre moyen, moins risqué : regarder comment se comportent les autres. Bien que la population carcérale ne soit pas stable, les nouveaux venus trouveront toujours des anciens pour leur servir de modèle. Ils ne peuvent pas apprendre les règles de comportement en imitant les gardiens, parce que les prisonniers n'ont pas le droit de se comporter comme les gardiens. En revanche, ils peuvent apprendre en imitant les autres prisonniers.

Cela dit, je m'empresse de préciser que l'enfance diffère de la prison par bien des aspects majeurs. La vie de la plupart des enfants — mais pas de tous, malheureusement — est plus agréable, plus heureuse que celle des détenus. Et les enfants aiment un certain nombre des personnes qui s'occupent d'eux et qui les aiment en retour. Enfin, les prisonniers peuvent être libérés au bout d'un an ou deux et rejeter complètement — s'ils le désirent — les attitudes et les comportements qu'ils ont appris en prison. Les enfants, eux, ne sortent de l'enfance que lorsqu'elle se termine et ils conserveront toute leur vie ce qu'ils ont appris.

L'enfance est un temps d'apprentissage, mais on aurait tort de considérer les enfants comme des récipients vides recueillant passivement tout ce que les adultes qui les entourent veulent bien y mettre. On aurait également tort de les considérer comme des apprentis, s'efforçant secrètement et individuellement de devenir des membres à part entière de la société des adultes. Les enfants ne sont pas des membres incompétents de la société des adultes ; ce sont des membres parfaitement compétents de leur propre société, qui possède ses propres critères et sa propre culture. Comme la culture des prisonniers et celle des Sourds, la culture des enfants s'inspire vaguement de la culture adulte majoritaire dans laquelle elle s'insère. Mais elle adapte cette culture majoritaire à ses propres besoins et lui ajoute des éléments absents de la culture des adultes. Et comme toutes les cultures, il s'agit d'une création collective. Les enfants ne peuvent pas élaborer leur culture personnelle — pas plus que leur langage — sans la compagnie d'autres enfants.

Les réunions du collectif commencent de bonne heure — dans les groupes de jeu des petits enfants des sociétés traditionnelles, à la garderie ou à la maternelle dans nos sociétés. Le sociologue William Corsaro, qui s'est spécialisé dans l'étude des cultures d'enfants, a passé plusieurs années à observer les trois à cinq ans dans des écoles maternelles d'Italie et des États-Unis. Il raconte que le plus grand plaisir des enfants de cet âge est de se montrer plus malins que la maîtresse, en désobéissant sans qu'elle le voie (ou en croyant qu'elle ne le voit pas). Ainsi, le règlement de presque toutes les écoles maternelles interdit d'apporter des jouets ou des friandises en classe.

> Tant dans les écoles américaines que dans les italiennes, les enfants s'efforçaient de contourner cette règle en apportant des objets personnels suffisamment petits pour qu'ils puissent les dissimuler dans leurs poches : animaux-jouets, petites autos, bonbons et chewing-gums, notamment. Tout en jouant, un enfant montrait souvent à un camarade son « trésor secret » et lui prêtait discrètement l'objet interdit, sans attirer l'attention de la maîtresse. Les maîtresses, bien sûr, n'étaient pas toujours dupes mais préféraient fermer les yeux sur ces délits véniels.

Montrer l'objet interdit à un autre enfant transforme un acte de défi individuel en expression de l'esprit de groupe — nous, les enfants contre les adultes —, ce qui rend les choses d'autant plus amusantes. Les stratégies employées par les enfants pour « bafouer l'autorité des adultes et s'y soustraire » sont un élément extrêmement valorisé de la culture des maternelles, affirme Corsaro.

Bafouer l'autorité des adultes et s'y soustraire semble être une attitude universelle des groupes d'enfants. Chaque génération en découvre elle-même les stratégies — elle n'a pas besoin de les apprendre des plus grands. Mais certaines traditions se transmettent des aînés aux plus jeunes et deviennent ainsi un élément de la culture enfantine. Dans une école maternelle italienne à laquelle Corsaro s'est consacré pendant plusieurs mois, les enfants avaient de trois à cinq ans, et certains des plus âgés étaient là depuis l'âge de trois ans. Ce chevauchement de générations — de « cohortes », comme les appellent les psychologues — permet la formation et la transmission de traditions. Corsaro a ainsi découvert que les enfants de cette école avaient une tradition dont les adultes ignoraient l'existence : quand ils entendaient la benne à ordures s'arrêter dans la rue qui longeait leur cour de récréation, ils grimpaient sur le portique, regardaient par-dessus le mur et saluaient à grands gestes le conducteur du camion. Celui-ci leur rendait leur salut. Les enfants trouvaient cela très amusant.

Le vocabulaire peut, lui aussi, être transmis de cette façon. Les enfants nyansongos, en Afrique, ont un langage secret pour désigner certaines parties du corps. Ces mots grossiers ne sont pas utilisés par les adultes et ne sont jamais prononcés en leur présence. Les petits les apprennent des plus grands et les transmettent à leur tour aux plus petits. Ces mots font partie de la culture des enfants. Ils sont absents de la culture des adultes.

Il y a aussi les jeux, bien sûr. Deux chercheurs britanniques, Iona et Peter Opie, ont passé leur vie à consigner les jeux pratiqués par les enfants hors de chez eux, hors de vue des parents et des enseignants. « Si l'écolier d'aujourd'hui était renvoyé dans un siècle passé, n'importe lequel, il se sentirait probablement plus à l'aise dans les jeux pratiqués, que dans toute autre coutume sociale », affirment Iona et Peter Opie. Ils ont en effet découvert qu'en Angleterre, en Écosse et au pays de Galles, les écoliers jouaient encore à des jeux qui remontent au temps des Romains.

> Quand les enfants jouent dans la rue [...] ils s'adonnent

> encore aux jeux les plus anciens et les plus intéressants qui soient, puisqu'ils ont été testés et confirmés par plusieurs siècles d'enfants qui les ont pratiqués et transmis, comme les enfants continuent à le faire, en se passant d'imprimerie, de parlement ou de régime de propriété des adultes.

Ce ne sont pas les parents, ni même les adolescents qui enseignent ces jeux aux enfants. À l'adolescence, disent Iona et Peter Opie,

> [l'enfant] peut être frappé d'une infirmité étrange mais parfaitement réelle. Il peut, du simple fait qu'il grandit, perdre le souvenir des activités qui ont eu tant de valeur pour lui. [...] Les grands enfants peuvent donc être de piètres informateurs en matière de jeux. [...] Des adolescents de quatorze ans que nous avons retrouvés dans la rue et à qui nous avons voulu demander des précisions sur un jeu qu'ils nous avaient fièrement montré un an plus tôt ont écouté nos questions avec un air d'incompréhension totale.

Je ne peux pas croire qu'un enfant de quatorze ans ait la mémoire aussi courte. C'est l'embarras, et non l'oubli, qui a cloué le bec à ces informateurs. Il est aussi embarrassant pour un adolescent d'être identifié à un groupe d'enfants que pour un enfant de maternelle d'être traité de bébé. « Je ne suis pas l'un d'*eux*, disaient ces adolescents au couple Opie. Comment voulez-vous que je sache ce qui *les* intéresse ? » Le processus d'autocatégorisation se situant dans l'ici et le maintenant, il est aussi difficile pour un adolescent d'admettre qu'il a été un enfant qu'il l'est, pour un enfant, de croire qu'un jour, il sera un adulte.

Jeux, vocabulaire, stratégies destinées à tromper les adultes, mini-traditions, il y a un peu de tout dans la culture des enfants. Et tout peut y trouver place — pourvu que la majorité du groupe l'accepte. Les enfants choisissent ce qui leur plaît dans la culture des adultes et chaque groupe compose le mélange à sa façon. Dans l'expérience de Robbers Cave, les Crotales s'étaient spécialisés dans les conduites viriles et la grossièreté, les Aigles dans une pratique religieuse irréprochable : deux aspects différents de la culture commune à tous ces garçons. En quinze jours, ils avaient créé deux cultures opposées et adapté leur comportement aux exigences de ces cultures.

Pour les enfants qui possèdent plusieurs cultures, la gamme de choix est encore plus vaste puisqu'ils peuvent puiser à leur gré dans n'importe laquelle. En Alaska, pendant les longues soirées d'été, les filles d'un village esquimau yup'ik jouent à un jeu traditionnel appelé « histoires au couteau » ; il consiste à raconter des histoires en les illustrant d'images tracées dans la boue, de la pointe d'un couteau. À mesure que l'histoire se déroule, la conteuse efface ses dessins en lissant la boue avec le couteau pour en tracer d'autres. Ces histoires étaient autrefois racontées en langue yup'ik — la langue parlée par les grands-parents de ces fillettes — mais, comme les enfants de ce village sont bilingues, et qu'ils parlent anglais entre eux, c'est en anglais que les filles racontent leurs histoires au couteau, en reprenant parfois des personnages et des scénarios de séries télévisées.

L'enfant est un père pour l'homme

Les cultures peuvent être transformées ou créées à partir de presque rien, en une seule génération. Les jeunes créatures sont plus novatrices que leurs aînées, plus ouvertes aux idées nouvelles. Dans une troupe de macaques japonais vivant sur l'île de Koshima, c'est une guenon de quatre ans, nommée Imo, qui a inventé une nouvelle manière de séparer les grains de blé des grains de sable. Elle a jeté une poignée de blé dans la mer : le sable a coulé, et le blé est resté à la surface.

Les camarades de jeu d'Imo l'ont imitée et, rapidement, toute la troupe — excepté quelques vieux irréductibles — a appris à jeter son blé dans la mer.

Une autre innovation culturelle a suivi, grâce à une jeune guenon de deux ans, prénommée Ego. Ego a fait découvrir la natation à son groupe de pairs et, rapidement, tous les jeunes singes ont plongé hardiment dans les vagues et nagé sous l'eau pour aller cueillir des algues. La plupart des adultes du clan n'ont pas apprécié cette nouvelle mode, mais, peu à peu, ils ont tous fini par mourir. Les jeunes ont grandi et les ont remplacés. La natation est ainsi devenue un nouvel élément de la culture des macaques japonais de l'île de Koshima.

Le temps passant, la nouvelle génération prend la place de l'ancienne. Elle peut être assez différente de la précédente, ou assez semblable. Du début du XIXe siècle au milieu du XXe, on a vu se succéder dans la haute société britannique plusieurs générations d'hommes calqués sur le même modèle — de comportement, d'attitudes, d'accent — que leurs pères. Pourtant, ces pères n'avaient joué pour ainsi dire aucun rôle dans l'éducation de leurs fils. C'est une des énigmes que j'ai évoquées dans le premier chapitre de ce livre.

Sir Anthony Glynn, dont le père était baronnet, a été élevé selon les meilleures traditions de l'aristocratie britannique. Né en 1922, il a passé les huit premières années de sa vie entre les mains de nounous et de gouvernantes. À l'époque, il était de bon ton dans ce milieu de prétendre ne pas pouvoir supporter les enfants. Un enfant peut être vu, mais pas entendu : cette règle était encore trop douce pour eux. « Le vrai Britannique, écrit sir Anthony, considère que les enfants ne doivent pas non plus être vus. Un sermon au moment des vacances sur le courage, la santé et la valeur de l'effort physique — le rôle des parents se limitait à peu près à cela. »

À huit ans, le petit Anthony a été envoyé dans un pensionnat huppé — une école primaire — et, de là, à

Eton. Jusqu'à son diplôme, à dix-huit ans, il n'est rentré chez lui que pour les congés scolaires. Ses contacts avec son père se seront donc probablement résumés à ces sermons semestriels sur le courage, la santé et la valeur de l'effort physique.

« L'école, voilà ce qui compte, écrit sir Anthony, en particulier si elle a une longue tradition et si elle est réputée former le type de garçons qu'il faut. » Le ton est sarcastique ; je ne crois pas qu'il ait été heureux à l'école. Mais il ne peut pas nier qu'Eton produise effectivement le type de garçons qu'il faut. Expliquant sa victoire sur Napoléon à Waterloo, le duc de Wellington déclara que la bataille avait été gagnée « sur les terrains de jeux d'Eton ». C'est là que se forgeait le caractère des officiers de l'armée britannique : sur les terrains de jeux d'Eton. Non pas dans les salles de classe, mais sur les terrains de jeux — là où les garçons jouent ensemble avec un minimum de surveillance des professeurs. Ce qu'exaltait Wellington n'était pas leur éducation, mais leur culture.

« L'objectif éducatif d'une école privée, poursuit sir Anthony Glyn, n'est pas d'apprendre quelque chose d'utile, ni même d'apprendre quoi que ce soit. C'est de se forger le caractère et l'esprit, de se doter d'une bonne image sociale et de se faire des relations intéressantes. » Et d'acquérir l'accent qu'il faut. Glyn décrit le long et lent déclin des fils puînés des familles aristocratiques de Grande-Bretagne et celui des fils de ces fils. En vertu du droit d'aînesse, les cadets deviennent, en grandissant, des « relations peu intéressantes ». Ils n'ont pas les moyens d'envoyer leurs fils dans les écoles qu'ils ont eux-mêmes fréquentées. En conséquence de quoi, ces fils descendent encore d'un échelon dans leur classe sociale : « Leur langage, leur accent perdent peu à peu leurs caractéristiques aristocratiques. »

« Le langage est la carte de membre qui vous donne accès à une certaine tribu », écrivait Susan Schaller, professeur d'American Sign Language. Pour les Britanniques, c'est l'accent. Le bon accent vous désigne comme membre de la haute société. Dans *Sa Majesté des mouches*, le petit Piggy est affligé d'un triple handicap (vous pouvez compter sur Golding pour ne pas faire dans la dentelle). Piggy est gros, il porte des lunettes et il parle avec un accent populaire. C'est Jack, le méchant de la bande, qui vient d'un pensionnat huppé, n'en déplaise au duc de Wellington.

Les garçons qui fréquentaient ces internats prestigieux ne devaient pas leur accent à leurs nounous qui appartenaient généralement à la classe moyenne, ni à leurs gouvernantes, qui étaient le plus souvent écossaises ou françaises. Ils ne devaient pas leur accent à leurs brèves et impersonnelles entrevues avec leurs parents. Ils ne le devaient pas à leurs professeurs, qui n'étaient pas recrutés dans la noblesse. Ils le tenaient de leurs pairs. Les plus âgés le transmettaient aux plus jeunes, génération après génération, dans des écoles comme Eton, Harrow et Rugby. D'autres aspects spécifiques de la culture aristocratique britannique — le flegme, la rectitude morale et le raffinement esthétique — se transmettaient de la même manière. Les sermons paternels sur le courage et la santé n'y étaient pour rien. Les fils apprenaient ces vertus là où leurs pères les avaient apprises, à l'école.

Les écoles élémentaires privées et les pensionnats où les aristocrates britanniques envoient leurs fils possèdent une culture d'enfants qui se transmet exactement comme les jeux dont parlaient Iona et Peter Opie, des aînés aux plus jeunes. Avant l'invention de la télévision, les élèves de ces écoles avaient peu de contacts avec la culture des adultes ; ce qui se passait à l'extérieur de l'école avait très peu d'influence sur eux. Ils avaient un accès limité aux journaux et à la radio, et leur unique source d'innovations était leur imagination fertile. Chaque nouvelle « cohorte » ressemblait beaucoup à la précédente ; et la culture s'est transmise presque sans changement aux générations successives. Si les fils ressemblaient tant à leurs pères, c'est parce qu'ils avaient été socialisés de la même manière et au même endroit. Comme leurs pères, les fils conservaient cette culture à l'âge adulte, et c'était presque la même.

Cet exemple contredit l'idée, généralement admise, que chaque génération nouvelle tient sa culture de la génération précédente. En effet, les enfants avaient très peu de contacts avec la culture des adultes, alors que tous les adultes étaient exposés à la culture des enfants. Ils étaient tous d'anciens enfants.

Le groupe de pairs des parents

Les enfants sourds, les enfants d'immigrés, les fils de l'aristocratie britannique : ce sont bien sûr des cas exceptionnels, j'en conviens. Des cas où les enfants, par la force des choses, ne doivent pas leur culture à leurs parents. Mais les enfants ordinaires ? Après tout, la plupart des enfants vivent avec leurs parents et communiquent librement avec eux dans la langue qui est également celle de leurs voisins.

Or la plupart des parents communiquent librement avec leurs voisins. Et de quoi parlent-ils ? De leurs enfants : ce qu'ils deviennent, la manière de les élever, ce qu'il faut faire et ne faut pas faire. Sur ces questions, tout le monde, ou presque, a un avis et, même si on l'ignore bien souvent, ces opinions sont le produit de la culture. Dans l'aristocratie britannique, les parents affirmaient — tout haut et devant leurs enfants — qu'ils ne supportaient pas leur présence. Les Yanomamös s'inquiètent à l'idée que leurs ennemis leur jettent un sort qui fasse mourir leurs bébés, mais ils ne s'inquiètent pas en les voyant se battre avec des arcs et des flèches. Chaque groupe a ses préoccupations, ses attitudes et ses croyances au sujet des enfants.

Ces attitudes et ces préoccupations se transmettent de parent à parent par l'intermédiaire de ce que j'appelle leur groupe de pairs. En effet, les adultes, comme les enfants, ont des groupes de pairs. Et si le non-conformisme n'y est pas traité avec la même sévérité, il peut néanmoins être sanctionné. Mais comme les enfants, les adultes se conforment généralement aux règles de leur groupe sans qu'il faille insister. Ils le font volontairement, automatiquement et, généralement, sans s'en rendre compte.

Au sein d'un groupe — formé de membres d'une même culture ou subculture —, les méthodes éducatives et les attitudes concernant les enfants sont relativement uniformes. Un étranger le remarque plus facilement qu'un autochtone. En Italie, note Tim Parks, le fameux père fiscal, les parents ont toujours peur que leurs enfants ne mangent pas assez ; ils ont tendance à les suralimenter. Mais l'idée qu'« à une certaine heure, les parents obligent leurs enfants à aller se coucher » est « inconcevable » pour eux. En disant à son père : « Ne sois pas fiscal », sur l'heure du coucher, Michele voulait dire :

> ces règles (typiquement anglaises, mais il ne le sait pas) ne doivent pas être appliquées à la lettre (souplesse typiquement italienne).

Si Michele ignore que l'heure du coucher est une tradition anglaise, il sait pertinemment que ce n'est pas une habitude italienne. Tim Parks ne se sent pas obligé de se plier aux règles éducatives italiennes car il n'est pas italien, mais il est ennuyé d'entendre son fils le lui reprocher. Les parents n'aiment pas se démarquer de leurs amis et de leurs voisins en ce qui concerne l'éducation de leurs enfants. Cela les inquiète. Et les enfants, qui perçoivent immédiatement cette vulnérabilité, savent fort bien en tirer profit. « Les autres ne sont pas obligés de téléphoner chez eux. » « Tous mes copains ont des Nike neuves. » Sans être dupes de ces stratagèmes, les parents y sont relativement sensibles.

Dans le chapitre 5, j'ai parlé d'une jeune Allemande du XIXe siècle à laquelle on appliquait des sangsues et qui devait rester suspendue à une barre horizontale tous les soirs parce que sa mère avait peur qu'elle ne devienne difforme. Cette peur s'était répandue comme un traînée de poudre parmi les amies et les parentes de sa mère :

> Soudain, à la suite d'un article de journal ou de Dieu sait quelle publication, la peur que leurs enfants ne deviennent difformes s'est répandue comme une épidémie parmi nos mères. Nous nous tenions parfaitement droites et notre apparence n'avait rien de suspect. Mais cela ne rassurait pas du tout nos mères et ne nous fut d'aucun secours... Des visites domiciliaires furent effectuées dans toutes les familles afin de rechercher des indices de malformation ; une véritable calamité s'abattit sur nous. Sans comprendre ce qui nous arrivait, nous étions toutes devenues des infirmes en puissance et nos rangs furent décimés par les différents traitements auxquels nous fûmes soumises. Trois de mes cousines, trois sœurs, furent envoyées dans un institut orthopédique nouvellement établi à Königsberg ; deux filles de la famille Oppenheimer furent expédiées à Berlin, chez Blömer. Plusieurs de mes amies furent affligées de machines incroyables qu'elles devaient porter chez elles et, la nuit, elles étaient sanglées dans des lits orthopédiques.

Malgré ces machines incroyables, ces jeunes Allemandes ont eu de la chance. Elles ignoraient les traitements atroces que les parents peuvent infliger à leurs enfants simplement pour faire comme les autres parents du voisinage, du village ou de la tribu. J'en veux pour preuve un article intitulé « Mutilations génitales des petites filles », publié en 1995 dans le *Journal of the American Medical Association*. Il décrit les opérations, pudiquement appelées « circoncision féminine », que l'on pratique sur les petites filles en Afrique, dans certaines régions du Proche-Orient et dans certaines populations musulmanes. L'opération est pratiquée sans anesthésie ; on prévient la petite fille — âgée de sept ans environ — que ses cris feront honte à sa famille. Les victimes de ces pratiques meurent parfois d'hémorragie ou, plus lentement, du tétanos ou de septicémie. Des complications à long terme peuvent entraîner la stérilité ou des accouchements difficiles. Les rapports sexuels peuvent être douloureux et bien sûr dénués de plaisir — tel est en effet le but de l'opération.

Ce qui pousse les parents à maltraiter ainsi leurs filles — mettant en danger leur vie, leur santé et compromettant leurs maternités futures —, c'est que tout le monde le fait. Leurs amis, leurs voisins, leur fratrie, leurs cousins font subir le même sort à leurs propres filles. Un manquement à cette pratique leur vaudrait le mépris de tous. Et ils risqueraient de ne pas pouvoir marier leur fille, puisque, dans leur culture, les filles bien n'ont pas de clitoris.

Bien que l'excision soit une tradition dans certaines régions du monde, ce type de pratique ne se transmet pas nécessairement de parents à enfants. Les mères allemandes qui craignaient d'avoir des enfants difformes avaient été inquiétées par des journaux et par leurs amies ; leurs propres mères n'avaient pas éprouvé les mêmes craintes. Les gens n'élèvent pas leurs enfants comme leurs propres parents, mais comme leurs amis et leurs voisins. Il n'y a pas besoin que les médias s'en mêlent. Dans les années cinquante, lorsque les anthropologues Robert et Barbara LeVine ont étudié les Gusiis africains, la coutume était de forcer les bébés à manger une bouillie de millet en leur pinçant le nez pour les obliger à avaler pour respirer. Lorsque Robert et Sarah LeVine (sa deuxième femme) sont retournés dans cette tribu dans les années soixante-dix, cette méthode « d'alimentation inutilement risquée et peu rentable » n'était plus en usage — toutes les mères étaient passées au biberon en plastique avec tétine en caoutchouc pour administrer leur bouillie à leurs bébés.

L'usage du biberon a conquis le tiers monde, et ce changement n'est pas toujours salutaire. Dans la péninsule du Yucatán, au Mexique, les femmes mayas qui ont été nourries de façon traditionnelle — au sein — par leur propre mère nourrissent maintenant leurs bébés au biberon avec du lait en poudre. Les grands-mères de ces enfants n'approuvent pas cette pratique. Elles trouvent que les enfants nourris au sein sont mieux portants et plus dodus. Il se trouve qu'elles ont raison [1]. Un chercheur a découvert que les bébés nourris au biberon étaient facilement sujets à des infections gastro-intestinales et avaient donc tendance à être plutôt maigrichons. « Pourquoi, s'est demandé ce chercheur, les parents mayas ont-ils abandonné une pratique ancestrale adaptative en faveur d'une pratique nouvelle, non adaptative ? » Parce que leurs amis et leurs voisins agissent ainsi. Et peu importe que maman n'ait pas fait comme cela et qu'elle ne soit pas d'accord.

Dans une société multiculturelle comme celle des États-Unis, les pratiques d'éducation parentale varient selon les subcultures. L'allaitement maternel est plus répandu chez les femmes cultivées, blanches et d'un niveau économique relativement élevé. Dans certaines communautés noires américaines, il y a si longtemps qu'on ne met plus les bébés au sein que la jeune génération ne sait même pas toujours que c'est possible. La directrice d'un programme d'encouragement à l'allaitement maternel dans les classes défavorisées du New Jersey rapporte : « J'ai entendu des femmes me dire : "Oh, vous voulez dire qu'il y a vraiment du lait qui sort là ?" »

Les modes concernant l'allaitement, les craintes de difformité, les croyances dans la sorcellerie ou dans

1. Grands-mères, 1 ; mères, O.

l'efficacité de la tendresse se transmettent de femme en femme à travers ce que les psychologues appellent des « réseaux de soutien maternels ». Les pères ont leurs réseaux, eux aussi. Certains groupes d'hommes ont une éthique hostile aux travaux domestiques. Ils dissuadent leurs membres de rester chez eux pour aider leur femme à s'occuper des enfants. À plus tard, chérie, je sors avec les copains.

Des chercheurs ont montré que les parents qui ne font pas partie de réseaux de soutien risquent davantage d'enfreindre les normes culturelles en maltraitant leurs enfants. Mais tous les groupes de pairs de parents ne sont pas foncièrement opposés à l'usage de châtiments corporels. C'est une pratique qui varie d'un groupe culturel ou subculturel à l'autre. Les habitants de La Paz et de San Andres, les deux villages mexicains dont j'ai déjà parlé, avaient des notions très différentes de la discipline. « À San Andres, raconte l'anthropologue Douglas Fry, les parents revendiquaient et appliquaient des sanctions physiques beaucoup plus sévères que ceux de La Paz. » À San Andres, il a vu des parents corriger des enfants à coups de bâton, à La Paz, jamais. Il faut dire, au crédit de Fry, qu'il n'attribue pas l'agressivité des villageois de San Andres aux corrections qu'ils ont reçues étant enfants. Il voit dans ces corrections un symptôme et non une cause de l'atmosphère qui prévaut dans le village. Je suis du même avis que lui.

Dans notre société, les attitudes concernant les châtiments corporels diffèrent d'un quartier à l'autre et d'un groupe subculturel à l'autre. Le recours aux sanctions physiques est plus fréquent dans les milieux défavorisés que dans les milieux aisés et dans les minorités ethniques que chez les Américains d'origine européenne. Ces différences culturelles touchant les pratiques éducatives se répandent par l'intermédiaire des groupes de pairs de parents.

Du groupe de pairs des parents à celui des enfants

Nous avons élevé nos filles, mon mari et moi, dans une charmante petite ville du New Jersey. Nous y sommes restés presque vingt ans, du milieu des années soixante au milieu des années quatre-vingt. Notre quartier était habité par des familles de classe moyenne dont beaucoup avaient des enfants du même âge que les nôtres. Nous étions, pour la plupart, d'origine européenne et nous avions un niveau et un mode de vie sensiblement équivalents. Aucune des mères n'a travaillé tant que ses enfants ont été petits ; quand ils sont entrés à l'école, nous avons trouvé des emplois à mi-temps.

Nous nous voyions souvent, les autres mères et moi. Nous avions quelque chose en commun : nos enfants. Et ils constituaient notre sujet de conversation favori. Nous étions catholiques, protestantes ou juives, nous avions des diplômes universitaires ou seulement le bac ; cela n'avait apparemment aucune importance. Je ne m'en rendais pas compte à l'époque, mais nous avions les mêmes idées sur la manière d'élever nos enfants. Aucune d'entre nous n'avait peur de la sorcellerie ni des infirmités ; nous nous préoccupions des résultats scolaires de nos enfants. Aucune d'entre nous n'était favorable au gavage. Aucune ne jugeait bon de laisser les petits enfants partager le lit de leurs parents. Nous pensions qu'il fallait les envoyer au lit à heure fixe, même si certaines étaient plus « fiscales » que d'autres dans l'application de ces règles. Nous étions toutes convaincues qu'une fessée occasionnelle, administrée au bon moment et pour la bonne cause, ne pouvait pas faire de mal à nos chers petits. Aucune d'entre nous n'aurait songé à frapper son enfant à coups de bâton. Enfin, nous y avons peut-être songé, mais nous ne l'aurions jamais fait.

Nous ne nous sommes pas transmis mutuellement

toutes ces idées, bien sûr. C'étaient les idées dominantes, celles qu'on trouvait partout, dans les livres, les revues, à la télé. Nous savions toutes qu'il y avait de mauvaises manières d'éduquer un enfant, mais nous ignorions qu'il pouvait y en avoir d'autres, tout aussi bonnes que les nôtres.

Une génération plus tard — je suis aujourd'hui grand-mère —, les mères n'ont plus le temps de passer leurs après-midi à papoter avec leurs voisines. Il n'en reste pas moins vrai que toutes les femmes appartenant au même réseau de soutien professent des idées similaires sur l'éducation des enfants. Actuellement, les membres d'un groupe de pairs de parents sont moins souvent voisins, mais c'est encore fréquent. Ils se rencontrent et se lient d'amitié parce que leurs enfants vont à la même école ou à la même garderie. Quand ils ne vont pas à la même école, ils se retrouvent pour jouer au square ou dans la rue. Ainsi, les parents qui appartiennent au même groupe de pairs ont de bonnes chances que leurs enfants appartiennent aussi au même groupe de pairs. On peut retourner la proposition et dire que les enfants d'un même groupe de pairs ont souvent des parents appartenant à un même groupe de pairs. Et c'est également vrai dans les sociétés traditionnelles. Cette réalité existe depuis des millions d'années.

Selon moi, c'est ainsi que la culture se transmet en temps normal : du groupe de pairs de parents au groupe de pairs d'enfants. Pas de parents à enfant mais de groupe à groupe — groupe de parents à groupe d'enfants.

Vers trois ans, quand les enfants entrent dans un groupe de pairs, ils ont déjà presque tous une culture commune. Ils viennent du même milieu et de familles similaires, en fonction du quartier où ils habitent. Si leurs parents sont américains d'origine européenne ou appartiennent à la deuxième ou à la troisième génération d'immigrés, on peut raisonnablement penser qu'ils parlent anglais, mangent avec une fourchette et se couchent à heure fixe. Ils portent les mêmes vêtements. Ils ont à peu près les mêmes jouets, mangent les mêmes aliments, célèbrent les mêmes fêtes, connaissent les mêmes chansons et regardent les mêmes émissions de télévision.

Parler la même langue leur évite d'avoir à en créer une nouvelle. Partager la même culture leur évite d'avoir à en inventer une à partir de rien. Les enfants se façonnent tous une culture, mais, généralement, ce n'est pas à partir de rien. Tout ce qu'ils ont en commun — tout ce que les autres membres du groupe partagent et approuvent — peut être intégré au tissu culturel des enfants. Leur culture est une variante de la culture des adultes, et la culture d'adultes qu'ils connaissent le mieux est celle de leurs parents. Ils apportent cette culture avec eux en entrant dans un groupe de pairs, mais ils le font avec prudence, précautionneusement. Ils sont à l'affût du moindre indice qui pourrait trahir une faille — qui révélerait que leur culture est différente de celle « de l'extérieur ». Alexander Portnoy, le personnage de *Portnoy et son complexe*, hésite, nous l'avons vu, à utiliser le mot *spatule* en classe, craignant que ce terme n'appartienne qu'à la culture de sa famille, qu'il ne soit pas correct de l'employer à l'école. Quand j'étais petite, je me suis demandé, moi aussi, si on pouvait dire *pinky* pour parler de son petit doigt.

Dans nos sociétés, les enfants sont obligés de se demander si ce qu'ils apprennent à la maison est valable, si leurs amis apprennent bien la même chose. Dans les sociétés tribales et villageoises, ils n'ont pas ce problème. Ils savent ce qui se passe chez leurs amis. Dans les sociétés traditionnelles, la vie privée n'existe pas, et les enfants sont témoins, dès leur plus jeune âge, d'aspects de la vie dont nous essayons de les protéger : la naissance et la mort, le sang et les commérages, le sexe et la violence. Il y a, je peux vous l'assurer, autant de sexe et de violence dans les sociétés traditionnelles que dans la nôtre.

La seule différence, c'est que chez nous ces choses-là se passent, la plupart du temps, derrière des portes closes. Si bien que, au lieu de les découvrir en voyant vivre leurs voisins, les enfants d'aujourd'hui l'apprennent par la télévision. La télévision est devenue leur fenêtre sur le monde, leur place de village. Ils prennent ce qu'ils voient à l'écran comme autant d'indices sur la vie du « dehors », et ils les intègrent à leur culture d'enfants. Les personnages de « Rue Sésame », les super-héros et les affreux méchants, fournissent une matière première aussi importante pour cette culture que la langue maternelle. Empêcher son enfant de regarder la télévision ne le mettrait pas à l'abri de ces influences, car les effets de la télévision touchent le groupe, et non tel ou tel de ses membres. Comme tous les autres aspects de la culture, ce qui est montré à la télévision n'affecte le comportement individuel que si la culture du groupe de pairs l'intègre. Ce qui est fréquemment le cas.

L'enfant dont la vie familiale diverge de la norme, parce qu'il n'a pas le droit de regarder la télé ou parce que ses parents sont différents de leurs voisins, va pourtant acquérir la même culture que ses pairs. Et il va l'acquérir au même endroit que ses pairs, au sein de leur groupe. Que ses parents parlent une langue étrangère, ne mangent pas avec une fourchette ou croient à la sorcellerie, il n'en acquerra pas moins la même langue, les mêmes coutumes, les mêmes croyances que ses pairs. La seule différence est que cette acquisition se fera indirectement : par l'intermédiaire de son groupe de pairs, il acquerra la culture des parents de ces derniers.

Je connais une femme qui avait tellement de frères et sœurs que ses parents ne savaient plus où donner de la tête. Quand elle était petite, personne ne lui a jamais dit qu'il fallait se laver. Un jour, elle a remarqué que ses bras n'étaient pas comme ceux de sa voisine, en classe. Elle a compris ce qui les distinguait — les siens étaient sales — et elle a entrepris, de sa propre initiative, de prendre des bains.

Ah, me direz-vous, mais un grand nombre d'enfants issus de ce genre de familles ne comprennent jamais où se situe le problème. C'est vrai. Mais le cas de parents mal armés pour la vie et dont les enfants souffrent du même handicap n'est pas de mon ressort — les spécialistes de génétique du comportement l'expliquent très bien. Dans la mesure où les enfants doivent certains traits de caractère à leurs parents, l'hérédité fait toujours obstacle dès qu'on essaye d'expliquer la personnalité. C'est pourquoi je m'intéresse principalement à la langue et à l'accent qui, eux, n'ont rien d'héréditaire.

Si l'on veut savoir qui a socialisé un enfant — qui lui a donné sa culture — le meilleur moyen est de l'écouter parler. Il a acquis sa langue et son accent au même endroit que les autres éléments de sa culture : dans son groupe de pairs, ce dernier les ayant lui-même acquis — dans la plupart des cas — par l'intermédiaire du groupe de pairs des parents.

Bienvenue dans le quartier

Les psychologues et les sociologues savent depuis longtemps qu'un enfant élevé dans un quartier ou une cité où la délinquance est endémique, ou un enfant qui fréquente des délinquants risque fort de « mal tourner ». Le meilleur moyen de l'en empêcher consiste à lui faire quitter son quartier et à l'éloigner de sa bande.

Voici l'exemple de Larry Ayuso. À seize ans, Larry vivait dans le Bronx. Ses résultats scolaires étaient tellement mauvais qu'il ne pouvait même pas prétendre entrer dans l'équipe de basket. Trois de ses amis avaient été tués dans des affaires de drogue. Il se dirigeait tout droit vers l'échec scolaire et vers la délinquance (ou la mort). Il en a été sauvé in extremis grâce à un programme social qui se donnait pour mission de sortir les enfants des ghettos urbains. Larry a été envoyé très loin du Bronx, dans une petite ville du Nouveau-Mexique, où il a été placé dans une famille blanche de la classe moyenne. Deux ans plus tard, ses notes étaient excellentes, il était un des piliers de son équipe de basket et s'apprêtait à entrer à la fac. Quand il est revenu dans le Bronx rendre visite à ses anciens amis, ils l'ont regardé de la tête aux pieds et lui ont dit qu'il parlait bizarrement. Il ne parlait plus comme eux. Il ne s'habillait plus comme eux, ne se comportait plus comme eux, ne parlait plus comme eux.

Le journaliste du *New York Times* qui raconte cette histoire est un produit de la culture dominante, il croit au primat de l'éducation parentale. Il attribue la métamorphose de Larry à l'influence des parents chez qui on l'avait placé. Mais on peut très bien sauver ce genre de gosses sans leur donner de nouveaux parents. Tout ce qui les éloigne de leurs camarades délinquants peut leur être salutaire. Des études réalisées en Grande-Bretagne ont montré qu'il suffit d'éloigner de Londres de jeunes délinquants pour faire chuter leur taux de délinquance — même s'ils continuent à vivre dans leur propre famille. En choisissant de vivre dans tel ou tel quartier, les parents peuvent augmenter ou réduire les risques que leurs enfants sèchent l'école, commettent des délits, se droguent ou aient des relations sexuelles précoces.

Si les enfants de certains quartiers sont raisonnables et respectueux des lois alors que les enfants d'autres quartiers ne le sont pas, cela ne tient pas seulement au fait que les parents des premiers sont plus riches que les autres. Cela ne tient pas seulement au fait que les parents des premiers sont plus cultivés que les autres. Le niveau financier et culturel des autres adultes du voisinage exerce également un effet sur les enfants. Dire que les enfants ressemblent à leurs parents ne nous apprend rien. Il est impossible de faire la part de l'hérédité et celle de l'environnement ? Mais dire que les enfants ressemblent aux *amis* de leurs parents, voilà qui est révélateur. L'environnement reste en effet seul en lice. Et dans la mesure où les enfants ne passent pas beaucoup de temps avec les parents des autres, cette influence ne peut que passer par l'intermédiaire de leurs copains. Elle se transmet, selon ma théorie, par le groupe de pairs.

D'un quartier à l'autre, d'un milieu à l'autre, les adultes ne se comportent pas de la même manière et n'élèvent pas leurs enfants de façon identique. Et, d'un quartier à l'autre, on observe des différences entre les normes des groupes de pairs d'enfants. Dans les quartiers comme le Bronx, la norme est d'être agressif et révolté. Les anciens amis de Larry Ayuso ne sont pas « asociaux » ; ils ont fait ce que font tous les enfants, partout : ils ont adapté leur comportement et leurs attitudes à ceux de leur groupe. S'ils agissent, s'habillent et parlent autrement que les nouveaux amis de Larry au Nouveau-Mexique, cela ne veut pas dire qu'ils sont moins socialisés, mais seulement qu'ils ont été socialisés par des groupes qui privilégiaient d'autres normes.

Les enfants du Bronx sont agressifs pour la même raison que les enfants de San Andres, parce que les gens de leur communauté le sont. La manière dont leurs parents les traitent n'y est pour rien. Comment puis-je en être sûre ? Parce qu'en installant une famille dans un autre quartier — un quartier dans lequel les parents n'arrivent pas à s'intégrer à leur groupe de pairs local — le comportement des enfants va changer. Il va se calquer sur celui de leur nouveau groupe de pairs.

Voici la conclusion d'une étude récente publiée dans le *Journal of Quantitative Criminology* :

> Quand on établit une comparaison entre jeunes Afro-Américains et jeunes Blancs sans tenir compte du contexte de voisinage, on observe que les Afro-Améri-

cains sont plus fréquemment et plus gravement délinquants que les Blancs. Quand les Afro-Américains ne vivent *pas* dans des quartiers défavorisés, leur taux de délinquance est similaire à celui des jeunes Blancs.

Une autre étude s'est intéressée aux comportements agressifs des élèves de classes élémentaires. Les chercheurs se sont concentrés sur des enfants considérés « à haut risque » en fonction des revenus de leurs parents (faibles), de la composition de la famille (pas de père au foyer), et de la race (afro-américaine). Ils ont établi que lorsqu'ils vivaient dans des quartiers majoritairement noirs et pauvres, ces enfants étaient très agressifs, alors que s'ils vivaient dans des quartiers blancs et de classe moyenne, ils étaient « comparables par leur niveau d'agressivité » à leurs pairs de la classe moyenne. Les chercheurs en ont conclu que ces quartiers « constituaient un facteur de protection qui réduisait l'agressivité chez les enfants de familles à haut risque ».

Le danger des données

« Mon fils, le médecin. » Dans la génération qui nous a précédés, il était si fréquent que les parents juifs désirent que leur fils devienne médecin, et si fréquent que ces fils deviennent effectivement médecins, que cela a fini par devenir un sujet de plaisanterie. Il était évident pour tout le monde, y compris pour les psychologues, que les fils faisaient médecine à cause du lavage de cerveau — pardon, de la socialisation — qui les amenait à considérer la profession de médecin comme la plus désirable de toutes.

Mais, même en ce temps-là, il y avait quelques voix dissonantes. Vous connaissez l'histoire des parents juifs qui se sont trompés et ont encouragé leur fils à devenir *musicien* au lieu de *médecin* ? En définitive, le garçon a tout de même décidé de devenir médecin.

> Les parents du docteur Snyder lui avaient suggéré d'entrer au conservatoire de musique après son bac. « Je ne trouvais pas que le métier de musicien convenait vraiment à un fils de bonne famille juive », raconte-t-il. Parmi ses amis, beaucoup voulaient être médecins et son « objectif essentiel dans la vie étant d'être comme les autres », il décida de devenir médecin lui aussi.

Ses parents s'étaient trompés, mais qu'importe ? Le prestige qui entoure la profession médicale se transmet de la même manière que les autres croyances et attitudes culturelles : du groupe de pairs des parents au groupe de pairs des enfants, et de là à chaque enfant. L'enfant dont les parents chantent une autre chanson n'en dansera pas moins au même rythme que ses pairs.

Bien que l'histoire du docteur Snyder soit véridique, ce n'est qu'une anecdote. Et comme les sociologues aiment à le répéter, le pluriel d'*anecdote* n'est pas *données d'analyse*. Mais si je vous raconte cette histoire, c'est précisément pour vous montrer pourquoi les données d'analyse peuvent être trompeuses. Quand on recueille des données, on recherche des généralités, des effets d'ensemble. L'exception est éliminée, balayée. Or, dans ce cas précis, c'est l'exception qui rend compte de la réalité. L'enfant dont les parents sont atypiques, dont les parents tranchent par rapport aux autres, n'en adopte pas moins les mêmes attitudes que ses pairs.

Les données recueillies peuvent produire des résultats trompeurs d'une autre manière, plus insidieuse, et je vais l'illustrer en reprenant mon exemple favori, la langue. Si vous étudiez des enfants qui vivent dans le même quartier et vont à la même école, vous constaterez qu'ils parlent tous la même langue, avec le même accent. Leurs parents, pour la plupart, parlent également cette même langue avec le même accent. Mais, puisque l'hérédité n'intervient pas ici, dans certains quartiers, vous ne trouverez aucune corrélation entre la langue et l'accent des parents et ceux des enfants. C'est ce que Derek Bickerton a découvert à Hawaii : les parents parlaient toutes sortes de langues, les enfants de la génération suivante parlaient tous le même créole. Vous n'auriez pas pu dire, en écoutant parler les enfants, de quel pays leurs parents étaient originaires.

Supposons maintenant que vous décidiez de faire une étude internationale du langage, en recueillant des données sur la manière dont les enfants parlent dans le monde entier. Parmi vos sujets, il y aura un couple de la bonne société britannique et son enfant, un couple d'Italiens et leur enfant, un couple de Yanomamös et leur enfant ainsi que plusieurs centaines d'autres, venant de plusieurs centaines de pays différents. Et voilà, vous venez de découvrir une nouvelle preuve du primat de l'éducation parentale ! Il existe une forte corrélation entre le langage des parents et celui des enfants.

Le problème est que vous aurez confondu l'influence parents-enfant avec l'influence du groupe de parents sur le groupe d'enfants. C'est une erreur courante, et pour peu qu'on y ajoute le facteur hérédité, les choses se compliquent encore. En voici un exemple : vous voulez démontrer que la sévérité des parents entraîne l'agressivité des enfants, et vous décidez de situer votre étude dans le village mexicain de San Andres. Vous constatez, bien sûr, que presque tous les parents battent leurs enfants et que presque tous les enfants sont extrêmement agressifs. Mais il existe des variations d'une famille à l'autre, même dans une culture aussi homogène que celle de San Andres. L'agressivité étant partiellement héréditaire et le comportement des parents étant, dans une certaine mesure, une réaction à celui de l'enfant, vous constaterez que les parents les plus sévères ont tendance à avoir les enfants les plus agressifs : il existe donc une corrélation entre la sévérité des sanctions et l'agressivité de l'enfant. Mais elle est faible. Flûte alors, elle n'est pas statistiquement significative !

Calmez-vous. Vous n'avez qu'à compléter votre échantillon avec quelques sujets de La Paz, où les parents battent rarement les enfants et où les enfants ne frappent presque jamais leurs petits camarades. Rassemblez toutes ces données et voilà, le tour est joué ! Vous avez établi une forte corrélation entre sévérité parentale et agressivité enfantine. Vous avez découvert que les parents sévères ont souvent des enfants agressifs alors que les parents plus indulgents, plus gentils, ont des enfants qui ne sont pas agressifs. En fait, vous avez procédé comme les spécialistes de la socialisation quand ils prennent soin — avec les meilleures intentions du monde — de choisir leurs sujets dans un large éventail de groupes ethniques et de classes socioéconomiques.

Selon qu'ils étudient plusieurs groupes culturels ou qu'ils s'intéressent à un seul, ils vont trouver, ou ne pas trouver, de corrélations entre parents et enfant. S'ils réunissent les données d'analyse de plusieurs villages, tribus ou quartiers, ils trouveront probablement des corrélations qui donnent à penser que les parents influencent leurs enfants ; en effet, le comportement des enfants ressemble davantage à celui de leurs parents qu'à celui d'autres parents qui vivent ailleurs. Les enfants (en tant que groupe) ont tendance à se comporter comme les adultes de leur village ou de leur quartier. Mais il ne faut pas en conclure que chaque enfant se comporte comme ses propres parents. Lorsque l'hérédité n'est pas en jeu, les enfants ressemblent autant aux parents de leurs amis qu'aux leurs.

Quand on voit des enfants se comporter comme leurs parents, il est facile de conclure au primat de l'éducation parentale. Mais parents et enfants ne partagent pas seulement des gènes, ils vivent également au même endroit, ils appartiennent au même groupe ethnique et au même milieu socioéconomique. Dans presque tous les cas, la culture des enfants ressemble à celle des adultes. À moins de prendre en considération les cas exceptionnels où la culture des enfants n'est *pas* semblable à celle des adultes, on a évidemment l'impression que les enfants ont appris à se comporter comme ils le font au sein de leur famille.

Il y a soixante-dix ans, Hugh Hartshorne et Mark May ont réalisé une étude sur ce qu'ils appellent le « caractère ». Les chercheurs ont placé des enfants dans différentes situations où il leur était possible de mentir, de voler ou de tricher, et ils ont constaté que ceux qui se conduisaient « moralement » dans une situation ne se conduisaient pas toujours aussi moralement dans une autre. En particulier, un enfant qui résistait à la tentation d'enfreindre les règles chez lui, même sans témoin, était aussi susceptible qu'un autre de tricher en classe, pendant une composition, ou à un jeu dans la cour de récréation. En d'autres termes, les règles de conduites apprises à la maison sont oubliées aussitôt la porte franchie. Clic-clac.

Pourtant — et c'est là que résidait le mystère —, dans différentes situations, les enfants avaient tendance à faire le même choix moral (ou immoral) que leurs amis ou leur fratrie. La clé de ce mystère est que les enfants qui sont amis ou membres de la même fratrie habitent généralement le même quartier, fréquentent la même école et, dans le cas des amis au moins, appartiennent au même groupe de pairs. Ils participent de la même culture enfantine. Hartshorne et May concluent — cela se passait en 1930, avant que l'hypothèse du primat de l'éducation parentale n'ait obscurci l'esprit des psychologues — que « l'entité naturelle où se fait l'éducation du caractère est le groupe ou la petite communauté. »

Créativité culturelle

Quand des spécialistes de génétique du comportement analysent les données d'études sur la gémellité ou l'adoption, ils supposent que toutes les ressemblances entre enfants de la même famille qui ne sont pas dues à l'hérédité sont imputables à leur éducation commune. À leur « environnement partagé », comme ils disent. Mais, à long terme, ce n'est pas l'environnement familial qui compte, c'est l'environnement que partagent les enfants membres du même groupe de pairs. C'est la culture créée par ces enfants.

Les enfants peuvent créer une culture à partir de rien, mais ils y sont rarement obligés. Dans les sociétés traditionnelles, la culture des enfants ressemble beaucoup à celle des adultes, parce qu'il n'y a pas d'autre solution évidente et qu'il n'est pas nécessaire d'en chercher. Pourtant, même dans les sociétés traditionnelles, la culture des enfants peut contenir des éléments inexistants dans celle des adultes, comme ces mots grossiers utilisés par les enfants nyansongos. La culture des enfants perdure pour la même raison que celle des parents : parce que les nouveaux membres du groupe l'apprennent des anciens.

C'est un système judicieux et qui tire le meilleur parti des principaux avantages des enfants sur les adultes, leur souplesse et leur imagination. S'ils trouvent que la culture des adultes fonctionne correctement, les enfants y piochent ce qui leur plaît. Si elle leur paraît indigeste et périmée, si elle ne correspond pas à leurs besoins, ils ne se sentent pas contraints de l'adopter. Ils peuvent très bien s'inventer une nouvelle culture.

10

LES LOIS DU GENRE

« C'est la chose la plus horrible que j'aie jamais faite », déclare le petit garçon de sept ans au psychologue. N'allez pas imaginer qu'il ait assassiné son père et couché avec sa mère, jeté son petit frère par la fenêtre ou mis le feu à la maison. Il a simplement participé à une expérience scientifique en jouant un rôle devant une caméra vidéo. Il s'est conformé aux instructions données par les expérimentateurs. Il a changé la couche d'une poupée.

Les mêmes psychologues ont demandé à une petite fille du même âge de jouer, devant la caméra, avec des petites voitures, mais la jeune personne s'est récusée. « Ma maman aimerait bien que je joue aux autos, a-t-elle expliqué, mais moi, je ne veux pas. »

Il y a manifestement un problème. Nous habillons nos enfants avec des vêtements unisexes, nous expliquons aux filles qu'elles peuvent devenir conducteurs d'engins, on encourage les garçons à jouer à la poupée. Nous nous appliquons à leur donner le bon exemple. Dans toute l'Amérique, dans toute l'Europe, des pères changent les bébés, des mères prennent le volant.

Mais cela n'empêche pas nos fils et nos filles de s'accrocher à ces stéréotypes révolus. Les adultes ont changé, mais pas les enfants. En un siècle, la culture des adultes a évolué vers plus d'égalité sexuelle, mais les enfants sont plus sectaires que jamais.

Autant l'admettre d'emblée : je ne crois pas que garçons et filles soient semblables à la naissance. Il existe entre eux des différences innées. Mais celles que l'on peut observer sept ans plus tard entre une fille et un garçon — l'aversion pour les petites voitures ou le refus de langer une poupée — ne sont pas innées.

Les différences entre les sexes s'accentuent au cours des dix premières années de la vie. De même que l'hostilité déclarée entre eux. Les garçons mettent des écriteaux « Interdit aux filles ! », et les filles affichent leur partialité avec aussi peu de subtilité. Voici les paroles d'une chanson rapportée d'un camp de vacances par la fille d'un de mes amis. La petite a six ans.

Les garçons, ces bouffons
ils s'en vont dans la lune
et reviennent aussi nuls
Les filles vont à l'école
et c'est elles qui décollent
Les garçons, ces bouffons
ils boivent de la bière
ça les rend plus pervers
Les filles boivent du Pepsi
ça les rend plus sexy
Hip-hop, les bouffons
JE DÉTESTE LES GARÇONS !

On attribue généralement ces positions sexistes à l'influence des parents, des enseignants ou de la société tout entière. Mais si le monde des adultes est moins sexiste que celui des enfants, comment pourrait-il rendre les enfants sexistes ? Si vous m'avez suivie jusqu'ici, vous connaissez déjà ma position : les adultes n'y sont pour rien.

Si vous m'avez suivie jusqu'ici, vous savez aussi que je nage à contre-courant : l'hypothèse du primat de l'éducation parentale est si puissante que ni le professeur de psychologie ni votre voisin de palier n'est prêt à admettre ce que j'ai affirmé dans mes neuf premiers chapitres. Mais, au moment d'aborder la question de la constitution de l'identité sexuelle, je découvre que je ne nage plus seule. Quand je dis que le façonnement de la masculinité du garçon et de la féminité de la fille doit davantage à l'environnement des autres enfants qu'à l'environnement parental, je ne dis rien de nouveau. D'autres avant moi — et même des professeurs de psychologie — sont arrivés à cette conclusion.

Ils y sont arrivés parce que tous les efforts visant à attribuer aux parents cet aspect particulier du développement n'ont guère porté de fruits. Les parents traitent-ils différemment les garçons et les filles ? Aux États-Unis, la réponse est non, pas de façon significative. Ils leur prodiguent les mêmes encouragements ; ils leur imposent les mêmes règles de discipline. Seules les tâches qu'ils leur assignent, les vêtements et les jouets qu'ils leur achètent sont différents. Et on peut fort bien y voir un effet plutôt qu'une cause de la différence entre garçons et filles. C'est vrai, les parents achètent des poupées aux filles et des voitures aux garçons, mais c'est peut-être simplement parce que les enfants en réclament.

Freud était convaincu que les garçons se faisaient une idée de la manière dont ils devaient se comporter en s'identifiant à leur père, les filles à leur mère. Mais cette théorie ne repose sur aucune preuve. La virilité du garçon et la féminité de la fille n'ont aucun rapport avec ces mêmes caractéristiques chez le parent du même sexe. Les garçons élevés dans des foyers sans père ne sont pas moins masculins, les filles élevées par des lesbiennes ne sont pas moins féminines que les enfants élevés dans des familles traditionnelles.

Pendant les années formatrices de l'enfance, les filles deviennent plus semblables aux autres filles, les garçons plus semblables aux autres garçons. Les bagarreuses se calment ; les timorés prennent de l'audace. Et les différences entre les deux sexes s'accentuent. Mais les responsables de ces transformations sont les enfants eux-mêmes. Ils ne s'identifient pas à leurs parents mais à d'autres enfants — à leurs semblables.

Les différences premières

Sur les quarante-six chromosomes du génome humain, quarante-cinq sont identiques chez l'homme et chez la femme. Seul le quarante-sixième, le chromosome Y, ainsi nommé à cause de sa forme, est spécifiquement masculin. C'est l'un des plus petits chromosomes humains.

La nature est économe. S'il y a des déchets dans notre génome, c'est parce qu'il est plus économique de les garder que de faire le tri et de les éliminer. Nous ne possédons pas plusieurs exemplaires de nos gènes essentiels, parce que les processus nécessaires pour les maintenir en état de marche seraient coûteux. Voilà pourquoi les organismes sont assemblés selon le principe qui, d'après Mozart, caractérisait la musique de Salieri : celui de la répétition. Les organismes à symétrie bilatérale n'ont pas besoin d'un lot de gènes pour chaque moitié, puisqu'il suffit d'un ordre pour renverser les instructions et dupliquer le processus.

Hommes et femmes ont quarante-cinq chromosomes en commun parce qu'il est plus économique de dupliquer que de varier. L'ensemble de leurs différences est codé sur, ou déclenché par, l'unique petit chromosome Y ; le reste du génome contient les mêmes instructions. Les reins des hommes et les reins des femmes, les yeux des hommes et les yeux des femmes fonctionnent de la même façon. Leurs os s'assemblent selon le même schéma, leur hémoglobine est fabriquée d'après la même recette. Les hommes ont des tétons, bien qu'ils n'en aient pas besoin, parce qu'il est plus facile de dupliquer que de varier. Donnez des œstrogènes à un homme, il lui poussera des seins.

La nature étant économe, seules les différences vraiment déterminantes ont été codées dans notre ADN, les différences vraiment déterminantes dans l'environnement où notre espèce a évolué. Il s'agissait d'éléments qui, présents chez l'homme et non chez la femme, augmentaient les chances de survie et de reproduction des hommes et de leurs proches parents. D'éléments qui, présents chez les femmes et non chez les hommes, augmentaient les chances de survie et de reproduction des femmes et de leurs proches parents.

On observe donc plus de ressemblances que de différences entre les garçons et les filles, mais ces différences n'en existent pas moins. La première est évidente ; c'est celle que le médecin accoucheur (ou le spécialiste de l'échographie) constate avant de lancer la formule consacrée « C'est une fille ! » ou « C'est un garçon ! » D'autres différences sont moins évidentes : à la naissance, les garçons sont, en moyenne, un peu plus grands, un peu plus musclés que les filles. D'autres différences ne sont pas évidentes du tout : elles se situent dans la tête du bébé.

Dans les années soixante-dix, un couple de chercheurs a montré à des étudiants un film dans lequel un bébé de neuf mois habillé de façon neutre jouait avec des jouets neutres[1]. On a annoncé à certains des étudiants que l'enfant s'appelait Dana, à d'autres qu'il s'appelait David. Et leurs jugements ont été différents selon qu'ils croyaient voir une fille ou un garçon. Dana était plus fréquemment décrite comme sensible et

1. Cette étude en a suscité beaucoup d'autres qui n'ont pas toutes donné les mêmes résultats. En reprenant toutes ces études, des chercheurs ont conclu que le fait de masculiniser ou de féminiser les bébés n'avait pas d'influence notoire sur les jugements des observateurs quand ceux-ci ignoraient le véritable sexe des bébés ; l'effet n'était constaté qu'« occasionnellement ».

craintive, David comme fort et intrépide. C'était pourtant le même enfant.

Cette expérience était censée démontrer que les bébés sont tous identiques, en réalité, et que seuls les noms qu'on leur donne et la manière dont on les traite à cause de ces noms influent sur leur devenir. Mais, seize ans plus tard, une autre équipe de chercheurs a réalisé une expérience légèrement différente : ils avaient filmé plusieurs bébés, et les étudiants devaient donner leur avis sur chacun d'eux. Rien dans le film ne trahissait le sexe des enfants, auxquels on n'avait pas non plus attribué de prénoms. Et pourtant, en moyenne, les bébés filles ont été considérés comme plus sensibles, les garçons comme plus forts. Empruntez une douzaine de bébés en bonne santé, habillez-les de la même manière, donnez-leur des prénoms ambigus comme « Dominique », « Claude » ou « Yan-Zhen » et demandez aux passants de deviner leur sexe. Je parie que plus de la moitié des réponses seront justes.

Dans la première édition de mon manuel sur le développement de l'enfant, publié en 1984, j'ai consacré une annexe au « Cas des vrais jumeaux de sexe opposé ». Il s'inspirait d'un rapport de deux psychologues de l'université Johns Hopkins, John Money et Anke Ehrhardt, que les parents de ces jumeaux avaient consultés à la suite d'un terrible accident. À l'âge de sept mois, l'un des deux jumeaux avait perdu son pénis à la suite d'une circoncision mal faite [1]. Les parents — un jeune couple d'origine rurale — avaient donc un fils intact et un deuxième semblable au premier en tous points sauf un : il n'avait plus de pénis.

D'après les médecins, il n'existait aucune technique

1. Le bébé devait être circoncis en raison d'un phimosis, malformation qui empêche le prépuce, trop étroit, d'être rétracté. L'opération a été pratiquée à l'aide d'un bistouri électrique, mais le courant était trop fort et l'organe a été entièrement brûlé.

satisfaisante pour reconstruire un pénis. La seule solution, ont-ils dit aux parents, était d'élever ce petit garçon comme une fille. Ils ont recommandé l'ablation des testicules — qui éliminerait la source principale d'hormones mâles — et l'administration d'œstrogènes au moment de la puberté. Ainsi, le corps de l'enfant deviendrait celui d'une fille.

Les parents ont longuement hésité avant de prendre cette douloureuse décision. Finalement, quand l'enfant a eu dix-sept mois, ils ont opté pour cette solution. Le garçon a été castré. La chirurgie plastique a permis de reconstruire un semblant d'organes génitaux féminins externes. On lui a donné un prénom féminin et, à partir de cet instant, tout le monde l'a traité comme une fille.

À en juger par le rapport de Money et Ehrhardt, les parents ont accepté de bon cœur le changement de sexe de leur enfant. Les psychologues sont restés en contact avec la mère pendant plusieurs années ; elle parlait toujours de ses jumeaux comme d'un garçon et d'une fille. Dans l'annexe de mon manuel, j'ai cité ces paroles de la mère :

> Je la trouve plus mignonne (que son frère jumeau). C'est peut-être parce que je l'y encourage... mais je n'ai jamais vu de petite fille aussi nette et soignée... Elle adore qu'on la coiffe ; elle pourrait rester toute la journée sous le casque à se faire coiffer.

Bien que l'enfant et les parents se soient apparemment bien adaptés à la situation, les psychologues ont relevé quelques problèmes mineurs. « La fillette avait vraiment des manières de "garçon manqué", écrivent-ils, notamment une énergie physique considérable, un haut niveau d'activité, un entêtement remarquable et une tendance à dominer dans les groupes de filles. »

Et alors ? Comme je le disais dans la première édition de mon manuel, il n'est pas rare que les filles soient des garçons manqués. Cela ne les empêche pas de se considérer comme des filles. Je pensais à mon propre cas en écrivant cela. Car moi aussi j'avais manifesté une énergie physique considérable et un entêtement non moins considérable. Contrairement au jumeau transformé, je détestais qu'on me coiffe et je n'avais rien de « mignon ». Mais je ne me souviens pas d'avoir jamais souhaité être un garçon. Je voulais avoir des enfants et, en attendant, j'épanchais mes instincts maternels sur mes poupées. Changer les couches d'une poupée ? Bien sûr, sans problème.

Le « cas des vrais jumeaux de sexe opposé » a été repris dans les trois éditions successives de mon manuel, mais, à la troisième, je commençais à avoir des doutes. J'admettais déjà qu'« il y a une limite à ce que peuvent accomplir les influences sociales et l'apprentissage, » mais j'affirmais encore : « Si les gens vous traitent systématiquement comme une fille, il est probable que vous deviendrez une fille. »

Ce manuel contient beaucoup de choses auxquelles je ne crois plus, et notamment cette phrase-là. Elle est peut-être vraie dans certains cas, mais elle ne l'est pas dans tous ni même, probablement, dans la plupart. En définitive, le jumeau transformé en fille ne s'est pas adapté à cette transformation. Dans un article de 1977, une revue médicale a révélé la vérité. L'enfant ne s'est jamais habitué à être une fille, jamais senti à l'aise dans son rôle de fille. Ses parents et les médecins ont eu beau lui répéter qu'il était une fille, à l'âge de quatorze ans, sa colère et sa frustration ont été extrêmes.

Désespéré, il s'est mis à avoir des idées suicidaires. À ce moment-là, ses parents lui ont révélé ce qui s'était passé. « D'un coup, tout s'est éclairé, a-t-il raconté. Les choses avaient enfin un sens et j'ai compris qui j'étais et ce que j'étais. » Il a cessé d'essayer d'être une fille pour redevenir un garçon. La métamorphose s'est opérée au vu et au su de toute sa classe. Son comportement peu féminin le mettant déjà en butte aux sarcasmes de ses condisciples, sa situation pouvait difficilement être pire. En fait, elle s'est améliorée. Ses pairs l'ont trouvé plus acceptable en garçon qu'en fille. À vingt-cinq ans, il a épousé une femme un peu plus âgée que lui et est devenu, par adoption, le père de ses enfants.

Dans une région reculée de la République dominicaine, on observe de temps en temps une mutation à la suite de laquelle les garçons, à la naissance, ont l'air d'être des filles. À la puberté, la testostérone entre en action, et les caractères sexuels secondaires apparaissent : la voix devient grave, les épaules s'élargissent, et ce qui passait pour un clitoris surdimensionné se transforme en un pénis de petite taille. Des chercheurs ont étudié dix-huit de ces garçons élevés comme des filles. Au moment où leur corps s'est transformé, tous sauf un ont choisi de changer de sexe, d'abandonner leur prénom et leur identité d'origine. Ils ont épousé des femmes et exercé des métiers d'hommes. Dans le cas du jumeau de sexe opposé, contrairement à celui des jeunes Dominicains, l'erreur n'était pas due à la nature mais à un groupe de médecins et de psychologues qui croyaient qu'une petite fille est un petit garçon sans pénis et sans testicules.

L'idée qu'à la naissance les bébés pourraient aussi bien devenir des garçons que des filles et que les comportements associés aux deux sexes sont entièrement culturels a été popularisée par l'anthropologue Margaret Mead. C'est un nouvel exemple de sa tendance à tout voir à travers le prisme déformant de ses idées préconçues. Elle décrit une tribu de Nouvelle-Guinée — les Tchambulis — dans laquelle, nous dit-elle, les hommes se comportaient comme des femmes et inversement. Les hommes étaient soumis et anxieux ; les femmes fortes et autoritaires. D'après un autre anthropologue, Donald Brown, Margaret Mead s'est trompée. En fait, chez les Tchambulis, « la polygamie était normale, les femmes étaient achetées par les hommes, les hommes étaient plus forts que les femmes et pouvaient les battre et on considérait que le pouvoir leur revenait de droit ».

Dans toutes les sociétés que nous connaissons, les comportements masculins et féminins diffèrent. Ils diffèrent plus encore dans d'autres sociétés que dans la nôtre. Et la distribution des rôles est la même dans le monde entier. Les hommes occupent généralement des positions de pouvoir ou d'influence. Les femmes sont plus susceptibles de s'occuper des autres. Les hommes chassent et font la guerre ; les femmes cueillent et nourrissent. Les garçons sont mis à contribution pour s'occuper des bébés quand aucune fille n'est disponible, mais, dans le monde entier, on préfère confier cette tâche aux filles. Les filles se disputent le plaisir de porter un bébé, les garçons ne manifestent pas un grand intérêt pour les tout-petits. Une chercheuse israélienne rapporte que, dans les familles qu'elle a étudiées, de nombreux parents offraient des poupées à leurs fils. Mais ces poupées n'étaient jamais changées. La chercheuse a vu des garçons « les piétiner ou s'en servir comme marteaux pour taper sur des meubles ».

Dans le monde entier, les stéréotypes masculins et féminins sont les mêmes, et je ne crois pas qu'il s'agisse d'une simple coïncidence. Les psychologues John Williams et Deborah Best ont demandé à des étudiants de vingt-cinq pays différents de remplir un questionnaire en cochant les qualificatifs qui, dans leur culture, étaient plus fréquemment associés à un sexe qu'à l'autre. Dans les vingt-cinq pays, des adjectifs comme *agressif, actif, téméraire, violent* étaient rattachés au sexe masculin tandis que des adjectifs comme *affectueux, prudent, sensible* et *émotif* étaient réservés au sexe féminin.

Les stéréotypes

Pour la plupart des gens, la notion de « stéréotype » a une connotation péjorative, sous-entendant l'existence de préjugés. Elle renvoie à un jugement hâtif et mal informé sur une personne. Mais, pour Williams et Best, les stéréotypes ne sont « pas essentiellement différents des autres formes de généralisation. » Ce sont « des généralisations concernant un groupe de gens mais pas nécessairement des généralisations négatives ». Nous avons des idées stéréotypées sur les autres groupes mais aussi sur le nôtre, et ces dernières sont essentiellement positives. Elles relèvent de la tendance (décrite au chapitre 7) à favoriser son propre groupe par rapport aux autres.

Dès leur plus jeune âge, les êtres humains sont d'excellents collecteurs de statistiques, d'excellents détecteurs de différences statistiques. Le cerveau humain est construit ainsi. Les fruits rouges sont, dans l'ensemble, plus sucrés que les verts, et les enfants ne mettent pas longtemps à s'en apercevoir. Ils préfèrent vite les aliments rouges aux aliments verts. Mentalement, nous classons les objets en catégories en fonction de leurs différences, et nous continuons ensuite à accumuler des informations sur la nature de leurs différences. Notre esprit exécute ce travail avec beaucoup de précision et d'efficacité, mais de manière automatique et généralement inconsciente.

La psychologue Janet Swim a étudié les stéréotypes sexuels qui règnent dans la culture américaine. Elle a demandé à des étudiants d'évaluer les différences entre hommes et femmes sur un certain nombre de sujets, parmi lesquels la tendance à assumer la direction d'un groupe, les résultats à des tests d'aptitude mathématique et la capacité d'interpréter le langage corporel et les expressions faciales d'autrui. Elle a ensuite comparé ces stéréotypes avec les résultats réels de tests d'évaluation des différences entre sexes. Elle a découvert que les stéréotypes étaient étonnamment exacts — les étudiants avaient même plutôt sous-estimé que surestimé les différences.

Les stéréotypes ne sont pas toujours exacts ; pour les groupes que nous ne connaissons pas aussi bien que les *hommes* et les *femmes*, ils le sont généralement moins encore. Le véritable danger des stéréotypes n'est pas leur inexactitude, mais leur rigidité. On a sans doute raison de penser que les hommes sont plus aptes à assumer la direction d'un groupe et moins doués pour deviner les sentiments des autres, mais on a tort de penser que *tous* les hommes sont comme cela. Quand il s'agit d'estimer des différences entre des moyennes — entre le membre moyen du groupe X et le membre moyen du groupe Y — nous sommes plutôt doués, mais la variabilité au sein d'un même groupe nous pose davantage de problèmes. Notre tendance à catégoriser nous conduit à exagérer les ressemblances entre les membres d'une même catégorie sociale. C'est particulièrement vrai des catégories auxquelles nous n'appartenons pas.

Les catégories sociales *garçons* et *filles*

Au cours de leurs premières années, les enfants rassemblent des statistiques sur plusieurs catégories de personnes : *adultes* et *enfants, femmes* et *hommes, filles* et *garçons*. Je n'ai pas de données officielles pour étayer mon opinion, mais je suis sûre que les très jeunes enfants possèdent des catégories mentales pour *masculin* et *féminin*. En revanche, je ne crois pas qu'ils possèdent une catégorie mentale contenant à la fois les filles et les femmes et une autre contenant les garçons et les hommes. Pour eux, les adultes et les enfants appartiennent à des espèces différentes. Les associer serait aussi impensable que d'associer les vaches avec les poules, les taureaux avec les coqs. Un enfant peut savoir, sur le plan intellectuel, que les garçons vont devenir des hommes et les filles des femmes, mais c'est une chose qu'on lui a expliquée ou une déduction qu'il a faite. Pour lui, cette évolution n'est ni évidente ni pertinente, elle est à peine croyable. Comme ils n'appréhendent pas la catégorie *masculin*, les petits garçons se rangent dans celle des garçons ; ils calquent donc leur comportement sur celui des garçons, et non sur celui des hommes. Le fils aura beau voir son père changer les couches de sa petite sœur, il dira quand même, après avoir changé celles d'une poupée, que c'est la chose la plus horrible qu'il ait jamais faite. Pour la même raison, une fille dont la mère est médecin pourra affirmer que c'est un métier de garçons et que les filles doivent être infirmières.

Ainsi, les enfants rassemblent des statistiques sur les catégories *filles* et *garçons* et dégagent des différences statistiques entre elles. Ils savent, d'eux-mêmes ou parce qu'on le leur a dit, à quelle catégorie ils appartiennent. Ils préfèrent presque tous leur propre catégorie. Ils préfèrent presque tous jouer avec les membres de leur catégorie — les enfants du même sexe —, qui apprécient généralement les activités qu'eux-mêmes apprécient. Vers cinq-six ans, la majorité des enfants dans les classes de maternelle ou à la garderie jouent en petits groupes presque exclusivement formés d'enfants du même sexe. Si les adultes les laissent faire, ils se répartissent ainsi chaque fois qu'ils sont libres de choisir leurs camarades de jeu. Quand ils n'ont pas le choix, bien sûr, ils jouent avec n'importe qui.

En matière de socialisation par le groupe, les années déterminantes sont celles de la moyenne enfance, entre six et douze ans. Au cours de cette période, les enfants de nos sociétés passent une bonne partie de leur temps libre avec d'autres enfants du même sexe. Ils sont socialisés — ou plus exactement, ils se socialisent mutuellement, ils se socialisent eux-mêmes — non seulement en tant qu'enfants mais en tant que filles ou garçons. Cette socialisation sexuée n'est pas uniquement due au temps passé entre enfants du même sexe, elle résulte également de l'autocatégorisation. Une fille s'identifiera à la catégorie *filles,* un garçon à la catégorie *garçons,* et ils apprendront à se comporter d'après les données qu'ils ont rassemblées sur ces catégories sociales. Des données qu'ils ont commencé à rassembler dès le jour de leur naissance.

Ma théorie se fonde, une fois de plus, sur des cas exceptionnels. Revenons au vrai jumeau de sexe opposé. Tout le monde lui disait qu'il était une fille mais il ne se sentait pas fille. Il ne s'intéressait pas aux activités des filles. Voici comment il décrit son enfance :

> Dès le début, il y a eu des petits détails qui clochaient. J'ai commencé à remarquer des différences entre ce que je sentais, ce que j'étais et ce que j'étais censé être. Mais je ne savais pas ce que cela voulait dire. Je pensais que j'étais anormal, ou un truc comme ça. Je me regardais et je me disais : je n'ai pas envie d'être habillé comme ça, je n'aime pas les jouets qu'on me donne. Moi, j'aime traîner avec les garçons, grimper aux arbres et tout ça.

Génétiquement, c'était un garçon, bien que ses organes masculins aient été détruits par la maladresse conjuguée de plusieurs médecins. Même après la prise régulière d'œstrogènes, qui avait entraîné le développement de sa poitrine, il ne se sentait pas fille. Il existe également des individus génétiquement masculins dont les organes sont intacts, qui sont élevés comme des garçons et qui, pourtant, ne se sentent pas garçons. L'écrivain Jan Morris, né James Morris, en témoigne :

> J'avais trois ans, ou peut-être quatre, quand j'ai réalisé que j'étais né dans un corps qui ne me convenait pas, que j'aurais dû être une fille. Je me souviens très bien de ce moment, et c'est mon plus ancien souvenir.

Les enfants comme James Morris et Joan (prénom du jumeau de sexe opposé durant la phase féminine de son existence) sont généralement rejetés tant par les filles que par les garçons. Ils passent — y compris à leurs propres yeux — pour des « anormaux », des monstres, des clous qu'on n'arrive pas à enfoncer à coups de marteau. Cette situation est particulièrement dure pour les garçons féminins : les autres garçons se moquent d'eux et, passé la maternelle, les filles les rejettent également. Ils grandissent souvent sans amis, dans une grande solitude. Et pourtant, ils sont socialisés, ils se socialisent — de façon sexuée. James Morris se classait dans la catégorie *filles* ; c'est donc en fille qu'elle a été socialisée, même si les autres la considéraient comme un garçon. À l'âge adulte, Jan Morris s'est volontairement soumise au genre d'opération que Joan avait subie à son insu, parce qu'il est extrêmement difficile de vivre dans un corps d'homme quand on se sent femme intérieurement.

Dans un article du journal *Child Development*, un chercheur raconte l'anecdote suivante : un petit garçon nommé Jeremy a décidé un jour de se mettre des barrettes dans les cheveux et d'aller à l'école comme cela. Ses parents ont trouvé cela charmant, mais les enfants de sa classe n'ont pas été du même avis. Un garçon, notamment, s'est moqué de Jeremy et de sa nouvelle coiffure en le traitant de fille. Pour prouver qu'il n'était pas une fille, Jeremy a fini par baisser sa culotte. Pas du tout impressionné, son camarade a rétorqué tout simplement : « Tout le monde a un zizi, mais y a que les filles qui mettent des barrettes. »

Le camarade de Jeremy avait tort, bien sûr, mais en théorie il avait raison. L'identité sexuelle — savoir qu'on est un garçon ou une fille — n'est pas une étiquette appliquée sur les organes génitaux. Ce n'est pas non plus quelque chose que les parents peuvent donner à leur enfant — malgré tous leurs efforts. Pour Milton Diamond, le psychologue qui a interrogé Joan une fois redevenu un garçon, l'identité sexuelle se constitue par un processus de comparaison avec ses pairs. Les enfants, selon lui, se comparent aux garçons et aux filles qu'ils connaissent et finissent par décider qu'ils sont « comme » les uns et « différents » des autres. En fonction de ce qu'ils ressentent intérieurement — leurs sujets d'intérêt, les comportements qu'ils veulent avoir — ils s'associent à telle ou telle catégorie. Et c'est dans cette catégorie qu'ils sont socialisés.

Daja Meston, le garçon jeune élevé dans un monastère tibétain (j'ai raconté son histoire au chapitre 8), se décrivait comme « un Tibétain caché dans le corps d'un Blanc ». Aucun chirurgien ne pourra remédier à cette contradiction. Daja était rejeté par ses pairs parce que trop grand et trop blanc, mais cela ne l'a pas empêché de se ranger dans la même catégorie qu'eux et d'être socialisé comme un Tibétain. De la même manière, les enfants comme James et Joan peuvent s'identifier à un groupe dont les membres les rejettent. Il n'est pas nécessaire d'être aimé par les membres d'une catégorie sociale pour sentir qu'on en fait partie. Il n'est pas nécessaire non plus d'aimer les autres membres du groupe.

Identité de genre

Eleanor Maccoby, la spécialiste de psychologie dont j'ai parlé au chapitre 1 et qui joue un rôle important dans le chapitre 3, a décrit une expérience intéressante. Elle a placé dans une pièce remplie de jouets différents groupes de deux enfants de deux ans et demi à trois ans qui ne s'étaient jamais vus. La suite dépend de l'appartenance des enfants au même sexe ou à un sexe différent. Garçons et filles s'entendent très bien avec un enfant du même sexe, mais on observe une troublante asymétrie quand une fille se trouve en présence d'un garçon. Au lieu de participer au jeu, comme elle le fait avec une autre petite fille, elle se contente souvent de regarder. « Associées à des garçons, écrit Maccoby, les filles se tenaient souvent à l'écart et laissaient les garçons monopoliser les jouets. » Et nous parlons d'enfants de moins de trois ans !

Jouer avec autrui implique une coopération, et la coopération exige parfois que l'on fasse ce que les autres vous demandent de faire. L'incitation au jeu prend souvent la forme de demandes ou de suggestions. Les recherches ont montré qu'en grandissant les petites filles faisaient de plus en plus de suggestions à leurs camarades de jeu qui — dans le cas des filles — sont de plus en plus enclines à les suivre. Mais, dans le même temps, les petits garçons deviennent de moins en moins sensibles aux suggestions des autres, surtout quand il s'agit de filles. Ils écoutent plus facilement les autres garçons, peut-être parce que ceux-ci affirment énergiquement au lieu de demander gentiment. Et cela se passe, notez-le bien, à un âge où il n'y a pour ainsi dire pas de différence de taille ni de force physique entre enfants des deux sexes.

Voilà peut-être pourquoi les petites filles cessent de jouer avec les garçons : ce n'est pas très drôle de jouer avec quelqu'un qui n'écoute pas vos suggestions et qui accapare tous les jouets sans même vous demander la permission. Et, bientôt, les petits garçons se mettent eux aussi à éviter les filles, peut-être parce qu'il est plus amusant de jouer avec quelqu'un qui vous propose des trucs super comme des courses de petites autos plutôt qu'avec quelqu'un qui prétend vous faire changer les langes d'une poupée. Mais il n'est pas exclu non plus que ce processus soit le résultat de la catégorisation en deux groupes contrastés, les *filles* et les *garçons*, et au sentiment du « nous-contre-eux » qui en découle.

Quelle qu'en soit la raison (peut-être les trois se conjuguent-elles), la ségrégation sexuelle va s'accentuer au fil des ans. Et la ligne de démarcation sera particulièrement marquée juste avant la puberté — juste avant de commencer à s'estomper. Dans les régions du monde les moins peuplées, où les enfants des deux sexes jouent ensemble, les préadolescents s'arrangent toujours pour former des groupes non mixtes, même si cela les oblige à aller chercher des camarades très loin.

On a beaucoup écrit sur les différences entre groupes de garçons et groupes de filles vers le milieu de l'enfance. Eleanor Maccoby résume succinctement la situation :

> Les structures sociales qui se créent dans les groupes de pairs masculins ou féminins ne sont pas les mêmes. Les groupes de garçons sont généralement plus nombreux et plus hiérarchisés. Les modes d'interaction propres à chaque sexe à l'intérieur du groupe se différencient progressivement, et les styles différents semblent refléter des programmes différents. Les garçons étant plus concernés par la compétition et la domination, la délimitation et la défense d'un fief, la manifestation de leur force, ils s'affrontent plus facilement entre eux, prennent des risques, lancent ou relèvent des défis, affirment leur ego et dissimulent leurs faiblesses. Dans leurs conversations, ils introduisent des sous-entendus sexués (et sexistes) et des thèmes homophobes. Bien qu'elles s'intéressent évidemment à la réalisation de leurs objectifs individuels, les filles sont plus désireuses que les garçons de maintenir la cohésion du groupe par des comportements de coopération et de soutien mutuel. Leurs relations sont plus étroites, plus amicales que celles des garçons.

Il s'agit évidemment de moyennes. Toute règle comporte des exceptions [1], et tous les enfants ne s'intègrent pas dans ces catégories bien délimitées. Certains gar-

1. Y compris la règle selon laquelle toute règle comporte des exceptions.

çons refusent la violence et la compétition qui règnent dans les groupes de garçons. Ils deviennent des solitaires, du moins à l'école. Certaines filles préfèrent jouer avec les garçons. Si elles sont assez sportives, elles peuvent être acceptées.

Mais il est rare qu'une fille soit admise à participer aux jeux de garçons dans le cadre scolaire. La plupart des filles qui jouent avec des garçons le font dans leur quartier, avec leurs voisins. Quand les camarades de jeu sont moins nombreux, les enfants sont obligés d'être moins sélectifs, ce qui fournit une bonne excuse à ceux qui *veulent* être moins sélectifs. Quoi qu'il en soit, les groupes de jeu de quartier sont plus souvent mixtes et d'âges variés. Le mélange des âges permet aux jeux de rue de se transmettre d'une génération à l'autre, des plus grands aux plus petits. Et la mixité est ce qui permet à tant de femmes — plus de 50 % selon certaines études — de dire qu'elles préféraient jouer avec les garçons et qu'elles étaient de vrais garçons manqués.

Dans les cours de récréation et les camps de vacances mixtes, quand les partenaires potentiels sont en nombre suffisant, garçons et filles se scindent en groupes ennemis, en *nous* contre *eux*. Et, comme l'a remarqué la sociologue Barrie Thorne, les interactions entre groupes sexués prennent souvent la forme d'« escarmouches frontalières » : elles accentuent encore la division entre sexes, la rendent plus saillante. Ce sont des actes d'hostilité, en apparence du moins — car leur signification profonde est certainement plus complexe. Les garçons interviennent dans les jeux des filles pour les disperser. Ils leur chipent leurs cartables ou leurs écharpes. Ils font claquer l'élastique du soutien-gorge des plus précoces. Mais les filles ne sont pas toujours les victimes, dans ce genre de provocations. Quand j'étais en septième, pendant la récréation, les filles les plus audacieuses (je n'étais déjà plus du nombre) pourchassaient un garçon, un petit rouquin adorable et assez solitaire, pour l'embrasser. Ce garçon aurait préféré mourir plutôt que de s'exécuter et il réussissait généralement à s'esquiver. Les hommes persécutent parfois les femmes en les embrassant contre leur gré, mais, dans les cours de récréation, les filles sont plus nombreuses à brandir la menace du baiser.

Lorsque les distinctions entre groupes sont saillantes, l'hostilité risque davantage de se manifester. La pression exercée par le groupe pour empêcher toute manifestation de sympathie envers les représentants de l'autre sexe est plus forte dans les lieux de l'école où les adultes exercent une surveillance moins pointilleuse — le réfectoire et la cour de récréation. Les garçons, en particulier, subissent les moqueries de leurs pairs s'ils jouent avec des filles ou même s'ils s'assoient à côté d'une fille. L'influence des adultes *accroît* le nombre d'interactions amicales entre filles et garçons. Ce sont les enfants eux-mêmes qui créent et entretiennent la ségrégation entre sexes.

Les parents que je connais sont ravis quand leurs enfants ont un ou deux amis du sexe opposé. Ces amitiés existent, mais si elles se nouent à l'âge préscolaire, elles passent généralement au second plan entre sept et douze ans. La fille et le garçon ne se voient que chez eux ou dans le quartier ; à l'école, ils peuvent aller jusqu'à faire semblant de ne pas se connaître. Leurs parents sont au courant de leur amitié, mais leurs camarades n'en savent rien. Je parle d'amitié, pas d'amour. Les enfants peuvent tomber amoureux pendant leur scolarité, mais il s'agit de sentiments généralement secrets et à sens unique. L'objet de leur flamme n'est pas toujours au courant de l'honneur qui lui est fait.

Amours et amitiés sont des relations personnelles, qu'il ne faut pas confondre avec l'esprit de groupe — le sentiment de faire partie d'un groupe particulier et de le préférer aux autres. L'esprit de groupe et les relations personnelles obéissent à des lois différentes, ils ont des causes et des effets différents. Ils s'opposent parfois, par exemple lorsqu'on éprouve de l'attirance pour un membre d'un groupe « ennemi ». Si elle est conflictuelle, cette opposition peut contraindre à faire un choix entre l'un ou l'autre groupe. On a souvent constaté que, placés devant ce genre de dilemme, les hommes et les femmes réagissent différemment. Une femme valorise davantage ses relations personnelles. Un homme s'arrache aux bras de sa bien-aimée pour aller guerroyer. « Je ne pourrais, ma très chère, t'aimer autant, lui jure-t-il solennellement, si je n'aimais d'abord mon honneur[1]. » Il lui assure qu'il se bat pour elle, mais ce n'est pas vrai ; il se bat pour son groupe. Dans les sociétés traditionnelles, les hommes passent généralement leur vie dans le village où ils sont nés et se battent pour le défendre, le cas échéant ; quant aux femmes, elles quittent généralement le village pour se marier. Chez les chimpanzés, ce sont les mâles qui s'allient pour aller attaquer les Kahamiens.

Je pense que cette prédominance masculine de l'esprit du groupe tient à l'évolution : ce sont les mâles — plus grands et plus musclés que les femelles, capables de courir plus vite et de cogner plus fort, même quand ils sont enfants, plus libres en tant qu'adultes de prendre des risques physiques parce qu'ils ne portent pas d'enfants et n'ont pas de bébés accrochés à leurs basques — qui s'associent à leurs semblables pour défendre le groupe et lancer des attaques contre d'autres groupes. Les guerres tribales faisaient partie de l'environnement dans lequel notre espèce a évolué, et tout ce qui nous donnait un avantage sur nos adversaires méritait un petit effort supplémentaire de la part du chromosome Y. Les jeux préférés des garçons — dans le monde entier — constituent une excellente préparation à la guerre. Comme l'a écrit Herman Mel-

1. Richard Lovelace, *To Lucasta Going to the Wars*, 1649.

ville :« Toutes les guerres sont puériles et sont menées par des petits garçons. »

De nombreuses expériences de psychologie sociale — celle de Robbers Cave ou celle des surestimateurs-sous-estimateurs par exemple — ont pris pour sujets d'étude des garçons, et je crois comprendre pourquoi : les résultats n'auraient peut-être pas été aussi nets s'il y avait eu des filles parmi les cobayes. Les chercheurs de Robbers Cave (expérience décrite au chapitre 7) ont mené une autre expérience, moins connue, dans laquelle ils ont laissé le temps aux garçons de nouer des amitiés avant de les répartir en deux groupes et donc de les séparer éventuellement de leurs amis. Des amitiés ont été brisées, les amis sont devenus ennemis. J'imagine ce qui se serait passé si les chercheurs avaient fait la même expérience avec des filles : « Oh, je vous en prie, laissez Jessica changer avec Claire pour que Jessica et moi soyons toutes les deux dans le groupe des Aigles ! »

Je ne veux pas dire que l'esprit de groupe n'existe pas chez les filles. Le cerveau féminin et le cerveau masculin possèdent chacun un module responsable de l'esprit de groupe et un module responsable des relations personnelles. La différence, s'il y en a une, réside dans la priorité accordée à tel ou tel module en présence d'exigences contradictoires.

Une ou deux cultures ?

Les groupes de garçons sont souvent hiérarchisés. Il y a un meneur qui dit aux autres ce qu'ils doivent faire. Les garçons rivalisent pour acquérir un statut. Ils évitent de manifester leurs émotions. Ils ne demandent pas leur chemin, parce qu'ils ne veulent pas qu'on sache qu'ils sont perdus.

Intimes et exclusives, les relations entre filles ne sont cependant pas forcément durables. Les filles ont moins tendance à manifester franchement leur hostilité ; elles se vengent de leurs ennemies en essayant de retourner leurs amies contre elles. La place de meneuse, dans un groupe de filles, présente des inconvénients : on vous accuse facilement d'être bêcheuse ou autoritaire. Les filles n'aiment pas donner d'ordres à leurs amies — elles croient aux vertus de la coopération et de l'alternance.

En présence de leurs pairs, les garçons veulent passer pour des durs ; les filles préfèrent qu'on les trouve gentilles. Je ne suis pas la première à souligner ces différences. Je ne suis pas non plus la première à attribuer les différences de comportement entre hommes et femmes aux processus de socialisation, aux modèles d'interactions sociales qu'ils ont appris, dans leur groupe de pairs d'enfants. Eleanor Maccoby a affirmé que garçons et filles grandissent dans deux cultures différentes. La linguiste Deborah Tannen, auteur de *You Just Don't Understand*, est de son avis.

À l'inverse, la sociologue Barrie Thorne, qui a étudié le comportement des enfants dans les cours de récréation, récuse l'idée de « cultures différentes ». Elle rappelle que filles et garçons sont mélangés dans de multiples contextes sociaux : chez eux, ils ont des interactions avec leurs frères et sœurs, dans la rue, ils jouent avec des amis des deux sexes. À l'école, garçons et filles se retrouvent souvent sur les terrains de sport, dans des groupes de lecture ou à l'étude. Même à la récréation, où la conscience de la division sexuée est la plus aiguë, il leur arrive de s'unir. Thorne raconte un incident dont elle a été témoin : un garçon prénommé Don était profondément bouleversé parce qu'un surveillant l'avait injustement puni, et ses camarades de classe — filles et garçons réunis — ont pris sa défense. Thorne pense que les différences de comportement et l'évitement mutuel des garçons et des filles sont transmis, d'une manière ou d'une autre, par la culture des adultes. Elle ne précise pas comment et elle reconnaît que les enfants sont plus sexistes quand ils ne sont pas sous la surveillance d'adultes ; mais elle estime que la manière dont les instituteurs s'adressent aux enfants à l'école — « vous les garçons, vous les filles » — ainsi que les images sexistes qui décorent les classes y sont pour quelque chose.

Bien que mes idées concernant l'identité de genre soient plus proches de celles de Maccoby et de Tannen, je dois admettre que Thorne n'a pas tout à fait tort. La culture des garçons et celle des filles ne sont pas vraiment distinctes. Tous les enfants du même âge et de la même origine ethnique, tous ceux qui vivent dans le même quartier et fréquentent la même école participent de la même culture enfantine. Ils ont les mêmes idées sur ce que doit être le comportement des garçons et des filles, les mêmes idées sur ce que doit être le comportement des hommes et des femmes. Les comportements différents recommandés aux membres de différentes catégories sociales font partie de la culture. Les garçons et les filles ont des idées différentes quant à la *meilleure* façon de se comporter, mais ils sont parfaitement d'accord sur ce que les filles et les garçons sont censés faire.

Il s'agit de catégories sociales différentes, et non de cultures différentes. Les catégories sociales varient — sont plus ou moins saillantes — selon le contexte, alors que la culture reste plus ou moins identique. On s'identifie à tel ou tel groupe selon l'endroit où l'on se trouve et selon les personnes présentes. Une toute petite fille elle-même a le choix : elle peut se percevoir comme *enfant* ou comme *fille*. Si la catégorie saillante est celle de l'âge, celle du genre passe au second plan. Le fait qu'un adulte abuse de son pouvoir d'adulte, comme ce surveillant d'école qui a injustement puni Don, rend automatiquement la catégorie de l'âge saillante et fait reculer celle du sexe au second plan. Voilà pourquoi filles et garçons se sont ligués pour prendre la défense de Don. Si vous donnez à des enfants d'âge scolaire une autre possibilité de se diviser — en formant un groupe de soutien à la lecture, par exemple —, les catégories sexuelles deviendront d'autant moins saillantes que le groupe de lecture le sera davantage.

Deux sexes ou un seul ?

Barrie Thorne invoque les interactions que nouent les garçons et les filles dans certains contextes pour réfuter l'idée qu'ils seraient responsables des différences entre les sexes. Mais faire des choses ensemble n'empêche pas les enfants de se faire une opinion de ce que doit être le comportement des filles et celui des garçons. Leurs interactions ne les empêchent pas de se classer, eux-mêmes et leurs camarades de classe, dans la catégorie *filles* ou dans la catégorie *garçons*, pas plus qu'elles ne réduisent le caractère saillant de ces catégories.

Ce qui le réduit est l'absence totale d'interactions : l'absence de membres du sexe opposé. En présence d'un seul groupe, l'esprit de groupe s'affaiblit et l'autocatégorisation glisse en direction du *moi* au détriment du *nous*. On assiste alors à une différenciation au sein du groupe — chacun essaie d'acquérir un statut, se choisit un rôle particulier ou adopte celui qu'on lui propose.

En l'absence de garçons, les filles se conduisent moins « comme des filles ». C'est la conclusion à laquelle sont arrivés des chercheurs après avoir observé des filles de douze ans qui jouaient au ballon-prisonnier. Pour cette étude, ils avaient sélectionné deux groupes, l'un composé d'Afro-Américaines de la classe moyenne fréquentant une école privée de Chicago, l'autre composé d'Indiennes hopis qui vivaient dans une réserve de l'Arizona. Ce choix était motivé par le statut différent que ces deux cultures accordent aux femmes : dans la culture traditionnelle hopi, qui est matrilinéaire, les femmes ont un pouvoir économique et social assez considérable.

En l'absence de garçons, les deux groupes de filles étaient concentrés sur leur jeu : elles jouaient pour gagner et certaines jouaient très bien. Mais à partir du moment où des garçons participaient au jeu, la manière dont les filles jouaient se transformait radicalement. Au lieu d'être tendues vers l'action, prêtes à intervenir, les filles hopis restaient bras croisés, chevilles croisées, l'air timide et l'allure rien moins que sportive. Les Afro-Américaines, elles, bavardaient et se taquinaient. Les filles étaient absolument inconscientes de ce changement de comportement. Quand les chercheurs leur ont demandé pourquoi, à leur avis, les garçons gagnaient toujours, elles ont répondu qu'ils trichaient. En fait ils ne trichaient pas, ils s'investissaient davantage dans le jeu. Et ils gagnaient, alors qu'à cet âge-là ils sont en général plus petits et plus légers que la moyenne des filles.

Garçons et filles ont les mêmes stéréotypes concernant les garçons et les filles : ils considèrent que les garçons ont davantage l'esprit de compétition et sont plus sportifs que les filles. Dans l'ensemble, c'est vrai. Quand les catégories sexuelles sont saillantes, les filles ressemblent davantage à leur stéréotype des filles, les garçons davantage à leur stéréotype des garçons, et les différences s'accentuent par effet de contraste.

En l'absence de garçons les filles sont moins stéréotypées, alors qu'en l'absence de filles les garçons restent des garçons —, à certains égards, du moins. À première vue, ils peuvent avoir l'air moins virils : pour nous autres Américains mal dégrossis, les Anglais sortis des internats de garçons ont quelque chose d'affecté, avec leur voix haut perchée et leurs goûts délicats. Mais le climat qui prévaut (ou prévalait) dans ces écoles n'en est pas moins résolument viril. Sir Anthony Glyn, rejeton d'une famille aristocratique, décrit ainsi son premier contact avec le pensionnat :

> Pour un garçon de huit ans, la première semaine de classe préparatoire risque fort d'être l'expérience la plus traumatisante de sa vie, d'autant plus qu'il n'y est absolument pas préparé. Jusque-là, il ignorait que tant de gens au monde pouvaient vouloir le frapper, lui faire du mal et qu'ils en auraient tout le loisir, de jour comme de nuit.

Les « gens » en question sont les autres garçons, les garçons plus âgés. Ici, l'absence de filles a fait disparaître les catégories de genre. Aussi les différences d'âge sont-elles devenues plus saillantes, déchaînant les luttes de pouvoir au sein du groupe. L'absence d'autre groupe, comme l'a démontré l'expérience du ballon-prisonnier citée plus haut, encourage la compétition entre membres d'un même groupe, qu'il soit féminin ou masculin. La domination des aînés sur les plus jeunes existe également chez les filles, bien qu'elle se manifeste avec moins d'agressivité. On a supposé que l'inhibition de l'agressivité féminine était un mécanisme inné (bien qu'imparfait) mis en place par l'évolution pour éviter que les mères ne fassent du mal à leurs enfants.

Quand des enfants des deux sexes fréquentent les mêmes écoles — et surtout quand ils se retrouvent dans la cour en groupes bien séparés de filles et de garçons — les catégories de genre sont particulièrement saillantes et le sexisme règne. Même si leur père change leur petit frère, même si leur mère conduit un camion, les fils jouent au foot et les filles sautent à la corde. Les parents peuvent être persuadés que garçons et filles sont identiques par essence — qu'une petite fille est un petit garçon sans pénis ni testicules —, les enfants ne sont pas dupes.

Retour aux sources

Curieusement, les filles et les garçons de notre société moderne et égalitaire présentent des comportements plus stéréotypés que les enfants des tribus de chasseurs-cueilleurs du passé. Parmi les rares populations de chasseurs-cueilleurs qui existent encore actuellement, il en est une, les Efes. Ils vivent dans la forêt tropicale de l'ex-Zaïre. Un chercheur décrit ainsi leur vie quotidienne :

> Mau, un adolescent, est assis au camp avec la fille de son frère, âgée de quinze mois, étendue en travers de ses genoux, bercée par le son assez proche d'un piano digital. Mau tend le bras pour remuer le *sombre* dans sa marmite, pendant qu'un groupe de garçons et de filles jouent à « tirer les fruits » avec des arcs et des flèches à leur taille. Les enfants s'approchent un peu trop près du feu où mijote le repas de Mau, et celui-ci émet un « aa-ooh ! » désapprobateur. [...] Son regard fait le tour du campement et s'arrête sur un groupe de femmes qui s'apprêtent à aller à la pêche, pendant que d'autres se reposent, fumant du tabac avec les hommes.

Les tribus de chasseurs-cueilleurs comprenant rarement assez d'enfants pour qu'ils puissent former des groupes de jeu différents, garçons et filles efes jouent ensemble. Les catégories sociales saillantes sont donc *adultes* et *enfants*, et tous les enfants se comportent à peu près de la même manière. Chez les adultes également, les frontières entre sexes sont moins nettement définies qu'on ne pourrait le prévoir. En revanche, chez les Leses, une tribu voisine qui pratique l'agriculture et a, de ce fait, une plus forte densité de population, la structure sociale est fortement sexuée. Les Leses vivent dans des campements assez vastes pour permettre aux filles et aux garçons de former des groupes séparés.

Les Kungs, qui vivent dans le désert du Kalahari, en Afrique, constituent un autre groupe de chasseurs-cueilleurs traditionnels. Ils sont aujourd'hui fermiers et pasteurs, mais il y a vingt ans, certains Kungs vivaient encore en petites bandes nomades. Un anthropologue a rapporté que chez les Kungs nomades, les filles et les garçons jouaient ensemble et présentaient des différences de comportement minimes. En revanche, parmi les Kungs qui s'étaient sédentarisés et étaient devenus producteurs d'aliments, les garçons et les filles étaient suffisamment nombreux pour former des groupes distincts. Leur comportement était nettement différent en fonction de leur sexe.

Si les garçons et les filles présentent des comportements plus proches lorsqu'ils ne sont pas assez nombreux pour former des groupes distincts, c'est parce qu'ils se classent alors dans la catégorie *enfants*. Ils se ressemblent parce qu'ils sont socialisés dans et par le même groupe de pairs. Les différences exagérées entre sexes que l'on observe chez les enfants de notre société actuelle sont probablement un fait culturel : l'invention de l'agriculture, il y a quelque dix mille ans seulement, nous a permis de fournir à nos enfants de nombreux camarades de jeu potentiels.

Un petit conseil aux parents qui voudraient donner à leurs enfants une formation androgyne : allez vivre dans une tribu nomade de chasseurs-cueilleurs. Ou installez-vous dans une partie du monde où il y a juste assez d'enfants pour former un groupe de jeu et pas assez pour en former deux.

« Jacques a dit... »

Vous aurez sans doute relevé que les enfants efes jouaient avec des arcs et des flèches ? Les garçons et les filles jouaient ensemble, mais à un jeu de garçon. Et qu'en est-il des groupes de jeux mixtes qui s'ébattent dans nos banlieues ? Les filles qui y participent sont, de leur propre aveu, des garçons manqués. On ne joue pas tellement à la poupée entre voisins, dès qu'on va à l'école en tout cas. Si les filles veulent jouer avec les garçons, elles doivent généralement s'adapter aux règles qu'ils imposent.

L'instinct de dominer ses pairs se manifeste chez le mâle humain dès sa plus tendre enfance. L'agressivité supérieure des mâles — de l'espèce humaine mais aussi de presque toutes les espèces de mammifères — est un fait largement reconnu. Un étalon est plus agressif qu'un hongre (étalon castré), mais ce n'est pas seulement une question de testicules. Quand il vivait sous l'identité d'une fille, le jumeau homozygote de sexe opposé se montrait souvent dominateur dans les groupes de filles, bien qu'il ait été privé de testicules dès l'âge de dix-sept mois. Les petites filles qui naissent avec une maladie appelée hyperplasie congénitale — un dysfonctionnement hormonal qui peut provoquer une masculinisation partielle du cerveau et de l'appareil génital du fœtus femelle — présentent souvent des tendances dominatrices, bien que l'on corrige leur fonctionnement hormonal à la naissance.

La plupart des filles découvrent très tôt qu'elles n'ont pas beaucoup d'influence sur les garçons. Elles commencent à les éviter avant qu'ils ne le fassent eux-mêmes. Elles préfèrent jouer avec d'autres filles, parce que les filles écoutent. Les garçons veulent toujours tout faire à *leur* manière.

Les filles constituent donc des groupes séparés pour pouvoir faire ce qu'*elles* ont envie de faire. Et tout va très bien jusqu'à l'adolescence. Ensuite, les sexes se rapprochent à nouveau, entraînés par des forces qui — j'en suis désolée — n'entrent pas dans le cadre de cet ouvrage. À l'adolescence, d'autres types de séparation deviennent plus saillants : il y a des bandes de sportifs, des bandes d'intellectuels, des bandes de délinquants et d'autres encore. Et dans ces groupes, filles et garçons sont mélangés. Mais, dans l'ensemble, ce sont toujours les garçons qui donnent le ton. Ils parlent plus, font plus de blagues, le rôle des filles consistant essentiellement à écouter et à rire.

Déprime

On a prétendu qu'au début de l'adolescence l'estime de soi est en chute libre chez les filles. Bien que cela ne se vérifie pas toujours et que cela soit moins dramatique que les journaux ne voudraient nous le faire croire, j'admets qu'effectivement certaines filles traversent ce genre de crise. Ce que je n'admets pas, en revanche, c'est que les parents, les professeurs ou cette force nébuleuse que nous appelons « culture » en soient responsables. Pour moi, cette crise est due à la situation dans laquelle se trouvent les filles à l'adolescence. En formant leurs propres groupes pendant l'enfance, elles ont échappé à la domination des garçons. Mais voilà que leur horloge biologique sonne treize coups et qu'elles se sentent attirées par ce groupe d'individus qui pratiquent l'art de la domination depuis qu'ils savent marcher tout seuls. C'était déjà difficile quand ces gens-là — les garçons — étaient de la même taille ou même, pendant un court laps de temps, plus petits qu'elles. Et voilà que, pour couronner le tout, ils se mettent à devenir *plus* grands qu'elles.

Pour qu'une adolescente puisse obtenir un statut quelconque dans un groupe dominé par les garçons, il faut qu'elle se montre excellente dans un domaine qu'ils valorisent, ou qu'elle soit jolie. Faute de quoi, elle a de bonnes chances de faire tapisserie. Or ce sont des qualités sur lesquelles elle n'a aucun contrôle. Même en faisant beaucoup d'efforts, elle ne peut pas les acquérir. Elle jouissait peut-être d'un statut élevé dans son groupe de filles, cela ne lui servira à rien si, à l'adolescence, elle ne devient pas jolie.

Le sentiment que l'on a de soi-même peut être affecté par deux facteurs, le statut et l'état psychologique. Si une jeune fille n'a qu'un statut médiocre dans son groupe et si elle ne peut rien faire pour l'améliorer, elle en sera dépréciée à ses propres yeux. Son estime de soi souffrira également si elle est déprimée. À partir du début de l'adolescence, les filles risquent deux fois plus que les garçons de souffrir de dépression.

Le lien entre dépression et autodépréciation est bien établi. Il est moins facile de distinguer la cause de l'effet. Les psychothérapeutes sont nombreux à penser que l'autodépréciation est responsable de la dépression, et c'est certainement vrai dans certains cas. Mais le contraire est également vrai. Vous connaissez peut-être quelqu'un qui souffre d'un trouble bipolaire qu'on appelle psychose maniaco-dépressive. En phase maniaque, la personne se croit capable de tout, elle se considère comme exceptionnelle, extraordinaire. En phase dépressive, elle se croit nulle. Rien de concret n'a changé dans sa vie, mais en fonction de son état psychologique, elle se sent tantôt au sommet de sa forme, tantôt au plus bas.

Ce trouble est aussi fréquent chez les deux sexes mais, à partir de l'adolescence, la dépression (sans phases d'exaltation) est plus fréquente chez les femmes. L'autodépréciation de certaines adolescentes pourrait être un symptôme, et non un facteur, de dépression.

Pourquoi la dépression est-elle plus fréquente chez les femmes ? Personne ne le sait vraiment. Quant à moi, je pense que cela tient à de subtiles différences cérébrales — des différences dans l'équilibre délicat entre les mécanismes déclencheurs et inhibiteurs d'action. Lorsque quelque chose se détraque dans leur cerveau, les hommes ont tendance à pencher en faveur de l'action, ce qui entraîne la violence. Les femmes ont plutôt tendance à pencher en sens inverse, vers l'inhibition, ce qui entraîne l'anxiété et la dépression. La psychose maniaco-dépressive indiquerait donc que l'équilibre entre les deux types de mécanismes est instable.

Au diable la différence

À la naissance, garçons et filles sont légèrement différents. Au cours des seize années suivantes, leurs différences s'accentuent. Pendant l'enfance, elles s'accentuent parce que filles et garçons s'identifient, la plupart du temps, à des groupes différents. Pendant l'adolescence, elles s'accentuent encore, pour des raisons physiologiques cette fois.

La nature est efficace, elle n'est pas gentille. Dans l'ensemble, les femelles sont plus faibles et moins agressives que les mâles, et dans toute société humaine — y compris celle des chasseurs-cueilleurs — elles courent le risque de se faire écraser. Les femelles chimpanzés sont parfois martyrisées par leurs mâles, elles aussi. La situation des femmes est meilleure aujourd'hui qu'elle ne l'a été au cours des six millions d'années précédentes. Quand j'étais étudiante à Harvard, il se trouvait encore un professeur pour dire, publiquement, que les femmes n'avaient pas leur place dans un laboratoire de psychologie. Pas un professeur de lycée n'oserait dire une chose pareille aujourd'hui.

Les femmes peuvent désormais participer aux jeux sociaux autrefois réservés aux hommes. Mais celles qui veulent y prendre part doivent encore se plier aux règles instituées par les hommes. Ce que les hommes ont appris pendant leur enfance leur donne un avantage indéniable sur les terrains de jeux des sociétés contemporaines.

Mais le processus de socialisation sexuée ne suffit pas à expliquer les différences entre individus. Il faut encore tenir compte des pressions internes et externes qui les obligent à se conformer aux normes de leur groupe, et des effets de contraste de groupe qui rendent ces normes différentes. Les différences psychologiques entre les sexes sont des différences statistiques : la distance qui sépare les point culminants des deux courbes. Pendant l'enfance, les deux courbes s'éloignent, mais elles ne se séparent jamais entièrement : il y a toujours une zone de chevauchement. Il y a des hommes petits et des femmes grandes. Certains garçons sont doux, certaines filles sont violentes. Même lorsqu'ils sont en compagnie de leurs pairs.

11

SUR LES BANCS DE L'ÉCOLE

Vous vous souvenez sûrement de l'avoir vu faire. Vous l'avez peut-être fait vous-même. En classe, rien n'est plus amusant que de montrer à ses camarades, par des manœuvres assez subtiles pour ne pas se faire prendre, qu'on n'est pas à la botte de la maîtresse. La sociologue Sharon Carere, ancienne institutrice elle-même, a décrit certaines des techniques utilisées par les enfants pour « jouer au plus fin », selon l'expression qu'elle utilise, c'est-à-dire pour défier l'enseignant sans aller jusqu'à la désobéissance. Il y a par exemple le coup de la corbeille à papier :

> Ils s'approchaient de la corbeille à papier d'un pas nonchalant. Une fois arrivés, ils décomposaient avec le plus grand soin, la plus grande précision tout le processus consistant à se débarrasser du papier pour le faire tomber dans le récipient prévu à cet effet puis, la chose faite, ils restaient quelques secondes à contempler le papier au fond de la corbeille.

Il y a aussi la ruse du corps dissocié devant la bibliothèque de classe :

> Plantés devant les rayonnages, ils prenaient un livre et le feuilletaient comme pour vérifier que c'était bien celui qui correspondait à l'envie ou au besoin du

> moment, ou parcouraient du regard les rangées de livres, cherchant ostensiblement le titre qui allait retenir leur attention. L'élément intéressant de ce comportement institutionnel banal est qu'il n'engageait que la moitié du corps des élèves. La partie supérieure paraissait profondément absorbée, pendant que la partie inférieure se livrait à des interactions sociales et à des petits jeux : ils donnaient un petit coup de pied dans la jambe de leur voisin, poussaient du pied un objet qui se trouvait à leur portée ou laissaient pendre le bras qu'ils n'utilisaient pas et, de leur poing fermé, donnaient des coups (pas trop forts) à celui ou celle qui se tenait à côté d'eux.

Le trajet en lui-même procure un rare plaisir. En se dirigeant vers la corbeille à papier ou vers la bibliothèque, on peut déjà s'amuser : on marche « au rythme d'une musique intérieure », ou comme un soldat de plomb, un équilibriste, un canard. Quand on est très fort, on peut même « marquer une pause devant toute la classe pour exécuter un petit numéro à l'intention des "fans" susceptibles de vous regarder ».

Les fans sont, bien sûr, les autres élèves de la classe. La maîtresse n'est pas une fan — elle incarne les autres, elle est l'un d'*eux,* et, sans elle, ces petits actes de provocation n'auraient pas lieu d'être.

Pour tout élève, les personnes les plus importantes de la classe sont les autres élèves. Et ce qui compte le plus — ce qui rend la journée d'école supportable ou la transforme en un véritable enfer — est le statut dont jouit l'enfant. Le pouvoir de la maîtresse réside pour une bonne part dans sa capacité de braquer un projecteur sur tel ou tel enfant, de le désigner à l'attention de ses pairs. Elle peut, à son gré, faire de lui un objet de raillerie ou d'envie pour les autres.

Mais le pouvoir de l'enseignant ne se limite pas à cela. Si je donne l'impression, dans ce livre, de retirer aux parents une grande part de leur pouvoir et de leur responsabilité, on ne pourra pas me reprocher d'en faire autant avec les enseignants. Ils détiennent pouvoir et responsabilité parce qu'ils contrôlent tout un groupe d'enfants. Ils peuvent influencer les attitudes, les comportements de l'ensemble du groupe. Et leur influence aura des effets à long terme puisqu'elle s'exerce dans l'univers extrafamilial, dans le monde où les enfants vont vivre leur vie d'adulte.

L'esprit de groupe en classe

En grandissant, les enfants apprennent à maîtriser l'éventail complexe d'identités sociales que les sociétés modernes offrent aux individus. Sans quitter sa place — sans même bouger un muscle — une fillette de sept-huit ans peut effectuer des va-et-vient entre différentes autocatégorisations. Elle peut se considérer comme une fille du cours élémentaire deuxième année, une élève de Mme Untel ou une élève de l'école primaire Martin Luther King. Elle peut se classer dans la catégorie des bons en lecture ou dans celle des élèves les plus doués de la classe. (Elle n'a même pas besoin de mettre des noms sur ces catégories.) Elle peut aussi parcourir l'axe moi-nous d'un bout à l'autre et se sentir tantôt membre d'un groupe, tantôt petite personne individuelle.

Dans le contexte scolaire, la catégorisation sociale joue en permanence. Le nombre d'enfants réunis en un seul lieu permet la formation de sous-catégories. En l'absence d'un facteur de cohésion puissant, les grands groupes tendent à se diviser en groupes plus restreints.

On relève également des effets de contraste entre groupes parallèles. J'en ai parlé au chapitre précédent à propos des garçons et des filles. Lorsque les enfants s'identifient à la catégorie *filles* ou *garçons*, et que ces catégories sont saillantes, les différences entre sexes s'accentuent. Même s'il n'y a pas de différence de départ, il suffit que deux catégories sociales distinctes coexistent pour que des différences apparaissent. Les Aigles et les Crotales nous l'ont démontré.

Vous voyez maintenant pourquoi il est dangereux de regrouper les enfants selon leur niveau. Lorsqu'un maître répartit ses élèves en « lecteurs moyens » et en « bons lecteurs », les bons lecteurs ont tendance à devenir meilleurs et les moyens de plus en plus médiocres. C'est l'effet de contraste de groupe qui joue. Les deux groupes élaborent des normes différentes — des comportements différents, des attitudes différentes.

L'esprit de groupe s'accompagne d'une préférence pour son propre groupe. Même dans le cas d'un groupe comme celui des lecteurs moyens, me demanderez-vous ? Oui, même dans ce cas-là, me semble-t-il. Tout en reconnaissant leur infériorité dans ce domaine particulier, les lecteurs moyens peuvent s'estimer supérieurs dans d'autres domaines — se considérer comme plus gentils, plus beaux ou plus forts en gym ; ils peuvent aussi dévaloriser la lecture. Ils peuvent encore adopter une attitude dédaigneuse par rapport à l'école et considérer que les bons élèves sont tous des imbéciles, des bêcheurs ou des lèche-bottes. Les Aigles méprisaient les Crotales parce qu'ils disaient des gros mots ; les Crotales méprisaient les Aigles, qui n'étaient à leurs yeux qu'une bande de poules mouillées.

Une attitude comme celle de ces lecteurs moyens — la lecture on s'en fiche, l'école c'est nul — va avoir des effets cumulatifs au fil des ans. L'enfant conscient d'avoir des difficultés en lecture risque de se classer lui-même dans la catégorie des mauvais élèves, même si sa maîtresse ne le fait pas. Il va donc adopter les normes et les attitudes propres à ce groupe, qui seront probablement hostiles à l'école. Et l'effet de contraste de groupe va jouer entre les bons lecteurs et les moins bons, les normes adoptées par ces derniers les tirant en arrière — ou plus exactement, les empêchant de faire les efforts qui leur permettraient de progresser.

L'effet de contraste de groupe agit comme un coin ;

il s'enfonce dans la moindre faille entre deux groupes — la différence la plus minime — et l'élargit. Ce genre d'effet se nourrit de notre tendance profonde à nous montrer loyaux envers notre groupe ; nous, c'est *nous*, on n'est pas comme *eux* et on ne veut surtout pas (beurk) être comme *eux*.

À l'école, les groupes se forment souvent en fonction de la motivation ou des résultats scolaires. Bons lecteurs contre mauvais. Cancres contre cracks. Lèche-bottes contre fortes têtes. Ces groupes ne se définissent et ne se stabilisent qu'au lycée, mais on observe déjà des bandes fonctionnant selon les mêmes principes à l'école élémentaire. Les enfants qui fréquentent les bons élèves de leur classe ont généralement une attitude positive à l'égard du travail scolaire ; ceux qui fréquentent les élèves médiocres ont généralement une attitude moins positive. Et, lorsqu'un enfant passe d'un groupe à un autre en cours d'année — la chose est encore possible à l'école primaire —, son attitude évolue pour se conformer à celle de son nouveau groupe.

Il ne s'agit pas d'une question d'estime de soi ; simplement, toute compétence se développe par la pratique. Les enfants qui ont une attitude négative à l'égard de l'école ne font pas travailler leur cerveau comme ceux qui valorisent l'école. Ils n'ont pas une attitude négative par rapport à eux-mêmes, mais par rapport à l'école. En règle générale, ils ne se déprécient pas eux-mêmes. Les élèves afro-américains, par exemple, qui, en tant que groupe, ont de moins bons résultats scolaires que les enfants d'origine européenne ou asiatique ne s'estiment pas moins que les autres groupes ethniques. Oubliez ce que vous avez pu lire ou entendre dire à ce sujet : en moyenne, l'estime de soi des jeunes Afro-Américains n'est pas inférieure à celle des autres enfants américains. L'estime de soi est fonction du statut dont on jouit à l'intérieur du groupe. On se juge en se comparant à ses semblables, aux membres de son groupe.

Un bon point pour mademoiselle A.

J'ai écrit mon manuel sur le développement de l'enfant avant d'avoir compris un certain nombre de choses qui m'ont conduite à rejeter l'hypothèse du primat de l'éducation parentale — avant d'avoir mesuré la puissance de la socialisation par le groupe. Cet ouvrage contient un appendice intitulé « Un bon point pour Mlle A. ». Je n'ai pas à rougir de ce que j'ai écrit à l'époque, mais je n'avais pas très bien compris ce qui s'était passé dans la classe de Mlle A. ni pourquoi. Je crois l'avoir compris aujourd'hui.

« Mlle A. » était le nom donné à une institutrice dans un article publié par l'éducateur Eigil Pedersen et son équipe dans *Harvard Educational Review*. Elle enseignait à l'école primaire où Pedersen avait lui-même débuté dans les années quarante — une vieille école de la vieille école, bâtie comme une forteresse, avec des barreaux aux fenêtres ; une école entourée de vieux immeubles, fréquentée par des enfants de pauvres et d'immigrés : deux tiers de Blancs, un tiers de Noirs. Une école qui n'envoyait qu'une infime minorité de ses élèves à l'université ; et la plupart n'arrivait même pas jusqu'au bac. Une école où les bagarres et les problèmes de discipline étaient fréquents et sanctionnés à coups de trique. Des enfants étaient battus deux à trois fois par jour. Le bon vieux temps, quoi...

Eigil Pedersen a fait partie de cette infime minorité qui a réussi. Après le bac, il est entré à l'université puis il est revenu à l'école dans les années cinquante, comme instituteur. Pendant qu'il enseignait dans cet établissement, il s'est demandé pourquoi une proportion aussi importante d'élèves ne passait jamais le bac et il a entrepris des recherches dans les archives. Mais il a découvert dans ces archives quelque chose de si intéressant qu'il a abandonné son premier sujet de recherche pour s'intéresser à l'influence qu'avait eue Mlle A. sur les élèves de sa classe préparatoire.

Car cette influence était indéniable. Le fait que ses élèves aient eu de bonnes notes ne signifiait pas grand-chose — Mlle A. notait peut-être large. Mais Pedersen a découvert qu'ils avaient également eu de bons résultats l'année suivante, alors qu'ils avaient été répartis dans des classes différentes. En les suivant tout au long de leur scolarité, Pedersen s'est aperçu que la supériorité des élèves de Mlle A. était encore décelable en cinquième. Intrigué, il a poursuivi ses recherches, a retrouvé certains de ces élèves et a pu les interroger. Et il a pu établir que, dans l'ensemble, ils avaient mieux réussi dans leur vie d'adultes que les élèves d'autres classes préparatoires. Leur ascension sociale avait été meilleure.

À en juger par ce que ces anciens élèves ont raconté à Pedersen, Mlle A. mériterait d'être canonisée. Elle ne perdait jamais patience. Elle restait après la classe pour aider ses élèves en difficulté — ils venaient d'horizons très différents, mais tous ont appris à lire cette année-là. Elle partageait son déjeuner avec ceux dont les parents avaient oublié (ou n'avaient pas les moyens) de leur donner de quoi manger. Elle se souvenait de leurs noms vingt ans après qu'ils avaient quitté sa classe.

Dans mon manuel, j'ai attribué l'influence durable de Mlle A. sur ses élèves au bon démarrage qu'elle leur avait donné. Mais les bons démarrages, plusieurs expériences officielles l'ont démontré, ne tiennent pas longtemps leurs promesses, même s'ils ont des résultats spectaculaires au début. Dans ce cas, pourquoi l'influence de Mlle A. avait-elle perduré ?

Voici un élément de réponse. Aucun des anciens élèves de cette bonne institutrice n'avait oublié son nom lorsque Pedersen les a interrogés. Et quatre personnes qui n'avaient pas été dans sa classe ont affirmé l'avoir eue comme institutrice de cours préparatoire. « Ils prenaient leurs désirs pour la réalité », commente Pedersen.

Est-ce vraiment prendre ses désirs pour des réalités que de construire de toutes pièces des souvenirs d'une classe où on n'a jamais mis les pieds ? La mémoire n'est pas aussi fiable qu'on le croit généralement — elle peut en effet inventer aussi bien qu'enfouir — mais il me semble que, dans ce cas précis, il s'agit d'autre chose.

Pour l'expliquer, je vais m'éloigner un peu de notre sujet et vous parler des meneurs. Sans que cela soit obligatoire, les groupes ont souvent des meneurs, des chefs. Ceux-ci ne font pas nécessairement partie du groupe, les influences exercées sur un groupe pouvant aussi bien venir de l'extérieur que de l'intérieur. Un enseignant, par exemple, est un chef capable d'influencer un groupe sans en faire partie.

L'ascendant d'un chef sur le groupe s'exerce de trois manières. Premièrement, le chef peut influer sur les normes du groupe — les attitudes adoptées par ses membres, les comportements qu'ils considèrent comme appropriés. Pour cela, il n'a pas besoin d'agir sur chaque membre du groupe individuellement ; il lui suffit d'agir sur la majorité des membres ou même sur un petit nombre d'entre eux s'ils sont dominants, s'ils focalisent l'attention des autres. La télévision ou d'autres forces culturelles n'opèrent pas autrement. Selon la théorie de la socialisation par le groupe, il n'est pas nécessaire que tous les garçons d'un groupe regardent une émission de télévision donnée. À partir du moment où la plupart de ses pairs la regardent, cette émission va influencer les normes individuelles de chaque garçon, qu'il la regarde lui-même ou non.

Deuxièmement, le chef peut définir les limites du groupe : jusqu'où va le *nous* et où commence le *eux*. C'est un pouvoir dont Hitler, par exemple, a usé et abusé.

Troisièmement, le chef peut définir l'image — le stéréotype — que le groupe se fait de lui-même.

Un enseignant vraiment doué peut jouer sur ces trois tableaux. Il peut empêcher une classe composée d'éléments divers d'éclater en petits groupes et la transformer en un seul *nous* — une communauté d'élèves appliqués, un *nous* qui se considère comme capable et travailleur.

Certains enseignants y arrivent. Ne me demandez pas comment ils font ; je n'en sais rien. Jaime Escalante, un immigré bolivien qui enseignait les mathématiques dans un lycée de Los Angeles où les Mexicains sont presque aussi nombreux que les Américains de souche, était un enseignant de cette trempe. Son ascendant sur ses élèves était tel, raconte son biographe, qu'avec lui les enfants avaient l'impression d'être « une troupe d'élite en mission secrète, en mission impossible ». Une autre enseignante très douée, Jocelyn Rodriguez, exerce à New York, dans le Bronx. Elle a réussi à transformer un mélange détonant d'élèves noirs et latino-américains en une communauté étroitement soudée. Chaque classe se choisit un nom, s'invente un drapeau et compose un hymne. « On est tous de vrais amis, a dit l'un de ses élèves à un journaliste, et on est vraiment contents d'être ensemble. »

L'une des caractéristiques de ces classes exceptionnelles est l'attitude des élèves envers les moins doués d'entre eux. Au lieu de se moquer d'eux, ils les encouragent. Dans une des classes de Jocelyn Rodriguez, un petit garçon n'arrivait pas à apprendre à lire. Chaque fois qu'il faisait un progrès, les autres l'acclamaient, et « tout le monde se levait pour l'applaudir ».

C'est également ce qui se passe dans les écoles des pays asiatiques — au Japon notamment. Les enfants sont critiqués par leurs camarades quand ils se conduisent mal, acclamés quand ils travaillent bien. La mauvaise conduite d'un seul est ressentie comme un déshonneur pour toute la classe, les progrès d'un seul comme un triomphe pour toute la classe. Ne croyez pas que les écoliers japonais soient plus *gentils* — pendant les récréations, les bagarres sont aussi fréquentes qu'ailleurs. Je ne sais pas comment s'y prennent les enseignants — est-ce une question de méthode pédagogique, de culture ou une combinaison des deux ? —, mais je pense que cet esprit de corps est une des raisons de la supériorité des enfants asiatiques sur les enfants américains dans beaucoup de domaines. Avec une classe soudée — sans groupes récalcitrants, sans opposition au travail scolaire — et des enfants qui font tout leur possible, les instituteurs peuvent foncer.

Ce qui nous ramène à Mlle A. Je pense qu'elle possédait cette mystérieuse capacité qui permet de transformer une bande de gamins hétéroclite en un groupe homogène d'élèves motivés, un *nous*. Un *nous* constitue une catégorie sociale, qu'elle porte un nom ou qu'elle n'en porte pas. Mlle A. devait faire sentir à ses élèves qu'ils faisaient partie d'une catégorie sociale à part, « une troupe d'élite en mission secrète, en mission impossible ». Cette identité collective a marqué les enfants et les a accompagnés tout au long de leur scolarité ; elle les a mis à l'abri des attitudes hostiles à l'école, leur a donné un sentiment de supériorité par rapport à leurs camarades de classe. Et même ceux qui n'avaient pas eu la chance d'en faire partie reconnaissaient apparemment l'existence de cette catégorie sociale. C'est pourquoi certaines des personnes interrogées par Pedersen ont affirmé avoir été dans la classe de Mlle A. : ils se sentaient membres du groupe qu'elle avait créé. Derrière les barreaux de cette vieille école, parmi les enfants défavorisés qui la fréquentaient, il y avait des élèves bien décidés à apprendre, qui se considéraient comme « les élèves de Mlle A. », même si certains d'entre eux n'avaient jamais mis les pieds dans sa classe.

Peut-être Eigil Pedersen faisait-il partie de ce groupe. Peut-être est-ce pour cela qu'il est devenu l'un des meilleurs élèves de l'école, même si sa maîtresse de cours préparatoire s'appelait Mlle B.

Le facteur temps

Le développement des enfants contient de nombreux cercles vicieux — l'exclu a moins d'occasions de développer ses compétences sociales, le gros évite toute activité physique et devient encore plus gros —, mais il n'y en a pas de plus vicieux que celui qui concerne l'intelligence. Les enfants qui ont un très léger retard au début de leur scolarité ont tendance à ne pas faire l'effort qui leur permettrait de rattraper leurs condisciples. Ils sont donc de plus en plus à la traîne. Dans le même temps, ceux qui étaient bons élèves continuent à faire fonctionner leur matière grise.

Des spécialistes de génétique du comportement ont montré que l'héritabilité du QI augmente au cours de l'existence — les estimations pour les sujets âgés vont jusqu'à 0,80 ; en d'autres termes, 80 % de la variation d'intelligence chez les personnes âgées peut être attribuée à leurs gènes. Mais cette formulation est trompeuse : en effet, l'intégralité de la variation n'est pas due à l'influence directe des gènes. Les choix opérés par les sujets dans l'enfance et à l'âge adulte y sont pour beaucoup. Regarder la télé ou faire ses devoirs. Jouer au ballon ou fréquenter la bibliothèque. Rester dans tel club ou entrer dans tel autre. Chercher un emploi tout de suite ou aller à la fac et choisir telle ou telle matière. Épouser Roger ou Roland. Les conséquences des choix effectués au fil du temps apparaissent, dans les travaux de génétique du comportement, comme une influence génétique sur le QI — l'héritabilité. En fait, les chercheurs mesurent (comme je l'ai déjà noté au chapitre 2) la combinaison d'effets génétiques directs et indirects.

L'augmentation de l'héritabilité du QI au cours de

la vie est essentiellement due à des effets génétiques indirects — les effets des effets des gènes. Ce qui n'était d'abord qu'une différence minime peut faire boule de neige et aboutir, finalement, à une différence considérable. Les tests d'évaluation de QI sous-estiment probablement cet effet boule de neige parce qu'ils s'inscrivent sur une courbe : on ne compare les enfants qu'à d'autres enfants du même âge, et, à tous les âges, on obtient la même proportion de QI de 130, de 100 et de 70.

Quand les élèves d'une classe se répartissent en groupes en fonction de leurs résultats scolaires, les effets de contraste vont accentuer la différence entre les groupes. Les effets sont plus perceptibles sur les élèves médiocres que sur les bons, qui font déjà de leur mieux. Je crois que les effets de contraste de groupe sont une source importante d'effets génétiques indirects sur le QI.

Lorsque les élèves d'une même classe se divisent en groupes en fonction de leur race ou de leur statut socioéconomique, l'effet de contraste joue, là encore, et accentue les différences entre groupes — il peut même en créer s'il n'en existe pas au départ. Si vous séparez arbitrairement une classe en deux groupes, les Dauphins et les Marsouins, et s'il y a deux très bons élèves parmi les Dauphins, alors que les Marsouins contiennent un ou deux éléments qui ont du mal à suivre, les deux groupes risquent d'adopter des normes et des attitudes opposées par rapport au travail scolaire — même si le QI moyen des deux groupes est identique au départ. Supposez maintenant que, pendant plusieurs années scolaires, les enfants continuent à s'identifier aux Dauphins et aux Marsouins, fréquentent essentiellement les membres de leur groupe et, en fonction du groupe auquel ils appartiennent, fassent des efforts pour réussir ou critiquent l'école. Ce qui au départ n'était qu'une attitude différente envers le travail scolaire peut fort bien aboutir à une différence de QI.

Dans un livre intitulé *A Question of Intelligence,* Daniel Seligman parle de la différence de QI entre Américains blancs et noirs, et expose les efforts des scientifiques pour l'attribuer à des différences de classes sociales. Il montre que les différences de statut socioéconomique ou de revenus ne constituent pas une explication satisfaisante : en comparant des enfants d'un même milieu socioéconomique, ou des enfants dont les parents ont sensiblement les mêmes revenus, on découvre tout de même une variation du QI moyen. Seligman juge ces résultats décevants mais il n'écarte pas entièrement une autre explication, liée au milieu social :

> Ces détails ne mettent pourtant pas un point final à la discussion sur les effets du milieu social. On ne peut exclure, en particulier, la possibilité que le fossé entre Blancs et Noirs soit imputable à d'autres facteurs liés au milieu social — des facteurs dont les données habituelles des études sociologiques ne tiennent pas compte. Certains, en dernier recours, avancent parfois l'hypothèse d'un facteur « X ». Le facteur X, que personne ne sait mesurer ni même décrire très précisément, est lié — affirment ses défenseurs — au fait d'être noir en Amérique ; il rend cette expérience unique et absolument sans rapport avec ce que vivent les Blancs. Du coup, le facteur X sape la pertinence de tous les coefficients de corrélation qui semblent n'indiquer que des effets sociaux limités sur le fossé culturel. Et, d'une manière que personne ne peut expliquer, le facteur X contribue à étouffer les capacités intellectuelles.

Je crois savoir ce qu'est le facteur X, je crois même pouvoir le définir très précisément. Les enfants noirs et les enfants blancs s'identifient à des groupes distincts, dont les normes sont différentes. Les différences sont exacerbées par les effets de contraste de groupe et leurs conséquences se cumulent au fil des années. Voilà ce qu'est le facteur X.

Vers l'âge de trois ans, les enfants s'aperçoivent qu'il existe des catégories raciales. Au cours des années suivantes, les distinctions raciales gagnent en importance pour devenir un des fondements de la division en groupes. Le fait que cette division se produise ou non en raison d'une différence ethnique ne dépend que d'une réalité parfaitement dérisoire : le nombre. De même que garçons et filles jouent ensemble s'ils ne sont pas assez nombreux pour avoir le choix, Noirs et Blancs se mélangent lorsque la seule catégorie possible est celle des *enfants*.

Les enfants ont tendance à mieux travailler dans les classes où ils sont moins nombreux. La raison en est peut-être que l'instituteur a moins de mal à préserver la cohésion du groupe. Moins les classes sont nombreuses, moins les enfants ont tendance à former des petits groupes contrastés qui adoptent des attitudes antagonistes par rapport au travail scolaire.

Si, dans une classe, les enfants sont à la fois issus de milieux sociaux différents et de race ou d'origine ethnique différentes, et si ces deux facteurs se recoupent de telle façon que les membres d'une race appartiennent en majorité à la classe moyenne tandis que les membres de l'autre race appartiennent à un milieu défavorisé, le meilleur instituteur du monde lui-même n'arrivera pas à les fondre en un seul groupe.

La sociologue Janet Schofield a passé plusieurs années à étudier des élèves de sixième et de cinquième dans un établissement qu'elle appelle « Wexler ». Situé en milieu urbain, Wexler est fréquenté en proportion sensiblement égale par des enfants noirs et blancs. La majorité des élèves blancs appartient à la classe moyenne, la majorité des élèves noirs appartient à un milieu ouvrier ou défavorisé. Malgré tous les efforts de l'administration et des professeurs pour encourager l'entente entre les races, ils sont loin de la réaliser. Les deux communautés éprouvent une méfiance réciproque et le climat est assez proche de l'hostilité ouverte qui régnait entre les Aigles et les Crotales. À Wexler, il est rare de voir un enfant noir et un enfant blanc jouer ensemble ou s'asseoir côte à côte au réfectoire.

Les enfants de cet établissement proviennent de classes sociales différentes. Ce n'est pas cette différence qu'ils remarquent, mais la différence entre deux catégories sociales définies par des critères raciaux. Mais tous s'accordent à considérer les Blancs comme de bons élèves et les Noirs comme des élèves récalcitrants :

> *Sylvia (noire)* : J'ai l'impression qu'ils [les Noirs] n'ont pas envie d'apprendre. Les Blancs, quand c'est le moment de s'instruire, ils s'y mettent à fond.
> *Ann (blanche)* : Les Noirs se moquent pas mal des notes qu'ils ont.

Les différences entre les deux groupes ne sont pas seulement scolaires. Noirs et Blancs considèrent les Blancs comme mous et délicats, les Noirs comme durs et agressifs. Les Blancs « ne savent pas encaisser, a déclaré une fillette noire à la sociologue. Ils sont incapables de se battre ». Et toute tentative pour franchir la ligne de démarcation est mal vue par les autres membres du groupe :

> *Lydia (noire)* : Les autres sont furieuses quand on se fait une copine blanche. Elles disent que les Noirs doivent rester avec les Noirs, les Blancs avec les Blancs.

« Pour les élèves noirs, écrit Janet Schofield, la réussite scolaire implique souvent d'abandonner ses amis pour s'associer au groupe majoritairement blanc des bons élèves. » Les enfants noirs qui réussissent sont soumis à la pression de leurs pairs qui tentent de les détourner du travail. Ils ne se conforment pas aux normes de leur groupe : ils « jouent au Blanc ». L'attitude antiscolaire des enfants noirs ne doit rien à leurs parents. Dans tous les groupes raciaux et ethniques, les parents valorisent l'instruction et attendent beaucoup de la réussite scolaire de leurs enfants. Certains chercheurs ont constaté que l'instruction était bien plus importante pour les parents noirs et latino-américains que pour les parents d'origine européenne.

Les travaux de Janet Schofield datent de la fin des années soixante-dix, mais les choses n'ont pas beaucoup changé depuis. Dans un article récent du *New York Times*, une institutrice du Bronx disait que certains de ses élèves noirs « aimeraient mieux parader devant une caméra de télévision les menottes aux poignets plutôt que d'être surpris en train de lire un livre ». Et « jouer au Blanc » reste une insulte dans la bouche des enfants noirs.

La pression qui incite les enfants noirs à se comporter en Noirs et les enfants blancs à se comporter en Blancs est de la même nature que celle qui obligeait les Crotales à ravaler leurs larmes et les Aigles à châtier leur langage. C'est une pression interne au groupe, et elle n'a pas besoin d'être exprimée. Les enfants ont rarement besoin qu'on leur rappelle les normes de leur groupe. Il n'est pas nécessaire d'enfoncer à coups de marteau le clou qui ne dépasse pas.

J'ai parlé jusqu'ici des tensions entre Noirs et Blancs, mais dans certaines écoles, les tensions peuvent opposer Asiatiques et Européens, deux groupes de Noirs ou deux groupes de Blancs. Le directeur d'une école de Long Island a évoqué devant un journaliste les tensions qui règnent entre enfants d'immigrés haïtiens et enfants noirs américains. Les Haïtiens, qui sont noirs eux aussi, sont de bons élèves. L'un d'entre eux s'est plaint de l'attitude des Noirs américains : « Quand on est sage et respectueux envers les professeurs, ils disent qu'on joue au Blanc, qu'on se croit supérieur. »

Dans certaines écoles de Brooklyn et du Bronx, les enfants et petits-enfants d'immigrés jamaïcains s'identifient à des groupes qui s'opposent aux autres enfants noirs. Les Jamaïcains travaillent très bien, et leur réussite scolaire rappelle celle des enfants d'immigrés juifs à la génération précédente. Colin Powell, le général en retraite qui a dit « non merci » quand on lui a demandé s'il aimerait être président des États-Unis, est le fils d'immigrés jamaïcains, installés dans le Bronx.

Il y a plusieurs années en Allemagne, des chercheurs se sont penchés sur le cas des enfants de soldats américains élevés par leur mère allemande. Les chercheurs n'ont établi aucune différence entre le QI des enfants de pères blancs et celui des enfants de pères afro-américains, enfants qui sont pourtant, selon la définition officielle, des « Noirs ». Mais ces enfants noirs n'ont pas pu former de groupe distinct, parce qu'ils n'ont jamais été assez nombreux, dans aucune école. Peut-être ont-ils été rejetés comme Daja Meston dans son monastère tibétain, mais cela ne les a pas incités à penser que la lecture ne sert à rien ou que l'école, c'est nul.

Le danger des stéréotypes

Un mot peut être une arme aussi terrible que les pierres ou les bâtons. Il peut infliger des blessures profondes. Mais les noms les plus dangereux sont ceux que nous nous attribuons nous-mêmes. Les stéréotypes que nous nous attribuons comptent davantage, à long terme, que ceux que les autres nous imposent. L'influence insidieuse que les attentes d'autrui peuvent avoir sur notre comportement, notre intelligence, ou que sais-je encore, a été largement surestimée.

Mais on continue à croire que, lorsqu'une prophétie se réalise, c'est la faute du prophète. La « menace du stéréotype », voilà le vrai danger, estime le psychologue social Claude Steele. Si vous rappelez à une jeune femme forte en maths qu'elle est du sexe féminin, elle réussira moins bien ses tests d'aptitude mathématique. Si vous rappelez à une excellente élève afro-américaine qu'elle est noire, elle réussira moins bien ses tests d'aptitude scolaire. Steele a montré que, pour faire baisser les résultats d'un très bon élève noir à des tests d'aptitude scolaire, il suffit de lui faire remplir un bref questionnaire comportant la question « Race ? ».

Les autocatégorisations sont extrêmement sensibles au contexte social. Dans ses expériences, Steele fait appel à l'esprit de groupe de ses sujets ; il fait ressortir les catégories sexe ou race, augmentant ainsi la probabilité que ses sujets s'identifient au groupe *noir* ou *féminin*. Et cette autocatégorisation fait immédiatement surgir les normes qui lui sont propres. Il est très difficile de trahir les normes de son groupe.

Steele attribue le malaise provoqué par la « menace du stéréotype » à la peur de l'échec. On pourrait tout aussi bien l'attribuer à ce que la psychologue Matina Horner appelait, il y a trente ans, la « peur du succès » — complexe qu'elle décelait chez des jeunes femmes brillantes. Je crois pour ma part que ce malaise est dû à un conflit entre le désir de bien faire et le sentiment qu'une réussite irait à l'encontre des normes de son groupe. Ce genre d'ambivalence ne troublait manifestement pas Matina Horner. Quand on lui a offert la présidence de Radcliff College, elle n'a pas dit « non merci ».

Comme l'a démontré Claude Steele, il est encore possible de faire sentir à certaines femmes qu'en étant trop fortes en maths elles trahissent les normes de leur groupe de référence. Steele attribue ce phénomène aux stéréotypes négatifs nourris par la société dans son ensemble. J'y vois plutôt le résultat des stéréotypes que les groupes entretiennent à propos d'eux-mêmes (ce qui n'exclut pas que la société possède, elle aussi, ses stéréotypes). Dans les contextes où l'appartenance à tel ou tel sexe est moins saillante, les jeunes filles et les femmes réussissent mieux en sciences et en mathématiques. Les universités exclusivement féminines produisent un nombre impressionnant de scientifiques de haut niveau. Les étudiantes de ces établissements vivent dans la même société que nous, mais elles ont moins tendance à se considérer comme des *femmes* et à se comparer aux hommes.

La société dans son ensemble n'établit pas de distinction entre Afro-Américains d'origine jamaïcaine et Afro-Américains d'autres origines. Si les enfants d'origine jamaïcaine sont si bons élèves, c'est que le stéréotype qu'ils se font d'eux-mêmes est différent.

Programmes d'intervention

Un numéro récent d'*Observer*, la revue de l'American Psychology Society, rend compte d'une discussion entre deux psychologues pour enfants. L'une défend les programmes d'intervention préscolaire du type Head Start, l'autre les critique. Ce dernier rappelle que le projet Head Start visait « la prévention de l'échec scolaire et l'amélioration des réalisations adultes chez les enfants de milieux défavorisés », et que cet objectif n'a pas été atteint. Le dos au mur, sa collègue est obligée d'admettre que Head Start n'a pas eu de résultats à long terme sur les performances scolaires des enfants afro-américains, mais elle souligne un accroissement de « l'accessibilité aux services collectifs » des familles concernées et un « taux d'immunisation plus élevé » des enfants. Bien que ces résultats ne soient pas négligeables, ils ne correspondent pas à l'objectif du programme.

La plupart des programmes de type Head Start n'ont que des effets temporaires sur les enfants, et certains n'ont aucun effet mesurable. Il est intéressant de constater que ces derniers sont, systématiquement, ceux qui s'efforcent de modifier le comportement des *parents*. Les programmes incluant des visites de professionnels dans les familles peuvent entraîner une modification du comportement parental — une diminution notable des mauvais traitements, par exemple. Mais ils n'ont apparemment aucune incidence sur l'attitude des enfants en dehors de la famille, ni sur leur travail scolaire. Les programmes qui incluent les parents ne donnent donc pas de meilleurs résultats que ceux qui les excluent. C'est exactement ce que la théorie de la socialisation par le groupe aurait pu prédire.

Pour que les programmes d'intervention soient efficaces, je pense qu'ils doivent modifier le comportement et les attitudes d'un *groupe* d'enfants. Et pour que l'effet de ces programmes soit durable, les enfants doivent rester en contact, afin qu'ils continuent à se considérer comme un groupe. Selon moi, un programme conçu pour toute une école réussirait mieux que ceux qui sélectionnent dix-sept enfants dans dix ou douze écoles différentes.

Je citerai en exemple du type de programme auquel je pense une opération dont l'objectif était la réduction des conduites agressives et le développement de la solidarité entre enfants d'âge scolaire. On a organisé des séances de formation pour l'ensemble des élèves de quelques écoles sélectionnées et le comportement de ces enfants s'est amélioré dans la cour et au réfectoire. Ce qui a changé, ce sont les normes du groupe. Comme ma théorie aurait pu le prédire, le comportement des enfants à la maison est resté le même.

Jusqu'ici, aucune expérience n'a pu prouver la justesse de mon hypothèse selon laquelle les programmes d'intervention auraient des effets durables s'ils se fixaient pour objectif de modifier les normes d'un groupe et si les membres de ce groupe restaient en relation durablement. Les chercheurs qui s'occupent du suivi à long terme des programmes d'intervention n'indiquent jamais dans leurs rapports — et ne remarquent probablement jamais — si les enfants ayant participé à un programme de groupe restent en contact à la fin du programme.

Cours de langue

L'un des personnages qui a fait une apparition au chapitre 4, avec Cendrillon, était un petit garçon prénommé Joseph — ce n'est pas son vrai nom, mais c'est un vrai garçon. Joseph avait sept ans et demi quand ses parents ont quitté la Pologne pour s'installer dans le Missouri, en zone rurale. Ni Joseph ni son père ne parlaient un mot d'anglais en arrivant. Sa mère avait suivi six semaines de cours et était capable de dire quelques mots.

Les parents de Joseph étaient des ouvriers non qualifiés. Son père a d'abord travaillé comme manœuvre dans une pépinière, puis comme gardien. Sa mère n'a jamais exercé d'emploi et, sept ans après son arrivée aux États-Unis, sa maîtrise de l'anglais restait très limitée. Je vous raconte tout cela pour que vous n'imaginiez pas que Joseph jouissait d'un avantage — génétique ou culturel — susceptible de faciliter son intégration. D'après ce que disent les psycholinguistes qui ont étudié son cas, Joseph était un garçon très ordinaire, né de parents très ordinaires.

Joseph est arrivé au Missouri au mois de mai et il a eu l'été pour se faire quelques camarades anglophones et pour commencer à apprendre leur langue. À la rentrée, fin août, les psycholinguistes ont estimé que son niveau d'anglais était celui d'un enfant de deux ans. L'école ne pouvait lui fournir ni traducteur ni cours particuliers. On l'a donc inscrit au cours élémentaire, avec des enfants de son âge dont aucun ne parlait polonais, pas plus que la maîtresse, d'ailleurs. Plongé dans un bain d'anglais, il n'a pu compter que sur lui-même pour essayer de surnager.

Au début, il s'est apparemment laissé couler. Il a passé deux mois dans son coin, sans dire un mot, ou presque. Mais il était très attentif à tout ce qui se passait dans la classe et observait les autres enfants pour essayer de deviner ce que disait la maîtresse. Quand elle leur demandait, par exemple, de sortir leur livre de lecture, Joseph regardait autour de lui, voyait les autres sortir leur livre de lecture et sortait le sien.

Ses progrès ont été remarquablement rapides. À la fin du mois de novembre, il prononçait des phrases de ce genre : « Tony, je te donne plus d'autos si tu me laisses pas jouer. » Ce n'était pas parfait, mais Tony savait à quoi s'en tenir.

Onze mois après son arrivée aux États-Unis, à huit ans et demi, Joseph comprenait et parlait anglais comme un petit Américain de six-sept ans, accent polonais en plus. L'année suivante, il avait rattrapé les enfants de son âge, et son accent était à peine perceptible. À quatorze ans, il avait perdu toute trace d'accent, bien qu'il continuât à parler polonais avec ses parents. Ses résultats scolaires avaient suivi la même évolution : malgré des difficultés initiales en lecture, à partir du cours moyen, il a obtenu des notes moyennes ou supérieures à la moyenne.

Il n'y avait pas de groupe polono-américain dans l'école de Joseph, pas de groupe d'étrangers auquel il aurait pu s'identifier. Comme Daja Meston, il était seul de sa catégorie et, seul, on ne forme pas un groupe. Il devait donc se considérer comme un enfant, un garçon, un élève de cours élémentaire, et adopter les normes de comportement appropriées à cette catégorie sociale. Parler anglais faisait partie de ces normes. S'il avait été plongé brutalement dans le silence d'une école pour sourds, les normes auraient été différentes et Joseph aurait appris à communiquer avec ses mains. Après avoir visité une école pour sourds, un sociologue a affirmé que c'était « un endroit où on apprend à être sourd ». Voici une conversation entre ce sociologue et un vieil enseignant de cette école :

> *Le sociologue* : Avez-vous pu observer un « comportement de sourds » ? Quel est-il et à quoi ressemble-t-il ?
> *Le professeur* : Je ne sais pas comment l'expliquer, mais nous avons eu des enfants qui n'étaient que malentendants et qui, par la suite, se sont comportés de plus en plus comme des sourds... je ne veux pas simplement dire qu'ils ont cessé de parler... ce qui en soi est une mauvaise chose. Cela arrive, je regrette d'avoir à le dire.
> *Le sociologue* : Expliquez-moi cela. Je l'ai déjà entendu dire... Si un enfant capable de parler arrive ici, ils [les élèves] l'en empêchent ?
> *Le professeur* : Ils arrêtent de parler.
> *Le sociologue* : Pourquoi ?... Y a-t-il une pression qui s'exerce sur eux pour qu'ils arrêtent de parler ?
> *Le professeur* : De la part des autres enfants, oui. Et ils commencent à faire les sourds.

Imaginez maintenant que la famille de Joseph se soit installée dans un quartier où les immigrés polonais étaient nombreux. Il y aurait eu plusieurs enfants comme lui dans sa classe. Supposons encore que son école ait mis en place un programme bilingue spécial pour enfants non anglophones. Que se serait-il passé ?

La transition aurait été plus facile, certainement. Les premiers mois d'école auraient été moins stressants pour Joseph. Mais aurait-il appris l'anglais aussi rapidement et aussi bien ?

La question est très controversée, mais vous savez maintenant que je ne suis pas du genre à refuser la controverse. La réponse est non. Les programmes bilingues ont été, selon la formule d'un critique bien informé, « un lamentable échec ».

La théorie de la socialisation par le groupe explique

fort bien la cause d'un tel échec. Ces programmes échouent parce qu'ils créent un groupe d'enfants dotés de normes différentes — des normes qui leur permettent de ne pas parler anglais, ou de mal le parler. Le fait que les professeurs parlent un anglais irréprochable et sans accent ne suffit pas. Dans les écoles pour sourds, les enfants malentendants n'ont pas cessé de parler à cause des enseignants. La plupart des professeurs de ces écoles entendent et parlent comme vous et moi.

La langue est à la fois un comportement social et un savoir — quelque chose qui peut être enseigné. Les professeurs peuvent transmettre un savoir, mais ils ont très peu d'influence sur les normes de comportement de leurs élèves. Même un excellent professeur d'anglais sera découragé par la lenteur des progrès de ses élèves s'il ne les persuade pas que la norme de leur groupe veut qu'ils parlent anglais. Le plus difficile n'est pas de les empêcher de couler, mais de les convaincre de nager à contre-courant.

Dans les quartiers à fort taux d'immigration, des programmes bilingues permettent aux enfants de passer presque toute la journée avec des enfants qui parlent la même langue maternelle qu'eux. Comme l'a observé un professeur :

> Les Russes finissent par se parler en russe, les Haïtiens en créole, les Latinos en espagnol. Ils sont tout le temps fourrés ensemble et créent des subcultures. Ils vont à l'école ensemble, et passent la journée entre eux.

Si les enfants russes ne sont pas assez nombreux pour former un groupe à part, ils s'associeront à d'autres groupes d'immigrés :

> L'un des conseillers dit en souriant que certains Russes parlent anglais avec l'accent espagnol, et d'autres avec l'accent jamaïcain.

Si la plupart des enfants de leur groupe parlent anglais avec l'accent espagnol, ils finiront par en faire autant. Ils ne perdront pas cet accent. Pourquoi le perdraient-ils ? C'est la norme de leur groupe, la manière dont tous les autres parlent. S'ils restent ensemble jusqu'à l'adolescence, ils conserveront cette façon de parler à l'âge adulte. Et si la langue dans laquelle ils s'expriment quand ils sont ensemble — en récréation ou au réfectoire — est l'espagnol, le russe ou le coréen, l'anglais ne sera jamais pour eux qu'une deuxième langue. Ils penseront, ils rêveront en espagnol, en russe ou en coréen.

La décision de quitter leur patrie n'est pas le seul choix douloureux des immigrés. Une fois installés dans leur nouveau pays, une autre question se pose à eux : tiennent-ils à ce que leurs enfants conservent les traditions et la langue de leurs ancêtres ou préfèrent-ils qu'ils maîtrisent parfaitement la culture et la langue de leur nouveau pays ? En s'installant dans un endroit où il n'y avait pas d'autres Polonais, les parents de Joseph ont opté pour la deuxième solution. Leur fils est devenu « un vrai Américain », impossible à distinguer des Américains de naissance. Mais l'américanisation de Joseph a eu un prix — un prix calculé en polonais : il était aussi peu à l'aise dans sa langue maternelle, qu'il continuait à parler chez lui, qu'un poisson sorti de l'eau.

Le nombre compte

La culture se transmet, nous l'avons vu, de l'ancienne génération à la nouvelle par l'intermédiaire du groupe des pairs, et non par celui des parents. Les enfants acquièrent la langue et la culture de leurs pairs, et non (si ce ne sont pas les mêmes) celles de leurs parents ou de leurs enseignants. La culture élaborée par une assemblée d'enfants tiendra donc du pastiche.

La plupart des enfants n'ont pas besoin de s'inventer une culture : ils peuvent utiliser celle que leur ont transmise leurs parents, moyennant quelques modifications destinées à la remettre au goût du jour — au goût de ce qu'ils voient à la télévision, le plus souvent.

Je ne nie pas que la plupart des enfants acquièrent leur langue et leur culture auprès de leurs parents. Si leurs parents parlent anglais et si la majorité de leurs amis aussi, ils n'auront pas besoin d'inventer un nouveau langage ou d'apprendre l'anglais. Il en va de même pour la culture. Cette transmission — cet accord entre parents et enfants — est un des éléments qui ont trompé les spécialistes du développement. C'est une fausse piste, un leurre. Il suffit de prendre une famille telle quelle et de la plonger dans un bain linguistique et culturel différent pour que les enfants deviennent complètement différents. S'ils sont encore petits, ils vont assimiler cette seconde langue et cette seconde culture aussi facilement que les premières. Apparemment, le fait d'avoir des parents susceptibles de vous apprendre les coutumes locales ne présente pas un avantage considérable au moment d'affronter le monde extérieur. L'avantage essentiel est que vous serez moins gêné, plus tard, quand vous voudrez inviter des copains de classe à la maison.

Dans la plupart des cas, les enfants finissent effectivement par avoir la même langue et la même culture que leurs parents, parce qu'ils vivent dans des endroits où tout le monde parle la même langue et possède la même culture. Dès qu'ils vont à l'école, ils sont entourés d'enfants provenant de familles assez semblables à la leur. Ils n'ont qu'à se laisser porter par le courant.

Mais certaines grandes écoles rassemblent parfois les enfants de plusieurs quartiers, habités par des gens de plusieurs cultures (de subcultures, pour être exact). Les gens parlent avec des accents différents, ne vivent pas tout à fait de la même façon. Vous rappelez-vous le paisible village de La Paz et San Andres, son voisin violent ? Deux quartiers d'une grande ville des États-Unis, séparés par quelques rues, peuvent être aussi différents que La Paz et San Andres.

Et si l'on avait ouvert une école à mi-chemin de La Paz et de San Andres, fréquentée par les enfants des deux villages, j'imagine que l'atmosphère y serait aussi explosive qu'à Wexler, cette école où la sociologue Janet Schofield a étudié les relations entre écoliers blancs et écoliers noirs. Les enfants de La Paz et ceux de San Andres formeraient des groupes séparés ; les amitiés entre enfants des deux villages seraient rares. Ceux de San Andres traiteraient ceux de La Paz de poules mouillées. « Ils ne savent pas se battre », diraient-ils. Ceux de La Paz reprocheraient à ceux de San Andres de passer leur temps à brutaliser tout le monde. L'esprit de groupe serait saillant. Les enfants se sentiraient obligés de se conformer aux normes de leur groupe. Les effets de contraste accentueraient les différences entre les groupes.

Imaginez maintenant un scénario légèrement différent : l'école est plus proche de La Paz, et la plupart des élèves viennent de ce village. Un seul garçon de San Andres fréquente cette école, pour une raison ou une autre. Appelons-le Miguel. Que se passera-t-il ? Comment Miguel se comportera-t-il ?

Vous pensez peut-être qu'il deviendra rapidement la terreur de l'école, que la culture de son village fait de lui un requin au milieu des sardines. Mais je ne pense pas qu'une différence de culture — de normes de comportement — soit suffisante pour transformer un garçon en brute. Toutes les cultures ont leurs brutes, des individus qui *violent* les normes de comportement de leur groupe. C'est une question de personnalité, pas de culture.

En supposant que Miguel soit un garçon ordinaire, un peu comme Joseph, voici ce qui se passera (selon ma théorie) : il apprendra à se comporter comme les enfants de La Paz tant qu'il sera à l'école. Parce qu'il est seul de sa catégorie ; parce qu'il n'a pas de groupe. Si Miguel fait le va-et-vient entre son village et l'école, et s'il a des copains là-bas il deviendra biculturel : il apprendra à nager avec les requins chez lui et avec les sardines à l'école. Mais si tous ses copains sont de La Paz — s'il joue avec eux après l'école et les jours de congé — il va, comme Joseph, perdre sa culture d'origine. Il en acquerra une nouvelle, celle de La Paz. Il adoptera les normes de comportement de sa nouvelle culture.

La question du nombre n'est donc pas négligeable. Le fait qu'une classe se sépare en plusieurs groupes ou non dépend en partie du nombre d'enfants que compte cette classe : les classes nombreuses éclatent plus facilement que les autres. Et la constitution de groupes en fonction de l'origine géographique, de la race, de la religion, du milieu socioéconomique ou des résultats scolaires dépend du nombre d'enfants de chaque catégorie. Il faut un minimum d'unités pour former un groupe. Je ne saurais pas vous dire combien, car ce sujet — en ce qui concerne les enfants du moins — n'a guère préoccupé les chercheurs. Dans certains cas, deux personnes peuvent faire un groupe, mais en général il en faut plutôt trois ou quatre.

Dans une école où la majorité des enfants viendrait de La Paz, et un petit nombre de San Andres, les résultats seraient mouvants. Dans certaines classes, un ou deux enfants de San Andres adopteraient probablement les normes de la majorité, c'est-à-dire de La Paz. Dans d'autres classes, trois ou quatre enfants de San Andres formeraient un groupe — un groupe dont la norme serait d'être agressif.

Au chapitre 9, j'ai parlé d'une étude concernant les enfants afro-américains appartenant à des familles à haut risque — absence de père, faibles revenus. Ceux qui habitaient des quartiers défavorisés se montraient plus agressifs que leurs homologues de quartiers habités par des classes moyennes ; la norme de leur quartier était l'agressivité. Mais ceux qui vivaient dans des quartiers habités en majorité par des Blancs de classe moyenne n'étaient pas particulièrement agressifs. Ils avaient adopté les normes de comportement de la majorité de leurs pairs.

Le nombre compte. Je veux dire qu'il est important. En petit nombre, les élèves appartenant à une classe socioéconomique, un pays d'origine ou un groupe ethnique différents seront assimilés ; mais, s'ils sont assez nombreux pour former leur propre groupe, ils resteront probablement différents, et les effets de contraste accroîtront sans doute leurs différences. En présence d'un nombre comparable, la balance peut pencher d'un côté ou de l'autre : si l'on a deux classes composées du même nombre d'élèves majoritaires et minoritaires, l'une peut se scinder en deux groupes et l'autre rester unie. Cela peut dépendre d'événements fortuits, des caractéristiques des enfants eux-mêmes, ou de l'enseignant, dont le rôle ici est capital.

La tâche de l'enseignant est particulièrement difficile, selon moi, lorsque ses élèves sont issus de classes socioéconomiques très diverses. L'enfant d'une famille où il n'y a rien d'autre à lire que ce qui figure au dos du paquet de céréales, où la télévision reste allumée du matin au soir, arrivera à l'école avec une attitude envers la lecture différente de celle de l'enfant qui vit dans une maison pleine de livres et de revues. L'enfant né de parents diplômés donnera une importance différente à l'instruction — il trouvera plus *normal* de passer le premier quart de sa vie à se tuer au travail à l'école — que celui dont les parents n'ont pas fait d'études. Les enfants arrivent dans leur groupe de pairs avec ces attitudes et, si celles-ci sont partagées par la majorité de leurs pairs, elles seront intégrées dans les normes du groupe. L'atmosphère générale sera probablement favorable à la lecture dans les écoles situées dans des quartiers homogènes où tous les foyers possèdent un minimum de livres et de revues. Mais la tendance sera probablement au « Bof ! Quel intérêt ? » dans les écoles de quartiers homogènes où les gens ne lisent que par nécessité, jamais par plaisir. Et, dans une école située entre deux de ces quartiers, la division des enfants en groupes a de bonnes chances de refléter ces tendances culturelles différentes.

Si l'on en croit un article récent de la revue *Science*, les enfants réussissent mieux à l'école quand ils viennent de familles possédant un dictionnaire et un ordinateur. L'auteur de l'article pense visiblement que c'est la famille qui fait la différence. Je crois, moi, que c'est la culture, et non la famille. Les familles qui possèdent dictionnaires et ordinateurs appartiennent généralement à la classe moyenne, vivent dans de « bons » quartiers dont les habitants ont un certain niveau d'instruction. Ce type d'environnement encourage généralement une culture favorable à la lecture et à l'instruction. Les enfants arrivent en classe avec cette culture, et leur groupe de pairs l'adopte parce que c'est un élément commun entre ces enfants.

Vous comprenez maintenant pourquoi les élèves d'écoles privées réussissent si bien. C'est une question d'homogénéité : les enfants qui fréquentent ces établissements viennent de familles dont les parents sont suffisamment concernés par l'éducation pour *payer* les études de leurs rejetons. Mettez quelques boursiers dans un cours privé, plongez-les dans ce bain, et ils adopteront les normes et les attitudes de leurs camarades. Leur culture. Margaret Thatcher, ancien Premier ministre de Grande-Bretagne, a fait ses études dans une école privée très sélecte, comme boursière.

Et, maintenant, vous comprenez peut-être pourquoi il serait maladroit d'envoyer un grand nombre d'enfants de familles défavorisées dans une école privée. Ils risquent de former un groupe à part et de conserver les comportements et les attitudes qu'ils avaient en arrivant.

QI et adoption

Les programmes d'intervention à court terme produisent généralement des effets à court terme (ou n'ont aucun effet) sur le QI des enfants. Et les programmes d'intervention à long terme ? Le plus radical de ces programmes est l'adoption : donner à l'enfant une nouvelle famille, d'un statut socioéconomique habituellement supérieur à celui de sa famille d'origine.

Je viens de recevoir une lettre d'un collègue qui s'interroge sur l'importance des parents et répond immédiatement par l'affirmative. L'adoption peut améliorer le QI, dit-il, ce qui prouve le bénéfice que l'enfant peut tirer de son environnement familial.

Les partisans du primat de l'éducation parentale aimeraient attribuer cette augmentation du QI à l'influence de l'environnement familial — aux parents adoptifs. Au mobile accroché au-dessus du berceau, aux livres lus avant le coucher, au dictionnaire sur l'étagère, à l'ordinateur sur le bureau. Mais l'environnement ne s'arrête pas à la porte de la maison. Si la famille adoptive appartient à la classe moyenne, elle vit dans un certain type de quartier et l'enfant fréquente un certain type d'école. Ses camarades ont eu, eux aussi, un mobile au-dessus de leur berceau, des lectures avant de s'endormir, un dictionnaire et un ordinateur à la maison. L'enfant est donc éduqué au sein d'une culture où la lecture est considérée comme quelque chose d'important et même d'agréable. Il fait partie d'un groupe de pairs qui professe le même genre d'opinions. Ils lisent et se servent de l'ordinateur ; ils connaissent le nom des dinosaures et s'envoient des e-mails.

Il me semble évident que l'adoption favorise l'élévation du QI si la famille adoptive appartient à un milieu socioéconomique supérieur à celui de la famille biologique de l'enfant. Si les parents adoptifs sont des ouvriers non qualifiés, ils n'habitent probablement pas un quartier bourgeois et ni vous ni moi ne pouvons prédire que, dans ce cas, l'adoption va augmenter le QI de l'enfant. C'est exactement ce qu'a montré une étude réalisée en France : les enfants adoptés élevés dans un milieu bourgeois avaient un QI supérieur à celui d'enfants adoptés par des familles d'ouvriers. La différence entre les deux groupes était de douze points en moyenne.

À quoi attribuer cette différence ? À l'influence du milieu familial ou à celle de l'école et du quartier ? À l'attitude et aux activités des parents adoptifs ou à celles des pairs des enfants ? Mes collègues répondraient : « À celles des parents » ; je réponds : « À celles des pairs. »

Malheureusement, cette controverse risque de rester purement formelle puisqu'il n'a pas été démontré jusqu'à présent que cette différence de douze points du QI persiste jusqu'à l'âge adulte (l'étude française portait sur des enfants de quatorze ans en moyenne). Certains travaux de génétique du comportement suggèrent qu'elle ne persiste pas. Dans l'enfance, il existe une légère corrélation entre les QI de deux enfants adoptés par les mêmes parents — corrélation que j'attribue à leur milieu social commun plutôt qu'à leur famille commune. Mais, lorsque ces enfants arrivent à l'âge adulte, cette corrélation disparaît. Pris au pied de la lettre, ces résultats semblent indiquer que ni la famille ni le milieu social n'ont d'effets à long terme sur l'intelligence des enfants adoptés. Mais nos spécialistes de génétique du comportement sous-estiment probablement les effets à long terme de l'adoption, puisqu'ils ne font pas l'effort (qui a été fait en France) de trouver des familles adoptives de milieux socioéconomiques très divers. La plupart des enfants adoptés sont élevés dans des familles de classe moyenne dans des quartiers bourgeois. Lorsque la variation de l'environnement est faible, les méthodes de génétique comportementale ne permettent pas de mesurer avec précision les effets de l'environnement.

Les effets de l'adoption sur le QI tendent néanmoins à s'estomper à l'adolescence. Je l'attribue au fait qu'en grandissant les enfants sont plus libres de suivre leurs propres inclinations. Les adolescents forment des groupes, dont les attitudes face aux réalisations intellectuelles varient, et on trouvera des groupes hostiles à l'intellectualisme même dans les milieux bourgeois.

On ne sait pas encore dans quelle mesure exacte ces effets s'estompent — ce qui reste à l'âge adulte du QI plus élevé des enfants adoptés par des parents appartenant à la classe moyenne. Il est difficile de le déterminer, car il faudrait tenir compte de paramètres différents et souvent incompatibles. Matt McGue, spécialiste de génétique du comportement, est un des meilleurs experts au monde de l'étude du QI des enfants adoptés. Selon lui, les bénéfices à long terme de l'adoption sur le QI pourraient être d'environ sept points.

Peut-être tenons-nous là l'argument décisif pour clouer définitivement le bec à John B. Watson. « Donnez-moi une douzaine de jeunes enfants en bonne santé, disait-il. Je me fais fort d'en choisir un au hasard et de le former pour devenir, à mon gré, n'importe quel type de spécialiste — médecin, avocat... » Une augmentation de sept points du QI n'est pas à négliger, mais elle ne suffit certainement pas pour conduire à la faculté de médecine un enfant moyennement doué génétiquement.

Combattre les effets de contraste de groupe

Les effets dus à l'environnement du quartier sont sensibles pendant l'enfance, parce que les écoles primaires sont souvent petites et fréquentées par une population homogène. Plus tard, ces effets s'atténuent parce que les lycées sont généralement plus grands. Le nombre compte... Même si la population d'un lycée est homogène, les élèves sont plus nombreux, ce qui permet la formation de catégories sociales et de toutes sortes de divisions. En arrivant au lycée, les enfants noirs ou asiatiques élevés dans un quartier blanc et qui ont eu jusqu'alors des amis blancs risquent de trouver un groupe de pairs noirs ou asiatiques auquel ils pourront s'identifier. Les enfants qui ont des difficultés scolaires peuvent se rassembler et former des groupes hostiles à l'école — ou même hostiles à la société tout entière. Une fois ces groupes constitués, toutes leurs caractéristiques de départ vont s'accentuer par effets de contraste.

Les effets de contraste de groupe fonctionnent comme les tapeculs : quand l'un monte, l'autre descend. Et le résultat moyen est pire que neutre, car il est plus facile de descendre que de monter.

Une fois les enfants divisés en groupes, il est extrêmement difficile de les réunir. Mieux vaut éviter les scissions. Pour cela, les éducateurs disposent de plusieurs moyens.

Le premier consiste à favoriser l'homogénéité des enfants. Si paradoxal que cela puisse paraître, les filles sont bien meilleures en mathématiques et en sciences dans les établissements non mixtes, et les meilleurs scientifiques et mathématiciens noirs sortent d'écoles où tous les étudiants sont noirs. Le port de l'uniforme pourrait être une bonne chose. Je serais très curieuse de connaître les résultats d'une expérience où garçons et filles des classes primaires porteraient exactement le même uniforme.

Une autre solution serait de créer des groupes qui court-circuitent ceux des enfants, en leur proposant des modes de division inoffensifs — Dauphins et Marsouins — pour remplacer leurs divisions nocives — filles contre garçons, riches contre pauvres, cracks contre cancres. Comme l'a démontré l'exemple des Aigles et des Crotales, cette méthode n'est pas sans risques. Ce qui n'est au départ qu'une division neutre peut finir par des chaussettes bourrées de cailloux. La ruse consiste à maintenir l'équilibre entre les catégories sociales afin qu'elles s'annulent mutuellement. Si une écolière ne sait pas comment se définir — une fille, un Dauphin ou un cancre —, elle finira peut-être par se considérer comme une élève de la classe de Mme Rodriguez.

En cas d'échec, il reste un ultime recours pour mettre tout le monde d'accord : désigner un ennemi commun. C'est efficace chez les chimpanzés ; cela marche tout aussi bien avec les équipes sportives ou avec les champions d'échecs. Quand j'étais au lycée, les élèves d'origine mexicaine et anglaise allaient ensemble encourager notre équipe chaque fois qu'elle jouait contre celle d'un autre lycée. Les chercheurs de Robbers Cave ont réuni les Aigles et les Crotales en leur disant que des vandales avaient saboté le système d'adduction d'eau du camp.

Les meneurs, les chefs peuvent aussi bien réunir les gens que les diviser. Avec les meilleures intentions du monde, les enseignants actuels ont souvent tendance à rendre les enfants plus conscients de toutes leurs divisions possibles en catégories sociales. Je pense que la tâche d'un enseignant n'est pas d'insister sur les différences culturelles entre élèves (les parents peuvent s'en charger), mais de les minimiser. La mission d'un enseignant est de rassembler ses élèves autour d'un objectif commun.

12

GRANDIR

J'étais seule à la maison, avec le chien. Assise à mon bureau par un sombre après-midi d'hiver, je lisais un article sur la délinquance chez les adolescents. C'était le 20 janvier 1994.

L'article était de Terrie Moffitt, une psychologue du développement pour qui j'éprouvais, et éprouve toujours, le plus grand respect. Moffitt rapportait que le « comportement illicite » est si fréquent durant l'adolescence qu'on peut le considérer comme une de ses manifestations normales. Apprendre que les adolescents enfreignent couramment la loi n'avait pas de quoi me troubler. Ce qui m'a fait lever les yeux était l'explication qu'elle donnait de ce penchant fâcheux. « La délinquance, disait-elle, est un comportement social qui permet d'accéder à quelque chose d'enviable. À mon sens, le quelque chose en question est le statut d'adulte, avec ses pouvoirs et ses privilèges. »

Un instant ! me suis-je dit. Est-elle en train d'affirmer que les adolescents commettent des actes illicites pour ressembler aux adultes ? Ce n'est pas possible ! Si les adolescents voulaient imiter les adultes, ils ne piqueraient pas du vernis à ongles dans les supermarchés et ne joueraient pas aux acrobates pour écrire à la bombe LIΣA, JE T'AIME sur les passerelles d'autoroutes. S'ils aspiraient vraiment à prouver leur maturité, ils se livreraient à des corvées d'adultes comme trier le linge sale ou remplir leur déclaration d'impôts. Les adolescents n'essaient pas de ressembler aux adultes : ils essaient de s'en *distinguer* !

Cette idée a soudain pris une ampleur presque magique. En quelques minutes, j'ai élaboré les grandes lignes de la théorie de la socialisation par le groupe — la théorie selon laquelle les enfants s'identifient à leur groupe de pairs, adaptent leur comportement aux normes de leur groupe, groupe qui s'oppose aux autres groupes et adopte des normes différentes. Ce n'est qu'ensuite que j'ai pris conscience de toutes les conséquences de cette hypothèse. Il m'a fallu revenir en arrière et reconsidérer les faits, avant d'accepter le deuxième volet de ma révélation : mais bien sûr ! Les parents n'y sont pour rien ! Pour rien du tout !

Toutes les pièces du puzzle trouvaient leur place. Toutes les observations qui contredisaient les théories en vigueur prenaient enfin un sens.

Je ne suis pas assez naïve pour penser que toute épine a sa rose. Il y a aussi des ronces qui ne donnent jamais de roses. Mais si le département de psychologie de Harvard ne m'avait pas mise à la porte sans mon doctorat, si mes problèmes de santé ne m'avaient pas empêchée de retourner à l'université ni obligée à travailler chez moi ces vingt dernières années, si j'avais eu des maîtres, des collègues et des étudiants, tout cela ne serait jamais arrivé. Si j'étais passée par le lavage de cerveau conventionnel et si j'étais devenue un membre éminent de la communauté universitaire, je ne me serais jamais rendu compte que l'hypothèse du primat de l'éducation parentale n'est qu'une hypothèse, sans fondement qui plus est. Je n'aurais jamais écrit d'article affirmant que les parents comptent pour du beurre à la revue qui avait publié le texte de Terrie Moffitt. Je ne serais pas en train d'écrire ce livre et vous, cher lecteur, ne seriez pas en train de le lire.

C'est le comportement des adolescents qui m'a mise

sur la voie. Car c'est à l'adolescence que tout se manifeste le plus clairement. Même les adeptes les plus fervents de notre bonne vieille hypothèse du primat de l'éducation parentale reconnaissent que les adolescents — du moins *certains* adolescents — sont moins influencés par leurs parents que par les jeunes de leur âge. Mais les vrais croyants se sont persuadés que les adolescents diffèrent sur ce point des enfants plus jeunes — qu'ils sont pris d'une sorte de folie au moment où les hormones commencent à les travailler.

Pour moi, les adolescents font partie de la même espèce que nous tous — malgré des apparences contraires. Ce sont des membres à part entière de l'espèce humaine. Ils sont pourvus du même genre de cerveau et réagissent de la même manière à la carotte et au bâton. Ils veulent ressembler aux autres membres de leur groupe, en mieux. Ils n'aspirent absolument pas à ressembler aux membres d'autres groupes. Leurs particularités ne se manifestent pas comme un coucou sortant de l'horloge. Il ne s'agit pas de pulsions qui entrent en scène le moment venu, et dont on n'entend plus parler ensuite.

Certes, il y a de quoi douter. S'ils sont dotés du même type de cerveau que le nôtre, pourquoi donnent-ils si souvent l'impression d'avoir oublié comment on s'en sert ? Pourquoi affichent-ils des comportements plus asociaux que les enfants plus jeunes, alors qu'ils ont derrière eux un processus de socialisation plus long ?

Dans ce chapitre, j'évoquerai quelques questions liées à l'adolescence. Je l'ai intitulé « Grandir », plutôt que « L'adolescence », car c'est une phase qui commence à la fin de l'enfance et s'achève à la vieillesse. Si les problèmes de l'adolescence ne vous passionnent pas et que vous avez envie de sauter ce chapitre, jetez tout de même un coup d'œil à la conclusion ; elle vous concerne.

Pourquoi les enfants grandissent-ils ?

Un étudiant pinailleur m'a fait remarquer un jour[1] que ma théorie contient une faille. Si les enfants adaptent leur comportement aux normes de leur groupe, si les normes en question sont déterminées par la loi de la majorité, et si (dans des sociétés comme la nôtre) les groupes de pairs sont formés d'enfants du même âge, comment ceux-ci peuvent-ils grandir ? Pourquoi cessent-ils d'agir comme de petits enfants pour adopter le comportement de grands enfants ? Comment leurs normes peuvent-elles changer ?

L'explication traditionnelle — celle de notre étudiant — veut que les enfants imitent les adultes. Plus ils vieillissent, mieux ils y arrivent. Je rejette cette explication pour deux raisons. D'abord, comme je l'ai expliqué au chapitre 1, dans la plupart des civilisations, les enfants qui se comportent comme des adultes sont traités d'impertinents. La première chose qu'on inculque aux enfants est qu'ils ne doivent pas se conduire comme les grandes personnes. Ensuite, comme je l'ai montré au chapitre 9, l'objectif de l'enfant n'est pas de devenir un adulte qui a réussi, pas plus que le détenu ne vise à devenir un gardien modèle. L'objectif de l'enfant est d'être un enfant qui a réussi.

Voici comment les choses se passent chez les Yanomamös de la forêt amazonienne, selon l'anthropologue qui les a étudiés :

> L'homme bien vêtu ne porte souvent qu'une sorte de ceinture à laquelle il attache son prépuce étiré. Quand le jeune garçon grandit, il affiche sa virilité en attachant son pénis à sa ceinture, et les Yanomamös se réfèrent à cette phase de développement pour indiquer

1. Je ne fais toujours pas partie de l'honorable communauté universitaire. Néanmoins, j'ai désormais des collègues qui enseignent à des étudiants de doctorat.

l'âge d'un garçon : « Maintenant, mon garçon s'attache le pénis. » Toutes sortes de plaisanteries accompagnent cette phase, dans la mesure où le jeune inexpérimenté a du mal à contrôler son pénis. Il faut un certain temps pour que le prépuce s'étire suffisamment pour qu'on puisse l'attacher en toute sécurité. Avant cela, il a tendance à glisser de la ceinture au grand embarras de son propriétaire, et pour la plus grande joie des hommes adultes et des garçons plus âgés.

D'après le même anthropologue, il semble que ce type de... vêtement soit plutôt inconfortable. Qu'est-ce donc qui incite le jeune garçon à braver l'inconfort et les plaisanteries en décidant de s'attacher le pénis à la ceinture ? Est-ce parce que, un beau jour, il a remarqué que son père le faisait ? C'est ce que pensent les anthropologues, les psychologues du développement et les étudiants pinailleurs. Pas moi. Il faudrait, pour le vérifier, observer ce que fait le garçon yanomamö dont le père, pour une raison ou une autre, ne se conformerait pas à la coutume du pénis attaché. Je vous ai déjà parlé de ces enfants aux parents atypiques. Les enfants n'imitent pas les comportements hors normes. L'enfant yanomamö s'en tiendrait à ce que font les autres enfants.

Les enfants veulent être comme leurs camarades. Ils aspirent avant tout à ressembler aux enfants qui jouissent d'un statut élevé au sein de leur groupe. Dans les communautés d'enfants comprenant plusieurs classes d'âge — comme c'est le cas dans les villages des peuples tribaux, chez les Yanomamös par exemple — le rang le plus élevé est réservé aux enfants les plus âgés. Les petits regardent avec envie et admiration ceux qui ont un ou deux ans de plus qu'eux.

Dans les sociétés où la scolarité est obligatoire, le fait de « ne pas suivre à l'école » est l'une des trois situations que les enfants redoutent le plus, après « perdre son père ou sa mère » et « devenir aveugle ». En quatrième position, ils citent « faire pipi dans sa culotte en classe ». Le garçon yanomamö qui n'attache pas son pénis est dans la même situation que l'enfant américain qui mouille sa culotte à l'école : c'est un attardé. Quoi de plus humiliant que de se balader le pénis pendant, quand les autres garçons de son âge l'ont déjà attaché ? L'enfant yanomamö qui attache son prépuce à sa ceinture n'imite pas son père : il essaie de préserver son statut parmi les autres enfants du village. Le bâton est l'hilarité de ses aînés. La carotte, le respect des plus jeunes.

Dans les sociétés urbanisées comme la nôtre, les groupes de pairs rassemblent généralement des enfants du même âge. Pourtant, même au sein d'une même classe d'âge, la maturité physique et psychologique varie d'un enfant à l'autre. Dans de tels groupes, l'enfant le plus mûr est généralement celui qui bénéficie du statut le plus élevé. Cette équivalence entre maturité et statut incite les petits à se comporter, à parler et à s'habiller comme les plus grands. Les enfants ne calquent pas leur comportement, leur langage ou leur manière de s'habiller sur ceux des adultes, car enfants et adultes appartiennent à des catégories sociales différentes dont les règles ne sont pas les mêmes. Le désir d'accéder à un rang plus élevé — de ressembler à un enfant plus grand — ne vaut qu'à *l'intérieur* du groupe, au sein de la catégorie « des enfants ». Les adultes représentent un autre monde. Pour les enfants, les adultes ne sont pas des versions supérieures de *nous* : ils sont *eux*.

Le fait que, chez les Yanomamös, les garçons *et* les hommes adultes attachent leur pénis ne doit pas vous égarer : cela ne signifie pas que les garçons veulent ressembler à leur père. Au sein d'une même communauté, les différentes catégories sociales ont un certain nombre de points communs. Chez les Yanomamös, les hommes, les femmes et les enfants se coiffent tous de la même manière, avec une petite tonsure au sommet de la tête. Chez les Américains, hommes, femmes et enfants mangent tous avec une fourchette.

Et ne vous méprenez pas non plus s'il arrive à un jeune Yanomamö de jouer à l'adulte. Il ne joue pas le rôle de son propre père, mais la version générique et idéalisée de l'homme. Les enfants peuvent faire semblant d'être tout ce qu'ils veulent — sorcière, cheval, héros, bébé. Ils savent distinguer l'imaginaire de la réalité. La petite Américaine qui joue à la maman ne croit pas qu'elle est vraiment une maman dans la vie courante. Celle qui fait semblant d'être la maîtresse ne commet pas l'erreur de se comporter ainsi en classe.

On tolère que l'enfant se conduise mal, s'il est évident que c'est « pour rire », de la même manière qu'on accepte une remarque déplacée d'un adulte s'il s'agit manifestement d'une « plaisanterie ». Quand ils ne jouent pas ou ne plaisantent pas, les individus sont censés adopter un comportement, un langage et une manière de s'habiller conformes à leur catégorie sociale et au contexte social. C'est vrai en tout lieu, dès qu'on a dépassé l'âge de la petite enfance. Les garçons yanomamös peuvent s'attacher le pénis à la façon des hommes adultes, adopter la coiffure des hommes et des femmes adultes, mais on attend d'eux qu'ils se conduisent comme des garçons.

Les rites d'initiation

L'esprit humain ne peut se passer de catégories. Nous établissons des catégories même quand les choses suivent un continuum au lieu de se différencier clairement. *La nuit* et *le jour* ne diffèrent-ils pas autant que le jour et la nuit, alors même que l'un se fond imperceptiblement dans l'autre ? Le fait que les gens de leur entourage puissent se répartir sur toute la pyramide des âges n'empêche pas les enfants de penser que les *enfants* et les *adultes* constituent deux catégories sociales séparées.

Pour que les individus sachent plus facilement à quelle catégorie ils appartiennent (et, par là même, comment ils doivent se conduire), une société comme celle des Yanomamös fournit généralement des repères. Pour les filles, c'est facile, car la nature fournit elle-même ce repère — les premières règles. Tout ce que la société doit faire, c'est avaliser l'événement, le reconnaître.

Un livre remarquable intitulé *Yanoama : récit d'une fille blanche kidnappée par les Indiens d'Amazonie,* décrit le passage à l'âge adulte de la fillette yanomamö. Il s'agit de l'histoire véridique d'Helena Valero, enlevée à ses parents brésiliens à onze ans par un groupe de guerriers yanomamös armés de flèches empoisonnées. Elle a vécu vingt ans chez les Yanomamös — comme une des leurs.

Chez les Yanomamös, explique Helena, on dit de la jeune fille qui a ses premières règles qu'elle est désormais une personne d'« importance ».

> Nous sommes toutes retournées au grand shapuno (un cercle de huttes recouvertes d'un seul toit arrondi) où se trouvaient deux filles d'importance. Lorsque les filles sont presque pubères, entre douze et quinze ans, on attend le moment de leurs premières règles pour les enfermer dans une cage faite de branches de palmiers asai et de mumbu-hena, des arbres que je n'ai vus que dans ces montagnes. On assemble les branches avec des lianes, très serrées, de manière à ce que les filles soient invisibles. On ne ménage qu'une entrée minuscule. Les hommes et les garçons ne doivent même pas regarder par là.

La fille reste en « cage » près d'une semaine, avec un feu qui brûle en continu. Ses provisions d'eau et de nourriture sont strictement limitées et il lui est interdit de parler. L'emprisonnement s'achève par une brève cérémonie où l'on brûle des feuilles de bananier séchées, avant de passer aux réjouissances.

> Alors la mère en compagnie des autres femmes emmène sa fille dans la forêt pour la parer... L'une des femmes commence par lui frotter le corps avec un morceau d'*urucu* rouge, jusqu'à ce qu'elle devienne toute rose. Elles lui dessinent ensuite des lignes brunes ondulées sur le visage et le corps ; ce sont de jolis dessins. Quand elle est complètement peinte, on lui passe les lanières faites de jeunes feuilles d'assai dans les grands trous des lobes des oreilles... Puis on insère des plumes colorées dans les trous que les filles ont aux commissures des lèvres et au milieu de la lèvre inférieure. L'une des femmes prépare une longue tige blanche, très souple, qu'elle introduit dans le trou percé entre les narines. Parée et peinte de cette façon, la jeune fille est vraiment très jolie ! Les femmes disent : « Maintenant, on y va. » La fille marche devant, les autres femmes et les fillettes la suivent.

La procession s'achemine lentement jusqu'au centre du village pour que tout le monde puisse admirer la débutante. Bien qu'elle n'ait guère plus de quinze ans (les premières règles surviennent plus tardivement dans les sociétés tribales que chez nous), on considère qu'elle est en âge de se marier. Si son père l'a déjà promise à quelqu'un, elle ira habiter chez son mari. Elle était fille en entrant dans la cage, elle est femme lorsqu'elle en sort, comme d'un coup de baguette magique : Hop ! tu es une femme !

Pour les garçons, les choses se passent un peu différemment. La nature n'offre aucun repère commode indiquant le début de la vie d'homme. Aussi la plupart des sociétés tribales comblent-elles cette lacune en créant ces repères elles-mêmes. Les rituels de la puberté sont un sujet favori des anthropologues, et les rituels masculins plus encore. Ruth Benedict, une collègue de Margaret Mead, a décrit les rites d'initiation pratiqués par les Indiens zunis du Nouveau-Mexique. On initie des groupes de garçons d'environ quatorze ans au cours d'une procédure interminable, qui inclut des coups de fouet administrés par les « terribles kachinas » masqués.

> C'est au cours de l'initiation que l'on met le masque du kachina sur la tête [du garçon] et qu'on lui fait découvrir que les danseurs n'étaient pas des créatures surnaturelles venues du lac Sacré, mais des voisins et des parents. À l'issue de la dernière séance de fouet, on place les quatre garçons les plus grands face aux terribles kachinas qui les ont fouettés. Les prêtres retirent leurs masques à ces derniers et les mettent sur la tête des garçons. C'est la grande révélation. Les garçons sont terrorisés. On enlève les fouets de yucca des mains des terribles kachinas pour les donner aux garçons qui leur font face, à leur tour pourvus de masques. On leur ordonne de fouetter les kachinas. C'est leur première révélation de la vérité : ils savent alors qu'ils devront, mortels qu'ils sont, exercer toutes les fonctions que les non-initiés attribuent aux êtres surnaturels.

Malgré quelques variantes, les rites de puberté masculine dans les sociétés tribales présentent un grand nombre d'analogies. On initie en groupe plusieurs garçons. On les isole momentanément du reste de la communauté. Ils sont soumis à une préparation éprouvante qui comprend habituellement la révélation d'un savoir secret et souvent de dures souffrances dans des situations effrayantes (Ruth Benedict mentionne accessoirement une tribu qui enterre les garçons dans des fourmilières). À l'issue de l'épreuve, ils réintègrent la communauté avec un nouveau statut. Ils ne sont pas encore obligatoirement des adultes à part entière et conserveront dans certains cas un statut probatoire jusqu'à une épreuve ultérieure, qui peut être de tuer un homme au cours d'une bataille ou de prendre la responsabilité d'un enfant. Mais ce ne sont plus des enfants.

Pourquoi, se demande l'éthologiste Irenäus Eibl-Eibesfeldt, les rituels de puberté masculine sont-ils si éprouvants dans les sociétés tribales ? Parce que, selon lui, le garçon « doit s'émanciper de sa famille pour pouvoir s'identifier au groupe à un autre niveau. Il doit se forger un sentiment de solidarité communautaire qui dépasse la solidarité familiale ». Cette initiation, nous dit Eibl-Eibesfeldt, fait sortir le garçon de « la sphère de la famille immédiate » pour l'intégrer au groupe.

Je rejoins Eibl-Eibesfeldt pour ce qui est du sentiment de solidarité communautaire, mais je ne suis pas d'accord avec lui au sujet de l'émancipation du garçon par rapport à sa famille. En réalité, un garçon s'émancipe dès l'âge de trois ans de « la sphère de la famille immédiate » : il quitte alors les bras de sa mère pour intégrer le groupe de jeux des enfants. L'objectif du rituel de puberté consiste à l'extraire du groupe de jeux pour lui faire intégrer, en compagnie de ses camarades d'enfance, une nouvelle catégorie sociale dans laquelle il est censé travailler comme un homme et exercer des responsabilités d'adulte. Il doit résister à la peur et à la souffrance et épauler les autres hommes pour défendre le village contre les ennemis. Il est désormais un individu « d'importance ».

À l'inverse, le jeune Occidental de quatorze ans n'a guère d'importance pour la société, sinon comme sujet d'irritation permanente. Nous ne considérons même pas que nos adolescents sont assez grands pour quitter l'école à l'âge où la jeune fille yanomamö peut se marier et le jeune Yanomamö sacrifier sa vie pour la défense de son village.

Ni chair ni poisson

Le schéma de croissance des enfants humains ne correspond pas à celui des autres mammifères. Ils grandissent très rapidement au cours des deux ou trois premières années ; leur croissance se ralentit ensuite pendant presque dix ans. Enfin, au début de l'adolescence, une accélération soudaine leur fait atteindre rapidement leur taille adulte. Tout se passe comme si la nature veillait à ce que les enfants restent des enfants le plus longtemps possible. Mais, dès que les objectifs de l'enfance humaine sont atteints, elle les propulse vers l'âge adulte, raccourcissant la période incertaine où ils ne sont ni chair ni poisson.

Cela a bien marché pendant plusieurs milliers d'années. Lorsque les humains erraient en bandes d'une cinquantaine d'individus ou vivaient dans de petits villages, il n'existait que deux classes d'âge : les enfants et les adultes. Vous vous identifiiez à tel ou tel groupe et adaptiez votre comportement aux critères du groupe auquel vous apparteniez. Quand les jeunes atteignaient d'un coup la taille adulte, ils devenaient adultes. Ils travaillaient, combattaient et faisaient des bébés, aux côtés des autres adultes.

Nous vivons aujourd'hui une époque complexe où deux classes d'âge ne suffisent plus : un individu peut désormais être aussi grand qu'un adulte sans être adulte. Nous avons dû créer de nouvelles catégories sociales susceptibles d'intégrer de tels individus. L'une de ces catégories est celle de *l'adolescence*. Une catégorie supplémentaire est apparue dans les années soixante à un moment où la société a vu surgir un groupe d'individus qui n'étaient plus des adolescents mais qui refusaient de s'identifier aux adultes. Ils possédaient leur propre catégorie, malgré l'absence de cérémonie pour marquer la transition. Vous y entriez en quittant la maison pour entrer à l'université ou rejoindre une bande ; vous la quittiez après avoir atteint la limite d'âge fixée par ses propres membres. Ne fais jamais confiance à quelqu'un de plus de trente ans, disaient-ils. Autrement dit, les plus de trente ans, ce n'est pas *nous,* c'est *eux*.

Aujourd'hui, ce groupe a perdu ses facteurs de cohésion — guerre du Viêt-nam, grandes luttes idéologiques. Il s'est donc divisé en sous-groupes. Certains jouent des coudes à l'université ou dans les grandes écoles ; d'autres font des enfants, inventent des logiciels, réparent des voitures ou cherchent du travail. Le résultat est qu'il n'y a plus de tampon entre adolescents et adultes. En somme, il manque une classe d'âge entre les deux. Les adolescents d'aujourd'hui ne fréquentent pas beaucoup de gens âgés d'un peu moins ou d'un peu plus de vingt ans : les « jeunes adultes » sont ailleurs. Ce qui oblige les *vrais* adultes — parents, professeurs, policiers censés, que Dieu les aide, s'occuper des jeunes — à encaisser le choc de l'esprit de groupe des adolescents.

Nous appartenons à une espèce qui, tout au long de son évolution, a vécu en petits groupes, rivalisant ou faisant la guerre avec d'autres groupes du même genre. Les vainqueurs de ces compétitions sont nos ancêtres, et ils nous ont légué ce besoin de nous identifier à un groupe que nous préférons aux autres. C'est d'eux que nous tenons notre hostilité courante à l'égard des autres groupes.

La société tribale ou la société des chasseurs-cueilleurs ne comprenait que deux groupes d'âge. Ceux-ci entretenaient-ils des rapports d'hostilité ? Le cas échéant, elle devait être subtile et silencieuse. L'évolution a fait en sorte que les enfants inspirent de la tendresse aux parents ; les enfants ont évolué ainsi, car ceux qui n'arrivaient pas à susciter l'amour de leurs parents avaient moins de chances de survivre. L'évolution a assigné aux parents la tâche de prendre soin des enfants ; ils ont évolué ainsi car ceux qui n'avaient pas cet instinct — oui, cet instinct ! — avaient moins de chances d'élever des enfants porteurs de leurs propres gènes. L'instinct maternel et paternel est puissant chez les humains. Il ne dépend pas de notre conviction de partager une partie de nos gènes avec notre rejeton : un chaton ou un chiot peut inspirer les mêmes sentiments qu'un bébé humain. « Comme c'est mignon ! » me suis-je un jour surprise à penser à la vue d'une minuscule bouteille d'échantillon de lessive liquide !

Je crois que l'évolution nous a dotés de deux systèmes indépendants, contrôlés par des modules mentaux différents, qui nous incitent à prendre soin des enfants. Les théoriciens de l'évolution qui s'inspirent de l'idée du « gène égoïste » ont tendance à ne privilégier qu'un système, celui qui repose sur la parenté : nous aimons notre progéniture parce qu'elle porte nos gènes. Selon cette théorie, nous devrions aimer davantage ceux qui nous ressemblent que les autres, ce qui est parfaitement vrai. Mais elle prétend également que nous devrions aimer davantage nos premiers-nés que leurs cadets, dans la mesure où les aînés seront les premiers à pouvoir perpétuer nos gènes, en nous donnant des petits-enfants. Or la mort d'un enfant de huit ans ne semble pas bouleverser davantage les parents que celle d'un enfant de un an. Par ailleurs, si les deux sont en vie, c'est celui de un an qui tend à accaparer l'attention et les caresses. Le problème de ce point de vue est qu'il met tous ses œufs dans le même panier.

Il faut avoir deux paniers pour expliquer ce qui se passe à l'adolescence. L'évolution nous a fourni deux raisons d'aimer nos jeunes enfants : la première est qu'ils sont porteurs de nos gènes et la seconde qu'ils sont petits et adorables. L'évolution ne nous a donné qu'une raison d'aimer nos enfants adolescents : ils sont porteurs de nos gènes. Dès qu'ils atteignent leur taille adulte — que leur visage s'allonge, que leur nez grandit et que leur transpiration dégage une odeur de viande faisandée —, les adolescents n'éveillent plus notre instinct maternel ou paternel. Par ailleurs, ils ont moins besoin de nous. Ils sont capables de se débrouiller, du moins dans l'environnement pour lequel ils sont conçus, sans leurs parents.

Tant que les seuls groupes d'âge sont celui des enfants et celui des adultes, l'hostilité entre les deux est tempérée par l'état de dépendance du premier, et par les soins et l'éducation que le second lui procure. Mais, lorsque les adolescents ont leur propre groupe d'âge, l'hostilité entre générations — entre adolescents et adultes — peut s'installer. Et elle s'installe. Une hostilité réciproque, à mon avis. L'hostilité est plus manifeste lorsque l'esprit de groupe est saillant, car c'est l'esprit de groupe qui la suscite. Lorsque l'esprit de groupe n'est pas saillant, les adolescents peuvent fort bien entretenir des relations chaleureuses avec les adultes. Certains de leurs meilleurs amis sont des adultes...

Vous comprenez à présent pourquoi les adolescents sont horripilés de voir certains adultes adopter leur langage ou leurs tenues vestimentaires : cela les contraint à s'en inventer d'autres. Ils ont atteint une taille et une physionomie d'adulte, mais ils ne veulent surtout pas qu'on les prenne pour des adultes. Ils ont besoin de manifester leur identité de groupe et leur solidarité à l'égard des autres membres de leur groupe. La grande question de l'adolescence — la question tacite que les adolescents se posent constamment les uns aux autres — est la suivante : es-tu l'un de *nous,* ou l'un d'*eux* ? Si tu es des *nôtres*, prouve-le. Prouve-le en montrant que tu n'as rien à faire de *leurs* règles. Prouve-le en faisant quelque chose — un tatouage fera l'affaire, un trou dans le nez encore mieux — qui montrera de manière irrévocable que tu es l'un de *nous*.

On observe le même type de phénomène entre villages rivaux dans les sociétés tribales : la création de différences culturelles et le recours à des marques distinctives bien visibles — si elles sont indélébiles, c'est encore mieux — pour proclamer sa différence. Si leurs moniteurs ne les avaient pas réconciliés, les Aigles et les Crotales auraient eu recours à cette méthode. Les Aigles se seraient peut-être fait une petite tonsure au sommet de la tête, comme des moines novices. Les Crotales se seraient peut-être peint le visage, comme les méchants de *Sa Majesté des mouches*. De tels signes de reconnaissance ont une fonction pratique et symbolique : ils permettent de mieux distinguer vos amis de vos ennemis dans le feu de l'action. L'uniforme des équipes sportives ne sert pas seulement à rappeler aux supporters quel camp il faut acclamer.

Un mécanisme de transformation sociale

L'hostilité à l'égard des adultes ne surgit pas inopinément à l'adolescence. Cela fait longtemps qu'elle mijote à feu doux, surtout chez les garçons. (L'esprit de groupe, comme je l'ai expliqué au chapitre 10, paraît plus puissant chez les membres du sexe masculin.) La grossièreté de langage des Crotales est typique. Ces garçons étaient issus de familles respectables, qui allaient à l'église. Ils n'ont pas appris ces gros mots de leurs parents, mais par l'intermédiaire de garçons plus âgés et des membres de leur groupe.

Le sociologue Gary Fine a passé trois ans à observer les membres des équipes de base-ball de la Little League. Il a constaté que les garçons « gentils, pleins d'égards même » envers leurs parents peuvent se montrer incroyablement déplaisants quand ils sont en compagnie de leurs coéquipiers. Les adolescents prépubères de Gary Fine font des niches aux adultes et se vantent entre eux de leurs connaissances sexuelles. Ils parlent des filles en termes désobligeants, explicitement sexuels, et s'insultent couramment en se traitant de « pédé ». Dans la mesure où les grossièretés ordinaires ont perdu de leur virulence, les enfants de familles aisées et bien élevées ont recours au mot le plus injurieux qu'il connaisse, « sale nègre », et au pire des graffitis, la croix gammée. Leurs parents ne sont pas racistes ; ils seraient les premiers indignés. Ce qui, bien sûr, est exactement ce qu'ils recherchent. On a tort de parler de « délinquance raciste » à propos de ces croix gammées, et encore plus tort d'en rendre les parents responsables[1]. Ils peignent des croix gammées parce que plus personne ne réagit quand ils bombent ENCULÉ sur les murs.

Mais les préadolescents se contentent de jouer à la contestation : ils ne se comportent ainsi qu'à l'insu de leurs parents. Les manifestations de contestation et de provocation directes ne se produiront que lorsqu'ils auront atteint leur taille adulte et seront capables de se débrouiller sans leurs parents — du moins dans l'environnement pour lequel ils ont été conçus. Les préadolescents sont peut-être immatures, mais ils ne sont pas complètement idiots.

La forme de rébellion directe qu'affectionnent la plupart des jeunes d'aujourd'hui est caractéristique des sociétés qui scolarisent les adolescents. Elle est inexistante, parce que sans objet, chez les populations qui considèrent que les filles de quatorze ans sont bonnes à marier et que les garçons du même âge sont en mesure d'assumer des responsabilités et de se battre comme des hommes. À partir du moment où les jeunes de quatorze ans sont classés (par eux-mêmes et par les autres) dans la catégorie des adultes, ils n'ont plus de raison de vouloir s'en distinguer. Ils peuvent éprouver du ressentiment à l'encontre de certains adultes en particulier — la belle-mère qui les traite en esclave ou le père qui

1. Leurs parents ne sont pas racistes : dans un récent sondage, un adolescent blanc sur huit seulement disait avoir entendu ses parents faire une remarque désobligeante à l'égard d'une personne d'une autre couleur.

se pose en rival dans la recherche d'une femme —, mais l'esprit de groupe n'y joue aucun rôle. En effet, dans la plupart de ces sociétés, les adolescents n'ont pas l'occasion de traîner avec d'autres adolescents. La notion même d'adolescence est inexistante. Il n'y a pas d'esprit de groupe, parce qu'il n'y a pas de groupe.

Les adolescents deviennent une force non négligeable quand ils sont rassemblés en un seul lieu, comme ils le sont dans les lycées contemporains. Comme ils l'étaient dans les lycées de l'Antiquité, il y a plus de deux mille ans. À Athènes, aux Vᵉ et IVᵉ siècles avant Jésus-Christ, un certain nombre de philosophes grecs gagnaient leur vie en s'occupant de l'éducation des enfants de riches Athéniens. La philosophie semble n'avoir pas été très efficace pour juguler l'esprit de contestation de ces groupes d'adolescents. Socrate se plaignait de ne pouvoir se faire respecter : ses élèves « refusaient de se lever quand leurs aînés entraient en classe. Ils bavardaient devant les invités, se goinfraient des meilleurs mets à table et tyrannisaient leurs professeurs ». Aristote en avait, lui aussi, plus qu'assez du comportement de ses élèves : « Ils croient tout savoir, tiennent des propos péremptoires ; c'est la raison pour laquelle, en fait, ils vont toujours trop loin. » Leurs plaisanteries ne faisaient pas rire le philosophe : « Ils aiment rire et sont facétieux, la plaisanterie étant chez eux une forme d'insolence disciplinée. »

Ils ont peut-être empoisonné l'existence de leurs professeurs, mais ils ont fait de l'Athènes du IVᵉ siècle le cœur du monde antique, la cité de référence de l'époque. Quand vous rassemblez un groupe de personnes qui ne sont ni des enfants ni des adultes, vous observez un mécanisme de transformation sociale accélérée.

Dans une société qui ne comprend que deux catégories d'âge, les enfants et les adultes, la culture peut se transmettre sans grand changement pendant plusieurs centaines de générations. Les enfants ne sont pas les moteurs de la transformation culturelle : ils se mettent au courant, s'imprègnent, mais n'ont pas une autonomie suffisante. Les adultes ne poussent pas non plus au changement : ce sont eux qui maintiennent le statu quo. Les novateurs sont ceux qui ont autour de vingt ans, à condition qu'ils puissent constituer un groupe d'âge distinct. L'esprit de groupe les incite alors à se distinguer de la génération de leurs parents et de leurs professeurs. Ils tiennent tant à s'opposer à la génération précédente qu'ils ne s'en distinguent pas obligatoirement en mieux — le plus souvent, ce n'est pas le cas. Ils adoptent des philosophies, des comportements différents ; ils inventent de nouveaux mots, de nouvelles tenues vestimentaires. Et ils emportent ces attitudes, ces philosophies, etc., en accédant au statut d'adulte. Ils laissent à *leurs* enfants la tâche de trouver d'autres façons de se distinguer. Maman et Papa fumaient du hasch ? Putain, on va devoir fumer autre chose !

Bien entendu, les adolescents ne rejettent pas l'intégralité de la philosophie de leurs parents. Il arrive que les enfants de fumeurs de cannabis y goûtent également. Si le tri est souvent arbitraire, on conserve toujours quelque chose. Il serait absurde que chaque génération reparte de zéro.

Mais ce choix étant arbitraire, et les jeunes des sociétés industrielles ayant tendance à se regrouper par classes d'âge, chaque nouvelle cohorte de lycéens ou d'étudiants se crée une culture propre. Chaque nouvelle culture associe les éléments hérités de l'ensemble de la société — des informations tirées des médias, l'écho de grands événements mondiaux, certaines bribes des cultures des générations précédentes — et des éléments nouveaux, que leurs créateurs ajoutent pour se distinguer des prédécesseurs.

La fin des années soixante et le début des années soixante-dix ont été marqués par des bouleversements culturels extrêmement rapides. Une équipe de psychologues qui a étudié le comportement des adolescents de cette période en a conclu que l'appartenance à telle ou telle cohorte a été un facteur important du développement de la personnalité : chaque cohorte a, semble-t-il, exercé une influence différente sur la personnalité de ses membres. C'est ainsi que les jeunes qui avaient quatorze ans en 1972 avaient tendance à être plus autonomes que ceux qui ont eu le même âge un ou deux ans plus tôt, mais à moins bien réussir dans leurs études. La liberté leur importait plus qu'à leurs prédécesseurs ; la réussite scolaire moins. « Car le monde et les temps changent... »

Groupes et sous-groupes

Les catégories sociales de jeunes enfants ont tendance à englober tout le monde et à reposer sur de simples caractéristiques démographiques. À l'école primaire, une fille de CE 2 se définira comme une fille de CE 2, et cette autocatégorisation n'aura rien à voir avec l'affection que les autres filles de sa classe peuvent lui porter ni avec celle qu'elle-même peut leur porter. Si les fillettes du cours élémentaire sont très nombreuses et s'il n'existe aucun facteur de cohésion, elles pourront éclater en sous-groupes fondés sur d'autres caractéristiques démographiques telles que l'appartenance ethnique ou sociale.

Mais, au sein de l'école, les groupes comprennent des sous-groupes ; les enfants des petites classes eux-mêmes peuvent choisir dans toute une panoplie d'autocatégorisations. De petits groupes d'enfants — des cliques — se constituent au sein des grands groupes démographiques. Les enfants d'une même clique adoptent généralement un comportement similaire concernant le travail scolaire (cracks ou cancres) et le reste. À l'école primaire, ces bandes ne sont pas encore rigides ; les enfants passent facilement de l'une à l'autre.

Ils adaptent alors leur comportement à celui de leurs nouveaux amis.

Au lycée, il est beaucoup plus difficile d'entrer dans une clique ou d'en sortir. À cet âge-là, la plupart des enfants sont déjà « étiquetés », par eux-mêmes comme par leurs camarades. Les bandes éphémères des premières années se sont cristallisées en catégories sociales relativement rigides qui reposent sur d'autres critères que la démographie : elles reflètent désormais la personnalité, le tempérament et les aptitudes de leurs membres.

Le nombre d'options possibles a également changé. Les lycées ont généralement des effectifs plus élevés que l'école primaire, et les élèves peuvent y choisir plus librement leurs camarades, ce qui leur permet de se diviser avec plus de subtilité. Certaines de ces catégories de l'univers lycéen vous sont, j'en suis sûre, familières : les sportifs, les cracks, les cancres, les élèves populaires, les je-m'en-foutistes et les délinquants. Plus le lycée est important, plus l'éventail des catégories s'élargit, et plus on a le choix. Dans un lycée de grande ville, par exemple, on peut trouver un groupe de garçons s'intéressant à l'art ou au théâtre, voire un groupe de jeunes aux tendances homosexuelles. C'est rarement le cas dans les petits lycées de zones rurales, ce qui contribue à expliquer que l'homosexualité masculine soit beaucoup moins fréquente loin des grandes villes. Disposer ou non d'un groupe auquel on puisse s'identifier peut être décisif pour un enfant qui n'est pas encore tout à fait sûr de ce qu'il est.

Au lycée, on se regroupe selon son plumage, mais ce n'est pas toujours volontaire. Les enfants se retrouvent souvent malgré eux dans une catégorie sociale qu'ils auraient préféré éviter. Personne ne choisit d'être un cancre. D'ailleurs, dans un lycée typique, personne ne choisit non plus d'être un bûcheur, un crack. Les enfants à qui l'on attribue cette étiquette sont ceux qui ne sont ni assez sportifs ni assez populaires pour intégrer un groupe doté d'un meilleur statut. Chez la plupart des adolescents américains, qu'ils soient d'origine européenne ou africaine, être bon élève n'est pas un avantage. On vous acceptera comme tel, à condition que vous ayez d'autres atouts que vos camarades valorisent.

Si le bon élève est mal vu, peut-être est-ce parce qu'on le perçoit comme un renégat : il est trop sous *leur* influence, celle des parents et des profs. L'anthropologue Don Merten a décrit une catégorie sociale analogue dans un collège de l'Illinois : on appelait ceux qui en faisaient partie les *mels* (du prénom *Melvin).* Dans cette école, un garçon physiquement immature, malingre et relativement peu séduisant peut voir sa vie — ou du moins son adolescence — gâchée s'il se trouve affublé de cette étiquette. Contrairement au bon élève, le *mel* n'est pas particulièrement brillant ni studieux ; mais, comme le bon élève, on le juge trop soumis à l'influence des adultes. Son inaptitude à se moquer des normes des adultes le rend puéril au regard de ses camarades.

> Les adolescents perçoivent la transition du primaire au secondaire comme une double mutation : une rupture avec l'enfance et un engagement dans son avenir d'adolescent. Aux yeux de leurs pairs, les « mels » échouent sur les deux plans, et surtout le premier. Une fois qu'un élève a été traité de « mel », il devient le bouc émissaire, la cible de toutes les vexations.

Bien qu'il soit difficile de se débarrasser d'une étiquette, ce n'est pas impossible si l'élève est prêt à employer les grands moyens. L'un des sujets de l'étude de Don Merten était un garçon du nom de William, que les autres enfants avaient pris en grippe en cinquième, mais qui était arrivé à réhabiliter son image en quatrième. William a agi de manière systématique. Il a veillé à se démarquer des autres *mels* (le fait d'être dans la même catégorie ne veut pas dire qu'on s'apprécie). Il s'est mis à riposter quand on le provoquait et a cessé de se plaindre de ses persécuteurs. Il a enfreint délibérément les règles de l'école. Tout a changé le jour où un de ses condisciples lui a chipé son stylo en plein cours d'anglais. William a lancé à haute voix : « Va te faire foutre ! » et le professeur l'a envoyé au bureau du proviseur. Cet exploit a mis fin au séjour de William dans la vallée de larmes des *mels*.

On entre dans certaines catégories sociales de la vie lycéenne par choix, dans d'autres par nécessité. La catégorie des délinquants est mixte. Certains de ses membres l'ont rejointe volontairement, attirés par l'excitation du danger. Les psychologues parlent en l'occurrence de « chercheurs de sensations ». D'autres n'ont pas eu le choix : aucun autre groupe ne les accepte. Il s'agit d'enfants souvent hyperactifs, coléreux ou trop agressifs qui ont été rejetés par leurs pairs à l'école primaire. En arrivant au collège, ils ont rencontré d'autres élèves qui leur ressemblent et ils s'entraînent mutuellement. Les enfants des groupes d'adolescents se ressemblent au départ ; l'esprit de groupe les incite à se ressembler de plus en plus et à s'opposer aux membres des autres groupes. Les grosses têtes bûcheront encore plus, les cancres seront de plus en plus nuls et les délinquants finiront par s'attirer de vrais ennuis.

Parents contre pairs

La plupart des adolescents vivent dans des quartiers où les voisins ressemblent fort à leurs parents. Leurs camarades grandissent dans des foyers analogues au leur. Les enfants transmettent à leur groupe de pairs ce qu'ils ont appris à la maison et conservent une grande part de ce qu'ils ont en commun, ce qui, dans un environnement homogène, n'est pas rien. S'ils grandissent dans un quartier où la plupart des garçons envisagent de devenir médecins, comme le docteur Snyder du chapitre 9, ils n'y renonceront pas forcément au moment où leur voix se met à muer. Dans les quartiers à population homogène, où les enfants travaillent bien en classe, la révolte de l'adolescence peut rester inoffensive, même si elle est irritante. L'adolescente se teindra la moitié des cheveux en rouge et deviendra végétarienne.

L'adolescent se rasera la moitié de la tête et infligera à la famille une musique insupportable. Cela ne les empêchera pas de s'inscrire à l'université. Ils ont peut-être un drôle d'air, mais ils ne sont pas complètement idiots.

On trouve tout un éventail de groupes de pairs au lycée, mais, dans les quartiers dont je viens de parler, la plupart de ces groupes sont inoffensifs, du point de vue des parents. Lorsque le groupe de pairs et les parents partagent les mêmes valeurs et les mêmes objectifs, il n'y a généralement pas de grave conflit de générations.

Les choses se gâtent lorsque les adolescents intègrent des groupes dont les buts et les valeurs sont très différents de ceux des parents. L'adolescente qui a ce que ses parents appellent « de mauvaises fréquentations » a peu de chances de connaître une vie de famille sereine. Ses parents n'apprécient pas ses amis, ses tenues ni son comportement, et encore moins ses carnets scolaires. Ils lui demandent d'arrêter de voir ses amis, mais ne sont pas en mesure de contrôler ce qu'elle fait en dehors de la maison. Elle voit donc ses amis à leur insu et se met à mentir. Les parents ont deux solutions : faire preuve d'autorité en essayant de redresser la situation (reportez-vous à ce que je dis des parents « Trop Durs » au chapitre 3) ou baisser les bras (voir, dans le même chapitre, ce que je dis des parents « Trop Mous »).

Les adolescents qui font partie d'un « gentil »

groupe de pairs s'entendent plutôt bien avec leurs parents ; ceux qui font partie d'un groupe de délinquants ont généralement des rapports conflictuels avec les leurs. Les psychologues du développement voient dans cette corrélation la preuve de l'influence parentale — la preuve de ce qu'ils croyaient déjà. Ils pensent que les adolescents gentils sont influencés par leurs parents, parce que ceux-ci appliquent la bonne méthode d'éducation ; les adolescents à problèmes sont influencés par leurs camarades et non par leurs parents, parce que ceux-ci appliquent de mauvaises méthodes éducatives.

En ce qui me concerne, je pense que l'influence des pairs s'exerce de manière identique sur les adolescents des deux groupes : la seule différence est qu'ils appartiennent à des groupes de pairs de types différents !

Nous avons eu, mon mari et moi, une adolescente de chaque type. Nos filles ont grandi dans le même quartier et ont fréquenté les mêmes écoles à quatre ans de distance. À l'école primaire, elles fréquentaient le même type de groupes d'enfants ; les choses ont changé au lycée. L'aînée était une bonne élève, la cadette une tête brûlée. Les deux ont fini par s'en sortir (l'aînée est chercheur en informatique, la cadette infirmière), mais l'une a emprunté la voie directe tandis que l'autre a fait quelques détours.

Élevées par les mêmes parents, nos deux filles ont manifesté des tempéraments très différents, comme c'est souvent le cas dans une fratrie. La plus âgée n'avait pas besoin de nos conseils ; elle faisait ce qu'elle voulait et il se trouve que cela correspondait à nos désirs. La plus jeune n'avait pas envie de nos conseils : elle les rejetait d'emblée. Ils étaient en conflit avec les objectifs et les valeurs de son groupe de pairs. Nous nous énervions contre elle, et elle s'énervait contre nous.

En soi, il n'est guère étonnant que l'appartenance à tel ou tel type de groupe de pairs ait pour conséquence des rapports harmonieux ou conflictuels avec les parents. La question est la suivante : qu'est-ce qui incite l'enfant à rejoindre tel ou tel type de groupe ? Notre comportement était-il en cause ? Était-ce notre faute ? Si je réponds non, direz-vous que je fuis mes responsabilités et que je m'en tire à bon compte ?

En fait, j'empiète sur le sujet du prochain chapitre. Accordez-moi un sursis. Je plaiderai ma cause en temps voulu, et vous serez seuls juges.

Pourquoi les adolescents font des bêtises et comment les en empêcher

Il arrive, il faut bien le reconnaître, que les enfants se comportent en parfaits imbéciles. On a beau les mettre en garde (on l'imprime même sur les paquets de cigarettes), ils se mettent à fumer comme des pompiers. Ils font l'amour trop tôt et trop souvent, et oublient de mettre un préservatif. Ils conduisent trop vite, boivent trop et, comme dirait Terrie Moffitt, enfreindre la loi fait partie de leurs règles de vie.

Ma cadette s'est mise à fumer vers treize ans, malgré la propagande antitabac dont je l'ai consciencieusement matraquée depuis qu'elle sait parler. J'avais cru m'en être tirée intelligemment : j'avais insisté sur le côté répugnant de cette manie, et non sur les risques pour la santé. Cela n'a pas marché. Elle faisait partie d'un groupe — celui des têtes brûlées — dans lequel il était de bon ton de fumer. Cela faisait partie de la norme du groupe. Pression des copains, me direz-vous ? « Tout ça, c'est du flan », répondent les adolescents interviewés par la psychologue Cynthia Lightfoot. Voici comment l'un d'entre eux lui a expliqué pourquoi on se met à boire :

> Tu veux montrer à tout le monde que t'es un dur. Si les autres boivent, c'est que c'est le truc à faire, alors

> tu feras pareil pour montrer que t'as les mêmes valeurs qu'eux, et ça voudra dire que t'es un mec réglo. Cela dit, cette histoire que les autres font pression sur toi, c'est du flan. Pendant toute ma scolarité, on m'a annoncé que je me ferais aborder par un type qui me dirait : « Tiens, bois ça, et tu seras cool. » Non, ça n'a rien à voir avec ça.

Et Cynthia Lightfoot de résumer la situation : « La pression des pairs s'exerce moins par l'incitation à faire comme les autres que par le désir de participer à des expériences qui expriment, ou sont susceptibles d'exprimer l'identité du groupe. » Les adolescents ont rarement besoin qu'on fasse pression sur eux pour se conformer aux normes de leur groupe ; ils en ont pris l'habitude depuis l'enfance.

Les adolescents qui fument n'ont pas seulement des copains qui fument ; leurs parents sont souvent des fumeurs, eux aussi. La plupart des gens, psychologues ou non, pensent que l'influence des parents joue un certain rôle dans le tabagisme des adolescents. Ils croient que les enfants qui voient leurs parents fumer pensent que c'est un comportement d'adulte, et qu'ils décident de les imiter. Je me suis élevée contre une telle interprétation un peu plus haut, au sujet des garçons yanomamös qui attachaient leur pénis. L'affaire du tabagisme est peut-être plus compliquée mais elle a un immense avantage sur celle du pénis attaché à la ceinture : nos tiroirs débordent d'études et de données sur la question.

Autrefois, fumer faisait partie de la culture admise des adultes — et des enfants — dans la plupart des foyers américains. Les adolescents fumaient parce que, à leur âge, tout le monde le faisait. Les parents protestaient mollement, ou laissaient faire. On se transmettait le tabagisme comme d'autres éléments de la culture — de la même manière que l'habitude de s'attacher le pénis chez les Yanomamös.

Les choses ont changé parce que, aujourd'hui, il est rare de se trouver dans un milieu où la majorité des adultes fument et plus rare encore de voir les parents approuver le tabagisme des enfants, même s'ils fument eux-mêmes. Aujourd'hui, le tabagisme ressemble plus à un signe de reconnaissance entre adolescents. C'est une façon de montrer son allégeance à un groupe de pairs particulier au sein du lycée, d'afficher son dédain à l'égard des autres groupes (ceux des béni-oui-oui, des pauvres mecs), et de déclarer qu'on se fiche bien de toutes les préoccupations et de toutes les règles des adultes. Cela revient à porter tel ou tel type de veston pour indiquer à quel gang on appartient. Ou à se raser une petite tonsure au sommet du crâne pour indiquer sa tribu.

Les différentes études ont montré que la meilleure manière de prévoir si votre fille fumera est d'essayer de savoir si ses amis fument. C'est un indice plus fiable que le tabagisme ou l'absence de tabagisme des parents. Les adolescents qui fument sont également plus susceptibles de présenter d'autres comportements préoccupants : alcoolisme, drogue, sexualité trop précoce, absentéisme ou abandon scolaires, délinquance. Ils font partie de groupes de pairs dans lesquels ces comportements sont considérés comme normaux.

Mais, je l'ai déjà dit, le tabagisme est une question complexe. Il y a accoutumance au tabac. Les individus ne sont pas égaux dans leurs réactions aux substances provoquant la dépendance comme la cocaïne et la nicotine ni dans leur prédisposition à la dépendance. Des facteurs génétiques entrent en compte dans ces variations. On a constaté que le tabagisme présente une héritabilité analogue à celle des traits de personnalité : deux individus partageant les mêmes gènes sont plus prédisposés à devenir fumeurs ou non fumeurs tous les deux, ce qui n'est pas le cas s'ils vivent simplement sous le même toit. La raison pour laquelle les enfants de fumeurs fument à leur tour est partiellement génétique.

Un spécialiste de génétique du comportement — David Rowe, de l'université de l'Arizona — s'est attaché à démêler la part de l'hérédité et de l'environnement. L'environnement n'incite l'adolescente à fumer que d'une façon : elle court plus de risques de s'adonner au tabagisme si ses camarades fument. Les gènes exercent leur influence de deux façons. D'abord, par leurs effets sur la personnalité : le jeune qui recherche des sensations fortes risque davantage d'intégrer un groupe de pairs favorable au tabagisme. Ensuite, par une plus ou moins grande prédisposition à l'accoutumance à la nicotine.

La fréquentation d'amis fumeurs incitera l'adolescente à faire l'expérience. Ses gènes détermineront si elle deviendra dépendante.

Dans la mesure où on ne peut pas agir sur les gènes, le seul moyen de préserver les adolescents du tabagisme est de les empêcher d'y goûter. Tous ceux qui croient y parvenir en écrivant « Danger ! Poison ! » sur les paquets de cigarettes ont grand besoin de suivre un stage de recyclage. L'humoriste Dave Barry a fumé sa première cigarette l'été de ses quinze ans, pour des raisons, dit-il, aussi irrésistibles à l'époque qu'aujourd'hui :

> ARGUMENTS CONTRE LE TABAGISME : c'est une habitude nocive qui conduit lentement mais sûrement à ne plus pouvoir respirer, à se gâter le teint, à attraper le cancer, et pour finir à cracher les saletés qui encrassent le seul poumon qui vous reste.
>
> ARGUMENTS EN FAVEUR DU TABAGISME : Les copains fument.
>
> L'affaire est réglée ! On s'en grille une ?

Il ne sert à rien de mettre en garde les adolescents contre les risques du tabac : Tu vas avoir des rides !

Cela va te rendre impuissant ! Tu peux en mourir ! C'est de la propagande d'adulte ; ce sont des arguments d'adultes. C'est *parce que* les adultes désapprouvent le tabagisme — *parce que* c'est dangereux et mal vu — que les adolescents y tiennent tant.

Leur expliquer que c'est une habitude répugnante n'est pas plus efficace, comme je l'ai appris à mes dépens. Il suffit que les adultes éprouvent du dégoût pour quelque chose pour que les anti-adultes y trouvent un attrait supplémentaire.

Il est tout aussi inutile de recruter quelqu'un de leur âge pour leur faire la leçon. Il passera pour un *mel*, un mouton, une sainte-nitouche, un lèche-bottes. Bref, un renégat à la solde des adultes.

Essayer d'empêcher les adolescents de se procurer des cigarettes ne marche pas non plus. Le jour où certaines municipalités du Massachusetts ont pris des mesures de rétorsion contre les boutiques qui vendaient des cigarettes aux mineurs, l'engouement des jeunes pour le tabagisme a redoublé de vigueur. Plus il était difficile de s'en procurer, plus l'enjeu était excitant.

Les adultes exercent un pouvoir limité sur les adolescents. Les jeunes créent leur propre culture, qui varie en fonction des groupes de pairs, et l'on ne peut jamais prévoir les éléments de la culture des adultes qu'ils seront prêts à adopter, ceux qu'ils rejetteront, ni ce qu'ils inventeront par eux-mêmes.

Cela dit, notre pouvoir n'est pas inexistant. Les adultes contrôlent une source majeure de leur approvisionnement culturel : les médias. En décrivant les fumeurs comme des révoltés, des irresponsables et des têtes brûlées, les médias valorisent la cigarette auprès des jeunes. Je ne vois aucun moyen de sortir de cette situation, sinon de convaincre les producteurs de films et de séries télévisées de ne plus montrer d'acteurs en train de fumer (qu'ils jouent des rôles de héros ou de méchants).

Une augmentation radicale du prix des cigarettes

pourrait également faire avancer les choses. Cela réduirait au moins la consommation des néophytes et du même coup le nombre de jeunes qui s'intoxiquent à la nicotine.

La publicité antitabac ? Ce n'est pas évident. Le mieux serait sans doute de mener une campagne expliquant que la promotion du tabac est un complot des adultes contre les jeunes, dont les responsables sont les grosses huiles de l'industrie du tabac. On pourrait représenter une réunion de responsables cyniques en train de glousser de contentement chaque fois qu'un adolescent s'achète un paquet de cigarettes. Il faudrait tourner en ridicule les publicités tablant sur la crédulité des jeunes, ces pubs qui mettent en scène des jeunes branchés et sexy en train de fumer. Il faudrait montrer que ce sont *eux* qui veulent *nous* voir fumer.

Ma cadette n'est plus une adolescente, et cela fait des années qu'elle ne fume plus. Pour ce qui est de Dave Barry, je n'en sais rien.

Les fauteurs de troubles

Comme l'expliquait Terrie Moffitt dans l'article que j'évoquais au début de ce chapitre, l'infraction à la loi fait partie du comportement normal des adolescents. La plupart des individus qui commettent des actes criminels — surtout parmi les hommes — ont à peine vingt ans, ou moins encore. Moffitt a étudié un échantillon représentatif d'adolescents : 7 % seulement des jeunes de 18 ans ont déclaré ne jamais avoir enfreint la loi. La criminalité est rare chez les enfants et chez les plus de vingt-cinq ans. Les fauteurs de troubles se recrutent chez ceux qui ne sont plus des enfants mais ne sont pas encore adultes.

La grande majorité des jeunes délinquants ont été des enfants passablement gentils et deviendront (s'ils vivent assez longtemps) des adultes passablement respectueux de la loi. Leur délinquance, comme l'exprime Moffitt, est « temporaire et circonstancielle ». Elle dépend du contexte social. La plupart du temps, les jeunes ne violent pas la loi tout seuls, mais en compagnie de leurs pairs.

Leur comportement est peut-être asocial, mais eux-mêmes sont parfaitement socialisés. Ils peuvent être des fauteurs de troubles, des perturbateurs, mais ils ne sont généralement pas « perturbés » eux-mêmes. S'ils paraissent agressifs, c'est sans doute parce qu'ils se sont fait prendre. La plupart d'entre eux sont des gosses parfaitement normaux, qui se conduisent conformément aux règles de leur contexte social. Ils se conforment aux normes de leur groupe (qui ne sont pas forcément les vôtres), ou agissent pour obtenir un statut plus élevé dans leur groupe ou pour éviter de perdre leur statut. Vous voulez les changer ? Alors, changez les normes de leur groupe. Je vous souhaite bien du plaisir.

Mais je suis sans doute trop pessimiste. Les adultes exercent tout de même une certaine influence. Les normes des groupes d'adolescents se fondent en partie sur celles des groupes d'adultes et subissent de nombreuses influences culturelles extérieures, en particulier celle des médias. Je crois que l'apologie de la violence à laquelle se livrent les médias — ou, ce qui est peut-être pire, la banalisation de la violence — a une grande part de responsabilité dans l'augmentation de la criminalité au cours des trente dernières années. Les enfants de San Andres pensaient que le comportement agressif était normal, puisque c'était celui de la plupart des gens du village. Les enfants occidentaux pensent que le comportement agressif est normal puisqu'un bon nombre des personnages qui défilent sur les écrans se conduisent ainsi. Les enfants apportent ces idées dans leur groupe de pairs et, dans la mesure où ces pairs vivent dans le même village qu'eux ou regardent les mêmes émissions, ils les intègrent dans les normes de leur groupe. Dans notre société, pensent-ils, les gens sont *censés* se conduire ainsi.

Ils *sont* effectivement censés se conduire ainsi chez certains peuples. Les hommes yanomamös, quand ils sont mécontents de leur femme, lui donnent des coups de bâton ou lui tirent une flèche dans une partie non vitale de son anatomie. Interrogez Helena, la fillette brésilienne kidnappée par les Yanomamös. Quand elle a été en âge de se marier, un chef de tribu yanomamö l'a prise pour femme. Il s'appelait Fusiwe et avait déjà quatre épouses. Fusiwe était un gentil type, du moins selon les critères yanomamös — et, chers lecteurs, Helena l'aimait ! Un jour, il se fâcha contre elle pour quelque chose dont elle n'était pas responsable et lui cassa le bras.

Dans ce genre de société, le marginal est le garçon qui *ne se conduit pas* de façon agressive. Aux États-Unis, la situation diffère d'une subculture à l'autre, d'un quartier à l'autre. On y tolère plus ou moins l'agressivité et on ne considère pas du même œil le vol à l'étalage ou l'usage de la drogue.

On relève également des différences d'un groupe de pairs à l'autre au sein d'un même lycée. Qui se ressemble s'assemble. Les jeunes au comportement agressif et ceux qu'attire l'excitation recherchent la compagnie de leurs semblables. De tels traits de personnalité sont en partie génétiques. Lorsque les enfants recherchent la compagnie de leurs semblables, cela signifie qu'ils recherchent en un sens ceux qui ont un patrimoine génétique similaire.

Pour définir les causes de la délinquance, il faut comprendre les quatre facteurs en jeu : la culture, la catégorie d'âge au sein d'une même culture, le groupe de pairs au sein d'une classe d'âge, et l'individu. Certaines cultures encouragent les comportements impulsifs et agressifs. Les civilisations qui comprennent trois catégories d'âge, voire davantage, favorisent les rapports conflictuels entre adolescents et adultes. Dans les écoles qui offrent un large éventail de groupes de pairs, certains groupes se font un honneur de mal se comporter et de s'opposer aux béni-oui-oui. Lorsqu'ils ont le choix, les jeunes se répartissent en fonction de leur tempérament individuel et sont attirés par le groupe qui leur convient le mieux.

Les différents programmes de rééducation de jeunes délinquants ont fait preuve d'une remarquable inefficacité. Le taux de récidive des adolescents qui ont participé à ce genre de programmes est habituellement presque aussi élevé que celui des jeunes qui y ont échappé. Il arrive même qu'il soit plus élevé ! Cela se produit généralement lorsqu'on traite les délinquants à la dure — qu'on les envoie en prison ou dans une version moderne de ce qu'on appelait jadis les maisons de correction. Je pense qu'après toutes mes explications vous comprenez pourquoi le fait de rassembler des jeunes qui ont commis des actes délictueux n'est pas le meilleur moyen de les convaincre que la délinquance n'est pas un comportement normal.

Je reviendrai sur ce sujet au prochain chapitre.

De l'enfance à la vieillesse

On considère souvent l'adolescence comme l'âge du conformisme, celui où les individus subissent le plus l'influence de leurs pairs. Mais on subit l'influence de ses pairs à tout âge. À mon avis, les enfants sont plus conformistes que les adolescents. Dans son célèbre test destiné à mesurer la tendance au conformisme au sein du groupe (cf. chapitre 7), Solomon Asch a constaté que, parmi tous les sujets soumis à cette expérience, les enfants de moins de dix ans étaient ceux qui se rangeaient le plus facilement à l'avis de la majorité. Seule une faible minorité de ses plus jeunes sujets persistaient à émettre un jugement perceptif correct quand leurs condisciples se trompaient. C'est dans l'enfance que la pression sociale s'exerce de la façon la plus rigoureuse ; gare à la tête qui dépasse !

Il est vrai que si vous *demandez* aux enfants qui les influence le plus — comment ils agissent si leurs amis et leurs parents leur donnent des avis opposés —, les plus jeunes diront probablement qu'ils écoutent plutôt leurs parents. Mais on leur pose la question en dehors de son contexte, et la personne qui la pose est un adulte. Ils peuvent interpréter cette question de la manière suivante : « Qui aimes-tu le plus ? » Et, bien sûr, ils préfèrent leurs parents à leurs amis. C'est le ministère des relations publiques de leur esprit qui a répondu, mais c'est le ministère des affaires de groupe qui, à long terme, déterminera leur comportement quand ils ne sont pas à la maison.

L'enfance est le temps de l'assimilation. Les enfants apprennent à se comporter comme les autres membres de leur groupe d'âge et de genre. C'est ainsi qu'ils se socialisent. Dans les sociétés qui n'ont que deux groupes d'âge, enfants et adultes, il suffit de quatorze ans pour forger un adulte convenable. L'homme ou la femme adulte sait très clairement ce qu'on attend de lui ou d'elle ; il n'y a pas trente-six solutions.

Mais l'enfance est également le temps de la différenciation. Les enfants apprennent qui ils sont, à quelle catégorie d'individus ils appartiennent — elle est laide ou jolie, il est raide ou souple, elle est vive ou lente — parce qu'ils se comparent, parce qu'on les compare aux autres enfants de leur groupe, de leur âge, de leur sexe. Ils emportent cette appréciation avec eux au moment d'entrer dans la catégorie d'âge suivante.

L'adolescence, dans les sociétés où elle existe, est le moment où ils mettent en pratique cette catégorisation. Dans les civilisations industrielles, les adultes doivent se spécialiser, et le choix est vaste. C'est à l'adolescence que l'on fait ses choix. En se répartissant en différents groupes, les adolescents se définissent. Ils choisissent de voyager dans une direction plutôt qu'une autre. Ces choix ne sont pas forcément irréversibles — ma cadette en est la preuve — mais ils n'en hypothèquent pas moins le reste de l'existence. Une équivalence ne vaut pas un diplôme. Aller à l'université à vingt-huit ans ou à dix-huit ans, ce n'est pas la même chose.

Les adultes, comme les enfants, adaptent leur comportement au contexte social. William James parle de cet homme qui s'occupe tendrement de ses enfants mais fait preuve de sévérité à l'égard des soldats placés sous son commandement. Mais, à cet âge, ces modifications temporaires de comportement n'ont apparemment plus le pouvoir d'entraîner des changements à long terme, comme elles le peuvent chez les individus plus jeunes. Les individus acquièrent leurs schémas de comportement pendant l'enfance et l'adolescence ; les pensées et sentiments qui les accompagnent leur serviront pour toute la vie. La personnalité adulte est résistante au changement. « Le caractère s'est durci comme le plâtre », explique James. L'adulte ne « peut pas plus échapper à l'habitude prise, que la manche d'un manteau ne peut prendre de nouveaux plis », disait-il il y a cent ans.

Le langage de l'adulte change lui aussi difficilement ; sa cristallisation est même particulièrement précoce. Après treize ans, il est impossible d'apprendre une langue sans accent. L'ancien secrétaire d'État Henry Kissinger a émigré aux États-Unis à l'adolescence et n'a jamais perdu son accent allemand. Son frère parlait américain sans accent. Ils sont arrivés aux États-Unis en même temps, mais le frère de Kissinger avait quelques années de moins.

C'est au cours de l'enfance que l'on apprend à se comporter et à parler selon les normes de son milieu social et culturel. L'apprentissage se déroule à un niveau profond, généralement inaccessible à la conscience. Ce n'est pas avant que leurs parents s'en plaignent (et peut-être même pas à ce moment-là !) que les enfants prennent conscience qu'ils introduisent chez eux le comportement et la manière de s'exprimer de leurs camarades. Arrivé à l'âge adulte, si quelqu'un s'efforce de corriger consciemment son comportement et son langage, il trouvera cela difficile, voire impossible. Les structures du comportement sont pour l'essentiel inconscientes et involontaires. Elles constituent le sujet de ce livre. Ce sont elles que nous empruntons, j'en suis convaincue, à nos pairs et non à nos parents.

Les psychologues utilisent le terme de *période critique* pour désigner la phase de l'existence au cours de laquelle se font, ou ne se font pas, les acquisitions — l'exemple favori restant l'imprégnation des canetons. Les spécialistes parlent de *période sensible* pour désigner la phase de l'existence où l'on peut accomplir certaines tâches spontanément, alors qu'on les exécutera difficilement à d'autres périodes. L'enfance est une période sensible pour l'acquisition de la langue maternelle et la constitution de la personnalité. L'une et l'autre peuvent se perfectionner à l'adolescence, mais le cadre est déjà en place.

La personnalité que nous acquérons au sein des groupes de pairs de notre enfance et de notre adolescence nous accompagnera jusqu'à la fin de notre vie. C'est le « moi » qui s'exprimera à travers notre regard, même quand nous aurons besoin de lunettes à double foyer. Ce « moi » persistant, rétif au changement, éprouve souvent de la surprise, de la consternation et, parfois, de l'amusement, en constatant les modifications du corps qu'il habite. Les vieilles personnes craignent (à juste titre) que les jeunes ne les reconnaissent pas sous leur étrange déguisement. Certaines d'entre elles, grâce aux progrès de la technologie et de la médecine, tentent de freiner cette évolution, voire de l'inverser, pour éviter ce décalage entre l'extérieur et l'intérieur.

J'éprouve le même sentiment de discordance, bien que je n'aie rien fait pour l'atténuer. Il m'arrive de jeter un coup d'œil au miroir, d'y voir des cheveux gris et des rides, et, l'espace d'un instant, cette image me paraît absurde. C'est bien « moi », mais drôlement grimée en grand-mère pour la fête du lycée. On m'a poudré les cheveux et dessiné des rides à l'aide d'un crayon gras. Seulement, ça ne s'efface plus.

À un moment quelconque entre dix-sept et vingt-cinq ans, le « moi » cesse de changer. Peut-être le cerveau a-t-il atteint sa maturité physiologique. Dans ce cas, les hommes (dont la maturation est plus lente) devraient rester malléables un peu plus longtemps que les femmes. Ou peut-être est-ce parce que les adultes n'appartiennent plus à un groupe de pairs au sens strict, comme quand ils étaient petits. Si tel est le cas, les personnes qui fréquentent l'université devraient rester malléables plus longtemps. Ou encore, l'anticonformisme est moins durement sanctionné à l'âge adulte. On ne devrait pas relever alors de différences systématiques selon le sexe ou l'éducation.

La personnalité qui se forge et s'affine au sein des groupes de pairs d'enfants et d'adolescents est celle que nous emporterons dans la tombe. Ma mère est en train de mourir de la maladie d'Alzheimer. Elle ne parle plus du tout. À quatre-vingts ans, elle pouvait encore s'exprimer. Je lui avais demandé le jour de son anniversaire si elle savait quel âge elle avait. Elle a compris la question mais sa mémoire était en trop piteux état pour qu'elle puisse me répondre. Elle a essayé de deviner :

— Vingt ans ?

13

FAMILLES ET ENFANTS À PROBLÈMES

Selon l'éditorial du *Journal of the American Medical Association (JAMA)*, Carl McElhinney avait commis un « crime d'enfant ». Non, non, ce n'était pas un assassin d'enfants, mais un garçon de sept ans qui avait commis un meurtre. L'éditorial remonte à une centaine d'années. La revue *JAMA* l'a réédité récemment à titre de curiosité historique.

Je ne suis pas en mesure de vous donner de détails sur le crime commis par Carl car l'éditorial se concentrait exclusivement sur la mère du criminel.

> Mme McElhinney passait son temps à lire des romans avant la naissance de Carl. Du matin au soir, elle se repaissait en imagination des crimes atroces. C'était une femme sensible et impressionnable, et les horreurs qu'elle lisait l'affectaient autant que si elles avaient été réelles. Au point qu'elle en eut l'esprit profondément perturbé plusieurs semaines avant la naissance de l'enfant. Le garçon présenta un penchant anormal pour le crime. Il prenait plaisir à commettre des actes inhumains. Quoi de plus horrible que d'assouvir des goûts aussi étranges... Il s'agit d'un cas sans équivalent dans les annales du crime. Les dispositions mentales du garçon vont s'aggraver au fur et à mesure qu'il grandira. Il est dangereux pour la communauté.

Le développement anormal de Carl, selon l'éditorialiste, était dû à l'influence que les lectures de sa mère avaient eue sur l'esprit de celle-ci. De fortes émotions sur l'esprit d'une femme « peuvent perturber ou entraver la croissance de l'enfant qu'elle porte en son sein, ou provoquer des tares ».

L'éditorial finissait, comme il se doit, par une exhortation morale :

> En tant que médecins [...] nous devons enseigner à notre pratique à veiller sur nos femmes enceintes, et lui expliquer les dangers de l'influence maternelle. Les Spartiates élevaient des guerriers, mais je pense que notre génération peut mieux faire. L'un des progrès des générations à venir consistera à prendre conscience du pouvoir de l'influence maternelle et à mieux s'occuper des femmes enceintes.

« Mieux s'occuper de nos femmes enceintes » : l'injonction incluait probablement un contrôle rigoureux de leurs lectures.

Toute cette littérature doit vous paraître d'une stupidité sans bornes, j'en suis sûre. Ils n'étaient quand même pas très malins, il y a cent ans, vous ne trouvez pas ? On n'en est plus là aujourd'hui !

Je vous invite à vous pencher sur ce que disent les « experts » actuels au sujet des enfants qui tournent mal. Pensez-vous vraiment qu'on a fait des progrès ? Ne remarquez-vous pas le même ton paternaliste de tous ces gens qui pensent avoir la science infuse ?

L'idée de l'influence maternelle — que ce que voit et pense la femme enceinte peut affecter l'enfant qu'elle porte — ne date pas de l'éditorial de ce médecin du siècle dernier. Il s'agit d'une vieille croyance extrêmement répandue, qui se rencontre dans maintes cultures. J'ai signalé au chapitre 5 que les parents des sociétés primitives ne pensaient pas, en général, que l'éducation qu'ils donnaient à leurs enfants pouvait avoir des effets à long terme sur leur comportement. Pourtant, ils savaient que les enfants ne se ressemblent pas et que certains s'en sortent mieux que d'autres. Dans la mesure où un même couple peut engendrer deux enfants aux caractéristiques très diverses, on voyait mal comment l'hérédité pouvait justifier ces différences. Par ailleurs, un grand nombre de différences se manifestent dès la naissance (ou du moins à un âge très précoce). Aussi pouvait-on raisonnablement les attribuer à ce qui se passait dans l'utérus, au cours de la grossesse.

Il s'ensuivait que, dans de nombreuses cultures traditionnelles, les femmes enceintes devaient se plier à certaines règles concernant ce qu'elles pouvaient faire, voir et manger. Dans certains cas, les interdits s'étendaient même au père. Si l'enfant tournait mal, le voisinage en rendait les parents responsables : ils avaient dû violer un tabou pendant la grossesse de la mère. Ils auraient dû respecter les règles. En somme, les choses n'ont guère changé ! À cette différence près que, jadis, la période de culpabilité parentale ne durait que neuf mois.

Aujourd'hui, la culpabilité dure la vie entière. Si vous ne traitez pas vos enfants comme il faut, non seulement ils tourneront mal (à en croire l'hypothèse du primat de l'éducation parentale), mais, en plus, ils seront inaptes à être de bons parents, ce qui affectera l'avenir de *leurs* enfants. Et vous en serez encore responsables !

Je vais essayer de vous tirer d'affaire en vous prouvant que, après tout, vous n'êtes pas responsables de tout. Mais je vous demanderai de me renvoyer l'ascenseur : promettez-moi de ne pas aller raconter partout que je vous ai expliqué que vous pouvez traiter vos enfants n'importe comment. Ce n'est pas ce que j'ai dit, ni explicitement ni implicitement, et ce n'est pas ce que je pense. Non, il n'est pas admissible que vous fassiez preuve de cruauté ou d'indifférence à l'égard de vos enfants. Pour toutes sortes de raisons, à commencer parce que les enfants sont des êtres humains intelligents, sensibles et avides d'affection dont l'existence dépend entièrement des personnes plus âgées qui ont une place dans leur vie. Leur avenir n'est peut-être pas entre nos mains, mais leur présent, si. Et nous avons le pouvoir de rendre les enfants très malheureux.

Cela dit, n'oublions pas non plus que les parents sont eux aussi des êtres humains intelligents, sensibles et avides d'affection et que les enfants ont également un certain pouvoir. Les enfants peuvent eux aussi rendre leurs parents très malheureux.

De qui je tiens quoi

Une bande dessinée publiée le jour de la fête des pères montre la jeune Cathy, jolie mais bien dodue, assise aux côtés de ses parents, en train de feuilleter l'album de famille : « Là, papa, j'avais juste un an le jour de la fête des pères, dit Cathy. Tu me tends mon premier cornet de glace. » Dans la case suivante, ils contemplent une photo où l'on voit le père donner à Cathy sa première barbe à papa. Deux cases plus loin, c'est une grosse boîte de chocolats que le père offre à Cathy pour la consoler de ne pas avoir eu le rôle dont elle rêvait à la fête de l'école. On voit ensuite apparaître des frites, du pop-corn, du cacao, tout cela grâce à papa.

Enfin, la mère prend la parole :

> Ah, tiens ! Tu vois ? C'est bien TON PÈRE qui a introduit à la maison tous ces aliments qui font grossir ! Je n'y suis pour rien, moi ! Enfin ! Si tu te trouves trop grosse, tu n'as qu'à t'en prendre à LUI !

Hélas, les mères ne s'en tirent pas à si bon compte. Cathy n'est pas convaincue de l'innocence de la sienne. Et le dessinateur ne nous offre qu'une alternative : c'est la faute de maman, ou celle de papa.

Notre fameux postulat du primat de l'éducation parentale est si puissant que c'est la première chose qui vient à l'esprit : si Cathy est trop grosse — et, reconnaissons-le, c'est bien le cas —, cela tient forcément à l'éducation que ses parents lui ont donnée. Voici la réponse que donne à un parent d'enfant obèse le rédacteur d'une chronique en se retranchant derrière l'avis d'un « expert » :

> La première chose que peuvent faire les parents, selon la pédiatre Nancy A. Held, est de donner l'exemple. « Si les parents mangent n'importe quoi et ne font pas de sport, l'enfant calquera son comportement sur le leur. »

Cette pédiatre a tort, le dessinateur aussi. La seule chose dont les parents de Cathy soient indéniablement responsables, c'est d'avoir donné leurs gènes à leur fille. Ses parents ne sont pas vilains, comme elle, et, comme elle, ils sont bien en chair. La beauté et la corpulence de Cathy lui sont venues par le même chemin.

J'ai expliqué au chapitre 2 comment les méthodes de génétique du comportement peuvent démêler les effets de l'hérédité et de l'environnement. Pour ce qui est de l'obésité, on a eu recours aux mêmes méthodes que celles qui permettent d'étudier les traits de caractère, avec des résultats très similaires. Les vrais jumeaux, élevés ensemble ou non, présentent généralement un poids très comparable — plus comparable que celui des faux jumeaux. En matière de corpulence, les enfants adoptés ne ressemblent pas à leurs parents ni à leurs frères et sœurs adoptifs.

Réfléchissez : deux enfants adoptés sont élevés dans le même foyer par les mêmes parents. Ceux-ci peuvent être des mollassons qui se bourrent de chips, ou des fanatiques de brocolis qui font de la gymnastique tous les jours. Les deux enfants sont en présence du même comportement parental ; on leur sert les mêmes repas et ils ont accès au même réfrigérateur. Pourtant, l'un devient svelte, l'autre obèse.

En fait, l'héritabilité de l'obésité et de la minceur est plus élevée que celle des traits de caractère : son coefficient est d'environ 0,70. Mais ce qu'il faut noter, c'est que la variation de poids qui n'est *pas* due aux gènes — la part imputable à l'environnement — n'est pas due non plus à l'environnement *familial.* Rien ne prouve que le comportement des parents ait des effets à long terme sur la corpulence des enfants, bien au contraire. Ce qui n'empêche pas chroniqueurs et pédiatres de continuer à dire aux parents avec aplomb que leurs enfants seront minces pour la vie « s'ils leur donnent le bon exemple ».

Il n'y a pas seulement erreur, mais injustice. Si vous avez la malchance d'être trop gros et que c'est également le cas de vos enfants, on va mettre en cause non seulement *vos propres* habitudes alimentaires et physiques, mais également celles que vous *leur* avez inculquées. Si vous êtes trop gros, c'est votre faute ; si vos enfants sont trop gros, c'est aussi votre faute.

Pardonnez-moi tous ces mots en italique, mais cette affaire me tape vraiment sur les nerfs. Si les enfants de parents obèses le sont aussi, ce n'est pas à cause du régime alimentaire familial, ni du mauvais exemple qu'on leur donne. L'obésité est essentiellement héréditaire.

Il y a un siècle, l'éditorialiste de la revue *JAMA* attribuait « le développement anormal des penchants criminels » de Carl McElhinney, le petit garçon de sept ans, aux lectures de sa mère pendant sa grossesse. Aujourd'hui, il attribuerait sans doute la déviance de Carl à d'autres écarts de Mme McElhinney — à ce qu'elle aurait fait, ou n'aurait pas fait, *après* la naissance de l'enfant. On ne s'intéresserait toujours pas au patrimoine génétique de l'enfant. Mme McElhinney était décrite comme une personne qui passait son temps à lire des histoires d'assassinat, qui « du matin au soir se repaissait en imagination de crimes atroces ». Or Carl et sa mère partageaient 50 % de leurs gènes et ils étaient fascinés tous les deux par les crimes les plus atroces.

Je raconte au chapitre 3 des histoires de vrais jumeaux séparés à la prime enfance et élevés dans des familles différentes. Celle des « jumelles glousseuses » qui manifestaient une hilarité peu commune. Ou celle des deux Jim, qui se rongeaient les ongles l'un comme l'autre, adoraient la menuiserie et choisissaient les mêmes marques de cigarettes, de bière et de voitures. Vous rappelez-vous aussi ceux qui lisaient les magazines en commençant par la fin, tiraient la chasse d'eau avant d'aller aux toilettes et avaient la manie d'éternuer dans l'ascenseur ? Et ceux qui se sont retrouvés tous les deux dans une brigade de pompiers volontaires ? Les deux qui, à la plage, n'entraient dans l'eau qu'à reculons et seulement jusqu'aux genoux ? Sans oublier les deux armuriers, les deux stylistes, les deux qui se sont mariés cinq fois. Il ne s'agit pas du fruit de l'imagination de journalistes en mal de sensation, mais d'études de cas publiées dans des revues prestigieuses par des chercheurs réputés. Et de tels exemples sont trop nombreux pour qu'il s'agisse de simples coïncidences. On rencontre rarement des ressemblances aussi étranges chez les faux jumeaux séparés dans la petite enfance et élevés dans des familles différentes.

La recherche en génétique du comportement a montré de manière irréfutable que l'hérédité est responsable d'une part significative des variations de personnalités entre individus. Certaines personnes sont plus coléreuses, plus extraverties ou plus méticuleuses que d'autres, et ces variations dépendent autant de leur patrimoine génétique que des expériences qu'ils ont vécues après leur naissance. La proportion respective — le pourcentage dû aux gènes, et celui qui est dû aux expériences — importe peu. L'important, c'est qu'on ne peut ignorer l'hérédité.

Et pourtant, on n'en tient généralement pas compte. Considérez le cas d'Amy, une enfant adoptée. L'expérience fut malheureuse. Elle avait déçu ses parents adoptifs qui préféraient leur fils aîné. Ils attachaient une grande importance à la réussite scolaire, or Amy était dyslexique. Ils appréciaient la simplicité et la retenue, alors qu'Amy était incroyablement comédienne et faisait souvent semblant d'être malade. À dix ans, elle présentait des troubles psychologiques graves, mais assez flous. Elle était immature à un point pathologique, inapte aux relations sociales, futile et tenait des propos extravagants.

Certes, Amy était une enfant rejetée. L'intéressant, en l'occurrence, c'est qu'Amy avait une vraie jumelle, Beth, qui avait été adoptée par une autre famille. Beth n'avait pas du tout été rejetée — elle était au contraire l'enfant préférée de sa mère. Ses parents n'attachaient pas d'importance particulière aux résultats scolaires et n'ont pas fait toute une affaire de sa dyslexie (elle avait les mêmes difficultés de lecture que sa jumelle). La mère de Beth, contrairement à celle d'Amy, était compréhensive, ouverte et enjouée. Pourtant, Beth manifestait les mêmes troubles de la personnalité qu'Amy. Le psychanalyste qui a suivi ces deux filles a admis que, s'il n'en avait vu qu'une, il aurait volontiers cherché une explication du côté de l'environnement familial. Mais elles étaient deux. Deux jumelles qui présentaient les mêmes symptômes, mais avaient grandi au sein de deux familles extrêmement différentes.

Mêmes symptômes, mêmes gènes : difficile d'y voir une coïncidence. Le génome qu'Amy et Beth ont reçu de leurs parents biologiques — de la femme qui les a abandonnées et de l'homme qui l'a fécondée — a probablement prédisposé les jumelles à manifester un ensemble de symptômes inhabituels. Quand j'explique qu'Amy et Beth tiennent cette prédisposition de leurs parents biologiques, qu'il s'agit d'un trouble *héréditaire,* ne vous méprenez pas : leurs parents biologiques ne manifestent peut-être aucun de ces symptômes. Une combinaison de gènes légèrement différente peut aboutir à des résultats très différents, et seuls les vrais jumeaux présentent la même combinaison de gènes. Les faux jumeaux peuvent être parfaitement dissemblables, et il en est de même des parents et des enfants : l'enfant peut avoir des caractéristiques qu'on n'observe chez aucun de ses parents. Mais il existe une corrélation statistique — une probabilité positive, supérieure à celle que l'on peut imputer au hasard, pour que l'individu qui souffre de problèmes psychologiques ait un parent ou un enfant biologiques souffrant de problèmes similaires.

L'hérédité est l'une des raisons pour lesquelles les parents qui ont des problèmes ont souvent des enfants à problèmes. C'est un fait simple, évident, indéniable ; pourtant, c'est une réalité que la psychologie ignore ostensiblement. Vu le peu de cas que les psychologues du développement et les psychothérapeutes font de l'hérédité, on a l'impression d'en être encore à l'époque de John Watson qui promettait de transformer une douzaine de bébés en médecins, avocats, mendiants ou voleurs.

Les voleurs. Et si nous commencions par là ? Voyons si je suis capable d'expliquer la délinquance juvénile sans mettre en cause l'environnement fourni par les parents — leurs méthodes d'éducation ou l'absence de toute éducation. Ne vous inquiétez pas, je ne vais pas tout mettre sur le dos de l'hérédité. Mais je suis bien obligée d'en tenir compte. Si cela vous agace, faites une pause, allez prendre une douche froide ou ce que vous voudrez.

Comment faire pour transformer un enfant en voleur ? Fagin, le personnage forgé par Charles Dickens dans *Oliver Twist*, aurait pu donner quelques conseils à Watson. Prenez quatre ou cinq enfants affamés, donnez-leur la notion d'appartenir à un *nous*, assenez-leur un petit cours bien senti sur le vol à la tire et montez-les contre *eux*, les riches. Vous obtiendrez une guerre entre groupes, une tradition de notre espèce à laquelle se livrent volontiers presque tous les êtres humains normaux, surtout ceux du sexe masculin. Votre gentil petit garçon qui part le matin pour l'école en souriant n'est qu'un guerrier mal déguisé.

Pourtant, la méthode de Fagin, qui avait marché à merveille sur les gosses des bas-fonds londoniens qu'il avait sous sa coupe, a échoué avec Oliver. Dickens imputait apparemment cet échec à la bonne nature d'Oliver, mais il pourrait s'agir d'autre chose : Oliver ne s'était pas identifié aux garçons de la bande de Fagin. C'étaient des petits Londoniens, contrairement à lui. Ils parlaient un argot de voyous qui lui faisait l'effet d'une langue étrangère. Les différences étaient trop nombreuses, et Oliver avait appris trop tôt à respecter la loi pour pouvoir s'adapter à ses nouveaux compagnons.

Oliver Twist a été publié en 1838, une époque où il était encore politiquement correct de penser que les gens étaient bons ou mauvais de naissance — plus exactement, où il était politiquement correct de penser qu'on pouvait prédire la méchanceté en fonction de l'appartenance raciale ou ethnique. Dickens surnommait Fagin « le Juif ». Ce n'était certainement pas la pire des époques, mais ce n'était pas la meilleure non plus.

Aujourd'hui, l'explication individuelle — certains enfants sont mauvais de naissance — et l'explication collective sont toutes deux politiquement incorrectes. La culture occidentale s'est ralliée à la philosophie de Rousseau : tous les enfants sont bons de naissance et c'est la société — leur environnement — qui les corrompt. Je ne saurais dire s'il faut y voir de l'optimisme ou du pessimisme, mais cette idée est loin de faire la lumière sur l'essentiel. Tous les enfants ne devenaient pas des Artful Dodger, même dans les taudis londoniens du temps de Dickens. On peut trouver au sein de la même famille un enfant qui devient un bon citoyen, respectueux des lois, et un autre qui embrasse la carrière criminelle.

Dans la mesure où nous ne pouvons plus dire que certains enfants sont mauvais de naissance, les faits nous obligent à avoir recours aux euphémismes. Désormais, les psychologues parlent d'enfants dotés dès la naissance de tempéraments « difficiles » — d'enfants difficiles à élever, difficiles à socialiser. Voici la liste de certains des traits qui rendent un enfant difficile à élever et à socialiser : la tendance à être actif, impulsif, agressif, prompt à la colère ; à s'ennuyer en présence d'activités routinières et à rechercher l'excitation ; une certaine propension à ne pas avoir peur de se faire mal ; l'indifférence aux sentiments d'autrui ; et, bien souvent, une forte carrure et un QI légèrement inférieur à la moyenne. Autant de caractéristiques dont la composante génétique est significative.

Les psychologues du développement ont décrit la spirale infernale que l'on observe lorsqu'un enfant difficile a des parents incapables de faire face à la situation — ce qui arrive, vu l'injustice de la nature, plus fréquemment que si les gènes étaient distribués au hasard à chaque nouvelle génération. Le garçon (il s'agit généralement d'un garçon) et sa mère (il n'y a bien souvent pas de père) s'engagent dans un cercle vicieux où tout va de mal en pis. La mère dit à son fils de faire quelque chose ou de ne pas faire quelque chose ; il ne l'écoute pas ; elle insiste ; cela le met en colère ; elle abandonne. Finalement, elle se met en colère à son tour et le punit sévèrement, mais cette réaction est trop tardive et trop incohérente pour pouvoir avoir le moindre bénéfice éducatif. De toute façon, il s'agit d'un gosse qui n'a pas peur des coups, lesquels ont au moins le mérite de le tirer de son ennui.

C'est ce qu'on appelle une famille dysfonctionnelle. Ce genre de familles existe bien, vous pouvez me croire ! Personne n'a envie de leur rendre visite et moins encore d'y vivre. Même le père biologique préfère vivre ailleurs. Il y a une vieille plaisanterie à ce sujet :

> *Le psychologue* : Soyez gentil avec Johnny. Il vient d'une famille éclatée.
> *Le professeur* : Ça ne m'étonne pas. Johnny ferait éclater n'importe quelle famille.

Difficile à élever, difficile à socialiser. Pour la plupart des psychologues, les deux expressions sont à peu près synonymes puisque l'on considère que la socialisation fait partie des tâches réservées aux parents. Pour moi, il s'agit de deux choses différentes. Certes, il y a une corrélation indéniable entre les deux, qui tient au fait que les enfants emportent leur patrimoine génétique partout où ils vont. Mais la corrélation est faible, car le contexte social domestique, le lieu où on élève l'enfant, est très différent du contexte social de l'extérieur, du lieu où il se socialise. Les enfants odieux chez eux ne le sont pas forcément ailleurs. Johnny se rend peut-être odieux partout, mais, heureusement, de tels enfants sont rares.

Lorsqu'on parle de *socialisation*, on se réfère le plus souvent à l'apprentissage d'une certaine moralité, censé se faire au sein du foyer. On attend des parents qu'ils apprennent à leurs enfants à ne pas voler, à ne pas mentir, à ne pas tricher. Mais, là encore, la corrélation entre le comportement de l'enfant à la maison et ailleurs est faible. Les enfants qui violent les règles familiales quand ils pensent qu'on ne les voit pas ne sont pas plus enclins que les autres à tricher aux examens ou dans la cour de récréation. La moralité, comme d'autres comportements sociaux appris, est liée au contexte dans lequel elle s'acquiert. Artful Dodger aurait peut-être été bon comme le pain envers sa vieille mère, s'il en avait eu une.

Il est plus difficile de croire qu'Oliver aurait été un sujet d'irritation constant pour sa mère si elle avait vécu. Oliver se faisait des amis partout ; toutes les femmes l'adoraient. Avec une bonne nature et un joli visage, on s'en sort toujours. Décrit par Dickens, Oliver[1] était pourvu de toutes les qualités qui font qu'un enfant est facile à vivre. Il était sensible aux sentiments d'autrui et redoutait les punitions et la souffrance — il était presque timide. Il était intelligent, posé et dénué de toute agressivité.

Dickens avait-il raison ? Certains enfants sont-ils bons de naissance ? Livrons-nous à une expérience que John Watson aurait appréciée. Placez dans des foyers d'accueil un premier groupe de tout petits garçons, dont les parents biologiques ont été (ou seront) condamnés pour avoir commis des délits, et un second groupe dont les parents biologiques sont honnêtes, ou du moins réputés comme tels. Mélangez-les : placez certains membres de l'un et l'autre groupe chez des parents adoptifs honnêtes et confiez les autres à des escrocs. Expérience ignoble, me direz-vous ? Après tout, c'est ce que font les services d'adoption. Bien sûr, ils ne placent pas délibérément des bébés dans des familles de délinquants, mais cela peut arriver. Dans les pays où l'on tient un compte extrêmement précis

1. Ma description de la personnalité d'Oliver se fonde sur le livre de Dickens. Je n'ai jamais vu les films et téléfilms réalisés d'après le roman. Dickens disait d'Oliver que c'était « un enfant d'une nature noble et chaleureuse ». Il décrit le garçon « tremblant de la tête aux pieds au seul souvenir de la voix de Mr. Bumble ».

des adoptions et des condamnations — au Danemark par exemple —, on peut étudier les résultats. Les chercheurs ont pu obtenir des données sur les origines de près de quatre mille Danois de sexe masculin adoptés au cours de leur petite enfance.

On a constaté que les condamnations pour crime étaient nombreuses chez les parents biologiques des enfants adoptés, mais rares chez les parents adoptifs. En d'autres termes, on a relevé peu de cas de garçons nés de parents biologiques honnêtes, élevés dans des familles de voyous. Au sein de ce groupe restreint, 15 % sont devenus des délinquants. Mais on trouve à peu près le même pourcentage (14 %) chez les enfants adoptés, dont les parents biologiques et les parents adoptifs sont honnêtes. Apparemment, être élevé au sein d'une famille de délinquants ne transforme pas en délinquant l'enfant qui n'était pas fait pour cela. Encore un sale coup pour Watson, qui a déjà dû se retourner tant de fois dans sa tombe depuis le début de ce livre que je devrais avoir la décence de le laisser reposer en paix.

L'affaire se présente un peu différemment pour les garçons dont les parents biologiques sont des criminels. Parmi ceux qui sont élevés par d'honnêtes gens, 20 % deviennent des délinquants. Et, parmi la faible proportion qui a la malchance d'avoir à la fois des parents biologiques et adoptifs criminels, près de 25 % tournent mal. L'hérédité n'est donc pas seule en cause : après tout, l'environnement familial a l'air de compter un peu. Malgré tous vos efforts, vous ne transformerez pas un gosse comme Oliver en criminel, mais le cas d'Artful Dodger sera peut-être différent. Confiez-le à une famille de délinquants et il aura encore un peu plus de chances de mal tourner.

Pas si vite ! On a constaté que la probabilité pour qu'un enfant placé dans une famille adoptive délinquante devienne délinquant — à condition qu'il ait quelques dispositions pour cela — est liée au lieu de résidence de cette famille. Le taux de criminalité supérieur des enfants danois adoptés par des familles délinquantes n'a été établi que chez une minorité de sujets de cette étude : ceux qui ont grandi à Copenhague ou dans sa banlieue. Dans les petites villes et en zone rurale, l'enfant placé dans un foyer irrespectueux de la loi ne présente pas plus de risques de sombrer dans la délinquance que les enfants élevés par des parents adoptifs honnêtes.

Si le fils de parents biologiques criminels se transforme en criminel, ses parents adoptifs eux-mêmes criminels n'y sont donc pour rien : le vrai responsable est *le quartier dans lequel ils l'ont élevé*. Le taux de délinquance diffère selon le quartier où l'on vit, et j'imagine que la campagne danoise ne contient pas beaucoup de quartiers chauds.

Les gens qui vivent dans un même quartier ont généralement le même style de vie et partagent les mêmes valeurs que leurs voisins. On s'influence mutuellement et, surtout dans les grandes villes, on se regroupe par affinités. Les enfants fréquentent ceux des amis et voisins de leurs parents. Ce sont ces enfants-là qui constituent leur groupe de pairs, le groupe au sein duquel ils se socialisent. Si leurs propres parents sont des délinquants, les amis de leurs parents sont probablement de la même eau. Les enfants apportent dans leur groupe de pairs les attitudes et comportements qu'ils ont appris à la maison, et, pour peu que ceux-ci soient similaires, il y a de bonnes chances pour que le groupe de pairs les adopte.

Je vous ai parlé d'une étude sur la délinquance chez les enfants adoptés. Mais on a également étudié les jumeaux ainsi que les membres d'une même fratrie. Les spécialistes de génétique du comportement qui ont étudié jumeaux et fratries ont généralement constaté que l'environnement familial commun comptait peu, avec toutefois une exception. Les jumeaux, les frères et sœurs élevés au sein d'une même famille ont tendance à avoir le même comportement à l'égard de la loi : ils tombent tous dans la délinquance ou sont tous honnêtes. On attribue souvent cette corrélation au milieu familial — autrement dit, à l'influence des parents. Mais les enfants qui vivent sous le même toit vivent aussi dans le même quartier, et, dans certains cas, appartiennent au même groupe de pairs. La probabilité que deux membres d'une même fratrie adoptent le même comportement social, honnête ou criminel, est plus forte quand ils sont du même sexe et d'âge voisin. Elle est plus forte chez les jumeaux (même s'il s'agit de faux jumeaux) qu'entre simples frères ou sœurs, et plus forte encore chez les jumeaux qui ne se quittent presque pas à l'extérieur de chez eux que chez ceux qui mènent chacun leur vie.

On constate que l'environnement influe sur le taux de délinquance ; mais, en l'occurrence, il ne s'agit pas de l'environnement familial. Il faut trouver une autre explication. Quand deux jumeaux, deux frères ou deux sœurs tournent mal, cela tient à leur influence réciproque et à celle du groupe de pairs auquel ils appartiennent.

J'ai évoqué au chapitre précédent le point de vue de Terrie Moffitt sur la délinquance des adolescents. Elle distingue deux types de délinquances : celle qui se manifeste avec les premiers boutons et disparaît quand le dernier tube de crème antiacnéique a pris le chemin de la poubelle, et celle qu'on acquiert pour la vie. Les enfants raisonnablement sages quand ils sont petits et qui deviendront des adultes plutôt respectueux des lois passent souvent par une phase indécise. Comme je l'ai expliqué précédemment, c'est une question de groupe : un affrontement de générations. Les adolescents qui dérapent n'ont pas de problèmes psychologiques particuliers et leurs parents n'y sont pour rien. Ils sont très bien socialisés — socialisés par leurs pairs.

Le second type de délinquance est beaucoup plus rare : il ne concerne qu'une petite fraction de la population, masculine pour l'essentiel. La déviance se manifeste alors précocement — Carl McElhinney avait assassiné quelqu'un à sept ans — et leur colle à la peau aussi durablement qu'aux Dalton, la drôlerie en moins. Les criminels endurcis ont tendance à présenter de manière très nette les traits de caractère que j'ai énumérés plus haut : agressivité, absence de crainte et de compassion, besoin de sensations fortes. De tels individus sévissent de temps en temps dans toute civilisation, même dans les sociétés où ces penchants les condamnent à l'ostracisme ou à une mort précoce. Des Esquimaux du nord-ouest de l'Alaska ont raconté à un anthropologue que jadis, quand un homme créait des ennuis à répétition et qu'il n'y avait pas moyen de l'arrêter, on s'en débarrassait tout simplement en le faisant tomber de la banquise. Il était « dangereux pour la communauté », aurait dit l'éditorialiste de *JAMA*.

Certains individus sont-ils mauvais de naissance ? Il vaudrait mieux dire que certains individus naissent avec des traits de caractère qui les rendent peu aptes à remplir des fonctions honnêtes et utiles dans la plupart des sociétés, et qu'à l'heure actuelle on ne sait toujours pas les neutraliser. Nous pouvons en être les victimes, mais ils sont eux aussi des victimes — victimes de l'évolution de notre espèce. Rien n'est parfait, pas même l'évolution. L'évolution nous a dotés de gros cerveaux, mais il arrive que la tête d'un bébé soit si grosse qu'il n'arrive pas à franchir le col de l'utérus. Autrefois, ces enfants-là étaient promis à une mort certaine et leur mère aussi. De même, l'évolution a sélectionné d'autres caractéristiques qui, dans certains cas, manquent leur cible et deviennent des handicaps. La plupart des caractéristiques du « criminel-né » auraient été, sous une forme légèrement atténuée, utiles au membre masculin d'une société de chasseurs-cueilleurs et à sa communauté tout entière. Son intrépidité, son goût pour les sensations fortes et son impulsivité en auraient fait une arme redoutable contre le groupe rival. Son agressivité, sa force et son absence de compassion lui auraient permis de dominer les membres de son groupe et lui auraient donné bien des privilèges.

Mais contrairement au chasseur-cueilleur respecté de tous, le criminel professionnel a tendance à être moins intelligent que la moyenne. Ce qui me paraît être de bon augure : cela suggère que la raison peut prendre le pas sur le tempérament. Les individus pourvus des traits de caractère cités associés à une intelligence supérieure à la moyenne sont assez sensés pour juger que le crime ne paie pas et pour trouver d'autres moyens d'assouvir leurs envies de sensations fortes.

Où est papa ?

Dans une société tribale ou chez un peuple de chasseurs-cueilleurs, l'enfant qui perd son père risque sa vie. Quand la vie tient à un fil, il suffit d'un coup de ciseaux. Chez certains peuples, on n'attend même pas que l'orphelin meure de mort naturelle. Selon le psychologue de l'évolution David Buss :

> Aujourd'hui encore, chez les Indiens aches du Paraguay, quand un homme meurt d'un coup de massue au cours d'une joute, les autres habitants du village prennent la décision collective de tuer ses enfants, même s'ils ont toujours leur mère. L'anthropologue Kim Hill a rapporté le cas d'un garçon de treize ans exécuté après la mort de son père au cours d'une telle joute. En outre, les enfants aches dont le père est mort ont un taux de mortalité de 10 % supérieur à ceux qui ont toujours leur père. C'est la dure loi de la nature chez les Aches.

Dans les sociétés traditionnelles, les pères défendent leurs enfants contre ce qu'on appelle « les forces hostiles de la nature », et l'homme qui jouit d'une position dominante au sein du groupe est mieux à même de protéger ses enfants que celui qui occupe un rang inférieur. Dans les pays industriels, on entend souvent les petits garçons — dont les pères n'ont jamais participé à une partie de bras de fer et encore moins à une joute au bâton — se lancer à la figure : « Mon papa peut casser la figure au tien. » Il serait plus vraisemblable de prétendre : « Mon papa peut faire un procès au tien », mais ce n'est pas ce qu'ils disent (du moins pas avant un certain âge), parce que, s'il s'agit d'une question de pouvoir, et non d'argent, le message est : « Ne m'embête pas, sinon mon papa va te casser la figure, et il le fera sans avoir peur de se faire casser la figure par le tien. » Chez les chimpanzés, c'est la mère, et non le père, qui vient à la rescousse, et, quand deux jeunes chimpanzés jouent ensemble, celui dont la mère est dominante a tendance à faire la loi. Si les choses s'enveniment, la dominante peut flanquer une torgnole au camarade de son fils sans craindre de représailles de la mère de celui-ci.

Dans une société où la menace « mon papa peut casser la figure au tien » est toujours crédible, le fait d'avoir un père costaud au lieu d'un père gringalet et d'avoir toujours son père peut avoir des répercussions importantes sur le statut de l'enfant au sein du groupe de pairs, et donc (selon la théorie de la socialisation par le groupe) des effets durables sur la personnalité de l'enfant. Mais, dans une société comme la nôtre, où parents et pairs appartiennent à des domaines bien distincts de l'existence des enfants, le statut des parents ne sert plus de bouclier. Sauf, bien sûr, quand l'un des parents a un pouvoir et un prestige tels que les camarades eux-mêmes ne peuvent l'ignorer. Ce n'est pas forcément un atout — les retours de bâton ne sont pas rares, surtout si l'enfant en question ne possède pas les autres caractéristiques qui pourraient lui assurer un statut élevé au sein du groupe.

Avoir un père ou ne pas en avoir : qu'est-ce que cela change pour un enfant d'un pays industriel ? Je ne nie pas que les enfants sont généralement plus heureux quand ils ont leurs deux parents, s'ils sentent que leurs deux parents s'occupent d'eux et les aiment bien. Mais le bonheur d'aujourd'hui ne vaccine pas contre le malheur de demain, et (comme je l'ai dit au chapitre 8) aucune loi de la nature n'affirme que la souffrance doit avoir des séquelles. Dans cet ouvrage, je m'intéresse aux conséquences à long terme des événements vécus durant l'enfance et l'adolescence. Les enfants qui ont un père s'en sortent-ils mieux, en définitive, que les enfants sans père ? Et, le cas échéant, est-ce vraiment *parce qu'*ils ont eu un père ?

C'est ce que pensent la plupart des gens. En 1992, le vice-président Dan Quayle a passé un savon à Murphy Brown — un personnage de fiction d'une série télévisée — parce qu'elle a eu un bébé sans avoir de mari. Les héros et héroïnes qu'on voit sur les écrans font toujours l'amour sans prendre de précautions [1], mais je ne crois pas que cette négligence était ce qui chagrinait Dan Quayle : c'était bien davantage l'idée qu'un pauvre innocent (de fiction) puisse grandir sans père. Deux ans plus tard, les sociologues Sara McLanahan et Gary Sandefur ont apporté de l'eau au moulin de Dan Quayle en publiant un livre intitulé *Grandir avec un seul parent*. On pouvait y lire en italique sur la première page :

> Les enfants qui grandissent dans un foyer avec un seul parent biologique s'en sortent moins bien que ceux qui grandissent dans un foyer aux côtés de leurs deux parents biologiques, quels que soient l'origine ethnique et le niveau culturel des parents, que les parents

1. En tout cas, c'est l'impression qu'ils donnent. Par ailleurs, leurs ébats aboutissent rarement à une grossesse. Ce phénomène mériterait sans doute une étude plus approfondie, mais la question de la fertilité des personnages de fiction dépasse quelque peu le propos de cet ouvrage.

soient mariés ou non à la naissance de l'enfant, et que le parent qui en a la garde se remarie ou non.

En quoi ces enfants s'en sortent-ils moins bien ? McLanahan et Sandefur s'appuient sur trois indices. Les adolescents qui ne vivent pas avec leurs deux parents biologiques sont plus susceptibles de laisser tomber le lycée et de se trouver « oisifs » (ils ne travaillent pas et ne vont pas non plus à l'école), et les filles ont plus de risques de devenir mères avant vingt ans. L'absence de père n'est évidemment pas le seul facteur lié à ces problèmes, mais McLanahan et Sandefur jugent qu'elle compte pour beaucoup — suffisamment pour « qu'on informe les parents des conséquences éventuelles que leur décision de ne pas vivre ensemble peut avoir sur leurs enfants ».

Les *conséquences* éventuelles que leur décision peut avoir sur leurs enfants. C'est clair, McLanahan et Sandefur pensent que ces enfants ont des problèmes *parce que* leurs parents ne vivent pas ensemble. Ou du moins que certains des enfants qui ont mal tourné auraient pu passer leur bac, trouver un travail et éviter d'être enceinte (contrairement à Murphy Brown), si papa avait été dans les parages.

Pourtant, les graphiques et tableaux du livre de McLanahan et Sandefur présentent de bien curieux résultats : une foule de facteurs auxquels vous auriez probablement attribué une grande importance n'en ont apparemment aucune. La présence d'un beau-père à la maison n'améliore en rien les chances de l'enfant. Pas plus que le contact avec le père biologique à l'extérieur du foyer : « Les études réalisées lors de vastes enquêtes nationales sur des échantillons de population représentatifs montrent qu'un contact fréquent avec le père ne présente *pas* de bienfaits manifestes pour l'enfant. » Pas plus que le fait de vivre avec un autre membre de sa famille biologique : la présence d'une grand-mère n'est d'aucun secours. Quand une grand-mère vit sous le même toit qu'une famille monoparentale, les enfants sont moins souvent seuls à la maison que lorsqu'ils ont leurs deux parents biologiques, ce qui ne les empêche pas de laisser tomber l'école et, pour les filles, de se retrouver enceintes. Le nombre d'années que l'enfant passe dans un foyer monoparental n'a pas d'importance non plus : ceux dont les pères sont restés jusqu'au début de leur adolescence ne s'en sortent pas mieux que ceux dont les pères ont pris la poudre d'escampette quand l'enfant était encore un bébé, voire un fœtus.

Les enfants sans père qui *s'en sortent* le mieux — là aussi, c'est curieux — sont ceux dont le père est mort. « Les enfants dont la mère est veuve, dit McLanahan, s'en sortent beaucoup mieux que tous les autres enfants de familles monoparentales. » En fait, certaines études montrent qu'ils réussissent aussi bien que les enfants qui grandissent aux côtés de leurs deux parents biologiques. Les chercheurs ont dû se livrer à de véritables acrobaties pour expliquer que l'absence du père et la mort du père aient des *effets* différents. Les veuves ont-elles davantage de ressources financières que les mères célibataires ? Pourtant, les mères qui se remarient sont plus à l'aise financièrement, elles aussi, alors que la présence d'un beau-père n'améliore pas les choses. La mort d'un parent est-elle moins éprouvante qu'un divorce ? Les causes les plus fréquentes de la mort prématurée d'un parent étant le suicide, l'homicide, le cancer et le sida, je vois mal comment une telle situation pourrait être mieux vécue.

« Conséquences » ou « effets » : ce sont des mots que les chercheurs affectionnent tout particulièrement. Même quand ils évitent délibérément de les employer, ils les pensent tout haut. Malheureusement, les faits qu'ils présentent pour étayer leurs thèses ne révèlent aucun lien de cause à effet : les données ne montrent que des corrélations. Elles indiquent seulement que certaines choses ont tendance à se produire en même temps que certaines autres. Si les épidémiologistes dont j'ai parlé au chapitre 2 ont découvert que les consommateurs de brocolis sont, en moyenne, en meilleure santé que ceux qui n'en mangent jamais — ce qui est tout à fait possible —, il serait téméraire d'en conclure que, si vous mangez des brocolis, vos revenus vont augmenter ou que, si vous cessez d'en manger, vous allez perdre de l'argent. Il serait tout aussi imprudent d'affirmer que si vous gagnez à la loterie, vous allez vous mettre à aimer les brocolis. La fille d'un couple marié a, en moyenne, plus de chances de passer son bac et de ne pas se retrouver enceinte que la fille d'un parent célibataire : c'est une corrélation. En conclure que la fille du couple marié abandonnera l'école et se retrouvera enceinte si ses parents se séparent n'est pas plus judicieux que d'imaginer que vous perdrez tout votre argent si vous ne mangez plus de brocolis. C'est peut-être vrai, mais les données ne le prouvent pas.

Quand le père biologique est vivant mais n'habite pas avec ses enfants, cela crée une situation de famille que l'on associe statistiquement à des résultats défavorables pour l'enfant. J'aimerais vous montrer comment on pourrait expliquer ces résultats défavorables sans référence à la vie familiale de l'enfant ni à la qualité de l'éducation qu'il a reçue.

Les mères célibataires ressemblent rarement à Murphy Brown : la plupart d'entre elles sont pauvres [1]. La moitié des foyers dirigés par une femme se situent au-dessous du seuil de pauvreté. Le divorce conduit généralement à une baisse importante du niveau de vie — en ce qui concerne, du moins, l'ex-épouse et ses enfants.

1. Quand le manque d'argent entraîne des carences alimentaires, cela compromet la croissance, la vitalité, voire le développement de l'intelligence des enfants. En fait, un tel dénuement est rare aux États-Unis, à en juger par les seules données statistiques sur les grossesses des adolescentes. La malnutrition retarde la puberté et diminue la fertilité.

Cette baisse de revenus affecte les enfants de différentes manières. D'une part, elle peut affecter leur statut au sein de leur groupe de pairs. La suppression du superflu, des habits coûteux, de l'équipement sportif, des traitements chez le dermatologue et l'orthodontiste peut diminuer leur prestige auprès de leurs camarades. Faute d'argent, ils risquent également de ne pas pouvoir entrer à l'université. S'il n'est plus question de poursuivre des études supérieures, ils seront peut-être moins motivés pour passer le bac et pour éviter les relations sexuelles sans précaution.

Mais le quartier où ils vivent et l'école qu'ils fréquentent comptent encore bien plus que l'argent. La plupart des mères célibataires ne peuvent pas se permettre d'élever leurs enfants dans le type de quartier où j'ai élevé les miens — un quartier où presque tous les enfants sortent du lycée leur bac en poche et où les adolescentes n'ont pour ainsi dire jamais de bébés. La misère contraint nombre de femmes célibataires à élever leurs enfants dans des quartiers où vivent d'autres femmes célibataires et où les taux de chômage, d'abandons scolaires, de grossesses d'adolescentes et de délinquance sont élevés.

Pourquoi tant d'enfants de ces quartiers abandonnent-ils l'école et sombrent-ils dans la délinquance ? À cause de l'absence de pères ? C'est l'explication courante, mais je me suis penchée sur la question au chapitre 9 et j'en suis arrivée à d'autres conclusions. Chaque quartier a sa culture, qui tend à se perpétuer ; elle se transmet par le groupe de pairs des parents à celui des enfants. Elle ne se transmet pas par le biais de la famille. En effet, si vous sortez la famille de son quartier pour la transplanter ailleurs, le comportement des enfants se modifiera pour se conformer à celui de leurs nouveaux camarades de quartier.

C'est le quartier qui compte, et non la famille. Si vous observez les enfants *à l'intérieur* d'un quartier donné, la présence ou l'absence de père ne change pas grand-chose. Des chercheurs ont rassemblé des données sur 254 adolescents (des garçons) noirs américains des quartiers déshérités d'une ville du nord-est des États-Unis. La plupart des garçons vivaient dans un foyer tenu par une mère célibataire ; d'autres avec leurs deux parents biologiques, d'autres encore avec leur mère et un beau-père ou dans une famille recomposée selon un autre schéma. Voici les conclusions des chercheurs :

> Les adolescents de cet échantillon de population vivant dans une famille tenue par une mère célibataire ne diffèrent pas de ceux vivant au sein d'autres configurations familiales, pour ce qui est de la consommation d'alcool et de drogue, de la délinquance, de l'abandon scolaire et de la détresse psychologique.

Au sein d'un même quartier déshérité, les enfants qui vivent avec leurs deux parents ne s'en sortent pas mieux que ceux qui vivent avec un seul. Précisons que, dans un quartier de ce genre, la majorité des familles sont dirigées par des mères célibataires. En effet, celles qui ont un compagnon peuvent généralement se permettre d'aller vivre ailleurs. Les familles qui comprennent un adulte masculin ayant généralement des revenus supérieurs, les enfants qui vivent avec leurs deux parents ont plus de chances d'habiter un quartier de la classe moyenne et donc de se conformer aux normes de la bourgeoisie.

Mais pourquoi les revenus plus élevés d'une famille pourvue d'un beau-père ne sont-ils pas un atout pour l'enfant ? La réponse est que ces enfants connaissent d'autres problèmes : ils déménagent trop souvent. Plus souvent que les enfants de tout autre type de famille. Et, chaque fois qu'ils changent de quartier, ils perdent leur groupe de pairs et doivent tout recommencer avec un nouveau groupe. Ils doivent, chaque fois, s'adapter aux normes du nouveau groupe, gravir les échelons de la hiérarchie et repartir de zéro.

Les déménagements sont une rude épreuve pour les enfants. Ceux qui ont été souvent transbahutés — qu'ils aient un père ou non — courent plus de risques d'être rejetés par leurs pairs ; ils ont plus de problèmes de comportement et plus de difficultés scolaires que ceux qui ne changent pas de domicile. Selon McLanahan et Sandefur, on peut attribuer plus de la moitié de l'augmentation du risque d'abandon scolaire, de maternité précoce et d'oisiveté observé chez l'enfant sans père à ces déménagements répétés. Ajoutés aux faibles revenus de la famille, ils expliquent l'essentiel des différences constatées entre enfants avec père et enfants sans père.

Ces deux handicaps tiennent à ce qui se passe en dehors de la famille. Les déménagements mettent en péril le prestige de l'enfant au sein du groupe des pairs et compromettent sa socialisation, car il est difficile de s'adapter aux normes d'un groupe lorsque celles-ci changent constamment. Les revenus familiaux déterminent le type de quartier dans lequel l'enfant va vivre et les normes locales des groupes de pairs. De fréquents déménagements et de faibles revenus accroissent le risque d'abandon scolaire et/ou de grossesse précoce.

Mais nous savions déjà que l'abandon scolaire et les maternités précoces dépendaient de l'influence du groupe des pairs. Pour emporter votre conviction, je vais devoir aborder un sujet plus vaste — les effets du divorce. Ses effets sur la personnalité de l'enfant, sur sa santé psychique et sur la future vie conjugale de celui-ci. Le divorce provoque-t-il vraiment de terribles dégâts chez l'enfant ? Et, si ce n'est le cas, pourquoi tout le monde le croit-il ?

Le divorce

L'étude la plus célèbre — et la plus pessimiste — sur les enfants du divorce a été réalisée par la psychothérapeute Judith Wallerstein. Elle a constaté un taux très élevé de problèmes affectifs chez les enfants de couples divorcés de la classe moyenne. Son livre s'est très bien vendu mais il n'a aucune valeur scientifique : toutes les familles étudiées faisaient partie de sa clientèle et étaient en instance de divorce. Il n'y avait aucun groupe de contrôle composé de familles intactes et financièrement à l'aise dont elle aurait comparé les enfants à ceux de ses patients. Il n'y avait aucun moyen de contrebalancer son parti pris professionnel. Une étude réalisée peu avant que Wallerstein ait écrit son premier livre révélait à quel point les spécialistes peuvent être abusés par leurs idées préconçues. Les chercheurs avaient montré à des instituteurs une cassette vidéo sur laquelle on voyait évoluer un petit garçon de huit ans, en leur disant qu'il s'agissait d'un enfant de parents divorcés. Les instituteurs en question l'ont jugé moins bien adapté que leurs collègues auxquels on avait dit que l'enfant était issu d'un foyer uni.

Une étude récente respectant les procédures de contrôle présente un tableau plus optimiste des enfants du divorce que celui de Wallerstein. Les sujets participaient à une vaste enquête britannique portant sur des enfants nés la même semaine de l'année 1958 ; ils avaient vingt-trois ans au moment de l'enquête. On leur avait demandé de répondre en cochant une case à des questions portant sur leur santé mentale, du style : « Vous sentez-vous souvent malheureux ou déprimé ? », « Vous arrive-t-il souvent d'éprouver un sentiment de panique injustifiée ? », « Les gens que vous côtoyez vous irritent-ils facilement ? », « Votre santé est-elle pour vous un sujet constant de préoccupation ? ». Plus la note obtenue était élevée — plus il y avait de « oui » —, plus le niveau de détresse psychique était censé l'être.

Les chercheurs avaient établi une limite supérieure arbitraire. Le divorce des parents augmentait les chances d'un sujet de dépasser cette limite, mais cette augmentation n'était pas très forte : 11 % des personnes issues de familles divorcées dépassaient ce seuil, contre 8 % parmi celles qui venaient de familles unies. Le nombre de réponses positives ne différait en moyenne que d'une demi-case.

La différence existe, mais elle est faible. Vous vous en doutiez probablement. Je vous ai expliqué qu'au sein d'un quartier donné la présence ou l'absence de père ne change *pas grand-chose*. Que les déménagements ajoutés à de faibles revenus familiaux peuvent expliquer *la plupart* des différences entre les enfants qui ont un papa et ceux qui n'en ont pas. Il reste cependant des différences que je n'ai pas encore élucidées et qui réapparaissent dans l'étude britannique sur les enfants du divorce. Il est temps d'arrêter de les cacher sous le lit.

Aujourd'hui, les chercheurs qui étudient les effets du divorce ou de l'absence de père sont généralement rompus à l'art de démêler les nombreux facteurs en jeu. Ils vérifient, par exemple, le niveau socioéconomique. Le divorce et l'absence de père se rencontrent plus fréquemment dans les milieux sociaux à faibles revenus et peu instruits, et c'est un facteur qu'il faut évidemment prendre en compte. Les chercheurs ont également vérifié l'origine ethnique des groupes étudiés, car les normes relatives au mariage peuvent varier.

Ce qu'ils ne peuvent vérifier — parce qu'ils n'ont aucun moyen d'entreprendre ce genre d'études —, c'est l'hérédité. Ils étudient les effets de l'environnement de l'enfant en utilisant une méthode que j'ai tournée en dérision au chapitre 2 : ils comparent des saint-hubert élevés en chenil à des caniches vivant en appartement. Les chercheurs se penchent sur un enfant par famille. Dans la plupart des cas, il s'agit de l'enfant biologique des parents. Les parents ont transmis leurs gènes à leur enfant et lui ont également fourni son environnement — ou y ont échoué. Il est impossible de distinguer les effets de l'hérédité de ceux de l'environnement. Pour faire la part des choses, il faudrait avoir recours aux méthodes de la génétique du comportement et étudier des enfants adoptés, des jumeaux et les membres d'une même fratrie.

Du calme. Cette étude a déjà été faite, et fort bien faite, pour toutes sortes de caractéristiques psychologiques. Au sein des populations étudiées — américaines et européennes pour la plupart, et appartenant en majorité à la classe moyenne —, presque toutes ces caractéristiques suivent le même modèle. L'hérédité explique approximativement la moitié des différences entre les individus qui ont participé à de telles études. L'autre moitié tient à l'environnement ; mais, comme je l'ai expliqué au chapitre 3, il ne s'agit pas de l'environnement commun à deux enfants élevés au sein de la même famille. Il a bien fallu se rendre à l'évidence : les particularités de cet environnement familial commun n'avaient pour ainsi dire aucune influence sur les adultes que devenaient les enfants.

Au sein des échantillons de population étudiés, nombre de familles ont été brisées par un divorce. Une fraction non négligeable des sujets étudiés ont été élevés par une mère divorcée, une mère et un beau-père ou tout autre arrangement qui n'obtiendrait guère l'aval de Dan Quayle. Désolée, Dan, mais rien ne prouve que tout cela change quoi que ce soit. Si la présence ou l'absence des parents, leur type de relations — querelles incessantes ou petits mots doux — avaient quelque effet durable sur les enfants, nous les retrouverions dans les résultats des études de génétique du comportement. Or ce n'est pas le cas.

Plus exactement, si la présence ou l'absence des

parents a eu quelque effet durable sur les enfants, cet effet a dû être différent selon les enfants. Malheureusement, cela ne renforce pas la position des chercheurs qui affirment tout de go qu'il faut informer « les parents des conséquences éventuelles que leur décision de ne pas vivre ensemble peut avoir sur leurs enfants ». Quelles conséquences ? Si vous ne pouvez pas dire de quelles conséquences il s'agit — si cette décision de ne pas vivre ensemble entraîne plus de timidité chez l'un, plus de hardiesse chez l'autre, plus de gaieté ou plus de tristesse, et s'il est impossible de dégager une tendance générale —, contre quoi allez-vous mettre les parents en garde ?

Les études qui mettent en évidence de petites différences, celles auxquelles je vais m'attaquer maintenant — les études qui font les choux gras des revues de psychologie du développement et qui sont quelquefois reprises dans les journaux et les magazines —, relèvent toujours des conséquences. Mais ces conséquences, ou ces différences, n'apparaissent que lorsque les chercheurs n'ont pas exploré les facteurs héréditaires. En revanche, dès que l'on prend soin d'écarter les influences génétiques, on constate que l'environnement familial n'a pas d'effets — ou plus exactement qu'il n'a pas d'effets prévisibles et constants sur les enfants. Si la méthode de recherche ne se donne pas les moyens d'étudier séparément les influences génétiques et ne les écarte pas, on constate immanquablement, à tort, une influence de l'environnement familial. Les parents chaleureux et compétents ont tendance à avoir des enfants chaleureux et compétents, et la plupart des chercheurs croient dur comme fer que cela tient à la bonne ambiance familiale que les parents ont su procurer à leur progéniture.

Le divorce constitue le meilleur exemple de conclusion abusive. Tout le monde sait — et c'est exact — que les enfants élevés dans un foyer éclaté ont plus de mal à avoir une vie conjugale épanouie. Pourquoi les péchés des parents se répercutent-ils chez les enfants ? Est-ce dû aux angoisses éprouvées devant les querelles parentales, angoisses qui perdurent à l'âge adulte ? À la colère larvée qui a empoisonné leur vie depuis que papa est parti ? C'est ce que Judith Wallerstein voudrait nous faire croire.

Mais une étude menée auprès de jumeaux offre une explication différente. On a interrogé plus de 1 500 paires de jumeaux homozygotes et hétérozygotes sur leur vie conjugale et sur celle de leurs parents. Le taux de divorce s'élevait à 19 % chez les jumeaux dont les parents étaient restés unis. Chez ceux dont les parents avaient divorcé, le risque de divorce était beaucoup plus élevé : 29 %. On trouve presque le même chiffre, 30 %, chez ceux dont le faux jumeau a divorcé, et un chiffre encore plus élevé, 45 %, chez ceux dont le vrai jumeau a divorcé. L'ordinateur des chercheurs s'est mis à débiter à la chaîne des résultats désespérément similaires à ceux des autres études de génétique du comportement : environ la moitié de la variation du risque de divorce pouvait être attribuée à une influence génétique — aux gènes partagés avec son jumeau ou avec ses parents. La seconde moitié tenait à des causes environnementales. Mais *aucune* fraction de la variation ne pouvait être attribuée au milieu familial dans lequel les jumeaux avaient grandi. Leurs gènes communs suffisaient à expliquer toutes les similitudes de leurs vies conjugales. Leurs expériences communes — faites au même âge, puisqu'il s'agit de jumeaux — de climat familial harmonieux ou conflictuel, de parents unis ou séparés, n'exerçaient aucun effet décelable.

Si les enfants du divorce ont plus tendance que d'autres à rater leur vie conjugale, il faut l'imputer à l'hérédité, et non à leurs expériences familiales. Mais n'allez pas surfer sur les chromosomes à la recherche d'un gène du divorce. Il n'y en a pas. On a affaire à un assortiment de traits de personnalité grossièrement façonnés par un complexe de gènes, qui prend forme et s'affine sous l'effet de l'environnement. Ensemble, ils accroissent les risques qu'un individu fasse un mariage malheureux.

Ne partez pas à la recherche du gène du divorce. Recherchez plutôt les traits de caractère qui augmentent le risque de rater quelque chose dans sa vie. Des traits de caractère qui rendent les gens difficiles à vivre — agressivité, insensibilité aux sentiments d'autrui. Des traits de caractère qui incitent à faire des choix peu judicieux — impulsivité, tendance à s'ennuyer facilement. Cette liste vous dit quelque chose ? Eh oui, c'est la même que celle qu'on retrouve souvent chez les criminels. Les traits de personnalité qui font de bonnes recrues pour Fagin ne prédisposent guère non plus à être heureux en ménage. Chez les enfants pourvus de ces traits de caractère, les psychiatres diagnostiquent volontiers ce qu'ils appellent des « troubles du comportement ». À l'âge adulte, on parle de « personnalité asociale [1] », et les chercheurs ont montré que cela pouvait être héréditaire.

Les enfants dont les parents divorceront présentent parfois des troubles du comportement plusieurs années avant la séparation de leurs parents. On a interprété cette observation comme l'indication que ce n'est pas le divorce lui-même qui pose problème aux enfants, mais les rapports conflictuels qui le précèdent. Mais si la mésentente des parents provoque des troubles chez l'enfant, cela tient peut-être à leurs gènes communs et non à leur contexte familial commun. Un groupe de chercheurs de l'université de Georgie a établi que ce n'était pas le divorce mais la personnalité des parents qui provoquait des troubles du comportement chez

1. L'étude danoise sur le comportement criminel indique que les hommes manifestant des tendances asociales risquent davantage d'avoir des enfants qu'ils refusent d'élever ou qu'ils sont incapables d'élever. Ces différentes observations prises dans leur ensemble expliquent peut-être pourquoi les garçons sans père sont plus susceptibles de sombrer dans la délinquance.

l'enfant : les parents manifestant une personnalité asociale courent plus de risques d'avoir des enfants souffrant d'un trouble du comportement.

Les relations entre divorce, problèmes de personnalité chez les parents et troubles du comportement chez l'enfant sont complexes. Les effets partent dans tous les sens. Les individus caractériels sont difficiles à vivre et donc plus sujets au divorce. Les mêmes, pour des raisons génétiques, ont plus de risques d'avoir des enfants difficiles. Il peut même y avoir un effet enfant-parents : l'enfant difficile peut empoisonner les relations conjugales. Au début du chapitre, j'ai cité la plaisanterie à propos de Johnny, le gamin capable de faire exploser n'importe quelle famille. La plaisanterie devient moins drôle si votre enfant ressemble à Johnny. Certains enfants donnent envie à tous les membres de leur famille de prendre la poudre d'escampette. Judith Wallerstein parle du fort sentiment de culpabilité qui pèse sur les enfants du divorce — les enfants sont convaincus que c'est *leur* faute si leurs parents ont divorcé. Wallerstein oublie qu'il y a parfois quelque chose de vrai dans ce sentiment des enfants. On divorce moins dans les familles qui ont un fils que dans celles où il n'y a que des filles. Peut-être la présence d'un garçon rend-elle les parents plus heureux, ou peut-être le père hésite-t-il davantage à partir. Mais que se passe-t-il si ce garçon est un sale gosse ? S'il fait tourner tout le monde en bourrique ?

Bien entendu, la plupart des gens qui divorcent ne présentent pas de graves troubles de la personnalité et la plupart des enfants de divorcés n'ont pas de problèmes de comportement. Le plus souvent, les enfants de divorcés ne s'en sortent pas si mal, en fin de compte — c'est ce qui ressort de l'étude britannique. Les enfants de divorcés, qui avaient alors vingt-trois ans, n'avaient que très légèrement tendance à répondre plus souvent oui aux questions relatives à la dépression, l'anxiété et la colère.

Alors, pourquoi des psychothérapeutes comme Judith Wallerstein sont-ils si convaincus des effets néfastes du divorce sur les enfants ? Parce que, comme l'a montré David G. Myers, spécialiste de psychologie sociale, le divorce a *effectivement* des effets néfastes sur les enfants — mais ce n'est pas pour les raisons qu'indique Wallerstein.

Le divorce nuit aux enfants à maints égards. Tout d'abord, la sanction financière est lourde : les enfants de parents divorcés voient généralement leur niveau de vie décliner considérablement. Leur situation financière va déterminer leur lieu de vie, ce qui changera pas mal de choses. Par ailleurs, le divorce les oblige souvent à déménager, plusieurs fois dans certains cas. Troisièmement, il augmente le risque qu'ils soient victimes de violences physiques et sexuelles. Les enfants qui vivent avec des beaux-parents risquent plus d'être maltraités que ceux qui vivent avec leurs deux parents biologiques. Enfin, le divorce est néfaste car il perturbe leurs propres relations personnelles.

Au chapitre 8, j'ai établi une distinction entre l'esprit de groupe et les relations personnelles. L'esprit de groupe, disais-je, est ce qui permet à l'enfant de se socialiser. Nous naissons avec une ébauche de personnalité qui doit s'affiner et se polir pour prendre une forme qui convienne à la culture au sein de laquelle nous grandissons. Ce processus se fait durant l'enfance à travers l'adaptation à un groupe — généralement un groupe d'autres enfants. C'est la partie du module social consacrée à l'esprit de groupe qui préside aux modifications durables de la personnalité et à l'enracinement des schémas de comportement social.

La partie de ce module qui préside aux relations personnelles n'induit pas de modifications à long terme de la personnalité. Cela ne veut pas dire qu'elle ne joue pas un rôle important. Dans nos pensées et nos émotions, cette partie du module social est plus proche de la surface — beaucoup plus accessible à la pensée consciente — que celle qui induit les modifications durables. Les relations personnelles peuvent dominer nos sentiments et nos actes immédiats et laissent des traces dans la mémoire comme autant de vieilles lettres d'amour au fond d'un grenier.

Les relations personnelles sont d'une grande importance ; elles ont toujours beaucoup compté pour les membres de notre espèce. C'est pourquoi l'évolution nous incite à en nouer et, si tout se passe plutôt bien, à les faire durer. Les émotions puissantes comme l'amour et le chagrin nous en donnent le pouvoir. Steven Pinker nous explique ce processus dans son livre *How the Mind Works* [*Comment l'esprit fonctionne*].

Le divorce et les rapports conflictuels qui l'accompagnent rendent les enfants malheureux. Cela perturbe leurs relations avec leurs parents et désorganise totalement la vie de famille. La souffrance psychique, la perturbation des liens affectifs et la désorganisation de la vie de famille : voilà ce qu'observent les psychothérapeutes et les psychologues du développement lorsqu'ils étudient les effets du divorce sur les enfants. Dans ces études, on interroge généralement les enfants chez eux ou dans un endroit qu'ils fréquentent avec leurs parents. Ou, pis encore, les chercheurs s'en remettent à ce que disent les parents du comportement des enfants, ce qui, même dans le meilleur des cas — quand les parents ne sont pas en pleine crise —, s'accorde avec les rapports que peuvent faire des observateurs neutres.

Quand la vie de famille est perturbée, le comportement de l'enfant en famille l'est également bien sûr, comme le sont toutes ses émotions liées au foyer où il vit. Ce sont là les changements observés par les chercheurs. S'ils veulent savoir en quoi le divorce des parents affecte la vie de l'enfant à l'extérieur de la maison, ils devront recueillir des faits à l'extérieur, et, pour le faire correctement, ils devront s'adresser à des observateurs impartiaux — qui ne sont pas au courant de la situation familiale de l'enfant. Ce que les chercheurs constateront, dans ces conditions, si j'en juge par les résultats de la génétique du comportement mentionnés plus haut, c'est que le divorce des parents n'a pas d'effets durables sur le comportement de l'enfant hors de chez lui, ni d'effets durables sur sa personnalité.

Châtiments corporels, sévices physiques et abus sexuels

J'en arrive à présent à un sujet qui me donne des sueurs froides. Je ne crains pas que *vous* ne me compreniez mal, mais je me méfie de ceux qui n'auront pas lu le livre et n'en auront pris connaissance que par ouï-dire. Il est facile de falsifier des propos ou de les citer hors de tout contexte. C'est ainsi qu'on fustige les gens pour des opinions qu'ils n'ont pas et n'ont jamais exprimées. Quitte à être clouée au pilori, autant l'être pour ce que je pense vraiment. C'est pourquoi je tiens à exposer mon point de vue clairement.

Tout d'abord, je ne pense pas qu'il soit bon de battre les enfants ni de leur infliger quoi que ce soit qui les blesse ou les fasse souffrir durablement. Je pense cependant qu'une claque occasionnelle, en temps voulu et sur une partie appropriée de l'anatomie, ne portera en aucune façon préjudice à l'enfant.

Les parents ont recours aux châtiments corporels dans le monde entier et dans l'immense majorité des foyers américains. Cela existe aussi dans d'autres espèces, ce qui me donne à penser que cela s'inscrit dans le répertoire inné des comportements parentaux. L'un des objectifs qui m'a poussée à écrire ce livre est de libérer les parents de la culpabilité que les spécialistes de l'éducation des enfants leur ont inculquée. S'il vous arrive de temps en temps de perdre patience et de frapper vos enfants, il est peu probable que vous leur fassiez durablement tort. En revanche, vous risquez de compromettre vos relations avec eux. Si vous avez été injuste et qu'ils sont assez âgés pour s'en rendre compte, ils vous estimeront moins. Vous ne vous en tirerez pas à si bon compte.

Mais si les spécialistes vous dissuadent de frapper les enfants, ce n'est pas pour vous éviter de baisser dans leur estime. Le problème des châtiments corporels, vous disent-ils, est qu'ils rendent les enfants plus agressifs.

Le raisonnement a l'air convaincant. En donnant une fessée à votre enfant, vous lui donnez un modèle de comportement agressif. Vous lui apprenez qu'il suffit de faire mal à quelqu'un pour qu'il fasse ce que vous voulez.

J'ai cru à cette fable pendant des années et, en toute bonne foi, je l'ai transmise aux lecteurs de mes propres manuels sur le développement des enfants. Je n'avais pas remarqué que nous faisons d'innombrables choses que nous ne voudrions pas que nos enfants fassent, et qu'ils ne font pas d'ailleurs, comme de sortir dès qu'ils en ont envie. Sans parler de ce que nous faisons et que nous *voudrions* qu'ils fassent — ce dont ils se gardent bien —, comme de manger des brocolis.

Les modes éducatives s'enchaînent à un rythme effréné, au fur et à mesure que les générations de pédagogues se succèdent. Ceux qui disent la même chose que les précédents ne feront pas de vieux os dans le métier.

Mais toutes les couches de la population ne suivent pas leurs conseils avec le même zèle. Un pays comme les États-Unis comprend de nombreuses subcultures, et vos conceptions sur l'éducation dépendent en partie de celle à laquelle vous appartenez. Les Américains d'origine asiatique ou africaine ont tendance à moins tenir compte de ce que disent les donneurs de conseils d'origine européenne, et ils hésitent moins à donner une fessée à leurs enfants. C'est la classe moyenne américaine d'origine européenne qui bannit le plus souvent le recours à la fessée en lui substituant l'« arrêt de jeu[1] ». La semaine dernière, j'ai vu un petit garçon châtain clair dévaler à toute vitesse les allées de notre supermarché local. Son père s'essoufflait derrière lui à bonne distance en criant : « Matthew ! Pouce, tu vas récolter un "arrêt de jeu" ! »

Les Noirs ne manifestent pas un enthousiasme débordant pour cette méthode éducative. « Les arrêts de jeu, c'est bon pour les Blancs », expliquent-ils aux enquêteurs.

Les Blancs sont peut-être trop crédules. La plupart des études portant sur les sanctions — sur lesquelles se fondent les arguments de nos donneurs de conseils — ne valent pas mieux que celle de Judith Wallerstein sur les enfants du divorce. Ne serait-ce que parce qu'elles négligent les différences culturelles d'éducation.

Il est prouvé que les parents appartenant à des minorités ethniques et vivant dans des quartiers à faibles revenus ont plus souvent recours à la fessée. Dans certains de ces groupes — mais pas dans tous —, les enfants ont tendance à être plus agressifs et à s'attirer davantage d'ennuis. Il est facile de prendre à tort ces différences subculturelles pour les « conséquences » que recherchent les spécialistes. On administre moins de fessées aux enfants blancs appartenant à la classe moyenne et ceux-ci sont également moins agressifs. Il suffit de réunir dans la même étude des enfants de quartiers blancs aisés avec de jeunes Noirs de quartiers pauvres, pour être sûr d'établir une corrélation entre

1. Le *time-out*, selon l'expression américaine, littéralement l'« arrêt de jeu », qui n'a pas vraiment d'équivalent dans la tradition française. Les parents français de même milieu social diraient plutôt : « Va dans ta chambre », ou : « Tu seras privé(e) de dessert. » Mais ils sont sans doute, en dépit de leur bonne volonté, moins politiquement corrects que les parents de même milieu social américain. (*NdT.*)

fessées et agressivité. Mais ces espoirs s'effondreront pour peu que l'échantillon de sujets comprenne une forte proportion d'Américains d'origine asiatique. En effet, ces parents recourent facilement aux châtiments corporels sans avoir pour autant d'enfants agressifs.

La plupart des études sur les punitions posent un autre problème : elles ne permettent en aucune façon de distinguer la cause de l'effet. Au sein d'un groupe ethnique ou d'une classe sociale, certains enfants sont plus agressifs ou reçoivent plus de fessées que d'autres. Si les enfants agressifs sont ceux qui reçoivent le plus de fessées, est-ce la fessée qui entraîne l'agressivité de l'enfant, ou les parents corrigent-ils plus souvent leur enfant parce qu'ils n'aiment pas sa façon de se conduire ? Une fois encore, il est généralement impossible d'y répondre.

L'une des manières de sortir du cercle vicieux cause/effet consiste à suivre les enfants sur plusieurs années. Le numéro d'août 1997 de la revue *Archives of Pediatrics and Adolescent Medicine* publie une étude de ce type, menée par le psychologue Murray Straus et ses collègues. Les chercheurs ont vérifié le niveau initial de comportement asocial des enfants en observant les *modifications* de leur comportement au fil du temps. Quand une mère administre plus de fessées que la moyenne à son enfant de six ans, l'enfant est-il plus perturbé à huit ? La réponse est oui, concluent les chercheurs. Au cours des deux années qu'a duré cette étude, les enfants qui recevaient souvent des fessées sont devenus plus insupportables et plus agressifs. « Les parents qui ont recours aux châtiments corporels pour réprimer la conduite asociale de leur enfant, affirment les chercheurs, obtiennent des effets inverses à celui recherché. »

Cette étude a fait sensation. L'*Associated Press* en a diffusé les résultats qui ont été repris dans les journaux et magazines de tout le pays. *JAMA* en a donné un résumé. Mais ni *Associated Press* ni *JAMA* n'ont mentionné une autre enquête, menée par les psychologues Marjorie Gunnoe et Carrie Mariner et publiée dans le même numéro de *Archives of Pediatrics and Adolescent Medicine.* Le sujet de l'étude était le même, la méthode similaire, mais les résultats différents. « Pour la plupart des enfants, concluaient Gunnoe et Mariner, il paraît infondé de dire que les fessées rendent agressif. » Chez les enfants noirs de tout âge, et chez les plus jeunes enfants de toutes origines ethniques, ces chercheurs ont constaté que le fait d'administrer des fessées contribuait en fait à *atténuer* le comportement agressif.

Malheureusement, ce genre de choses n'est que trop fréquent en psychologie. Les effets sont peu solides, les résultats fugaces. Il ne vous reste plus qu'à jeter le numéro d'*Archives of Pediatrics and Adolescent Medicine* à la poubelle, et à oublier toute cette affaire.

Non, attendez. Allez rechercher ce numéro et penchez-vous plus attentivement sur les méthodes employées par les chercheurs. Tiens, tiens... Il y a effectivement une différence. Dans la première étude, les chercheurs évaluent le comportement des enfants en interrogeant les mères — les mères qui leur administrent des fessées. Les réponses maternelles se fondaient sur le comportement des enfants *à la maison.* Dans la seconde, on a interrogé les enfants eux-mêmes : les chercheurs leur demandaient combien de fois ils s'étaient battus *à l'école.* Les enfants à qui on avait infligé beaucoup de fessées à la maison ne manifestaient pas plus de propension à se bagarrer à l'école que les autres.

De deux choses l'une : ou bien les châtiments corporels infligés à la maison rendent les enfants plus intenables à la maison, ou bien ils reflètent une dégradation des relations mère-enfant ou plus globalement des conditions d'existence de la mère (l'enfant ne se conduit peut-être pas aussi mal que la mère le pense). En tout état de cause, on constate que recevoir des fessées à la maison ne rend *pas* les enfants plus agressifs quand ils ne sont pas chez eux. La conclusion du premier groupe de chercheurs — si les parents cessent de frapper leurs enfants, cela « réduira le niveau de la violence au sein de la société américaine » — a éclaté comme bulle de savon.

Cela dit, je n'ai évoqué ici que les châtiments corporels bénins — une fessée de temps en temps. Je ne suis pas tout à fait assez folle pour penser que les châtiments qui dépassent les bornes — autrement dit la maltraitance — n'ont pas d'effets durables sur leurs victimes !

Pas tout à fait assez folle. D'une part, les coups peuvent endommager le cerveau de l'enfant si on le frappe sur la tête ou si on le secoue violemment. D'autre part, il existe ce qu'on appelle le stress post-traumatique. Dans les cas extrêmes, les violences prolongées peuvent même conduire — du moins selon certains chercheurs — à des troubles de dédoublement de la personnalité.

Nous nous penchons ici sur un vaste éventail de comportements parentaux. Les châtiments corporels bénins qui ne provoquent aucun des effets que je viens d'évoquer ne laissent évidemment pas de séquelles psychologiques à l'extérieur de la maison. Cela pourrait être le cas, mais rien ne l'indique.

Les études ne manquent pas, bien sûr. Les enfants qui subissent des sévices physiques, selon le résultat des enquêtes, souffrent de toute une série de problèmes. Non seulement ils sont plus agressifs que les autres (les faits sont bien établis à cet égard), mais ils ont du mal à se faire des amis et à les conserver. Ils éprouvent par ailleurs des difficultés scolaires. À l'âge adulte, ils risquent davantage que les autres de maltraiter leurs propres enfants. Les psychologues parlent alors de « transmission intergénération de la maltraitance enfantine ». Ils veulent dire par là qu'il y a transmission par expérience et par apprentissage — par des moyens environnementaux. Il n'est pas question des gènes.

Il n'en est jamais question, et je me demande pourquoi. Si vous acculez ces chercheurs dans un coin, la plupart reconnaîtront que les caractères psychologiques sont en partie héréditaires, ce qui signifie qu'ils se transmettent de parents à enfants. Mais, dès qu'ils se livrent à une étude ou rédigent un article, ils évacuent totalement cette notion de leur univers mental. Ils veulent bien admettre aujourd'hui que le comportement des enfants influe sur la manière dont leurs parents les traitent et qu'il est généralement impossible de distinguer les effets parents-enfant des effets enfant-parents. Mais seuls les spécialistes de génétique du comportement reconnaissent que certaines des corrélations observées entre le comportement parental et celui des enfants pourraient avoir une cause héréditaire. Les autres n'évoquent jamais cette éventualité, sauf pour la rejeter. Ils la rejettent même quand leurs méthodes de recherche ne leur permettent absolument pas d'éliminer cette hypothèse.

Pourquoi un parent est-il amené à maltraiter un enfant ? Cela peut venir d'une maladie mentale. Les maladies mentales sont en partie héréditaires ; ce sont des maladies de famille. De famille biologique, pas de famille adoptive.

Les parents qui maltraitent leurs enfants ne comptent sans doute qu'une faible proportion de malades mentaux. En revanche, ils sont sans doute beaucoup plus nombreux à présenter des traits de personnalité qui nous sont désormais familiers. Les individus agressifs, impulsifs, soupe au lait, qui s'ennuient facilement, insensibles aux sentiments d'autrui et peu aptes à gérer leurs propres affaires ne font généralement pas de bons éducateurs. Les malheureux enfants de ces personnes souffrent d'un double handicap : une vie de famille infernale et un patrimoine génétique qui ne favorise pas leurs chances de réussite dans le monde extérieur.

Cendrillon était très malheureuse à la maison mais elle n'avait hérité d'aucun gène de la belle-mère qui la maltraitait. Le message caché de ce conte est que vous vous en sortirez bien — vous triompherez de l'adversité — si vous avez la chance d'avoir hérité de bons gènes. Le message d'*Oliver Twist* est le même. Le vaurien du roman se révèle être le demi-frère d'Oliver, le fils d'une méchante mère. Oliver était le fils d'une autre femme — aussi sympathique qu'Oliver. De telles histoires ne sont plus politiquement correctes, car elles paraissent injustes. Elles sont injustes.

Il n'est pas juste que les parents qui se livrent à des sévices choisissent généralement un bouc émissaire parmi tous leurs enfants. Quand on retire cet enfant de la famille où il est maltraité et qu'on le place dans un foyer d'accueil, il arrive qu'il soit à nouveau la cible de mauvais traitements. Certaines caractéristiques, comme la laideur ou un caractère agaçant, accroissent le risque d'être victime de sévices. Il est également possible que la victime soit *exempte* de telles caractéristiques. Le mystère n'est pas que certains enfants soient maltraités ; on pourrait plutôt se demander pourquoi la plupart des enfants ne le sont pas. C'est une telle source d'ennuis ! Ils peuvent être tellement exaspérants ! Or la plupart des parents ne frappent pas leurs enfants et la plupart de ces derniers ne sont pas maltraités — même les enfants de personnes maltraitées durant leur enfance. L'évolution a doté les enfants de traits et de signaux qui désamorcent la colère — qui éveillent notre instinct de protection et nous incitent à les aimer (quand il s'agit des nôtres). Certains enfants, sans qu'ils y soient pour rien, ne disposent peut-être pas de ces stratégies de protection ou trop faiblement pour qu'elles puissent fonctionner.

Le plus injuste, c'est que les enfants persécutés à la maison le sont également souvent par leurs pairs. Certains enfants attirent littéralement les persécutions. S'ils réussissent mal leur vie adulte, faut-il l'imputer à ce qu'ils ont vécu chez eux ou dans la cour de récréation ? Les psychologues n'en savent rien et ne se posent même pas la question ; ils partent du principe que l'essentiel se passe au sein de la famille.

Une sociologue canadienne de l'université de York, Anne-Marie Ambert, a remis en question ce postulat. Elle a demandé à ses étudiants de rédiger le récit autobiographique de ce qu'ils ont vécu avant d'entrer au lycée. Elle leur avait remis un questionnaire pour leur faciliter la tâche. L'une des questions était la suivante : « Qu'est-ce qui, par-dessus tout, vous rendait le plus malheureux ? » Les réponses des étudiants l'ont étonnée. 9 % seulement invoquaient des brimades à la maison. En revanche, 37 % décrivaient des persécutions dont ils avaient été victimes de la part de leurs camarades — ce qui, selon eux, leur avait laissé des séquelles psychologiques. Ambert en a conclu que les sévices infligés par les autres enfants sont un grave problème sur lequel on ne s'est pas suffisamment penché.

> Ces récits autobiographiques signalent beaucoup plus de mauvais traitements infligés par les camarades que par les parents... Ce constat, corroboré par d'autres chercheurs, est d'autant plus alarmant que les spécialistes qui se penchent sur la condition enfantine ne prennent le plus souvent en compte que l'attitude des parents, ignorant la principale source de souffrance psychique chez les jeunes : les rapports conflictuels entre pairs et les sévices dont certains sont victimes... On apprend dans ces récits d'étudiants que certains étaient heureux et bien adaptés mais que leur état psychologique s'est rapidement détérioré, au point parfois qu'ils sont tombés malades et ont eu du mal à suivre à l'école, à la suite d'un rejet de la part de leurs camarades, d'une mise en quarantaine, de calomnies, de discrimination raciale, de moqueries, de brutalités, de sévices sexuels, de railleries, de brutalités, de harcèlement, de tabassages.

Le dernier facteur qui peut ajouter au malheur des enfants persécutés réside dans les fréquents changements de résidence. Trop de déménagements. Même quand ils restent avec leurs parents, ces enfants sont ballottés d'un endroit à l'autre plus souvent que ceux qui vivent dans des familles plus heureuses. Mais, bien souvent, ils ne restent pas avec leurs parents : quand on découvre qu'un enfant est maltraité, on le retire généralement de sa famille pour le placer dans un foyer d'accueil. Et, si celui-ci ne convient pas, on lui trouvera un deuxième, voire un troisième foyer. On a d'abord pensé que les effets néfastes de ces placements successifs étaient dus à la perte répétée des parents de substitution, mais les déménagements incessants empêchent également l'enfant de s'intégrer à un groupe de pairs stable. Il vaut mieux parfois avoir des camarades qui ne vous aiment pas que pas de camarades du tout, car l'absence d'un groupe de pairs stable empêche la socialisation de l'enfant.

Les bébés ont incontestablement besoin de parents ou de parents de substitution. Je pense que les proches qui s'occupent de l'enfant font partie de l'environnement nécessaire au développement normal de son cerveau, au même titre que la lumière et les formes qui l'entourent. Mais les parents ou leurs substituts sont peut-être moins indispensables aux enfants de plus de cinq ou six ans (reportez-vous à ce que je dis au chapitre 8 des enfants élevés en orphelinat). Chez les enfants plus âgés, un groupe de pairs stable est peut-être plus important. Le placement en famille d'accueil se fonde sur la théorie que les enfants ont besoin d'une famille. À mon avis, ils ont davantage besoin d'un groupe stable de camarades que d'une famille. En cherchant à tout prix à leur fournir une famille, et en s'y prenant parfois à plusieurs reprises, les services sociaux bien intentionnés les privent de pairs.

Les enfants maltraités, comme je l'ai expliqué, souffrent de problèmes multiples. Ils sont en moyenne plus agressifs que les autres enfants, mais cela pourrait tenir à l'hérédité : leurs parents sont eux aussi agressifs. Leurs autres problèmes pourraient venir des persécutions qu'ils subissent de la part des autres enfants ou de leurs placements successifs. En fait, nous n'en savons rien. Il n'y a pas encore eu d'études sérieuses sur la question (reportez-vous à l'appendice n° 2).

Ce sont les enfants qui font des bêtises et les parents qu'on accuse

Aux informations, c'est toujours la même histoire. Et cela me met toujours hors de moi. Le gamin des Smith a fait des bêtises et le juge menace d'envoyer ses parents en prison. Le petit Jones a cambriolé un pavillon, et on condamne ses parents à une amende parce qu'ils n'ont pas su « exercer un contrôle minimum » sur ses agissements. La fille des William s'est retrouvée enceinte et l'on reproche à ses parents de ne pas avoir su où elle traînait ni ce qu'elle faisait. Des parents, qui ne savaient plus comment empêcher leur fille de s'attirer des ennuis, l'ont enchaînée à un radiateur. Ils ont été arrêtés pour mauvais traitements.

Il est facile d'accuser les parents quand on n'est pas à leur place. Il arrive qu'ils aient tout essayé avant d'enchaîner la petite au radiateur. Les parents des adolescents faciles ne se rendent pas compte que leur faculté de surveillance dépend entièrement de la bonne volonté de leur enfant. Il n'est pas possible de surveiller un adolescent récalcitrant ; c'est ce que mon mari et moi-même avons bien dû constater. S'ils le veulent, les enfants se montrent toujours plus malins que vous. Si vous tentez de vous faire obéir en les consignant à la maison, ils n'y mettront plus les pieds. Si vous les privez d'argent de poche, ils taperont les copains ou se mettront à voler. Les adolescents qu'on peut surveiller sont ceux qui le veulent bien, et qui en ont le moins besoin. Les parents sont incroyablement impuissants vis-à-vis des adolescents qui auraient le plus besoin d'être tenus.

Ces adolescents-là sont ceux qui font partie d'un groupe de pairs qui ne plaît pas à leurs parents. Ces derniers ne veulent pas que leur enfant les fréquente, mais que peuvent-ils faire ? Ce sont les amis de leur enfant, et celui-ci les verra que ses parents soient d'accord ou non. Tous les adolescents normaux préfèrent la compagnie de leurs amis à celle de leurs parents ; c'est pourquoi les parents leur imposent des horaires. Les horaires représentent la reconnaissance tacite que l'adolescent préférerait être ailleurs qu'à la maison. Les parents se font une raison et en plaisantent avec leurs propres amis — s'ils n'ont rien contre les amis de leur enfant. Dans le cas contraire, on ne plaisante plus.

Les adolescents peuvent rejoindre un groupe de délinquants parce qu'ils vivent dans un quartier où ces comportements sont nombreux. Mais même dans les quartiers aisés où tout se passe bien, comme celui où j'ai élevé mes filles, il y a des groupes de délinquants. Certains enfants les rejoignent parce qu'ils ont été rejetés par d'autres groupes ; certains le font par choix. Les enfants s'identifient à un groupe parce qu'ils ont l'impression qu'il est composé d'autres « comme moi ». Les parents estiment que le groupe a une mauvaise influence sur leur enfant. C'est peut-être le cas, car l'influence mutuelle et les effets de contraste de groupe accentuent tous les caractères communs aux membres du groupe. Mais l'influence est réciproque et les enfants, au départ, ont déjà beaucoup de points communs.

Est-ce la faute des parents si un adolescent rejoint un groupe de délinquants ? Les chercheurs qui s'intéressent aux mécanismes de la socialisation et étudient les modes d'éducation parentale prétendent que les parents qui ont recours au style « autorisé » — ni trop dur, ni trop mou, juste bien — risquent moins de voir leurs enfants rejoindre un groupe de copains peu fréquentables et faire des bêtises. Mais cette assertion repose sur des données d'une validité douteuse.

Diana Baumrind, psychologue spécialiste du développement, est à l'origine des études sur les styles d'éducation parentale. Elle a commencé par étudier les enfants d'âge préscolaire. L'une de ses études montre que les petits dont les parents sont « Juste Bien » présentent moins de problèmes de comportement et de socialisation que ceux dont les parents sont « Trop Durs » ou « Trop Mous ». Elle ne s'est pas préoccupée du rôle de l'influence génétique, bien sûr, pas plus que de la distinction entre les effets enfant-parents et les effets parents-enfant. Par ailleurs, ses résultats étaient différents pour les filles et les garçons (reportez-vous à ce que je disais du « diviser pour mieux régner » au chapitre 2), mais presque personne ne le lui a reproché. Les travaux de Baumrind sont cités dans tous les manuels sur le développement de l'enfant.

Aujourd'hui, les disciples de Baumrind ne font pas de recherches sur les enfants préscolaires : ils se consacrent à l'étude des adolescents. L'avantage étant que les adolescents sont capables de remplir de longs questionnaires. Vous pouvez leur demander comment leurs parents les traitent — s'ils sont « Trop Durs », « Trop Mous », ou « Juste Bien » —, si eux-mêmes se bagarrent beaucoup, combien de joints ils ont fumés et quelle note ils ont eue au dernier contrôle de maths. Ces chercheurs recherchent une corrélation entre ce que disent les adolescents sur leurs parents et ce qu'ils disent sur eux-mêmes.

Rien ne permet encore de mesurer l'influence de l'hérédité, bien sûr, ni de faire la distinction entre effets enfant-parents et effets parents-enfant. Par ailleurs, les résultats sont différents en fonction des groupes ethniques. Il s'y ajoute désormais une nouvelle source de confusion : le fait que les mêmes adolescents fournissent les deux types de données. Ce sont eux qui donnent des renseignements sur leurs parents, et sur eux-mêmes. J'ai déjà relevé un problème similaire dans le travail de Murray Strauss sur les effets des différents types de punitions : c'est la mère qui dit aux chercheurs combien de fois elle donne une fessée à son enfant et qui les renseigne sur la conduite de l'enfant en question.

Chaque fois que vous demandez à une même personne de répondre à deux séries de questions d'ordre différent, vous avez de fortes chances de trouver une corrélation entre les réponses à la première série et les réponses à la seconde. La corrélation est créée de toutes pièces, ou exagérée, par ce que les statisticiens appellent l'« amplification subjective ». Les sujets de l'enquête ont un point de vue tendancieux, qui pèse sur toutes les réponses aux questions que vous leur posez. La personne dotée d'un heureux tempérament aura tendance à cocher les réponses optimistes en toutes circonstances : oui, mes parents me traitent bien ; oui, je me conduis bien. La personne qui tient à se montrer sous un bon jour cochera les réponses qui respectent les règles sociales : oui, mes parents me traitent bien ; non, je ne me suis jamais bagarré, je n'ai jamais fumé de produits interdits. La personne vindicative ou déprimée cochera des réponses vindicatives ou désespérées : mes parents sont tarés, je me suis fait étendre en maths et allez vous faire voir avec votre questionnaire.

Ce que les adolescents disent de leurs parents aux chercheurs — ils sont « Trop Durs », « Trop Mous », « Juste Bien » — n'a qu'un lointain rapport avec ce que disent les parents eux-mêmes. Une étude récente sur le comportement des parents se fondant sur des sources d'information multiples et non sur les dires des enfants, a été impuissante à établir les avantages réels de la méthode d'éducation « Juste Bien ». Pourtant, les chercheurs avaient un peu faussé les règles du jeu en éliminant d'emblée tous les parents qui ne correspondaient pas exactement aux types définis par Baumrind. Ils ont écarté de leur étude presque la moitié des familles qu'ils avaient sélectionnées au départ !

Mais je m'emballe. Je ne vais pas vous embarquer dans d'obscures polémiques méthodologiques. Ce qui vous intéresse, c'est de savoir pourquoi j'ai eu tant de mal avec ma fille. Vous voulez savoir quelles erreurs j'ai commises, pour ne pas les reproduire.

En fin de compte, ma fille s'en est bien tirée ; comme tous les adolescents qui font enrager leurs parents, elle s'est calmée et assagie au fil des ans. C'est désormais une femme adulte, franchement sympathique au demeurant. Je lui ai demandé ce que nous avions fait de travers son père et moi, et ce que nous aurions dû faire. Elle n'en sait rien. Elle a une fille elle-même aujourd'hui et aimerait comprendre ce qui n'a pas marché, mais elle ne le sait pas. J'ai remarqué, malgré tout, qu'elle a choisi d'élever sa fille dans un quartier qui ressemble beaucoup à celui où elle a grandi. Le genre de quartier qu'elle détestait et qu'elle fuyait à la moindre occasion au temps de son adolescence.

Nous n'avons pas traité nos deux filles de la même manière : elles n'étaient pas du tout pareilles. Il aurait été impossible — et stupide — d'employer la même stratégie. L'erreur la plus flagrante des chercheurs qui s'intéressent aux effets des modes d'éducation parentale est de penser que les parents ont un mode d'éducation immuable. Le style d'éducation dépend des relations entre un parent et un enfant. Les deux parties y contribuent.

La vérité et ses conséquences

Il faut informer « les parents des conséquences éventuelles que leur décision de ne pas vivre ensemble peut avoir sur leurs enfants », écrivaient les sociologues

Sara McLanahan et Gary Sandefur. Si les parents décident vraiment de vivre à part et que l'on constate que leur enfant quitte l'école ou se retrouve enceinte, McLanahan et Sandefur mettront probablement le problème de l'enfant sur le compte de la décision de ses parents. Ils commettent une erreur que l'on constate souvent en psychologie et en sociologie — une erreur que l'on commet tout le temps, en dépit des mises en garde répétées depuis le premier cours de licence de psycho. L'erreur consiste à confondre corrélation et causalité.

Les bonnes choses vont souvent de pair. Les mauvaises également. C'est une corrélation. Howard Gardner, psychologue spécialisé dans les questions de pédagogie, aimerait nous faire croire qu'il existe différentes formes d'« intelligence » et que l'individu qui n'est pas doué dans tel domaine, peut l'être dans tel autre. Mais la vérité est que les gens qui ont de mauvais résultats aux tests pour une forme d'intelligence ont tendance à avoir de mauvais résultats aux autres. Cela fait toujours plaisir d'apprendre qu'un enfant un peu à la traîne dans la plupart des domaines a du talent pour le dessin ou le calcul : cela apaise notre soif de justice. Mais ces cas sont rares. Le plus souvent, la nature se montre injuste envers les enfants qui accusent un retard mental ; non contente de ne pas leur accorder un talent particulier, elle les afflige bien souvent de surcroît d'un handicap moteur. Ce n'est pas pour rien qu'ils participent à des Olympiades spécifiques, et non aux Jeux olympiques ordinaires.

Les bonnes choses vont souvent de pair. Les individus qui obtiennent de bons résultats aux tests destinés à mesurer une forme d'intelligence ont souvent de bons résultats aux autres. Le bon résultat à un test n'est pas la *cause* des bons résultats à d'autres tests, mais il y a une corrélation entre les différents résultats. Personne ne sait vraiment d'où vient cette corrélation.

« Tout est lié à tout », disait un psychologue expert

en statistiques. Il racontait l'histoire d'une équipe de chercheurs qui avaient recueilli des données sur 57 000 lycéens dans le Minnesota. Les chercheurs avaient demandé aux enfants ce qu'ils faisaient de leurs loisirs, jusqu'où ils comptaient poursuivre leurs études, s'ils aimaient l'école et combien de frères et sœurs ils avaient. Ils leur avaient également posé des questions sur la profession de leur père, le niveau d'instruction de leurs deux parents et l'attitude de leur famille par rapport au lycée. Soit 15 questions au total et 105 corrélations possibles entre deux questions[1]. Mais la plupart de ces 105 corrélations possibles n'avaient qu'une chance sur un million d'être significatives.

Tout est lié, mais pas au hasard : les bonnes choses vont généralement de pair. Les individus qui respectent un régime alimentaire équilibré sont aussi ceux qui font le plus de sport, qui se soumettent à des bilans de santé et qui vivent le plus longtemps. Les individus qui réussissent ont tendance à être de taille plus élevée que ceux qui restent sur la touche et leur QI est souvent supérieur ; leur vie conjugale est plus stable. Les enseignants et les parents attendent davantage des enfants qui ont déjà montré qu'ils se débrouillaient bien ; ceux-là ont plus de chance de réussir à l'avenir. Les enfants qui travaillent bien à l'école sont moins prédisposés au tabagisme et à la délinquance. Les enfants entourés de tendresse ont tendance à avoir meilleur caractère que ceux qu'on corrige souvent.

En elle-même, la corrélation ne présente rien qui permette de distinguer la cause de l'effet. Si c'était le cas, les courbes de corrélations indiqueraient deux

1. Quinze fois quinze font 225. Mais 15 de ces 225 corrélations relient une même réponse à elle-même, donc ne comptent pas, et la moitié des autres sont des corrélations entre deux mêmes réponses placées en ordre inverse. La corrélation entre A et B est la même que celle entre B et A.

pointes contradictoires car les effets se manifestent dans les deux sens, ou n'en indiqueraient aucune parce que les chercheurs n'ont pas mesuré les causes.

Le numéro de septembre 1997 de la revue *JAMA* contient une étude réalisée par le psychologue Michael Resnick et une douzaine de ses collègues, intitulée « Comment protéger les adolescents : résultats des travaux sur la santé des jeunes conduite par *The National Longitudinal Study on Adolescent Health* ». Les chercheurs ont posé toute une série de questions à une foule d'adolescents et leurs réponses leur ont permis d'établir d'innombrables corrélations. Ce qui a conduit les journaux à titrer : « Ces travaux ont mis en évidence une corrélation entre la nature des relations parentales et le bien-être des jeunes ». Les chercheurs évoquaient le rôle de « la cohésion familiale », attribuant à celle-ci un effet « protecteur » contre les différentes formes de « comportement à risque » qu'ils avaient identifiées. Ils voulaient dire que les adolescents les mieux intégrés à leur famille, les plus proches de leurs parents, avaient moins de chances de fumer, de se droguer ou d'avoir des relations sexuelles précoces.

Voici ce qu'ils avaient effectivement constaté : les adolescents qui *disaient* avoir de bonnes relations avec leurs parents, ajoutant que ceux-ci les aimaient et fondaient des espoirs sur eux, avaient moins tendance à déclarer qu'ils fumaient ou découchaient. Leurs conclusions se fondaient exclusivement sur les réponses des adolescents — ils commettaient donc la même erreur de méthode que les chercheurs qui s'intéressent aux différents modes d'éducation parentale. La revue *JAMA* aurait immédiatement refusé de publier un article médical si les médecins chargés de tester un nouveau médicament savaient qui avait pris le médicament et qui avait reçu un placebo : il faut isoler l'évaluation des effets d'un médicament de son mode d'administration. Ce qui n'a pas empêché cette même revue de publier une étude où les réponses des adolescents étaient l'unique source d'informations sur les facteurs susceptibles de protéger leur existence et sur leurs effets présumés [1].

L'hypothèse du primat de l'éducation parentale est puissante : elle vous ouvre bien des portes. Selon le magazine *Time,* l'étude publiée par *JAMA* a coûté 25 millions de dollars au budget fédéral. Elle-même mère d'une adolescente, la journaliste de *Time* qui rapportait cette information manifestait un certain scepticisme :

> Cette étude, financée par dix-huit agences fédérales, doit sans doute son succès au fait qu'elle a mis du baume au cœur des parents dont la petite Mary ne fait plus un pas sans sa grande copine Molly tout en traitant sa mère comme un pot de fleurs. « Les parents continuent d'exercer une influence majeure, y compris sur les grands adolescents », déclare le professeur Michael Resnick de l'université du Minnesota, principal auteur de l'enquête. Un constat rassurant : même si votre fille semble vous ignorer, elle se nourrit du capital relationnel que vous avez forgé avant qu'elle ne décide qu'il n'y avait rien de plus important au monde que de se faire percer les oreilles.

C'est peut-être vrai. J'ai beau critiquer la méthodologie des chercheurs, je ne doute pas que certains jeunes — et pourquoi pas la petite Mary — s'entendent toujours relativement bien avec leurs parents même à l'adolescence, et que cela les empêche un peu de faire des bêtises, de se droguer ou de faire l'amour sans préservatif. Et si dix-huit agences fédérales ont cru qu'elles avaient bien fait de jeter par la fenêtre vingt-cinq millions de dollars, c'est grâce à la manière dont les chercheurs ont formulé leurs résultats : une *bonne*

1. Un questionnaire a également été remis aux parents, mais l'analyse des résultats rapportée dans *JAMA* ne tient pas compte de leurs réponses.

entente avec les parents a un effet *protecteur*. S'ils s'étaient exprimés autrement (mais avec autant d'exactitude), l'affaire aurait paru moins intéressante : les enfants qui ne s'entendent pas bien avec leurs parents sont plus susceptibles de se droguer et de coucher à droite et à gauche. Le résultat de l'enquête aurait été encore moins engageant s'il avait été présenté ainsi : les adolescents qui se droguent et font l'amour sans préservatif ne s'entendent pas avec leurs parents.

Nous avons ici une corrélation qui n'indique absolument rien de pertinent, dans la mesure où la cause est un facteur que les chercheurs n'ont pas mesuré. Le chaînon manquant, c'est la personnalité — les caractéristiques de la personnalité du sujet. Les individus dotés de certains types de personnalité risquent plus que d'autres de manifester des comportements à risque. Ces mêmes individus risquent plus que d'autres d'entretenir des relations conflictuelles, non seulement avec leurs parents mais avec tout le monde.

Une étude néo-zélandaise fournit le chaînon manquant. Elle a été conduite par Avshalom Caspi et ses collègues et publiée dans une revue de psychologie deux mois après celle de *JAMA*. Mais *Time* n'y a pas prêté attention.

Les chercheurs néo-zélandais ont soumis un millier de jeunes à des tests de personnalité et ont constaté que certains traits permettaient de prédire avec sûreté des comportements à risque. Les jeunes de dix-huit ans impulsifs, soupe au lait, téméraires et avides d'émotions fortes ont tendance à boire beaucoup, à conduire trop vite et à faire l'amour sans précautions. Les mêmes jeunes ont généralement du mal à établir et à conserver des relations personnelles étroites.

Les chercheurs ont constaté que ces traits de personnalité défavorables présentent la même héritabilité que les traits favorables : l'influence génétique explique environ 50 % de la variation entre individus. Ces traits de caractère se manifestent précocement : les chercheurs ont pu en déceler des signes sur des sujets de trois ans. C'est vrai, ils disposaient effectivement de données concernant les mêmes sujets — une évaluation de leur comportement réalisée par des examinateurs compétents — grâce à des tests auxquels ils avaient été soumis à l'âge de trois ans. Les enfants de trois ans qui se montraient plus impulsifs et plus coléreux que les autres enfants de leur âge, qui avaient plus de mal à fixer leur attention sur une tâche, avaient tendance à manifester durablement les mêmes caractéristiques, et ces individus tendaient, en grandissant, à manifester des « comportements à risque ».

Il faut reconnaître que les résultats de cette étude sont plus décourageants que ceux que *JAMA* a publiés. Mais si l'on veut trouver une solution au problème, mieux vaut commencer par comprendre ce qui se passe. La biologie n'est pas une fatalité ; affirmer que l'hérédité contribue à déterminer les caractéristiques des gens ne veut pas dire qu'on ne peut pas les changer. Il suffit de savoir comment. Si nous avons été incapables de l'imaginer jusqu'à présent, c'est peut-être parce que la prééminence de l'hypothèse du primat de l'éducation parentale y a fait obstacle.

Pourquoi la psychologie grand public s'en prend à papa et maman

Les rayonnages de la bibliothèque de mon quartier sont remplis de livres comme ceux de John Bradshaw sur « les familles à problèmes » ou de Susan Forward sur les « parents toxiques ». Si je désire consulter un livre plus scientifique, comme celui de McLanahan et Sandefur, *Grandir avec un seul parent*, je suis obligée de remplir une fiche pour que la bibliothécaire en demande le prêt à une bibliothèque universitaire. J'ai bien peur, dans ces conditions, d'avoir passé trop de temps à me répandre en invectives contre McLanahan,

Sandefur et consorts, et pas assez à dénoncer les thèses de gens comme Bradshaw et Forward. Bien que je n'aie pas l'intention de réparer cette injustice — à dire vrai, je n'en ai pas le courage —, je tiens à dire quelques mots de tous ces guides qui encombrent ma bibliothèque locale. Pourquoi des psychothérapeutes comme Susan Forward et John Bradshaw sont-ils convaincus que les difficultés de leurs patients doivent être imputées aux parents de ces derniers ? Et pourquoi suis-je persuadée qu'ils ont tort ?

J'ai déjà indiqué à plusieurs reprises que les travaux de la génétique du comportement ont montré que les enfants élevés au sein d'une même famille par les mêmes parents ne suivent pas tous le même chemin. Ce n'est pas un problème pour tous les John Bradshaw et Susan Forward du monde, car ils ne s'attendent pas à ce que les enfants suivent le même chemin. Ils s'attendent en revanche à ce que les parents à problèmes exercent leurs effets toxiques sur chaque enfant en particulier ; en effet, chaque enfant a un rôle différent à jouer, est né à un moment différent ou ressemble à un grand-parent différent. Les Bradshaw et les Forward ne vont pas passer des nuits blanches à étudier les résultats de la génétique du comportement. Ni d'autres résultats. Leurs théories sont suffisamment extensibles pour avaler tout ce qu'on leur jette en pâture. Il est difficile de réfuter par des arguments scientifiques les thèses qui ne se fondent pas sur des méthodes ou des résultats scientifiques.

Ce que je peux faire, en revanche, c'est vous montrer comment ils parviennent à leurs conclusions et comment on peut considérer les mêmes observations sous un autre jour. Ce ne sont pas leurs observations que je veux récuser : c'est l'interprétation qu'on en donne.

En règle générale, une patiente (c'est le plus souvent une femme) entre dans le cabinet d'un psychothérapeute et se plaint d'être malheureuse. Elle parle un moment au thérapeute qui déclare que les parents de la patiente sont responsables de tout. Ils l'ont dévalorisée, ou trop gâtée, couvée, culpabilisée, quand ils n'ont pas abusé d'elle sexuellement. Le psychothérapeute persuade sa patiente qu'elle n'est pour rien dans tous les maux qui l'accablent, quels qu'ils soient, mais que la faute en revient intégralement à ses parents. Et la cliente de déclarer au bout d'un moment : « Merci beaucoup, docteur, je me sens beaucoup mieux. »

Ce qui m'intéresse n'est pas de savoir pourquoi la patiente se sent mieux, ni si c'est vraiment le cas. Je laisse à d'autres auteurs le soin de régler le problème. La question que je me pose est la suivante : pourquoi le psychothérapeute met-il tout sur le dos des parents ? Qu'a-t-il observé pour être si sûr de son fait ?

Ce qu'il observe, c'est que les patients à problèmes ont des parents à problèmes. Il constate que les parents en question ne traitent pas leurs enfants de la même manière, qu'ils leur attribuent des rôles différents au sein de la famille. On trouve de tout dans sa salle d'attente : la petite que l'on a chargée de toutes les corvées, le bouc émissaire de la famille, l'enfant surprotégé. Le spécialiste constate que toutes ces personnes malheureuses ont eu une enfance malheureuse.

Bien entendu, il ne l'a pas constaté directement : il s'en tient généralement au point de vue de la patiente. Il ne sait que ce qu'elle lui dit. Il lui arrive toutefois de faire venir les parents, qui lui font souvent encore plus mauvais effet que ce à quoi il s'attendait. Il observe aussi le comportement de sa patiente en présence de ses parents. Elle a tendance à se montrer plus puérile et mal dans sa peau qu'elle ne l'est en réalité. Le psychothérapeute en conclut que les problèmes de sa patiente résultent du traitement que ses parents lui ont infligé lorsqu'elle était enfant.

Quelles explications a-t-il oublié de prendre en compte ? Quelles erreurs a-t-il commises ? J'en ai trouvé neuf.

Premièrement, il est possible que les problèmes des parents soient de nature héréditaire et qu'ils les aient transmis à leur enfant. Les psychothérapeutes n'aiment pas beaucoup ce genre de considérations ; peut-être croient-ils qu'elles impliquent que leurs patients sont incurables. Ce qui n'est pas du tout le cas. On peut remédier à bien des problèmes biologiques, ce qui est bien plus difficile quand l'environnement est en cause. Et si notre destin *était* inscrit dans nos gènes ? Si c'était vrai — mais ça ne l'est pas —, à quoi servirait-il de le nier ?

Deuxièmement, il est possible qu'on ait assigné à sa patiente un rôle particulier au sein de sa famille parce que c'était le rôle qui lui convenait. Ses parents ont peut-être réagi à des caractéristiques qu'elle possédait déjà, au lieu d'en être responsables.

Troisièmement, il est possible que quelqu'un d'autre — extérieur à la famille — ait réagi de cette façon. Si elle manifestait des dispositions pour devenir le bouc émissaire de la famille, qui sait si elle ne manifestait pas les mêmes dans la cour de récréation ? Et c'est peut-être ce qu'elle a vécu dans la cour de l'école qui est responsable de ses problèmes d'aujourd'hui.

Quatrièmement, ses parents avaient peut-être des problèmes qui ont exercé un effet sur son existence, mais par l'intermédiaire de son environnement social, à l'extérieur de la maison. Si son père buvait, il était peut-être incapable de trouver du travail et la famille a pu se retrouver dans la misère. Si ses parents étaient divorcés, elle a peut-être été transbahutée trop fréquemment d'un endroit à l'autre.

La cinquième explication possible a trait à la manière dont elle se comporte en présence de ses parents. Quel que soit leur âge, tous les gens se conduisent différemment devant leurs parents. L'erreur que commettent souvent les psychologues de toute obédience consiste à partir du principe que le comportement que l'on affiche en présence de ses parents est plus révélateur, plus important, plus durable que celui que l'on manifeste en d'autres circonstances. Ce n'est pas le cas. Si tout ce que j'ai dit dans ce livre prouve quelque chose, c'est que la manière dont on se comporte en présence de ses parents est *moins* importante, moins significative et moins durable que le comportement que l'on manifeste dans les situations où il n'est pas question des parents. Les enfants introduisent à la maison les comportements qu'ils ont acquis au-dehors ; en général, ils ne transfèrent pas au-dehors le comportement qu'ils ont chez eux. Ce que l'on observe en présence des parents de la patiente, c'est sa personnalité familiale, qui reflète effectivement la façon dont elle était traitée à la maison mais qui n'a pas l'importance que le psychothérapeute lui attribue.

La sixième explication concerne le comportement des *parents* dans le cabinet du psychothérapeute. Avant de les juger, je vous invite à chausser leurs mocassins le temps de faire deux ou trois fois le tour du pâté de maisons. Ce sont les accusés sommés de se présenter en cour d'assises. À cette différence près qu'il n'y a ni jury ni avocat de la défense, mais uniquement l'avocat de la partie civile, qui se trouve du côté de la patiente. Le crime dont les parents sont les auteurs présumés est d'avoir fabriqué un enfant à problèmes. Ils ont été reconnus coupables avant même d'avoir poussé la porte du cabinet, et ils le savent. Comment voulez-vous qu'ils se comportent ?

Septièmement, je poserai la question suivante : quel est le témoin à charge contre les parents ? Réponse : l'enfant à problèmes. Sa seule présence dans le cabinet du psychothérapeute signifie que la patiente est malheureuse. Et, comme vous vous y attendez, elle se souvient que son enfance a été malheureuse. Mais ce n'est peut-être pas cela qui la rend malheureuse — c'est peut-être l'inverse. Son malheur actuel la conduit peut-être à se *remémorer* son enfance sous un jour malheureux. La mémoire n'est pas un système aussi fiable qu'on pourrait le souhaiter. Elle dépend de notre humeur. Nous sortons de notre magasin des souvenirs, bons, mauvais ou neutres, que nous colorons en fonction de notre état d'âme. Les gens déprimés ont tendance à avoir de mauvais souvenirs de leurs parents. Quand ils sortent de leur dépression, ces souvenirs deviennent plus heureux. Les souvenirs d'enfance des vrais jumeaux sont étonnamment semblables, même quand ils ont été élevés séparément. Leurs souvenirs se ressemblent en partie parce que les adultes qu'ils sont devenus manifestent les mêmes tendances à être heureux ou malheureux. Eh oui, la génétique pèse également sur le bonheur.

Huitièmement, ce qui nous cause du chagrin ou du plaisir n'a pas forcément le pouvoir d'affecter notre personnalité ou de provoquer des maladies mentales. Les relations personnelles comptent beaucoup : c'est incontestable, les parents jouent un grand rôle dans l'existence. Nous ne sommes pas indifférents à ce qu'ils pensent de nous. Cela étant, nous ne sommes pas pour autant une cire molle entre leurs mains. Ce n'est pas parce que la patiente se montre très émue dès qu'elle pense à ses parents que ceux-ci sont responsables de tous ses problèmes. Si vous la privez de nourriture, elle fera peut-être une fixation sur les hamburgers, mais personne n'ira imaginer que c'est la faute des hamburgers si elle a faim.

Ce qui nous amène au neuvième et dernier point qu'oublie notre psychothérapeute : les effets envahissants de l'hypothèse du primat de l'éducation parentale. Le thérapeute comme la patiente appartiennent à une culture dont l'un des mythes les plus chers consiste à croire que les parents ont le pouvoir de faire de leurs enfants des adultes heureux et prospères, ou des ratés. Un mythe qui rend les parents responsables de tous nos malheurs.

Le mythe culturel qui nous incite à penser que les enfants naissent bons et innocents, comme autant d'ardoises vierges sur lesquelles les parents n'ont qu'à écrire la destinée de leur progéniture, est inoffensif. Le revers de ce mythe, qui impute aux parents la responsabilité de tout ce qui tourne mal pour leurs enfants, n'est pas aussi inoffensif. On dédouane l'enfant, pour mieux charger les parents.

Les psychothérapeutes tiennent pour acquis que les enfants paient les erreurs éducatives de leurs parents. L'éditorialiste de *JAMA* était tout aussi convaincu que Mme McElhinney avait transformé son fils en assassin en lisant des romans policiers avant sa naissance.

14

CE QUE PEUVENT FAIRE LES PARENTS

Si vous attendiez une page blanche à la suite de ce titre, c'est que vous avez surestimé mon sens de l'humour ou sous-estimé mon aplomb. Je reconnais qu'il faut un certain culot pour aligner ces six mots en tête du quatorzième chapitre après avoir réglé leur compte aux donneurs de conseils professionnels dans les treize précédents. Mais il serait injuste — et erroné — de vous laisser sur l'impression que les parents ne comptent pas plus que le papier peint posé sur les murs.

Par ailleurs, je ne voudrais pas vous donner de faux espoirs. Je vais donc commencer par une anecdote que rapporte mon collègue David Lykken au sujet de deux jumelles élevées séparément — elles faisaient partie des jumeaux étudiés par l'équipe de recherche dont il fait partie, à l'université du Minnesota.

Il s'agit de vraies jumelles séparées dès la prime enfance. Elles ont grandi dans des familles adoptives différentes. L'une est devenue une pianiste de talent et se produit comme soliste dans l'orchestre du Minnesota. L'autre est incapable de jouer une note.

Ces deux femmes possédant les mêmes gènes, la dissemblance provient forcément de différences d'environnement. Effectivement, l'une des mères adoptives était professeur de musique et donnait des leçons de piano, alors que les parents adoptifs de l'autre jumelle n'étaient absolument pas musiciens.

Seulement voilà : ce sont les parents non musiciens qui ont élevé la pianiste et le professeur de piano dont la fille est fermée à la musique.

Ce que les enfants apprennent à la maison

David Lykken, qui a commencé sa carrière comme psychothérapeute et qui a apporté des contributions importantes dans différents domaines de la psychologie, reste convaincu que les parents ont le pouvoir de façonner la vie de leurs enfants. Voici comment il explique le paradoxe des jumelles dissemblables :

> Le professeur de piano a proposé à sa fille de lui donner des leçons mais n'a pas insisté, alors que l'autre mère adoptive, elle-même non musicienne, tenait absolument à ce que sa fille prenne des leçons de piano et à ce qu'elle en tire le maximum ; elle a façonné d'emblée l'environnement de sa fille d'une main ferme et constante.

La mère non musicienne a insisté pour que sa fille prenne des leçons et a veillé à ce qu'elle travaille son piano. Évidemment, l'enfant devait avoir des dons — il ne suffit pas d'une mère volontaire pour que l'on devienne concertiste. Mais, sans la détermination de la mère, ces dons n'auraient servi à rien. La jumelle dont la mère n'a pas insisté ne joue pas de piano.

Je vais vous donner un contre-exemple, celui d'une de mes filles. Mon aînée n'a jamais joué dans l'orchestre du Minnesota, mais elle était assez bonne pour accompagner la chorale de son lycée et il lui est arrivé de se produire en public. Comme la mère qui ne savait pas trop ce qu'elle voulait, j'ai proposé à ma fille de prendre des leçons de piano (auprès d'un professeur du quartier) mais sans insister. Contrairement à la mère exigeante, je ne l'ai jamais obligée à travailler son piano : elle l'a fait toute seule. Ma fille est persuadée que si je l'avais harcelée, cela n'aurait jamais marché — elle aurait laissé tomber. Je lui ai demandé récemment ce qui l'avait motivée à poursuivre. Elle m'a répondu : « J'aimais jouer et j'avais envie de jouer encore mieux, et je sentais que je faisais des progrès quand je travaillais. » La virtuosité est sa propre récompense.

Bien que je n'aie pas obligée ma fille à prendre des leçons de piano ni à travailler, et que je ne l'aie même pas vraiment encouragée à le faire, je lui ai fourni un milieu familial plutôt musicien. Durant la plus grande partie de son enfance, je faisais partie d'une chorale et les répétitions avaient parfois lieu à la maison. Aujourd'hui, ma fille joue du piano essentiellement pour s'accompagner ; à ses moments de loisirs, elle travaille sa voix et chante dans une chorale.

Oui, les parents exercent une certaine influence. Le cas de la jumelle non musicienne est une exception sur laquelle je reviendrai brièvement. La règle veut que des parents musiciens aient des enfants musiciens. Les fils et les filles de médecins deviennent souvent médecins. Il serait absurde de nier l'influence des parents sur le choix d'une profession et sur les loisirs de leurs enfants. Je ne la nie pas.

Les parents influencent le comportement de leurs enfants à la maison. Ils apportent également des connaissances et un savoir-faire qui peuvent être utiles à leurs enfants à l'extérieur de chez eux. L'enfant qui a appris le français chez lui n'a pas à le réapprendre pour parler avec ses camarades — à supposer, évidemment, que ceux-ci parlent français. Il en va de même des autres comportements, savoir-faire ou connaissances. Les enfants apportent dans leur groupe de pairs une grande part de ce qu'ils ont appris chez eux, et il y a de fortes chances qu'ils le conservent, si cela concorde avec ce que les autres ont appris chez eux.

Les enfants apprennent également des choses qu'ils n'apportent *pas* dans leur groupe de pairs, mais qu'ils peuvent conserver même si elles sont différentes de ce que leurs pairs ont appris de leur côté. Certaines choses en effet ne sont pas évoquées dans le contexte du groupe de pairs. C'est aujourd'hui le cas de la religion. À moins qu'ils ne fréquentent une école confessionnelle, les enfants pratiquent la religion avec leurs parents, et non avec leurs pairs. Aussi les parents ont-ils encore, dans une certaine mesure, le pouvoir de transmettre leur religion à leurs enfants. Ils ont le pouvoir de leur transmettre tous les aspects domestiques de la culture : la cuisine, par exemple. Tout ce qui s'apprend à la maison et n'en sort pas — et qui échappe donc au jugement des pairs — peut se transmettre de parents à enfants. Peut-être même la manière de tenir sa maison [1]. Quand ils jouent à la dînette ou à la poupée à l'école maternelle, les enfants se font une idée de la manière dont se déroule la vie familiale dans leur communauté, mais de nombreux détails sont passés sous silence.

En outre, certaines choses apprises à la maison peuvent être conservées même si elles sont apportées au sein du groupe — et même si elles sont différentes de celles des autres enfants du groupe. En effet, celui-ci n'exige qu'une conformité relative. Il existe des comportements imposés et d'autres non. Les uns et les autres dépendent du groupe auquel vous appartenez. Le

1. Une étude sur les jumeaux (Waller and Shaver, 1994) a montré que les enfants pouvaient apprendre un certain type de comportement amoureux chez eux. Cela dit, une autre étude sur les jumeaux portant cette fois sur le divorce (McGue et Lykken, 1992, évoquée au chapitre 13) donne des résultats contradictoires : l'exemple conjugal des parents ne semble avoir aucune corrélation avec le succès ou l'échec de la vie conjugale des jumeaux. Il est trop tôt pour conclure quoi que ce soit à ce sujet.

langage est un élément obligatoire de n'importe quel groupe : l'enfant qui rejoint le groupe en parlant une autre langue ou en s'exprimant avec un accent étranger doit en changer, et il le fait. Dans les groupes de garçons entre sept et onze ans, on doit adopter un comportement « masculin » : être dur, insensible, soucieux de son statut. Les groupes de filles laissent plus de latitude à celles qui ne veulent pas se conformer à la norme « féminine ». Ces différences dans la rigidité des stéréotypes reflètent une différence entre filles et garçons : l'esprit de groupe semble plus fort chez ces derniers (voir chapitre 10).

Ce qui est obligatoire peut également varier dans le temps. Le patriotisme ne se discute pas en temps de guerre, mais peut devenir un choix personnel en temps de paix. En raison de l'évolution culturelle des adultes, les groupes de garçons laisseront peut-être place à plus de permissivité et de liberté pour toute une série de comportements. Jusqu'ici, cependant, les psychologues du développement n'ont pas relevé de signes d'un tel glissement.

Si les connaissances, le savoir-faire ou les opinions acquis à la maison touchent à un domaine dont les pairs ne se mêlent pas — un domaine où le conformisme n'est pas imposé, où les différences peuvent même être appréciées —, l'enfant peut les conserver. Dans la plupart des groupes d'enfants, les talents, les passe-temps, les opinions politiques et les projets professionnels sont extrêmement divers sans que cela pose de problèmes. Il n'est pas forcément honteux de savoir jouer du piano.

À la maison, les enfants apprennent à jouer du piano, ils apprennent à quoi ressemble la profession médicale, pourquoi il est préférable de voter « démocrate » ou comment confectionner un plat mexicain. Ce qu'ils n'apprennent pas chez eux, c'est la manière de se comporter en public et quel genre d'individus ils sont. Ce sont des choses qui s'apprennent dans le groupe de pairs.

La famille peut-elle constituer un groupe ?

À la fin du chapitre 7, j'ai montré pourquoi les familles ne fonctionnent habituellement pas comme un groupe. Dans les pays occidentaux, la cellule familiale contemporaine, disais-je, n'est pas une catégorie sociale saillante parce qu'elle est isolée. Il n'y a pas de groupes concurrents qui suscitent l'esprit de groupe ; aussi la famille éclate-t-elle en une collection d'individus — chacun de ses membres ayant son propre emploi du temps et son propre territoire à défendre. Les autocatégorisations relèvent du *moi* ; à la maison, le *nous* apparaît rarement.

Cela peut se passer différemment au sein des cultures asiatiques, où l'on s'identifie plus à la famille et où l'on attache moins d'importance à la réussite et à l'autonomie individuelles. Dans la Chine précoloniale, si un homme s'était rendu coupable d'un crime grave, toute sa famille — parents, enfants, frères et sœurs — était exécutée avec lui. On estimait que l'ensemble de la famille était responsable. Les enfants asiatiques se considèrent peut-être comme des « Wang » ou des « Nakamura », même quand ils sont chez eux. La famille asiatique permet peut-être à la fois l'assimilation et la différenciation.

Cela arrive également dans les familles occidentales, en certaines circonstances. Observez une famille américaine en voyage dans un lieu où les enfants n'ont pas à craindre les regards de leurs camarades de classe. Sortie de son territoire familier, la famille se regroupe et fait corps. Les rivalités entre frères et sœurs s'évaporent aussi vite que les flaques d'eau sur les trottoirs de Tucson, au chaud soleil de l'Arizona. Mais le répit est temporaire. Dès que les parents et les enfants remontent en voiture et se retrouvent entre eux, l'esprit de groupe s'évanouit et la rivalité réapparaît. Ils redeviennent une collection d'individus — chaque membre ayant ses propres objectifs du temps et son territoire à défendre. Maman, il a mis les pieds sur ma banquette !

Quand l'esprit de groupe est faible ou absent, la différenciation prend le pas sur l'assimilation. Les membres de la famille se diversifient, chacun cherchant à se spécialiser, à occuper une niche qui lui soit propre. Ce qui élargit l'éventail des savoir-faire de la famille et atténue la rivalité entre frères et sœurs. Mais les parents occupent eux aussi des niches familiales que les enfants peuvent ainsi considérer comme déjà prises. Peut-être est-ce la raison pour laquelle la jumelle dont la mère était professeur de piano n'a jamais appris à jouer : il y *avait* déjà une pianiste dans la famille. La fille aurait fait concurrence à sa mère si elle s'était mise au même instrument. Quel dommage que les parents ne l'aient pas encouragée à jouer du tuba ! Ma propre fille n'avait pas de concurrent dans la famille : aucun de ses parents ne jouait du piano et sa petite sœur était trop jeune.

La recherche d'une niche au sein de la famille peut avoir des effets durables quand elle pousse à cultiver un talent ou une passion particulière. La jumelle pianiste a ainsi découvert sa voie ; même si elle essaie de rattraper le temps perdu en prenant des leçons à l'âge adulte, sa sœur jumelle ne peut guère espérer dépasser un niveau d'honnête amateur. Les choix de carrière, d'opinions politiques ou religieuses, faits au cours de l'enfance — *à la maison* —, peuvent avoir des répercussions qui dureront toute la vie. Ils peuvent être apportés dans le groupe de pairs sans être modifiés, car les autres enfants n'y prêtent pas attention ou y sont indifférents.

L'affaire se présente différemment pour ce qui est de la personnalité et du comportement social. On a pu constater que le fait d'occuper une niche ou de jouer un rôle particulier au sein de la famille n'affectait pas durablement la personnalité. Les enfants, par exemple, se voient attribuer un rôle différent selon leur rang de naissance : les parents considèrent l'aîné comme plus responsable, plus sensible et plus dépendant que ses cadets ; ces derniers le trouvent tyrannique. Mais les tests réalisés sur les adultes ne font pas apparaître de différences de caractère correspondant à l'ordre de naissance. De même, les chercheurs n'ont pas relevé de différences de personnalité significatives entre les enfants uniques et ceux qui ont des frères et sœurs (voir chapitres 3 et 4 et Annexe 1).

Peut-on être parent et leader ?

Les leaders, comme je l'ai dit au chapitre 11, peuvent influencer les normes comportementales d'un groupe. Ils peuvent définir le stéréotype de groupe dans lequel les membres se reconnaissent et définir les frontières — la limite entre *nous* et *eux*. Un parent peut-il être un leader de ce genre ? Peut-il créer une cohésion familiale et fixer des objectifs au groupe ainsi formé ?

Oui. Mais cela arrive rarement dans les sociétés occidentales, car les familles sont généralement trop réduites et que ce processus exige un groupe familial d'une certaine dimension. L'autre condition sine qua non est la présence d'un parent doté d'une forte personnalité.

En l'occurrence, on pense généralement au clan Kennedy. Mais je préfère vous faire le portrait d'une autre famille, dont vous n'avez probablement jamais entendu parler. Elle vivait à Long Branch, dans le New Jersey, pas très loin de chez moi. Le père et la mère sont aujourd'hui décédés. Il s'agissait de Donald Thornton, un ouvrier, et de sa femme Tass, qui avait travaillé comme femme de chambre dans un hôtel avant de se marier. Tous deux étaient des Noirs américains d'origine très modeste. Donald avait quitté le collège à quatorze ans, Tass avait suivi quelque temps une formation d'institutrice dans le Sud.

Donald et Tass ont eu cinq filles qui se suivaient de près ; un peu plus tard, ils ont pris en nourrice une fillette qui avait à peu près l'âge des autres. Selon Yvonne, la troisième fille, les six enfants n'avaient rien de particulièrement prometteur.

> Petites, nous n'avions rien de spécial, rien qui puisse nous distinguer des autres enfants noirs de Long Branch, dans le New Jersey. En toute logique, nous aurions dû aller travailler à l'usine ou dans un bureau après le lycée, à condition d'avoir la chance de ne pas tomber enceintes, de ne pas devoir quitter l'école et de ne pas devoir compter sur l'aide publique, avec un nouvel enfant illégitime une année sur deux.

Mais Donald Thornton avait d'autres idées en tête. Il tenait à ce que ses filles réussissent et il a consacré sa vie à ce projet. Comme Yvonne le raconte dans son livre *The Ditchdigger's Daughters* (*Les Filles du terrassier*), voici comment tout a commencé :

> La fierté et l'ambition n'ont rien à voir. Tout a commencé par une blague. Papa creusait des fossés à Fort Monmouth, New Jersey, et quand maman a accouché d'une quatrième, puis d'une cinquième fille, ses copains terrassiers l'ont mis en boîte en lui faisant remarquer qu'il n'était capable de faire que des filles. C'est quoi, ce type-là, ont-ils rigolé, qui ne peut même pas faire un petit gars ?... « Vous rigolerez moins quand mes petites filles seront médecins », leur a-t-il lancé.

Ce genre de vantardise est fréquent, mais peu de parents font preuve de l'obstination et de la force de caractère de Donald Thornton. Il s'est débrouillé pour que ses filles forment un groupe. Il leur a donné une image d'elles-mêmes : vous êtes bien mieux que les autres gosses du quartier ; peut-être pas plus intelligentes mais plus studieuses. Il leur a donné un but : devenir médecin. Et il a défini les frontières du groupe :

> « Pas question d'en rabattre », a-t-il dit à maman qui nous considérait comme des gamines et nous aurait bien laissées faire du patin à roulettes ou jouer au ballon dans la rue. Papa ne voulait pas en entendre parler. « Elles sont cinq, a-t-il déclaré, elles n'ont qu'à jouer entre elles. Elles n'ont pas besoin d'aller voir ailleurs !... Restons unis... et rien ne sera impossible à cette famille. »

Comme Jaime Escalante, l'un des enseignants dont nous avons parlé au chapitre 11, Donald Thornton a donné à ses enfants le sentiment qu'elles étaient « une troupe d'élite en mission secrète, en mission impossible ». Les filles Thornton n'étaient pas seulement intelligentes et studieuses comme leurs deux parents, mais également musiciennes comme leur mère, ce qui a beaucoup facilité les choses. Quand elles ne faisaient pas leurs devoirs, elles travaillaient leur musique ; elles n'avaient pas le temps de fréquenter les autres enfants du quartier ni de faire des bêtises. Les sœurs Thornton ont formé un orchestre réputé qui a joué à l'Apollo Theater et sur les campus de la côte Est. Elles ont pu payer leurs études avec leurs cachets.

Toutes les filles de Donald ne sont pas devenues médecins, mais cela fait longtemps que les copains terrassiers de leur père ont arrêté de rire. Deux de ses filles sont effectivement médecins, les trois autres respectivement chirurgien-dentiste, avocate et sténographe au tribunal. Quant à la fillette qui avait été placée chez eux, elle est infirmière. Comme le dit Yvonne, ses sœurs et elle sont « des femmes épanouies, indépendantes et autonomes ».

Ce n'est pas fréquent, mais il arrive que la famille forme un groupe. Que l'un des parents soit le leader.

Mais il arrive aussi que les parents marginalisent leurs enfants. Je connais une autre famille du New Jersey dont les parents refusaient que leurs enfants jouent avec ceux du voisinage et les obligeaient à consacrer tout leur temps à leurs devoirs et à la musique. La famille était aisée et les parents cultivés. Ils n'avaient que trois enfants — deux garçons et une fille — et la différence vient peut-être de là. Peut-être faut-il un nombre minimum d'enfants du même sexe pour créer cet esprit de groupe. La famille est allée s'installer dans un endroit un peu retiré ; les enfants allaient à l'école, mais on les dissuadait de fréquenter des amis à l'extérieur de la famille. La fillette était si malheureuse qu'elle a demandé à aller en pension — je n'ai jamais entendu parler d'un autre enfant réclamant une chose pareille (qui d'ailleurs lui fut accordée). Le deuxième était très brillant et a passé ses diplômes dans une université très réputée, mais il était socialement inadapté : il a eu des ennuis avec la justice à la suite d'un canular informatique qui a mal tourné. Le plus jeune a abandonné ses études pour aller travailler dans une entreprise d'élagage.

Je pourrais évoquer encore le parent leader qui consacre sa vie à fabriquer un enfant prodige. Le père de Tiger Woods, le joueur de golf, et la mère de Brooke Shields, l'actrice, en sont deux exemples ; on pourrait en trouver d'autres dans les fan-clubs des gymnastes, des patineurs ou des joueurs d'échecs. La presse populaire n'hésite pas à imputer le succès des enfants à de tels parents, mais elle est encore plus prompte à les rendre responsables des passages à vide. Les éloges comme les blâmes sont en partie mérités. Mais on ne fabrique pas une star avec n'importe quel enfant : ces parents ont forcément eu la matière première qu'il fallait sous la main. Où l'ont-ils trouvée ? Ils l'ont engendrée. Ils ont produit un enfant qui possède la moitié de leurs gènes. Tiger Woods et son père font preuve l'un comme l'autre de l'obstination que nous avons observée chez Donald Thornton — ils possèdent la même capacité à se concentrer sur un objectif et à travailler dur pour le réaliser. L'hérédité joue un rôle, comme pour toutes les caractéristiques de personnalité.

L'enfant prodige est un cas intéressant ; un grand nombre de ces enfants paraissent être dotés d'une motivation personnelle innée. Si tel n'était pas le cas, je doute qu'un parent puisse la susciter. En fait, c'est l'enfant qui est motivé le premier et le père ou la mère qui se met au service de sa passion. Les enfants intellectuellement doués obtiennent davantage de choses de leurs parents que les enfants moins doués — livres, ordinateurs, visites de musées —, mais ils les obtiennent parce qu'ils les réclament. Ce ne sont pas les parents qui sont exigeants : c'est l'enfant.

Quand on élève un enfant prodige, celui-ci court le risque de ne pas avoir de groupe de pairs. Les enfants qui n'ont pas de relations normales avec leurs pairs risquent de devenir bizarres. Alors que les enfants simplement doués réussissent généralement très bien, les vrais prodiges — ceux qui font vraiment s'envoler toutes les courbes — souffrent de nombreux problèmes psychologiques. Les parents sont souvent impuissants à cet égard : certains enfants sont tellement précoces qu'ils n'ont rien en commun avec ceux de leur âge. Certains ne veulent se consacrer qu'au golf, à la gymnastique ou aux échecs. Mais si les parents étaient plus conscients de l'importance des pairs, peut-être mettraient-ils plus de cœur à en procurer à leur enfant.

Les parents ont-ils le pouvoir de choisir les pairs de leur enfant ?

C'est sans doute le seul pouvoir dont presque tous les parents disposent — la seule manière dont ils puissent déterminer le cours de la vie de leur enfant. Quand les parents de Joseph l'ont retiré de son école polonaise pour l'envoyer dans le Missouri, ils n'ont pas seulement bouleversé son enfance : ils l'ont mis sur une nouvelle route, vers une nouvelle destination. Joseph est maintenant américain, pour le meilleur ou pour le pire. Il n'est plus polonais, même quand il rêve. Ce ne sont évidemment pas ses parents qui lui ont appris à être un Américain, mais ce sont eux qu'il doit remercier ou blâmer : en le conduisant dans ce pays, ils lui ont donné des camarades américains.

Il est inutile que vous preniez des mesures aussi radicales pour changer le cours de l'existence de votre enfant. Il vous suffit de déménager dans un nouveau quartier ou de choisir son école. C'est un peu effrayant, non ? D'autant plus qu'il est bien difficile de prédire l'effet d'une telle décision. En général, les enfants travaillent mieux dans les écoles comprenant une forte proportion d'enfants intelligents ; en général, ils s'attirent moins d'ennuis dans les quartiers où le taux de délinquance est le plus bas. Mais un enfant moins intelligent que la moyenne peut être rejeté par ses camarades s'il fréquente une école qui contient beaucoup d'enfants plus intelligents que la moyenne. Un enfant d'origine modeste sera peut-être snobé dans un quartier où tous les autres viennent de familles aisées.

Ne croyez pas qu'être rejeté par ses pairs soit la fin du monde. C'est terriblement douloureux et on en conserve des cicatrices toute sa vie, mais cela n'empêche pas un enfant d'être socialisé (on peut parfaitement s'identifier à un groupe, même si celui-ci vous rejette), et j'ai remarqué que beaucoup de gens intéressants sont passés par une période de rejet au cours de leur enfance. Les fréquents déménagements ont des effets similaires. Étant enfant, j'ai souvent changé de résidence et j'ai subi quatre années de rejet. Je serais différente si cela ne m'était pas arrivé. Cela ne fait aucun doute. Je serais un être plus sociable mais aussi plus superficiel. Je n'écrirais certainement pas de livres — ce qui exige avant tout le goût du travail solitaire.

Voilà comment le biologiste et écrivain E.O. Wilson rend compte de son enfance :

> J'étais le fils unique d'une famille qui se déplaçait constamment à travers le sud de l'Alabama et le nord-ouest de la Floride. En onze ans, j'ai fréquenté quatorze écoles différentes. C'est ainsi, sans doute, que je suis devenu plutôt solitaire en grandissant et que j'ai trouvé dans la nature mon compagnon le plus fidèle. Au début, la nature, c'était l'aventure ; plus tard elle m'a procuré des émotions et des plaisirs esthétiques plus profonds.

Si cela ne dépendait que de moi, je prendrais le risque de voir mon enfant rejeté et je le mettrais dans la meilleure école que je puisse trouver — une école que fréquentent des enfants intelligents et qui travaillent dur. Une école où personne ne se moque de celui qui lit des livres et collectionne les bonnes notes. De telles écoles existent. Il y a ainsi une vieille école surpeuplée de Brooklyn, à New York, du nom de Midwood High. La moitié de ses quatre mille élèves vient du quartier, l'autre moitié a été admise après examen du livret scolaire. C'est une école qui attire comme un « aimant » — les enfants se battent pour y entrer. Selon le *New York Times* :

> Une fois admis, les 2 000 élèves venus d'ailleurs se mêlent aux 2 000 du quartier de Flatbush, partageant la plupart des cours. L'espoir est contagieux, dit le principal de Midwood, Lewis Frohlich. Plus de 70 % des élèves sortent de l'école avec leur diplôme — contre moins de 25 % pour le reste de la ville ; il y a moins de 2 % d'abandons et près de 99 % de ceux qui obtiennent leur diplôme entrent à l'université.

Le principal a raison : les comportements sont contagieux, à condition que le groupe renferme assez de porteurs de virus, qu'il reste uni et ne se fragmente pas en sous-groupes. Les élèves venus d'ailleurs — ceux qui se battent pour entrer à Midwood High — ne sont pas les seuls qui réussissent. Presque tout le monde réussit. La journaliste du *Times* a interviewé quelques lycéens — demi-finalistes du concours Westinghouse des jeunes talents scientifiques — et leur a demandé s'il n'était pas difficile de passer pour un « savant fou » aux yeux de ses condisciples. La question les a étonnés, rapporte-t-elle. « À Midwood, se passionner pour les sciences est apparemment une bonne façon de se faire des amis, et il n'y a pas de honte à avoir de l'ambition. » Dans cette école, beaucoup de lycéens sont des enfants d'immigrés. Ils apportent dans leur groupe de pairs la foi de leurs parents dans le pouvoir de l'éducation et ne la perdent pas, probablement parce que la plupart de leurs camarades ont des parents qui partagent la même foi. Les enfants de Midwood ne se divisent pas en deux groupes antagonistes, ceux qui aiment l'école et ceux qui ne l'aiment pas. On devrait étudier consciencieusement de telles écoles pour essayer de comprendre ce qui fait leur efficacité. Je ne saurais pas vous le dire.

La contagion des comportements a son revers : on attrape les mauvaises habitudes aussi facilement que les bonnes. Combien de parents craignent que leur enfant ait de « mauvaises fréquentations » et que ses copains exercent une mauvaise influence sur lui ! Ils ont souvent raison, bien que probablement leur enfant influence autant ses camarades que l'inverse. Quoi qu'on fasse, les tendances à la délinquance s'aggravent en compagnie d'enfants qui ont les mêmes tendances. Votre enfant s'en tirera sans doute mieux sans de tels amis.

Malheureusement, vous avez d'autant moins de pouvoir d'influer sur les fréquentations de vos enfants que leur cercle d'amis s'élargit. Tant que les enfants sont petits, les parents ont un contrôle presque absolu sur le choix de leurs amis, au moins à l'extérieur de l'école. Mais, dès qu'ils ont dix ans, c'est fini. Si vous interdisez à une fille plus âgée de voir ses copines (qui ont mauvais genre, selon vous), elle les verra certainement à votre insu et vous mentira. Et le mensonge devient vite une habitude.

Vous n'avez pas trente-six solutions. Je ne vous conseille pas d'enchaîner votre fille au radiateur, bien que je comprenne que vous puissiez être tenté de le faire. Vous pouvez la changer d'école ou déménager. Aucune de ces solutions n'est idéale. Si votre enfant est attirée par le genre d'amis que vous réprouvez, le changement d'école ou de quartier peut n'être d'aucun secours : elle peut fort bien aller se chercher d'autres amis, aussi peu à votre goût qu'avant.

Mais il arrive que le changement de résidence fasse merveille. J'ai eu un jour une conversation intéressante par ordinateur interposé avec une femme que j'appellerai Marion. Marion vivait à Provo, dans l'Utah ; elle avait onze enfants, dont les âges s'échelonnaient entre dix et trente ans. Quand elle a su que j'étais auteur de manuels sur le développement de l'enfant (ce que j'étais à l'époque), elle m'a confié l'histoire de son avant-dernier enfant. Tous les autres s'en sortaient très bien, mais celui-là avait de mauvaises fréquentations, disait-elle, et envisageait de laisser tomber le lycée. « Je l'ai sorti de là sans lui laisser le temps de dire ouf », m'a raconté Marion. Elle l'a envoyé vivre avec sa sœur aînée dans une petite ville, dans un coin perdu de l'Utah. La méthode était radicale, mais elle a marché. Le garçon a passé son bac et envisage d'entrer à l'université.

Il y a une autre situation où il peut être bon d'envisager de déménager : si votre enfant est le souffre-douleur de ses camarades. Si mon enfant était tout au bas de l'échelle et se faisait tabasser par les autres, je le sortirais de là. La réputation de victime vous colle à la peau et on s'attire de plus en plus de sévices. Il est extrêmement difficile de changer l'état d'esprit d'un groupe sur ce genre de choses. En temps normal, déménager n'est pas un atout pour un enfant, parce qu'il perd ses camarades et le statut qu'il avait au sein du groupe. Mais si son groupe de pairs lui rend la vie impossible et que son statut est nul, il n'a pas grand-chose à perdre.

La dernière solution est l'éducation à la maison. Pour les adolescents, c'est impossible, et c'est risqué même pour les plus jeunes si vous n'avez pas d'autres enfants à peu près du même âge ou si vous ne pouvez réunir un groupe assez important comprenant les enfants de vos amis ou de vos voisins. Vous protégerez peut-être vos enfants de l'influence délétère des autres écoliers, mais vous risquez de fabriquer des enfants mal dans leur peau, mal préparés à affronter le monde dans lequel ils devront vivre.

L'estime de soi et le statut

Selon les donneurs de conseils patentés, l'estime de soi est la chose la plus précieuse qu'un parent puisse transmettre à son enfant. « Le rôle des parents consiste avant tout à éveiller chez leurs enfants la conscience de ce qu'ils sont », affirme l'écrivain scientifique Jane Brody dans les pages du *New York Times*. Si les parents s'acquittent bien de leur tâche, l'enfant aura ce qu'il faut d'estime de soi. Sinon, c'est l'échec assuré. « Le manque d'estime de soi conduit beaucoup de jeunes à la marginalité, se lamente le docteur Liana Clark dans un essai publié par la revue *JAMA*. Les filles ont des relations sexuelles et se retrouvent enceintes. Les garçons prennent goût à la drogue et aux armes à feu. Toutes ces tragédies se produisent parce qu'ils ne croient pas en leurs compétences. »

Ces auteurs mettent peut-être la charrue avant les bœufs et confondent l'effet et la cause. Selon le psychologue Robyn Dawes, vouloir accroître l'estime de soi des individus est dérisoire dans la mesure où une telle stratégie « ne tient pas compte de ce que la plupart de nos sentiments sont la conséquence de nos actes et non leur cause ». Rien ne prouve sérieusement, dit Dawes, qu'une faible estime de soi soit « un facteur causal important du comportement ». La méthode des gourous qui prétendent aider les autres à être bien dans leur peau pourrait même avoir un effet négatif : « Le résultat de ces balivernes est de dissuader les gens d'essayer de se forger une vie correcte et de les encourager à faire ce qu'il faut pour avoir une bonne *opinion* d'eux-mêmes. »

Avoir une bonne opinion de soi peut avoir des effets contraires à ceux que l'on recherche. Les individus qui ont une très haute opinion d'eux-mêmes ont tendance à se croire invulnérables. Il existe une théorie qui prétend attribuer la violence à un manque d'estime de soi, mais une étude récente conclut à l'inverse : « La violence apparaît le plus souvent comme le résultat d'un égotisme menacé — lorsqu'une très haute opinion de soi-même est remise en question par quelqu'un ou quelque chose. » Les auteurs soulignent que la violence comporte des risques et que l'on peut penser que ceux qui y cèdent n'ont guère de doutes sur leurs capacités physiques, leur intelligence et leurs chances. On a également constaté que les gens qui ont une bonne opinion d'eux-mêmes sont plus enclins à conduire en état d'ivresse ou à dépasser les limites de vitesse. Une étude portant sur des étudiantes a montré que celles qui ont la plus haute opinion d'elles-mêmes sous-estimaient les risques de tomber enceinte : elles étaient plus enclines que les autres à estimer qu'il n'était pas très risqué de faire l'amour sans préservatif. Elles n'ont pas envie d'avoir un enfant, mais leur estime de soi les incite à penser que « ça n'arrive qu'aux autres ».

Je dois reconnaître, cependant, que l'autodépréciation n'est pas géniale non plus. C'est le problème dont souffrent beaucoup de gens qui finissent dans les cabinets des psychiatres et des psychothérapeutes : ils « intériorisent » — ils se rongent et se font des reproches au lieu de sortir dans la rue et de flinguer quelqu'un. L'objectif de la psychothérapie traditionnelle est de les conduire à cesser de s'autoflageller en reportant la responsabilité sur leurs parents. Il arrive que ça marche. Ces patients ayant en effet tendance à être déprimés — le manque d'estime de soi est probablement autant un symptôme de dépression qu'une cause — ils sont enclins à aller déterrer tous leurs souvenirs d'enfance malheureux. Il est assez facile de les convaincre que papa et maman sont responsables de tous leurs problèmes.

Les donneurs de conseils vous expliqueront que vous pouvez armer vos enfants contre un monde hostile en leur donnant une haute opinion d'eux-mêmes. Je ne le crois pas. Vous ne pouvez couvrir un enfant de miel et espérer que cela le protégera de tout le fiel du monde. Comme d'autres aspects de la personnalité, l'estime de soi est liée au contexte social dans lequel on l'acquiert. Un enfant peut se sentir bien dans sa peau à la maison et mal ailleurs ou vice versa — comme Cendrillon au chapitre 4. Les parents peuvent faire croire à leur fille qu'elle a quelque chose de spécial en la favorisant par rapport à ses frères et sœurs, mais ce coup de pouce à l'ego ne va pas loin. Parmi les étudiantes qui estimaient avoir été l'enfant préféré de leurs parents, les chercheurs n'ont pas relevé la moindre tendance à une estime de soi supérieure à la moyenne. Leur estime de soi n'était particulièrement élevée que dans un domaine de leur existence : celui que les chercheurs ont appelé « relations avec les parents ».

L'estime de soi en général — celle qui fait partie du bagage permanent d'un enfant — est fonction du statut qu'il occupe dans son groupe. Les enfants qui vont à l'école savent comment ils se situent par rapport à leurs camarades de classe et comment ceux-ci les considèrent. Un statut inférieur au sein du groupe de pairs, le fait de rester constamment au bas de l'échelle, marque une personnalité définitivement. Et peut certainement gâcher une enfance.

Le statut au sein du groupe de pairs est aléatoire. Le groupe donne une étiquette à chacun de ses membres selon des critères souvent insignifiants — un événement fortuit, une différence superficielle. L'enfant qui fait pipi dans sa culotte ou qui utilise un mot compliqué le premier jour de classe au cours préparatoire peut se voir attribuer un sobriquet qui lui collera à la peau pendant des années, définitivement peut-être. Je connais une femme d'âge mûr que ses vieilles amies appellent toujours « Bouboule » alors qu'elle a perdu ses rondeurs avant d'entrer au cours moyen.

Les parents ne peuvent empêcher leurs enfants d'être dévalorisés par leurs pairs. Ils peuvent cependant limiter les risques. Ils exercent un certain contrôle sur l'aspect de leur enfant et doivent veiller à ce que cet aspect soit aussi normal et attrayant que possible. L'apparence compte énormément. Quand je dis « normal », je veux dire qu'il faut habiller l'enfant dans le même style que les autres. Pour le rendre « attrayant », il ne faut pas hésiter à aller consulter le dermatologue quand l'enfant a des problèmes de peau ou l'orthodontiste si ses dents poussent de travers. Vous pouvez même, si vos moyens vous le permettent ou si votre assurance en couvre les frais, recourir à la chirurgie esthétique s'il présente une anomalie faciale grave.

Les enfants ne veulent pas être différents, pour une bonne raison : le groupe de pairs ne considère pas la singularité comme une vertu. Le seul fait de donner un nom étrange ou saugrenu à un enfant peut le mettre dans l'embarras. J'ai entendu parler d'un père qui avait trouvé malin de donner à son fils le nom de son poète préféré. Malheureusement, le poète en question était Homère.

Les gens me demandent parfois : « Vous voulez dire que la manière dont je traite mon enfant n'a pas d'importance ? » Ils ne demandent jamais : « Vous voulez dire que la manière dont je traite mon mari ou ma femme n'a pas d'importance ? » Pourtant, c'est la même chose. Je n'imagine pas que mon attitude à l'égard de mon mari déterminera ce qu'il sera dans dix ou vingt ans. J'espère simplement qu'elle l'amènera à être heureux de vivre avec moi et que nous serons toujours bons amis dans dix ou vingt ans.

La personne avec qui vous vivez peut vous apprendre certaines choses. Le mariage peut vous faire changer d'opinion sur certains sujets et influencer votre choix de carrière, ou même vous faire adopter une autre religion. Mais il ne modifie pas votre personnalité, sinon de manière provisoire en fonction du contexte. Un homme peut être tendre avec sa femme et autoritaire avec ses employés, et inversement. Une femme mariée à un homme qui l'humilie constamment peut avoir l'air triste ou irrité en sa présence. Si elle reste avec lui malgré les vexations et prend un air de chien battu même quand il n'est pas là, il vous est impossible de dire — comment le pourriez-vous ? — si ses problèmes de personnalité sont la cause ou l'effet de son malheur ; est-ce son tempérament qui l'a poussée à épouser un sale type et à rester avec lui, ou est-ce le fait d'avoir épousé un sale type qui l'a mise dans cet état ? En fait, vous serez peut-être tenté de mettre sa dépression et sa passivité sur le compte de sa mère, qui l'a habituée à être humiliée quand elle était petite. Vous auriez tort, mais vous admettriez par là même qu'elle avait des problèmes bien avant d'épouser le sale type en question.

Les chercheurs qui ont étudié l'attachement des bébés à leur mère aiment parler de « modèles fonctionnels » : ils pensent que l'esprit du bébé contient un modèle de relations à la mère et que ce modèle lui dit ce qu'il doit attendre d'elle. Admettons. Le problème est que les chercheurs en question généralisent ce modèle et pensent qu'il fonctionne à l'infini : ils croient qu'il indique également au bébé ce qu'il doit attendre des *autres* gens. Si le bébé s'attendait à ce que le monde entier accoure quand il crie parce que sa mère le fait, il ne serait pas au bout de ses peines. Mais il ne s'y attend pas le moins du monde. Il ne s'attend pas à ce que le mobile formé de boules rouges se comporte comme celui qui comprend des boules bleues ; pourquoi s'attendrait-il à ce que la baby-sitter réagisse comme sa mère ?

Je pense que la partie du module mental qui gouverne les relations contient des modèles fonctionnels de toutes les relations importantes de notre vie. Nous ne pouvons généraliser que pour les relations sans importance — agir de la même manière envers tous les gens que nous rangeons dans la catégorie des *pairs* ou des *employés* — et seulement faute de mieux. Dès que nous apprenons à mieux connaître quelqu'un, nous lui attribuons son propre modèle fonctionnel. Un enfant ne se conduit pas de la même manière envers sa mère et son institutrice, envers son frère ou un ami. Dès qu'il les connaît, il ne se conduit pas de la même manière avec Jonathan qui est gentil et Brian qui est brutal.

Le père ou la mère peut aussi se montrer brutal, et les enfants l'apprennent vite. Ils ne s'attendent pas pour autant à ce que tout le monde soit brutal, mais cela gâche leurs relations avec le parent en question. Si sa brutalité persiste, leurs relations peuvent en être définitivement perturbées. Si vous ne jugez pas que l'impératif moral soit une raison suffisante pour être gentil avec votre enfant, en voici une autre : soyez gentil envers votre enfant quand il est petit pour qu'il soit gentil avec vous quand vous serez vieux.

L'enfant a une conscience aiguë non seulement de

la manière dont ses parents le traitent, mais également de la manière dont il est traité par rapport à ses frères et sœurs. S'il a le sentiment qu'ils sont plus choyés, son ressentiment peut empoisonner ses relations avec ses parents (et avec ses frères et sœurs), pour la vie parfois. En Suède, un chercheur a étudié les relations qu'entretiennent avec leurs parents des adultes qui, enfants, considéraient qu'ils étaient défavorisés par rapport à leurs frères et sœurs — qui estimaient être celui que leurs parents aimaient le moins ou punissaient le plus. Elle a constaté que ces personnes étaient moins sujettes à entretenir des relations intimes et chaleureuses avec leurs parents âgés.

J'hésite à faire état de cette étude, parce que nous nous retrouvons en présence d'un problème de cause et d'effet. Les parents avaient peut-être des raisons de moins aimer cet enfant : peut-être était-ce un enfant difficile qui est devenu un adulte difficile. C'est possible. Mais il me semble raisonnable de penser qu'arrivés à l'âge adulte les gens se sentent plus proches de parents qui les ont bien traités quand ils étaient petits. Je n'étais pas la préférée de mes parents ; ils aimaient mieux mon frère. Mon frère est resté dans la même ville que mes parents et a veillé sur leurs vieux jours, alors que j'ai vécu de l'autre côté du continent, ne leur rendant visite que de temps à autre.

Par ailleurs, je dois bien reconnaître que j'étais une enfant difficile. Mes parents avaient peut-être raison : mon frère est plus gentil.

Évolution et éducation

Vous avez peu d'influence sur le comportement de vos enfants quand vous n'êtes pas avec eux, mais vous en avez beaucoup quand ils sont à la maison. La manière dont le monde les traitera ne dépend guère de vous, mais il dépend beaucoup de vous qu'ils soient heureux ou malheureux en famille.

Certains manuels d'éducation donnent quelques tuyaux sur la manière de rendre la vie familiale plus plaisante pour vous et pour vos enfants. Malheureusement, tous ces livres se fondent sur ce que je considère comme des prémisses erronées : la plupart ne tiennent pas suffisamment compte des différences individuelles entre enfants, et bon nombre de ces manuels ne valent pas un clou.

Admettons, pour les besoins de la cause, que je vous aie convaincus de l'ineptie des manuels d'éducation. En quoi mon livre pourra-t-il vous aider ?

Bien sûr, j'espère vous avoir fait prendre conscience de l'importance des pairs de votre enfant sur le cours actuel et futur de son existence. J'espère aussi vous avoir mieux fait comprendre l'importance de l'histoire de l'évolution de notre espèce. Une meilleure compréhension de ce qu'a été l'enfance des milliers de générations qui nous ont précédés pourrait peut-être contribuer à expliquer ce qui ne va pas dans nos familles.

Au chapitre 5, j'ai parlé de l'éducation des enfants dans les sociétés tribales et villageoises. Çà et là, j'ai également évoqué les peuples de chasseurs-cueilleurs que nous connaissons mal, car il en subsiste peu dans le monde. L'observation des sociétés traditionnelles nous donne quelques indices sur l'éducation que l'évolution a prévue pour les jeunes humains. Dans ces sociétés, les bébés font l'objet de soins attentifs durant leurs deux premières années. Le bébé accompagne sa mère partout. Elle le porte sur son dos dans la journée et dort avec lui la nuit. Dans la plupart des civilisations de notre planète, aujourd'hui encore, les bébés dorment avec leurs mères.

Ce dont se plaignent le plus les parents américains est d'être dérangés dans leur sommeil : leur bébé ne veut pas dormir. Leur bébé les réveille la nuit. On recommande alors aux parents d'habituer le bébé à dormir seul. Mais au sein des petites troupes de chasseurs-cueilleurs qui se déplaçaient sans cesse, on ne laissait jamais un bébé seul. S'il était seul et que sa mère ne se précipitait pas au premier vagissement, il courait un grave danger. Cela voulait dire que sa mère était morte, ou qu'elle avait décidé de l'abandonner parce qu'elle ne pouvait pas s'en occuper. Les membres du groupe reprenaient leur route sans lui ! Il avait intérêt à leur faire changer d'avis rapidement. Hurler était le seul moyen de persuasion à sa portée. Il hurlait parce qu'il était terrifié et en colère, et il y avait de quoi.

Les bébés sont des créatures étonnamment adaptables. La plupart des bébés américains s'habituent parfaitement à dormir seuls. Mais quelques-uns ne s'y font pas. Beaucoup de parents — c'est le cas de ma fille cadette — ont appris avec soulagement qu'ils pouvaient prendre leur bébé dans leur lit, que c'est même dans les règles de la nature. Ils *détestent* laisser pleurer leur bébé. Il est contre nature de laisser pleurer un bébé, et pourtant les parents le font — alors qu'ils en souffrent presque autant que le bébé — parce que les manuels le leur recommandent.

Les donneurs de conseils vous disent également que vous devez fournir au bébé les « stimulations » qui permettront à son petit cerveau de grandir et aux synapses de se former correctement. Vous êtes censés lui parler, lui faire la lecture et lui donner des images intéressantes à regarder. Ce conseil est fondé sur deux données, toutes deux bien mal comprises ou mal interprétées. La première est la découverte qu'une privation sensorielle grave chez de jeunes animaux — rats, chats, singes — peut entraîner des déficits neurologiques permanents. La seconde est la constatation d'une corrélation : les parents qui font la lecture à leur enfant et accrochent de jolis mobiles au-dessus de son berceau ont tendance à avoir des enfants plus intelligents.

Si le cerveau exigeait la lecture de poèmes et le spectacle de jolis mobiles pour que les synapses se joignent correctement, nos ancêtres se seraient promenés avec des cerveaux en piteux état. La manière dont vivent les bébés dans les sociétés traditionnelles nous donne quelques indications sur le type d'environnement pour lequel le cerveau humain a été programmé. Dans ces sociétés, on ne fait pas la lecture aux bébés ; on ne leur parle même pas beaucoup. Ils peuvent observer et écouter beaucoup de choses, mais c'est le cas de n'importe quel bébé. Bien que ces bébés apprennent très peu durant les deux années passées dans les bras de leur mère, cela ne les empêche pas d'apprendre, en temps voulu, tout ce qu'ils ont besoin de savoir pour devenir des adultes accomplis.

Quant à la corrélation observée, je suis sûre que vous savez désormais vous en sortir tout seuls. Si les enfants des parents qui leur font la lecture sont plus intelligents, c'est que leurs parents sont plus intelligents. Leurs enfants sont plus intelligents parce que l'intelligence est en partie héréditaire. Si l'environnement était en cause, nous devrions établir une corrélation positive entre les QI de deux enfants adoptifs élevés par les mêmes parents. Ce qui n'est pas le cas. L'idée qu'il est possible de rendre un bébé plus intelligent en lui donnant des jolies choses à écouter ou à regarder n'a aucun fondement scientifique.

Dans une récente communication sur Internet, une jeune mère qui se présente comme « une étudiante de troisième cycle qui étudie le développement du cerveau » évoque son fils de vingt mois exceptionnellement vif et brillant. Les parents de la jeune femme attribuent l'intelligence du garçon au fait qu'il a une mère et un père intelligents, mais elle considère cette explication comme « une insulte à ses compétences de mère ». « J'ai travaillé dur, explique-t-elle, pour créer une relation d'attachement et de tendresse et pour lui fournir un environnement stimulant. »

Elle a travaillé dur ; je lui accorde un 20 sur 20. Mais être mère n'est pas censé être un travail pénible, pas plus que faire l'amour. L'évolution, je l'ai dit, fournit la carotte et le bâton. La nature nous fait faire ce qu'elle veut en faisant en sorte que nous y prenions du plaisir. Si prendre soin de son enfant était une tâche pénible, pensez-vous que les chimpanzés se donneraient tant de mal ? Les parents doivent *prendre plaisir* à être parents. Si ce n'est pas votre cas, c'est peut-être que vous y travaillez trop dur.

Les parents-copains

L'évolution fournit la carotte et le bâton. La nature fabrique des créatures grandes et fortes qui dominent les membres plus petits et plus faibles de leur espèce. Les grands doivent dire aux petits ce qu'il faut faire et les sanctionner s'ils ne le font pas. Non, ce n'est pas juste, mais que voulez-vous que je vous dise ? La nature se fiche pas mal de la justice. Dans les groupes de chimpanzés, les grands mâles dominent les mâles plus petits et les rouent de coups s'ils ne leur manifestent pas le respect qui leur est dû. Les mâles battent les femelles pour les mêmes raisons. Les jeunes animaux infligent le même traitement aux plus petits.

Ce schéma discutable se retrouve, intact, dans les sociétés primitives. Il est très ancien. Notre engouement actuel pour la justice et la gentillesse est extrêmement récent.

Les parents sont censés dominer leurs enfants. Ils sont censés en être responsables. Mais, aujourd'hui, les donneurs de conseils les subjuguent au point qu'ils hésitent à exercer leur autorité et qu'ils ont du mal à gérer leur vie familiale.

Je ne crois pas que les enfants soient mieux lotis aujourd'hui qu'ils ne l'étaient avant que l'hypothèse du primat de l'éducation parentale n'ait transformé les parents en mauviettes. L'expérience des générations précédentes montre qu'il est possible d'élever des enfants bien adaptés sans leur donner l'impression qu'ils sont le centre du monde ou que le pire qui puisse leur arriver quand ils désobéissent est de récolter « un arrêt de jeu ». Les parents savent mieux que leurs enfants ce que ceux-ci doivent faire et ne devraient pas avoir honte de le leur dire. Ils ont eux aussi le droit de mener une vie familiale heureuse et sereine.

Dans les sociétés traditionnelles, les parents ne sont pas des copains. Ce ne sont pas des camarades de jeux. Les hommes et les femmes de ces sociétés seraient fort étonnés qu'on demande aux parents de distraire les enfants. Ils éclateraient de rire si vous leur parliez de consacrer un « temps de qualité » à leurs enfants.

L'ancien ministre du Travail Robert Reich a démissionné de ses fonctions et quitté Washington pour retourner chez lui dans le Massachusetts, notamment parce qu'il souhaitait consacrer plus de temps à ses fils, âgés de douze et seize ans. Les choses ne se sont pas tout à fait passées comme prévu.

> Oubliez tout ce qu'on vous a dit à propos du « temps de qualité » que vous êtes censés consacrer aux enfants. Les adolescents n'en veulent pas, n'en ont pas l'usage et ont bien mieux à faire. Quand j'ai quitté le cabinet de Bill Clinton pour revenir chez moi et que je me suis retrouvé libre le week-end, je m'attendais à ce que l'un de mes garçons accepte ma proposition de passer quelques heures « de qualité » avec eux. « Désolé papa, j'aimerais bien aller voir ce match avec toi, mais... eh bien, tu vois, David, Jim et moi, on a envie d'aller faire un tour en ville. » « C'est un film super, papa, mais... eh bien, à vrai dire, je préférerais aller le voir avec Diane. »

Les garçons ne le fuyaient pas vraiment. Ils lui demandaient parfois son avis, à son grand soulagement. Ils ne voulaient pas le blesser. Ils l'aiment, mais... bon.

Il est probablement plus facile de s'imposer à des enfants plus jeunes. Mais peut être est-ce parce qu'ils n'ont pas le droit de sortir seuls, qu'ils ont donc moins d'autres solutions. Quand ils ont le choix, même les petits semblent préférer la compagnie des autres enfants, ce qui ne les empêche pas d'apprécier que l'un des parents reste dans les parages.

Les frères et sœurs, des alliés

Dans les sociétés traditionnelles, les petits quittent les bras de leur mère pour entrer dans un groupe de jeux formé essentiellement d'enfants de la même famille — frères et sœurs, demi-frères et demi-sœurs, cousins et cousines. On confie généralement le petit au frère ou à la sœur nés juste avant lui et on ne s'en occupe plus. L'aîné est rendu responsable de tout ce qui peut arriver à son cadet, l'enfant même qui lui a succédé dans les bras de leur mère, qui a monopolisé l'attention maternelle durant les deux dernières années.

On autorise l'aîné — en fait on le pousse — à dominer le cadet. Il est naturel que les enfants plus âgés dominent les plus jeunes, et dans les sociétés traditionnelles on ne cherche pas à les en dissuader car on n'est pas obnubilé par l'idée d'égalité et de justice.

Dans notre société, le souci d'égalité et de justice perturbe les relations au sein de la fratrie. Les efforts que consacrent les parents à empêcher l'aîné de dominer le cadet suscitent de nombreux conflits entre enfants. Les parents ne peuvent empêcher cette domination qu'en prenant parti pour le plus jeune, donnant à l'aîné le sentiment — justifié la plupart du temps — que ses parents préfèrent sa petite sœur ou son petit frère.

Je ne suis pas en train de vous suggérer de confier à

votre aîné de cinq ans la responsabilité de votre petit de trois ans — du moins pas de façon abrupte. Mais si vous avez compris la nature de leurs conflits, peut-être ferez-vous preuve de plus de compréhension envers l'aîné. On l'a d'abord frustré des attentions des parents, parce que toute société privilégie les plus petits ; mais aussi de son droit naturel à commander aux plus jeunes. Dans les sociétés traditionnelles, la perte est compensée par un gain : le match est nul. Dans notre société, le score est de 0 à 2.

Dans un chapitre précédent, je raconte l'histoire d'un jeune garçon africain gravement blessé en se lançant à la poursuite d'un chimpanzé qui s'était emparé de son petit frère. Le garçon a sauvé la vie du bébé (que le chimpanzé aurait tué et mangé) au risque de la sienne. Sa mère lui avait confié son frère, une chose que la plupart des mères américaines n'oseraient jamais faire. C'était une lourde responsabilité et le garçon ne l'a pas prise à la légère. Dans les sociétés traditionnelles, les frères et sœurs ne sont pas rivaux — ils sont alliés.

Figure de go

On ne peut pas savoir. Une mère propose sans conviction des leçons de piano à sa fille et celle-ci ne sortira pas une note. Bien que sa mère ait la même attitude, l'autre deviendra une pianiste accomplie. Des enfants qui ont tout pour réussir restent sur la touche, alors que d'autres surmontent les pires adversités et volent de succès en succès. Un nom saugrenu ou des déménagements incessants peuvent gâcher l'existence d'un enfant, ou produire des présidents, des poètes et des biologistes éminents. Les enfants ont de bons résultats quand ils fréquentent une bonne école aux côtés d'élèves brillants, mais j'ai bien mieux réussi en Arizona que dans ma banlieue snob parce que, le premier jour d'école, j'ai brillamment passé une épreuve de biologie et qu'on m'a considérée désormais comme « une grosse tête ». On ne peut pas savoir.

Si cela vous rassure, laissez tomber les auteurs de manuels.

Vous avez suivi leurs conseils et où cela vous a-t-il menés ? Vous vous sentez coupables de ne pas aimer tous vos enfants de la même manière, bien que ce ne soit pas votre faute si la nature en a rendu certains plus aimables que d'autres. Vous vous reprochez de ne pas leur consacrer suffisamment de « temps de qualité », alors que vos enfants préfèrent manifestement s'amuser avec leurs amis. Vous culpabilisez de ne pas donner à vos enfants deux parents, un de chaque sexe, alors que rien ne prouve sérieusement que cela ait la moindre importance en définitive. Vous avez le sentiment de commettre un péché en levant la main sur votre enfant, alors que pendant des millions d'années, de grands hominidés ont frappé les petits. Le pire, c'est que tous ces donneurs de conseils vous ont donné l'impression d'être coupables de tout ce qui ne va pas chez votre enfant. C'est facile de rendre les parents responsables de tout : ce sont des proies idéales. Et la chasse bat son plein depuis que Freud a allumé son premier cigare.

Les experts s'arrangent toujours pour que l'éducation d'un enfant devienne une corvée, une tâche dénuée de plaisir et de spontanéité. Jadis, John Watson fulminait contre ceux (et surtout celles) qui « étouffaient les enfants sous le poids de leur amour ». Il a décrit, avec une révulsion à peine contenue, une promenade en auto où l'on s'est passé de ses conseils mais qui lui a permis de faire étalage de ses compétences en calcul.

> J'ai voyagé récemment en compagnie de deux garçons de deux et quatre ans, accompagnés de leur mère, de leur grand-mère et de la bonne. En deux heures de temps, l'un d'eux a été embrassé trente-deux fois —

> quatre fois par sa mère, huit par la bonne et vingt par la grand-mère. L'autre a également failli étouffer sous les mêmes débordements d'amour.

Je suis presque sûre que si la mère a donné moins de baisers que les autres, c'est parce que c'était la femme de Watson. Elle ne tenait pas à contrarier son mari. C'étaient des baisers volés.

Aujourd'hui les experts ont retourné leur veste et font de ce qui était un crime un devoir : vous devez embrasser votre enfant. Si j'étais un enfant, je préférerais un baiser volé par an, que trois par jour, sur ordonnance médicale.

Arrêtons de culpabiliser

J'ai expliqué dans ce chapitre comment les parents peuvent influer sur la personnalité, le comportement, les attitudes et les connaissances de leur enfant. Je n'ai pas parlé de diététique ni de vaccinations, car ce n'est pas le sujet de ce livre. Je n'ai pas non plus les compétences nécessaires pour évoquer la question des maladies mentales. Certains problèmes que peuvent rencontrer les enfants outrepassent les limites de cet ouvrage. Si votre enfant en présente des signes, il faut évidemment consulter un professionnel compétent.

En ce qui concerne l'influence que vous pouvez exercer sur la personnalité, le comportement, les attitudes et les connaissances de votre enfant, je comprends que vous ne soyez pas forcément satisfaits de mes réponses. Certains n'éprouveront aucun soulagement à l'idée qu'ils ne sont pas responsables de ce qui leur déplaît chez leur enfant. Cela désolera même quelques parents, surtout si leur enfant est encore petit. Ils voudraient pouvoir faire quelque chose, être en mesure d'accroître ses chances, de pallier ce qui ne va pas. Ils se disent qu'en y consacrant les efforts nécessaires ils doivent bien pouvoir arriver à quelque chose !

On leur a raconté des bobards. Ils peuvent à juste titre en être irrités. Le rôle des parents ne correspond pas à ce que la plupart des livres et magazines racontent. La bonne volonté et les efforts ne sont pas une garantie de succès. De bons parents ont parfois de mauvais enfants, sans que leur responsabilité soit en cause le moins du monde.

Nous disposons de moyens techniques fantastiques. Nous avons appris à éradiquer nombre de maladies qui tuaient autrefois nos enfants ou les laissaient infirmes à vie. Nous avons réussi à déjouer bien des pièges de la nature, et nous croyons peut-être que notre pouvoir à cet égard est sans bornes.

L'idée que nous pouvons faire de nos enfants ce que nous voulons est une illusion. Renoncez-y. Les enfants ne sont pas des toiles vierges sur lesquelles les parents peignent leurs rêves.

Ne tenez pas compte des conseils des experts. Aimez vos enfants parce qu'ils sont aimables, et non parce que vous pensez qu'ils en ont besoin. Prenez du plaisir avec eux. Enseignez-leur ce que vous pouvez. Tout va bien. Leur avenir ne dépend pas de ce que vous avez fait pour eux. Vous ne pouvez ni les rendre parfaits ni leur gâcher l'existence. Ce n'est pas de votre ressort. C'est à eux que l'avenir appartient.

15

L'HYPOTHÈSE DU PRIMAT DE L'ÉDUCATION PARENTALE SUR LA SELLETTE

Ils t'ont bien niqué, ton père et ta mère.
L'ont p'têtre pas fait exprès, mais quelle galère !
Ils te les ont refilées, toutes leurs tares,
et quelqu's autres en prime, pour qu'tu t'marres[1].
Philip Larkin

Les pauvres vieux : mis en accusation publiquement par leur rimailleur de fils ! Comme celui-ci ne leur a pas laissé la moindre chance de répondre, je prends la liberté de le faire en leur nom.

Bien cruelle est du serpent la morsure,
quand, de la bouche de son enfant, se répand l'ordure.
Celui-ci s'est fait niquer, c'est sûr,
mais il n'y a ni justice ni vérité
À nous en attribuer la paternité.

Mais cette fois-ci, on ne va pas faire le procès du père et de la mère de Philip. C'est notre bonne vieille hypothèse du primat de l'éducation parentale qui se

1. *They fuck you up, your mum and dad.*
They may not mean to, but they do.
They fill you with the faults they had
And add some extra, just for you.

trouve au banc des accusés, cette théorie que le fils a résumée en quatre vers de mirliton. Mesdames et messieurs les membres du jury, je vous demande de déclarer l'accusé coupable d'escroquerie et de vol qualifié. Le peuple a été injustement privé de la vérité, et l'auteur du forfait n'est autre que l'hypothèse du primat de l'éducation parentale.

On nous prend pour des imbéciles

Philip Larkin n'est pas le seul à mettre ses déboires sur le dos de ses parents. Tout le monde en fait autant (et je m'y surprends moi-même de temps en temps). Évidemment, cela vous évite d'avoir à assumer vos propres responsabilités. Mais l'égoïsme ne suffit pas à expliquer que cette hypothèse soit aussi profondément enracinée au sein de notre culture. Il ne suffit pas non plus d'invoquer, comme je l'ai fait au premier chapitre, la collusion de la psychanalyse (Freud) et du béhaviorisme (Watson et Skinner). Cette hypothèse ne se cantonne plus depuis longtemps au milieu restreint de la recherche universitaire. Elle a quitté sa tour d'ivoire. Le présentateur radio ou télé, son invité, le poète, le paysan, votre comptable, votre fille, votre fils..., tout le monde accuse ses parents de ses défauts et s'accuse à son tour de ceux de ses enfants.

On a beaucoup exagéré le rôle des parents, leur influence sur la personnalité de l'enfant. J'ai cité au début de cet ouvrage un journaliste scientifique qui affirmait que ce n'est pas la peine d'attendre avec impatience le jour où l'on pourra choisir les gènes de ses enfants, puisque les parents ont d'ores et déjà l'avenir de leurs rejetons entre leurs mains. « Le rôle des parents est primordial dans la formation du sentiment d'identité de l'enfant », affirmait un autre journaliste dans les colonnes du *New York Times*. Couvrez votre enfant de louanges, submergez-le de preuves d'affection : il faut lui inculquer un sentiment positif de son identité. La spécialiste dont nous avons déjà parlé, qui a choisi le pseudonyme de « docteur Maman », vous invite ainsi à accorder quotidiennement à votre progéniture des preuves tactiles de votre amour et de votre approbation. Tout enfant, quel que soit son âge, a besoin de contact physique et de caresses, ajoute-t-elle. Faites votre boulot de parent correctement, et vous aurez un enfant heureux et plein d'assurance. « Son équilibre futur repose sur sa relation avec vous et sur ce que vous lui aurez appris », explique Penelope Leach, autre experte en conseils pédagogiques. Nos spécialistes bannissent les châtiments corporels comme les critiques verbales. Ne dites jamais à votre enfant qu'il a été méchant, dites-lui que *ce* qu'il a fait était mal. Non, c'est déjà trop. Dites-lui que son attitude vous a fait de la peine.

Les enfants ne sont pas en sucre. Ils sont plus résistants qu'on ne pense. Ils doivent l'être, car le monde extérieur n'est pas tendre avec eux. « Ton attitude m'a fait de la peine », entendent-ils peut-être à la maison. Mais, dans la cour de récréation, ce sera : « Fais gaffe à toi, sale connard ! »

L'hypothèse du primat de l'éducation parentale est le produit d'une culture qui a pour devise : « Tout nous est possible. » Nos éblouissantes machines électroniques et nos élixirs biochimiques nous permettent de corriger la nature. Les enfants naissent différents ? Pas de problème. Faites passer le vôtre par la machine miraculeuse — attention à la marche, mesdames et messieurs — et administrez-lui cette délicieuse potion parentale faite d'amour, de discipline, de sanctions symboliques et de jeux éducatifs. Et voilà ! Vous aurez un être heureux, intelligent, bien adapté et plein d'assurance.

Peut-être cette tendance à pousser les choses à l'extrême et à conduire les idées au-delà de toute logique est-elle un phénomène fin de siècle. À force d'exagérer le rôle des parents et de les tyranniser avec la haute idée qu'on se fait de leur pouvoir, l'hypothèse que je critique est en passe, me semble-t-il, de perdre toute crédibilité.

Avant tout, éviter de nuire

Je ne m'emporterais pas autant si je pensais qu'il s'agit d'un fantasme inoffensif. Après tout, le postulat du primat de l'éducation parentale pourrait avoir quelques effets secondaires bénéfiques. Il devrait, au moins en principe, rendre les parents plus gentils. L'idée que leurs erreurs peuvent compromettre toute la vie de leur enfant ne devrait-elle pas les inciter à la prudence ? À ravaler leurs propos acides ? À se retenir de frapper ? L'intention est bonne ; malheureusement, on n'observe aucun signe de diminution des mauvais traitements dont les enfants sont victimes. Pas le moindre indice non plus tendant à prouver que les enfants d'aujourd'hui sont plus heureux que ceux des deux ou trois générations précédentes.

Rien n'indique que cette fameuse hypothèse ait eu le moindre effet positif. En revanche, ses dégâts sont indéniables. Elle a suscité un terrible sentiment de culpabilité chez les parents dont l'enfant n'est pas devenu la créature heureuse, intelligente, bien adaptée et pleine d'assurance qu'on attendait, malgré son passage par la machine miraculeuse. Non contents de souffrir d'avoir un enfant difficile à vivre ou incapable de se conduire selon les normes sociales en vigueur, les parents sont victimes de l'opprobre public. Cela va même parfois plus loin : on les tient pour légalement responsables. On leur inflige une amende, on les menace de prison.

Ce postulat fait également de l'enfant un sujet d'angoisse. Les parents ont peur de se tromper, craignent que le moindre mot, le moindre regard déplacé n'affecte toute son existence. Ils sont devenus les esclaves de leurs enfants, qui plus est des esclaves dont personne n'est content, parce que les défenseurs de cette hypothèse néfaste ont mis la barre si haut qu'il est impossible de l'atteindre. Alors qu'ils n'arrivent pas à passer une nuit de sommeil complète, on leur reproche de ne pas accorder à leurs enfants un « temps de qualité ». On leur fait sentir qu'ils ne sont pas à la hauteur. Alors, ils se rattrapent en achetant des monceaux de jouets. Les enfants occidentaux d'aujourd'hui en possèdent des quantités ahurissantes.

Cette hypothèse a introduit un élément factice dans la vie de famille. Il a ôté toute sincérité aux preuves d'amour, en les noyant sous les expressions feintes et obligées.

Il a également freiné la recherche scientifique. La prolifération des études ineptes — que ne ferait-on pas pour étudier la corrélation entre les soupirs des parents et les bâillements des enfants ? — s'est substituée aux investigations utiles. Il y a pourtant des problèmes auxquels les chercheurs devraient s'attaquer, des questions qu'ils devraient se poser. Comment, par exemple, empêcher une classe de se diviser en deux groupes rivaux, l'un pour et l'autre contre l'école ? Comment certains enseignants, certaines écoles, certains peuples réussissent-ils à éviter cette division et à maintenir l'unité et la motivation des enfants ? Comment empêcher un enfant doté de traits de personnalité défavorables de mal tourner ? Comment rompre la spirale infernale de l'enfant agressif qui le devient plus encore parce qu'il est rejeté par ses camarades quand il est petit, et qu'il rejoint d'autres jeunes comme lui à l'adolescence ? Comment influencer dans le bon sens les normes que se donnent les groupes d'enfants ? Comment empêcher le contexte culturel d'exercer des effets délétères sur les normes des groupes d'adolescents ? Combien d'enfants faut-il pour constituer un groupe ?

Autant de questions auxquelles je n'ai pu donner de réponses dans ce livre, faute de recherches à ce sujet.

La parole est à la défense

Selon l'hypothèse du primat de l'éducation parentale, les parents jouent un rôle essentiel dans l'évolution de l'enfant. Un rôle *essentiel*. Nous ne parlons pas ici d'un point supplémentaire ici ou là aux tests de QI, ni d'une bonne réponse de plus à la centaine de questions d'un formulaire d'enquête. Il s'agit de savoir si l'enfant sera populaire ou rejeté, obtiendra un diplôme universitaire ou abandonnera le lycée, sera névrosé ou équilibré et, s'il s'agit d'une fille, si elle sera vierge ou enceinte à quinze ans. Nous parlons de caractéristiques psychologiques qui affectent le comportement de l'individu et pèsent sur toute son existence — des caractéristiques dont il a conscience, comme tous ceux qui vivent et travaillent avec lui. Des caractéristiques qui collent à la peau toute la vie. C'est bien ce que tout le monde pense, non ? L'influence des parents a bien des effets majeurs et durables sur leurs enfants ?

Mais, le cas échéant, ces effets doivent être différents pour chaque enfant, car les enfants élevés par les mêmes parents ne se ressemblent pas, mises à part les similitudes imputables à la génétique. Deux enfants adoptés élevés ensemble ne se ressemblent pas plus que deux enfants adoptés élevés séparément. Deux vrais jumeaux ne se ressemblent pas plus lorsqu'ils sont élevés ensemble que s'ils le sont séparément. Quel que soit l'apport du contexte familial, ce n'est pas ce contexte qui rendra l'enfant plus studieux ou moins sociable, plus agressif, moins anxieux, ou plus susceptible d'être heureux en ménage. En tout cas pas pour tous les enfants.

Cette découverte est due aux spécialistes de génétique du comportement et elle les a bien embarrassés. Car ils croyaient, comme tout le monde, en l'importance de l'environnement familial. Aussi ont-ils commencé à se dire que ce qui importe, dans le milieu familial, est précisément ce qui *diffère* pour chaque enfant. Ayant constaté que les expériences partagées par deux membres d'une même fratrie ne comptaient pas — ou du moins n'avaient pas d'effets prévisibles —, il fallait s'appuyer sur ce qu'ils n'avaient *pas* en commun pour étayer l'hypothèse du primat de l'éducation parentale.

L'idée est moins farfelue qu'elle n'en a l'air. Après tout, pourquoi faudrait-il que les parents traitent leurs enfants de la même manière ? De bons parents ne veulent-ils pas que chaque enfant soit unique, et fasse ce qu'il réussit le mieux ? Nous en arrivons à la vision marxiste du rôle des parents : chacun donne selon ses capacités et chacun reçoit selon ses besoins.

Et c'est vrai jusqu'à un certain point. Oui, les parents devraient vouloir que leurs enfants soient différents, au moins à certains égards. Si l'aîné est remuant et volubile, on se félicitera que le suivant soit plus tranquille. Si le premier apprend à jouer du piano, on sera ravi que le second fasse du tuba ; mais on le sera peut-être moins s'il devient boxeur ou revendeur de drogue. Quand la question s'est posée pour notre seconde fille, nous ne nous sommes pas dit : « Eh bien, nous avons déjà une universitaire, pas la peine d'en avoir une deuxième. Débrouillons-nous pour que la petite fasse autre chose. » Nous nous serions volontiers résignés à avoir deux universitaires. Il y a certaines qualités que les parents apprécient toujours chez leurs enfants — la gentillesse, le sens des responsabilités, l'intelligence — et d'autres caractéristiques qu'ils préféreraient voir évoluer dans des limites raisonnables. Mais qu'il s'agisse de qualités approuvées par tout le monde ou de traits de tempérament plus contestables, les résultats sont les mêmes : l'environnement familial n'y est pour rien et n'a aucun effet à long terme.

Les parents traitent chacun de leurs enfants différemment et les enfants *sont* différents — deux faits indiscutables. Mais, pour continuer à défendre l'hypothèse du primat de l'éducation parentale, il faudrait que les spécialistes de génétique du comportement prouvent que les différences de comportement parental induisent des différences chez les enfants, ou y contribuent, et que les parents ne se contentent pas de réagir aux différences préexistantes. Or cela n'a jamais été constaté. On observe au contraire que l'attitude des parents est plus uniforme que ne le sont les enfants — que deux membres d'une même fratrie ont des comportements beaucoup plus contrastés que l'attitude des parents à leur égard.

L'ordre de naissance aurait pu plaider en faveur de l'hypothèse qui nous occupe ici. Or ce n'est pas le cas. Les parents traitent les aînés et les cadets de manière différente, et cette différence de traitement n'est pas une simple réaction aux caractéristiques innées des enfants. Les chercheurs essaient depuis plus d'un demi-siècle de prouver que l'ordre de naissance laisse des marques durables sur la personnalité. En vain. De même, tous les efforts pour établir des différences de personnalité entre les enfants uniques et les enfants qui ont des frères ou sœurs ont été vains. Si les parents exerçaient une influence majeure sur la personnalité de leurs enfants, comment expliquer que l'enfant unique, l'enfant gâté, ne présente pas plus de problèmes que les autres ?

Ces deux déconvenues — la neutralité de l'ordre des naissances et de l'existence d'un enfant unique ou d'une famille nombreuse — auraient dû faire tomber le dernier pilier de l'hypothèse du primat de l'éducation parentale.

Et pourtant, il résiste. Il doit y avoir une raison à cela. Ah oui, je vois ! On accuse le constat de la génétique du comportement — l'environnement familial n'a pas d'effets prévisibles sur la personnalité de l'enfant — de ne porter que sur un éventail de familles trop restreint. Tous les sujets étudiés venaient de familles « acceptables » — de familles normales, disons. Certains théoriciens admettent désormais que l'environnement familial dans lequel un enfant grandit n'a pas d'importance dès lors que cette famille fait partie de la catégorie « normale ». Mais ils maintiennent qu'il peut en être autrement pour d'autres catégories de familles — celle des familles « gravement perturbées » par exemple.

Ils n'ont pas établi de relation entre la qualité du foyer et la qualité des enfants pour l'éventail de familles qu'ils ont étudiées, lesquelles s'échelonnent de la catégorie « excellente » à la catégorie « défavorable ». La catégorie « franchement exécrable » ne fait pas partie de l'échantillon. Cette relation n'existerait donc... que pour la faible proportion de familles sur lesquelles ils n'ont pas de données ! Toutes les observations qu'ils ont recueillies jusqu'ici — et elles sont abondantes — ne sont pas pertinentes ou indiquent que notre fameuse hypothèse est fausse. Il leur reste une petite frange de familles à étudier et ils sont persuadés que ce sont précisément *celles-là* qui prouveront que leur théorie est juste !

Un espoir aux fondements bien ténus. Nous savons désormais que les parents ordinaires, le tout-venant, comme vous et moi, n'exercent pas d'influence particulière sur leurs enfants : nous sommes aussi interchangeables que des ouvriers à la chaîne. Les seuls parents dont l'influence serait efficace seraient les pires, ceux qui maltraitent leurs enfants au point de les envoyer à l'hôpital ou les laissent croupir sans soins ni nourriture dans une pièce puante et glacée. C'est le dernier refuge de cette hypothèse : qu'il puisse exister des environnements familiaux assez catastrophiques pour causer des dommages irréparables aux enfants.

Qu'à cela ne tienne ! Que les tenants de cette hypothèse se retranchent sur les quelques familles franchement exécrables. Leur thèse ne tient pas pour l'immense majorité, pour les parents comme vous et moi. Il n'y a donc aucune raison d'en faire une arme contre les parents ordinaires dont les enfants n'ont pas tourné exactement comme ils l'avaient espéré.

Où se sont-ils fourvoyés ?

Comment les expériences vécues au cours de la croissance façonnent-elles la personnalité de l'enfant ? C'est la question à laquelle l'hypothèse du primat de l'éducation parentale était censée apporter une réponse. Cette réponse est fausse, parce que cette théorie repose sur plusieurs idées erronées au sujet des enfants.

La première erreur concerne l'environnement de l'enfant. On a présumé que l'environnement naturel était la famille nucléaire — celle qui tenait le haut du pavé dans la première moitié du XXe siècle : la mère, le père et deux ou trois enfants vivant confortablement ensemble dans une maison particulière. Cela n'a pourtant rien de naturel. L'isolement de la famille nucléaire — qui vaque à ses occupations à l'abri des regards du voisinage — est une invention récente, qui remonte à quelques siècles seulement. La monogamie est elle aussi relativement récente. Chez 80 % des peuples étudiés par les anthropologues, les hommes qui pouvaient se le permettre avaient plusieurs femmes. La polygamie est très ancienne et largement répandue au sein de notre espèce. Les enfants devaient souvent partager leur père avec les enfants de ses autres épouses, ou grandir sans leur père ou leur mère, car le taux de mortalité parentale était aussi élevé que l'est aujourd'hui le taux de divorce.

La deuxième erreur a trait à la nature de la socialisation. La tâche de l'enfant n'est pas d'apprendre à se conduire comme tous les autres membres de sa société, parce que ceux-ci ne se conduisent pas tous de la même manière. Aucune société ne tolère qu'un enfant se comporte comme un adulte, une femme comme un homme. Les enfants doivent apprendre à se comporter comme les autres membres de leur catégorie sociale. Généralement, ils le font de bon gré. La socialisation des enfants n'est pas le fait des adultes, mais des enfants eux-mêmes.

La troisième erreur porte sur la nature de l'éducation. On est parti du principe que les comportements acquis se transportent partout comme un sac à dos — de la maison à l'école par exemple — bien qu'il soit évident que les individus, quel que soit leur âge, se comportent différemment selon le contexte social. Ils se comportent différemment parce qu'ils ont fait des expériences différentes — ici on les apprécie, là on se moque d'eux — et qu'on attend d'eux des comportements différents. On a également supposé, tout aussi gratuitement, que si l'enfant se comporte différemment à la maison et dans la cour d'école, c'est le comportement de la maison qui compte le plus.

La quatrième erreur est relative à la nature de la nature — ou si vous préférez de l'hérédité. On ne reconnaît toujours pas le vrai pouvoir des gènes, malgré tous les récits de vrais jumeaux élevés séparément qui, lors de leurs retrouvailles à l'âge adulte, découvrent qu'ils portent tous deux les mêmes chemises bleues avec des poches de poitrine et des épaulettes. Philip Larkin a relevé qu'il partage de nombreux défauts de ses parents, mais il n'a pas songé qu'il avait pu en hériter à la naissance. Il croit que ses parents les lui ont inculqués plus tard.

La cinquième erreur est d'ignorer l'histoire de l'évolution de notre espèce, et en particulier le fait que nos ancêtres ont vécu en groupes pendant plusieurs millions d'années. C'est le groupe qui a permis à ces créatures fragiles dépourvues de griffes et de crocs de survivre dans un environnement rempli de griffes et de crocs. Mais les prédateurs n'étaient pas les plus dangereux : la menace la plus redoutable venait des membres des autres groupes humains. C'est toujours vrai aujourd'hui.

Une hypothèse de rechange : la socialisation par le groupe

Le groupe est l'environnement naturel de l'enfant. Ce simple constat nous conduit à changer d'orientation. L'enfance est la période où les jeunes humains apprennent à se faire accepter et apprécier comme membres de leur groupe. C'était une condition indispensable à la survie dans les temps anciens.

Durant l'enfance, les enfants apprennent à se comporter de la manière dont les individus de leur âge et de leur sexe sont censés se comporter dans leur société. La socialisation est le processus d'adaptation au comportement des autres membres de sa catégorie sociale. Dans le roman *The Shipping News* d'E. A. Proulx, une tante conseille à son neveu de ne pas s'inquiéter des bizarreries de sa fille :

> Mon neveu, prends patience. Laisse faire les choses. Elle entre à l'école en septembre... Je sais comme toi qu'elle n'est pas comme les autres, qu'elle est même un peu bizarre parfois, mais tu sais, nous avons tous nos bizarreries même si nous nous en défendons. Nous sommes tous bizarres au fond de nous-mêmes. Nous apprenons à camoufler notre singularité en grandissant. Bunny ne l'a pas encore appris.

Nous apprenons à camoufler notre singularité ; la socialisation nous rend moins étranges. Mais le camouflage tend à s'effilocher par la suite. J'imagine la socialisation comme une sorte de sablier : on commence avec une collection d'individus disparates qui, agglutinés sous la pression du groupe, finissent par se ressembler. À l'âge adulte, la pression diminue progressivement et les différences individuelles refont surface. Les individus deviennent plus bizarres en prenant de l'âge, parce qu'ils ne se soucient plus de camoufler leur singularité. Et on sanctionne moins sévèrement la différence des adultes.

L'enfant s'identifie au groupe de ses semblables et il en accepte les normes. Il ne s'identifie pas à ses parents parce qu'il s'agit d'adultes. Or l'enfant se pense en tant qu'enfant, ou en tant que fille ou garçon, si le groupe est assez important. Aujourd'hui, le processus de socialisation se déroule le plus souvent au sein de groupes formés d'enfants du même âge et du même sexe, parce que de tels groupes ont la possibilité de se constituer dans les sociétés développées. Par le passé, lorsque les humains étaient clairsemés à la surface du globe, les enfants se socialisaient au sein de groupes d'âges et de sexes mixtes.

Il y a toujours eu un lien étroit entre parents et enfants, mais le mode d'éducation parentale intense, empreint de culpabilité, que nous connaissons aujourd'hui est sans précédent. Dans les sociétés où la scolarisation et les manuels de pédagogie n'existent pas encore, les enfants apprennent l'essentiel de ce qu'ils doivent savoir auprès des autres enfants. Les styles d'éducation parentale varient considérablement d'une culture à l'autre — ils peuvent être « Trop Durs » ici, « Trop Mous » là-bas — mais les groupes d'enfants se ressemblent en tout lieu. C'est pourquoi les enfants se socialisent partout et leur cerveau se développe normalement dans toutes les sociétés, même si leurs parents ne lisent pas les manuels de conseils.

Les enfants d'aujourd'hui apprennent effectivement beaucoup de choses de leurs parents ; ils apportent dans le groupe ce qu'ils ont appris à la maison. Ils parlent la langue que leurs parents leur ont apprise, à condition que les autres enfants parlent la même, et il en va de même d'autres aspects de la culture. La plupart des enfants grandissant dans des quartiers culturellement homogènes — leurs parents parlent la même langue et ont la même culture que les parents de leurs copains —, la plupart des enfants conservent l'essentiel de ce qu'ils ont appris chez eux. Aussi a-t-on l'impression que la culture se transmet par le truchement des parents : en fait, elle se transmet par le biais du groupe de pairs. Si la culture du groupe de pairs diffère de celle des parents, c'est toujours la première qui l'emporte. L'enfant d'immigrés ou de parents sourds apprend immanquablement la langue de ses pairs et la préfère à celle qu'il a pu apprendre chez lui. Elle devient sa langue maternelle.

Vous pouvez le constater dès l'école maternelle, quand les petits de trois ans reviennent à la maison avec l'accent de leurs camarades. Le phénomène commence même peut-être plus tôt. Voici une anecdote relatée par les psychologues Susan Savage et Terry Kit-fong Au dans la revue *Child Development* :

> Une fillette de notre entourage s'est trouvée très tôt devant un dilemme. Dès l'âge de un an environ, elle réclamait son biberon en disant « Naï naï ! » (le mot chinois désignant le lait) à ses parents. Au jardin d'enfants, elle avait remarqué que d'autres bambins obtenaient leur biberon en disant « Ba ba ! » et fit comme eux. Elle n'était apparemment pas prête à se soumettre aux exigences d'une double vie. Un ou deux jours plus tard, quand sa mère demanda « Naï naï ? » elle secoua vigoureusement la tête et dit énergiquement « Ba ba ! ».

Même si leurs parents appartiennent à la même culture que ceux de leurs pairs, on ne peut compter sur les enfants pour exporter les comportements qu'ils ont acquis chez eux. À la maison, un petit garçon peut pleurnicher et se plaindre sans conséquence ; il peut donner libre cours à ses craintes comme à ses débordements d'affection. Au sein de son groupe de pairs, il doit se montrer dur et impassible. Cette *persona* dure et impassible deviendra sa personnalité publique, celle qui l'accompagnera dans sa vie d'adulte. La personnalité acquise à la maison ne disparaîtra cependant pas complètement : elle réapparaîtra aux réveillons de Noël, comme un fantôme d'une enfance passée.

Quand ils sont entre eux, les enfants et les adolescents adoptent le même comportement pour se différencier des membres des autres groupes — des groupes qui peuvent être différents par le sexe, l'origine ethnique, le tempérament ou les centres d'intérêts. Les différences entre ces groupes s'accentuent, car leurs membres respectifs préfèrent leur propre groupe et font tout leur possible pour se distinguer des autres. Mais les différences *au sein* du groupe s'accusent également, surtout si le groupe n'entre pas en compétition active avec un autre. Les enfants s'assimilent à leurs camarades autant qu'ils s'en distinguent, à des titres différents. L'enfant apprend à se connaître en se comparant à ses camarades. Il lutte pour obtenir un certain statut ; il gagne ou il perd. Ses camarades lui attribuent une étiquette ; il choisit sa niche ou accepte celle que lui imposent les autres. Les vrais jumeaux eux-mêmes se forgeront des personnalités différentes, même s'ils sont membres du même groupe de pairs, parce qu'ils vivent des expériences différentes au sein du groupe en question.

Les expériences que font les enfants au sein du groupe d'enfants puis d'adolescents modèleront ou modifieront définitivement leurs personnalités. La théorie de la socialisation par le groupe affirme ceci : si la vie que les enfants mènent à l'extérieur de chez eux restait la même — s'ils continuaient à fréquenter la même école et le même quartier — ils pourraient changer de parents sans que cela modifie en rien les adultes qu'ils deviendront.

À quoi pensez-vous ?

Il ne suffit pas d'arguments scientifiques pour vous faire changer d'avis. Votre foi dans l'hypothèse du primat de l'éducation parentale ne se fonde pas sur une science sans âme, mais sur des sentiments, des pensées et des souvenirs. Si vos parents comptaient si peu dans votre histoire personnelle, s'ils avaient eu si peu d'influence sur vous, pourquoi occupent-ils une telle place dans vos souvenirs ? Pourquoi pensez-vous si souvent à eux ?

Dans son livre *How the Mind Works*, Steven Pinker explique pourquoi la conscience a accès à certaines informations et non à d'autres.

> Si je vous demande : « À quoi pensez-vous ? », vous me décrirez le contenu de vos rêves éveillés, vos projets pour la journée, vos souffrances et vos sujets d'irritation, les couleurs, les formes et les bruits qui vous entourent. Mais vous ne pouvez pas me parler des enzymes sécrétées par votre estomac, du niveau actuel de votre rythme cardiaque et respiratoire, des opérations de votre cerveau qui convertissent en trois dimensions les images que votre rétine reçoit en deux, des règles de syntaxe qui mettent en ordre les mots que vous prononcez, ni de la séquence de contractions musculaires qui vous permet de saisir un verre.

Pourtant, vos rêves éveillés et vos sujets d'irritation ne sont pas plus importants que les opérations du cerveau qui permettent de voir en relief, de prononcer des phrases correctes ou de saisir un verre. Simplement, certaines de ces choses sont accessibles à la conscience et d'autres non.

Par ailleurs, comme Pinker et ses collègues psychologues spécialistes de l'évolution l'ont souligné, l'esprit fonctionne de façon modulaire. L'univers mental comprend différentes aires spécialisées, chacune collectant ses propres données, faisant ses rapports et donnant ses ordres. De même que le corps fonctionne grâce à différents organes qui exécutent chacun une tâche spécifique — les poumons oxygènent le sang, le cœur le refoule dans l'ensemble de l'organisme —, l'esprit est organisé en organes mentaux, c'est-à-dire en modules, en aires. Une aire mentale vous permet de voir le monde en trois dimensions, une autre de saisir un verre. Certains de ces modules publient des rapports accessibles à votre conscience ; d'autres non.

Je pense que l'esprit humain dispose au moins de deux modules chargés du comportement social. L'un s'occupe des relations personnelles, l'autre des groupes.

Le module mental chargé du groupe a une longue histoire et on le trouve dans de nombreuses espèces. Les poissons, par exemple, nagent en bancs. Ils doivent adapter leur comportement à celui du groupe, mais ils n'ont pas besoin de reconnaître leurs camarades de classe. Bien qu'ils puissent distinguer les mâles des femelles, les gros poissons des petits, les poissons de leur espèce de ceux des autres, ils ne reconnaissent pas les individus, pas même leurs propres enfants.

La vie sociale des primates est plus complexe. Les primates doivent, eux aussi, adapter leur comportement à celui du groupe, mais ils doivent également garder en mémoire les individus qui font partie de leur vie. Ils doivent apprendre à reconnaître les individus susceptibles de les aider et de venir à leur secours, et ceux qu'il vaut mieux éviter. C'est un talent que notre espèce a cultivé. Les humains se souviennent des êtres qui leur ont fait une faveur et de ceux qui ont une dette à leur égard. Ils savent — à la fois par expérience et par transmission verbale — à qui ils peuvent faire confiance. Ils gardent un chien de leur chienne, parfois pour toujours, à ceux qui les ont trompés, et attendent l'occasion de se venger. Quand on fait du tort à quelqu'un, mieux vaut ne pas oublier de qui il s'agit. Nous avons une bonne mémoire des gens. Nous disposons d'une aire cérébrale spécialisée dans la reconnaissance des visages.

Le module cérébral qui conserve la trace des relations personnelles est accessible à la conscience. Celui qui adapte votre comportement à celui de votre groupe l'est beaucoup moins, bien qu'il soit tout aussi important. Une bonne partie de son travail se fait automatiquement, comme les contractions musculaires qui vous permettent de saisir un verre.

La collecte de nombreuses informations concernant le monde qui nous entoure se fait inconsciemment. Nous ne savons pas comment nous engrangeons notre savoir. Nous savons certaines choses, c'est tout. Les enfants apprennent que les fruits rouges sont plus sucrés que les fruits verts et, si vous leur donnez le choix, ils choisiront le rouge, sans pouvoir vous dire pourquoi. La collecte des faits, l'élaboration de catégories et l'établissement de moyennes au sein d'une même catégorie — tout cela se fait inconsciemment.

Les processus que j'ai évoqués dans cet ouvrage sont généralement inconscients. Nous nous identifions à un groupe d'individus. Nous apprenons à parler et à nous comporter comme eux ; nous adoptons leurs attitudes. Nous adaptons nos propos et nos attitudes en fonction du contexte. Nous élaborons des stéréotypes concernant notre groupe et d'autres groupes. Tous ces éléments peuvent accéder à la conscience, mais ce n'est pas leur lieu de prédilection. Dans cet ouvrage, je me suis penchée sur ce que les enfants font sans y prendre garde, sans avoir à exercer d'effort conscient. Cela laisse la surface de leur esprit libre pour d'autres choses.

Les groupes comptent autant que les relations personnelles mais de manière différente. Les expériences que nous avons faites dans notre enfance avec nos camarades et avec nos parents ont une importance différente pour nous.

Le lien parents-enfant dure toute la vie. Nous embrassons nos parents chaque fois que nous les quittons. Nous ne les oublions pas. Chaque visite à la maison nous donne l'occasion de feuilleter nos souvenirs de famille. Pendant ce temps, nos amis d'enfance se sont égaillés aux quatre vents et nous avons oublié ce qui se passait dans la cour de récréation.

Quand vous songez à votre enfance, vous pensez à vos parents. La faute en revient au ministère mental des relations personnelles qui a accaparé plus que son dû de vos pensées et de vos souvenirs.

Quant à vos problèmes, vos parents n'y sont pour rien !

Annexes

1
La personnalité et le rang de naissance

Les premiers-nés gardent-ils toute leur vie le sentiment de leur particularité ? Les cadets qui ont grandi au milieu de frères ou sœurs plus âgés sont-ils davantage portés à la révolte ? Ces questions concernent tous ceux qui ont des frères et sœurs et présentent également un intérêt théorique pour les spécialistes. Pendant la majeure partie du XXe siècle, les psychologues, d'Alfred Adler à Robert Zajonc, se sont livrés à des spéculations théoriques sur le rang de naissance en cherchant à montrer que les aînés et les cadets différaient sur des points essentiels tels que la personnalité, l'intelligence, la créativité, l'esprit de contestation. On a baptisé ces différences, quand on les a trouvées, les effets de l'ordre de naissance.

Et on en a trouvé, souvent. Mais, à l'examen, ces différences se sont généralement révélées factices. Les preuves des effets du rang de naissance ont été réfutées à maintes reprises, chaque fois que des chercheurs attentifs — qui n'avaient pas de thèse particulière à défendre — les ont examinées d'un peu plus près.

Sachant que leurs conclusions ne répondaient pas aux attentes de leurs lecteurs, ces chercheurs ont émaillé leurs articles de points d'exclamation et d'italique. Un article de Carmi Schooler publié en 1972 dans le *Psychological Bulletin* portait pour titre : « Les effets de l'ordre de naissance : ni ici, ni maintenant ! ». Cécile Ernst et Jules Angst n'hésitaient pas à affirmer dans leur ouvrage publié en 1983 que « *l'ordre de naissance et les dimensions de la fratrie n'ont pas d'impact majeur sur la personnalité...* Cette variable de l'environnement, quoi qu'on en dise habituellement, ne possède aucune pertinence et ne permet en aucune façon de faire la moindre prédiction touchant la personnalité et le comportement. » Dans le livre qu'ils ont publié en 1990 sur les relations entre frères et sœurs, Judy Dunn et Robert Plomin, tout en reconnaissant que leurs conclusions « vont à l'encontre d'une thèse largement répandue », affirment que « les différences psychologiques et psychopathologiques au sein de la population [...] ne présentent *pas* de liens clairement établis avec l'ordre de naissance des individus ».

Ces déclarations catégoriques ont été ignorées non seulement par le public mais par nombre de spécialistes. Dans leur ouvrage de 1996 consacré au rang de naissance et au comportement politique, Albert Somit, Alan Arwine et Steven Peterson relevaient l'incroyable résistance du mythe de l'influence de l'ordre de naissance — sa capacité à resurgir chaque fois qu'on s'en est cru débarrassé. Somit et ses collègues parlent de « la nature irrationnelle inhérente aux croyances les plus profondes » et, pour ce qui est du rang de naissance, finissent par suggérer d'employer les grands moyens pour « se débarrasser définitivement de ce vampire » : lui planter un pieu dans le cœur à minuit tapant.

À quoi tient donc la vitalité récurrente de ce vampire ? À une amulette, un bouclier magique : l'hypothèse du primat de l'éducation parentale. Psychologues et profanes tiennent pour acquis que la personnalité de l'enfant, dans la mesure où elle est façonnée par l'environnement, l'est avant tout à la maison. Or il est parfaitement clair que les expériences qu'un enfant fait chez lui dépendent de sa position au sein de sa famille — aîné, cadet ou benjamin. Aussi les chercheurs partent-ils du principe que le rang de naissance doit laisser des traces indélébiles sur sa personnalité. Ils partent de cette hypothèse, cherchent à la prouver et refusent de prendre en considération tout ce qui pourrait la contredire. C'est ainsi que le mythe ne meurt pas : il se contente d'attendre dans son cercueil que quelqu'un soulève à nouveau le couvercle.

Le dernier en date à l'avoir soulevé est un spécialiste de l'histoire des sciences, Frank Sulloway, qui présente sa théorie de l'influence du rang de naissance dans un livre intitulé *Born to Rebel* (*La Personnalité contestataire*). La théorie de Sulloway est complexe ; il a recours aux concepts de la psychologie évolutionniste pour expliquer le constat de la génétique du comportement, à savoir que les enfants d'une même famille ne se ressemblent pas. Il insiste sur le fait que les enfants entrent en compétition pour capter l'attention des parents et que, en l'occurrence, le comportement adaptatif consiste à se différencier les uns des autres — à chacun de trouver sa spécialité, sa propre niche au sein du milieu familial. Les différences reflètent les stratégies de chacun : elles ne leur sont pas imposées par les parents (du moins jamais directement). Jusque-là, je suis d'accord avec Sulloway. Il étaye d'ailleurs solidement sa théorie. *Born to Rebel* contient une impressionnante compilation de données issue de sources multiples, ce qui a dû lui demander énormément de travail.

Nos prémisses sont les mêmes, mais nos chemins bifurquent rapidement. Sulloway part de l'idée que l'enfant doit se trouver sa propre niche au sein de la famille et que ce processus expliquera les variations de personnalité adulte que l'on relève au sein d'une fratrie. Il affirme (voir chapitre 3) que les aînés sont des balourds pragmatiques, alors que les derniers-nés sont ouverts à l'aventure et aux idées nouvelles. Que les premiers sont susceptibles, agressifs, jaloux de leur statut et vindicatifs ; les derniers, faciles à vivre et plus gentils. Sulloway, est-il besoin de le dire, est le benjamin de sa famille. Je suis l'aînée de la mienne : Née pour Réfuter[1].

Sulloway a rassemblé une montagne de données en faveur de sa théorie. J'ai soigneusement exploré cette montagne et j'en suis arrivée à des conclusions différentes. La critique qui suit ne vise pas particulièrement *Born to Rebel* mais l'ensemble des recherches sociologiques, qui commettent les mêmes erreurs méthodologiques que Sulloway. Je vais vous montrer comment les chercheurs se fourvoient lorsqu'ils commencent par affirmer une thèse avant de partir à la recherche des faits censés l'étayer.

Quand Sulloway révise les travaux critiques d'Ernst et Angst

C'est une critique de *Born to Rebel* publiée dans la revue *Science* qui m'a fait douter pour la première fois de la solidité de la montagne de faits rassemblés par Sulloway. Le critique, l'historien John Modell, distribuait force louanges au livre, mais posait également quelques questions troublantes. Se référant à l'analyse que proposait Sulloway d'une étude de synthèse de 1983 sur l'ensemble de la bibliographie ayant trait au rang de naissance, Modell disait :

1. En anglais *Born to Rebut*, jeu de mots se référant au titre du livre de Sulloway, *Born to Rebel* (littéralement « Né pour se révolter »). (*NdT.*)

> La nouvelle approche de ces documents par Sulloway m'a convaincu — jusqu'à ce que j'essaie de la reproduire en tenant compte de ce compte rendu bibliographique. Malgré tous mes efforts, je n'y suis pas parvenu.

Le compte rendu bibliographique dont il est question est celui que j'évoque au chapitre 3 ; il s'agit d'une étude critique approfondie réalisée par les psychologues suisses Cécile Ernst et Jules Angst, qui en ont fait état dans un long chapitre du livre qu'ils ont publié en 1983. Ernst et Angst ont recherché dans les publications du monde entier toutes les études sur l'ordre de naissance parues entre 1949 et 1980. Ils en ont conclu que la majorité était sans valeur faute de moyens de contrôle indispensables : les chercheurs n'avaient pas tenu compte de la taille des familles (du nombre d'enfants) ni de leur statut socioéconomique. Les familles aisées ayant généralement moins d'enfants que les autres, elles présentent globalement un pourcentage d'aînés plus élevé. Le refus de prendre en compte ces variables entraîne une confusion entre certains facteurs démographiques et le rang de naissance. Les individus qui réussissent particulièrement bien dans la vie ont plus de chances d'être des aînés, non parce qu'ils occupent une position supérieure dans la famille dont ils sont issus mais parce que celle-ci a plus de chances d'occuper une position culturelle et financière supérieure.

Lorsque ces variables sont confondues, il est impossible de faire la part des choses : si le chercheur qui réalise une étude sur l'ordre de naissance a négligé la taille de la famille ou son statut socioéconomique, son étude ne vaut rien. Ernst et Angst n'ont donc retenu que les rares études qui prenaient en compte au moins l'un de ces deux facteurs. La conclusion qu'ils en ont tirée était que l'ordre de naissance n'avait que peu ou pas d'effets sur la personnalité.

Pour défendre sa thèse — le rang de naissance a des effets sur la personnalité —, Sulloway s'appuie sur ces mêmes données, celle du petit nombre d'études tenant compte de la taille de la famille et/ou du statut socioéconomique. En fait, ce sont à peu près les seules données sur lesquelles il s'appuie ; la plupart des statistiques présentées dans *Born to Rebel* ne portent pas directement sur la personnalité, mais sur les opinions et attitudes exprimées en public par des personnages historiques. Bien que les opinions et les attitudes aient évidemment un rapport avec la personnalité, ce n'est tout de même pas la même chose. La personnalité ne change généralement pas beaucoup chez l'adulte, alors que ses opinions peuvent varier à tout moment au cours de son existence. *L'Origine des espèces* de Darwin a modifié l'opinion de beaucoup de gens, mais n'a probablement pas affecté leur personnalité.

La thèse de Sulloway reposait essentiellement sur une nouvelle interprétation de l'analyse d'Ernst et Angst. Aussi faut-il prendre très au sérieux l'aveu de l'auteur de la critique du livre de Sulloway publiée dans *Science* disant avoir été incapable de parvenir aux mêmes résultats que lui. J'ai donc décidé de faire une nouvelle tentative.

« Si nous écartons toutes les découvertes sur le rang de naissance qui ne tiennent pas compte de la classe sociale ou de la taille de la famille étudiée, écrit Sulloway dans *Born to Rebel*, l'analyse bibliographique d'Ernst et Angst contient 196 enquêtes portant sur 120 800 sujets. » Sur ces 196 enquêtes, constatait-il, 72 corroboraient son point de vue : on avait pu établir que les aînés étaient plus conformistes, traditionalistes, volontaires, responsables, vindicatifs, jaloux, névrosés ou péremptoires que leurs cadets. Quatorze études avaient fourni des résultats inverses et les 110 restantes ne signalaient aucune différence fondée sur le rang de naissance. Ces résultats sont reproduits dans le tableau 4 de *Born to Rebel.* Selon les statistiques de Sulloway, il y a moins d'une chance sur un milliard de milliards qu'ils soient dus au hasard.

J'ai commencé par passer au peigne fin le chapitre d'Ernst et Angst sur le rang de naissance et la personnalité, pour retrouver les 196 enquêtes dont Sulloway fait état. Après deux relectures du texte et des tableaux d'Ernst et Angst, je n'en ai trouvé que 179. J'ai découvert presque le même nombre d'enquêtes donnant des résultats négatifs (13), à peu près le même nombre d'études réfutant sa théorie (109), mais 20 de moins confirmant son point de vue. Enfin, j'en ai trouvé 5 impossibles à classer, du moins de mon point de vue.

Le mystère s'est épaissi quand j'ai entrepris d'entrer les données que j'avais tirées du texte d'Ernst et Angst dans mon ordinateur en les classant par nom d'auteur : il est apparu clairement qu'il fallait comptabiliser plusieurs fois certaines études pour aboutir au chiffre de 179. En effet, quand l'une d'elles répondait à plusieurs questions concernant la personnalité, Ernst et Angst la mentionnaient plusieurs fois. L'élimination des redondances et la prise en compte unique des résultats tirés d'une même publication ou de ceux qui avaient été obtenus à partir du même groupe de sujets réduisait le nombre d'études à 116.

À cet instant, j'ai remarqué une petite note située sous le tableau 4 de Sulloway : « Chaque résultat mentionné constitue une “étude” particulière. » Dans une lettre qu'il m'a adressée, Frank Sulloway m'a reproché de n'avoir pas remarqué cette petite phrase plus tôt et de n'avoir pas compris tout de suite ce qu'elle signifiait ; mais cette note avait également échappé au critique de *Science*. Sulloway a promis de la mettre davantage en évidence dans la prochaine édition de son livre. Une même étude peut en effet aboutir à plusieurs résultats. Davantage, en fait, que je n'avais pu en trouver dans le chapitre d'Ernst et Angst.

Grâce aux informations qu'il m'a adressées et à la

note ajoutée dans l'édition en livre de poche de *Born to Rebel* (note 68, page 472), je comprends mieux désormais comment Sulloway a procédé.

D'abord, il n'a admis a priori aucun des propos d'Ernst et Angst. Bien que la note figurant sous son tableau commence par « ces données sont reprises de l'ouvrage d'Ernst et Angst (1983 : 93-189) », dans bien des cas, il a préféré se plonger dans les publications originales des différentes études et se faire sa propre idée. Il a souvent une opinion différente de celle d'Ernst et Angst sur la valeur et la signification des études en question : A-t-on tenu compte des facteurs appropriés ? Les résultats mettent-ils en évidence une influence du rang de naissance ? Ses réévaluations aboutissent presque toujours à un plus grand nombre de résultats en faveur de sa propre thèse, et/ou à un nombre inférieur de résultats ne constatant pas de différence. Sulloway est persuadé qu'Ernst et Angst avaient un préjugé contre la théorie des effets de l'ordre de naissance.

Sulloway a éliminé d'autres études, jugeant que les chercheurs n'avaient pas indiqué assez clairement le nombre d'individus soumis à l'enquête ou le nombre d'enquêtes réalisées, ou parce que leurs résultats ne portaient pas sur le sujet proprement dit.

Sulloway appelle sa nouvelle analyse des données rassemblées par Ernst et Angst une « méta-analyse [1] ». Dans une méta-analyse, il est légitime de corriger les erreurs et d'éliminer les études manquant de sérieux.

1. Du grec *méta* : succession, changement et, par extension, après, au-delà. Les spécialistes de la terminologie contemporaine adjoignent ce préfixe à des termes désignant une activité cognitive se prenant elle-même pour objet : *métalangage*, langage qui parle du langage ; *métalogique*, logique de la logique, analysant les structures formelles de telle ou telle logique ; *métamathématiques*, étude formalisée des structures des mathématiques ; *méta-analyse*, analyse d'une analyse et, en la circonstance, l'étude critique et la synthèse des résultats d'analyses précédentes... (*NdT.*)

Mais Sulloway va encore plus loin. Lorsque les résultats d'une étude portaient sur plusieurs aspects de la personnalité, il est arrivé à Ernst et Angst de la citer deux ou trois fois. Cela étant, ils se sont bien gardés de faire des analyses statistiques sur la foi de ces questionnaires à entrées multiples. Quant à Sulloway, en assimilant le terme d'« étude » à celui de « résultat », il s'autorise à démultiplier davantage encore ses listes. Si un chercheur fait passer un test de personnalité à un groupe de sujets et découvre que les aînés sont plus conformistes, responsables, vindicatifs, anxieux et péremptoires que les cadets, la définition de Sulloway lui permet de comptabiliser les résultats de cette enquête comme cinq « études » différentes en faveur de sa thèse.

Autant que j'aie pu en juger d'après les informations qu'il donne, le nombre réel d'études sur lesquelles se fondent les résultats de Sulloway ne dépasse pas 115. Le nombre total de sujets soumis à ces 115 études tourne autour de 75 000. « L'analyse bibliographique d'Ernst et Angst contient 196 enquêtes portant sur 120 800 sujets » après élimination des enquêtes ne tenant pas compte de facteurs sociologiques essentiels, affirmait Sulloway. Cette assertion est fallacieuse.

Je vous l'accorde, 75 000 sujets, ce n'est pas rien. Mais l'analyse statistique réalisée par Sulloway prétendait porter sur 120 800 sujets. L'analyse exige que chaque résultat favorable soit indépendant de tous les autres, comme lorsqu'on tire à pile ou face. On ne peut pas prétendre que des mesures multiples portant sur un même échantillon de sujets soient indépendantes, puisqu'une particularité quelconque de l'échantillon — une proportion inhabituellement élevée de premiers-nés névrosés par exemple — peut affecter les autres mesures réalisées sur le même échantillon. Un échantillon qui, par hasard, donnera un résultat significatif « au seuil de 5 % », comme disent les statisticiens, aura une probabilité de plus de 5 % de produire d'autres résultats significatifs.

Il me paraît plus grave encore que les calculs de Sulloway sous-estiment largement le nombre de résultats qui n'ont établi aucune différence. Ses calculs partent du principe que si vous lancez une centaine de pièces 197 fois et, que pour 72 lancers vous obtenez nettement plus de 50 % de côtés « face », il est tout à fait improbable que ce résultat soit une simple coïncidence. Autrement dit, quelque chose doit faire retomber les pièces côté face. Dans ce cas, pourquoi ne pas lancer toutes vos pièces non pas 197 fois mais beaucoup plus et décréter que « les résultats qui ne me plaisent pas ne comptent pas » ?

Quand les chercheurs testent un vaste échantillon de sujets et qu'au premier essai ils ne trouvent aucun résultat significatif, ils recourent souvent à la méthode du « diviser pour mieux régner » dont j'ai parlé au chapitre 2 : ils subdivisent l'échantillon en sous-groupes, jusqu'à ce que ceux-ci donnent des résultats significatifs. Le procédé permet d'accroître les chances d'obtenir des résultats publiables. Mais ce n'est pas tout. Ces résultats déforment les résultats publiés dans le sens des préjugés des chercheurs, dans la mesure où ces derniers ne se sentent pas tenus de publier les résultats des sous-groupes qui ne vont pas dans le sens voulu.

La méthode du diviser pour mieux régner est flagrante dans bon nombre des études examinées par Ernst et Angst. On a pu établir ainsi certains effets significatifs du rang de naissance pour les garçons mais pas pour les filles, ou inversement. Pour les enfants de milieux aisés et non pour ceux de la classe ouvrière, ou vice versa. Pour ceux de familles réduites mais pas pour ceux de familles nombreuses ; pour les lycéens et non pour les étudiants. Les chercheurs ont fait preuve d'une grande ingéniosité dans l'art de regrouper à leur guise les données de départ. Une étude n'a réussi à mettre en évidence un effet d'ordre de naissance qu'en précisant que l'« aîné » était l'« aîné de ce sexe ». Une autre n'en a découvert que pour les sujets très anxieux. Tous ces exemples sont tirés des 52 résultats favorables à la théorie de Sulloway que j'ai pu dénombrer.

En termes techniques, on parle d'« interactions ». Pour qu'une interaction soit significative, il faut qu'elle soit reproductible. Une interaction qui n'apparaît que dans une seule enquête n'est pas significative ; elle fournit simplement aux chercheurs une chance supplémentaire de trouver le résultat espéré — de lancer une nouvelle fois la centaine de pièces, sans avoir à en faire état si le nombre qui tombe côté face n'est pas significatif.

Diviser l'échantillon n'est que le point de départ. Quitte à constituer un sous-groupe, autant le soumettre à toute une batterie de tests. Ou lui proposer un vaste questionnaire, en regroupant les réponses en différents « facteurs », qu'on examinera ensuite indépendamment. Parmi les 52 études que j'ai recensées comme favorables à la thèse de Sulloway, l'une constate que les aînés sont plus sensibles à la pression de groupe mais uniquement dans une ou deux circonstances, une autre que les derniers-nés sont les plus intéressés par les activités de groupe mais seulement pour un facteur sur cinq, une autre encore que les premiers-nés disent plus souvent que leurs cadets qu'ils redoutent qu'on leur pose d'autres questions, sans que le total des mêmes craintes exprimées sur l'ensemble du test ne présente de différence significative. Je ne tiens compte, bien sûr, que des enquêtes à résultats multiples dont les chercheurs ont fait état et qu'Ernst et Angst ont mentionnées. Je n'évoque pas toutes les autres enquêtes, dont les chercheurs n'ont jamais fait état parce que leurs résultats étaient sans intérêt — autrement dit non significatifs. Nos cent pièces n'ont pas été lancées 197 fois mais bien davantage. Mais nous n'avons aucun moyen de savoir combien de fois on les a lancées avant d'obtenir les 72 résultats significatifs que Sulloway a relevés chez Ernst et Angst.

Les pièges de la méta-analyse

« La question qu'il faut se poser à propos de tout sujet de recherche est de savoir si les résultats significatifs sont plus importants que ceux qu'on peut imputer au "hasard" », déclare Sulloway dans *Born to Rebel.* La *méta-analyse,* ajoute-t-il, nous permet de répondre à cette question. Elle permet de regrouper les études afin d'accroître la puissance de résolution de l'analyse statistique. »

C'est vrai. Mais Sulloway ne s'est pas livré à une méta-analyse dans le sens habituel du terme. Normalement, la méta-analyse doit prendre en compte deux éléments d'information importants que Sulloway a ignorés : l'échelle de chaque enquête — combien de sujets ont été testés ou observés — et l'ampleur des effets constatés. Une étude réalisée à grande échelle et qui révèle des effets très marqués a plus de valeur que celle qui porte sur un échantillon restreint, tout en constatant des effets ténus. La première comptera davantage dans une méta-analyse correcte.

Même quand on en trouve, les effets de l'ordre de naissance ont tendance à être faibles. Des effets faibles peuvent cependant être significatifs statistiquement, si l'enquête elle-même est réalisée sur une assez grande échelle — si le nombre de sujets est assez important. Ainsi, si les effets de l'ordre de naissance étaient faibles mais réels, on devrait obtenir plus fréquemment des résultats significatifs dans les études à grande échelle que dans celles portant sur de faibles effectifs.

On observe exactement l'inverse dans les études mentionnées par Ernst et Angst, comme le montre le tableau ci-dessous. J'ai divisé les 179 résultats mentionnés dans leur ouvrage en trois groupes à peu près égaux, sur la base du nombre de sujets interrogés, après avoir éliminé les 16 études pour lesquelles nous n'avons pas d'informations sur ce point. Il se dégage une tendance inverse à celle que nous aurions pu escompter si les effets de l'ordre de naissance étaient faibles mais réels : nous trouvons plus de résultats significatifs dans les enquêtes à petite échelle que dans les enquêtes portant sur des échantillons plus vastes. Sur les 54 enquêtes portant sur plus de 375 sujets, on n'en compte que 10 dont les résultats soient positifs.

Résultats

Échelle de l'enquête (nombre de sujets testés)	Favorable à la théorie de Sulloway	Défavorable à la théorie de Sulloway	Pas de différence, résultats contradictoires ou douteux	Total
31 à 140	22	4	29	55
141 à 371	17	4	33	54
384 à 7 274	10	4	40	54

Ces résultats n'indiquent pas que les enquêtes restreintes sont plus susceptibles de révéler des effets significatifs que les autres. Une explication plus vraisemblable est qu'on s'est abstenu de publier les résultats des petites enquêtes quand elles ne révélaient pas d'effets significatifs. Les chercheurs haussent les épaules et passent à autre chose...

L'erreur de méthode qui consiste à ne pas publier les résultats non probants est courante en sciences sociales, et les spécialistes le savent bien. Mais on n'en fait pas une affaire d'État. Le problème existe également en recherche médicale, mais cette fois les conséquences sont plus graves. Les résultats non probants sont essentiels car ils peuvent indiquer que tel ou tel médicament très coûteux ou telle ou telle nouvelle procédure chirurgicale a peu de chances d'améliorer l'état du malade. Et pourtant, même en médecine, on publie moins volontiers les résultats non significatifs et, quand on les publie, c'est avec beaucoup de retard.

Mauvaises entrées, mauvais résultats : cette devise d'informaticien vaut également pour la méta-analyse. Vous pouvez toujours assembler une foule de petites études pour en obtenir une grande, celle-ci ne sera pas forcément bonne pour autant. En recherche médicale, les petites études ont moins de chances d'être soumises aux contrôles nécessaires. Les patients ne sont pas choisis au hasard ; ceux qui reçoivent le nouveau traitement peuvent être plus malades — ou moins — que ceux à qui on administre l'ancien. L'étude n'est pas réalisée « en double aveugle » : le médecin qui administre le traitement est également celui qui détermine son efficacité, et les patients savent également s'ils ont reçu le nouveau ou l'ancien traitement.

En règle générale, on commence par procéder à une première évaluation d'un nouveau médicament sur une série d'études restreintes de ce type, difficilement contrôlables. Si les premières conclusions sont prometteuses, on entreprend une étude définitive, de celles auxquelles les chercheurs donnent le nom d'« étalon or ». Ce genre d'études se fait à grande échelle, sur au moins un millier de patients pris au hasard, en double aveugle, avec des chercheurs qui n'entretiennent aucun rapport financier avec les laboratoires qui fourniront le traitement ou le médicament. On ne procède malheureusement jamais ainsi en psychologie. Les études psychologiques publiées de temps à autre par les revues médicales (voir chapitre 13) n'auraient jamais passé la rampe du comité de lecture, si on leur avait appliqué les critères exigés des études médicales destinées à la publication.

Un article récent du *New England Journal of Medicine* comparait les résultats d'études médicales « étalon or » aux méta-analyses des petites études qui les avaient précédées. Voici les conclusions des chercheurs : « Les résultats de 12 traitements médicaux obtenus dans les conditions requises (enquête à grande échelle, malades choisis au hasard, groupes de contrôle) n'avaient pas été prévus correctement par 35 % des méta-analyses publiées antérieurement sur le même sujet. » Quand les résultats sont contradictoires, les médecins bien informés s'appuient sur les résultats de l'étude à grande échelle dûment contrôlée, plutôt que sur la méta-analyse de plusieurs études restreintes.

Pour ce qui est des effets de l'ordre de naissance, l'étude réalisée directement par Ernst et Angst est sans doute celle qui se rapproche le plus de « l'étalon or ». Elle avait pour objectif de confirmer ou d'infirmer les résultats établis par les autres chercheurs, et ils en donnent le compte rendu dans un chapitre ultérieur de leur livre. Leur étude est à toute épreuve. Ils se sont donné tous les moyens de vérification nécessaires, ont testé davantage de sujets — 7 582 jeunes adultes — que les enquêtes les plus sérieuses qu'ils ont analysées, et mesuré (à l'aide d'un questionnaire en auto-évaluation) 12 aspects différents de la personnalité, y compris la franchise. Pour une famille de deux enfants, Ernst et Angst n'ont pas établi le moindre effet significatif du rang de naissance sur aucun de ces aspects de la personnalité. Pour des familles de trois ou plus, ils en ont trouvé un : le dernier-né a tendance à moins affirmer sa masculinité.

Curieusement, Sulloway ne mentionne pas cette étude dans *Born to Rebel*.

Le rang de naissance après 1980

L'analyse bibliographique d'Ernst et Angst s'arrête en 1980. Celle de Sulloway aussi. Mais les recherches ont continué. J'ai décidé d'examiner les travaux sur la question publiés après cette date. De nos jours c'est une tâche facile, même pour quelqu'un qui n'a pas accès à une bibliothèque universitaire. Moyennant un petit supplément, mon service on-line me donne accès à *Psychological Abstracts* (« Résumés de travaux de psychologie »), qui fournit un vaste index par thème et un sommaire des articles publiés.

J'ai donc recherché dans *Psychological Abstracts* les articles publiés depuis 1981 qui mentionnaient les termes « rang de naissance » et « personnalité ou comportement social » ; j'en ai trouvé 123. Après élimination de ceux qui ne portaient pas sur le sujet et de ceux dont le résumé n'indiquait pas les conclusions, je me suis retrouvée avec cinquante articles. Je les ai classés en fonction de la théorie de Sulloway : favorables à cette théorie, défavorables, mêlés, neutres ou incertains. Le tableau ci-dessous indique ces résultats. J'en ai conclu, comme Ernst et Angst, que le rang de naissance n'a pas d'effets sur la personnalité de l'adulte, ou que ces effets sont si faibles et douteux qu'ils n'ont aucune importance dans les faits.

Conclusion par rapport à la théorie de Sulloway	Nombre d'études
favorable	7
défavorable	6
mêlée	5
neutre	20
incertaine	12

C'est à la maison que cela se passe

Si l'ordre de naissance n'a guère d'effets sur la personnalité adulte, pourquoi tout le monde pense-t-il le contraire ? Et pourquoi les idées populaires sur les différences entre aînés et cadets se maintiennent-elles contre vents et marées ? La description que donne Sulloway du benjamin correspond exactement au stéréotype populaire : facile à vivre, gai, contestataire, éventuellement un peu immature. Si ce stéréotype n'est pas exact, d'où le tirez-vous ?

De chez vous. Des parents qui observent le comportement de leurs enfants, et des enfants qui observent celui de leurs frères et sœurs. De l'observation de comportements au sein du foyer familial.

Parmi les enquêtes qu'ont analysées Ernst et Angst, plusieurs demandaient aux parents de décrire la personnalité de leurs enfants ou aux enfants celle de leurs frères et sœurs. Les conclusions corroboraient généralement la thèse de Sulloway et le stéréotype populaire. Les aînés étaient décrits par leurs parents comme sérieux, sensibles, responsables, inquiets et ouverts sur le monde des adultes. Les cadets étaient jugés indépendants, gais et contestataires. Les cadets disaient de leurs aînés qu'ils étaient tyranniques et agressifs.

Le petit groupe d'études qui faisait appel aux jugements des parents ou de la fratrie a probablement contribué de manière disproportionnée à la méta-analyse de Sulloway : la plupart collationnait des résultats multiples dont la grande majorité était favorable à la théorie de Sulloway. J'ai fait le calcul à partir des enquêtes recensées par Ernst et Angst : 75 % des résultats se fondant sur les réponses des membres de la famille étaient favorables à Sulloway, contre 22 % seulement de ceux qui se fondaient sur des questionnaires remplis par les intéressés eux-mêmes.

Ernst et Angst avaient relevé cette disproportion et critiquaient le recours au jugement des membres de la famille. Ils insistaient surtout sur le manque de fiabilité de l'appréciation des parents sur leurs enfants ; comme je l'ai déjà mentionné, cette appréciation concorde rarement avec celle des personnes extérieures à la famille. En outre, quand les parents décrivent leurs enfants, ils comparent obligatoirement un individu plus âgé (l'aîné) à un individu plus jeune (un cadet), et le plus âgé, bien sûr, est généralement le plus mûr.

Les enquêtes qui se fondent sur les réponses des

parents et de la fratrie relèvent beaucoup plus souvent des effets de rang de naissance que celles qui sont réalisées à l'extérieur du cadre familial. Ernst et Angst voient plusieurs explications possibles à cette disparité, l'une étant que la personnalité varie selon le contexte social. Les aînés ne se comportent en aînés, et les cadets en cadets qu'en présence de leurs parents et de leurs frères et sœurs. « La personnalité du premier-né, disent Ernst et Angst, est peut-être *spécifique aux parents*. » Les exemples que j'évoque au chapitre 4 concordent avec cette hypothèse. Les enfants ne transfèrent pas à d'autres personnes ni à d'autres situations le comportement qu'ils acquièrent auprès de leurs parents et de leur fratrie.

Les effets du rang de naissance sur la personnalité existent bien : à la maison. On les laisse chez soi en sortant. C'est pourquoi la plupart des enquêtes réalisées auprès de sujets adultes et ne reposant pas sur les réponses de membres de la famille n'en font pas état.

Créativité et contestation

Le sujet majeur de *Born to Rebel* n'est pas la personnalité en général, mais l'esprit d'innovation et de contestation. Les cadets, selon Sulloway, ont tendance à être plus réceptifs aux idées nouvelles ou radicales et à rejeter les conceptions démodées de leurs parents. À l'appui de cette hypothèse, Sulloway invoque les opinions ou le comportement de personnages historiques passés à la postérité.

Dans sa critique de *Born to Rebel*, l'historien John Modell relevait qu'il était bien difficile d'apprécier les données historiques rapportées par l'auteur : « Son plaidoyer enflammé semble destiné à subjuguer le lecteur plutôt qu'à lui donner les moyens de se faire une opinion. » J'en suis arrivée à la même conclusion, ce qui m'a conduite à m'appuyer sur d'autres investigations pour vérifier la thèse de cet ouvrage.

La théorie de Sulloway veut que les premiers et derniers-nés aient des idées politiques différentes : les premiers seraient plus conservateurs, les seconds plus libéraux. Dans un ouvrage de 1996 consacré au rang de naissance et au comportement politique, Albert Somit, Alan Arwine et Steven Peterson ont examiné la littérature portant sur ce sujet. Voici leur conclusion :

> Nous avons examiné toutes les publications qui traitent des rapports entre le rang de naissance et le comportement politique que nous avons pu identifier. L'objet de cette recherche englobe un large spectre — engagement politique personnel, intérêt pour la politique, libéralisme ou conservatisme, attitude vis-à-vis de la liberté d'expression, préférences de régime gouvernemental, socialisation politique, machiavélisme et comportements non traditionnels, occupation de fonctions officielles électives ou non. La plupart de ces études ne mettent en évidence aucun rapport significatif avec le rang de naissance ; quand elles en établissent un, une analyse critique permet d'émettre des doutes pour le moins sérieux sur la validité des conclusions.

Sulloway prétend que les cadets sont plus contestataires et se plient moins volontiers aux règles parentales. Les enfants ou les adolescents manifestent souvent leur insoumission en se montrant rétifs au travail scolaire : ce qui laisse des traces écrites faciles à vérifier. Les données collectées à ce sujet contredisent les idées reçues : la tendance à la paresse scolaire n'a aucun rapport avec le rang de naissance. Selon le psychologue Robert McCall, « une recherche systématique... n'a révélé aucune différence entre le travail scolaire des aînés et des cadets ».

Sulloway prétend que les cadets sont plus ouverts aux idées nouvelles. Le psychologue Mark Runco a étudié la « pensée divergente » chez les enfants — les opinions qui sortent des sentiers battus. En la matière, ce sont les premiers-nés et les enfants uniques qui surclassent les derniers-nés.

Les recherches ont montré qu'en général les époux aux personnalités et aux comportements similaires forment des ménages plus solides. Si l'ordre de naissance avait des effets notables sur la personnalité et le comportement, les mariages entre aînés, ou entre cadets, devraient être les plus heureux. La seule étude que j'aie trouvée à ce sujet suggère l'inverse : le psychologue Walter Toman rapporte que les époux qui n'ont pas le même rang de naissance seraient moins enclins à divorcer.

Enfin, selon la théorie de Sulloway, les poussées de révolte sociale se produiraient plus facilement lorsque la population comprend une forte proportion de cadets. Frederic Townsend a confronté cette hypothèse à quelques données du XXe siècle et l'a judicieusement réfutée. La génération des Américains de vingt à vingt-cinq ans impliquée dans la révolte des années soixante comprenait en fait une proportion relativement faible de cadets. Leur proportion était beaucoup plus importante durant les placides années cinquante. Elle a recommencé à s'élever au cours des années soixante-dix, juste au moment où la révolte de la jeunesse a tourné court.

Ordre de naissance, évolution et changement social

La théorie de Sulloway se fonde sur le concept darwinien de la survie du plus apte — une conception de l'évolution mettant en scène la nature toutes griffes dehors. Pour Sulloway, les membres d'une fratrie sont engagés dans une lutte à mort pour les ressources familiales. Son modèle de relations fraternelles est celui d'Abel et Caïn ou du fou à pied bleu, cet oiseau qui réduit la concurrence en tuant à coups de bec l'un des plus petits oisillons de la même nichée.

En fait, le fratricide se rencontre surtout chez les espèces dont les portées contiennent de nombreux petits. Les primates élèvent généralement un seul petit à la fois. Comme je le relate au chapitre 6, les frères chimpanzés jouent ensemble dans l'enfance et deviennent généralement de fidèles alliés à l'âge adulte. Il se passe la même chose dans les sociétés traditionnelles pour les frères humains. N'en déplaise à Caïn, le fratricide est l'une des formes de meurtre les plus rares dans la plupart des sociétés humaines, y compris la nôtre.

Le fratricide peut cependant devenir plus fréquent à certaines époques et dans certaines circonstances, par exemple lorsque tout revient à l'aîné — le royaume, le titre, la ferme — et que les plus jeunes n'ont plus qu'à ronger leur frein. Dans une telle situation, l'assassinat semble effectivement refléter, si l'on s'en tient aux apparences, le type de rivalité fraternelle dont parle Sulloway : une lutte pour accaparer la faveur des parents et les biens de la famille. Je crois, cependant, que ce qui motive l'assassinat dans ce cas n'est pas le désir du jeune frère de s'élever dans l'estime des parents — tuer leur premier-né n'est sans doute pas le meilleur moyen de s'y prendre ! — mais d'améliorer son statut au sein de la société où il passera sa vie d'adulte. Le droit d'aînesse permet aux frères plus âgés d'être les dominants au sein de leur *groupe*, et non seulement au sein de la famille. La lutte pour la domination au sein du groupe peut conduire au meurtre : c'est un phénomène qu'on observe dans beaucoup d'espèces animales, et dans toutes les sociétés humaines.

Les relations entre frères et sœurs dépendent de facteurs internes mais aussi externes à la famille, ce qui explique que, dans certaines conditions, l'ordre de naissance exerce certains effets. Lorsque le droit d'aînesse était en vigueur en Europe, les cadets grandissaient dans l'ombre de leur aîné, non seulement au sein de leur famille mais partout où ils allaient. À une époque où les riches éduquaient leurs enfants chez eux et où ceux des pauvres n'étaient pas scolarisés, les enfants passaient le plus clair de leur temps en compagnie de leurs frères et sœurs. Le petit frère était dominé par son aîné, non seulement chez lui, mais également au sein du groupe de jeux. En vertu de la théorie que je défends, un statut inférieur au sein du groupe, surtout s'il se maintient pendant de longues années, laisse des traces indélébiles sur la personnalité de l'enfant.

Dans les sociétés occidentales d'aujourd'hui, le droit d'aînesse n'existe plus et les enfants côtoient leurs frères et sœurs essentiellement à la maison. À l'extérieur, ils fréquentent des camarades de leur âge. Un jeune frère dominé par son aîné à la maison peut très bien être le dominant de son groupe de pairs. Dès qu'il passe la porte, l'enfant d'aujourd'hui laisse derrière lui les modèles de comportement acquis dans ses relations fraternelles, de la même façon que l'enfant d'immigrés laisse derrière lui la langue de ses parents.

Les effets de l'ordre de naissance étaient peut-être réels à l'époque du droit d'aînesse ; les données historiques du livre de Sulloway pourraient s'expliquer ainsi. On n'en relève plus de traces, sinon négligeables, dans les études récentes. Cette observation vaut même pour l'intelligence, au sujet de laquelle les données plus anciennes révèlent clairement certains effets du rang de naissance. Des expériences récentes n'ont pas réussi à confirmer la moindre supériorité intellectuelle des aînés.

J'en conclus que Carmi Schooler a bien fait d'intituler son article : « Les effets de l'ordre de naissance : ni ici ni maintenant ! ».

2

Les théories du développement de l'enfant à l'épreuve

La première étude qui s'est attachée à vérifier la théorie de la socialisation par le groupe a été publiée en 1997 dans *Journal of Personality and Social Psychology*. L'auteur en est John Loehlin, un spécialiste de génétique du comportement de l'université du Texas. Reprenant les données d'une enquête sur des jumeaux menée quelques années plus tôt, Loehlin a découvert que les jumeaux adolescents qui disaient avoir les mêmes amis présentaient davantage de traits de personnalités communs que ceux dont les parents affirmaient les avoir traités de la même manière. Il résume ainsi ses conclusions : « Les résultats de cette enquête étayent légèrement certains pronostics de la théorie de Harris voulant que les pairs influent davantage que les parents sur la personnalité. »

Les effets constatés allaient dans la direction que j'avais prévue mais restaient ténus. Pourquoi ? D'abord, parce que la théorie de la socialisation par le groupe affirme que c'est l'influence du groupe de pairs, et non celle des amis, qui a des effets à long terme sur la personnalité. On n'a pas posé de questions aux jumeaux sur leur groupe de pairs, on leur a simplement demandé s'ils avaient les mêmes amis. Ces amis peuvent également appartenir au groupe de pairs (les enfants qui sont amis font habituellement partie du même groupe), mais ce n'est pas un indicateur parfait (car les enfants peuvent faire partie d'un même groupe, sans être amis).

En outre, on a interrogé ces jumeaux sur leurs amitiés durant *l'adolescence* — sans rechercher d'informations sur leurs amitiés plus précoces. Or je crois que les aspects les plus importants de la personnalité se mettent en place dans l'enfance et non à l'adolescence.

Enfin, l'influence du groupe de pairs ne conduit pas nécessairement à une similitude plus grande entre jumeaux. Au sein d'un groupe, le phénomène d'assimilation s'accompagne d'un phénomène de différenciation, lequel aurait tendance à *atténuer* la ressemblance des jumeaux.

Le cas particulier des jumeaux

Le fait que de vrais jumeaux élevés ensemble n'aient pas le même caractère — pas plus en tout cas que de vrais jumeaux élevés séparément — exige une explication. Les partisans de l'hypothèse du primat de l'éducation parentale vous diront que les jumeaux élevés ensemble vivent néanmoins des situations différentes au sein de leur foyer. Leurs parents peuvent les traiter différemment ou, en tout cas, leur attribuer des rôles différents au sein de la famille.

Les jumeaux élevés ensemble vivent des situations différentes au sein de leur foyer, c'est vrai. Mais c'est aux situations différentes vécues *à l'extérieur* de chez eux que j'attribue leurs disparités de personnalité. J'admets que pour des jumeaux (ou pour des membres d'une même fratrie qui se suivent d'assez près pour être dans la même classe) la frontière entre ces deux environnements est floue. Les jumeaux ne sont pas seulement membres d'une même fratrie, ce sont aussi des pairs. Ils se voient à l'école et font partie du même groupe de jeux dans leur quartier.

Les enfants qui grandissent au sein de la même famille se voient généralement attribuer un rôle, une étiquette qui ont souvent tendance à accuser leurs différences. Mais la plupart des enfants laissent cette étiquette à la maison dès qu'ils en franchissent le seuil.

S'ils la conservaient à l'extérieur, nous constaterions des effets notables et constants du rang de naissance sur la personnalité, ce qui n'est pas le cas (voir annexe 1). Il se peut toutefois que des jumeaux conservent cette étiquette familiale à l'extérieur, parce qu'ils restent ensemble lorsqu'ils quittent la maison. Ils se fournissent respectivement un contexte social à la maison comme à l'extérieur. La moindre asymétrie au sein de leur relation — et il en existe forcément quelques-unes — les suit en tout lieu.

Deux sœurs siamoises vivent dans le Middle West américain : deux jolies fillettes heureuses, qui partagent le même corps. Abigail contrôle la jambe et le bras droits, Brittany le côté gauche. Leurs cerveaux séparés se sont construits selon les mêmes instructions, le même code génétique. Leur environnement est également identique — elles ne se quittent jamais, elles n'ont pas le choix. Pourtant, elles n'ont pas la même personnalité. Je les ai vues à une émission télévisée, et c'était flagrant : chacune a une personnalité bien à elle. L'une d'elles — Abigail, je crois — est dominante. Elle se montre maternelle et protectrice envers sa sœur. L'autre semble moins sûre d'elle, plus juvénile. Cette différence tient peut-être au meilleur état de santé d'Abigail, Brittany étant sujette à des infections des oreilles et des poumons. Mais quelle que soit la raison initiale de cette dissymétrie, ce modèle relationnel s'est perpétué.

Abigail et Brittany apporteront ce modèle relationnel dans le groupe de pairs. Leurs camarades remarqueront leurs différences, comme je l'ai fait en les voyant à la télévision. Leurs amis les appréhenderont comme des personnes distinctes (dès que vous connaissez des jumeaux, vous vous faites un modèle fonctionnel différent pour chacun d'eux) et leur attribueront des rôles différents. Si l'une se voit attribuer un statut supérieur à l'autre au sein du groupe, c'est à la première que les autres adresseront leurs questions. C'est ainsi que les différences de personnalité entre les jumelles s'enracineront, et peut-être se creuseront encore davantage. Dans la mesure où elles s'exprimeront au sein du groupe de pairs et ne se limiteront pas à la maison, ces différences deviendront des éléments immuables de leur personnalité. Les choses ne se passent pas ainsi pour les membres ordinaires d'une même fratrie, parce qu'ils n'ont pas le même âge et qu'aujourd'hui, quand ils ne sont pas à la maison, les enfants passent l'essentiel de leur temps dans des groupes d'une même classe d'âge. La fillette dominée par son grand frère à la maison peut se débarrasser de ce statut inférieur dès qu'elle sort de chez elle.

À d'autres époques, les enfants passaient le plus clair de leur temps en compagnie de leurs frères et sœurs, à l'extérieur de chez eux ou à la maison. C'est toujours le cas des jumeaux. Voilà pourquoi des vrais jumeaux élevés ensemble n'ont pas la même personnalité, même s'ils ont les mêmes gènes et sont socialisés dans le même groupe de pairs. Dans le cas particulier des jumeaux, le pronostic de la théorie de la socialisation par le groupe recouvre largement celui de la thèse qui se fonde sur les différences d'environnement au sein de la famille. Ce pronostic ne sera différent que dans le cas — sans doute assez rare — où ces jumeaux se verront imposer un rôle différent au sein de leur famille et au sein de leur groupe de pairs, ou encore lorsqu'un des jumeaux jouit d'un statut supérieur à la maison, et l'autre à l'extérieur.

Effets parents-enfant ou effets enfant-parents ?

Revenons au cas bien plus habituel de la fratrie élevée dans le même foyer — de frères et sœurs qui n'ont ni le même âge, ni le même patrimoine génétique. Il peut s'agir aussi bien de vrais frères et sœurs que de demi-frères ou demi-sœurs, d'enfants de différents mariages ou même d'enfants adoptifs.

Si tous sont inclus dans une seule et unique enquête (aux côtés des vrais et faux jumeaux), les spécialistes de génétique comportementale pourront utiliser les données pour calculer l'héritabilité des traits de comportement ou de personnalité qu'ils étudient. Ils peuvent calculer quelle part de la variation de ces caractéristiques est due aux gènes, quelle part est due au fait qu'ils vivent sous le même toit (leur « environnement partagé », disent-ils), et quelle part reste inexplicable en fonction de ces critères. Une étude de ce type a été menée récemment par David Reiss et ses collègues.

Les spécialistes de génétique du comportement attribuent les différences d'origine non génétique entre frères et sœurs au fait que chacun d'entre eux occupe un « micro-environnement » unique. Les parents ne traitent pas tous leurs enfants de la même manière ; chaque enfant vit donc des expériences différentes à la maison. Le problème est qu'il est difficile de distinguer les effets parents-enfant — auxquels les tenants de notre fameuse hypothèse sur l'éducation parentale ont recours pour expliquer les différences de personnalité des enfants — des effets enfant-parents. Si les parents ne font que réagir aux différences préexistantes de leurs enfants, cela n'explique pas comment ces différences se sont installées. Les différences entre les enfants ne sont pas toutes dues aux gènes — nous le savons. Mais, théoriquement du moins, les différences de traitement par les parents *pourraient* être dues aux seuls gènes des enfants. Les parents pourraient réagir à des différences génétiques entre leurs enfants, même si toutes les différences entre enfants ne sont pas génétiques.

C'est exactement ce que Reiss et ses collègues ont découvert. « Les résultats, admettent-ils, sont étonnants. » Les différences génétiques entre enfants pouvaient expliquer presque toutes les différences d'attitude parentale à leur égard. Les chercheurs ont ainsi constaté une forte corrélation entre un comportement négatif de la mère envers l'un de ses enfants adolescents et le comportement asocial de celui-ci. L'explication traditionnelle serait la suivante : l'enfant agit ainsi à cause de l'indifférence de la mère — elle ne l'aime pas autant que ses autres frères et sœurs. Mais l'analyse des données indique que l'influence génétique suffit à expliquer l'essentiel du taux de corrélation entre le comportement maternel et celui de l'enfant. La mère réagissait aux différences innées qui existaient entre ses enfants — elle n'en était pas la cause. Comme le dit Reiss :

> Une meilleure interprétation de nos données conduit à penser que ce sont les différences génétiques entre l'adolescent et sa fratrie qui suscitent la différence de traitement à son égard : l'enfant doté de difficultés comportementales d'origine génétique est traité plus sévèrement.

Contrairement à Loehlin, Reiss n'a pas délibérément cherché à vérifier la théorie de la socialisation par le groupe. C'est pourtant ce qu'il a fait. Il a confirmé l'un des pronostics de la théorie : il a montré que les différences dans la manière dont les parents traitent leurs enfants ne peuvent expliquer les différences de comportement entre les membres d'une même fratrie. Nous savions déjà que ce n'était pas un comportement *similaire* des parents envers leurs enfants qui pouvait expliquer que ces derniers se comportent parfois de la même manière : ils se conduisent de la même manière parce qu'ils partagent les mêmes gènes. Quand ce n'est pas le cas, ils ne manifestent pas le même comportement.

Si le comportement des parents envers leurs enfants ne peut expliquer ni les ressemblances ni les différences de comportement de ces derniers, c'est que l'hypothèse du primat de l'éducation parentale est fausse.

L'explication de la variation

Si le comportement des parents n'explique pas la variation non génétique des personnalités de leurs enfants, à quoi devons-nous faire appel ? « Quels pourraient être ces facteurs environnementaux non partagés ? » s'interroge David Reiss. Des expériences fortuites ? Cette solution n'est pas très encourageante, car on ne peut « ni mesurer ni prévoir » les événements fortuits. Et si, se demande-t-il, il existait « d'autres variables moins capricieuses » que ses collègues et lui-même n'auraient pas explorées ? Non, se ravise-t-il, c'est peu probable, vu le nombre de variables déjà examinées : la famille, les amis, les professeurs et les pairs. C'est vrai, ils se sont même intéressés aux groupes de pairs.

Mais ils n'ont pas examiné les différentes situations vécues par les enfants au *sein* de leur groupe de pairs. Selon la théorie de la socialisation par le groupe, les membres du groupe de pairs tendent à se ressembler de plus en plus sur certains points et à se différencier sur d'autres. Les variations de personnalité et de comportement social que mesurent les chercheurs subissent sans doute les effets de différenciation au sein du groupe autant que l'influence de l'assimilation. Les enfants ne sont pas tous traités de la même manière par leurs pairs : il y a ceux que l'on harcèle, et ceux qu'on imite, à qui on adresse questions et suggestions. On observe des différences dans les rôles qui leur sont imposés, ou qu'ils s'attribuent eux-mêmes en se comparant à leurs camarades.

Les enfants vivent des situations différentes au sein du groupe ; et des situations différentes à la maison. Selon ma théorie, seules les premières ont des conséquences à long terme. Mais il est facile de se tromper et de confondre les effets des expériences vécues au sein du groupe avec ceux des expériences vécues à la maison. En effet, ces deux types d'expériences tendent à être liés. Ainsi, la plupart des caractéristiques qui rendent certains enfants plus susceptibles d'être maltraités par leurs parents — retard du développement, disgrâce physique, comportement caractériel — les prédisposent également à être persécutés par leurs pairs. Certains enfants sont donc constamment des victimes désignées. Les effets à long terme habituellement attribués aux mauvais traitements infligés par les parents (si, toutefois, ces effets ne sont pas dus à des traits d'origine génétique) proviennent peut-être, en réalité, des persécutions infligées par les pairs.

Il devrait être possible de distinguer les effets produits par ces deux types de mauvais traitements, dans la mesure où certains enfants admirés par leurs pairs sont des boucs émissaires à la maison, et vice versa. D'après la théorie de la socialisation par le groupe, ce sont les persécutions des pairs, et non celles des parents, qui exercent des effets délétères durables sur la personnalité. David Perry, spécialiste du développement à la Florida Atlantic University, s'est engagé dans une étude qui devrait permettre de vérifier cette hypothèse.

Il y a une autre manière de vérifier cette théorie, mais elle ne concerne que les garçons. Chez les garçons (et ce n'est pas le cas chez les filles), la taille peut refléter grossièrement le statut au sein du groupe de pairs : les grands ont tendance à occuper un rang supérieur aux petits. Si, comme il semble probable, la tendresse des parents ne dépend pas de la taille de leur fils, la taille pourrait permettre de distinguer les effets dus au groupe de pairs de ceux dus aux parents. J'aimerais beaucoup consulter une enquête qui étudie les corrélations entre la taille des garçons et les différences de personnalité. On sait déjà depuis longtemps que les garçons à puberté précoce (qui, à l'adolescence, sont généralement plus grands que les camarades du même âge) ont une meilleure image d'eux-mêmes ; d'autres études plus récentes (voir chapitre 8), montrent que les enfants de très petite taille ont tendance à souffrir de problèmes affectifs multiples. Mais jusqu'ici, à ma connaissance, il n'y a pas eu de recherches systématiques sur la corrélation éventuelle entre la taille et la personnalité de l'enfant.

Chez les filles, un joli minois peut servir d'indice approximatif du statut au sein du groupe de pairs. Mais, dans la mesure où la beauté leur assure également l'amour de leurs parents, ce critère ne permet pas de distinguer les effets du groupe de pairs de celui des parents.

Quel type de recherches entreprendre ?

Pour vérifier les théories sur le développement de l'enfant, il faut distinguer trois facteurs susceptibles d'influencer son comportement et sa personnalité : ses gènes, les expériences qu'il fait à la maison, celles qu'il fait dans le monde extérieur.

Les études de génétique du comportement constituent la méthode la plus directe pour évaluer les influences génétiques, dont on peut ensuite faire abstraction pour étudier les influences environnementales. David Rowe, de l'université de l'Arizona, a étudié les influences respectives de la génétique et de l'environnement sur le tabagisme des adolescents. Il a montré que l'hérédité explique en partie pourquoi les parents fumeurs ont tendance à avoir des enfants fumeurs, mais que l'environnement exerce également des effets. Une fois écartées les influences génétiques, on peut constater que l'influence de l'environnement s'exerce exclusivement par le biais du groupe de pairs : un adolescent qui fait partie d'une bande de fumeurs risque plus de se mettre à fumer. Mais c'est l'hérédité qui détermine si l'adolescent deviendra dépendant à la nicotine.

Tous les chercheurs n'ont pas envie de se lancer dans des recherches de génétique du comportement, ou n'en ont pas les moyens. Heureusement, il y a d'autres manières de contourner les origines génétiques des différences entre les enfants. On peut ainsi exploiter les informations qu'ils livrent d'eux-mêmes. Thomas Kindermann de l'université d'État de Portland, a procédé ainsi. Il a étudié les coteries d'enfants de cours élémentaires — ces petits groupes d'enfants qui sont toujours ensemble — et a découvert que les membres d'une même clique ont généralement la même attitude vis-à-vis du travail scolaire. Au lycée, ces groupes se sont déjà cristallisés en catégories sociales parfaitement étiquetées comme celles des « bûcheurs » ou des « fumistes », mais à l'école primaire, les frontières sont encore mouvantes. Au cours de l'année scolaire, beaucoup d'enfants changent de coterie. Kindermann a constaté que, lorsque cela arrive, leur attitude vis-à-vis du travail scolaire a tendance à se conformer à celle de leur nouveau groupe. Ce changement d'attitude peut être attribué à l'influence du groupe de pairs, car il est peu probable que les caractéristiques d'origine génétique ou même le comportement des parents évoluent en cours d'année.

Il est extrêmement difficile de distinguer les effets des variables du groupe de pairs de ceux des variables parentales, car ils s'entremêlent à différents niveaux. Dans un même quartier, les normes des groupes d'enfants et celles des parents ont de grandes chances de se ressembler, davantage en tout cas que celles d'enfants et de parents de quartiers différents. Comme les parents qui vivent dans le même quartier ont tendance à élever leurs enfants de la même façon, on peut facilement prendre l'influence réciproque des enfants pour celle des parents, notamment quand l'enquête mélange des enfants de quartiers différents. La théorie de la socialisation par le groupe fait le pronostic suivant : deux enfants sans liens biologiques, mais du même âge et élevés au sein de la même famille, ne présenteront pas une personnalité et un comportement (évalués à l'extérieur du foyer) plus similaires que deux enfants sans liens biologiques, du même âge et élevés dans des foyers différents, mais vivant dans le même quartier et fréquentant la même école.

Cette hypothèse a déjà été vérifiée ; en effet, deux enfants sans liens biologiques mais élevés dans le même foyer ne se ressemblent pas du tout au moment de leur entrée au lycée. Chez les enfants plus jeunes, néanmoins, on constate certaines similitudes, bien qu'assez faibles, entre les enfants sans liens biologiques élevés dans la même famille. Ma théorie veut que ces similitudes ne soient pas plus importantes que celles que l'on constate chez les enfants sans liens biologiques élevés dans des foyers différents mais dans le même quartier.

Les psychologues spécialistes du développement penseront sans doute qu'on dispose déjà d'une foule de preuves réfutant la théorie de la socialisation par le groupe. J'ai expliqué à diverses reprises dans cet ouvrage pourquoi je ne crois pas à la validité de ces preuves. Laissez-moi résumer ici les raisons qui me conduisent à penser que les enquêtes en question ne prouvent pas ce qu'elles paraissent prouver, à première vue.

1. Très peu d'études permettent de distinguer l'influence génétique de l'influence de l'environnement.

2. Aucune ou presque ne permet de distinguer les effets enfant-parents des effets parent-enfants.

3. Les chercheurs n'ont pas fait la différence entre le comportement de l'enfant à la maison et à l'extérieur : ils ont simplement tenu pour acquis qu'il suffisait d'évaluer l'un pour connaître approximativement

l'autre. Dans certains cas, ils n'ont même pas pris la peine d'indiquer où ces évaluations avaient été faites.

4. Les chercheurs n'ont pas pris en considération les situations que les enfants vivent à l'extérieur de chez eux. Par exemple, pour ce qui est des effets du divorce, ils n'ont pas tenu compte des effets du changement de résidence. Mon collègue David G. Myers a souligné que le déménagement peut être légitimement considéré comme une conséquence du divorce, et il a raison. Ces deux éléments ne sont cependant pas indissociables : tous les enfants de parents divorcés ne changent pas de domicile, et tous les enfants qui déménagent n'ont pas des parents divorcés. Si les effets habituellement attribués aux expériences vécues par l'enfant au sein de la famille sont réellement dus à des expériences qu'il vit à l'extérieur, on donnera de mauvais conseils aux parents et on appliquera une mauvaise thérapie aux enfants.

5. On n'a pas vérifié correctement les facteurs démographiques qui entrent en ligne de compte. Dès lors que l'on mélange dans une même étude les enfants de groupes ethniques, de classes sociales ou de quartiers différents, on prend le risque d'établir de fausses corrélations parents-enfants. Les corrélations refléteront le fait que parents et enfants appartiennent à la même ethnie, à la même classe sociale, et qu'ils vivent dans le même quartier. Les enfants ressemblent davantage à leurs propres parents (et aux parents de leurs pairs) qu'aux parents d'appartenance ethnique et sociale différentes, vivant dans des quartiers différents.

6. On relève une multitude d'erreurs de méthode. Un grand nombre d'enquêtes demandent ainsi aux mêmes informateurs de répondre à des questions a) sur les méthodes d'éducation de leurs parents et b) sur leur propre comportement ou équilibre psychologique, ou encore a) sur leurs propres méthodes d'éducation et b) sur le comportement de leurs enfants. On considère

ensuite que les corrélations établies entre (a) et (b) prouvent que (a) est la cause de (b).

7. Plus généralement, on n'exige pas de ces études les critères d'impartialité en vigueur dans d'autres disciplines scientifiques. La collecte des données n'est pas faite « en double aveugle ». On a mesuré de nombreuses variables avant de décortiquer les données en quête de corrélations significatives au sein de sous-ensembles de toutes sortes. Les enquêtes qui n'ont pas abouti aux résultats désirés n'ont pas été publiées. Quant à celles qui ont fourni quelques résultats, on en a forcé l'interprétation.

Étudier le comportement spécifique au contexte

La théorie de la socialisation par le groupe affirme que les enfants se comportent différemment selon le contexte social ; en effet, un comportement acquis est spécifique au contexte dans lequel il a été acquis. Ainsi, toute similitude comportementale observée dans des contextes différents (mis à part le cas de jumeaux, pour qui les contextes sociaux ne sont peut-être pas si différents) est imputable à des facteurs génétiques. Les caractéristiques innées, y compris l'apparence physique, affectent le comportement de l'enfant dans n'importe quel contexte.

Ce pronostic a été confirmé. Par exemple, Kimberly Saudino de l'université de Boston a rapporté récemment que les enfants calmes et timides à la maison ont tendance à l'être également à l'extérieur, et que cette constante de comportement peut être attribuée presque entièrement à des traits de caractère innés :

> Une timidité constante, qui se manifeste aussi bien au laboratoire qu'à la maison, signifie que la timidité relève dans les deux cas de facteurs génétiques. On a constaté que la corrélation entre les deux évaluations

était presque entièrement due à des facteurs génétiques. En revanche, lorsqu'on n'observe pas le même degré de timidité au laboratoire et à la maison, ce sont les facteurs environnementaux qui sont en cause.

Mais les facteurs génétiques n'entraînent pas toujours des comportements semblables en toutes circonstances : des *différences* de comportement peuvent également provenir de traits héréditaires. Saudino a montré que certaines caractéristiques héréditaires peuvent avoir des effets différents selon le contexte. Ce constat est parfaitement compatible avec la théorie de la socialisation par le groupe. Cendrillon n'a-t-elle pas découvert que sa beauté était un handicap à la maison et un atout dans le monde extérieur ?

La théorie de la socialisation par le groupe émet un pronostic catégorique au sujet du comportement acquis : le comportement acquis à l'extérieur peut s'introduire à la maison, mais l'inverse ne se produit pas. Quand les deux contextes interfèrent, c'est le comportement acquis à l'extérieur qui l'emporte. Pour vérifier cette hypothèse, les chercheurs peuvent examiner des situations où les contextes des enfants interfèrent. Quand un enfant invite ses camarades de classe à jouer à la maison, à quelles règles de comportement obéit-il ? À celles de ses parents ou à celles de ses pairs ? Quand un père invite sa fille adolescente au restaurant et lui propose de venir avec ses amis, ne découvre-t-il pas un nouveau personnage ? Quand les parents viennent à l'école, leurs enfants sont contents et/ou gênés, mais se comportent-ils pour autant comme à la maison ? Que fait un garçon quand il s'écorche les genoux en présence de sa mère et de ses camarades ? Pleure-t-il comme il le ferait s'il était seul avec sa mère ? ou joue-t-il au dur comme il le fait d'ordinaire devant ses copains ?

La langue et l'accent

La théorie de la socialisation par le groupe peut éclairer des aspects du développement même si elle ne fait pas d'hypothèses particulières à leur sujet. Considérons, par exemple, l'acquisition d'une seconde langue. Quand un enfant émigre très jeune, il peut apprendre la langue de son nouveau pays et la parler comme un autochtone. Les parents garderont leur accent étranger, les enfants parleront sans accent — s'ils sont arrivés assez jeunes. Mais certaines questions demeurent sans réponse. À quel âge l'enfant doit-il apprendre une langue pour la parler sans accent ? Pourquoi cette aptitude se perd-elle en grandissant, en général un peu après dix ans ? Et pourquoi certains la perdent-ils plus vite que d'autres ?

Les prédispositions génétiques jouent sans doute un rôle pour ce qui est du dernier point. Il semble que certains individus aient un don inné pour les langues. Une petite fraction peut ainsi continuer à apprendre de nouvelles langues et les parler couramment et sans accent, même à un âge avancé. Ce sont des imitateurs-nés.

La théorie de la socialisation par le groupe, quant à elle, permet de comprendre la situation inverse : pourquoi certaines personnes gardent-elles leur accent « étranger », même quand elles sont arrivées dans leur nouveau pays à quatre ou cinq ans ? Les psycholinguistes sont déconcertés par les différences individuelles dans l'acquisition d'une seconde langue, et notamment par le fait que certaines personnes ne perdent jamais leur accent, même quand elles ont émigré très jeunes. En réalité, ils n'ont pas pris en considération les variables de l'environnement extérieur à la famille de ces enfants.

Quand on arrive dans un nouveau pays, on s'installe souvent dans des quartiers où vivent des personnes de même origine. Pour la génération adulte, cela rend la transition plus facile. Les nouveaux arrivants continuent à parler leur langue maternelle. Ils bénéficient des conseils de ceux qui les ont précédés dans l'immigration. Les commerces locaux leur offrent des produits familiers, aux étiquettes compréhensibles.

Dans ces quartiers, les enfants grandissent en parlant les deux langues. Ils parleront peut-être toujours leur seconde langue avec un accent, même s'ils sont arrivés dans le pays tout bébés — même s'ils y sont nés — parce que c'est ainsi qu'ils l'entendent parler. Leurs camarades parlent la langue de leur pays d'accueil avec l'accent de leur pays d'origine.

Si les chercheurs veulent étudier de façon pertinente les modalités d'acquisition d'une seconde langue, il leur faut distinguer deux types de sujets : ceux qui grandissent dans des lieux tels que Chinatown ou dans des quartiers mexicains et ceux qui, comme Joseph (voir chapitre 1) grandissent dans des quartiers où leurs parents sont les seuls à parler leur langue d'origine. Les chercheurs devraient poser les questions suivantes : l'enfant parle-t-il sa première ou sa seconde langue avec ses pairs ? Ses pairs parlent-ils cette seconde langue avec un accent ? D'après mon pronostic, l'essentiel de la variabilité apparente dans l'acquisition d'une seconde langue disparaîtra, dès lors que les chercheurs tiendront compte de la diversité du contexte extérieur à la famille. Ils constateront que les enfants peuvent acquérir une seconde langue sans accent (ou, s'ils ont changé de région dans le même pays, qu'ils peuvent acquérir un nouvel accent) au moins jusqu'à l'âge de onze ou douze ans.

Mais la plupart des individus finissent par perdre cette aptitude. Pourquoi ? Parce que le cerveau perd sa plasticité avec la maturité physiologique, ou parce que les conséquences sociales d'une mauvaise prononciation sont moins graves pour les grands adolescents et pour les adultes ? La théorie de la socialisation par le groupe ne prend pas parti mais donne un conseil aux chercheurs : tenez compte de la diversité du milieu linguistique extra-familial de vos sujets. Lorsque vous l'aurez fait, vous pourrez peut-être trancher entre les deux hypothèses grâce à une expérience intéressante : cherchez les différences entre les sexes. La maturité physiologique est plus précoce chez les filles que chez les garçons : si la perte de la plasticité linguistique tient à une moindre plasticité du cerveau, les filles devraient en être affectées plus jeunes. Si les chercheurs découvrent qu'un garçon de treize ans acquiert une seconde langue aussi facilement qu'une fille de douze, cela plaidera en faveur de la thèse de la maturité physiologique. (Steven Pinker du Massachusetts Institute of Technology a émis l'idée, sans que nous nous concertions, qu'il faut rechercher les différences entre les sexes ; il projette d'en faire la base de futures recherches.)

Une dernière question à propos de l'acquisition d'une seconde langue, question sur laquelle la théorie de la socialisation par le groupe ne se prononce du reste pas. Les psycholinguistes disent souvent que les bébés perdent leur aptitude à distinguer les sons que la langue maternelle ne distingue pas. Il est vrai qu'à un moment donné ils cessent de réagir à ces différences. Mais s'ils avaient vraiment perdu cette aptitude — si, par exemple, la partie du cerveau qui permet cette distinction était affectée à une autre tâche —, les enfants ne seraient jamais capables d'apprendre à parler une deuxième langue sans accent. En d'autres termes, la disparition de l'aptitude à distinguer les sons ne doit pas être une perte sensorielle : on dirait plutôt que l'enfant apprend à ne pas y prêter attention. La question qui se pose est la suivante : comment l'enfant d'immigrés apprend-il à prêter attention à des sons distincts qu'il a appris à ignorer plus jeune ? Autant que je sache, c'est un sujet qui n'a pas encore été étudié. Il conviendrait, là encore, de tenir compte de la diversité du milieu linguistique extra-familial. Les sujets idéaux d'une telle enquête seraient des enfants comme Joseph — des enfants qui, à l'extérieur de chez eux, évoluent dans un milieu où l'on ne parle pas la langue de leurs parents. Ou bien des enfants étrangers adoptés, qui vivent dans un milieu où ni leur nouvelle famille ni leurs nouveaux camarades ne parlent la langue de leur pays d'origine.

La preuve reste à faire

Mon collègue David Lykken — ancien psychothérapeute, actuellement membre de l'équipe de chercheurs de l'université du Minnesota qui étudie les jumeaux élevés séparément — n'est pas d'accord avec moi à propos de l'efficacité des parents. Il pense que les parents *peuvent* faire une différence, du moins aux deux extrémités du spectre. Que des parents exceptionnellement compétents peuvent réussir avec un enfant dont les autres n'arriveraient pas à bout, et que des parents particulièrement exécrables peuvent faire d'un enfant qui aurait pu tourner correctement un bon à rien ou un criminel.

Sans doute nos expériences personnelles respectives y sont-elles pour quelque chose. David et sa femme ont élevé trois fils bien dans leur peau, qui ont parfaitement réussi, et j'imagine qu'il a du mal à renoncer à l'idée que sa femme et lui y sont pour quelque chose. Pour ma part, je n'ai pas l'impression que mon mari et moi méritions le moindre hommage pour la manière dont nos deux filles ont tourné. Les voies qu'elles ont empruntées sont si différentes — et dans le cas de la cadette si tortueuse — qu'il est difficile de croire que nous ayons eu la moindre influence sur l'une ou l'autre. Je suis fière de mes deux filles, mais je ne crois pas que mes qualités ou mes carences maternelles aient quelque chose à voir avec ce qu'elles ont fait de leur vie.

Bien que David Lykken et moi ne soyons pas d'accord sur tout, nous le sommes sur de nombreux points. Le facteur m'a apporté aujourd'hui un chapitre du livre qu'il est en train d'écrire. En voici une phrase :

> Je pense que l'argumentation de Harris est solide et qu'on ne peut la réfuter sur la base des résultats obtenus à partir des théories actuellement en vigueur.

Je crois que Lykken a raison : on ne peut pas réfuter ma théorie du développement en se fondant sur les études dont nous disposons.

Mais on ne peut pas non plus réfuter la sienne. L'hypothèse du primat de l'éducation parentale conserve un faible espoir : la possibilité que des parents abominables soient en mesure de causer des torts irrémédiables à leurs enfants.

L'analyse des faits montre que les différences entre une famille et une autre, entre un couple de parents et un autre, n'ont pas d'effets à long terme sur les enfants qui grandissent dans ces foyers. Mais ces résultats ne concernent que des foyers « relativement bons » — des familles normales. Ces études portent sur un vaste échantillonnage de foyers, mais n'incluent pas les familles exécrables dont les parents font preuve de cruauté ou de négligence criminelle.

Personne ne peut nier que certaines circonstances empêchent un enfant de devenir un adulte normal, en admettant qu'il survive à cette enfance. Le cas de Genie en offre un bon exemple. Genie est restée treize ans enfermée dans une pièce, attachée sur une chaise percée. Quand on l'a découverte, elle ne savait ni parler ni marcher, et elle n'a jamais pu s'exprimer correctement en anglais. Son comportement social est resté tout à fait anormal ; elle vit dans une institution. Mais Genie n'a jamais eu de pairs.

La théorie de la socialisation par le groupe affirme qu'aussi mauvais que soit le contexte familial, les enfants deviendront des adultes normaux si les conditions suivantes sont réunies : qu'ils n'héritent pas de caractéristiques pathologiques de leurs parents (hypothèse à vérifier en étudiant des enfants adoptés ou nés d'un précédent mariage) ; que son cerveau n'ait pas souffert de négligences ou de mauvais traitements ; qu'il entretienne des relations normales avec ses pairs. Nous pourrions appeler cela l'expérience de Cendrillon.

À propos, Cendrillon s'en est bien tirée...

Note de l'éditeur

Dans la mesure où la plupart des références citées par Judith Rich Harris dans l'édition originale de son livre renvoient à des ouvrages et des revues spécialisés en langue anglaise, pour la plupart inaccessibles au public français, nous avons décidé, avec l'accord de l'auteur, de n'incorporer à la présente édition que les notes explicatives en bas de page, ainsi qu'une bibliographie abrégée, recensant les principales sources de l'ouvrage, préparée par Judith Rich Harris elle-même. Le lecteur intéressé trouvera dans l'édition originale en langue anglaise les références précises de l'ensemble des sources sur lesquelles Judith Rich Harris s'est fondée pour ses recherches.

Bibliographie

AINSWORTH, M. D. S., BLEHAR, M. C., WATERS, E., & WALL, S. *Patterns of Attachment : A Psychological Study of the Strange Situation*. Hillsdale, New Jersey : Erlbaum, 1978.

AMBERT, A.-M. (1997). *Parents, Children, and Adolescents : Interactive Relationships and Development in Context*. New York : Haworth Press, 1997.

ASCH, S. E. *Social Psychology*. Oxford, Grande-Bretagne : Oxford University Press, 1987 (1re édition : 1952).

BARON, N. S. *Growing up with Language : How Children Learn to Talk*. Reading, Massachusetts : Addison-Wesley, 1992.

BARON-COHEN, S. *Mindblindness : An Essay on Autism and Theory of Mind*. Cambridge, Massachusetts : MIT Press, 1995.

BAUMRIND, D. Child Care Practices Anteceding Three Patterns of Preschool Behavior. *Genetic Psychology Monographs*, 75, 43-88, 1967.

BENEDICT, R. *Patterns of Culture*. New York : Houghton Mifflin, 1959. (1re édition : 1934.)

BICKERTON, D. Creole Languages. *Scientific American*, 249, 116-122, 1983.

BOUCHARD, T. J., Jr. Genes, Environment, and Personality. *Science*, 264, 1700-1701, 1994, June 17.

BOWLBY, J. *Attachment and Loss : Vol. 1. Attachment*. New York : Basic Books, 1969. [*L'Attachement*. Paris, PUF, 1992, traduit par Bruno de Panafieu.]

BOWLBY, J. *Attachment and Loss : Vol. 2. Separation*. New

York : Basic Books, 1973. [*La Perte*. Paris : PUF, 1994, traduit par Bruno de Panafieu.]

BRADSHAW, J. *Bradshaw on the Family : A Revolutionary Way of Self-Discovery*. Deerfield Beach, Floride : Health Communications, 1988.

BROWN, D. E. *Human Universals*. Philadelphie : Temple University Press, 1991.

BUSS, D. M. *The Evolution of Desire : Strategies of Human Mating*. New York : Basic Books, 1994.

CAPRON, C., & DUYME, M. Assessment of the Effects of Socio-Economic Status on IQ in a Full Cross-Fostering Study. *Nature*, 340, 552-554, 1989.

CHAGNON, N. A. *Yanomamö : The Last Days of Eden*. San Diego : Harcourt Brace Jovanovich, 1992.

CLINTON, H. R. *It Takes a Village, and Other Lessons Children Teach Us*. New York : Simon & Schuster, 1996. [*Il faut tout un village pour élever un enfant*. Paris : Denoël, 1996, traduit par Martine Leyris et Natalie Zimmermann.]

CORSARO, W. A. *The Sociology of Childhood*. Thousand Oaks, Californie : Pine Forge Press, 1997.

DARWIN, C. *The Descent of Man*. Reproduit dans *The Origin of Species and The Descent of Man*. New York : Modern Library, 1871. Pas de date de publication. [*La Descendance de l'homme et la sélection sexuelle*. Bruxelles : Complexe, 1981, 2 vol.]

DAWES, R. M. *House of Cards : Psychology and Psychotherapy Built on Myth*. New York : Free Press, 1994.

DAWKINS, R. *The Selfish Gene*. New York : Oxford University Press, 1976. [*Le Gène égoïste*, Paris : Odile Jacob, 1996. Traduit par Laura Ovidion.]

DETTERMAN, D. K. (1993). The Case for the Prosecution : Transfer as an Epiphenomenon. *Dans* D. K. DETTERMAN & R. J. STERNBERG (Eds.), *Transfer on Trial : Intelligence, Cognition, and Instruction* (pp. 1-24). Norwood, New Jersey : Ablex.

DE WAAL, F. *Peacemaking Among Primates*. Cambridge, Massachussetts : Harvard University Press, 1989. [*De la réconciliation chez les primates*. Paris : Flammarion, 1992, traduit par Marianne Robert.]

DIAMOND, J. *The Third Chimpanzee*. New York : HarperCollins, 1992.

DICKENS, C. *Oliver Twist*. New York : Bantam Books, 1990. (1re édition : 1838.)
DUNN, J., & PLOMIN, R. (1990). *Separate Lives : Why Siblings are so Different*. New York : Basic Books, 1990.
ECKERT, P. *Jocks and Burnouts : Social Categories and Identity in the High School*. New York : Teachers College Press, 1989.
EDWARDS, C. P. Cross-Cultural Perspectives on Family-Peer Relations. Dans R. D. PARKE & G. W. LADD (Eds.), *Family-Peer Relationships : Modes of Linkage* (pp. 285-316). Hillsdale, New Jersey : Erlbaum, 1992.
EIBL-EIBESFELDT, I. *Human Ethology*. Hawthorne, New York : Aldine de Gruyter, 1989.
EIBL-EIBESFELDT, I. The Evolution of Familiality and Its Consequences. *Futura*, 10(4), 253-264, 1995.
ERNST, C., & ANGST, J. (1983). *Birth Order : Its Influence on Personality*. Berlin : Springer-Verlag, 1983.
EYER, D. E. *Mother-Infant Bonding : A Scientific Fiction*. New Haven : Yale University Press, 1992.
FORWARD, S. *Toxic Parents : Overcoming their Hurtful Legacy and Reclaiming Your Life*. New York : Bantam Books, 1989. [*Parents toxiques : comment échapper à leur emprise*. Paris : Stock, 1991.]
FRAIBERG, S. H. *The Magic Years*. New York : Scribner's, 1959.
FREEMAN, D. *Margaret Mead and Samoa : The Making and Unmaking of an Anthropological Myth*. Cambridge, Massachusetts : Harvard University Press, 1983.
FREUD, A., & DANN, S. An Experiment in Group Upbringing. Dans Brackbill, Y., & Thompson, G. G. (Eds.), *Behavior in Infancy and Early Childhood* (pp. 494-514). New York : Free Press, 1967. (1re édition : 1951.)
GARVEY, C. *Play* (2e ed.). Cambridge, Massachusetts : Harvard University Press, 1990.
GESELL, A. *The First Five Years of Life : The Preschool Years*. New York : Harper & Bros, 1940.
GESELL, A., & ILG, F. *Infant and Child in the Culture of Today*. New York : Harper & Bros, 1943.
GIBRAN, K. *The Prophet*. New York : Knopf, 1978. (1re édition : 1923.) [*Le Prophète*. Paris : Albin Michel, 1991. Traduit par Marc de Smedt.]

GLYN, A. *The British : Portrait of a People*. New York : Putnam's Sons, 1970.
GOFFMAN, E. *Asylums : Essays on the Social Situation of Mental Patients and Other Inmates*. Chicago : Aldine, 1961. [*Asiles*. Paris : Éditions de Minuit, 1968.]
GOLDING, W. *Lord of the Flies*. New York : Coward, McCann, & Geoghegan, 1954. [*Sa Majesté des mouches*. Paris : Gallimard, 1983.]
GOODALL, J. *The Chimpanzees of Gombe : Patterns of Behavior*. Cambridge, Massachusetts : Harvard University Press, 1986.
HARRIS, J. R. (1995). Where is the Child's Environment ? A Group Socialization Theory of Development. *Psychological Review,* 102, 458-489, 1995.
HARRIS, J. R., & LIEBERT, R. M. *The Child : A Contemporary View of Development* (3rd ed.). Englewood Cliffs, New Jersey : Prentice Hall, 1991.
HARTSHORNE, H., & MAY, M. A. *Studies in the Nature of Character : vol. 1. Studies in Deceit*. New York : Macmillan, 1928.
HAYAKAWA, S. I. *Language in Thought and Action* (2nd ed.). New York : Harcourt, Brace & World, 1964.
JAMES, W. *The Principles of Psychology : Vol. 1*. New York : Henry Holt, 1890.
KELLOGG, W. N., & KELLOGG, L. A. *The Ape and the Child : A study of Environmental Influence upon Early Behavior*. New York : McGraw-Hill, 1933.
KINDERMANN, T. A. Natural Peer Groups as contexts for Individual Development : The case of children's motivation in school. *Developmental Psychology,* 29, 970-977, 1993.
KLAUS, M. H., & KENNELL, J. H. (1976). *Maternal-Infant Bonding : The Impact of Early Separation or Loss on Family Development*. St. Louis, Missouri : Mosby, 1976.
KOSOF, A. *Living in Two Worlds : The Immigrant Children's Experience*. New York : Twenty-First Century Books, 1996.
LARKIN, P. *Collected Poems* (A. Thwaite, Ed.). New York : Farrar, Straus & Giroux, 1989.
LEACH, P. *Your Baby and Child : From Birth to Age Five* (2e ed.). New York : Knopf, 1995. (Originellement publié en 1989.) [*Votre enfant de la naissance à la grande école*. Paris : LGF, 1996. Traduction de Caroline Rivolier.]

LEVINE, R. A., & LEVINE, B. B. Nyansongo : A Gusii Community in Kenya. *Dans* B. B. Whiting (Ed.), *Six Cultures : Studies of Child Rearing* (pp. 15-202). New York : Wiley, 1963.

LOEHLIN, J. C. (1997). A Test of J. R. Harris's Theory of Peer Influences on Personality. *Journal of Personality and Social Psychology,* 72, 1197-1201, 1997.

LYKKEN, D. T. *The Antisocial Personalities*. Hillsdale, New Jersey : Erbaum, 1995.

LYKKEN, D. T. *Happiness : Its Nature and its Nurture.* New York : Golden Books, in press.

MACCOBY, E. E. Commentary : Gender Segregation in Childhood. Dans Leaper, C. (Ed.), *Childhood Gender Segregation : Causes and Consequences* (pp. 87-97). New Directions for Child Development, No. 65. San Francisco : Jossey-Bass, 1994.

MACCOBY, E. E. The Two Sexes and Their Social Systems. Dans P. MOEN, G. H. ELDER, Jr., & K. LÜSCHER (Eds.), *Examining Lives in Context : Perspectives on the Ecology of Human Development*. Washington, DC : American Psychological Association, 1995.

MACCOBY, E. E., & MARTIN, J. A. Socialization in the Context of the Family : Parent-Child Interaction. Dans P. H. MUSSEN (éditeur de la série.) & E. M. HETHERINGTON (éditeur du volume.), *Handbook of Child Psychology : Vol. 4. Socialization, Personality, and Social Development* (4th ed., pp. 1-101). New York : Wiley, 1983.

MCLANAHAN, S., & SANDEFUR, G. *Growing up with a Single Parent : What Hurts, what Helps*. Cambridge, Massachussetts : Harvard University Press, 1994.

MEAD, M. Préface de Ruth Benedict, *Patterns of Culture* (2e édition.). Boston : Houghton Mifflin, 1959.

MEAD, M. (1963). *Sex and Temperament in Three Primitive Societies* (3e édition.). New York : Dell, 1963. (1re édition publiée en 1935.)

MINTURN, L., & HITCHCOCK, J. T. The Rajputs of Khalapur, India. Dans B. B. Whiting (Ed.), *Six Cultures : Studies of Child Rearing* (pp. 202-361). New York : Wiley, 1963.

MODELL, J. Family Niche and Intellectual Bent (compte rendu de *Born to Rebel*). *Science, 275,* 624-625, 1997.

MOFFITT, T. E. Adolescence-Limited and Life-Course-Per-

sistent Antisocial Behavior : A Developmental Taxonomy. *Psychological Review,* 100, 674-701, 1993.
MONEY, J., & EHRHARDT, A. A. (1972). *Man & Woman, Boy & Girl.* Baltimore, Maryland : Johns Hopkins University Press, 1972.
MONTAGU, A. *The Nature of Human Aggression.* New York : Oxford University Press, 1976.
NEIFERT, M. *Dr. Mom's Parenting Guide : Commonsense Guidance for the Life of Your Child.* New York : Signet, 1991.
OPIE, I., & OPIE, P. *Children's Games in Street and Playground.* London : Oxford University Press, 1969.
PARKS, T. *An Italian Education.* New York : Grove Press, 1995.
PINKER, S. *The Language Instinct.* New York : HarperCollins, 1994.
PINKER, S. *How the Mind Works.* New York : Norton, 1997.
PLOMIN, R. (1990). *Nature and Nurture : An Introduction to Human Behavioral Genetics.* Pacific Grove, Californie : Brooks/Cole.
PLOMIN, R., & DANIELS, D. Why are Children in the Same Family so Different from One Another ? *Behavioral and Brain Sciences,* 10, 1-60, 1987.
PRESTON, P. *Mother Father Deaf : Living Between Sound and Silence.* Cambridge, Massachusetts : Harvard University Press, 1994.
PROULX, E. A. *The Shipping News.* New York : Simon & Schuster, 1993.
REICH, P. A. *Language Development.* Englewood Cliffs, New Jersey : Prentice-Hall, 1986.
RESNICK, M. D., BEARMAN, P. S., BLUM, R. W., et al. Protecting Adolescents from Harm : Findings from the National Longitudinal Study on Adolescent Health. *Journal of the American Medical Association,* 278, 823-832, 1997.
ROTH, P. *Portnoy's Complaint.* New York : Bantam Books, 1967. [*Portnoy et son complexe.* Paris : Gallimard, 1970.]
ROVEE-COLLIER, C. (1993). The Capacity for Long-Term Memory in Infancy. *Current Directions in Psychological Science,* 2, 130-135, 1993.
ROWE, D. C. *The Limits of Family Influence : Genes, experience, and behavior.* New York : Guilford Press, 1994.

Rybczynski, W. *Home : A Short History of an Idea*. New York : Penguin Books, 1986.

Scarr, S., & McCartney, K. How People make their Own Environments : A Theory of Genotype $Æ$ Environment Effects. *Child Development,* 54, 424-435, 1983.

Schaller, S. *A Man without Words*. New York : Summit Books, 1991.

Schofield, J. W. Complementary and Conflicting Identities : Images and Interaction in an Interracial School. Dans S. R. Asher & J. M. Gottman (Eds.), *The Development of Children's Friendships* (pp. 53-90). Cambridge, Grande-Bretagne : Cambridge University Press, 1981.

Schütze, Y. The Good Mother : The History of the Normative Model « mother-love ». Dans P. A. Adler, P. Adler, & N. Mandell (Eds.), *Sociological Studies of Child Development : Vol. 2* (pp. 39-78). Greenwich, Connecticut : JAI Press, 1987.

Seligman, D. *A Question of Intelligence : The IQ Debate in America*. New York : Birch Lane Press, 1992.

Sherif, M., Harvey, O. J., White, B. J., Hood, W. R., & Sherif, C. W. *Intergroup Cooperation and Competition : The Robbers Cave Experiment*. Norman, OK : University Book Exchange, 1961.

Skinner, B. F. *The Behavior of Organisms*. New York : Appleton-Century-Crofts, 1938.

Somit, A., Arwine, A., & Peterson, S. A. *Birth Order and Political Behavior*, Lanham, MD : University Press of America, 1996.

Spock, B. *Baby and Child Care*. New York : Pocket Books, 1968. (1re édition publiée en 1946.)

Sulloway, F. J. *Born to rebel : Birth order, family dynamics, and creative lives*. New York : Pantheon, 1996.

Tajfel, H. Experiments in Intergroup Discrimination. *Scientific American,* 223, 96-102, 1970.

Tannen, D. *You just don't understand : Women and Men in Conversation*. New York : Ballantine Books, 1990. [*Décidément, tu ne me comprends pas !* Paris : Robert Laffont, 1993. Traduit par Evelyne Gasarian et Simon Smith.]

Tellegen, A., Lykken, D. T., Bouchard, T. J., Jr., Wilcox, K. J., Segal, N. L., & Rich, S. Personality Similarity in Twins Reared Together and Apart. *Journal of Personality and Social Psychology,* 54, 1031-1039, 1988.

THORNE, B. *Gender Play : Girls and Boys in School*. New Brunswick, NJ : Rutgers University Press, 1993.

THORNTON, Y. S., as told to COUDERT, J. *The Ditchdigger's Daughters : A Black Family's Astonishing Success Story*. New York : Birch Lane Press, 1995.

TRIVERS, R. *Social Evolution*. Menlo Park, Californie : Benjamin/Cummings, 1985.

TURNER, J. C., with HOGG, M. A., OAKES, P. J., REICHER, S. D., & WETHERELL, M. S. *Rediscovering the Social Group : A Self-Categorization Theory*. Oxford, Grande-Bretagne : Basil Blackwell, 1987.

VALERO, H., as told to BIOCCA, E. *Yanoáma : The Narrative of a White Girl Kidnapped by Amazonian Indians* (Traducteur : D. Rhodes). New York : Dutton, 1970.

WALLERSTEIN, J. S., & KELLY, J. B. *Surviving the Breakup : How Children and Parents cope with Divorce*. New York : Basic Books, 1980.

WATSON, J. B. *Behaviorism*. New York : Norton, 1924.

WATSON, J. B. *Psychological Care of Infant and Child*. New York : Norton, 1928.

WHITING, B. B., & EDWARDS, C. P. *Children of Different Worlds : The Formation of Social Behavior*. Cambridge, Massachusetts : Harvard University Press, 1988.

WILDER, L. I. *Little House on the Prairie*. New York : Harper & Row, 1971. (1re édition : 1935.)

WILLIAMS, J. E., & BEST, D. L. Sex Stereotypes and Intergroup Relations. Dans S. WORCHEL & W. G. AUSTIN (Eds.), *Intergroup Relations* (pp. 244-259). Chicago : Nelson-Hall

WINITZ, H., GILLESPIE, B., & STARCEV, J. The Development of English Speech Patterns of a Seven-Year-Old Polish-Speaking Child. *Journal of Psycholinguistic Research,* 24, 117-143, 1995.

Table

L'adolescence, mort de l'enfance

La cause des adolescents

Françoise Dolto

Françoise Dolto livre un ultime combat avant sa mort en faveur de la jeunesse. Dans cette œuvre généreuse, elle explique ce qu'est réellement un adolescent, et surtout comment le guider, comment l'aider à traverser sans trop de heurts le passage difficile et douloureux qui mène de l'enfance à l'âge adulte. La confiance et le respect des libertés sont les ferments indispensables des bonnes relations avec les adolescents.

(Pocket n° 11897)

L'école des parents

Le courage d'éduquer

Lee Lozowick

Ce livre, entièrement consacré au rôle d'être parent, donne les principales clés d'une éducation réussie. Lee Lozowick nous demande un effort et nous ouvre les yeux en nous donnant la possibilité de créer avec nos enfants une relation dont nous rêvons tous, à condition d'envisager l'éducation d'une façon nouvelle. Une méthode originale et douce pour s'éduquer au rôle de parent.

(Pocket n° 11825)

Achevé d'imprimer sur les presses de

BUSSIÈRE

GROUPE CPI

à Saint-Amand-Montrond (Cher)
en août 2004

POCKET - 12, avenue d'Italie - 75627 Paris Cedex 13
Tél. : 01-44-16-05-00

— N° d'imp. : 44015. —
Dépôt légal : septembre 2004.

Imprimé en France